LES NOUVEAUX PSYS

Les nouveaux psys se prolonge sur www.arenes.fr

3, rue Rollin, 75005 Paris
Tél : 01 42 17 47 80 – Fax : 01 43 31 77 97
arenes@arenes.fr

LES NOUVEAUX PSYS

CE QUE L'ON SAIT AUJOURD'HUI DE L'ESPRIT HUMAIN

Par
Cédric Routier
Pascal de Sutter
Violaine Guéritault
Jacques Van Rillaer

sous la direction de Catherine Meyer

les arènes

« VÉRITÉ AU-DEÇÀ DES PYRÉNÉES, ERREUR AU-DELÀ.
TROIS DEGRÉS D'ÉLÉVATION RENVERSENT
TOUTE LA JURISPRUDENCE. UN MÉRIDIEN DÉCIDE
DE TOUTE LA VÉRITÉ. »

BLAISE PASCAL

« LE PROGRÈS DANS LES AFFAIRES HUMAINES EST UN PEU COMME
L'ALPINISME, VOUS VOYEZ UN SOMMET, VOUS PEINEZ À Y MONTER
ET SOUDAIN VOUS DÉCOUVREZ QUE PLUS LOIN SE TROUVENT
D'AUTRES PICS QUE VOUS N'AVIEZ PEUT-ÊTRE PAS IMAGINÉS. »

NOAM CHOMSKY

Introduction

En 2005 paraissait *Le Livre noir de la psychanalyse*. Quarante auteurs de dix nationalités livraient en huit cent trente pages le bilan critique d'un siècle de freudisme. Ce pavé dans la mare suscita une abondante polémique, fut traduit en espagnol, en italien et en chinois et commenté en Allemagne, aux Pays-Bas et aux États-Unis [1]. La polémique suscitée par cet ouvrage était à la hauteur de l'inquiétude des psychanalystes face au reflux de leur discipline.

L'évolution de notre pays est en effet atypique par rapport au reste du monde. Longtemps marginale, la psychanalyse ne s'est vraiment développée en France qu'à la fin des années 1960, au moment même où elle commençait à reculer un peu partout dans le monde. Si les freudiens et leurs multiples ramifications, notamment lacaniennes, tiennent encore le haut du pavé à Paris, dominent l'édition, la presse, l'université française, ce sont les derniers des Mohicans à l'échelle internationale.

Aujourd'hui, la psychanalyse ne représente que 2,5 % des travaux universitaires publiés à travers le monde. Le plus grand répertoire informatisé des publications en psychologie et en sciences de l'esprit (*Psychinfo*) nous livre cette information brute (voir page suivante).

Un cliché a fait florès, tentant de masquer le déclin du freudisme au-delà de nos frontières : la « guerre des psys ». Une querelle opposerait d'un côté les freudiens, thérapeutes des profondeurs, gardiens de la liberté de l'Homme, et de l'autre côté les TCC (thérapies comportementales et

---

1. Un dossier complet sur les réactions à cette publication est disponible sur Internet à l'adresse suivante : www.arenes.fr.

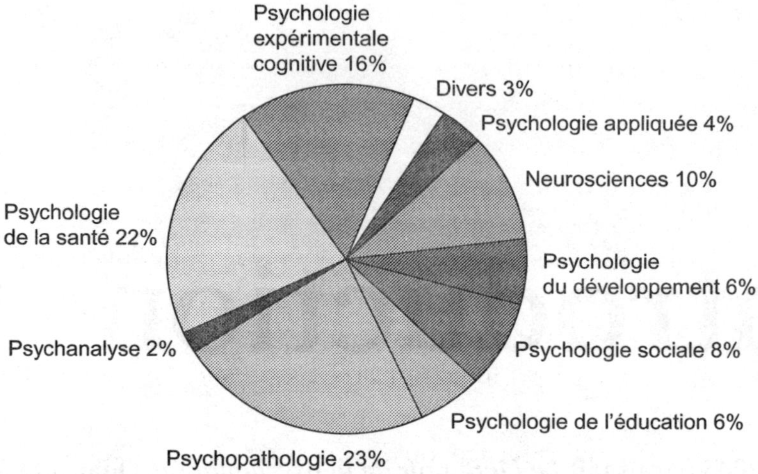

Répartition numérique des publications (livres et articles) dans les grands secteurs de la psychologie (sur 42 338 titres). Lieury et Quaireau, 1994.

cognitives), dont l'action se limiterait aux symptômes, soupçonnées de vouloir modeler un individu « performant ».

Cette mise en scène est largement artificielle. Elle escamote la critique historique[2], philosophique et scientifique de la psychanalyse, qui va bien au-delà d'une opposition de méthode. Sur le terrain, dans les hôpitaux, on observe plus une tension informelle qu'un conflit ouvert. Mais surtout, si elle a jamais eu lieu, la guerre des psys est dépassée. À l'échelle internationale, en dehors de l'Argentine, de la France, la psychanalyse comme thérapie est derrière nous. Un article du *New York Times* de novembre 2007 soulignait que l'enseignement de la psychanalyse avait désormais disparu des facultés de médecine et de psychologie pour trouver refuge du côté de la littérature et de la philosophie.

Les contempteurs du *Livre noir de la psychanalyse* ont regardé le doigt et non la lune que montrait ce livre : depuis trente ans, la psychologie mondiale s'est développée en dehors du freudisme et bien au-delà des écoles de thérapie.

2. Pour une connaissance approfondie de la critique historique, on lira avec profit *Le Dossier Freud*, de M. Borch-Jacobsen et S. Shamdasani, Paris, Les Empêcheurs de penser en rond, 2006.

Un livre blanc

Ce livre n'est pas un nouvel épisode de la « guerre des psys ». Il questionne la psychologie d'aujourd'hui, celle qui avance. Attention! Un « psy » n'est pas forcément quelqu'un qui soigne. Un « psy » peut étudier l'intelligence, l'acquisition du langage ou la mémoire. Il peut chercher à percer le secret des émotions, à décrypter les mécanismes de la pensée ou de la personnalité. Dans les plus grandes universités du monde, les chercheurs en psychologie de l'enfant, en psychologie cognitive ou en neurosciences, ont révolutionné nos connaissances de l'esprit humain. Ils inspirent les pratiques de centaines de milliers de psychologues et de psychiatres à travers le monde.

Les « psys » de cet ouvrage ont pour nom Albert Bandura, Robert Cloninger, Jeffrey Young. Ils sont originaires d'Estonie (Endel Tulving), du Portugal (Antonio Damasio), de Catalogne (Ribes Iñesta), des Pays-Bas (Frans de Waal) et bien sûr de France (Michel Jouvet et Marc Jeannerod)... La plupart de ces noms sont « nouveaux » pour le grand public français alors que leurs travaux s'imposent sur la scène internationale depuis plusieurs dizaines d'années. Des expériences passionnantes sont passées sous silence. Des théories stimulantes, souvent contradictoires, toujours nouvelles, sont parfois même ignorées des psychiatres. Des éclairages fascinants pour comprendre la condition humaine sont inconnus des lecteurs français. *Les Nouveaux Psys* remédient à cette injustice.

Les grands enjeux de la psychologie moderne

Ce qui se cache dans la « boîte noire » est, depuis l'Antiquité, l'un des grands enjeux du savoir. Et, contrairement à Socrate, Platon ou Aristote, premiers explorateurs de nos facultés mentales, les psys disposent aujourd'hui d'instruments de connaissance pour aller beaucoup plus loin. Mais la science ne produit pas de vérité absolue. Elle doit rester modeste car faillible, et prudente car manipulable. N'a-t-on pas parlé à tort d'un « gène de la délinquance » ou d'une origine génétique de la pédophilie?

L'autre grand danger qui menace tout scientifique est l'utilisation idéologique ou politique de ses travaux. *Les Nouveaux Psys* suscitent plusieurs débats d'importance. Entendons-les avant de les juger. En France, l'anathème précède trop souvent la controverse.

– Quelle est la part de l'inné et de l'acquis?

– Où est la véritable influence des parents sur les enfants?

- Qu'est-ce que l'intelligence ?
- Peut-on réduire l'esprit au cerveau ?
- L'homme est-il naturellement bon ?
- *Quid* de la liberté de l'homme ?
- L'utilisation d'explications génétiques en psychologie est-elle dangereuse ?
- Les politiques d'éducation ou des politiques publiques peuvent-elles utiliser/instrumentaliser la psychologie ?
- L'application des théories darwiniennes à la psychologie est-elle politiquement correcte ?
- Quel est le véritable impact des psychothérapies ?
- Quelle est la vision de l'homme derrière ces théories ?
- Comment peut-on éduquer nos enfants ?

Un choix difficile

En 2002, Steven Haggbloom et une équipe de dix chercheurs [3] de l'université de l'Arkansas dressèrent une liste des cent psychologues les plus éminents du XXe siècle [4]. Sur quelles bases établirent-ils leurs critères d'« éminence » ? À la fois sur des critères quantitatifs (le nombre d'occurrences du nom de ces psys dans les principaux manuels et les plus prestigieuses revues de psychologie, ainsi qu'un questionnaire envoyé à plus de mille professionnels) et sur des paramètres qualitatifs (titres honorifiques, utilisation de leur nom pour désigner une découverte).

Cette « liste Haggbloom » nous a été utile pour l'élaboration de notre nomenclature : sur les cent psys cités, la plupart ont aujourd'hui disparu, mais parmi les grandes figures encore vivantes, treize sont présents dans ce livre. Nous avons ensuite soumis un questionnaire à plusieurs personnalités françaises de la psychologie, de la psychiatrie et des neurosciences pour compléter notre nomenclature.

Comme toute sélection, notre choix est imparfait. Certains auteurs n'ont pas pu répondre à nos questions. Des regrets, nous en avons : Mihaly Csikszentmihalyi (figure de proue de la psychologie positive), le

---

3. Renee Warnick, Jason E. Warnick, Vinessa K. Jones, Gary L. Yarbrough, Tenea M. Russell, Chris M. Borecky, Reagan McGahhey, John L. Powell III, Jamie Beavers et Emmanuelle Monte.

4. « The 100 most eminent psychologists of the 20th century », *Review of General Psychology*, 6, 2000, p. 139-152.

physiologiste Giacomo Rizzolatti (et ses « neurones miroirs ») ou encore Francis Crick, prix Nobel de médecine, qui questionne les fondements biologiques de la conscience. Nous assumons ces lacunes, sachant que ce livre n'est ni une encyclopédie, ni un dictionnaire, ni le résultat d'un quelconque palmarès, mais un échantillonnage et un « digest » de la psychologie contemporaine.

Du maître à l'apprenti

Voici donc trente-sept « nouveaux psys », figures de la psychologie « moderne » ou « scientifique ». Ils sont jeunes, parfois moins jeunes comme le toujours actif Aaron Beck, 88 ans, récent lauréat du prix Lasker – l'équivalent du prix Nobel en psychologie ! Nous sommes allés à leur rencontre pour qu'ils se racontent et nous racontent ce qu'ils avaient découvert.

Renouant avec la tradition médiévale qui voulait qu'un apprenti aille chercher le savoir auprès d'un maître, nous avons demandé à de jeunes psys d'aller les interroger. Ils ont pris l'avion ou le train pour s'entretenir avec eux, découvrant leur université, leur laboratoire, le fatras de leur bureau et parfois même leur domicile. Grâce au dialogue, toute cette mémoire vivante est ici restituée dans sa spontanéité et sa chaleur.

Cerveau ? Esprit ? Psychisme ?

De quoi parle-t-on au juste ? Si nous avons privilégié le mot « esprit », il n'a pas ici le sens surnaturel ou religieux qu'on lui prête parfois. Il décrit simplement l'ensemble des activités mentales et s'oppose à l'organe qui les produit, le cerveau. Les Anglais disposent d'une plus grande richesse lexicale, rien de moins que quatre mots pour désigner la chose : *brain*, le cerveau, *mind*, l'activité du cerveau, *spirit*, au sens spirituel, et *soul*, dont la connotation religieuse l'emporte.

Derrière ces nuances sémantiques se joue une guerre théorique, opposant *dualistes* et *matérialistes*. Les *dualistes* considèrent, avec Descartes, que le corps est une « machine » gouvernée par l'action d'un esprit immatériel : en l'homme, deux mondes séparés cohabitent. En revanche, pour les matérialistes, dont Spinoza, le cerveau et l'esprit sont les deux faces d'une même réalité. Et il n'est pas question de primauté de l'esprit sur le corps.

Pour la plupart, nous sommes encore aujourd'hui de grands dualistes qui s'ignorent. Enfants de Descartes, nous pensons vivre à bord d'un

« corps-machine ». Alors que, malgré leurs nombreuses divergences, les chercheurs en psychologie s'accordent aujourd'hui à penser le corps et l'esprit comme les deux faces d'une même médaille. Dans la philosophie et la culture orientales, la distinction corps-esprit n'a d'ailleurs pas cours.

Reste que la notion même d'esprit a été contestée. Par les béhavioristes (ou comportementalistes) qui, à la suite de John B. Watson [5], ont évité cette notion si difficile à cerner : « *Les termes de conscience, état d'esprit et esprit sont à bannir* », pour lui préférer cet objet d'étude observable et modifiable : le comportement[6]. Comme le philosophe Daniel Dennett le fait remarquer, le mot « esprit » désigne des réalités si diverses (intelligence, pensée, émotions, mémoire, etc.) qu'il fait écran au réel. On peut néanmoins trouver avantage à cette polysémie. C'est en tout cas notre parti pris.

Les sciences de l'esprit

Les sciences de l'esprit répondent à des questions que l'humanité se pose depuis des millénaires et que les philosophes de la Grèce antique furent les premiers à formaliser, s'intéressant à la mémoire, à l'apprentissage, aux rêves. Descartes fut bien plus tard l'un des plus éminents promoteurs de la psychologie, posant des questions essentielles comme celles du rapport corps/esprit ou du débat entre l'inné et l'acquis. D'autres philosophes, Locke, Kant, Stuart Mill et Comte, continuèrent à préparer le terrain. Mais c'est seulement dans la seconde moitié du XIXe siècle que la psychologie a vu le jour, en particulier avec Wilhelm Wundt, premier titulaire d'une chaire de psychologie (à Leipzig) et fondateur du premier laboratoire de psychologie[7]. Au départ, ce sont des physiologistes qui dominent cette discipline, du moins en Allemagne et

5. Psychologue américain (1878-1858), il est l'un des fondateurs du béhaviorisme ou « étude du comportement ». Ce mouvement est né d'une vigoureuse opposition à ce que Watson a appelé le « mentalisme », l'explication de conduites observables par des entités mentales, simplement inférées à partir du comportement : la volonté, la générosité, la pulsion, etc. Pour plus de détails, voir le chapitre sur Walter Mischel.

6. Ces mêmes béhavioristes, et leur autre grande figure, B. F. Skinner, ont pourtant, bien plus tard, intégré de nouveau les problèmes de l'esprit et du langage, sous une autre forme.

7. À vrai dire, la psychologie n'a pas été créée brusquement par Wundt en 1879, même si cette date est souvent citée comme point de repère. Wundt a eu pour prédécesseurs Weber, von Helmholz, Fechner…

aux États-Unis [8]. Au fil du temps, différentes écoles apparaissent de par le monde : William James [9] et les fonctionnalistes, Freud et les différents courants de la psychanalyse, les « béhavioristes » ou comportementalistes, les « psychologues de la forme » (*Gestalt*), les cognitivistes, les neurophysiologistes, les neuropsychologues, etc. Chacun apporte son point de vue et sa pierre à l'édifice.

Pendant des années, discipline balbutiante, la psychologie a progressé comme une suite d'intuitions, plus ou moins confirmées par l'observation : on étudiait les comportements (l'hystérie, la phobie) et on leur attribuait des mécanismes spéculatifs (par exemple, la neurasthénie qu'on appelle aujourd'hui « dépression » serait – hypothèse freudienne – causée notamment par la masturbation). À mesure que son caractère scientifique s'affirmait, la psychologie a révisé ces raisonnements expéditifs et entrepris de tester ses hypothèses de façon soigneuse et systématique. Car un énoncé scientifique doit pouvoir supporter l'argumentation d'hypothèses contradictoires : c'est le *principe de réfutabilité* énoncé par Karl Popper [10].

Mais rien ne s'est fait de façon linéaire. Le cours de la psychologie est jonché de contradictions, émaillé de ruptures.

Bien qu'elles soient encore des disciplines juvéniles à l'échelle de la science, la psychologie et les neurosciences dessinent une vaste nébuleuse, étonnamment active. Dans leur sillage, notre vision de l'homme et de son identité est régulièrement remise en cause.

Préparons-nous au grand bouleversement : dans les dix ans à venir, nous disent nos « nouveaux psys », on aura accompli plus de chemin que durant les trente années qui viennent de s'écouler.

Catherine Meyer

---

8. En France, ce sont des agrégés en philosophie – Théodule Ribot, Pierre Janet, Georges Dumas – qui vont assurer à la psychologie son autonomie par rapport à la philosophie (les deux derniers firent également des études de médecine).

9. William James (1842-1910) est le père de la psychologie aux États-Unis. Il est l'auteur d'un manuel de 1 400 pages, paru en 1890, qui faisait une brillante synthèse des connaissances de l'époque en matière de psychologie.

10. L'épistémologie (du grec *épistémê*, science) est l'étude critique des sciences. Karl Popper proposa des critères, aujourd'hui largement admis, pour savoir si une discipline pouvait accéder au statut de « science » ou si elle était une « fausse » science, une pseudoscience (par exemple l'astrologie ou la psychanalyse).

1. Les origines

« L'ESPRIT RÉSIDE LÀ OÙ LE MONDE INTÉRIEUR ET LE MONDE EXTÉRIEUR ENTRENT EN CONTACT. »

NOVALIS

NOUS N'ALLONS PAS LE CRIER SUR LES TOITS, mais les grands singes sont des membres de notre famille : 98,7 % de gènes communs[1] font d'eux nos proches cousins. Pourtant, c'est une évidence, un monde nous sépare. Certes… mais où se situe au juste la frontière ?

« Dans l'esprit », répondront spontanément la plupart d'entre nous. Oui, mais plus précisément, qu'est-ce qui, dans les facultés de l'esprit, est le « propre de l'homme » ? Le langage ? On l'a longtemps prétendu. Jusqu'à ce que, dans les années 1970, des chercheurs[2] montrent que, si les chimpanzés ne parlent pas, ce n'est pas à cause de leur moindres capacités intellectuelles, mais parce que leur appareil phonatoire est moins développé que le nôtre. Ainsi certains singes sont-ils capables d'apprendre un langage fait de signes, proche de celui des sourds-muets. N'a-t-on pas observé un chimpanzé ignorant le signe « canard » construire un nouveau symbole composé du signe « oiseau » et du signe « eau » ?

Si ce n'est pas le langage, alors la culture est sans doute ce qui nous distingue de ces êtres qui ne vivent que dans l'instinct et n'ont pas évolué depuis des millénaires. Mais, là aussi, de récentes découvertes montrent que notre prétendue différence culturelle n'est pas ce que l'on croit : dans l'île de Koshima, au Japon, certains macaques ont appris à laver les patates

1. De manière plus précise, 98,7 % des 3 milliards de paires de base formant notre double hélice d'ADN sont identiques à celles du chimpanzé. (Source : *Nature*, septembre 2005.)
2. Allen et Beatrice Gardner en 1969, puis Ann et David Premack en 1972.

douces que leur donnaient les scientifiques et ont transmis leur invention à leurs congénères[3].

Soit, mais si la culture et le langage ne sont pas le propre de l'homme, il y a tout de même une dimension morale qui échappe totalement à ces semblants d'humains. Ils sont cruels et incapables d'éprouver de la compassion. Faux! répond Frans de Waal, les grands singes sont doués d'empathie et d'altruisme, même à l'égard d'un animal qui ne fait pas partie de leur espèce. Et au final, en observant le chimpanzé, son sens politique, ses tendances à former des coalitions, ou bien le bonobo, qui résout les conflits par des activités de nature sexuelle, on en vient à relever plus de ressemblances que de différences entre les primates et l'espèce humaine.

Les psychologues feraient bien d'aller un peu plus au zoo ou de regarder des films sur les animaux, note Frans de Waal avec une pointe d'humour.

Reste que, comme le dit Steven Pinker, c'est nous qui tournons des films sur les singes et non l'inverse. Mais n'oublions jamais que, jusqu'à un certain point, l'esprit n'est pas l'apanage de l'homme, et que, même si nous avons peint la Joconde et construit des fusées pour aller sur la lune, nous n'avons pas perdu tout lien avec la nature, ni avec nos plus proches cousins, les singes.

---

3. Le macaque japonais, appelé «singe des neiges». Bien qu'appartenant à la même espèce, chaque groupe acquiert sa propre culture au gré des découvertes et en fonction de l'environnement dans lequel il évolue.

Frans de Waal

Frans de Waal en quelques dates...

1948 : Naissance aux Pays-Bas.

1977 : Doctorat de biologie, université d'Utrecht.

1982 : Parution de *La Politique du chimpanzé*, véritable best-seller.

1996 : Parution des *Bases naturelles de la morale*, son premier ouvrage consacré à l'empathie et à la morale chez les animaux.

2006 : Directeur du Living Links Center (université Emory, Atlanta).

Frans de Waal en quelques titres...

1989 : Prix littéraire du *Los Angeles Times* pour *De la réconciliation chez les primates*.

2005 : Prix Arthur W. Staats, décerné par l'APA, en 2005.

Membre de l'Académie nationale des sciences américaine, de l'Académie royale des sciences néerlandaise et de la Société japonaise pour la promotion de la science.

Nous ne descendons pas du singe, nous *sommes* des singes

Par Cédric Routier

Combien d'entre nous ont approché un singe en liberté ? Combien se sont plongés dans ce regard sauvage et ont senti vibrer leur animalité ? Frans de Waal est de ceux-là. Chez les singes, il est allé chercher nos racines. Et, de la politique à la psychologie, aucune de nos certitudes n'en ressort indemne. Bienvenue au royaume des chimpanzés et des bonobos, ces proches cousins qui forment un lien vivant avec nos lointains ancêtres.

Avec *La Politique du chimpanzé*[1], en 1982, le jeune primatologue devient incontournable. Le livre est recommandé jusqu'à la Chambre des représentants américaine. Un joli succès pour l'enfant qui remplissait des seaux d'eau pour élever des anguilles. Qui recueillait des étourneaux, fasciné, comme Mozart, par leurs chants surprenants. Alors quand il doute, vacille entre maths et physique, sa mère, elle, n'hésite pas : l'enfant qui aime les animaux doit choisir la biologie. Les années passent, il est conquis par les grands singes au zoo d'Arnhem

1. F. de Waal, *Chimpanzee Politics. Power and Sex among Apes*, Londres, Jonathan Cape, 1982, trad. *La Politique du chimpanzé*, Monaco, éditions du Rocher, 1987.

(Pays-Bas). Là-bas, il croise le regard des chimpanzés : « *Quand cette chose se produit la première fois, pas comme visiteur d'un zoo mais en étant plus proche d'eux, vous prenez conscience... des profondeurs de leur personnalité. C'est comme un choc.* » Un choc qui le pousse à leur consacrer ses travaux futurs. Il étudie surtout réciprocité, coopération et réconciliation chez les primates.

Il réhabilite aussi le bonobo, notre proche parent. Plus proche encore, à ses yeux, que le chimpanzé. Quand celui-ci bataille et calcule, le pacifique bonobo prêche pour la paix sociale. Sa manière de l'entretenir ? Une sexualité sans tabou. C'est d'ailleurs un point sur lequel de Waal, amusé, tient bon : il refuse de gommer cet aspect dans ses travaux. Quelque part entre le chimpanzé querelleur et le placide bonobo, il installe notre humanité. « *Je trouve ça amusant, "l'évolution sans animaux", parce qu'on veut en quelque sorte adopter Darwin – un naturaliste qui adorait les animaux – et sa pensée, mais sans toutes ces créatures poilues auxquelles on ne veut pas être associés* » : il répond ainsi à ceux qui veulent oublier les origines de nos sociétés, de notre psychologie. Notre sympathie pour les autres, nos luttes de pouvoir, notre culture : autant de points communs avec les grands singes, jamais de différences.

Ce scientifique poursuit depuis toujours *Le Singe en nous* [2]. Aujourd'hui, il questionne la frontière entre nos émotions et celles de nos cousins primates. Entre notre morale et celle d'autres animaux. Mais y a-t-il vraiment lieu d'en établir une ?

---

2. F. de Waal, *Our Inner Ape. A Leading Primatologist Explains Why We Are Who We Are*, New York, Riverhead, 2005, trad. *Le Singe en nous*, Paris, Fayard, 2006.

Que nous apprend Frans de Waal ?

Cher lecteur, cher primate...

Frans de Waal est l'homme d'un certain regard sur la nature. Un observateur attentif des animaux. Face à la complexité des primates [3], de Waal nous ouvre les yeux. Nous *sommes* des primates, ils sont les « chaînons vivants [4] » avec notre ancêtre commun. Notre parenté avec les grands singes (orangs-outans, gorilles, chimpanzés et bonobos : on parle aussi d'*hominoïdes*) n'est pas une vue de l'esprit. Elle est inscrite dans nos gènes (identiques à 98,7 %). Elle se lit sur leurs visages. Plus encore avec nos deux plus proches cousins, les chimpanzés et les bonobos. Certes, de Waal refuse l'anthropomorphisme *naïf* : évitons de ne concevoir les choses que de notre point de vue d'humain et de prêter aux animaux des intentions trop élaborées sans preuves réelles. Inutile, comme il l'écrit, de se demander si les gorilles songent à l'au-delà. Mais notre proximité

3. « Primates » est le nom donné à l'ordre dont notre espèce fait partie (comme il existe des carnivores, des rongeurs, etc.). Notre ordre comprend 240 espèces, que l'on classe en : *hominidés* – nous, les « grands » singes (*apes* en anglais), les gibbons et les siamangs (ces deux-là sont dits *hominoïdes*) ; les singes du Vieux Continent (l'Afrique), comme les babouins et les macaques, et ceux du Nouveau Continent (Amérique du Sud), tels les singes capucins et les ouistitis (tous sont dits *monkeys* en anglais) ; et les prosimiens, essentiellement les lémuriens.

4. « *Living links* » en anglais : l'expression joue bien sûr avec la notion de « *missing link* », le chaînon manquant. Le Living Links Center, où travaille Frans de Waal, tient son nom de cette insistance sur notre parenté avec les grands singes.

biologique avec les singes existe : les rapprochements doivent être la règle, plutôt qu'une exception qu'on dénonce. Il revendique aussi l'*animocentrisme* : on peut essayer de prédire, *du point de vue de l'animal*, ce qu'il va faire et pourquoi. La science entre en jeu, teste ces hypothèses et nous en dit plus long sur nos origines. Ainsi, là où tout indique qu'un grand singe cherche à « faire une farce », la position la plus raisonnable consistera à l'en croire capable. Le scientifique éclairé récolte souvent des observations contraires à nos croyances, comme de Waal l'illustre abondamment. Il réhabilite ainsi des cousins trop longtemps... singés.

Pourquoi les bonobos ?

Autre spécificité de Frans de Waal : sa passion pour les bonobos. Certes, il établit d'abord sa renommée avec les chimpanzés, en décrivant les rouages de leurs intrigues politiques et en questionnant la provenance des nôtres. Mais il découvre ensuite les bonobos et s'aperçoit qu'ils sont aussi proches de nous que les chimpanzés ; or ces deux espèces diffèrent nettement. Pour mieux comprendre notre identité, de Waal se penche donc sur chacune d'elles.

Notre nature humaine est une alchimie entre le chimpanzé, querelleur et revanchard, et le bonobo, pacifiste à la sexualité débridée. Quelque part entre ces deux pôles, nous prenons notre place. Pour le pire comme pour le meilleur : calculateurs comme les chimpanzés, amicaux comme un bonobo peut l'être ; capables d'une violence inouïe, ou d'une compassion sans bornes. Les deux espèces ont aussi de vrais points communs : elles sont d'impressionnantes utilisatrices d'outils ; elles possèdent de véritables *cultures*, qui varient d'un groupe à l'autre ; et même si la question est débattue, les rudiments du langage leur sont accessibles. Avec peut-être un léger avantage aux bonobos.

Dès lors, pourquoi ne pas remettre en cause de vieilles frontières ? C'est exactement ce que de Waal propose. Ses observations sont confondantes.

Guerres et paix

Son message est clair : les racines de nos comportements, si élaborés soient-ils, sont présentes chez les grands singes. À commencer par notre vie sociale.

En matière de politique et de luttes de pouvoir, les chimpanzés sont d'une intelligence stupéfiante. Les relations « triangulaires », où trois individus qui cherchent le pouvoir s'allient et se trahissent, n'ont pas de secrets pour eux. Une anecdote édifiante : l'alliance de Nikkie et Yeroen contre Luit. Nikkie est un jeune mâle brutal qui cherche à être chef du groupe (ou *mâle alpha*). Yeroen est un vieux mâle calculateur, détrôné par Luit. Et Luit est l'actuel mâle alpha. De Waal raconte comment, après plusieurs mois d'intrigues, Luit sera massacré en pleine nuit par les deux autres. Yeroen deviendra l'éminence grise de Nikkie, finalement parvenu au sommet. Ils n'auraient jamais pu agir seuls. De Waal reconnaît aux chimpanzés l'art subtil de la coalition.

Il est toujours question de stratégies individuelles chez les chimpanzés. Chaque individu a une place dans la hiérarchie, une personnalité, un but, qui déterminent des attitudes uniques, selon les situations. Les manifestations bruyantes d'autorité sont fréquentes. Les signes de rang sont affichés et bien visibles. Mais les hiérarchies implicites existent : une vieille femelle chimpanzé peut avoir plus d'autorité, au quotidien, qu'un jeune mâle fraîchement promu… La reconnaissance des hiérarchies, qui doit aussi être soutenue par l'acceptation générale, est en fait un gage de paix. De Waal souligne le paradoxe avec malice : paix et démocratie pourraient bien naître d'une hiérarchie qui est elle-même issue de l'affrontement. Même si Machiavel n'est jamais loin, et que conserver le pouvoir est un combat permanent. Les parallèles avec notre espèce n'ont rien d'imaginaire. Avec une différence de taille, certes : les stratèges simiesques ne cachent pas leur goût du pouvoir et de ses bénéfices.

Mâles et femelles ne gèrent pas les conflits de la même manière. Les mâles chimpanzés sont les maîtres de la « dissipation » : ils s'affrontent plus vite, plus fréquemment, mais mettent plus facilement fin aux conflits. Les femelles agissent pour la prévention des conflits et pour maintenir la paix : toutefois, une fois les hostilités lancées, elles s'apaisent plus difficilement. Leur solidarité de sexe est aussi plus marquée : faire front commun est nécessaire pour résister aux mâles plus individualistes – et plus costauds.

Quant aux bonobos, ils ont pour particularité un système matriarcal. Les femelles s'approprient la nourriture : c'est donc de leur bon vouloir que dépend l'accès des mâles aux ressources et aux femelles. Le statut des mâles y dépend du rang de leur mère et de rien d'autre : ils n'ont aucun avantage à perturber cet ordre social. Résultat : une société plus paisible, régie dans l'ensemble par les femelles. Et, pour cimenter le tout, l'omniprésence des contacts sexuels, qui apaise les tensions. Avec d'autres mœurs que celles des chimpanzés, les bonobos prouvent que nous avons aussi hérité d'une tendance à la paix et à l'échange harmonieux entre les sexes.

Une paix qui tient à la capacité à se réconcilier. Les deux espèces en sont dotées. Ainsi perdure un équilibre, plus précaire chez les chimpanzés, qui profite à tous. Équilibre qui conduit souvent à une forme d'égalitarisme : à chacun selon ses besoins, pourvu que le leader respecte certaines limites et que le groupe le soutienne – au moins en silence. Rien ne lui garantit mieux d'avoir ce soutien que d'être impartial ; protecteur avec les faibles ; en accord avec les sages ; et en bons termes avec l'autre sexe ! Sans qu'il n'oublie jamais que les signes visibles du pouvoir ne garantissent pas qu'on l'exerce vraiment...

Vers une conscience de l'Autre

En groupe, les chimpanzés établissent facilement la distinction entre « Nous » (le groupe) et « Eux » (tous les autres). Cela peut conduire à un déferlement de violence, une guerre sans merci entre bandes rivales. Mais cette distinction fonde aussi leur capacité à se mettre à la place de celui qui souffre.

Comme chez les humains, cette différence est construite socialement. Elle naît dans le groupe où le singe grandit. On a vu de jeunes chimpanzés, élevés ensemble, s'entretuer à l'âge adulte : ils avaient peu à peu formé deux bandes, puis occupé des territoires distincts. Leurs camarades de jeux étaient devenus des ennemis, parfois férocement massacrés. L'« autre » n'est alors plus rien qu'une cible sans valeur. Au-delà des frontières du groupe, la vie devient quantité négligeable. Sombres analogies avec notre espèce.

À l'opposé, les brassages entre groupes de bonobos voisins sont fréquents. Les mâles se pourchassent d'abord bruyamment, mais les femelles, souvenons-nous, mènent la danse. Elles établissent vite un contact rapproché avec les « autres ». Des contacts sexuels ont lieu, et les deux groupes, au départ étrangers, finissent par fusionner. Les mâles ne fraternisent pas complètement, mais la migration des femelles est un succès : de nouvelles amitiés sont nées, la paix sera maintenue. Sans que le sang soit largement versé ; simplement, par l'échange et le métissage.

Notre ancêtre commun ne nous a donc pas transmis qu'une nature violente, agressive. Oui, cette tendance existe ; mais le bonobo démontre que nous sommes aussi, potentiellement, des faiseurs de paix. Nos parents proches apprennent la réconciliation et l'entente cordiale dès le « berceau » : la mère assure au petit un lien affectif solide, mais l'expose aussi à un sevrage progressif. Elle lui apprend ainsi à tolérer la frustration ; à négocier avec un partenaire ; et à résoudre pacifiquement leur conflit d'intérêts. L'école de la vie... diplomatique. Pour de Waal, une leçon s'impose : « La dépendance mutuelle engendre l'harmonie. »

Même notre morale si « civilisée » n'est qu'une conséquence de l'empathie qui existe déjà chez les primates. L'empathie est cette capacité à se mettre à la place de l'autre : imaginer sa douleur, ce qu'il ressent, ce qu'il attend. Elle naît de l'aide réciproque au sein d'une famille, puis se porte sur d'autres membres du groupe. Ou sur des êtres très différents, tel cet oiseau qu'une femelle chimpanzé aida à décoller pour retrouver la liberté. L'empathie conduit des groupes de singes à consoler l'un des leurs, par exemple suite à une défaite. Les pleurs d'un humain, simulés ou réels, entraînent d'ailleurs la même réaction. Se mettre à la place de l'autre, c'est enfin percevoir autrement sa propre situation. Il devient naturel de s'appuyer sur cette identification pour agir et coopérer avec les autres. L'empathie intervient notamment dans la perception de l'injustice (voir l'entretien ci-dessous). Dans de nombreuses circonstances, chimpanzés et bonobos se comportent *exactement* comme s'ils imaginaient les intentions d'autrui : de Waal et l'étude des grands primates démontrent que c'est effectivement le cas.

Forts d'un savoir acquis sur nos si proches parents, il nous faut encore apprendre sur nous-mêmes pour choisir notre réponse à la question de Frans de Waal : « Le singe en nous, mais lequel ? »

Rencontre avec Frans de Waal

Paris sous le soleil, Paris dans la chaleur d'une canicule naissante. Chacun s'abrite comme il peut sous les ombres des Buttes-Chaumont. À l'affût de l'immeuble, je descends l'avenue puis m'engouffre sous un porche. C'est là que demeure cet Américain d'adoption, quand il séjourne dans la capitale. Le concierge me salue, il m'invite à monter, et je suis bientôt avec Frans de Waal. Il m'accueille dans un français fluide. L'appartement, sobre, a le bon goût de l'essentiel. Assis face à cet observateur chevronné, suis-je un primate limpide ?

Vous avez parlé de la nature bipolaire de l'homme, à la fois chimpanzé et bonobo. Comment cela se traduit-il dans le domaine politique et social ?

Il y a une conception avec laquelle je ne suis pas d'accord : nous serions par nature individualistes et compétitifs, et il serait nécessaire de construire une société basée sur la compétition. En fait, on oppose deux visions extrêmes : l'une selon laquelle on peut créer une société entièrement basée sur la libre entreprise et la compétition, une société très individualiste. Et l'autre – le vieil idéal communiste –, selon laquelle on peut créer une société entièrement basée sur la coopération *sans* compétition, où tout le monde, presque comme dans une fourmilière ou une termitière, contribue au bien du groupe. Or le communisme a échoué parce que les gens ne sont pas disposés à sacrifier tous leurs bénéfices au profit du groupe. Il faut leur accorder certains profits pour eux-mêmes et pour leurs enfants ; sans ces profits, ils ne veulent plus participer. C'est pour ça que le communisme n'a pas marché : l'absence de primes individuelles suffisantes pour le travail effectué.

Cela dit, à l'autre extrême, le capitalisme pur n'existe pas : même les sociétés dites *capitalistes* possèdent de nombreux services sociaux, alors même que, dans un système de « pur capitalisme », cela n'a pas de sens. Mais, étant donné nos origines de primates – notre passé de vie en groupe, de coopération, de réciprocité et finalement, dans notre cas, de développement d'une moralité –, une société purement basée sur la compétition individuelle ne peut pas exister. L'idéal du « *laissez les gens se faire concurrence, quelque chose de bon en sortira* » n'est pas en accord avec notre nature de primates qui veut que l'on soit connectés socialement, que l'on développe des liens sociaux et de forts systèmes de coopération.

Ma conception de la nature humaine, à mi-chemin des chimpanzés et des bonobos, a donc vraiment des implications politiques : elle ne s'accorde pas avec la perception des humains comme des individus purement compétitifs. À l'époque de Reagan et de Thatcher, beaucoup pensaient qu'on pouvait construire une société entièrement basée sur des principes compétitifs ; je pense que ce n'est pas viable.

Une de nos expériences récentes, avec Sarah Brosnan, portait sur l'équité. Le principe : nous récompensons des singes capucins, mais les récompenses ne sont pas les mêmes : l'une est très appétissante (des raisins), l'autre non (des morceaux de concombre). Les singes, normalement parfaitement disposés à travailler pour du concombre quand leur partenaire obtient aussi du concombre, refusent de travailler si l'autre obtient des raisins ! Nous appelons ça le *rejet d'une paie inégale* – l'*aversion de l'injustice* des économistes. L'objection des singes à la récompense inégale – du moins l'objection de ceux qui sont le plus « mal payés » ! – est une découverte intéressante : déjà chez

> « Il existe probablement, profondément enraciné dans notre nature, le désir d'une certaine égalité, d'une certaine démocratie, d'une certaine justice dans la récompense. »

les primates coopératifs, tels les singes capucins, on constate qu'ils scrutent *qui* reçoit *quoi* et en quelle quantité ; s'ils effectuent la même tâche, alors ils devraient obtenir la même récompense.

Chez les humains, nous appelons ça l'équité. Une société purement compétitive, où d'énormes inégalités peuvent coexister, n'apporte à la plupart des gens ni le bonheur ni la santé. Des scientifiques affirment aujourd'hui que l'injustice est en fait préjudiciable à la santé, parce qu'elle engendre des tensions et des stress. Actuellement, la santé des Américains est médiocre, alors que la société américaine dépense plus pour les soins médicaux que d'autres pays. La longévité des Américains est passée en dessous de celle des autres nations occidentales, et récemment des études ont montré que même la santé des individus riches et blancs n'était pas aussi bonne que celle d'un Anglais moyen.

Nos résultats sur l'injustice chez les singes donnent la même impression : il existe probablement, profondément enraciné dans notre nature, le désir d'une certaine égalité, d'une certaine démocratie, d'une certaine justice dans la récompense. Il ne s'agit pas d'une égalité au sens « communiste », mais plutôt de l'idée que les systèmes avec de forts degrés d'injustice ne sont pas viables à long terme.

Les grands singes ont-ils quelque chose à nous apprendre en matière de conflits, de paix et de maintien de la paix ?

Nous sommes bel et bien des primates agressifs. Cependant, mes études sur la résolution des conflits chez les primates indiquent que nous naissons aussi avec une tendance à maintenir les relations, à faire la paix, sélectivement, c'est-à-dire pas avec tout le monde ni chaque fois, mais à faire la paix tout de même. C'est une aptitude naturelle très intéressante, parce que cela signifie que nous devons surmonter notre hostilité : nous sommes agressifs, mais nous pouvons aussi faire taire cette tendance. Nous partageons d'ailleurs cette aptitude avec de nombreux primates : à un instant donné ils sont agressifs, l'instant d'après ils se réconcilient et s'embrassent.

Je ne suis pas sûr de la manière dont nous pouvons enseigner cette capacité à surmonter notre agressivité. La théorie principale, dans le domaine du comportement des primates, est *l'hypothèse des relations valorisées* : si vous accordez une valeur à une relation, la paix se fait ; mais sans valeur attachée à la relation, pas de paix. Autrement dit, vous faites la paix avec vos amis et les membres de votre famille plus facilement qu'avec les étrangers. C'est un type de raisonnement très logique : si vous voulez accroître l'état de paix, vous devez construire des relations précieuses aux yeux des gens. La communauté européenne, par exemple, est basée sur ces principes. Elle a été fondée au terme de plusieurs conflits : les gens ont décidé, dans un petit nombre de pays – six à l'époque – que pour connaître la paix en Europe, il fallait augmenter la valeur économique des relations. Ils ont donc créé des liens économiques entre leurs pays, dans l'espoir de réduire de futurs conflits ; et je pense que cela a marché en Europe.

Pour augmenter le pacifisme des enfants, par exemple, ou des adultes, faites-leur prendre conscience de la valeur de leurs relations. Ce n'est pas une tâche facile, ni simple ; vous aurez toujours, dans une société, certains groupes qui n'attacheront nulle valeur à leurs relations et qui s'entretueront.

Vous parlez de « personnalité » à propos des grands singes : comment la voyez-vous ?

La personnalité fait référence à la variabilité individuelle. Même chez les poissons, on parle aujourd'hui de « personnalité » : certains sont farouches, d'autres hardis. C'est la première dimension selon laquelle on classe d'habitude les animaux : extraverti ou introverti, hardi ou farouche. Chez les chimpanzés, la personnalité est très similaire à celle des humains et à ses distinctions. En classant les variations individuelles, vous obtenez presque les mêmes dimensions que chez les hommes, bien au-delà des simples notions de hardi ou farouche : généreux ou radin, agressif ou craintif, exigeant, calculateur... Tout un ensemble de catégories qui ne s'appliqueraient pas à un poisson !

« Pour augmenter le pacifisme des enfants ou des adultes, faites-leur prendre conscience de la valeur de leurs relations. »

Mais qui, très certainement, décrivent un chimpanzé. Les complexités de la personnalité sont telles qu'il n'y a pas deux chimpanzés semblables, pas plus que deux personnes ne peuvent être semblables.

Les grands singes sont-ils capables d'avoir une conscience de soi ?

Je ne sais pas ce qu'est la conscience. J'ai envie de vous répondre : dites-moi ce que c'est, et je vous dirai si les singes en sont dotés… Avec les humains, vous pouvez poser des questions – bien que je n'aie pas confiance dans les réponses données, mais qu'importe. Vous pouvez demander « êtes-vous conscients de ceci ou de cela », ou « vous souvenez-vous de… », et les interroger sur leur conscience de certains souvenirs et certains événements… Or c'est toujours très difficile avec les primates. Nous *avons* des tests de la conscience de soi – le test du miroir [5] –, mais un large débat existe sur sa signification : certains pensent qu'il signifie réellement une conscience de soi, et même un certain genre de réflexion sur soi ; d'autres, qu'il ne signifie rien.

Mon sentiment est que vous ne pouvez pas vivre une vie d'animal sans une certaine conscience de votre propre corps, de la façon dont il interagit avec l'environnement. Vous êtes un singe et vous grimpez sur une branche : il vous faut une certaine conscience de votre poids et de son action sur la branche. Vous l'avez apprise au fil du temps, on pourrait donc dire que le singe a une certaine conscience de lui-même et de son effet sur l'environnement. Si c'est cela la conscience de soi, alors les singes la possèdent. Si vous me dites que ce n'est qu'un comportement appris, nous devrons considérer d'autres points…

C'est donc un terrain mouvant : lorsque nous travaillons avec les primates, n'ayant pas d'accès direct à la conscience, nous ne disposons que du comportement observable. Nous sommes toujours coincés, et tout le monde n'est pas convaincu que ce que nous voyons ait grand-chose à voir avec la conscience. Tous les animaux ont besoin d'en avoir un certain degré. Mais est-elle autoréflexive, comme chez les humains – comme quand vous réfléchissez sur vos propres sentiments, pourquoi

5. Sous sa forme standard, ce test consiste à placer une tache de couleur sur le front d'un singe, à son insu, puis à lui tendre un miroir : mis à part les humains, seuls les grands singes parviennent, depuis l'observation de leur reflet, à nettoyer cette tache et à examiner ensuite leurs propres doigts tachés de peinture. Ils semblent être conscients que l'image dans le miroir est la leur.

vous en éprouvez certains et pourquoi vous devriez en éprouver d'autres, ou sur vos pensées? Impossible de savoir. Pour certains animaux peut-être, des animaux très futés, mais je n'ai aucun moyen de le prouver.

Quelles sont les implications de vos travaux pour la psychologie d'aujourd'hui?

J'ai toujours pensé que chaque département de psychologie devrait avoir un portrait de Darwin accroché au mur! *(Il rit.)* La théorie darwinienne est absolument cruciale pour la psychologie; à long terme, la psychologie doit s'associer à la biologie.

Cela crée un conflit très intéressant. En biologie, comme toute science naturelle, nous descendons d'Aristote. Il voyait une continuité entre les humains, les animaux et la nature. Darwin est un produit typique de l'évolution des sciences naturelles. Psychologie et sciences sociales viennent de la philosophie et celle-ci, à l'origine, de la religion. Aussi les sciences sociales, par tradition, ont-elles toujours eu une image de discontinuité : notre tradition religieuse occidentale affirme très clairement que les humains ont une âme et les animaux, malheureusement pas. La psychologie se situe donc à une sorte de carrefour : étant peut-être la plus empirique de toutes les sciences sociales – et, à un certain degré, elle apprécie la biologie et les neurosciences –, elle le devient un peu plus chaque jour; mais elle traîne encore cette ancienne façon de penser, selon laquelle les humains sont séparés des animaux.

Dans les départements de psychologie, les gens sont attirés par la biologie, par ses paradigmes, mais il leur faudrait reconnaître la continuité avec les animaux. De nos jours, dans certains des manuels de psychologie évolutionniste, on parle peu des animaux : on parle des humains, de leur évolution, de celle de leur comportement, mais les animaux sont comme laissés à l'écart.

La psychologie est donc dans une sorte de conflit. Je suis certain qu'elle est prête à adopter le paradigme évolutionniste et à faire de plus en plus de neurosciences. Mais la connexion avec les autres primates, notamment les similarités extrêmes entre humains et grands singes (génétiquement, nous sommes très proches des chimpanzés), crée une gêne. Il ne faut pas seulement que les psychologues deviennent plus évolutionnistes, mais aussi qu'ils aillent au zoo, observent les animaux, voient des films sur eux. Ils n'ont pas besoin de devenir des spécialistes des primates, mais qu'au moins les étudiants aient des cours qui leur expliquent le comportement animal. Cette tendance existe aux États-Unis, ce qui je crois n'est pas vrai pour la France, et en partie parce que, en Europe, les disciplines sont plus séparées. J'ai fait des études en biologie et je travaille en psychologie ; en Europe, c'est là chose étrange, pas autant aux États-Unis. Les frontières ne sont pas aussi claires : vous pouvez être biologiste *et* professeur de psychologie, et inversement, tout dépend de votre connaissance du domaine. Dans les pays européens, une fois que vous êtes dans une boîte, vous y restez. C'est dommage.

Pour vous, la relation de couple homme-femme est profondément ancrée dans notre nature. Pourriez-vous nous en dire plus ?

Nous parlons en biologie d'*union monogame*. Ce type d'union est très courant chez les oiseaux : beaucoup forment un couple, parfois pour leur vie entière. Mais c'est très rare chez les primates : seuls les gibbons, les ouistitis et les tamarins sont monogames. Là où nous, humains, différons de tous les autres primates – peut-être est-ce le trait le plus exceptionnel de la société humaine –, c'est en ce que nos familles vivent *au sein d'une société*.

Les autres primates qui vivent en famille, mâle et femelle, sont territoriaux. Ainsi, une famille gibbon – mâle, femelle et enfants – possède un large territoire et n'y laisse pénétrer personne. Elle ne s'intègre pas dans une société. Même chose chez beaucoup d'oiseaux : un mâle, une femelle, un nid, et personne ne peut s'approcher. Nous, humains, sommes très spéciaux : nous avons des familles, dont les membres sont complètement intégrés au reste de la société. Nous avons un peu de territoire – notre propre maison, notre jardin parfois –, mais c'est tout.

Cela signifie aussi que la famille doit être protégée. S'il n'y a pas un large territoire tout autour, il vous faut d'autres protections. Sinon, si tout le monde a des rapports sexuels avec tout le monde – en pleine rue, pour ainsi dire –, la famille se désagrège. C'est là que la moralité humaine entre en jeu : nous avons cerné la famille de codes moraux très forts, que l'on fait vigoureusement respecter. De nos jours, la religion est très impliquée dans la moralité ; mais je suis sûr qu'il y a bien longtemps, avant même la naissance des religions, il existait déjà des codes moraux dans les sociétés.

La famille nucléaire est un aspect captivant de notre société. Elle est aussi partie prenante du système moral. Notre raison de penser que c'est une très vieille institution de la société humaine est que... les testicules du mâle humain sont si petits! D'habitude, dans les sociétés primates aux mœurs très « légères » – comme chez les bonobos et chimpanzés, nos parents les plus proches –, les mâles ont de très gros testicules : chez le bonobo, compte tenu de son poids, dix fois plus que le mâle humain. Or en général, moins il y a de compétition entre mâles pour les mêmes femelles, plus les testicules sont petits. Prenons l'exemple du gorille : il maintient tout autre individu hors de son territoire. Il est donc le seul à s'accoupler avec les multiples femelles pendant la période où il est le chef du groupe. Et il a de tout petits testicules, car lorsqu'il s'accouple avec une femelle, son sperme est le seul qui la pénétrera. Il n'a *pour ainsi dire* pas à se soucier de compétiteurs mâles, qui s'accoupleraient avec les mêmes femelles et risqueraient de les fertiliser.

Dès qu'on est dans une société comme celle des chimpanzés et des bonobos, où de nombreux mâles s'accouplent avec de nombreuses femelles, on constate que les testicules sont plus gros : il devient important de produire plus de sperme que les autres mâles, et de meilleure qualité, pour que les chances de fertiliser les femelles soient plus élevées. Le fait que le mâle humain ait de petits testicules est donc vu comme un signe qu'il existe des relations de couple depuis fort longtemps dans la lignée humaine, des relations telles qu'un mâle est presque sûr d'être celui qui fertilise la femelle avec laquelle il a des contacts.

Autre argument lié lui aussi au physique : la faible différence de taille entre les hommes et les femmes. Si les mâles sont en compétition constante et intense pour les femelles, ils sont plus grands, bien plus grands que les femelles. Le mâle gorille en est un bon exemple : il est deux fois plus grand que la femelle, parce qu'il existe une compétition *très* intense. Si vous êtes un mâle et que vous essayez de monopoliser dix femelles, il y en a probablement neuf autres, au-dehors, qui espèrent avoir accès aux femelles... Vous avez donc intérêt à être le mâle le plus fort. De même pour les orangs-outans, les morses, les lions, les babouins... Un mâle humain à peine plus grand que la femelle est donc une autre indication que, depuis longtemps, il existe certains systèmes sociaux réduisant la compétition entre mâles. L'union monogame pourrait être ce système.

La famille humaine est donc un élément très intéressant de la société humaine. Si je devais identifier *la* différence entre notre société et celle, disons, des chimpanzés ou des bonobos, mon premier choix serait « le lien mâle/femelle ». La femelle chimpanzé et la femelle bonobo ne reçoivent aucune aide du mâle : cette dernière met un bébé au monde environ tous les six ans, elle ne peut en avoir plus car elle ne peut en élever plus – elle doit voyager, et d'habitude avec un jeune sur le dos, un bébé sur le ventre et nul mâle pour l'aider. Que les mâles donnent un coup de main à la vie de famille, voilà ce qui a permis aux femmes d'avoir un enfant tous les deux ans, pour ainsi dire, plutôt que tous les six ans. Ce pourrait bien être la raison pour laquelle les humains ont extrêmement bien réussi à peupler le monde. Nous sommes aujourd'hui six billions – ce qui n'est pas bon pour ce monde, mais c'est ainsi – et ce, en partie à cause de l'implication récente des mâles dans les soins aux enfants.

« Si je devais identifier *la* différence entre notre société et celle, disons, des chimpanzés ou des bonobos, mon premier choix serait "le lien mâle/femelle". »

Pensez-vous que nous sommes déterminés par nos gènes ?

Vous savez, il y a vingt ans, les médias ne parlaient pas de gènes ni de comportement. Par exemple, Ed Wilson – un pionnier de la pensée biologique appliquée aux humains, qui a introduit le terme *sociobiologie* – était férocement attaqué pour être un déterministe génétique, même si, je pense, il ne l'était pas. Il y avait alors une grande hostilité envers le déterminisme génétique.

À présent, nous sommes presque dans le cas contraire. La une du *Time Magazine* annonçait récemment « Le gène de Dieu » : comme s'il existait un gène pour la religion. Mais il ne pourra jamais y avoir un *seul* gène pour ça. Il est possible qu'il existe, dans la nature humaine, une place pour la religion, et que nous soyons prédisposés à attribuer des pouvoirs aux choses que nous ne comprenons pas – ce qu'est la religion. Je ne suis donc pas contre le fait de dire qu'être religieux fait partie de la nature humaine. Mais, tout comme pour créer le langage, il ne peut y avoir *un seul* gène en jeu. Les médias exagèrent le pouvoir des gènes.

Je soutiendrai toujours que les gènes ne peuvent rien par eux-mêmes : ils ne peuvent agir qu'en interaction avec l'environnement. L'interaction environnement/gène, pendant le développement, est absolument essentielle. Vous devez être généticien, écologiste comportemental et psychologue du développement, et combiner les trois, pour comprendre comment les gens deviennent ce qu'ils sont.

Il y a de l'apprentissage là-dedans, de la culture, de la nutrition, toutes sortes de choses pas forcément génétiques, mais qui ont un effet sur cette sphère. Ce n'est qu'une fois assimilée cette complexité que vous pouvez comprendre l'espèce humaine ; et, oui, les gènes font partie de ce mélange. Nous vivons dans une époque où les gens sont ouverts à cette possibilité, ce qu'ils n'étaient pas il y a vingt ans. Les gènes sont une part importante de cette vieille équation. Mais elle ne s'y réduit pas.

Sommes-nous foncièrement, par nature, des êtres moraux et sociaux ?

Nous naissons avec un ensemble de capacités automatiques, comme l'empathie et la sympathie. Il fut un temps, en biologie, où les experts insistaient sur l'évolution de la moralité en termes de bénéfices : ils disaient que l'on devenait « moral » parce que ainsi on était mieux considéré. C'est ce qu'on appelle *l'hypothèse de la réputation* : si vous êtes un être moral, tout le monde vous traitera mieux, et vous en tirerez des bénéfices. On essayait d'expliquer entièrement la moralité par l'analyse des coûts et des bénéfices : « Je pense que c'est une décision rationnelle d'être empathique ; je vois une femme tomber dans la rue et je l'aide, non parce que je veux l'aider, mais parce qu'elle ou les gens autour me seront peut-être reconnaissants d'agir ainsi. »

Je ne crois pas à cette idée. J'ai la conviction que nous naissons avec des tendances « précâblées » à l'empathie. Certes, nous n'y réagissons pas toujours, il y a des filtres, mais nous avons une tendance innée à être empathique avec les autres. On le sait parce que Dimberg a présenté aux gens des expressions faciales sur un écran, sans qu'ils soient conscients de les voir (elles n'étaient présentées que 20 ou 40 millisecondes) : le visage de ces gens imitait pourtant ces expressions, alors même qu'ils ne les percevaient pas consciemment ! Les travaux de Paul Ekman (voir p. 297 et suiv.) sont également pertinents pour ce genre de question. De la même façon, notre héritage de primates nous a légué une tendance à être réciproques, à rendre la pareille. À la fois dans un sens positif – nous sommes gentils envers quelqu'un qui l'a été avec nous ; et négatif – nous sommes vindicatifs avec quelqu'un qui a été méchant avec nous. Ces tendances sont elles aussi naturelles.

Je crois donc profondément à cette vieille idée de Westermarck, pour qui la moralité humaine peut être expliquée par l'évolution darwinienne : nous possédons un certain nombre de tendances naturelles que nous avons intégrées dans la moralité humaine. Je ne pense *pas* qu'un chimpanzé ou un bonobo soit un être moral au même titre que nous sommes moraux de manière *consciente* ; mais nombre des tendances intégrées dans notre moralité se trouvent déjà chez les grands singes. Ils atteignent au moins un certain stade de la moralité humaine. Peut-être celui que l'on trouve chez les jeunes enfants, qui manifestent de nombreuses tendances à l'empathie et à la réciprocité, mais pas encore assemblées en une vraie moralité.

Frans de Waal dans le texte...

«Le temps est venu d'envisager notre espèce par rapport au vaste terrain commun que nous partageons avec les autres formes de vie. Au lieu de nous obstiner à dire que nous sommes différents des animaux, nous pourrions redéfinir l'identité humaine autour de ceci : nous sommes des animaux ayant poussé fort loin certaines capacités. Les animaux et nous sommes à la fois similaires et différents, et la ressemblance est le seul cadre au sein duquel donner corps à la différence.»

Quand les singes prennent le thé, Paris, Fayard, 2001, p. 320.

«L'évolution a produit des espèces obéissant à des tendances authentiquement coopératrices. J'ignore si, en profondeur, les gens sont bons ou mauvais, mais je sais que croire que chacun de leurs actes est égoïstement calculé surestime les pouvoirs mentaux des humains, et à plus forte raison ceux des animaux.» *Ibid.*, p. 315.

«Nous sommes très forts pour comprendre ce qui se passe en coulisses sur notre lieu de travail et comprendre que nous conformer à la lettre à l'échelle sociale ne nous conduira nulle part. Il existe toujours des individus de rang supérieur qui n'ont aucune importance et d'autres de rang inférieur (comme la secrétaire du patron) dont on doit cultiver l'amitié. La structure formelle se renforce certes en périodes de crise, mais, dans l'ensemble, nous autres humains tendons à mettre en place un réseau moins rigide d'influences croisées. Nos "éminences grises" et "hommes de paille"

traduisent les mêmes complexités que celles qui entrent en jeu dans une colonie de chimpanzés. » *Le Singe en nous*, Paris, Fayard, 2005, p. 104.

« Lors de moments chargés d'intense émotion, les grands singes peuvent se mettre dans la peau d'autrui. Peu d'animaux ont cette capacité. [...] C'est ce trait qui rend les singes anthropoïdes tellement plus semblables aux humains. Qu'est-ce qui distingue alors ces deux espèces des autres ? Une part de la réponse réside peut-être dans une plus grande conscience de soi, car il existe une autre distinction, connue depuis plus longtemps même que la consolation. Les grands singes sont les seuls primates, nous exceptés, à reconnaître leur image. » *Ibid.*, p. 233.

« Nous avons la chance d'avoir en nous non pas un, mais deux singes ; ensemble, ils nous permettent de construire une image de nous-mêmes infiniment plus complexe que celle que nous renvoie la biologie depuis un quart de siècle. Il est temps de réviser le portrait qu'elle trace de nous, individus purement égoïstes et mesquins, à la morale illusoire. Si nous sommes essentiellement des singes [...], nous naissons avec une large gamme de tendances, allant des plus viles aux plus nobles. Loin d'être une création de l'imagination, notre morale découle du processus de sélection qui a façonné notre côté compétitif et agressif. » *Ibid.*, p. 297.

Principaux ouvrages de Frans de Waal

Chimpanzee Politics. Power and Sex among Apes, Londres, Jonathan Cape, 1982, trad. *La Politique du chimpanzé*, Monaco, éditions du Rocher, 1987.

Peacemaking Among Primates, Cambridge, MA, Harvard University Press, 1989, trad. *De la réconciliation chez les primates*, Paris, Flammarion, 1992.

Good Natured. The Origins of Right and Wrong in Humans and their Animals, Cambridge, MA, Harvard University Press, 1996, trad. *Les Bases naturelles de la morale*, Paris, Bayard, 1997.

The Ape and the Sushi Master, New York, Basic Books, 2001, trad. *Quand les singes prennent le thé*, Paris, Fayard, 2001.

Our Inner Ape. A Leading Primatologist Explains Why We Are Who We Are, New York, Riverhead, 2005, trad. *Le Singe en nous*, Paris, Fayard, 2006.

AU CŒUR DE LA PENSÉE MODERNE : Darwin et sa théorie de l'évolution. On a dit qu'avec Galilée l'homme avait subi une première vexation, d'ordre cosmogonique : il découvrait soudain qu'il n'était plus le centre de l'univers. Avec Darwin, l'homme apprend qu'il descend du singe. C'est la deuxième vexation, ontologique cette fois : nous sommes le fruit d'une évolution de plusieurs millions d'années et non la création d'un Dieu qui aurait façonné Adam ex nihilo, *en mêlant un peu de terre à sa salive.*

Depuis quelques années, la théorie de l'évolution a fait une entrée fracassante dans le champ de la psychologie. Pour les psychologues « évolutionnistes », la nature n'a pas seulement sélectionné les caractéristiques biologiques utiles à notre survie et à notre reproduction, elle a aussi privilégié certaines caractéristiques psychologiques. Tout comme notre corps, l'esprit humain est organisé en mécanismes nécessaires à notre existence. Prenons un exemple très simple : la peur. À quoi sert-elle ? C'est une émotion indispensable à la survie de l'espèce : ne pas avoir peur des serpents, des araignées, du vide, de l'obscurité, c'est se mettre en danger. Cette peur n'est pas apprise, mais gravée dans notre « disque dur ». Jusque-là, tout le monde est à peu près d'accord. Mais, très vite, on rejoint des terrains plus glissants, du côté de ce qu'il faut bien appeler une nouvelle version de la « nature humaine ». Et il arrive que certaines thèses des psychologues évolutionnistes – par exemple sur le désir sexuel, sur la différence homme/femme, ou encore la théorie décapante du très controversé Richard Dawkins sur le gène égoïste – soient très incorrectes, psychologiquement comme politiquement. Certains détracteurs reprochent aux « évolutionnistes » de chercher une utilité à chacune de nos caractéristiques psychologiques. Peut-on rendre compte de tout, par exemple du sens inné de l'orientation chez l'homme ou de l'attrait des femmes pour les bijoux ? Enfin, d'autres se demandent jusqu'à quel point ces mécanismes spontanés déterminent notre comportement. À ces questions, les réponses sont beaucoup plus subtiles qu'on ne l'imagine : rien ne sert de réduire, il faut comprendre à point.

Steven Pinker

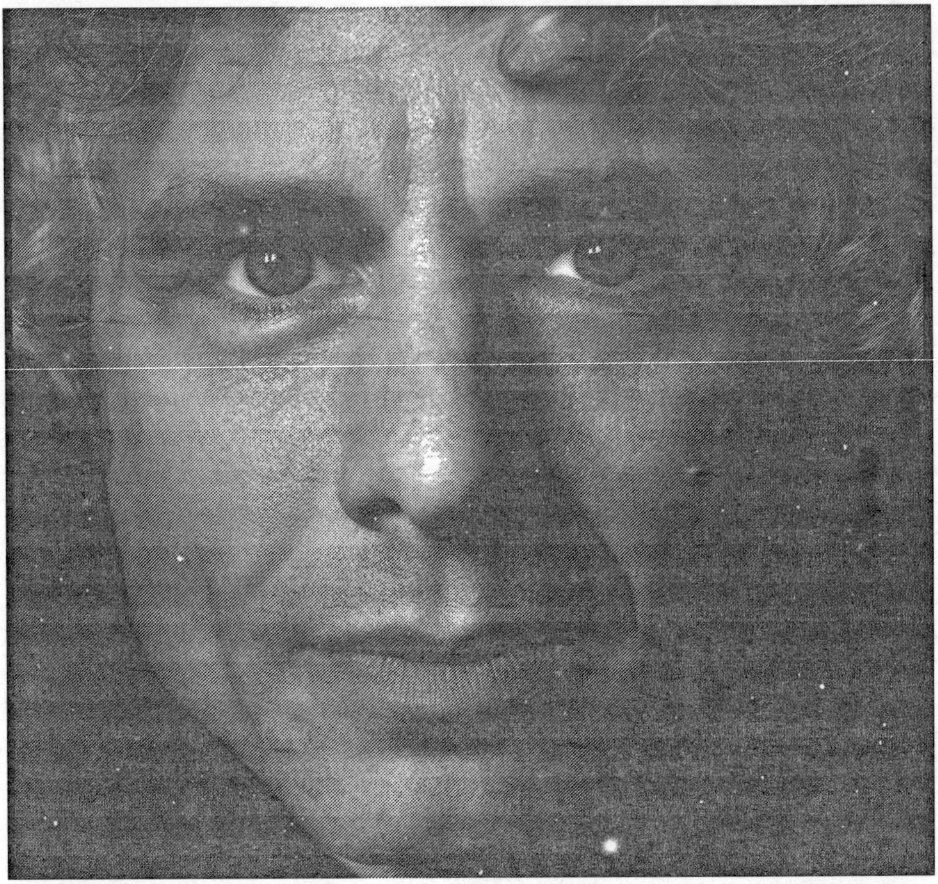

Steven Pinker en quelques dates...

1954 : Naissance à Montréal, Canada.

1979 : Doctorat décerné à Harvard.

1994 : Parution de *L'Instinct du langage*.

2003 : Retour à Harvard, où il enseigne depuis plus de vingt ans au MIT.

2007 : Parution de *The Stuff of Thought*.

Steven Pinker en quelques titres...

1993 : Titulaire du prix Troland de l'Académie nationale des sciences américaine.

1984 : Prix de la distinction scientifique pour sa contribution précoce à la psychologie, décerné par l'APA.

1986 : Prix McCandless du jeune scientifique décerné par l'APA.

2004 : Classé par le *Times* parmi les « 100 personnes les plus influentes dans le monde d'aujourd'hui ».

2006 : Élu humaniste de l'année par l'Association humaniste américaine.

Notre psychologie est l'aboutissement de millions d'années d'évolution

Par Cédric Routier

Physique de rock star, sourire franc, port de *teenager* et bottes de cow-boy... On se prend à imaginer que l'homme est le digne successeur de Robert Plant [1] ! Mais, par-delà cette allure qui ne peut laisser indifférent, Pinker allie le très utile à l'agréable : il est aujourd'hui l'un des fers de lance de la psychologie évolutionniste, ce courant qui étudie l'esprit dans la perspective de la théorie de l'évolution. Et il a pour fétiche un trait majeur de notre « humanité » : le langage.

Né à Montréal, Steven Pinker quitte l'université anglophone de McGill pour Cambridge afin d'y obtenir son doctorat. Il s'inscrit déjà fermement dans la psychologie expérimentale, travaillant sur la « cognition visuelle », notre capacité à imaginer des formes en trois dimensions, à visualiser des images ou à nous concentrer sur les aspects visuels d'une scène. La majeure partie de sa carrière se déroule entre Harvard et le

1. Chanteur charismatique des *Led Zeppelin*, groupe mythique des années 1970.

Massachusetts Institute of Technology (MIT), deux lieux symboliques qui catalysent l'intérêt qu'il porte au langage depuis sa jeunesse : il y entreprend des recherches, auprès des enfants, sur le développement et les mécanismes d'apprentissage du langage. Ce sont en particulier la grammaire et les règles linguistiques qui stimulent sa réflexion, à l'exemple de ses prédécesseurs, tel Chomsky (voir p. 166).

Mais c'est essentiellement après 1994, avec la sortie de *L'Instinct du langage* [2], que Pinker présente au public le ciment théorique qui lie désormais tous ses travaux : le langage est une adaptation biologique, un produit de l'évolution. Notre esprit aussi. Et, *justement* parce que des raisons biologiques nous ont fait tels que nous sommes, l'étude du langage est une porte ouverte sur la nature humaine : elle nous révèle la structure et le fonctionnement de l'esprit. Par cette voie, depuis les jurons jusqu'à la conjugaison des verbes, notre rapport au monde devient accessible à qui sait le traquer. Sur ce terrain, Steven Pinker est un chasseur hors pair. À travers des anecdotes savoureuses, il illustre la démarche du chercheur et nous conduit au cœur des mécaniques de l'esprit, révélées par nos expressions. En intégrant les recherches qu'il évoque dans un cadre global, celui de l'« *évopsy* [3] », il accomplit aussi un travail d'intellectuel responsable : donner à voir le monde différemment, et réfléchir sur la nature humaine, en nous armant pour mieux la comprendre.

---

2. S. Pinker, *The Language Instinct*, New York, Harper Collins, 1994, trad. *L'Instinct du langage*, Paris, Odile Jacob, 1999.

3. Expression consacrée pour évoquer l'« *evolutionary psychology* », la psychologie évolutionniste.

Que nous apprend Steven Pinker ?

L'évolution de notre psychologie

La psychologie évolutionniste (ou *évopsy*) est un paradigme[4] récent dans l'étude de l'homme : cela ne fait guère plus d'une vingtaine d'années que ses conceptions sont débattues avec ferveur. Et quelle ferveur ! Car le principe central de l'évopsy, auquel se range Steven Pinker, et qu'il réaffirme chaque fois qu'il en a l'occasion, est d'une simplicité fascinante et terriblement polémique : l'évolution de notre espèce nous a façonnés et nous avons hérité notre psychologie d'adaptations ancestrales à des environnements hostiles.

Comme toute espèce, l'espèce humaine est le produit d'une évolution dont le mécanisme général est celui de la sélection naturelle. Notre équipement actuel, donc notre cerveau et par extension toute notre psychologie sont le résultat de pressions environnementales, de contraintes que nos ancêtres ont connues en des temps largement révolus[5]. Ces environnements auxquels ont été confrontés nos ancêtres ont eu un impact direct sur notre lignée. Selon les psychologues évolutionnistes, même si le monde d'aujourd'hui n'a plus qu'un rapport lointain avec celui de nos parents très (très !) éloignés, c'est d'eux que nous tenons

4. Très simplement : un paradigme est un cadre de travail spécifique, auquel se réfèrent un certain nombre de gens à une époque donnée – et particulièrement certains chercheurs.

5. On parle d'Environnement d'évolution adaptative pour désigner cette période, ou EEA : entre -1 million d'années et 10 000 ans avant nos jours.

l'ensemble des gènes qui caractérisent l'être humain (on parle de *pool génétique*)... et tout ce que ces gènes déterminent. Y compris nos capacités à percevoir, nous souvenir, raisonner, décider, agir et utiliser un langage : toute notre psychologie, nos *fonctions cognitives* comme nos émotions, est l'héritage prolifique de l'époque où la nature humaine fut façonnée. Ainsi la psychologie évolutionniste marie-t-elle la théorie de l'évolution avec la psychologie cognitive des cinquante dernières années, qui s'intéresse à l'esprit, à ses différentes fonctions – perception, mémoire, calcul, décision, langage – et à la façon dont celles-ci traitent l'information.

Pinker, emboîtant le pas de ses précurseurs, restitue le sel de ce mariage : d'une part, il étudie expérimentalement les fonctions de l'esprit à l'aide des meilleures techniques de la psychologie expérimentale et observe comment cet esprit fonctionne ; d'autre part, il réfléchit aux « plus [6] » que ce fonctionnement procure à l'individu, et à toute l'espèce, dans sa confrontation quotidienne avec le monde. Ainsi peut-on expliquer les origines de l'esprit, les avantages immenses d'un tel outil, mais aussi parfois ses petits égarements ou ses limites. Surtout, en inscrivant toujours notre espèce dans un développement continu orchestré (en aveugle !) par la sélection naturelle, Pinker rappelle combien nos racines, même psychologiques, sont biologiques, combien leurs fondations sont organiques, et donc notre nature humaine *contrainte et au moins partiellement déterminée par une base innée*. Au XXe siècle, le pendule qui oscille entre « nature et culture », entre inné et acquis, s'est longtemps maintenu du côté de l'apprentissage et de l'expérience. Mais Pinker rappelle et martèle qu'il faut désormais en finir avec les illusions que cette position extrême a soutenues. D'où ses attaques en règle de trois mythes de la pensée occidentale : la table rase, le bon sauvage et le fantôme dans la machine [7].

La « table rase », le « bon sauvage » et le « fantôme dans la machine », trois visions erronées de la nature humaine

Que recouvrent ces grands mythes que Pinker dénonce ? Tous trois se présentent souvent simultanément. La « table rase », le premier d'entre

6. L'évopsy parlerait de « caractères adaptatifs » ou d'« avantages sélectifs ».

7. On lira avec grand intérêt son ouvrage *The Blank Slate. The Modern Denial of Human Nature*, New York, Viking, 2002, trad. *Comprendre la nature humaine*, Paris, Odile Jacob, 2005.

eux, consiste à attribuer à l'empreinte des sens, *et à elle seule*, la tournure que prendra notre esprit. Autrement dit : seule l'expérience de chacun, seules nos interactions avec notre environnement physique et social façonnent notre psychologie. Ce sont les informations que nos sens recueillent et les apprentissages réalisés tout au long de la vie – parfois à des périodes clefs – qui président à l'élaboration et à l'édification de l'esprit. Tout est donc massivement *acquis*, et rien de ce qui préexiste n'a d'importance majeure. Bien sûr, un tel mythe ne s'est pas propagé aussi explicitement à travers la psychologie scientifique du XXe siècle, mais Pinker montre combien l'influence d'une telle position se fait encore sentir (dans le connexionnisme par exemple – voir p. 189 à 209), y compris à des niveaux sociaux et politiques. Or, comme on le devine, le psychologue évolutionniste qu'est Pinker ne peut laisser balayer d'un revers de main notre équipement génétique – même s'agissant de notre psychologie.

Deuxième illusion, souvent située à l'arrière-plan de nos discussions sur la nature humaine : l'état d'une bonté inhérente à la vie « sauvage », naturelle, de l'homme hors société – ou, du moins, hors société moderne avec ses règles et systèmes sociaux complexes. On reconnaît là le thème du *bon sauvage* popularisé depuis Rousseau, d'après lequel l'être humain est « naturellement bon » : c'est la société (la culture) qui le corrompt. Notre vie en société serait ainsi à l'origine de nos maux, et la préservation d'un état de nature primitif serait le moyen d'y remédier. Or, comme Pinker l'explique, non seulement la table n'est pas rase chez l'espèce humaine (tout comme pour les autres espèces, d'ailleurs), mais elle ne penche pas plus vers une bonté innée que vers une méchanceté intrinsèque. L'évolution, et avec elle son mécanisme général, la sélection naturelle, est moralement neutre : elle n'a pas en soi de portée politique, ni éthique ou juridique, mais simplement un effet sélectif plus ou moins fort selon les conditions. À nous, qui héritons du potentiel d'élaborer des règles de vie communes, des codes de bonne conduite et des lois, de développer les meilleurs systèmes possibles sur cette base. Rien n'implique ni n'appuie cependant l'idée selon laquelle, plus près de nos origines rupestres, nous serions meilleurs. Certaines statistiques rigoureuses du taux de mortalité masculine imputable aux guerres, par exemple, démontrent que la plupart des tribus indigènes ont été nettement plus violentes que nos nations industrielles du XXe siècle [8]. Malgré un « état de nature » indéniable, ces tribus surent, elles aussi, faire preuve d'une ingéniosité certaine en matière d'armement et de destruction !

Reste un troisième mythe de la pensée moderne, contre lequel Pinker s'élève aux côtés de quelques autres : l'idée qu'un « fantôme » libre de ses choix anime notre corps ; l'idée qu'une âme sans attaches ni contraintes hante notre organisme et peut, à tout moment, agir comme bon lui semble… et faire agir l'organisme à sa suite. C'est la célèbre doctrine du dualisme du corps et de l'esprit, dont Descartes fut le divulgateur le plus populaire. En faisant de l'esprit un principe immatériel et en le séparant de toute attache physique contraignante, il devient possible de justifier le libre arbitre autant que notre liberté d'action… et de choix. Plus question d'une nature héritée dont l'esprit serait, d'une manière ou d'une autre, l'émanation, et qui nous rapprocherait sérieusement des limitations du règne animal. Or l'évopsy enseigne trois points que Pinker défend *mordicus* :

- notre cerveau, tout autant que le reste, est bien un produit de l'évolution, et, comme tel, ses capacités et son potentiel étonnants sont le résultat d'un processus partagé par d'autres espèces ;
- une telle base innée, *biologique*, est l'origine de notre fonctionnement psychologique, qu'elle contraint bel et bien – il ne sort pas de nulle part, libre de tout ;
- mais nos structures biologiques sont aussi capables de générer des fonctions (celles de « décision » et de « créativité » notamment) qui nous permettent de juger et d'agir moralement.

Pour se défaire de ces trois mythes qui, jusqu'à nos jours, ont traversé l'étude de notre psychologie, Pinker s'appuie donc sur plusieurs ponts entre notre biologie et nos « cultures », notre nature innée et nos acquis :

- les sciences *cognitives*, qui étudient expérimentalement le fonctionnement de l'esprit et démontrent, contre l'idée de la table rase, que des prérequis existent, comme une certaine architecture cognitive de l'esprit ;
- les neurosciences, qui avancent toujours plus dans l'étude du cerveau et de son fonctionnement : elles mettent au jour, progressi-

8. Hors toute considération morale sur les motifs et justifications des atrocités du XXe siècle.

vement, les liens entre notre psychologie et cet organe si particulier qu'est le cerveau, la façon dont notre *biochimie* finit par produire un esprit conscient… qui n'a donc rien d'un « fantôme » éthéré, détaché de la sphère matérielle ;

• la génétique comportementale, qui permet de saisir comment les gènes interagissent avec les environnements et déterminent le développement de l'individu, ses chances et ses difficultés, voire ses traits généraux ; même sans aller plus loin, ce sont déjà des indications précieuses sur l'existence d'une condition innée basique et indéniable ;

• l'évopsy, enfin, qui permet d'envisager les raisons pour lesquelles notre espèce est ce qu'elle est, les conditions qui ont vu naître notre manière d'être et d'agir et, plus spécialement… les traits cognitifs et émotionnels qui nous particularisent en tant que membres de l'espèce humaine.

Un déterminisme que le libre arbitre équilibre

Mais défendre l'idée du rôle actif de notre part innée n'implique pas de verser dans un déterminisme strict et implacable. Ainsi, il existe pour Pinker une capacité innée à agir en être moral : le sentiment de libre arbitre est un reflet conscient de l'action de nos lobes préfrontaux, qui nous permettent d'agir conformément aux règles sociales que l'on nomme « responsabilité », « reproche », « récompense » et « punition », et d'agir en conséquence. Or c'est la sensibilité de notre cerveau à ces environnements particuliers qui donne du sens à nos attributions de crédit et de faute envers autrui. Si notre libre arbitre était réellement complet et non lié à des contingences biologiques, cette « âme » immatérielle pourrait toujours tout faire selon son bon vouloir, et attribuer blâme ou crédit n'aurait pas de conséquences… donc de sens. Or ces notions remplissent une fonction sociale essentielle, qui dérive bien de notre base innée.

À l'inverse, le déterminisme des gènes – dont le seul objectif, souvent présenté comme « égoïste[9] », serait de se reproduire, au détriment parfois de l'organisme qui les porte – ne doit pas être confondu avec

9. Selon l'expression de Richard Dawkins dans *The Selfish Gene*, Oxford, Oxford University Press, 1976, trad. *Le Gène égoïste*, Paris, Odile Jacob, 1996, rééd. 2003.

les motivations de chacun de nous : les deux peuvent ne pas coïncider. Un être humain peut aujourd'hui choisir la contraception et ne jamais avoir de descendance – c'est par exemple le choix de Pinker. Cet individu reste tout à fait sensible et motivé par les mêmes stimulations, ici sexuelles, qui conduisent d'autres à se reproduire, assurer la survie de l'espèce et celle de leurs gènes. Moralité : la capacité de notre cerveau à faire des choix contrecarre ici l'«objectif» des gènes... alors même que ce cerveau est aussi un produit du *pool* génétique! Et cette «liberté» dépend grandement des environnements, notamment sociaux, qui évoluent eux aussi. Le déterminisme génétique est donc bien réel, mais certes pas implacable, dans la plupart des cas. Il n'est pas besoin de perpétuer l'illusion de la *tabula rasa* pour continuer à considérer l'homme comme un être digne et capable d'être moral : en connaître plus long sur son esprit, ses racines biologiques et ses contraintes génétiques invite au contraire à mieux lui décerner ce prix.

Langage et pensée... ou l'esprit et le monde

Quant aux bases innées ayant une influence déterminante sur notre développement, notre utilisation et notre maîtrise d'un langage sont les premières concernées. À la suite de Chomsky (voir p. 167), qui l'a nettement influencé sur ce point, Pinker a repris l'idée d'un fondement inné, biologique et universel de notre compétence linguistique, et il l'a inscrite dans le cadre explicatif de l'évopsy. Allant plus loin encore, il en a fait une fenêtre ouverte sur l'esprit humain – voire une «*fistule*», comme il l'ajoute à l'occasion –, en branchement constant sur notre «monde intérieur».

En fait, et c'est la raison pour laquelle Pinker a tant passé d'années à travailler sur le langage, nos expressions quotidiennes, nos usages grammaticaux, nos jurons même, révèlent un peu de ce que notre esprit recèle. Plus directement, l'analyse du langage et de son utilisation dévoile la sémantique conceptuelle de notre esprit : ce «langage de la pensée», où sont exprimés les relations de cause à effet, le rapport au temps, et qui traduit notre perception du monde en un ensemble cohérent et logique. Par exemple, comme Pinker l'illustre dans son plus récent ouvrage, *The Stuff of Thought* [10], nous exprimons mentalement

10. S. Pinker, *The Stuff of Thought. Language as a Window into Human Nature*, New York,

le temps et les rapports chronologiques entre les événements sous forme de relations *spatiales*. Derrière nos expressions habituelles se cache une structure *mentale* d'interprétation du monde : elle s'appuie sur notre rapport *concret* à des environnements qui nous ont façonnés biologiquement, il y a de cela très longtemps. Puisque nous sommes des êtres mobiles et sensibles au mouvement, c'est d'abord en exploitant les systèmes qui nous aident à fonctionner dans un monde en trois dimensions que nous puisons nos « analogies mentales » pour accéder à la quatrième dimension : celle du temps. Plus globalement, c'est en s'appuyant sur des notions concrètes que nous pensons les phénomènes abstraits – l'économie mondiale ou la conscience, par exemple. Ce type d'analogie témoigne d'une architecture cognitive prompte à générer et à exploiter ces analogies pour comprendre… puis agir.

Nous puisons aussi dans nos systèmes émotionnels pour colorer le sens des mots d'une touche de ressenti : notre capacité à éprouver des émotions n'a pas été sélectionnée pour associer aux mots des émotions particulières, mais un système capable de maîtriser un langage (le cerveau humain) a puisé dans ses systèmes émotionnels pour enrichir la gamme de nos expressions. Ainsi les mots sont-ils parfois dotés d'un pouvoir réel, suscitant l'attirance ou la répulsion. Le mot « cigarette » peut éveiller chez certains une envie difficile à contrôler, et chez d'autres le dégoût. « Tahiti » évoque une destination de rêve, mais si vous y avez perdu un être cher dans un accident de plongée lors de vos dernières vacances, ce nom aura pour vous un fort potentiel de douleur. La signification des mots n'est pas purement intellectuelle : elle est souvent « viscérale », chacun de nous en a déjà fait l'expérience, et, au premier chef, dans le cas des jurons ! Le rapport que nous entretenons avec le monde se profile aussi dans ces détails : les mots ne sont pas qu'une affaire de définition partagée, mais aussi de vécu intime.

Finalement, l'usage des propriétés du langage « mental » – sa manière d'exprimer le temps, l'espace et la causalité –, qui se trahit dans nos façons communes de recourir au langage « parlé », a deux conséquences capitales :

De multiples niveaux de sens et de compréhension de ce que nous disons sont possibles, ce qui a favorisé un développement exponentiel

---

Viking, 2007.

de nos interactions sociales, et de nos représentations communes et individuelles de nos environnements.

Des relations sociales complexes sont à la fois possibles et fréquentes : dans ces relations, le sens implicite d'une verbalisation (sa fonction) peut dépasser largement ce qui est explicitement dit. Et le fait que nous soyons tous, même à des degrés divers, capables de saisir les quiproquos, malentendus, allusions, sous-entendus, traits d'humour sans jamais les avoir appris explicitement, témoigne de notre susceptibilité à manier le langage comme des experts, de notre facilité à y parvenir, sauf atteintes spécifiques, et du caractère irrépressible de cette maîtrise. Autant d'éléments pour soutenir l'hypothèse, considérée comme une certitude par Pinker (et avant lui par Chomsky), selon laquelle un ensemble inné de structures biologiques est à l'origine du langage.

Pinker indique très clairement sa position, justifiée par plus de vingt ans de recherches sur le langage chez l'enfant et par sa maîtrise des règles linguistiques : le recours au langage, la capacité à parler en suivant une grammaire sont comme câblés dans le cerveau. Fervent cogniviste, Pinker dessine cette inscription cérébrale comme autant de petits modules-outils, avec chacun leur spécialité, contribuant tous à l'exercice du langage. Et ces outils, apparus chez nos ancêtres, leur ont permis de résoudre de façon grandissante des problèmes toujours plus nombreux – parfois générés grâce au langage lui-même. L'évolutionniste Pinker n'épargne donc pas au langage le traitement réservé à tout ce qui nous fait humains. La puissance explicative de cette vision est qu'elle ne limite pas au langage l'usage des mécanismes sous-jacents qui structurent ce langage : comprendre la logique d'une situation donnée peut servir à bien des choses, pas uniquement à parler. Mais, en traquant ces mêmes mécanismes – et le langage est, pour Pinker, l'un des chemins les plus sûrs –, le scientifique accède à « *cet alphabet qui nous rapproche de la nature humaine* ». Une nature *évidemment* limitée, malgré des pouvoirs impressionnants : nos représentations du monde ne correspondent que rarement à celle construite par la science et l'érudition. Mais tel est justement ce qui fascine Pinker et rend son œuvre stimulante…

Rencontre avec Steven Pinker

Par Violaine Guéritault

Cambridge, Massachusetts. Harvard, haut lieu de la pensée et de l'étude, aussi célèbre dans le monde contemporain que le fut la Sorbonne à l'époque de Rabelais. L'université Harvard[11] *a plus d'un titre de gloire : université la plus ancienne*[12] *du continent nord-américain, elle occupe la première place au classement des universités mondiales*[13]*. Près d'une quarantaine de prix Nobel ont été formés dans ses murs. C'est aussi l'université la plus riche du monde.*

Le bureau de Steven Pinker est situé à l'intérieur du William James Building[14]*, qui abrite le département de psychologie. Un ascenseur me conduit en haut de l'immeuble. Et je pénètre dans un immense espace traversé de lumière : depuis les vastes baies vitrées, on aperçoit Boston et la Charles' River. Le design de l'ensemble et le soin avec lequel chaque objet est*

11. On dit bien l'université Harvard et non l'université *de* Harvard. Le nom est un hommage à John Harvard, pasteur qui légua sa bibliothèque et la moitié de ses biens à la jeune institution.

12. Fondée en 1636.

13. Au classement 2008 de l'université Jiao-tong de Shanghai.

14. William James (1843-1910) est l'un des pionniers de la psychologie scientifique. Médecin, il fut le premier professeur de psychologie à Harvard. C'est aussi le frère du romancier Henry James.

choisi donnent la « final touch » à ce bureau phénoménal : je suis bien chez l'une des stars de la psychologie contemporaine. Pourtant, je découvre avec surprise un homme accessible, avenant, attentionné et patient, même s'il répond pour la trois centième fois aux mêmes questions. Difficile de ne pas succomber à cette voix suave qui ne cherche pourtant pas séduire, à ce mélange de maîtrise de soi et de recul sur les choses. Incontestablement, cet homme possède du charisme.

Comment en êtes-vous venu à vous intéresser à la psychologie évolutionniste ?

Quand j'étais étudiant en doctorat, j'étais spécialisé dans l'acquisition du langage. Ma recherche, à l'époque, consistait à étudier le processus qui permet aux enfants de parler leur langue maternelle durant les premières années de leur vie. Je me suis rapidement rendu compte qu'il fallait que j'intègre une donnée particulière à ce processus d'acquisition. Avec le temps, j'en ai conclu que, selon toute logique, il existait en chacun de nous un mécanisme qui permet ce type d'apprentissage, que l'on parle français, yiddish ou japonais. Ce mécanisme est selon moi *inné* ; on n'apprend pas à parler. Les facteurs qui contribuent à l'activer sont extérieurs à nous mais ne doivent pas être confondus avec la structure même de ce mécanisme. C'est donc par le biais de cette recherche que j'en suis venu à penser qu'une grande partie de ce qui constitue l'esprit humain trouve son origine dans les gènes, et que donc, notre psychologie est soumise aux lois de la sélection naturelle.

Pouvez-vous définir en quelques mots la psychologie évolutionniste ?

La psychologie évolutionniste est l'étude du fonctionnement de l'esprit humain du point de vue de la théorie de l'évolution. Nous considérons que le cerveau, comme le reste du corps humain, a été créé par la sélection naturelle. Il n'a pas été généré comme ça, tel que nous le connaissons aujourd'hui, par un grand architecte.

La démarche de la psychologie évolutionniste consiste à nous demander *pourquoi* les choses se sont déroulées de telle façon, *pourquoi* notre psychologie a évolué comme ci et pas comme ça. Le cerveau aurait pu se développer de milliers de manières différentes : s'il est devenu ce qu'il est, c'est qu'il y a une raison. Prenons un exemple tout simple : la perception visuelle. En psychologie cognitive, on considère notre capacité à voir en trois dimensions comme quelque chose d'évident. Pour les psychologues évolutionnistes, rien ne va de soi. Nous essayons de comprendre *pourquoi* nous voyons en trois dimensions : à quoi cela nous sert-il ? À quoi cette capacité est-elle destinée ? Il ne s'agit pas de « dessein intelligent », au sens où une instance supérieure aurait décidé de nous doter de ce pouvoir, mais de finalité. Voir en trois dimensions nous permet tout simplement de ne pas nous cogner contre un arbre ou de ne pas tomber d'une falaise. Nous n'expliquons pas les mécanismes de la vision, comme les cognitivistes, nous cherchons à comprendre comment nous en sommes arrivés là. Je pense d'ailleurs qu'il serait juste que la psychologie évolutionniste disparaisse en tant que branche distincte pour faire partie intégrante de la psychologie. C'est ce qui s'est passé avec les neurosciences cognitives, à présent parfaitement intégrées à la psychologie moderne.

« En psychologie évolutionniste, notre démarche consiste à nous demander *pourquoi* les choses se sont déroulées de telle façon, *pourquoi* notre psychologie a évolué comme ci et pas comme ça. »

Pourquoi votre théorie suscite-t-elle une telle controverse ?

Je pense que beaucoup de personnes ont des idées fausses sur la psychologie évolutionniste. L'une d'elles consiste à penser qu'à partir du moment où l'on considère que certains aspects de l'esprit humain ont une base adaptative, alors *tous* sont soumis aux lois de la sélection naturelle. Pour moi, c'est totalement faux. Par exemple, la musique n'a selon moi aucune fonction adaptative. *Idem* pour le contenu des rêves, et ce même si, depuis plus d'un siècle, les spécialistes ont tenté de comprendre la fonction des rêves. Si l'on se réfère aux connaissances actuelles sur le sujet, les rêves seraient un peu comme un écran de veille. Leur contenu n'a pas grande importance du moment que certaines parties de notre cerveau sont actives. Il semblerait que ce soit l'activité cérébrale qui en découle qui importe, et non les rêves en eux-mêmes. Vous avez là deux exemples de fonctionnement humain qui n'ont *a priori* rien à voir avec la fonction d'adaptation mais qui en seraient plutôt une sorte de conséquence. Il est faux de penser que la psychologie évolutionniste prétend que *l'ensemble* des fonctionnements humains ont une base adaptative.

Une autre erreur serait de croire qu'à partir du moment où certains de nos gènes, sélectionnés par l'évolution, influencent certains aspects de nos comportements, de nos émotions ou de nos pensées nous n'aurions pas d'autre choix que de les accepter. Nous serions réduits à l'état de marionnettes, comme si nous étions génétiquement programmés pour accomplir certaines actions sans tenir compte des apports directs de l'environnement. C'est parfaitement absurde car tout organisme doué d'intelligence doit collecter des informations dans son environnement s'il veut entretenir son intelligence. Cette vision déterministe n'est pas dans mes théories.

« Il est vraiment temps que les gens comprennent que la psychologie évolutionniste est l'étude de la nature humaine universelle et [qu'elle] attribue les différences entre les individus à leur environnement et non à leurs gènes. »

D'autres personnes pensent que rien dans le fonctionnement humain ne peut être attribué à l'inné, et, dès qu'un expert s'aventure à suggérer que les gènes ont certains effets sur le comportement humain, c'est immédiatement interprété comme si l'humain, dans son intégralité, pouvait être expliqué par l'action de ses gènes. Il est par exemple très difficile pour beaucoup d'accepter l'idée des généticiens spécialistes du comportement selon laquelle une partie des traits de notre personnalité sont le résultat de notre bagage génétique. Il est vraiment temps que les gens comprennent que la psychologie évolutionniste est l'étude de la nature humaine universelle et que la plupart des psychologues évolutionnistes attribuent les différences entre les individus à leur environnement et non à leurs gènes.

Prenez l'exemple du langage. La langue utilisée par les individus varie de façon très significative en fonction de leur environnement. Néanmoins, à la base même de cette variation entre les êtres, il se peut qu'il y ait, dans le cas du langage, ce que Noam Chomsky appelle la *grammaire universelle*, une notion bien plus abstraite que les règles spécifiques d'une langue en particulier. Et il semblerait que cette grammaire universelle porte la marque de fabrique des compétences d'apprentissages qui permettent l'acquisition d'une langue.

D'autre part, une idée récurrente en psychologie évolutionniste est que, si l'on observe de façon superficielle le fonctionnement des individus, les humains vont nous paraître très différents les uns des autres. Cependant, si l'on y regarde de beaucoup plus près et si l'on prend en considération les raisons sous-jacentes de ce fonctionnement, il est possible de trouver ce qui peut ressembler à une science universelle de la nature humaine. Ce qui risque d'être inné dans ce cas, ce n'est pas tant le comportement de l'individu que ses émotions et ses schémas de pensée.

La psychologie évolutionniste dynamite notre image des relations familiales. Pouvez-vous m'en dire plus ?

Il existe plusieurs théories clés en psychologie évolutionniste. L'une d'entre elles est la *sélection de la parentèle*. Elle est essentielle à notre compréhension des relations sociales. Pourquoi, partout dans le monde, les gens se soucient-ils plus des membres de leur famille que des étrangers ? Dans toutes les sociétés, tribales ou modernes, on observe ce phénomène. Pourquoi nous occupons-nous tant de nos enfants ? Parce que nous partageons 50 % de nos gènes avec eux. Mais 50 % ne veut pas dire 100 %. Dans la mesure où une personne partage 100 % de ses gènes avec elle-même, et seulement 50 % avec ses proches, il y a de bonnes chances pour que certains conflits d'intérêt se développent avec le temps... (*Rires.*) D'où la complexité des structures familiales et des relations entre les individus. L'Histoire est émaillée de conflits, de drames familiaux, voire de guerres. Les personnes qui, pour nous, comptent le plus au monde ne sont pas forcément celles avec lesquelles nos intérêts convergent le plus. Même si c'est malgré tout plus souvent le cas qu'avec de parfaits étrangers. Par ailleurs, ce serait une erreur de prendre pour acquise cette attention particulière aux gens qui nous sont apparentés, car cet intérêt familial n'est pas toujours évident.

Justement, pouvez-vous nous expliquer ce qui nous motive à développer des liens d'amitié ou de simples relations sociales avec nos collègues, nos voisins ?

C'est ce qu'on appelle *la théorie de l'altruisme réciproque*. Il s'agit là de la deuxième grande théorie sur le fonctionnement de nos relations sociales. Pourquoi interagir avec des personnes qui ne sont pas des membres de notre famille, comme nos amis ? Quel est notre intérêt ? Je pense que cette théorie explique aussi en grande partie le développement de notre intelligence : tout simplement parce que, au fil des âges, pour être sûrs de ne pas nous faire exploiter, nous avons été obligés de garder la trace de ce que nous devions aux autres et de ce que les autres nous devaient. Parce que nous avons dû cultiver des relations avec ceux qui partageaient l'intérêt que nous leur portions et qui étaient prêts à nous le rendre sur le long terme. Ces relations nous attirent plus que les relations à court terme, dans lesquelles nous sommes vigilants quant à qui a fait quoi, pour qui et quand. Nous avons besoin de savoir qui sont nos vrais amis. C'est d'ailleurs une des caractéristiques qui nous différencient du règne animal : chez eux, les comportements qui visent au bénéfice d'autres animaux n'ayant pas de liens de parenté sont très rares. Grâce à tout ça, nous formons des sociétés complexes.

« Finalement, un psychologue évolutionniste n'est pas plus cynique qu'un bon romancier. »

La psychologie évolutionniste n'a-t-elle pas, finalement, une vision très cynique de l'homme et de l'humanité ?

C'est ce que pensent certains – à tort. Que nous voyons tout en noir, que nous ne croyons pas à l'amour pur, à la générosité désintéressée, que tout est guidé par des motivations secrètes qui nous échappent et qui n'ont pour seul but que la reproduction et la survie. On retrouve là la métaphore du « gène égoïste » défendue brillamment par Richard Dawkins. Je n'ai pas la même façon de penser que lui. Finalement, il y a dans cette image un mélange d'idées presque freudiennes – comme si, au-delà de la surface, nous n'étions que la proie de motivations noires, obscures – et d'idées issues de la sociobiologie. Je ne crois pas du tout que nous pouvons faire tout le mal que nous voulons aux gens autour de nous, surtout aux membres de notre famille, uniquement parce que notre héritage biologique nous encourage à servir nos propres intérêts avant tout. Je pense qu'il y a de la place pour des sentiments purs et des interactions désintéressées. Finalement, un psychologue évolutionniste n'est pas plus cynique qu'un bon romancier.

Certains pensent : « La psychologie évolutionniste permet de comprendre pourquoi un homme trompe sa femme. Ce n'est pas sa faute, c'est dans sa nature. Pourquoi ne pas le faire ? » Mais je ne dis en aucune façon qu'il est souhaitable d'exploiter ses enfants, de tromper son conjoint ou de trahir ses amis. Et la psychologie évolutionniste n'exclut pas l'existence de valeurs morales. Il est d'ailleurs probable que ces valeurs morales ont une base biologique quelque part dans notre cerveau, ce qui nous permettrait d'avoir certains principes. Il pourrait s'agir du lobe frontal, qui aurait évolué au cours des millénaires de manière à faire de nous des êtres gentils, généreux, dignes de confiance et avec qui les autres ont envie d'interagir. Le développement de la morale consisterait alors à essayer d'en appeler à cette partie de notre cerveau pour faire taire les recoins sombres de notre nature humaine qui sont plus enclins à exploiter autrui.

La morale a donc des bases biologiques, soumises elles aussi au processus de l'évolution ?

Il y a plusieurs réponses à cette question. La première est d'ordre biologique. Si la morale est considérée au même titre que le sens de la vision, c'est-à-dire si elle est une fonction de notre cerveau, elle a alors effectivement évolué, en réponse à certains faits universels en rapport avec l'espèce humaine. Lorsque les individus vivent en groupe et interagissent, les codes comportementaux ne vont pas forcément répondre aux attentes de tout le monde, et la logique que l'on va retrouver dans le développement de la moralité va être basée sur les bénéfices que les individus retirent de l'utilisation de cette morale.

La deuxième réponse est d'ordre philosophique. Il se pourrait que la morale soit associée à la notion philosophique de *réalisme moral* : les énoncés moraux ne seraient pas juste la résultante de circuits neuronaux particuliers, mais plutôt la conséquence d'une réalité de l'univers qu'il ne serait pas possible de quantifier. Il est concevable d'appréhender la notion de morale de cette manière. La morale serait alors un mélange de quelque chose qui aurait évolué au cours des millénaires pour bénéficier aux humains et d'une autre chose qui viendrait d'ailleurs et qui aurait existé bien avant l'apparition de la vie humaine sur terre.

« La psychologie évolutionniste ne dit en aucune façon qu'il est souhaitable de tromper notre conjoint ou de trahir nos amis et n'exclut pas l'existence de valeurs morales. »

Pensez-vous qu'une meilleure connaissance de la psychologie évolutionniste pourrait être utile dans notre vie de tous les jours ?

Absolument. Je pense que la psychologie évolutionniste peut nous aider, par exemple, à prendre conscience des moments où nous avons tendance à nous leurrer nous-mêmes, ou lorsque notre évaluation d'autrui n'est pas en accord avec nos propres intérêts sur le long terme. La question est de savoir à quel point cette connaissance nous permet de modifier nos comportements. C'est comme en psychothérapie : vous avez beau comprendre pourquoi vous avez peur ou pourquoi vous êtes déprimé, ça ne vous permet pas de changer en un claquement de doigts. Mais ça peut aider… Prenons par exemple une dispute entre deux personnes. En écoutant les arguments de l'autre, chacune va avoir tendance à supposer qu'ils sont motivés par des raisons égoïstes et malhonnêtes. Chacune va interpréter cette dispute comme une attaque personnelle. Mais, si nous sommes conscients que nous sommes tous enclins à penser de cette manière et à nous comporter ainsi, si nous savons que ces raisons n'ont finalement rien à voir avec le sujet même de la dispute, alors je pense qu'il est plus facile de prendre du recul et d'adopter un regard critique sur nos propres arguments, tout en étant plus ouvert à ceux de la personne en face. Prendre conscience de nos motivations peut nous aider dans tous les domaines, dans la vie de couple, dans nos amitiés, dans toutes les interactions sociales.

Principaux ouvrages de Steven Pinker

Language Learnability and Language Development, Cambridge, MA, Harvard University Press, 1984.

The Language Instinct, New York, Harper Collins, 1994, trad. *L'Instinct du langage*, Paris, Odile Jacob, 1999.

How the Mind Works, New York, Norton, 1997, trad. *Comment fonctionne l'esprit*, Paris, Odile Jacob, 2000.

Words and Rules. The Ingredients of Language, New York, Harper Collins, 1999.

The Blank Slate. The Modern Denial of Human Nature, New York, Viking, 2002, trad. *Comprendre la nature humaine*, Paris, Odile Jacob, 2005.

2007 : *The Stuff of Thought. Language as a Window into Human Nature*, New York, Viking, 2007 (« L'Étoffe de la pensée. Le langage comme fenêtre sur la nature humaine »).

Steven Pinker dans le texte...

«L'idée selon laquelle le langage serait la même chose que la pensée est un exemple de ce qu'on peut appeler une "absurdité de convention" : une affirmation qui va à l'encontre de tout sens commun, mais à laquelle chacun adhère parce qu'il se souvient l'avoir entendue quelque part [...] Réfléchissez, nous avons tous fait cette expérience de dire ou d'écrire une phrase, puis de nous arrêter en réalisant que ce n'était pas exactement ce que nous voulions dire. Pour que nous éprouvions cette sensation, il faut qu'il y ait un "voulu dire" qui soit différent de ce qui est dit.»

L'Instinct du langage, Paris, Odile Jacob, 1999, p. 36.

« L'instinct du langage permet donc de croire que l'esprit serait fait de modules de raisonnement adaptés, au lieu d'être une ardoise vierge, un bloc de cire ou l'ordinateur polyvalent du modèle des sciences sociales standard. [...] L'empirisme radical n'est pas nécessairement une doctrine humanitaire d'avant-garde. L'ardoise vierge, c'est le rêve des dictateurs. Certains manuels de psychologie mentionnent le "fait" que les mères à Sparte et chez les samouraïs souriaient à l'annonce que leur fils était mort au combat. Comme l'histoire est écrite par des généraux et non par des mères, nous pouvons laisser de côté cette affirmation peu crédible, mais on voit clairement quel devait en être l'objectif.» *Ibid.*, p. 428.

« [En progressant], nous avons découvert une nouvelle couche de concepts que l'esprit utilise pour organiser l'expérience quotidienne : les concepts

de substance, d'espace, de temps et de force. Ces concepts encouragent l'esprit à unir des événements qui n'ont rien en commun en fonction de leur apparence, de leur odeur, ou de l'effet qu'ils font, cependant qu'ils sont visiblement d'une grande importance pour l'esprit. Ces concepts sont tellement omniprésents que certains philosophes les considèrent comme le véritable échafaudage qui organise la vie mentale [...] et je montrerai comment ils saturent notre science, nos récits, nos morales, nos lois, et même notre humour.»

The Stuff of Thought, New York, Viking, 2007, p. 56, trad. C. Routier.

«Tout comme les concepts naturels du monde physique, les concepts naturels du monde social peuvent induire en erreur les esprits qui les abritent. Nos repères instinctifs quant à la façon d'interagir avec nos pairs (vie communautaire, dominance et réciprocité) peuvent nous avoir bien servi dans la vie de face-à-face qui est celle d'un village, mais ils peuvent nous égarer dans les arènes formelles de la vie moderne.»

Ibid., p. 434, trad. C. Routier.

CELUI QUI VEUT COMPRENDRE les mécanismes de la psychologie humaine dispose de divers outils. À l'étude des primates et à la psychologie évolutionniste, il faut aujourd'hui ajouter la génétique.

Il existe un consensus autour de l'idée que la génétique est, dans une certaine mesure, *impliquée dans certains comportements et certains troubles psychiques. Deux précisions s'imposent d'emblée.*

Tout d'abord, « dans une certaine mesure » signifie que ce n'est ni fatal ni certain. Aucune caractéristique génétique n'est déterminante à 100 %. Ce n'est qu'une tendance, non un absolu : l'influence génétique peut par exemple augmenter notre risque de développer un cancer ou une schizophrénie, mais, malgré cette configuration initiale, nous pouvons ne jamais être atteints par ces maladies. Dire que l'anxiété a une base génétique signifie simplement qu'on peut avoir une certaine prédisposition à l'anxiété, non qu'on est condamné à devenir un anxieux chronique. Tout dépendra de notre éducation et de notre histoire. Un individu avec une très faible tendance à l'anxiété, mais élevé de façon anxiogène et exposé à des événements de vie terribles pourra ainsi être beaucoup plus anxieux qu'une personne prédisposée à l'anxiété, mais qui aura grandi dans une famille rassurante et mené une vie sans aspérité. Génétique *ne rime donc pas avec* automatique. *Sans l'environnement, c'est-à-dire sans le monde qui nous entoure, nos gènes ne sont rien.*

Deuxième précision : la plupart de nos caractéristiques ne dépendent pas d'un seul gène. On dit que nos traits sont polygéniques, *c'est-à-dire que leur réalisation dépend de plusieurs types de gènes. Même nos caractéristiques physiques font intervenir plusieurs gènes, voire l'ensemble de nos gènes (excepté la forme du lobe de l'oreille ou la pilosité sur les phalanges, par exemple, qui sont des traits monogéniques). Et la «réalisation» de notre patrimoine génétique varie selon nos conditions de vie, nos expériences. Les expressions de «gène de l'intelligence» ou «gène de la dépression», «de l'agressivité», «de l'homosexualité» n'ont pas de sens : 1) parce que les traits monogéniques sont très rares; 2) parce que leur expression dépend du milieu, de l'«environnement», comme on l'a vu plus haut, donc de l'acquis.*

Reste que, comme tout outil[1]*, la génétique peut être utilisée à mauvais escient. Soyons vigilants sur les questions de méthodologie. Gardons-nous des risques d'instrumentalisation, notamment politiques. Mais l'ignorance est plus dangereuse encore qui conduit à prononcer des aberrations telles que : «On naît pédophile*[2]*.»*

---

1. C'est ce qu'ont fait certains théoriciens douteux avec les thèses naturalistes de Darwin, créant un «darwinisme social», qui n'a rien à voir avec Darwin. Théorie dévoyée, le «darwinisme social» tente de justifier la domination des plus faibles par les plus forts, en appliquant les thèses de Darwin aux rapports sociaux et aux affrontements entre les nations. Il a inspiré nombre d'idéologies d'extrême droite.

2. En mars 2007, dans un entretien avec Michel Onfray paru dans *Philosophie Magazine*, Nicolas Sarkozy déclarait : «J'inclinerais, pour ma part, à penser qu'on naît pédophile.» Il évoquait également une dimension héréditaire du suicide : «Il y a 1 200 ou 1 300 jeunes qui se suicident en France chaque année, ce n'est pas parce que leurs parents s'en sont mal occupés! Mais parce que, génétiquement, ils avaient une fragilité, une douleur préalable.» Une grande polémique s'en était suivie.

Robert Plomin

Robert Plomin en quelques dates...

1948 : Naissance à Chicago.

1974 : Doctorat de psychologie à l'université d'Austin (Texas).

1994 : Il crée le Centre de recherche en psychiatrie développementale, génétique et sociale (Londres), qu'il dirige aujourd'hui.

2006 : Professeur de génétique comportementale à l'institut de psychiatrie du King's College (Londres).

Robert Plomin en quelques titres...

Membre de la Société psychologique britannique et de l'Académie des sciences médicales britannique.

Membre de l'Académie américaine des arts et des sciences, et de l'Académie américaine de sciences politique et sociale.

Récompensé par l'Association de génétique comportementale, la Société psychologique américaine et la Société pour la recherche sur le développement de l'enfant, en hommage à sa carrière.

La part des gènes dans notre psychologie

Par Cédric Routier

Il a le teint hâlé, l'allure élégante, l'élocution facile et distinguée. Une barbe discrète, bien taillée, dessine le bas de son visage. Sans ambages, cet homme vous parle d'éthique aussi bien que de molécules, mais ne s'estime expert que de ces dernières. Pourtant, ses travaux vont droit au cœur de nos interrogations modernes : les gènes nous imposent-ils leur loi ? Qu'est-ce qui nous rend tous différents ? Nature, culture : faut-il nécessairement choisir ? Bon gré mal gré, Robert Plomin nous pousse à y réfléchir.

Derrière le scientifique aimable, l'homme a plusieurs vies ; notamment celle de pilote aérien, lors de rares moments de loisir. Ses travaux ont fait de lui l'expert mondial des influences réciproques entre gènes et environnement. Il a été l'un des pionniers de l'association entre gènes et psychologie. À la fin des années 1970, quand d'autres dénoncent encore une telle idée, il a déjà entamé ses recherches sur les liens entre génétique et personnalité. Mais il est très loin du cliché d'un carcan génétique, qui nous façonnerait et sur lequel notre vie n'aurait pas de prise. Ce spécialiste de la génétique ne tranche pas entre inné et acquis : s'il étudie l'influence des gènes au cours de la vie, en particulier chez les enfants, il renouvelle aussi la manière dont l'environnement doit être pris en compte. Il explore en détail nos molécules d'ADN, mais suit aussi l'évolution de jumeaux et d'enfants adoptés, sur des décennies. Il montre comment nos gènes trouvent un écho dans notre environnement : ils ne s'expriment pas dans le vide.

Plomin poursuit la part des gènes dans nos traits psychologiques et comportementaux. Il s'intéresse à nos différences, aux facteurs qui les renforcent ou les atténuent – facteurs génétiques, physiques, sociaux. Aux raisons pour lesquelles des enfants se ressemblent, mais aussi à ce qui fait qu'ils se distinguent. À la manière dont notre intelligence ou notre personnalité se rapproche ou s'éloigne, avec le temps, de celle de nos parents. Ses résultats, qui démentent souvent nos intuitions, se basent sur d'impressionnantes études : plus de 10 000 fratries de jumeaux participent à celle qu'il mène actuellement en Angleterre ! À ses yeux, la révolution génétique est l'avenir de la psychologie. Critique quant aux dérives et aux raccourcis sommaires, il fustige ceux qui voudraient instrumentaliser les travaux en génétique. S'il est conscient de possibles égarements, il aime à penser qu'« en général, la connaissance est une bonne chose ».

Que nous apprend Robert Plomin ?

Gènes et comportement

La génétique comporte plusieurs branches. Chacune se définit par les buts de chaque groupe de chercheurs. Ces branches ont bien sûr un point commun : elles étudient les gènes, ces molécules d'ADN qui nous composent et qui fournissent le « plan » grâce auquel nous sommes construits. Mais l'étude de ces gènes peut se faire à plusieurs niveaux : pour recenser l'ensemble des gènes d'une espèce, décoder son *génome* (un projet est en cours pour le génome humain) – on parle alors de *génomique* ; pour étudier la manière dont les gènes sont conçus, comment ils agissent et interagissent – c'est alors de génétique *moléculaire*, ou *cellulaire*, qu'il sera question ; ou pour chercher à connaître l'influence des gènes sur le comportement – dans sa globalité : nos actions, notre personnalité, notre intelligence... Cet objectif est celui de la *génétique comportementale*, domaine de prédilection de Robert Plomin.

L'influence d'un *seul* gène, qui serait directement responsable du comportement, est exceptionnelle – ce qui récuse d'emblée toutes les allégations fantaisistes selon lesquelles il existerait un gène de la délinquance et de la pédophilie. Hormis dans de rares cas, souvent pathologiques [1],

1. Le cas classique est celui de la phénylcétonurie : nous possédons normalement un gène qui permet de réguler la présence, dans notre corps, d'une molécule appelée phénylalanine. Or, lorsque ce gène est modifié de façon spécifique, de graves troubles de développement, avec notamment un retard mental sévère, font leur apparition chez l'enfant atteint.

la génétique comportementale met plutôt en évidence les influences complexes et partagées de *plusieurs* gènes sur notre comportement, dont elle cherche à établir la part de l'inné (nos gènes) et de l'acquis (tout le reste). Elle a donc recours à des outils mathématiques sophistiqués, inévitablement statistiques, qui permettent d'établir les liens – de *corrélation* – entre notre hérédité (nos gènes) et nos comportements. Il s'agit alors, comme Plomin le souligne, de génétique *quantitative*, qui permet, par des calculs, de connaître l'implication – ou la non-implication – des gènes dans l'explication d'un comportement donné.

On peut cependant chercher aussi la part exacte de ces gènes, une fois leur action mise en évidence. Cette « part » des gènes, qu'évalue aussi la génétique quantitative, porte un nom : l'*héritabilité* – à ne pas confondre avec l'hérédité. L'héritabilité évalue ce qui, dans les *différences* entre individus, peut être dû aux gènes[2]. C'est une mesure *relative* : elle dépend de l'époque et de la population données. Dans des conditions différentes, la part d'influence relative des gènes et de l'environnement pourrait bien changer[3]. Ainsi, dans une fratrie, si l'héritabilité du QI est évaluée à 0,48, cela signifie que la moitié des différences d'intelligence entre ces frères est liée à des différences génétiques.

La génétique comportementale est bien une évaluation de l'influence des gènes. Mais d'autres influences sont possibles : la génétique comportementale s'intéresse donc également à l'*environnement*[4] et pas seulement aux gènes. L'étude des familles, de leurs ressemblances et de leurs différences comprend au moins deux niveaux : génétique et environnemental. Plus un troisième : les corrélations entre les gènes et les environnements.

L'idée générale est simple : l'héritabilité génétique d'un caractère – la taille, les maladies psychiatriques, l'intelligence – indique à quel point celui-ci est sous l'influence des gènes. Mais elle n'implique pas un déterminisme génétique total, despotique : elle est seulement l'indice d'une

2. Et non ce qui, chez un individu particulier, est dû aux gènes, ni la part d'influence des gènes et de l'environnement dans le comportement ou la psychologie de cet individu en particulier.

3. La taille est un caractère fortement héritable, mais l'influence de l'environnement a été croissante avec l'amélioration des conditions alimentaires modernes, et les parts respectives des gènes et de l'environnement ont donc varié.

4. Rappelons que le mot « environnement » désigne ici le monde physique et social dans lequel nous évoluons et les influences que nous en recevons.

contribution des gènes. Le rôle de l'environnement, même s'il reste à définir, est tout aussi fondamental. Comment établir la part respective des influences des gènes et des environnements ? Plomin combine deux méthodes incontournables en génétique quantitative : les études de jumeaux et les études d'adoption.

Les leçons de l'adoption et des jumeaux

On ne saurait songer à manipuler les gènes avant la naissance pour le luxe d'en étudier les effets sur notre psychologie. Mais société et Mère Nature offrent deux expériences au naturel : l'adoption et les jumeaux monozygotes – plus familièrement, les « vrais » jumeaux. Le principe général de ces « expériences » ? Dans des études dites « de jumeaux » et « d'adoption », on choisit un ou plusieurs traits psychologiques, des comportements, une pathologie (la schizophrénie, par exemple) ; puis on compare à grande échelle, pour les traits étudiés, des familles avec ou sans jumeaux, des familles avec enfants adoptés ou non. On compare donc à leurs parents et entre eux des enfants jumeaux ou non, adoptés ou non, et l'on évalue ainsi les rôles respectifs des gènes et de l'environnement pour le trait retenu – taille, poids, intelligence, personnalité ou troubles psychiatriques...

En cas d'adoption, il arrive qu'une fratrie[5] soit séparée. Les chercheurs sont donc en présence d'enfants et de parents liés par les gènes, mais qui évoluent dans un environnement différent, puisque les adoptés sont placés dans une autre famille : ils évaluent ainsi l'importance des gènes dans les ressemblances constatées. Mais ils ont aussi affaire à des parents (adoptifs) et à des enfants, voire à des enfants entre eux, avec un même environnement mais pas de lien génétique : ils peuvent donc aussi évaluer le rôle de l'environnement familial en étudiant ces autres ressemblances. Et, s'il est difficile d'obtenir des informations sur les parents géniteurs (ceux qui ont conçu l'enfant adopté), ils se contentent de comparer les familles liées par les gènes *et* l'environnement (une famille « classique ») avec les familles adoptives, où parents et enfants ne sont liés que par l'environnement.

On sait des « vrais » jumeaux qu'ils sont identiques au plan génétique : leurs gènes sont strictement les mêmes. Si les gènes ont une

5. L'ensemble des frères et sœurs issus d'une même famille génétique.

influence sur un trait particulier, les fratries de jumeaux devraient être très proches sur ce point ; plus que d'autres fratries. C'est ce que teste la méthode des jumeaux : elle compare les « vrais » jumeaux aux « faux » jumeaux (qui ne sont pas plus proches, génétiquement, que frères et sœurs normaux : 50 % de gènes en commun[6]), puis établit si les « vrais » jumeaux sont plus proches que les « faux », pour le trait étudié. Si tel est le cas, leur ressemblance plus forte est attribuée aux gènes. Plus la différence entre « vrais » et « faux » jumeaux sera élevée, plus les gènes seront responsables du trait en question. Le degré de similarité des environnements est toujours contrôlé le plus possible.

Ces deux méthodes ont aussi été combinées. On inclut dans une étude d'adoption, qui compare les familles génétiques (celles des géniteurs) et environnementales (celles qui adoptent), des comparaisons avec des familles partageant, *et* leurs gènes, *et* leur environnement. C'est le cas du Projet Adoption au Colorado, dans lequel Plomin est impliqué. Cette étude a révélé un fait insoupçonné : l'influence des gènes sur l'« intelligence » – Plomin et ses collègues parlent d'*aptitudes cognitives générales* – augmente au cours de l'enfance. Autre combinaison : comparer simultanément des jumeaux adoptés et séparés d'une part, adoptés et élevés ensemble d'autre part. On a ainsi découvert que les aptitudes cognitives générales de vrais jumeaux, pourtant séparés à la naissance, sont quasiment identiques à celles de ceux qui sont élevés ensemble : l'influence de l'environnement familial commun serait ici négligeable.

L'un des grands succès de la méthode d'adoption a été remporté dans les années 1960. Elle a en effet mis en évidence la dimension *génétique* de la schizophrénie, même si les facteurs génétiques impliqués sont complexes, permettant ainsi de déculpabiliser les mères biologiques d'enfants schizophrènes. Qu'il soit élevé ou non par un parent schizophrène, le risque couru par un enfant de développer à son tour une schizophrénie était démontré équivalent. Une autre étude a montré, auprès

6. L'une des raisons pour lesquelles on préfère comparer les « vrais » jumeaux à ceux qu'on nomme les « faux », plutôt qu'à une fratrie plus traditionnelle, est que tous les jumeaux ont en commun le point suivant : des conditions de vie prénatales « similaires », c'est-à-dire un partage de l'utérus maternel, au même moment, dans les mêmes conditions et pendant la même durée. Autrement dit, leur type d'*environnement* prénatal est plus proche.

de 800 jumeaux, l'héritabilité modérée de tous les traits de personnalité. La variation de l'environnement justifiait, elle, les *différences* observées entre membres d'une même famille. La personnalité antisociale, par exemple, fréquemment associée à la criminalité, manifestait cette influence génétique modérée – ce qui n'indique en rien l'existence d'un « gène du crime » !

En matière d'intelligence – les « aptitudes cognitives générales » citées plus haut –, les études d'adoption comme les études de jumeaux trouvent une héritabilité d'environ 50 % : c'est la marque d'une influence génétique conséquente. Au-delà de celle-ci, l'environnement familial commun joue son rôle dans la petite enfance, mais devient moins crucial au cours des années. Il finit par n'être d'aucune influence à l'âge adulte : gènes et environnements extérieurs sont devenus primordiaux, et ces derniers déterminent en particulier les différences entre individus issus d'une même famille génétique. Au regard des données récentes, il semble que les gènes interviennent aussi dans la survenue des variations, lors du développement de l'enfant, liées à ces aptitudes cognitives : si l'intelligence générale reste à peu près constante durant ces années, ses composantes spécifiques varient sous influence génétique. Les gènes agiraient sur les étapes majeures du développement de l'intelligence dans l'enfance. L'un des résultats de Plomin et de ses collègues du Projet Adoption au Colorado concerne les aptitudes cognitives, spécifiques cette fois (verbales, spatiales ou perceptives) : leur héritabilité augmente avec l'âge – les gènes ont une influence croissante –, tandis que le milieu de vie partagé resterait sans effet. Et, ici aussi, deux étapes majeures, dans l'évolution de ces aptitudes, sont sous influence génétique.

Nature *et* culture : l'importance de l'environnement

Pourquoi la génétique quantitative insiste-t-elle autant pour parler d'environnements *partagés* ou *non partagés* ? Les travaux de Plomin sont à l'origine de cette nuance. On a longtemps cru que l'environnement était responsable des ressemblances psychologiques entre les membres d'une famille ; or, à l'exception du niveau cognitif, la génétique a mis en évidence que ces ressemblances sont très nettement liées à notre hérédité. Cependant – résultat majeur de la génétique quantitative –, si l'environnement compte pour très peu dans les ressemblances, il contribue fortement aux *différences* observées : c'est là qu'interviennent les environnements non partagés.

Par « environnement », les généticiens désignent plus que notre entourage proche : au-delà de l'action parentale, ils incluent toutes les influences autres que celles des gènes ; depuis ce qui se passe dans l'utérus de la mère jusqu'aux maladies et régimes alimentaires. L'environnement contribue surtout à différencier les enfants d'une même famille : ces influences environnementales, spécifiques à chacun d'eux, sont donc nommées *non partagées*. La génétique quantitative constate que, dans la détermination des caractères qu'elle étudie, il faut inclure, dans une grande proportion, des événements qui agissent sur le développement propre à chaque individu et pas forcément sur ses frères et sœurs. Dans le milieu familial comme à l'extérieur de celui-ci, le caractère personnel, individualisé, de nos expériences a plus d'importance, pour nous construire, que ce que nous partageons avec notre fratrie.

Mais il est difficile de déterminer quels sont ces facteurs non partagés, propres à un individu particulier. Le vécu d'un divorce, l'attitude des parents, les relations d'amitié sont autant de pistes envisagées. Les chercheurs retiennent surtout que l'influence de l'environnement est particularisée : la génétique quantitative démontre que les événements de la vie et l'expérience qu'on en fait ne nous affectent pas tous de manière équivalente.

Une autre approche de l'environnement se demande comment nos gènes modifient l'expérience que nous en avons. Ils peuvent en effet nous rendre plus sensibles à certains environnements qu'à d'autres ; ils peuvent aussi en être les « créateurs ». Plomin et ses collègues ont avancé trois types de rapports qui s'instaurent entre l'enfant et l'environnement, selon son patrimoine génétique. Ces rapports expliquent la participation des gènes à la détermination de l'environnement et l'influence respective de ces deux sphères :

- la corrélation *passive*, quand l'enfant possède des gènes corrélés d'emblée avec son environnement (sa famille les possède aussi, elle leur offre donc spontanément un environnement propice) ;
- la corrélation *évocatrice*, quand l'enfant va réagir selon son potentiel génétique et amener son environnement à réagir à son tour (ses enseignants le repèrent, par exemple) ;

– et la corrélation *active*, quand l'enfant, consciemment ou non, se choisit ou se crée des environnements propices au développement de son potentiel génétique (il fréquente les terrains de sport d'un quartier éloigné, y rencontrant des sportifs avec lesquels il est plus à l'aise). Corrélations évocatrices et actives prendront plus de place à mesure que nous vieillissons.

À divers degrés, nous déterminons donc nos expériences et nos environnements sur une base qui nous est spécifique… et génétique. Ici encore et plus que jamais, gènes *et* environnement sont indissociables et essentiels à notre développement.

Rencontre avec Robert Plomin

Le centre de recherches du professeur Plomin siège en plein Londres, à peine un quart d'heure depuis la gare Waterloo. L'Institut de psychiatrie du Maudsley Hospital, qui abrite le centre construit en 2002, est le plus ancien et le seul institut anglais du genre : il réunit l'étude et la pratique de la psychiatrie sous toutes ses formes. Ses nombreux bâtiments s'étendent sur l'ensemble du quartier alentour. Un quartier des plus tranquilles, qui m'accueille par une matinée ensoleillée, tout près d'un parc où flâner. J'arrive au pied du vaste « Centre de recherche en psychiatrie développementale, génétique et sociale », structure de verre et de panneaux orange. Le professeur Plomin ne tarde pas à me rejoindre dans un hall lumineux. Nous gagnons son bureau à travers les étages et l'architecture moderne, tandis que j'aperçois des groupes d'étudiants attablés. « Notre université d'été », m'explique-t-il. « Elle a lieu en ce moment, et les journées sont plutôt remplies ! » ajoute-t-il dans un sourire. Ressources logistiques, financières et humaines : ce lieu de savoir respire le dynamisme et l'activité. Décontracté, Robert Plomin s'installe face à moi et s'enquiert du thème général de l'entretien : il tient à m'être aussi serviable que possible. Derrière lui, sur plusieurs rangées, les ouvrages de psychologie du développement le disputent à ceux de génétique. Sa voix est douce, sans aspérités, mais jamais hésitante. Attentif à son auditeur, l'homme reste sûr de son propos. Il déroule pour nous l'écheveau des gènes, du comportement et de leurs liens.

Professeur Plomin, présentez-nous brièvement votre vision de la génétique...

Il y a beaucoup à dire ! *(Il sourit.)* Avec la génétique, on s'intéresse aux différences entre les individus : pourquoi, par exemple, certains enfants sont plus lents que d'autres pour apprendre à lire. Nous ne posons pas de questions universelles, normatives, sur notre espèce. Nous ne nous demandons pas *pourquoi* l'espèce humaine utilise le langage ou *pourquoi* les enfants humains utilisent en moyenne deux mots à l'âge de dix-huit mois : ça, ce sont des questions normatives. Nous nous interrogeons sur les différences individuelles : pourquoi certains enfants acquièrent *lentement* le langage ? Pourquoi certains ont des troubles de la lecture ? Pourquoi certains ont des maladies mentales et pas d'autres ? Ce sont deux mondes très différents. D'un point de vue génétique, 99,9 % des trois billions de nucléotides de notre base ADN sont les mêmes pour chacun de nous, sur chaque marche de l'échelle en spirale qu'est la double-hélice de l'ADN. Nous, généticiens, examinons le petit morceau d'ADN qui est différent, et nous demandons en quoi les différences dans l'ADN sont en rapport avec les différences du comportement. C'est l'approche de la génétique *moléculaire*.

Pour en arriver là, nous commençons par la génétique *quantitative*, grâce aux études sur les jumeaux et sur l'adoption. Ces études n'identifient pas des gènes ou des environnements spécifiques : ce sont des outils de dépistage, pour savoir si oui ou non il existe une influence génétique. La « méthode des jumeaux » compare des jumeaux identiques [7]. Les jumeaux identiques sont des *clones* l'un de l'autre : ils ont *exactement* le même ADN. Ils peuvent exprimer ces gènes différemment, en fonction de l'environnement, mais leur ADN de base est le même. Ils sont encore plus clones que des clones ! Ils naissent dans la même pièce, grandissent dans la même famille, tandis que, si vous étiez cloné, votre clone grandirait dans une autre chambre et dans une époque différente : il serait plus différent de vous qu'eux ne le sont.

L'autre type de jumeaux, appelés jumeaux *non identiques*, ou *dizygotes*, sont issus de *deux* œufs, comme n'importe quels frères et sœurs. Génétiquement, ils sont donc similaires à 50 % et différents à 50 %. La « méthode

7. Un tiers de l'ensemble des jumeaux le sont, et 1 % des naissances dans le monde sont gémellaires.

des jumeaux » compare jumeaux identiques et « faux » jumeaux. Si, pour le talent musical par exemple, des différences individuelles démontrent une influence génétique, on doit pouvoir prédire que des jumeaux identiques sont plus similaires que des faux jumeaux, puisqu'ils sont *deux fois plus* similaires génétiquement.

Cette méthode donne parfois des résultats très surprenants, par exemple avec les maladies les plus répandues. Les gens pensent par exemple que le cancer du sein est très héritable, et non les ulcères, parce que, dans les journaux, on parle de « gènes » du cancer du sein, et on prétend que les ulcères sont dus au stress. En fait, le cancer du sein n'est que peu héritable. La concordance entre vrais jumeaux est faible : chez des jumelles identiques, si l'une d'elles a un cancer du sein, le risque que l'autre en ait un aussi est seulement de 15 %... Or le taux de base pour les femmes dans la population est d'environ 10 % et, pour les « fausses » jumelles, autour de 12 %. Les jumelles identiques sont *discordantes* pour le cancer du sein, 85 % du temps. La raison pour laquelle une femme a un cancer du sein est ainsi *très largement* due à des facteurs non génétiques. La « méthode des jumeaux » fournit donc de fortes preuves de la faible influence génétique pour le cancer du sein. C'est vrai des cancers de manière générale : ils impliquent l'ADN, mais ne sont pas héréditaires. En revanche, les ulcères sont l'une des maladies courantes les plus fortement transmissibles ! Les jumeaux identiques sont concordants à environ 80 %. Le taux de base dans la population doit être de 5 ou 10 % : si vous avez un jumeau identique avec des ulcères, vous avez autour de 70 % de probabilités d'en souffrir aussi ! Avec un faux jumeau, autour de 30 %. Voilà l'utilité de la génétique quantitative, pour évaluer, plutôt que

« L'héritage de Freud était que tout serait lié à l'influence de votre mère durant vos premières années. Les experts y croyaient si fort qu'ils étudiaient peu la question génétique : les études suggèrent pourtant qu'il existe une forte influence génétique. »

supposer, ce qui est héréditaire. Car nos hypothèses spontanées ne sont pas très bonnes.

En va-t-il de même pour le comportement, en termes d'influence génétique ?

Pour les troubles du comportement, le tableau est semblable. Par exemple, on a longtemps pensé que l'autisme chez les enfants était « environnemental », qu'il était dû à la manière dont la mère s'occupait de son bébé durant les trois premières années. Sir Michael Robert réalisa ici même les premières études de jumeaux, pensant montrer que l'autisme ne provenait pas d'une influence génétique. Ses recherches portaient sur la *socialisation* : ce qui importait, selon lui, c'est l'environnement familial, la manière dont la mère traite l'enfant. Il espérait montrer que les jumeaux identiques ne sont pas plus semblables, face à l'autisme, que des faux jumeaux, ce qui aurait signifié : pas d'influence génétique.

Or il fut surpris de découvrir que les jumeaux identiques sont concordants à environ 65 % – si l'un des jumeaux est autiste, l'autre a 65 % de probabilités de l'être –, et les faux jumeaux beaucoup moins – la probabilité est autour de 15 %. Par ailleurs, la proportion de l'autisme dans la population est très basse. Trois autres études ont obtenu les mêmes résultats. Elles ont changé la recherche sur l'autisme : il est depuis considéré comme l'un des troubles les plus génétiques. Aujourd'hui, une douzaine d'études internationales essaient de déterminer les gènes de l'autisme. Et de nombreux autres aspects du comportement montrent une influence génétique.

Où vous situez-vous dans le débat entre inné et acquis ?

Ni d'un côté ni de l'autre ! Les méthodes d'études, comme celle des jumeaux (voir plus haut), prouvent l'influence génétique, mais montrent aussi qu'aucun trait complexe, comportemental ou médical, n'est entièrement génétique. Elles fournissent certaines des meilleures preuves de l'influence environnementale. C'est le cas pour la schizophrénie, par exemple. Si vous aviez un jumeau identique schizophrène, votre risque de l'être ne serait pas de 1 %, le taux de base dans la population, mais de 50 %. C'est énorme ! Les données sur les jumeaux et les enfants adoptés [8] conver-

8. Où l'on compare des gens liés génétiquement mais élevés séparément.

gent vers cette conclusion : environ 50 % du risque de schizophrénie est génétique.

Il n'y a pas si longtemps, les gens pensaient que la schizophrénie était complètement due à l'environnement, à l'éducation en quelque sorte, comme l'autisme. C'était l'héritage de Freud : tout serait lié à l'influence de votre mère durant vos premières années. Les experts y croyaient si fort qu'ils étudiaient peu la question génétique : les études d'adoption et de jumeaux suggèrent pourtant qu'il existe une forte influence génétique. D'un autre côté, dans 50 % des cas, les jumeaux sont *discordants* pour la schizophrénie : l'un est atteint, l'autre non, et ce à l'échelle d'une vie. Il n'y a pas de moyen génétique d'expliquer ça. Tout comme il n'y a pas d'explication génétique au fait que, 85 % du temps, si, parmi des jumelles identiques, l'une a un cancer du sein, l'autre sera préservée. Il *faut* donc que le cancer du sein ait aussi une part environnementale.

Ces méthodes montrent qu'influences génétiques *et* environnementales sont importantes. C'est pourquoi nous avons établi un centre de recherche interdisciplinaire, qui étudie l'inné *et* l'acquis *et* le développement. Nous introduisons en même temps les stratégies génétiques et environnementales pour comprendre le développement du comportement : l'inné est important, mais l'acquis l'est aussi. Très peu d'experts pensent que les traits complexes sont entièrement génétiques, comme dans une maladie à gène unique. La meilleure façon de faire avancer la recherche est d'observer comment gènes et environnement interagissent et sont liés au long du développement.

« Plutôt que de continuer les guerres de l'inné et de l'acquis, je considère, comme la plupart des gens raisonnables, que l'inné est important et que l'acquis l'est aussi. »

Vous êtes à l'origine des notions d'« environnement partagé » et « non partagé » : pourriez-vous les définir ?

Les notions d'environnement *partagé* et *non partagé* sont la plus importante découverte de la génétique comportementale. Nous savons tous que les membres d'une famille partagent inné et acquis. Nous savons aussi qu'il existe des choses qui se retrouvent dans les familles, comme la maladie mentale, les compétences cognitives ou physiques : des parents de grande taille ont des enfants grands ; des parents futés tendent à avoir des enfants plus futés. Mais est-ce inné ou acquis ? Ces deux aspects sont complètement confondus. En psychologie et en psychiatrie, on a longtemps supposé que la ressemblance familiale était « apprise » au contact des parents. Mais, avec la génétique, nous savons aujourd'hui que la plupart de ces ressemblances s'expliquent par les gènes. L'environnement est aussi important, mais pas comme on l'imagine : ce n'est pas le *partage* d'un environnement familial qui rend semblables les membres d'une famille. Je vais y revenir.

La génétique comportementale a donc essayé de faire la part de l'inné et la part de l'acquis en termes d'influences familiales *partagées* : ces facteurs, génétiques et environnementaux, qui dans une famille rendent les gens similaires. Nous avons voulu en identifier les plus importants. On a toujours supposé que les aspects importants de l'environnement sont partagés par les gamins qui grandissent dans une même famille. Mais, que ce soit pour la personnalité, la psychologie, les compétences cognitives, la réussite scolaire, toutes les preuves montrent que l'environnement qui compte, ce n'est pas celui que les enfants *partagent*, mais celui qu'ils ne partagent pas : d'où la notion d'environnement *non partagé*. C'est là que des facteurs agissent, qui rendent les enfants différents, au-delà des influences qu'ils partagent. L'important, ce ne sont pas tant les influences que les enfants partagent que celles qu'ils ne partagent pas.

Un exemple ?

Prenons une étude sur l'obésité : le but est de comprendre pourquoi certains enfants sont plus gros que d'autres. On se dit : « Bien sûr ! C'est à cause du régime alimentaire de leurs parents, du manque d'activité physique, etc. » C'est une hypothèse parfaitement raisonnable : les frères et sœurs traditionnels, dans une même famille, sont assez fortement corrélés – 30 à 40 % sont similaires pour le poids. Mais ils ne sont pas parfaitement identiques. Même les vrais jumeaux ne le sont pas. Puis vous considérez des frères et sœurs adoptifs, sans lien génétique : leur corrélation est de zéro ! Autrement dit, même élevés dans la même famille, avec le même régime alimentaire, ils ne sont pas du tout similaires pour le poids ! Il n'y pas d'environnement familial *partagé*.

Le milieu dans lequel on grandit a, certes, un rôle important, mais cette influence est *non partagée*. Nous ne savons pas exactement ce que cela recouvre ; la seule chose certaine, c'est que cela rend deux enfants d'une même famille aussi dissemblables que des gamins de familles différentes. Il y a eu beaucoup de recherches sur le sujet depuis vingt ans. Et, pour revenir au régime alimentaire, si l'on observe attentivement, les enfants d'une même famille ne mangent pas la même chose : l'un mange plus de viande, l'autre plus de légumes... Ce n'est donc pas comme si l'environnement familial était exactement le même pour tous. D'ailleurs, les parents traitent les enfants différemment : ils essaient de faire manger mieux ou plus l'un ou l'autre par exemple, sans s'en rendre compte.

Dans son livre *The Nurture Assumption*[9], Judith Harris insiste sur l'importance de l'« environnement non partagé ». Ce livre a fait pas mal de bruit, parce qu'elle essayait de dire que les parents ne « comptent » pas. Ce n'est pas tout à fait la bonne façon d'interpréter les choses : même si, pour des parents, traiter leurs enfants de la même façon n'a pas grand effet, certains aspects de l'environnement ont malgré tout une influence notable. Mais Harris a raison d'insister : pourquoi n'observer que la famille ? À partir du moment où les enfants vont à l'école, ils ont leurs propres amis. Ils créent, de plus en plus, leur propre monde. Et ce pourrait être l'origine des « environnements non partagés ». Nous savons donc que l'environnement important opère essentiellement par les voies impénétrables de l'« environnement non partagé ». Mais nous ignorons largement quels facteurs spécifiques rendent deux enfants d'une même famille aussi différents.

Cela vaut-il pour notre psychologie ?

C'est particulièrement vrai pour la personnalité et la psychopathologie : il existe très peu de preuves d'une influence environnementale familiale partagée. C'est surprenant ! Car, comme pour l'obésité, toutes nos théories étaient en fait des théories de l'« environnement partagé » : les enfants issus de différentes familles différaient, pensait-on, à cause de la manière dont leurs parents les nourrissaient, du style de vie qu'ils

---

9. J. Harris, *The Nurture Assumption. Why Children Turn out the Way They Do*, New York, Free Press, 1999.

leur imposaient... Or, si l'environnement compte, ce n'est pas *cette sorte* d'environnement, mais l'environnement *non partagé* : celui qui rend deux enfants de la même famille aussi différents que des enfants de deux familles distinctes. C'est un monde complètement neuf!

Pour la personnalité et les troubles psychologiques, l'influence génétique est assez stable au long de la vie – à l'école, à l'adolescence, à l'âge adulte. Pour les compétences cognitives, il y a un léger retournement de situation. Prenons l'intelligence, l'influence génétique mesurée devient plus forte à mesure que vous avancez dans la vie! Alors que beaucoup de gens pensent que les influences *environnementales* sont de plus en plus marquées, puisque vous expérimentez de plus en plus de choses. En fait, l'« environnement *partagé* » a une influence importante durant l'enfance, mais à l'adolescence, cette influence est de zéro! On peut donc penser que, lorsque vos parents vous stimulent beaucoup – vous encouragent à lire des livres, vous posent des questions, en plus de l'école –, cela implique une certaine influence environnementale partagée. Mais au moment de l'adolescence, même si vous vivez chez vos parents, votre monde s'ouvre avant tout à vos amis et à ce que vous faites par vous-mêmes. Cinq études ont montré cette chute de l'influence environnementale partagée. *Avant* l'adolescence, l'environnement partagé nous influence, mais plus après, même pour le QI. Nos gènes sont de plus en plus influents, et l'environnement de moins en moins. Personne ne sait spécifiquement ce qui cause ces effets.

« La meilleure façon de faire avancer la recherche est d'observer comment gènes *et* environnement interagissent et sont liés au long du développement. »

Et notre personnalité ? Nos gènes influencent-ils notre comportement avec les autres ?

La plupart des aspects de la personnalité montrent une influence génétique modérée. Certains, comme le niveau d'activité, la timidité, la sociabilité, révèlent plus d'influence génétique que d'autres – comme le degré de masculinité/féminité. Au cours de la vie, il n'y a pas beaucoup de changement dans l'influence génétique et environnementale sur notre tempérament. Je parle ici de différences *individuelles*, ce que la plupart des gens désignent lorsqu'ils étudient la personnalité. « C'est une personne très sociable, peu timide, très active, énergique », voilà ce que nous entendons par personnalité : nous *comparons* les uns aux autres.

La personnalité procède d'une influence génétique appréciable : n'en déplaise à Freud, il n'existe pas de preuves d'une influence environnementale partagée. Freud supposait tout simplement que ce qui comptait, c'étaient les aspects environnementaux précoces. Or il n'existe que très peu de preuves d'une telle affirmation. Mon avis général est donc plutôt contraire au sien.

« On a toujours supposé que les aspects importants de l'environnement sont partagés par les gamins qui grandissent dans une même famille. Mais pour la personnalité, la psychologie, la réussite scolaire, l'environnement qui compte, ce n'est pas celui que les enfants *partagent*, mais celui qu'ils ne partagent *pas*. »

Le comportement social est aussi affaire de personnalité : à quel point les gens sont-ils sociables ou timides ? La plupart des gens vous diraient que les comportements sociaux sont peu héréditaires, et nous savons tous que, même si l'on est timide, on peut se rendre à une soirée lorsque l'enjeu est important. Bien qu'il vous en coûte, vous en serez capable. Or la timidité est l'un des aspects les plus héritables de la personnalité ! Mais elle n'empêche pas d'être sociable, la plupart du temps. La timidité, c'est simplement ne pas aimer les situations où vous devez rencontrer beaucoup d'inconnus. Timidité et sociabilité ne sont donc pas très corrélées : on peut être timide *et* sociable. Certains timides aiment rencontrer d'autres personnes, mais trouvent cela embarrassant et difficile pour eux. D'autres personnes ne sont pas timides, mais pas non plus très sociables. Cependant, si cette timidité – et non le caractère sociable – est héréditaire, la génétique progresse en montrant qu'il existe aussi pas mal d'influence de l'environnement. Si votre enfant est timide, cela ne signifie donc *pas* que vous ne pouvez rien y faire : il faut juste savoir qu'il y a des différences génétiques entre les gamins et que nous devons *respecter* ces différences. Votre enfant n'a rien de bizarre !

En Amérique, le stéréotype de l'Américain moyen est volontaire, pas du tout timide, capable de rencontrer quelqu'un dans l'avion et de lui parler de sa vie sexuelle, bref : un personnage complètement public. Mais c'est une illusion ! Les différences individuelles de timidité sont aussi grandes en Amérique qu'ailleurs ; seulement, en Amérique, si votre enfant est timide, vous allez penser que quelque chose ne va pas et qu'il faut l'emmener chez un thérapeute. Reconnaître que les enfants sont différents génétiquement ne signifiera pas qu'on ne peut rien y faire, mais que vous pourrez les respecter un peu plus. Sachant que votre enfant est timide, inutile de l'envoyer à un anniversaire où il y a beaucoup d'enfants qu'il ne connaît pas ; inutile d'être insensible et de le forcer à se débrouiller. En reconnaissant et en respectant les différences dont nous parlons, vous comprendrez que seules les premières interactions lui sont très désagréables – lui qui est par ailleurs très sociable. Vous pouvez donc plutôt l'envoyer à l'anniversaire avec un autre ami, rester dans le coin et faire en sorte qu'il se sente à l'aise.

Cet exemple illustre les applications des découvertes de la génétique dans le monde réel. Beaucoup de « jeunes parents dynamiques » vivent des moments difficiles dans l'éducation des enfants : ils croient, à tort, que l'enfant est un bloc d'argile, façonnable à volonté, et que, si quelque chose ne va pas, c'est parce qu'ils ont mal fait leur travail. Ils ne se rendent pas compte de l'influence des gènes, ni à quel point les enfants sont différents, génétiquement – jusqu'à ce qu'ils en aient un second ! Pour eux, l'environnement explique tout... jusqu'au deuxième enfant. Ne l'oublions jamais : les enfants partagent 50 % de leurs gènes avec leur fratrie, et la première loi de la génétique dit que les fratries seront similaires. Mais la seconde loi, elle, nous dit : les fratries sont différentes... à 50 % ! Le problème des explications environnementales est que vous pouvez *toujours* tout expliquer par l'environnement. Lorsqu'ils ont un deuxième enfant, moins timide, les parents admettent que, bien qu'ils ne les traitent pas autrement, leurs enfants sont pourtant différents, même très tôt. Ils commencent à penser que la génétique tient peut-être un rôle...

Votre travail a-t-il des implications en psychothérapie?

Mes recherches sont d'abord de type fondamental : ma question est de savoir *pourquoi* les gens sont différents. La génétique nous en a appris beaucoup sur l'importance des gènes, mais aussi sur certaines choses inattendues, comme le rôle des environnements partagés et non partagés. Pour les cliniciens, les parents, les éducateurs, les implications de la génétique – en termes de développement cognitif – se situent à un niveau très général. S'ils sont confrontés à l'hyperactivité d'un enfant par exemple, en connaître la cause pourrait bien ne pas avoir tant d'importance : il n'y pas de relation nécessaire entre causes et remèdes. Ainsi, certains troubles sont dus à un seul gène, comme la phénylcétonurie, qui cause un retard mental. La cause est entièrement génétique, mais le remède est complètement environnemental : changer le régime alimentaire des enfants, de manière qu'on n'y trouve pas de phénylalanine[10], présente dans la viande rouge par exemple. Une intervention complètement environnementale élimine le déficit d'une maladie totalement génétique.

Mais connaître les causes peut aussi, parfois, vous aider à trouver de meilleures sources de guérison... même si, jusqu'ici, la plupart des médicaments efficaces pour l'hyperactivité – comme la Ritaline, qui est une amphétamine – ont tous été découverts par accident. Les médicaments utilisés dans le traitement de la schizophrénie ou de la dépression n'ont pas été *explicitement* conçus grâce à des informations génétiques : ils marchent pour certaines personnes, voilà tout. Les preuves génétiques deviendront plus importantes lorsque nous trouverons des *gènes* spécifiques. Lorsque nous les ciblerons et que nous pourrons commencer à prédire quelle personne est « à risque »... Nos diagnostics seront alors basés sur des *causes* plutôt que sur des symptômes. Tous nos diagnostics psychiatriques actuels reposent sur des symptômes, mais cela pose problème : la génétique suggère

10. Que le métabolisme de l'enfant ne peut assimiler.

que les diagnostics basés sur des symptômes ne correspondent pas aux causes génétiques. Lorsque nous commencerons à identifier de nombreux gènes, et non un seul, impliqués dans ces troubles, nous aurons une autre manière de diagnostiquer les problèmes qui ont une base génétique : ce seront des diagnostics fondés sur des causes.

La génétique moléculaire fera aussi une différence en matière de traitements. Découvrir qu'il existe des traitements qui marchent pour certains enfants, par exemple pour les hyperactifs avec facteur de risque génétique, et non pour d'autres, ce serait formidable ! Vous n'auriez plus à donner des amphétamines à tous les enfants qui manifestent ces symptômes : vous pourriez cibler les enfants avec un facteur de risque génétique particulier. Ce serait une sorte de médecine individualisée : des traitements personnalisés, basés sur des causes génétiques.

Enfin, le plus important, à mon avis, est que la génétique moléculaire nous aidera pour la prévention. Au fond, l'ADN est la seule cause disponible. Je m'explique : certains experts trouvent des modifications du cerveau chez les enfants atteints de troubles de lecture. Ils supposent alors qu'elles sont la cause de leurs difficultés : c'est cela que je n'accepte pas ! On sait qu'un comportement peut entraîner des différences d'anatomie comme de fonctionnement cérébral. Donc, si certains enfants ne lisent pas, pas étonnant que leur cerveau soit différent de celui des enfants qui lisent ! La question reste

« Les parents croient, à tort, que l'enfant est un bloc d'argile, façonnable à volonté, et que, si quelque chose ne va pas, c'est parce qu'ils ont mal fait leur travail. Ils ne se rendent pas compte à quel point les enfants sont différents, génétiquement – jusqu'à ce qu'ils en aient un second ! Pour eux, l'environnement explique tout... jusqu'au deuxième enfant. »

posée : le lien entre différences de cerveau et différences de comportement suggère-t-il que le cerveau provoque des différences de comportement, ou l'inverse ? L'ADN, lui, est un facteur réellement causal : l'association entre une séquence d'ADN et un trouble de lecture n'est pas causée par le comportement, par le cerveau, ni par l'environnement. L'ADN ne change pas, seule son *expression* varie, même chez des jumeaux identiques. Et donc les liens de l'ADN avec le comportement sont causaux. Comme l'ADN est le même dans chaque cellule de notre corps, et qu'il est immuable, on peut l'utiliser à partir de n'importe quelles cellules : celles de l'intérieur des joues, du sang ou des cheveux, par exemple. Et, s'il existe un marqueur ADN associé avec un trouble de la lecture, nous pourrons donc l'obtenir très précocement, voire en prénatal.

Cela soulève certains problèmes, mais ce qui est stimulant, c'est qu'une bonne part de la médecine a délaissé l'idée selon laquelle on attend que les problèmes se présentent pour les régler – comme pour l'obésité ou l'alcoolisme. Et si l'on pouvait prévenir les problèmes avant qu'ils ne surgissent ? Pour la schizophrénie, si l'on pouvait agir avant le premier épisode, on éviterait bien des dégâts ! Avec l'obésité et l'alcoolisme, la médecine préventive serait certainement une meilleure manière de procéder. Pour les problèmes de langage ou de lecture, si vous pouviez prédire, précocement, quels gamins vont avoir des problèmes pour lire, vous pourriez intervenir avant l'école. Cela fait beaucoup de « si ». Mais c'est un tel gâchis, à tous niveaux.

Prédire les problèmes à la naissance, n'est-ce pas dangereux ?

On peut en effet redouter un monde où l'on concevrait un bébé sur mesure. Verra-t-on des parents sélectionner leurs enfants avant la naissance ? Ou un étiquetage des tout-petits, plus tard, pendant les trois premières années ? Ce sont de réelles interrogations, mais je ne pense pas qu'il s'agisse de problèmes insurmontables : ces cas se poseront de toute façon, en grande partie, avec les troubles liés à un seul gène, pour lesquels les choses sont entièrement prévisibles : si vous avez le gène, vous avez le trouble ; sinon vous êtes tranquille. C'est *nécessaire* et *suffisant*. Il faut donc résoudre, pour ces cas de « tout ou rien », les risques de discrimination. Celle des assurances par exemple : si un tel gène court dans votre famille, que vous passez un test génétique pour savoir si vous souffrirez de ce trouble, et que votre compagnie d'assurance n'accepte de vous assurer que pour des millions de dollars ? Pour les troubles très complexes, où de très nombreux gènes *et* des influences environnementales sont impliqués, il y a beaucoup moins de déterminisme ; c'est plus affaire de probabilité, et toutes ces questions seront donc moins aiguës.

Revenons sur les parents et les examens prénatals. Un célèbre argument éthique se présente comme suit : pour réaliser une fécondation *in vitro*, on crée plusieurs embryons ; on ne peut pas tous les implanter, mais, comme certains ne survivent pas, même à ce stade, on en crée plusieurs. Parmi ceux qui survivent, sachant qu'on peut dépister tous les troubles liés à *un seul* gène, n'est-il pas contraire à la déontologie de ne *pas* les détecter ? Certains pensent que, parmi les embryons, implanter celui qui porte un trouble génétique, même partiel, serait contraire à la déontologie. On peut toujours en débattre, mais je pense que les parents vont tout simplement faire ce dépistage. Tout comme lorsque l'avortement est devenu légal : beaucoup de gens ont pensé que c'était la fin du monde – ils le pensent encore d'ailleurs, notamment en Amérique –, mais les femmes ont marqué leur désaccord en avortant. Il s'agit surtout d'un équilibre entre les droits du fœtus, les droits des parents – particulièrement ceux de la mère – et les droits de la société. Il existe des arguments éthiques de chaque côté. La plupart des gens s'accorderaient sans doute pour dire que l'enjeu est celui de l'équilibre entre ces trois ensembles de droits, souvent en conflit !

Je ne suis pas un spécialiste de l'éthique, mais un scientifique à l'ancienne mode : mieux vaut prendre ce genre de décisions en connaissance de cause, plutôt que sans rien savoir du domaine. Ça ne rend pas les décisions plus faciles, mais quel serait l'intérêt de faire l'autruche ? Refuser tout dépistage génétique, au prétexte que les parents pourraient découvrir un défaut génétique chez leur enfant et avorter ? Cela se produit déjà, nul besoin de dépistage ! En Inde, c'est un vrai problème, puisqu'on avorte des filles : les parents se présentent et simulent des problèmes génétiques, juste pour savoir si c'est un garçon ou une fille ! C'est un sujet *vraiment* très compliqué. J'espère simplement qu'obtenir de l'information génétique nous éclaire.

De bonnes choses peuvent sortir de la génétique, mais le potentiel de dérives est également considérable. Mon avis sur les questions éthiques n'est pas plus pertinent que celui d'un autre : je crois simplement qu'en général la connaissance est une bonne chose. Je ne ferais pas mes recherches si je pensais que, tout compte fait, les conséquences néfastes l'emportent sur les bonnes. De mon point de vue, il n'y a aucun doute : tant de choses positives peuvent advenir, particulièrement par la prédiction précoce et la prévention des problèmes ! Il ne s'agit pas de les empêcher *génétiquement*, parce que avec les troubles complexes nous ne ferons pas d'ingénierie génétique : nous aurons recours à l'ingénierie du comportement ou de l'environnement.

Les parents sont parfois très bizarres à ce propos. Imaginons que nous trouvions des gènes pour les compétences cognitives. Beaucoup de parents, en Grande-Bretagne, dépensent des centaines de milliers de livres sterling, avant que leur enfant naisse, pour le placer dans la bonne école. Et, même si vous leur dites qu'il n'existe que très peu de preuves que la fréquentation de ces écoles, à trois ans, fasse une différence à long terme, ils vous répondent qu'ils s'en moquent : ils veulent le meilleur pour leur enfant, quoi qu'il en coûte. Si ces parents savaient qu'il existe une poignée de gènes qui prédisent les compétences cognitives (ou même la personnalité, la maladie mentale, la réussite scolaire, etc.), n'utiliseraient-ils pas la fécondation *in vitro* pour sélectionner des embryons qui seraient « meilleurs » que les autres ? Mais ce serait tout aussi bizarre : vous ne disposez que d'un certain nombre d'embryons, et chaque embryon aurait une combinaison différente des gènes parentaux. Peut-être un peu meilleur sur ceci, un peu moins bon sur cela... Ce serait très difficile à établir, même si vous étiez assez fou pour vouloir le faire ! Malheureusement, cette dernière possibilité ne doit pas être écartée, quand des gens sont capables de dépenser dix millions pour

« Je ne ferais pas mes recherches si je pensais que, tout compte fait, les conséquences néfastes l'emportent sur les bonnes. »

cloner leur chien. La société doit-elle s'en inquiéter? Légiférer contre? N'importe quelle personne aisée irait alors le faire ailleurs.

Alors oui, certains problèmes surgissent; mais le bien prévisible pour la société, les enfants, les parents, l'éducation, dépasse de loin tous ces dangers. Il est bon que ces discussions éthiques autour de l'inné et de l'acquis aient lieu : tout approche plus vite qu'on ne le pense, et nous pouvons peut-être anticiper. Mais le risque surgira surtout autour des troubles liés à un seul gène, très sévères et déterministes, qui sont plus faciles à aborder parce que plus nets.

Principaux ouvrages de Robert Plomin

A Temperament Theory of Personality Development (avec A. H. Buss), New York, Wiley Interscience, 1975.

Temperament. Early Developing Personality Traits (avec A. H. Buss), Hillsdale, NJ, Erlbaum, 1984.

Development, Genetics, and Psychology, Hillsdale, NJ, Erlbaum, 1986.

Nature and Nurture in Infancy and Early Childhood (avec J. C. DeFries et D. W. Fulker), New York, Cambridge University Press, 1988.

Nature and Nurture. An Introduction to Human Behavioral Genetics, Pacific Grove, CA, Brooks/Cole, 1990.

Nature, Nurture, and Psychology (éd., avec G. E. McClearn), Washington, DC, American Psychological Association, 1993.

Genetics and Experience. The Interplay between Nature and Nurture, Newbury Park, CA, Sage Publications, 1994.

Behavioral Genetics (4e éd, avec J. C. DeFries, G. E. McClearn et P. McGuffin), New York, Worth Publishers, 2001, trad. de la 3e éd. *Des gènes au comportement. Introduction à la génétique comportementale*, Paris, DeBoeck, 1998.

Behavioral Genetics in the Postgenomic Era (éd., avec I. W. Craig et P. McGuffin), Washington, DC, APA Books, 2003.

Emilio Ribes Iñesta

Emilio Ribes Iñesta en quelques dates...

1944 : Naissance à Barcelone.

1969 : Doctorat de psychologie expérimentale, université de Toronto.

1981 : Doctorat de philosophie, Université nationale autonome du Mexique.

1985 : Parution de son ouvrage principal, *Teor'a de la conducta.*

1991 : Création du Centre d'études et de recherches sur le comportement de l'université de Guadalajara (Mexique).

Emilio Ribes Iñesta en quelques titres...

Prix de recherche scientifique décerné par la Société mexicaine de psychologie.

Prix interaméricain de psychologie.

Prix de l'Association américaine du comportement (ABA) pour la diffusion de l'analyse expérimentale du comportement.

Fondateur de la Société mexicaine d'analyse du comportement.

L'esprit ? Une interaction

Par Esteve Freixa i Baqué

Lorsque j'étais enfant, on me raconta la blague suivante : « Un sergent instructeur est en train de faire un exposé de balistique à ses jeunes recrues. “Grâce à la force de propulsion, le projectile suit une trajectoire parabolique ascendante, atteint son point culminant, puis entame sa descente en vertu de… en vertu de… Bon, les gars ! Ici, le manuel de l'instructeur m'indique que je dois vous dire : en vertu de la gravitation universelle ; mais, entre nous, je pense plutôt que le projectile tombe en vertu de… son propre poids !” » Et l'on riait de ce sergent qui ne savait pas que « la gravitation universelle » n'était que la formulation savante de ce qu'il appelait « son propre poids ».

Mais nous nous fourvoyions car il n'avait pas tout à fait tort (quoiqu'il n'eût pas non plus tout à fait raison, comme nous le verrons par la suite). En effet, la gravitation et le poids ne constituent pas un seul et même concept, exprimé en deux langages différents (savant *versus* populaire), mais deux concepts tout à fait distincts. Rappelez-vous vos cours de physique au collège : les corps possèdent une forme propre, un volume propre, une taille propre, mais non un poids propre ; ce qui leur est propre est leur masse. Le poids est *l'interaction* (nous y voilà !) entre la masse et la force de la gravitation universelle. Nous confondons, au quotidien, masse et poids dans la mesure où, dans notre environnement particulier (la Terre), la gravitation prend toujours, à des broutilles près, la même valeur. Ce qui fait qu'à une masse donnée correspond toujours le même poids (la gravitation étant une constante, elle ne modifie pas l'égalité) et que, donc, nous confondons allégrement l'un et l'autre, au point de pouvoir dire ce total non-sens : son *propre* poids. Ce qui est propre à un corps n'est pas son poids, mais sa masse. La preuve en est qu'un même corps (donc une même masse) pèse sur la Lune beaucoup moins que sur la Terre. Et donc tombe plus lentement. Ou encore que, sous vide, il ne pèse rien (d'où l'apesanteur des cosmonautes).

Le poids est donc une interaction et, en tant que tel, il ne se trouve pas plus dans l'objet que dans l'environnement, tout simplement parce qu'une interaction est une forme de relation, et que les relations ne se situent pas dans l'espace, ne possèdent pas d'attribut d'extension, n'ont pas de *res extensa*, comme dirait Aristote. Ce n'est qu'en chosifiant la relation, en la *réifiant*, en commettant une grave erreur catégorielle au niveau ontologique que l'on peut lui attribuer de l'extension et, donc, la situer quelque part (et pourquoi pas à l'intérieur de l'objet ?). On vient de transformer le poids, qui est une caractéristique *relationnelle* de l'objet, en une caractéristique propre, *essentielle*. Quand vous frottez une allumette contre le grattoir de sa boîte, une flamme surgit. Cela vous viendrait-il à l'esprit de vous demander *où* se trouvait la flamme auparavant, dans l'allumette ou dans le grattoir ? Cette question n'a strictement aucun sens, car la flamme ne se trouvait ni dans l'une ni dans l'autre : elle est le produit d'une *interaction* entre les deux.

Mais, dès que l'on parle en termes de relation, le concept même de causalité – ou, tout du moins, de causalité efficiente, pour continuer d'emprunter à la pensée aristotélicienne, omniprésente chez Ribes – doit être repensé tout autrement. En effet, une fois commise l'erreur catégorielle d'attribuer à l'objet le poids, celui-ci devient, le plus naturellement du monde, la *cause* de sa chute. Alors que la cause, nous l'avons vu, se trouve dans une *interaction*, dont le grand tort réside dans le simple fait qu'elle n'est pas tangible (pas de *res extensa*), qu'elle n'est pas facilement identifiable, qu'elle n'est pas perçue « à l'œil nu ». Du coup, tout substitut « interne » à l'objet a sa chance.

Je parie que le lecteur, arrivé à ce point, se demande : mais quel rapport avec la psychologie ? Quel rapport avec l'esprit ? J'y viens. Mais je suis sûr que beaucoup d'entre vous ont déjà saisi le parallèle, décrypté la métaphore, ne serait-ce qu'en se souvenant du titre de ce chapitre.

Le problème vient de ce que l'humanité tout entière a confondu, pendant des siècles, l'esprit (une interaction) avec le sujet, le moi, la personnalité. Ou, plus récemment, pour s'adapter et sacrifier aux standards de la science, avec le cerveau, comme si la seule façon d'envisager une psychologie scientifique était de tomber dans le réductionnisme biologique! Mais l'humanité a quelques excuses : des personnages illustres, et non des moindres – Platon, les Pères de l'Église, Descartes; vous m'excuserez du peu –, l'ont guidée et confortée dans cette voie erronée.

Le sujet n'est qu'un des deux termes de l'interaction, l'autre étant, naturellement, le milieu, l'environnement. L'esprit, en tant qu'*interaction*, ne peut donc se réduire à aucun de ses termes ni, encore moins, « habiter » l'un d'eux, car les interactions n'ont pas de « *res extensa* ».

Mais la *réification* de l'esprit, et, en conséquence, le fait de le situer dans l'espace (de préférence, *dans* le sujet), n'est pas la seule erreur commise par les différentes formes de la psychologie traditionnelle et ses multiples déclinaisons. En effet, une autre forme d'erreur catégorielle, magistralement analysée et dénoncée par Gilbert Ryle (un autre des auteurs de référence de Ribes), s'est subrepticement glissée, depuis la nuit des temps, dans notre conceptualisation de l'être humain et dans l'explication de son comportement. Elle consiste à confondre l'« *étiquette* » d'une catégorie avec l'un des *éléments* de la catégorie en question. Voyons cela un peu plus en détail.

Il existe trois types principaux d'erreurs catégorielles. Le premier, le plus simple et aussi le plus facile à démasquer, consiste à introduire dans une catégorie un élément appartenant à une autre catégorie. C'est ce que nous ferions si nous introduisions, par exemple, l'élément « voiture » dans la catégorie des vêtements, à coté de « chemise », « pantalon », « jupe » ou corsage ». Ou, de manière moins évidente, lorsque nous introduisons l'élément « tomate » dans la catégorie des légumes alors qu'il appartient à celle des fruits. Le deuxième type d'erreur, moins fréquent mais tout aussi aisément décelable, consiste à introduire, en tant qu'élément d'une catégorie, l'étiquette d'une autre catégorie. C'est ce que nous ferions si nous introduisions, par exemple, l'élément « légumes » dans la catégorie des vêtements, à coté de, comme tout à l'heure, « chemise », « pantalon »,

« jupe » ou « corsage ». Le troisième type, celui qui nous intéresse ici, est à la fois relativement fréquent, aisément décelable en général, mais pas du tout lorsqu'il concerne les concepts qui nous occupent. Il consiste à introduire, en tant qu'élément d'une catégorie, l'étiquette de *la propre* catégorie. C'est ce que nous ferions si nous introduisions, par exemple, l'élément « vêtements » dans la catégorie des vêtements, à côté de, encore une fois, « chemise », « pantalon », « jupe » ou corsage ». Ainsi énoncée, il semble difficile d'admettre qu'une erreur aussi grossière puisse être commise. Pourtant, la façon traditionnelle de conceptualiser l'esprit, la psyché, le mental, etc., relève purement et simplement de ce type d'erreur, tellement intégrée dans notre conception des choses que, malgré son caractère grossier, comme nous en sommes convenus il y a un instant, elle n'est pas identifiée en tant que telle. Voyons cela à l'aide de quelques exemples.

Il y a quelques années, je fus invité à présenter mes travaux dans un colloque sur les sciences du comportement qui se déroulait à Xalapa, au Mexique. J'eus l'honneur et le privilège, avec quelques autres participants, de me voir remettre une invitation personnelle du président de l'université à effectuer une visite de cette université. Et, en effet, à l'heure dite, il nous attendait au point de rendez-vous et nous montra, avec beaucoup de fierté, le moindre recoin de son établissement. Ainsi, nous visitâmes les amphis, la bibliothèque, le complexe sportif, les restaurants et résidences pour les étudiants, les salles de travaux dirigés et de travaux pratiques, les laboratoires de recherche... Bref, toute l'université. Eh bien, qu'aurait pensé ce brave président si, à la fin de la longue et minutieuse visite, lorsque, tout fier, il nous demanda comment nous avions trouvé son établissement, je lui avais répondu : « Monsieur, je vous avoue être un peu déçu ; vous nous aviez fait miroiter une visite de votre université alors que cela fait des heures que vous nous montrez des bâtiments et des installations de toutes sortes, des salles et des équipements à n'en pas finir, mais d'université, point. Où est-elle donc passée, votre université ? »

En procédant ainsi, j'aurais signé ma totale méconnaissance de ce qu'est une université : *l'ensemble* de ce qui nous avait été montré, le nom générique (l'étiquette, en somme) de ce que nous avions visité, *et de son fonctionnement*, et mis à nu ma conception erronée de cette vénérable institution. J'aurais ainsi avoué que je croyais que l'université était non pas *l'ensemble* de ces bâtiments, mais un *élément* concret et tangible de cet ensemble, et qu'à côté des amphis, de la bibliothèque et de la salle omnisports je m'attendais à ce qu'on me montrât un bâtiment du nom de : « université ». J'aurais ainsi bel et bien confondu l'étiquette de la catégorie avec l'un de ses éléments, tout comme un mécanicien qui démonterait un moteur, pièce par pièce, dans l'espoir de trouver et d'augmenter la fameuse « force motrice » dont le propriétaire du véhicule se plaint. Il est évident qu'il ne la trouverait jamais (même avec toutes les techniques d'imagerie, si sophistiquées soient-elles !), pour la simple et bonne raison qu'elle n'existe pas en tant qu'élément du moteur, en tant que « pièce », mais en tant que « fonctionnement » de l'ensemble des pièces, en tant que, et on y revient toujours, *interaction*.

Et, évidemment, il en est de même pour l'esprit.

L'une des personnalités qui ont le mieux contribué à sortir de cette confusion, à conceptualiser le comportement humain dans des termes adéquats est, sans aucun doute, le psychologue et épistémologue mexicain (d'origine catalane – l'exil des familles républicaines à la fin de la guerre civile espagnole suite à la victoire du général Franco étant passé par là) Emilio (Emili) Ribes Iñesta, pour qui la découverte du béhaviorisme radical skinnérien et, surtout, la rencontre avec ce génie méconnu de la psychologie qu'est Kantor furent décisives.

Rencontre avec Emilio Ribes Iñesta

Par Esteve Freixa i Baqué

Saint-Jacques-de-Compostelle, cloître du séminaire majeur San Martiño Pinario, entre deux séances du VIIIe Congrès international d'étude sur le comportement, automne 2006. Quittant momentanément mes collègues ainsi que mes étudiants, qui m'ont accompagné afin de participer à cette prestigieuse rencontre bisannuelle «au sommet» de spécialistes de la science du comportement, j'entame une conversation agréable et détendue, dans un décor quasi monacal (on se croirait au Moyen Âge, au sein de l'Université pontificale voisine – l'une des plus vieilles d'Europe, avec Salamanque, la Sorbonne et Padoue – si l'on n'entendait, çà et là, la sonnerie d'un portable inopportunément allumé), avec un des plus grands psychologues vivants du monde latino-américain, que je connais depuis longtemps et qui m'honore de son amitié. L'entretien, Dictaphone à la main, se déroule en catalan (notre langue maternelle à tous les deux) et à la mode méditerranéenne du tutoiement. Pour les besoins de la cause, je le transcris en français en sacrifiant au culte hexagonal du vouvoiement.

Pouvez-vous me retracer brièvement votre évolution quant à la façon de considérer ce concept si usé de psyché, d'esprit, de mental, et m'exposer votre positionnement actuel?

C'est un processus très long. Évidemment, ce fut une évolution lente et progressive dans la façon de concevoir ce que, traditionnellement, les gens appellent l'esprit, le mental, ou tout autre terme équivalent. Quand on commence à étudier scientifiquement un objet d'étude immatériel, on est d'emblée confronté à un conflit de base qui vous force à prendre très vite une position claire.

La psychologie occidentale a la mauvaise habitude de séparer les corps des fonctions des corps, conception issue essentiellement de la tradition judéo-chrétienne. En ce qui concerne les humains, leurs processus d'interaction avec le monde (créer un monde à travers le langage, à travers l'interaction avec autrui) n'étant pas susceptibles d'être identifiés de façon visible (« regarde : ici, il est en train de penser » ; « ceci est penser », « ceci est se souvenir », « ceci est créer », ou « avoir une idée », etc.), on postula qu'ils avaient lieu ailleurs. Ailleurs, parce que non visibles.

Deux positions étaient alors possibles. La première consistait à supposer que ces processus étaient matériels mais cachés, ce qui engendra les différentes théories matérialistes de l'esprit, centrées sur le fonctionnement du cerveau et considérant l'esprit, le mental, l'âme, comme des fonctions du cerveau, ou des localisations dans le cerveau, ou des transformations dans l'activité cérébrale (théories qui subsistent encore actuellement, bien entendu). La seconde consistait à considérer ces processus comme étant immatériels, et à les situer donc à l'intérieur de l'être humain, cohabitant ainsi avec le corps (avec une conception dualiste classiquement cartésienne), sans être de même nature que le corps. Cela a revêtu plusieurs noms : la conscience, l'expérience consciente, etc., et a été l'objet d'étude de la psychologie du XIXe au début du XXe siècle.

Quand on commence à s'intéresser à ces phénomènes de façon scientifique et qu'il faut prendre une décision, un engagement, on choisit, tout naturellement, l'option matérialiste. Pourtant, je pense que la position

« La psychologie occidentale a la mauvaise habitude de séparer les corps des fonctions des corps, conception issue essentiellement de la tradition judéo-chrétienne. »

matérialiste est tout autant erronée que la position spiritualiste, le problème étant que la question n'est pas de nature ontologique. On a transformé les problèmes de connaissance en problèmes d'existence ou de non-existence d'entités, ce qui n'a rien à voir. Et, donc, on a créé des entités, on a discuté de l'endroit où se situent ces entités, introduisant ainsi le problème de la connaissance des phénomènes, qui portent bel et bien un nom, supposés correspondre à une entité déterminée. C'est l'un des « tours de passe-passe » du langage.

Je suis passé par toutes les positions de la psychologie, depuis la psychanalyse, qui fut ma toute première formation (la psychanalyse freudienne), en passant par le fonctionnalisme, à cause de l'influence marquée de la théorie de l'évolution, et grâce, simultanément, à Skinner, Piaget et Vigotsky (car les trois ont été marqués par le fonctionnalisme), je suis arrivé au béhaviorisme. Tout d'abord, à un béhaviorisme très traditionnel, du type Burt et Spencer. D'une part, ils développaient des grandes théories, et je crois qu'il est important que les questions que l'on se pose concernent la généralité des phénomènes et non pas des points trop spécifiques. D'autre part, ces positions étaient étroitement liées à la possibilité d'étudier en laboratoire, dans des conditions contrôlées, les phénomènes en question, avant de les extrapoler à des situations plus difficiles à aborder expérimentalement.

Par la suite, je devais découvrir, non sans un certain désenchantement, que le degré de complexité logique d'une théorie n'implique pas qu'elle soit meilleure. En Amérique latine, nous avions, nous *avons* toujours, des problèmes très aigus sur le plan social qui réclament des réformes auxquelles la psychologie pourrait contribuer. Et, de ce point de vue, la position de Skinner était très attrayante. Car il s'agit d'une théorie qui, d'une certaine façon, reliait étroitement la recherche fondamentale et les applications concrètes, incluait des aspects comme l'ingénierie des cultures, intégrait le point de

« Je pense que la position matérialiste est tout autant erronée que la position spiritualiste, le problème étant que la question n'est pas de nature ontologique. »

vue évolutionniste et pouvait étudier aussi bien les animaux que les humains. Cette théorie n'était pas assez élaborée; elle ne l'est toujours pas, à mes yeux; c'est pourquoi je l'ai abandonnée depuis. Mais je maintiens qu'elle a représenté une étape de transition incontournable.

Après cela, j'ai fait la découverte de Kantor. Et, avec lui, je me suis mis à une série de lectures philosophiques qui m'ont un peu éloigné du marxisme traditionnel (qui avait été mon autre source d'inspiration, disons, épistémologique) et qui sont, fondamentalement, les « philosophes du langage ordinaire » tels que Ryle, Austin ou Wittgenstein. Ce qu'ils font, c'est justement nier le problème de l'ontologie en tant que problème philosophique; l'ontologie constitue un mauvais problème car il n'y a pas lieu de discuter de substances et de choses, mais plutôt de *comment* nous connaissons et *comment* le langage constitue l'élément fondamental de la connaissance. Ainsi, tous les problèmes de « mal connaître » se réduisent à « mal manier » notre propre instrument de connaissance, c'est-à-dire le langage. Cela revient à philosopher autrement. On se focalise alors non pas sur les questions : « où se trouve le mental ? », « qu'est-ce que le mental ? » ou encore « le mental et le comportement sont-ils incompatibles ? », « le mental et la conscience sont-ils des termes qui n'ont pas de correspondance avec des choses existantes ? », mais sur le fait que le mental et la conscience sont des termes qui ont un sens dans les pratiques ordinaires des gens. Et, dans ces pratiques ordinaires des gens, ces mots, comme l'attestent l'étymologie ou la philologie, n'ont rien à voir avec des entités, ni transcendantes ni non transcendantes : ils ont à voir avec les échanges réciproques et leurs circonstances, entre les personnes et le monde d'une part, les personnes entre elles d'autre part.

Dans ce sens, je peux parfaitement parler du mental, de l'esprit; cela ne me pose aucun problème. Mais l'esprit n'est pas une entité : il est la forme avec laquelle je décris de façon générique les pratiques ordinaires des personnes entre elles à travers le langage, et comment, à travers ces pratiques, j'essaie d'interpréter aussi les pratiques des animaux. Alors cela ne me gêne pas de m'exprimer avec des termes mentalistes tels que mémoire ou perception, par exemple, lorsque je me situe au niveau du langage ordinaire; mais, lorsque je fais de la psychologie, ce que je me dois de faire est d'accéder à un deuxième niveau d'abstraction : ces termes recouvrent beaucoup de sens différents et, en fonction du contexte dans lequel je me situe, lorsque je les emploie, je veux dire des choses différentes. Et, si ces choses différentes ont du sens dans la pratique ordinaire car elles se situent toujours dans un contexte donné, lorsqu'on enlève le contexte et qu'on emploie ces termes comme s'il s'agissait de termes techniques qui désignent quelque chose en soi, ils perdent tout leur sens. On tombe alors dans ce piège épistémologique et ontologique qui nous fait croire qu'il existe des choses qui s'appellent mémoire, perception, pensée ; qu'il existe des choses qui s'appellent traitement de l'information, que le cerveau fonctionne comme un ordinateur ou comme un laboratoire chimique. Tout cela n'a aucun sens.

Ce qui est propre à la sphère psychologique, c'est qu'elle concerne toujours une interrelation entre deux individualités, qui peuvent être deux individus ou un individu et un objet – mais un objet individuel : et non pas avec le milieu en général, comme on le dit souvent (le milieu constitue l'objet d'étude de l'écologie, non de la psychologie). Et cette interrelation, ou interaction, comme toutes les interactions, d'ailleurs, n'est pas ostensible, ne peut être décrite sensiblement. On ne peut pas dire : « ceci est l'interaction », tout comme un physicien ne peut pas dire : « ceci est la gravitation », « ceci est la fragilité » ou « ceci est la réactivité ». Cela n'a aucun sens.

Vous êtes en train de me dire qu'une interaction n'a pas de « res extensa » ?

En effet. Ceux qui possèdent des attributs d'extension, ce sont les sujets, les individus, les objets. Mais les relations, les interactions, qui constituent le phénomène psychologique, n'ont pas de *res extensa*. L'extension, la spatialité, concerne les éléments de l'interaction, non l'interaction elle-même. Donc, il faudrait créer des concepts techniques qui permettent d'identifier, de décrire différents niveaux d'organisation de ces relations, depuis ce qu'on pourrait appeler « l'âme animale » jusqu'à l'« âme » (le mental, l'esprit) humaine la plus complexe (celle d'un prix Nobel de mathématiques, par exemple). Mais, bien entendu, cela ne suppose aucun type d'engagement ontologique qui impliquerait qu'il existe quelque chose qui est différent de ce que l'on voit ; en réalité, tout ce qui se trouve désigné par les termes d'esprit, de mental ou d'âme ne possède pas l'observabilité comme caractéristique. Non pas parce qu'ils seraient invisibles, mais parce que cela n'a pas tout simplement de sens de parler de la visibilité ou de l'invisibilité d'une relation.

Il s'agit d'une erreur catégorielle?

En effet, il s'agit d'un problème d'erreur catégorielle. Et c'est la raison pour laquelle il est extrêmement utile de relire Aristote. Aristote définit le concept d'âme comme « puissance en acte », ce qui est extrêmement clair. Le concept de puissance implique que l'on a une structure formelle et matérielle, mais que la fonction ne s'établit qu'au moment où l'on entre en contact. C'est ça, l'âme! L'âme, on peut l'identifier lorsqu'elle se traduit en acte. Dans la puissance il n'y a pas d'âme : il y a le corps. Donc l'âme n'est pas une substance différente qui se trouve dans le corps : c'est le corps en relation. Tout cela fut, bien évidemment, déformé par les postplatoniciens.

Platon lui-même ne serait donc pas responsable de cette déformation de la pensée aristotélicienne?

Non car, en fait, tous les concepts d'âme chez les Grecs antérieurs à Aristote ne sont pas des concepts transcendants : ce ne sont que des métaphores. Les Grecs ne croient pas qu'il y ait autre chose au-delà. Ils ne croient pas en des entités. Ce que fait Platon, c'est utiliser des métaphores ; il donne des cours : c'est de la pure pédagogie, que d'autres ont pris au pied de la lettre. Bien sûr, parfois, il manifeste une logique incorrecte. C'est ce que critique Aristote : si l'âme était indépendante du corps, elle pourrait y entrer et en sortir à sa guise et, dans ce cas, qu'adviendrait-il du corps? Ou alors, si l'âme est quelque chose qui se trouve à l'inté-

« Tous les problèmes de "mal connaître" se réduisent à "mal manier" notre propre instrument de connaissance, c'est-à-dire le langage. »

rieur du corps, quand celui-ci bouge, l'âme devrait bouger avec lui… et d'autres bizarreries du même acabit. Ce sont là les techniques philosophiques de « régression à l'infini [1] » et de réduction à l'absurde, qui nous semblent modernes mais qui remontent à Aristote… C'est après Aristote qu'apparaît cette déformation, car c'est Alexandre le Grand qui colporte les théories transcendantalistes d'Asie en Grèce, où, alors, elles n'existent pas. Et c'est à ce moment que commence cette déformation, avec Platon, bien sûr, mais aussi avec Aristote lui-même. Puis arrive l'influence judéo-chrétienne et tout ce qui s'ensuit, et, évidemment, Descartes, qui entreprend de nous faire parvenir la nouvelle « science » de l'interaction entre deux substances : le corps et l'esprit, le corps étant concerné par l'action, qui est de la mécanique, et l'esprit par la cognition, qui est de la para-optique, puisque c'est une sorte de miroir, avec la « réflexion », la « lumière de la conscience » et toutes ces métaphores qui ont été reprises (et continuent d'être utilisées !) en psychologie, n'est-ce pas ?

Et le rôle des Pères de l'Église, dans tout cela ? Les saint Augustin, saint Thomas… ?

En fait, c'est saint Anselme qui formule l'argument théologique de la substantialité [2] de l'âme (l'esprit). Puis saint Augustin introduit le principe de la transmigration, c'est-à-dire du fait que l'âme entre dans le corps (lors de la conception) et en sort (à la mort). Et, donc, que l'individu, c'est son âme ; puisque, lorsque l'âme se détache du corps, celui-ci redevient poussière mais l'individu continue de vivre (au ciel, au purgatoire ou en enfer). C'est pour cela que Descartes n'a aucun problème à énoncer, à travers la méthode du doute systématique, son principe du : je doute donc je pense, je pense donc je suis, et je suis en tant que pensée (esprit). Je suis ma pensée. Le corps n'est rien d'autre qu'un récipient dans lequel l'individu se trouve. Il n'a pas

1. L'exemple graphique le plus courant de « régression à l'infini » est donné par cette classique couverture de magazine représentant quelqu'un qui lit un magazine dont la couverture représente cette même personne lisant ce même magazine dont la couverture, etc., jusqu'à l'infini (ou un peintre peignant un tableau dans lequel on voit un peintre peignant un tableau dans lequel…).

2. Non pas au sens de *matérialité* mais au sens aristotélicien d'opposition entre *substance* et *forme* (distinction reprise par le catholicisme à propos de, justement, la « transsubstantation » du pain et du vin en corps et sang du Christ, processus qui entraîne une transformation de la *substance* sans changer les apparences *forme*lles).

plus d'importance que celle d'un récipient. Descartes reconnaît volontiers l'existence de ce récipient, mais, de fait, il ne revêt pas grande importance.

Et, d'un point de vue plus spécifiquement interbéhavioriste*[3]*, quel est l'apport essentiel de Kantor à cette notion d'interaction que Skinner avait déjà pourtant mise en avant?

Chez les skinnériens, il s'agit, à mes yeux, d'une fausse interaction. Fausse interaction parce qu'ils parlent bien d'interactions fonctionnelles; mais, en fait, ils expliquent tout en termes de causalité basée sur la notion de renforcement. Avec ce grave problème qu'il leur faut expliquer les effets rétroactifs d'un événement sur une réponse, ce qui les contraint à forger le concept de «classe de réponse» pour rendre compte de ces effets ultérieurs. Je trouve qu'il y a une logique un peu perverse autour de ce concept de «classe», d'«opérant» et tout cela. Skinner, dans son ouvrage *Le Comportement des organismes* [4], en 1938, dans une note en bas de page (presque tous les apports importants de la psychologie ont été faits sous forme de note en bas de page...) (*On le sent tout fier de lancer, avec naturel, une telle boutade...*), reconnaît que l'on ne peut pas définir la réponse indépendamment du stimulus. Et cela, il le doit à Kantor. Il reconnaît ailleurs, de façon explicite, l'influence de Kantor sur son œuvre. Par exemple, à propos du concept de «*drive* [5]», il dit qu'il s'agit d'un mot qui colporte beaucoup de connotations additionnelles et que Kantor lui a dit qu'il valait mieux qu'il l'enlève. Ce sont les deux seules fois qu'il fait référence à Kantor et qu'il lui reconnaît un mérite quelconque.

De fait, je considère que la conception de Skinner est une conception, au moment de l'interprétation, de type mécaniciste (y compris dans sa façon de concevoir la théorie darwinienne de l'évolution). Skinner est un opérationniste [6], mais un opérationniste à la Stevens, à la Brid-

3. Courant neobéhavioriste développé par Kantor, s'inscrivant dans les théories dites «de champ», qui prétend dépasser le béhaviorisme radical de Skinner en insistant davantage sur la notion d'interaction.

4. B. F. Skinner, *The Behavior of Organisms. An Experimental Analysis* [1938], Acton, MA, Copley, 1991.

5. Concept classique de la psychologie expérimentale mais difficile à traduire; «motivation» en serait une imparfaite approximation.

6. L'opérationnisme est une version du positivisme logique (École de Vienne), défendue en

gman, tandis que Kantor est fonctionnaliste[7], en bon élève de l'école de Chicago, et la conception même d'interrelation de Kantor et, en fait, de Dewey est tout droit issue du célèbre article de Dewey sur la critique de l'arc réflexe. Dewey explique, en effet, qu'il n'y a pas, à véritablement parler, une relation fixe mais plutôt une corrélation, une covariation, ce qui influença, bien sûr, la conception de la « fonction stimulus-réponse » de Kantor, bien qu'il y ajoutât d'autres aspects ; et c'est ça qui est important : les facteurs dispositionnels, les facteurs historiques, le milieu de contact et les limites du champ. Et cela est tout à fait nouveau, bien qu'inscrit dans la tradition aristotélicienne. Schoenfeld dit en 1983 (et ce fut la dernière chose qu'il écrivit), à l'occasion de sa nomination à une chaire spéciale à l'université nationale du Mexique, qu'on pouvait relier tous les béhaviorismes au fonctionnalisme, à l'évolutionnisme, etc. Mais qu'il y en a un qui vient tout droit d'Aristote : celui de Kantor. Et il traça une flèche les reliant directement. Et, lorsqu'on lit le *De anima* d'Aristote, par exemple le chapitre sur la vision, cette influence est évidente. On y trouve le concept de milieu de contact; l'idée que la lumière n'est pas un messager mais qu'elle est transparente, et que, puisque la lumière est transparente elle permet la vision : sans transparence on ne peut pas voir. Et ce que l'on voit dépendra tout autant du fait que l'on possède la capacité de réagir à ce que l'on voit que du fait que l'objet possède les propriétés de visibilité. Et lorsque l'ensemble de ces conditions est réuni, la vision se fait : on voit; mais l'œil ne peut se voir lui-même, pas plus que, bien sûr, le cerveau ne peut se sentir lui-même. Cet argument devrait suffire pour en finir une fois pour toutes avec les idées du genre : le cerveau est celui qui décide, le cerveau est celui qui voit, etc. Le cerveau n'a pas de sensitivité ni de réflexivité. Mais bon...

Cela constitue l'apport essentiel de Kantor. Car, et bien qu'il n'y fasse pas référence explicitement (je lui avais demandé un jour si, lorsqu'il

---

1927 par le physicien américain P. W. Bridgman, dans laquelle il propose de substituer aux définitions des concepts l'ensemble des opérations concrètes qui président à leur élaboration. Ainsi, la longueur est réduite aux opérations de mesure qui la définissent. S. S. Stevens s'est largement inspiré de cette conception pour édifier sa théorie de la mesure.

7. L'école fonctionnaliste prend pour objet non pas les structures (comme le fait le structuralisme), mais les fonctions. Inspirée par la philosophie pragmatiste de William James, et regroupée à Chicago autour de John Dewey et James Agnell, elle naît de l'enthousiasme que la théorie de l'évolution provoque chez les jeunes psychologues.

parle de « champ », cela avait quelque chose à voir avec les théories de champ de la physique, il m'avait répondu que l'essentiel était qu'il fallait rompre avec le mécanicisme), je crois que c'est une tendance qui surgit simultanément dans plusieurs domaines de la connaissance ; et il l'a appelée « théorie du champ », comme il aurait pu l'appeler autrement, pour exprimer ce qu'il voulait signifier par là. Tout comme Mach (le physicien), qui écrit : « Lorsque je parle de relations fonctionnelles, il n'y a pas de causes ; il n'y a pas un facteur qui explique. » C'est pour cela que je vous disais que Skinner utilise incorrectement la notion de relation fonctionnelle : il dit s'être basé sur Mach ; mais il s'agit de reprendre le concept, non le terme ! Mach est on ne peut plus clair. Il écrit : « Dans une relation fonctionnelle, il n'y a pas de causes ni de "causants" : il y a la relation ; et ce qui rend compte de la relation, ce qui l'explique, c'est la propre structure de la relation. » Point barre. Il n'y a pas lieu de chercher quelque chose d'additionnel, car après il faudrait en expliquer la cause. Le problème avec les explications en termes de causes efficientes est que l'on peut procéder à une relation, à une régression à l'infini ; et qu'au bout on y retrouve le Grand Démiurge…

Principaux écrits d'Emilio Ribes Iñesta

« Human behavior as operant behavior : an empirical or conceptual issue ? », *in* C. F. Lowe, M. Richelle, D. F. Blackman et C. M. Bradshaw, *Behaviour Analysis and Contemporary Psychology*, Hillsdale, Erlbaum, 1985.

Teoría de la conducta : un análisis de campo y paramétrico (avec Francisco López), México, Editorial Trillas, 1985.

« Kantor's contribution to psychology, or what is behavior ? », *Behavior Analysis*, 1988, n° 23, p. 94-100.

Psicología interconductual : contribuciones en honor a J. R. Kantor (éd., avec L. Hayes et F. López Valadez), Guadalajara, Universidad de Guadalajara, 1994.

Teoría del condicionamiento y lenguaje : un análisis histórico y conceptual, Madrid-Mexico, Taurus, 1999.

2. Raisonner, comprendre, parler

« Il y a deux sortes d'esprits :
l'esprit de géométrie
et l'esprit de finesse. »

Blaise Pascal

Ce qui definit le mieux notre esprit? N'est-ce pas la pensée, le raisonnement, notre aptitude à résoudre des problèmes complexes? Le cortex[1] *n'est-il pas le temple cérébral des « fonctions supérieures » de l'homme? Grâce aux expériences des psychologues et aux techniques d'imagerie cérébrale, on connaît mieux le fonctionnement de l'activité cérébrale : on sait par exemple que le cortex renferme dix milliards de neurones connectés entre eux, permettant à ce mécanisme mystérieux qu'est la pensée d'exister. Mais en sait-on vraiment beaucoup plus sur ce qui se passe dans la « boîte noire » qu'au temps de Descartes? Comment naissent ces objets insaisissables que sont les pensées?*

Parmi nos facultés supérieures, l'intelligence est celle qui fascine le plus, sans doute parce qu'elle est hautement valorisée par le système éducatif et social. La plupart des parents ne rêvent-ils pas que leur progéniture caracole en tête de classe? L'intelligence est l'un des atouts les plus convoités, à l'égal du courage dans les systèmes féodaux ou de l'honneur dans de nombreuses sociétés.

1. Cortex signifie « écorce » en grec : cette partie du cerveau est en effet comme l'écorce qui en recouvre la partie supérieure.

Elle est aussi le lieu de nombreuses polémiques. De la définition de l'intelligence à la mesure de l'intelligence, en passant par la description des processus du raisonnement, chacun y va de sa théorie. C'est en 1905 que le Français Albert Binet a mis au point le premier test d'intelligence. Il s'agissait au départ de créer un outil pour repérer les élèves en difficulté, et non pour privilégier les enfants qui disposaient des meilleures aptitudes; on ne parlait pas encore de « quotient intellectuel ».

Autre sujet de polémique, le caractère héréditaire de l'intelligence. Naît-on intelligent? Quel est le plus important, la génétique ou le milieu? Les deux, répondent les experts. Il suffit d'observer les enfants sauvages, privés de toute stimulation sensorielle, affective et intellectuelle, pour comprendre que, sans un milieu adéquat, l'intelligence ne peut pas se développer : la petite Kamala, élevée par des loups (qui a inspiré Rudyard Kipling pour son personnage de Mowgli), ne fut pas capable d'apprendre plus d'une cinquantaine de mots[2]*. Parallèlement, les études de vrais jumeaux montrent pour leur part la composante héréditaire de l'intelligence*[3]*. Mais le problème des études, c'est qu'on ne sait jamais vraiment ce qu'on mesure. D'autant que le terrain de l'intelligence est miné et l'histoire des études sur le sujet, entachée de manipulations douteuses : ainsi, dans les années 1940, le psychologue anglais Cyril Burt trafiqua-t-il ses chiffres pour en prouver l'hérédité. Puis ce fut la thèse de Charles Murray et Richard Herrnstein, qui prétendaient que le QI des Noirs était de quinze points inférieur à celui des Blancs. Jusqu'à ce qu'on découvre qu'ils avaient privilégié les données qui corroboraient leur thèse* [4].

Les experts que nous avons rencontrés pour ce livre ne s'intéressent pas à la mesure du QI – ce qu'on appelle l'« approche psychométrique » de l'intelligence. Ce qu'ils ont voulu mettre en lumière, c'est la dimension qualitative de l'intelligence, ses formes multiples. *Aujourd'hui, définir l'intelligence au singulier, c'est aussi absurde que de prétendre qu'il n'existe qu'un type de beauté.*

Place donc aux *intelligences.*

---

2. A. Lieury, *Psychologie cognitive. Cours et exercices*, 4e éd., Paris, Dunod, 2004, p. 258.

3. R. S. Wilson, « The Louiseville twin study : developemental synchronies in behavior », *Child Development*, 54, 1983, p. 298-316.

4. Pour une histoire de cette controverse, on lira le texte de J.-F. Dortier, « L'intelligence, de quoi parle-t-on? », *in Le Cerveau et la pensée. La révolution des sciences cognitives,* Auxerre, éditions Sciences humaines, 1998.

Robert Sternberg

Robert Sternberg en quelques dates...

1949 : Naissance à Newark, dans le New Jersey.

1975 : Doctorat à la prestigieuse université Stanford.

1985 : Parution de *Beyond IQ*, son premier ouvrage majeur.

1996 : Parution de *Successful Intelligence*.

2003 : Parution de *Wisdom, Intelligence and Creativity Synthesized*.

Robert Sternberg en quelques titres...

Doyen de la Faculté des arts et sciences, université Tufts.

Directeur du Centre pour la psychologie des capacités, compétences et de l'expertise, université Tufts.

1999 : Prix James McKeen Cattell de la Société de psychologie américaine.

2003 : Président de l'APA, et prix E. L. Thorndike de l'APA pour ses contributions à la psychologie de l'éducation.

De l'intelligence de l'esprit à celle du cœur

Par Cédric Routier

Parmi les grands noms de la psychologie de l'intelligence, Robert Sternberg est probablement le seul auquel un enseignant conseilla, en première année de fac, d'abandonner la psychologie! Et ce, à cause d'une note médiocre. Dès le primaire, Sternberg n'est doué ni pour le «par cœur» ni pour les conditions d'un examen... Ironie du sort, il est aujourd'hui, comme son ami Howard Gardner (voir p. 129), l'auteur d'une théorie des plus originales sur l'intelligence humaine.

D'origine modeste, Sternberg comprend très tôt qu'il devra compter sur ses propres ressources avant tout. Encore faudrait-il que les autres croient en lui; car, jusqu'à l'adolescence, le jeune Robert est si anxieux, lors des tests de QI qu'il doit passer à l'école, qu'il perd tous ses moyens, échoue, et paraît limité auprès des enseignants. Cette situation le mine : il sait, il sent que son potentiel est réel, mais que ce test est une mesure trop étroite. C'est aussi ce que pense une enseignante, «miss Alexa», qui l'encourage et à laquelle il dédiera un ouvrage. Sternberg voit dans ces premières expériences le point d'ancrage de sa vocation. La preuve, il crée son premier outil de mesure de l'intelligence... dès le collège.

Des années plus tard, à force de statistiques et d'études, il développe une définition de l'intelligence plus riche que celle des tests de QI. Il indique des directions à suivre pour aider les élèves à progresser, et pour prédire leurs succès futurs. La créativité y tient une bonne place, comme le sens pratique. Sa vision de l'intelligence? «Tournée vers la réussite [1] », elle se définit dans nos rapports à la vie réelle, et nous permet d'exploiter nos forces et nos faiblesses pour atteindre nos objectifs.

Le Sternberg intime ne vit pas les mêmes succès que le scientifique. Après l'échec d'une relation amoureuse, il choisit, comme pour le QI, la contre-attaque, et étudie scientifiquement les histoires de couple, pour parvenir à une double théorie psychologique de l'amour. À l'image des conseils issus de sa théorie de l'intelligence, Sternberg tire parti de ses forces et de ses faiblesses pour creuser de nouveaux sillons : l'étude de la sagesse et du *leadership*.

1. Traduction de «*successful*».

Que nous apprend Robert Sternberg ?

L'intelligence de l'analyse

Comme la plupart des élèves aux États-Unis, Sternberg se confronte très tôt aux tests scolaires et, parmi eux, à celui du QI. Définir l'intelligence comme l'objet que ce test mesure lui apparaît vite extrêmement réducteur. Que sait-on des mécanismes à l'œuvre dans l'intelligence « analytique » que le test de QI met en évidence ? Telle est la première question sur laquelle il se penche : sa réponse forme le premier pan de sa théorie future, plus générale, de *l'intelligence efficace*.

Sternberg s'inscrit pleinement dans les sciences cognitives de son époque : pour lui, notre esprit traite de l'*information*. L'intelligence analytique (cette forme que le test du QI et l'école valorisent tant) doit être le résultat de traitements que l'esprit réalise sur les problèmes qu'il rencontre, afin de leur fournir des réponses pertinentes. Sternberg considère que ces traitements sont l'œuvre de trois types de « composantes » – d'où le nom d'intelligence *componentielle* que cette forme prendra plus tard :

- Des *métacomposantes* : elles encadrent, dirigent et permettent de planifier l'action des autres composantes ; elles sélectionnent les informations importantes et évaluent les solutions trouvées ; elles ont un rôle de supervision.
- Des composantes de *performance* : beaucoup plus nombreuses, chacune s'occupe d'une tâche spécifique et suit les « directives »

que les métacomposantes fournissent. Par exemple, l'une d'elles va comparer deux informations entre elles, tandis qu'une autre les associera ou non, et qu'une troisième déclenchera une réponse.

- Des composantes d'*acquisition des connaissances* : celles-ci sont plus spécifiquement chargées d'enregistrer des informations importantes, de les comparer ou de les combiner à ce que nous connaissons déjà. Ainsi novices et experts aux échecs possèdent-ils des connaissances de niveaux différents : ces composantes faciliteront à la fois le jeu rapide et sûr des experts, et permettront aussi aux novices de devenir experts eux-mêmes.

Tous ces processus – « méta », performance et acquisition – sont constamment en interaction : des informations circulent entre les composantes de façon répétée, à chaque analyse réalisée. Cette partie componentielle de la théorie illustre ainsi les rapports entre l'intelligence et notre « monde interne », les composantes analytiques de l'esprit. Mais l'esprit n'est pas une forteresse close : l'expérience et le monde extérieur sont aussi en lien avec l'intelligence ! Sternberg ajoute alors deux parties à sa définition et propose la théorie *triarchique* de l'intelligence.

Trois dimensions pour l'intelligence

À la dimension componentielle de l'intelligence, Sternberg ajoute très vite cette part qui reflète les liens entre intelligence et expérience : l'intelligence créative, ou *expérientielle*. Pour lui, il est essentiel d'élargir les mesures habituelles de l'intelligence pour y intégrer le niveau d'expérience de chacun, ce que la vie a pu favoriser en nous : notre capacité à détecter, aborder et gérer de nouvelles situations ; et notre facilité à acquérir rapidement des automatismes transférables. Ces deux aspects sont d'ailleurs associés : ils se complètent et se renforcent mutuellement. Grâce à eux, nous différons tous dans notre manière d'appliquer notre intelligence analytique de façon créative, c'est-à-dire de découvrir ou d'imaginer de nouvelles approches des problèmes.

Sternberg comprend pourtant que ce n'est pas tout : l'intelligence se manifeste également dans les relations entre l'esprit et le monde extérieur. Notre capacité à nous adapter à l'entourage, qu'il soit physique ou social ; à le transformer, s'il le faut ; ou à l'abandonner pour un autre plus adéquat : toutes ces facultés forment *aussi* l'intelligence. Une intelligence plus concrète, qui met en pratique les forces et les faiblesses ; une intelligence pratique, celle de « *l'homme de la rue* », comme Sternberg la nomme. Cette intelligence qui conduit souvent les gens pragmatiques à réussir mieux que d'autres, pourtant plus analytiques ou plus créatifs... C'est grâce à elle que nous pouvons changer nos habitudes pour plaire à un conjoint ; tenter de changer les siennes ; ou, à terme, quitter ce couple qui dysfonctionne pour un autre essai – peut-être moins contraignant.

Ainsi, la pensée intelligente n'a pas lieu dans le vide, ni au hasard, et c'est cette troisième forme d'intelligence, contextuelle, qui en est responsable. Sternberg clôt ainsi sa théorie *tri*archique : elle intègre les sous-parties componentielle, expérientielle et contextuelle en un tout cohérent, expliquant l'intelligence générale par la part variable que prend *chacune* d'elles. Il accomplit ainsi ce qu'il souhaitait dès l'enfance : enrichir les dimensions prises en compte dans l'évaluation de notre potentiel. Et avec des résultats probants : l'une de ses études (le projet *Rainbow*) a démontré qu'en intégrant les dimensions créative et pratique aux tests d'évaluation conduits sur des élèves les différences entre ethnies s'effaçaient, et que le succès futur des étudiants était non seulement largement supérieur à ce que supposaient les tests traditionnels, mais mieux prédit ! Il applique d'ailleurs aujourd'hui cette politique d'évaluation plus riche à la sélection d'entrée dans le département dont il est doyen.

Faut-il aller encore plus loin ? Sternberg en est de plus en plus convaincu. L'importance de la vie réelle pour définir l'intelligence le conduira à formuler la notion d'intelligence *tournée vers le succès* et à modifier sa définition *triarchique* : plutôt que sur les sous-parties, l'accent est aujourd'hui placé sur l'usage de notre intelligence au quotidien pour « *rencontrer le succès dans la vie* », en tirant parti de nos avantages et de nos faiblesses « *selon nos contextes socioculturels respectifs* ». Autre point fondamental, qu'il défend aussi fermement que Gardner : nos capacités intellectuelles peuvent progresser ou s'étioler, selon le cours de nos vies. D'après Sternberg, impossible aujourd'hui de prédire le potentiel de quelqu'un en se limitant au calcul d'un QI. Le type même du grand artiste, par exemple, investira les pistes délaissées pour les rendre attractives ; puis il les revendra « à bon prix » dans le domaine intellectuel (les amateurs s'enticheront de son style, et beaucoup d'autres l'imiteront), et continuera d'entraîner le monde de l'art dans son sillage [2]. Cette théorie de la créativité, comme pour l'intelligence, tient compte d'une *convergence* de facteurs, plutôt que d'un seul trait, pour expliquer qui sera très créatif et pourquoi. De la sélection d'une idée originale à son exploitation efficace, ces facteurs s'associent chez cet individu, comme l'intelligence efficace est le reflet de plusieurs composantes en interaction.

Amour, sagesse et *leadership* : dépasser l'intelligence

Mais pourquoi s'arrêter à l'étude scientifique de l'intelligence, après s'être penché sur la créativité ? L'être humain vibre aussi sur la mélodie de l'amour, et Sternberg y transpose son approche de la cognition : il développe une double théorie de l'amour, à la fois triarchique et narrative.

Il isole d'abord trois dimensions, exprimées ou non dans une relation amoureuse : *passion*, *engagement* et *intimité*. Selon le niveau de l'une ou de l'autre, nous sommes en présence de relations affectives diverses : amitié profonde, amour platonique, tocade, coup de foudre, amour flétri… L'amour profond et fécond, au sein d'un couple, sera le résultat d'une participation des *trois* dimensions. Bien sûr, chacune d'elles peut être plus ou moins prononcée, et le « parfait » amour – comprendre : la relation équilibrée – impliquera leur coexistence harmonieuse. Tel est le premier triangle de l'amour selon Sternberg, en parallèle direct avec sa théorie de l'intelligence triarchique.

Mais seule la question du *comment*, description d'une relation actuelle, est ainsi résolue : reste à éclaircir le *pourquoi* des histoires qui se répètent, sont malheureuses ou échouent. Pourquoi choisissons-nous tel type de partenaire, ou le faisons-nous devenir celui que l'on hait ? Tel est l'objet de la théorie *narrative* de l'amour, la seconde partie des travaux de Sternberg sur ce thème. Selon lui, dès l'enfance et au cours de notre développement, de multiples influences (contes, cinéma, famille…) font naître chez chacun de nous une certaine histoire amoureuse ; un véritable scénario des relations de couple – d'où l'aspect *narratif* de l'explication. Cette histoire idéale, souvent implicite, ne nous apparaît

2. De façon très explicite, Sternberg (avec son collègue Lubart) a d'ailleurs baptisé cette théorie : *théorie de l'investissement* dans la créativité.

pas clairement, mais elle exerce une réelle influence sur nos choix de partenaires. Sternberg a ainsi identifié plusieurs scénarios, en étudiant de près des centaines de couples. Grâce à une série de questions, il identifie aujourd'hui quelle histoire « idéale » nous détermine, celles qui ont notre faveur, et surtout : les attentes et croyances qu'elles véhiculent. Avec une conséquence très concrète : une fois que nous prenons conscience de ce qui nous détermine et des comportements amoureux que cela entraîne, nous pouvons modifier ces scénarios intimes !

Quel lien y a-t-il entre la partie narrative et la partie triarchique de cette théorie de l'amour ? Entre passion, engagement et intimité, notre « scénario préféré » dessine un triangle idéal, qui se confronte à la réalité de notre triangle actuel. S'ils diffèrent, et plus encore s'ils s'opposent dans le couple, frustrations et déceptions mèneront celui-ci à l'échec. Mais, dans le cas contraire, il est parti pour durer ! Avec un bémol : difficile à atteindre, l'amour parfait l'est encore plus à entretenir...

Après l'intelligence, la créativité et l'amour, Sternberg penche aujourd'hui pour une théorie les intégrant tous trois : une réflexion sur la sagesse, son statut scientifique, et comment elle peut développer le *leadership* – cette compétence à mobiliser les hommes vers de grands idéaux. Il reste donc fidèle à l'un des buts qu'il s'était donnés très tôt, dès les premières années de recherche : faire une différence dans la vie des gens, un jour ou l'autre.

Rencontre avec Robert Sternberg

Par Violaine Guéritault

Niché au cœur de la ville de Boston, le campus de l'université Tufts est sans doute, avec celui de Harvard, l'un des plus agréables de la ville, de par son aspect calme et verdoyant. C'est surtout l'une des institutions les plus prestigieuses des États-Unis. Je l'ai découvert un matin d'avril, un peu dénaturé par l'absence totale des étudiants partis en vacances pour la semaine. Personne en vue pour m'indiquer le building de la Faculté des arts et des sciences. Après un tour quelque peu forcé du campus, je me retrouve face à une magnifique bâtisse blanche style « Nouvelle-Angleterre », dans laquelle je pénètre pour rejoindre au premier étage Robert Sternberg, le nouveau doyen de la faculté. Ma rencontre imminente avec ce géant de la psychologie moderne, cet agitateur d'idées reçues à la fois idéaliste et les pieds bien ancrés dans la terre m'impressionne. Mais cette sensation s'estompe vite lorsqu'il m'accueille avec un franc sourire dans son bureau. Il a la simplicité et la spontanéité de ces personnages qui ont su rester accessibles au commun des mortels, même si on retrouve leur nom dans les livres. Comme pour donner le ton à notre interview, il me dit le plus simplement du monde : « Avant toute chose, s'il vous plaît, appelez-moi Bob ! »

Y a-t-il eu des événements particuliers dans votre vie qui vous ont conduit à vous intéresser à l'intelligence et à la question des tests d'intelligence ?

Mon intérêt pour les tests d'intelligence trouve son origine dans mon enfance. À cette époque, les écoles devaient faire passer des tests aux enfants tous les ans ou tous les deux ans. Peut-être parce que les items de ces tests étaient mal formulés ou peut-être parce que j'étais tout bonnement idiot, toujours est-il que les scores que j'obtenais étaient très médiocres. À cause de ces mauvais résultats, les institutrices pensaient que j'étais bête et me traitaient en conséquence. Bien sûr, je me comportais en retour de manière stupide, ce qui les satisfaisait puisque je répondais à leurs attentes. Et, de mon côté, j'étais content de les savoir contentes. Finalement, tout le monde y trouvait son compte. J'étais mauvais élève au CP, puis les choses ont empiré pendant le CE1, pour finalement être catastrophiques au cours du CE2 : c'est ainsi que fonctionne la théorie de la prophétie autoréalisée [3]. Une fois que vous avez un individu (ou un groupe de personnes) en ligne de mire, que ce soit à cause de ses mauvais scores à des tests de QI, de la couleur de sa peau, ou de son sexe, il a tendance à agir selon vos attentes et, de surcroît, vous le « récompensez » pour ces comportements.

Les choses ont pourtant commencé à changer dans mon année de CM1. J'avais alors une maîtresse qui, pour je ne sais quelle raison, pensait que ces fameux tests d'intelligence étaient loin de refléter l'ensemble des capacités d'un élève. Elle était convaincue que j'étais capable d'obtenir d'excellentes notes. Elle était vraiment très jolie et je l'aimais beaucoup, aussi je ne voulais surtout pas la décevoir, même si je savais qu'elle était beaucoup trop âgée pour moi et que, de plus, elle était mariée ! Qu'à cela ne tienne, je suis donc devenu le premier de ma classe pour lui faire plaisir, ce qui m'a étonné moi-même puisqu'on me disait depuis des années que je ne valais rien. J'ai alors cherché une explication logique à ce revirement de situation et j'en suis venu à la conclusion que le secret de ma réussite n'était pas mon intelligence... mais le fait que je me couchais tôt le soir. Il me paraissait évident que, si les gens se rendaient compte que le simple fait d'aller au lit de bonne heure leur permettait de réussir – alors qu'ils étaient complètement

3. Ou « effet Pygmalion », voir R. Rosenthal, p. 448.

idiots –, plus personne n'hésiterait à se coucher tôt ! Que les tests aient pu être la cause principale de mes mauvais scores ne m'avait jamais traversé l'esprit.

J'ai cependant commencé à m'intéresser à ce sujet en composant chaque année des sortes de petits livres d'exercices visant à améliorer les capacités intellectuelles. En 5e, à l'âge de 13 ans, j'ai cherché à comprendre pourquoi j'avais obtenu, pendant si longtemps, des résultats aussi médiocres aux tests de QI. J'ai donc décidé de faire un exposé sur les tests d'intelligence, appelé « L'histoire du développement des tests d'intelligence », dans lequel je remontais aux tout premiers tests de QI, c'est-à-dire à Alfred Binet. Bien décidé à faire le tour du problème, j'ai ensuite voulu m'entraîner sur mes camarades de classe en leur faisant passer ces fameux tests de QI. Parmi les personnes à qui j'ai donné le test se trouvait un jeune garçon qui s'est empressé de rapporter à sa mère la nature de mon expérience. Celle-ci m'a dénoncé à mon professeur, qui en a parlé à son tour au directeur du collège, qui m'a reproché avec véhémence d'avoir introduit ces tests à l'école, tout en menaçant de les brûler et de me renvoyer si je m'aventurais à recommencer. Cet épisode a fini de me convaincre de l'intérêt que représentaient ces tests d'intelligence : je me suis dit que, si le directeur était prêt à les brûler, c'est qu'il y avait sûrement quelque chose de passionnant à leur propos, et je ne voulais pas le rater ! Je pense aujourd'hui que cette succession d'événements a fortement contribué à cimenter mon intérêt pour ce domaine de la psychologie.

Quel a été le fil conducteur de votre recherche sur l'intelligence ?

Ma recherche sur l'intelligence est passée par différents stades. Dans un premier temps, je me suis principalement intéressé aux items des tests d'intelligence en essayant de comprendre les stratégies cognitives utilisées par les individus lorsqu'ils répondent aux questions de ces tests. Je cherchais alors à démontrer que les gens obtenaient de mauvais scores non parce qu'ils raisonnaient de façon erronée, mais parce qu'ils n'avaient pas reçu un enseignement scolaire adapté. Je considérais qu'il était important de distinguer un mauvais raisonnement et une mauvaise base de connaissances. Assez rapidement cependant, je me suis demandé si j'étais sur la bonne voie. Ces tests mesuraient-ils véritablement tout ce qu'il y a à savoir de l'intelligence, ou seulement une infime partie ? J'ai alors décidé de prendre une autre direction.

Je travaillais à l'époque à l'université de Yale, au bureau des admissions. Avec le temps et l'expérience, je me suis rendu compte que certains étudiants avaient d'excellents dossiers, avec des notes extraordinaires et de très hauts scores aux tests d'entrée à l'université, comme le SAT (*Scholastic Aptitude Test*). Pourtant, lorsque j'en venais à les rencontrer lors d'un entretien, je finissais par me demander si c'était bien eux qui avaient obtenu de pareils scores ou si quelqu'un d'autre avait passé les tests à leur place : ils ne paraissaient pas du tout à la hauteur de leurs dossiers. C'est à ce moment-là que j'ai pris conscience que j'avais fait fausse route. J'ai alors décidé d'identifier quelles étaient les lacunes de ces fameux tests. Pour ce faire, je me suis penché sur le cas de trois étudiantes en particulier. La première souhaitait s'inscrire à Yale. Elle avait un dossier parfait, avec d'excellents résultats aux tests d'entrée et de très bonnes notes tout au long de son cursus scolaire. Elle paraissait très intelligente. Elle a été acceptée dans notre programme universitaire et a obtenu de très bons résultats. Cependant, en fin d'année, lorsqu'on lui a demandé d'être créative et de générer ses propres idées, elle en a été incapable. Elle excellait dans l'étude et l'art de synthétiser les idées des autres, mais elle n'était pas en mesure de produire ses propres idées. La deuxième étudiante qui souhaitait intégrer notre programme avait un dossier plutôt médiocre, avec des scores modestes aux tests d'entrée et des notes scolaires très moyennes. Néanmoins, les lettres de recommandation de ses professeurs faisaient l'éloge de sa grande créativité. Elle n'a pas été admise dans notre programme, mais son cas m'a

> « Le rôle des écoles et des universités devrait être d'aider les étudiants à déterminer le plus justement possible leurs points forts et leurs points faibles, pour leur apprendre à tirer profit de leurs atouts et à corriger leurs faiblesses. »

aidé à comprendre qu'il existait une forme d'intelligence, en rapport avec la créativité, qui était distincte de l'intelligence analytique. La troisième étudiante s'est présentée à notre programme avec des scores moyens aux tests d'entrée et des résultats scolaires acceptables sans pour autant être particulièrement bons. Elle a été admise au programme, et son cursus s'est avéré bon mais sans plus. Les prédictions que nous avions faites à son sujet étaient justes. Ce qui fut étonnant, c'est qu'à sa sortie de Yale elle croulait sous les offres d'emploi. Elle n'était pas académiquement brillante, mais sa réussite dans le monde du travail me fit prendre conscience de l'existence d'une autre forme d'intelligence, l'intelligence pratique, marquée par le bon sens.

Aujourd'hui, en tant que doyen de la Faculté des arts et des sciences de l'université Tufts, je participe chaque semaine à des collectes de fonds pour des œuvres de bienfaisance, au cours desquelles je rencontre certains des diplômés de Tufts qui ont le plus réussi dans leur vie professionnelle. Ce qui est intéressant, c'est qu'aucun d'entre eux n'a eu, durant ses études à Tufts, des notes extraordinaires. Ils étaient de relativement bons élèves, sans pour autant être brillants ; mais ils ont extrêmement bien réussi dans leur vie professionnelle. Cela m'a fait prendre conscience que l'approche pédagogique adoptée par les écoles et les universités est totalement inadaptée. Ce type d'approche encourage le développement de l'intelligence scolaire, c'est-à-dire de l'intelligence analytique, au détriment d'autres types de compétences. Le développement des intelligences *créative* et *pratique* est ainsi entravé. Et les étudiants se lancent dans la vie en pensant que leur seule intelligence analytique suffira à assurer la réussite.

Cette accumulation d'expériences a fortement influencé le développement de ma *théorie triarchique*. Dans cette théorie, j'établis les faits suivants : au niveau de l'intellect, un individu a besoin de capacités de créativité pour générer des idées nouvelles, de compétences analytiques pour déterminer si les idées en question sont bonnes et adaptées, et finalement d'une intelligence pratique pour les mettre en application, le mieux possible, et pour convaincre autrui de leur valeur. Car il y a une grande différence entre avoir une idée intéressante et être capable de la mettre en pratique avec succès, tout en sachant la faire accepter comme telle par les autres. Pour moi, ces capacités définissent la notion de «*leadership*», notion qui est au centre de mes études et expérimentations actuelles.

J'ai ensuite mis au point la théorie de l'*intelligence de la réussite*, dans laquelle je mets une sorte de bémol sur les compétences créatives, analytiques et pratiques : elles ne peuvent expliquer à elles seules le succès d'un individu. Je me suis en effet rendu compte que les personnes qui réussissent dans leur vie n'ont pas de recette miracle. En fait, les individus dotés de l'*intelligence de la réussite* apprennent à reconnaître leurs points forts et savent en tirer profit, tout en identifiant leurs points faibles pour apprendre à les compenser ou à les corriger, autant que possible. Ma *théorie de la réussite* m'a conduit à remettre en question le rôle des écoles et des universités, qui devrait être d'aider les étudiants à déterminer le plus justement possible leurs points forts et leurs points faibles, pour leur apprendre à tirer profit de leurs atouts et à corriger leurs faiblesses.

Ma *théorie de la réussite* m'a cependant posé un problème. Elle explique que l'intelligence d'un individu dépend de sa capacité à réussir, selon sa propre définition de la réussite, au sein d'un contexte socioculturel spécifique. Ce qui pose problème, c'est que, dans cette conception, des personnages tels Hitler ou Staline seraient dotés de cette intelligence de la réussite, puisqu'ils ont su tourner leurs atouts à leur avantage et compenser leurs points faibles, même au prix de millions de vies. Cette réflexion m'a amené à élaborer une nouvelle théorie, la *théorie de la sagesse* : la sagesse est notre capacité à utiliser nos différents types d'intelligence pour le bien commun. Il s'agit dans ce cas de combiner nos propres intérêts avec les intérêts d'autrui, aussi bien sur le court que sur le long terme, en nous servant de nos valeurs. Ce qui est visé, ce sont des comportements qui bénéficieront au plus grand nombre de gens.

« La sagesse est notre capacité à utiliser nos différents types d'intelligence pour le bien commun. »

Une fois toutes ces théories mises au point, j'ai voulu comprendre dans quelle mesure elles fonctionnaient les unes avec les autres. La notion de *leadership* est ressortie de cette étude. Seuls ceux qui ont l'âme d'un vrai chef vont être capables 1) d'utiliser leur créativité pour générer des idées novatrices ; 2) de se servir de leurs compétences analytiques pour juger de la qualité de ces idées ; 3) de se servir de leur intelligence pratique pour les mettre en œuvre et convaincre le monde extérieur de leur valeur ; 4) de faire appel à leur sagesse pour s'assurer que leurs idées sauront bénéficier au plus grand nombre.

Vous insistez sur la mise en pratique de vos théories. En quoi consiste cette mise en pratique ?

J'ai été professeur à Yale pendant trente ans et, durant tout ce temps, j'ai dû publier plus de 1 100 articles scientifiques. C'est un bel accomplissement, mais finalement j'en suis arrivé à me demander à quoi tout cela servait. La majeure partie de ces articles est publiée dans des journaux scientifiques que personne ne lit et qui finissent entassés sur les étagères poussiéreuses des bibliothèques universitaires. Je me suis alors dit que j'avais bien joué mon rôle pendant toutes ces années, et qu'il était temps pour moi de travailler de manière à faire véritablement bouger et changer les choses. C'est pourquoi j'ai accepté le poste de doyen de la Faculté des arts et des sciences de l'université Tufts à Boston, car c'était pour moi l'opportunité de mettre enfin en pratique toutes les théories que j'avais élaborées pendant ces trente dernières années. De plus, j'étais particulièrement motivé pour développer la notion de *leadership* au sein de cette université.

> « Le rôle d'une université ne se limite pas à enseigner des connaissances générales : elle doit apprendre aux étudiants à utiliser ces connaissances pour apporter quelque chose de positif et de constructif à leur propre vie mais aussi à celle des autres. »

Je pense qu'il ne sert à rien de « gaver » les étudiants d'informations inutiles qu'ils vont de toute façon s'empresser d'oublier. C'est pourquoi j'ai mis en place toute une série de mesures, dont la principale est en rapport avec la notion de *leadership*. Tous les étudiants, quel que soit leur domaine de spécialisation, peuvent choisir de se former aux techniques de *leadership*. C'est essentiel, car je crois sincèrement que le rôle d'une université ne se limite pas à enseigner des connaissances générales. Plus important encore, elle doit apprendre aux étudiants à utiliser ces connaissances pour apporter quelque chose de positif et de constructif non seulement à leur propre vie, mais aussi à celle de autres. Pour atteindre cet objectif, j'ai mis en place, depuis septembre 2006, un nouveau système d'admission à notre cursus. Ce système est basé sur un projet que j'ai élaboré, le « *Rainbow project*[4] », instauré dans une quinzaine d'universités dans tous les États-Unis. Il faut savoir que, dans ce pays, les critères d'admission varient énormément selon les universités. Certaines d'entre elles ne sont pas du tout sélectives et acceptent pratiquement tout le monde, tandis que d'autres sont au contraire très compétitives. Le « *Rainbow project* » a été adopté par un échantillon varié d'universités. Dans le contexte de ce projet, environ mille étudiants ont passé, lors de leur demande d'admission, des tests visant à mesurer leurs intelligences créative, analytique et pratique. Les résultats de notre étude montrent que l'utilisation de notre test est un véritable complément au Scholastic Aptitude Test (SAT), qui sert habituellement de test d'entrée dans les universités. Il a en effet permis de multiplier par deux la capacité de l'université à prédire les performances de leurs étudiants en première année et a par ailleurs réduit les différences entre les groupes ethniques. Le test du « *Rainbow project* » est donc non seulement plus équitable, mais aussi plus précis dans sa capacité à prédire les performances académiques des étudiants.

La dernière mesure que j'ai mise en place à Tufts concerne l'enseignement des cours. J'ai remarqué que les professeurs ont une façon d'enseigner qui leur est propre, et qu'ils ont tendance à ne jamais s'en écarter. Par ailleurs, une de mes études démontre qu'ils pensent que la majorité de leurs étudiants apprécient leur méthode d'enseignement, et qu'ils tendent à octroyer plus facilement des bonnes notes à ces étudiants.

---

4. « Projet arc-en-ciel ».

J'ai donc créé une sorte de centre de formation pour les professeurs, où ils apprennent à varier leurs méthodes d'enseignement de manière que celles-ci bénéficient au plus grand nombre d'étudiants.

Enseignez-vous, vous-même, et si oui quelle méthode utilisez-vous ?

Je donne des cours sur les techniques de *leadership* et, dans chacune de mes classes, j'intègre des activités d'intelligence pratique et créative. Dans l'une d'elles, j'ai chargé mes étudiants de faire semblant d'embaucher le doyen d'une faculté. Dans une autre, un collaborateur s'est fait passer pour un étudiant exécrable, et les étudiants ont dû apprendre à gérer une personne qui défie publiquement l'autorité. Encore ailleurs, je me suis comporté de façon incompétente, de manière qu'ils apprennent à faire face à un individu qui perturbe une équipe par son incompétence. De plus, tous les examens que je supervise se font à livre ouvert car, pour moi, le but n'est pas de mémoriser les informations, mais de savoir s'en servir à bon escient.

Vous avez aussi élaboré une théorie sur l'amour, pouvez-vous m'expliquer en quoi elle consiste ?

Il s'agit de la *théorie triangulaire* qui est formée de trois composantes :

L'intimité, qui traduit notre capacité à nous sentir proche de l'autre, à nous en occuper, à l'admirer et enfin à communiquer avec lui/elle.

La passion, qui reflète le côté physique et sexuel de la relation.

L'engagement personnel, qui indique si une personne se sent prête à s'investir dans une relation durable.

Dans la théorie triangulaire, différentes combinaisons de ces trois composantes vont aboutir à différents types d'amour. Ainsi, l'*intimité* seule est une amitié, la *passion* prise de façon isolée correspond à un engouement fugace, tandis que l'*engagement personnel* seul est un amour

« Tous les examens que je supervise se font à livre ouvert car, pour moi, le but n'est pas de mémoriser les informations, mais de savoir s'en servir à bon escient. »

insipide dénué de toute dimension émotionnelle. L'*intimité* combinée à la *passion* conduit à l'amour romantique, l'*intimité* associée à l'*engagement personnel* débouche sur un amour « compagnon », tandis que la combinaison *passion/engagement personnel* mène à un amour immature et insensé. En revanche, si vous alliez les trois composantes dans une seule et unique relation, vous obtenez l'amour total...

J'ai remarqué que les couples étaient beaucoup plus épanouis quand les composantes de leur *triangle d'amour* étaient en phase avec celles de leur conjoint. Ainsi, si l'*intimité* est très importante pour l'un des partenaires et que l'autre privilégie la *passion*, le couple risque de rencontrer des problèmes. J'ai aussi remarqué que certaines relations vont pouvoir fonctionner contre toute attente, uniquement parce que les deux partenaires favorisent les mêmes composantes de leur *triangle d'amour*. Vous pouvez, par exemple, avoir deux individus qui se disputent en permanence et pourraient donc sembler ne pas être faits l'un pour l'autre. Ils vont pourtant réussir à entretenir une relation sur le long terme car tous deux privilégient la *passion*.

Je me suis ensuite demandé : quelle est l'origine de ces *triangles d'amour*? Ma recherche dans ce domaine m'a permis de conclure qu'ils trouvent leurs racines dans certains scénarios de vie que nous formons dès notre plus jeune âge, en observant les comportements de nos parents et en nous inspirant des livres que nous lisons, des films que nous voyons. J'ai fini par dresser une liste des différents types de scénarios que l'on peut rencontrer dans ma *théorie de l'amour*. Vous avez par exemple le *scénario conte de fées*, où les deux partenaires jouent le rôle du prince et de la princesse, le *scénario de l'amour business* où chacun dans le couple voit la relation comme une sorte de marché, le *scénario de la relation voyage* où le couple se représente comme voyageant ensemble sur le chemin de la vie, le *scénario histoire d'horreur* dans lequel on trouve un maltraitant et un maltraité, le *scénario science-fiction* où chacun recherche un partenaire étrange et bizarre, etc. Il existe deux douzaines de scénarios de ce type. Ce qui est important, c'est de comprendre que la réussite du couple va dépendre de la similarité de leurs scénarios. Ainsi, vous pouvez avoir deux partenaires dans un *scénario de guerre* qui se disputent constamment, mais qui finalement privilégient ce mode de communication et vont de ce fait bien s'entendre. En revanche, si l'un fonctionne dans un *scénario de guerre* et l'autre dans un *scénario conte de fées*, le couple est voué à l'échec. Le fond du problème n'est pas de savoir si le scénario est bon ou mauvais, mais si l'autre personne correspond à votre scénario, et donc à vos besoins.

Dans le contexte de cette théorie, l'infidélité s'explique lorsque l'un des partenaires rencontre une personne dont le scénario tient une place plus importante dans sa propre *hiérarchie* de scénarios. Nous avons tous une hiérarchie, avec le scénario que nous aimons le plus et celui que nous aimons le moins. Seuls, le temps et l'expérience permettent d'identifier les scénarios qui se trouvent le plus haut dans notre pyramide. En attendant, lorsqu'une personne rencontre un partenaire, elle perçoit le scénario de celui-ci comme étant au sommet de sa hiérarchie ; mais, avec le temps, il se peut qu'elle fasse la connaissance d'une autre personne dont le scénario sera encore plus haut placé. Et le couple est alors en danger.

Puisque nous parlons de ma théorie de l'amour, il faut savoir que j'ai aussi mis au point une *théorie de la haine*, qui est de fait ma théorie la plus récente. On y trouve à nouveau trois ingrédients qui peuvent aussi se combiner de différentes manières. Le premier ingrédient est la *négation de l'intimité*, qui se traduit par le sentiment chez un individu qu'il ne pourra jamais se sentir proche de quelqu'un en particulier ou d'un groupe d'individus. Le deuxième ingrédient est la *passion*, mais cette fois-ci dans le sens négatif du terme, c'est-à-dire qu'une personne va ressentir une émotion négative extrême à l'égard d'une autre personne ou, une fois de plus, d'un groupe d'individus. Finalement, nous retrouvons la notion d'*engagement personnel*, mais sous une tout autre forme. Là, l'individu s'engage sciemment à haïr une autre personne.

Cette haine peut trouver son origine dans un lavage de cerveau ou dans un

> « La haine n'est au départ pas naturelle chez les gens : elle est en général instillée par un gouvernement, une religion ou même l'éducation parentale. On *apprend* aux gens à haïr un autre groupe de personnes. »

système de propagande. Ce qui semble certain, c'est que la haine n'est, au départ, pas naturelle chez les gens : elle est en général instillée par un gouvernement, une religion ou même l'éducation parentale. On apprend aux gens à s'engager à haïr un autre groupe de personnes. J'en suis venu à m'intéresser à cette théorie parce que je suis particulièrement affecté par l'état lamentable de notre planète aujourd'hui…

Robert Sternberg dans le texte

« La théorie triarchique de l'intelligence vise à expliquer de manière intégrative la relation entre 1) l'intelligence et le monde interne à l'individu, soit : les mécanismes mentaux qui sous-tendent le comportement intelligent; 2) l'intelligence et le monde externe à l'individu, soit : l'utilisation de ces mécanismes mentaux dans la vie de tous les jours pour parvenir à une adéquation intelligente à l'environnement; 3) l'intelligence et l'expérience, soit : le rôle médiateur de notre passage dans la vie, entre les mondes internes et externes à l'individu. »

Metaphors of Mind, New York,
Cambridge University Press, 1990, trad. C. Routier.

« Les composantes de l'intelligence sont posées comme universelles : ainsi, les composantes qui contribuent à la performance intelligente dans une culture le font aussi dans toutes les autres cultures. De plus, l'importance de traiter la nouveauté et l'automatisation du traitement de l'information pour l'intelligence sont également posées comme universelles. Mais les manifestations de ces composantes dans l'expérience sont posées comme relatives aux contextes culturels. Ce qui constitue la pensée ou le comportement adaptatif dans une culture n'est pas nécessairement adaptatif dans une autre. »

Ibid., trad. C. Routier.

« L'intelligence se définit en termes de capacité à atteindre le succès dans la vie, selon des standards personnels, au sein d'un contexte socioculturel. Ainsi l'intelligence est-elle largement en lien avec nos buts propres plutôt qu'avec un ensemble de buts standardisés et préconçus, "à taille unique". […] Le succès est atteint à travers un équilibre entre capacités analytiques, capacités créatives et capacités pratiques. Les capacités analytiques sont utilisées pour analyser, évaluer, juger, comparer et contraster. Les capacités créatives sont utilisées pour créer, inventer, découvrir, explorer et supposer. Les capacités pratiques servent à appliquer, user de, mettre en pratique et implémenter. »

Models of Intelligence, Washington, American Psychological Association, 2003, trad. C. Routier.

Principaux ouvrages de Robert Sternberg

Intelligence, Information Processing, and Analogical Reasoning. The Componential Analysis of Human Abilities, Hillsdale, NJ, Lawrence Erlbaum Associates, 1977.

Beyond IQ. A Triarchic Theory of Intelligence, New York, Cambridge University Press, 1985.

The Triangle of Love, New York, Basic Books, 1988.

The Triarchic Mind. A New Theory of Human Intelligence, New York, Viking, 1988.

Metaphors of Mind, New York, Cambridge University Press, 1990.

Successful Intelligence. How Practical and Creative Intelligence Determine Success in Life, New York, Simon & Schuster, 1996.

In Search of the Human Mind (2e éd.), Orlando, FL, Harcourt Brace College Publishers, 1998.

Wisdom, Intelligence and Creativity Synthesized, New York, Cambridge University Press, 2003.

Models of Intelligence, Washington, American Psychological Association, 2003.

Howard Gardner

Howard Gardner en quelques dates...

1943 : Naissance à Scranton, USA (sa famille a fui Nuremberg).

1971 : Doctorat de psychologie sociale et du développement à Harvard.

1975 : Parution de *The Shattered Mind.*

1983 : *Frames of Mind* lance la MIT (Multiple Intelligence Theory).

1994 : Début du projet GoodWork.

Howard Gardner en quelques titres...

Professeur de psychologie à Harvard.

Directeur senior du projet Zéro.

1993-1997 : vice-président de l'Académie nationale d'éducation américaine.

2000 : Prix William James décerné par l'APA.

2005 : Classé parmi les 100 intellectuels publics les plus influents au plan international par les magazines *Foreign Policy* et *Prospect*.

Huit formes d'intelligence : autant de façons de comprendre le monde

Par Cédric Routier

Howard Gardner est le pape de la différence. Ou son père, ou son gourou, selon les avis. Si Robert Cloninger différencie les tempéraments (voir p. 359), et Robert Plomin les environnements (voir p. 63), Gardner, lui, explore nos intelligences. Au nombre de huit, elles singularisent l'esprit comme nos gènes, la personnalité ou le développement.

Chez les Gardner, la naissance de Howard succède au drame : la mort tragique d'un frère, de trois ans son aîné. Sur cette terre d'Amérique qui promettait de leur offrir le bonheur (les Gardner ont fui l'Allemagne nazie), le deuil frappe d'emblée. Howard grandira dans son ombre et dans la douleur de l'exil, confronté à la différence dès son enfance, comme il l'écrit, et à plus d'un titre. Pas de talents sportifs chez le jeune garçon : un strabisme prononcé et des parents inquiets l'en empêchent.

Grand, brun, plutôt taciturne, son naturel solitaire ne facilite guère le contact. Cependant, son principal atout s'exprime très tôt : une curiosité dévorante. Féru d'art et d'histoire, pianiste de talent (il hésitera, comme Edelman, à embrasser la carrière de compositeur), il excelle dans un nombre impressionnant de matières. Son passage au lycée reste d'ailleurs dans les annales ! Encore adolescent, Gardner cultive des formes variées d'intelligence.

Mais c'est Harvard, riche en esprits féconds, qui sera le creuset de sa théorie des « intelligences multiples ». Gadner y trouve pour guide Erikson, célèbre psychanalyste, qui le décide à poursuivre dans la voie des sciences humaines. Au contact de Bruner, il étudie Piaget et Lévi-Strauss. En 1967, Nelson Goodman, philosophe de renom, entame le « projet Zéro » : il s'agit, à partir du niveau « zéro » d'accomplissement en éducation artistique, de développer les travaux dans ce domaine, depuis Harvard. Gardner le rejoint naturellement : il distingue déjà combien l'esprit humain est pluriel, se développe dans plusieurs directions et ne se résume pas à une intelligence unique. Sa rencontre avec Norman Geschwind le lance parallèlement dans vingt ans de travaux en neuropsychologie.

À contre-courant d'abord – l'époque est acquise au QI et aux tests forcenés –, puis porté par la communauté éducative, Gardner énonce les huit formes d'intelligence qu'il parvient à isoler. Il s'opposera à leur évaluation stérile. Puis, par l'étude de pionniers – leaders, artistes, scientifiques –, il enrichira son modèle. À la croisée de la neurologie, des sciences cognitives et de l'éducation, Gardner a proposé l'une des visions les plus novatrices de notre... plutôt, de *nos* intelligences. Aux côtés de Mihaly Csikszentmihalyi et de William Damon, Gardner se penche désormais sur les accomplissements éthiques et leur importance : c'est le projet GoodWork.

Que nous apprend Howard Gardner ?

Huit formes... et demie

Howard Gardner hésita longtemps entre les nombreuses disciplines qu'il étudiait. Féru de piano, grand amateur d'art, il s'investit avec ferveur dans l'histoire, les sciences ou le droit... sans aller jusqu'à la carrière d'avocat ou de médecin, malgré les souhaits parentaux. La rencontre de Piaget, sous l'égide d'un Bruner déjà ancré dans les sciences cognitives, révèle une piste qu'il ne cessera plus d'explorer : celle de l'intelligence humaine.

Ses travaux de neuropsychologie l'amènent à ce que les cognitivistes appellent la « modularité de l'esprit » : l'esprit est composite, formé de différents « modules » qui réalisent chacun une fonction (traiter le langage, les images ; prêter attention ; se souvenir ; etc.). Ces modules sont autonomes et distincts : c'est leur fonctionnement d'ensemble qui nous permet de raisonnner et d'agir... même si chacun d'eux gère ses propres tâches [1]. À l'époque, Gardner travaille sur l'aphasie, c'est-à-dire la perte totale ou partielle de la parole, un trouble du langage souvent lié à une lésion du cerveau. Il associe naturellement ces deux idées essentielles : certaines zones du cerveau sont plus attachées à certaines tâches ; c'est la synthèse de différentes capacités qui permet d'agir efficacement... donc intelligemment.

1. James McClelland, cognitiviste lui aussi, défendra une position bien différente (voir p. 195).

Contre Piaget, pour qui l'enfant traverse des stades successifs avant d'atteindre une intelligence adulte achevée, contre tous ceux qui voient dans l'intelligence quelque chose d'unitaire, Gardner propose une théorie pionnière : il n'existe pas *une* mais *des* intelligences, sept pour être précis. Au même titre que plusieurs zones du cerveau sont dédiées à des tâches différentes, plusieurs formes d'intelligence s'expriment dans notre comportement. Et, contre tous ceux qui, à la suite de Binet et de Simon, testent un QI artificiel, Gardner défend la nécessité de prendre en compte toute forme d'intelligence *en situation*. Il ira jusqu'à rejeter la possibilité d'une évaluation légitime. Comment définir, alors, ce que l'on nomme « intelligence » ? Comme « *une capacité, un potentiel à traiter l'information pour résoudre des problèmes, ou produire quelque chose, qui soit valorisé dans certains contextes culturels* ». Pas grand-chose à voir avec un chiffre savamment calculé, sésame ou malédiction lorsqu'il est hors norme…

La force de sa théorie, celle des « *intelligences multiples* » (1983), tient en deux phrases :

- Ces formes d'intelligence sont un potentiel que nous possédons tous à l'origine.
- C'est notre développement qui les conduit à s'exprimer plus ou moins, faisant de chacun de nous un être au profil d'intelligence spécifique.

Gardner étudie de près la biographie de grands leaders, de grands créateurs et de personnalités extraordinaires (tels Gandhi, Einstein ou Mozart), pour isoler les facteurs qui privilégient le développement de formes spécifiques d'intelligence. Déterminées par le biologique (notre héritage), l'expérience (notre enfance et nos études) et la culture (les valeurs d'une communauté), ces formes sont au nombre de sept dans ses premiers travaux :

- L'intelligence *linguistique* : elle concerne la maîtrise du langage, qu'il s'agisse de s'exprimer de façon adaptée ou de retenir des informations.
- L'intelligence *logico-mathématique* : pour raisonner avec logique, traiter des nombres et des configurations mathématiques, c'est elle qui intervient. Elle est souvent privilégiée dans la pensée scientifique.

Ces deux-là sont traditionnellement les plus testées par l'école, et plus encore aux États-Unis – patrie de Gardner. Elles limitent l'intelligence à celle d'un « *professeur de droit* » !

– L'intelligence *spatiale* : intelligence des espaces, des formes et des volumes, elle aide aussi à se représenter mentalement des images ou des lieux. Les aveugles n'en sont d'ailleurs pas dépourvus.
– L'intelligence *musicale* : pour détecter, comprendre, retenir un rythme ou une note, pour composer ou siffler un morceau, c'est elle qui sera mise à contribution.
– L'intelligence *corporelle-kinesthésique* : notre capacité à gérer et coordonner nos gestes, nos mouvements, d'une façon harmonieuse et déterminée. Danser la mobilise au premier chef!

Ces trois-là sont particulièrement valorisées à travers les arts.

– L'intelligence *interpersonnelle* : celle des relations avec autrui, de la compréhension de ses motivations, de ses émotions et de ses objectifs. Savoir conserver de bons amis ou s'entendre avec son voisin y fera particulièrement appel.
– L'intelligence *intrapersonnelle* : pendant subjectif de la précédente, elle nous permet d'identifier nos ressentis, nos désirs, notre sphère émotionnelle et nos motivations propres. Être lucide sur ses envies la mobilise.

Associées, ces deux dernières formes composent le facteur « humain », très présent chez les grands humanistes, les professionnels du soutien psychologique… ou les manipulateurs experts.

Considérées dans leur ensemble, mais exprimées à divers degrés chez chacun, ces formes rendent compte de notre « intelligence » dans sa totalité.

Mais pas question d'ajouter une forme d'intelligence pour n'importe quelle activité (sexe, cuisine, chasse…). Les intelligences sont « transversales » : elles sont plusieurs à permettre un comportement donné. Le mime qui cherche à transmettre une émotion mobilise ses intelligences *corporelle-kinesthésique* et *intrapersonnelle*, ainsi que *musicale* s'il le fait en musique. Huit critères précis doivent être respectés avant d'inclure une forme de plus dans la classification [2]. C'est en les suivant que,

2. Ces critères sont les suivants : a. Elle doit pouvoir être amoindrie par certaines lésions du cerveau. b. Quelques individus manifestent cette intelligence de façon exceptionnelle. c. Des opérations spécifiques lui sont associées (imaginer un objet en trois dimensions, par exemple, pour l'intelligence spatiale). d. Au cours du développement, cette intelligence s'exprime différemment des autres et « progresse ». e. On peut rattacher son existence à l'évolution de l'espèce. f. Des expériences de psychologie peuvent mettre cette forme d'intelligence en évidence. g. Certains tests la mesurent. h. Elle est sensible à un certain code (langagier, musical, culturel…), qu'elle traite particulièrement bien.

récemment, Gardner a ajouté une forme « et demie » à son modèle : l'intelligence *naturaliste* ; et, à moitié satisfait, l'intelligence *expérientielle.*

– La première s'exprime dans notre rapport à l'environnement naturel, la faune et la flore : comment nous les classons et agissons avec ou sur eux. Elle est très en lien avec les valeurs adoptées par une culture sur ce point.

– Gardner hésite plus sur la seconde intelligence évoquée : c'est celle du sens de la vie, des buts ultimes de l'existence. Si des preuves valides permettent de la prendre au sérieux, elle ne répond pas aussi bien aux critères que les autres. Elle compte donc à moitié !

Comme beaucoup des « nouveaux psys », Howard Gardner, spécialiste du développement individuel, inscrit celui-ci dans le développement de notre espèce. Il considère donc que la variété des formes d'intelligence est partagée par tous : il s'agit d'une nouvelle *nature humaine* cognitive. Des conséquences majeures peuvent en être tirées pour l'éducation et la société : de fait, les milieux concernés, notamment dans l'éducation, vont s'emparer de la théorie des intelligences multiples.

Darwin, Mozart et l'Holocauste

En matière d'éducation, Gardner ne pouvait être qu'un progressiste. Si notre héritage biologique – nos gènes – joue un rôle dans notre profil d'intelligence, l'expérience a également sa part – comme le pensent Plomin ou Pinker, par exemple –, *et* l'inné *et* l'acquis sont à prendre en compte. Aussi l'individu doit-il être au centre de l'éducation. Au-delà de traditions séculaires, au-delà de la célébration de la langue et des mathématiques, il faut aller chercher toutes les autres formes d'intelligence. Et l'éducation n'est pas la chasse réservée de l'école : pour que le plein potentiel de nos intelligences s'exprime, c'est toute la société qui doit s'impliquer. Qu'apporte alors la théorie des intelligences multiples aux éducateurs – profs, parents, médias ?

Gardner avance deux points : huit formes d'intelligence, ce sont autant de manières différentes d'aborder un même sujet. Huit portes d'entrée possibles pour, au final, apprendre la même idée, acquérir le même savoir. Il faut adapter la théorie et repérer quelle image fonctionne pour tel élève, quels mots aideront tel autre, ne pas hésiter à évoquer la guerre d'Espagne *via* Picasso et Malraux. Amener chacun à comprendre différemment, selon le potentiel qu'il exprime, en tenant compte des contraintes qui pèsent sur l'esprit : certaines formes d'intelligence, plus développées chez cet élève, faciliteront son parcours si l'on en tient compte. Et l'on ne négligera pas pour autant les autres formes, à travers des travaux moins exigeants, mais qui progresseront ensuite en difficulté.

Une telle approche demande une flexibilité importante dans l'enseignement et les programmes. C'est le deuxième point auquel s'attache Gardner : mieux vaut comprendre en profondeur plutôt qu'en quantité ; plutôt amener à *découvrir* que chercher à *couvrir*, comme il l'exprime. Gardner propose de se centrer sur des « fondamentaux » élargis : apprendre la pensée scientifique, être à l'aise en mathématiques, connaître « *un bout d'histoire* », au moins celle de son pays, comprendre et donner du sens à l'art. À partir de ce cahier des charges minimal, peu importe la science qui sera retenue, l'événement historique évoqué ou les œuvres étudiées. Le choix est large pour l'enseignant, car ce qui compte, c'est de favoriser le temps passé à travailler ce choix sous toutes ses formes. Ce n'est que plus tard que l'élève transférera savoirs et savoir-faire vers de nouveaux domaines : ses intelligences auront pris le pli d'une démarche… intelligente.

Gardner dispose de trois exemples fétiches pour illustrer cette démarche : l'évolution des espèces, Mozart et l'Holocauste. À travers eux, il aborde les notions de vérité, de beauté et de moralité, et s'oppose aux attitudes conservatrices. Il prend pour exemple les pinsons de Darwin [3], un passage des *Noces de Figaro* et la conférence de Wannsee [4] : les enfants peuvent poser à leur sujet des tas de questions, à tous niveaux ; soit autant d'occasions de travailler à la fois divers modes de pensée (des formes d'intelligence !) et de préparer leur application à d'autres objets. Après avoir passé beaucoup de temps sur chacun d'eux, l'élève possède des clefs pour appliquer ses formes d'intelligence à la nouveauté. Comment « évaluer » ce savoir ? En plaçant cet élève, justement, dans de nouvelles situations et en attendant de lui une démarche intelligente : en lui fournissant documents, vidéos, récits, spécimens et, par exemple, en lui demandant d'analyser le confit yougoslave, à la

3. L'observation de ces pinsons, lors du voyage de Darwin aux Galápagos, fut un pilier célèbre de la formulation de la théorie de l'évolution.

4. Conférence de 1942 où les nazis organisèrent l'application de leur sinistre « solution finale ».

lumière de ce qu'il a pu apprendre jusqu'ici. Appliquée, la théorie de Gardner se révèle nettement plus concrète que le test d'un QI; et l'heure n'est plus au bourrage de crânes.

Avons-nous les mêmes valeurs?

S'il faut être si sélectifs dans nos choix éducatifs, ce sont, au final, les valeurs que nos sociétés privilégient qui doivent en déterminer le contenu. En ce sens, l'éducation participe de la société. Nos intelligences sont neutres et « amorales » : c'est l'usage qu'en fait chaque société qui les rend précieuses. Pour tirer profit de ces intelligences multiples, il faut encore que certaines valeurs soient concrétisées dans l'*action* éducative, des valeurs indépendantes de toute théorie scientifique. D'où les exemples choisis par Gardner : privilégier les notions de vérité, de beauté et de moralité, à travers des cas étudiés en profondeur, mais pas pour eux-mêmes : pour former des citoyens riches de leurs intelligences *plurielles*, capables de construire un monde meilleur… et de vivre ensemble, avec leurs différences.

Aussi Gardner reste-t-il très attaché à l'humain : aux enseignants de repérer les variations entre leurs élèves et d'en tirer profit dans leurs cours, sans recourir à des tests artificiels. Aux sociétés de tirer parti des intelligences multiples pour avancer vers un monde éthique et responsable[5]. Gardner ne partage pas la fascination moderne pour l'« intelligence » des machines, qui n'a pas grand sens à ses yeux : il reste sceptique mais n'exclut pas qu'un jour, après les animaux, nos « machines dures » puissent faire preuve d'intelligences multiples… y compris celle des rapports entre individus.

5. C'est le sens des études réalisées dans le cadre de son projet GoodWork.

Rencontre avec Howard Gardner

Par Violaine Guéritault

Dimanche après-midi, Cambridge, Massachusetts. J'entre dans le building de la School of Education de l'université Harvard. Tous les bureaux sont vides, dimanche oblige, à l'exception de celui de Howard Gardner que je trouve affairé à son bureau, fidèle à sa réputation de bourreau de travail. Il m'accueille avec le sourire et me propose spontanément de procéder à notre entretien dans un lieu plus convivial : chez lui. Avec la plus étonnante simplicité, ce grand personnage de la psychologie moderne me conduit donc à son domicile. Un labrador nous y accueille joyeusement et nous suit, ravi d'avoir un peu de compagnie, dans le salon. Tout dans cette demeure reflète l'aspect décontracté et avenant de cet homme passionné de musique. Le piano à queue occupe tout un pan du salon. Howard Gardner m'invite à m'installer sur l'un des sofas, s'empresse d'aller chercher quelques amuse-gueules et nous sert à boire avant de s'installer en face de moi, toujours flanqué de son labrador. Il sourit. De toute évidence, il est prêt pour la discussion.

Comment en êtes-vous venu à vous intéresser à l'intelligence humaine ?

Au début de ma carrière, je n'étais pas particulièrement attiré par la notion d'intelligence, au sens propre du terme. C'est l'être humain dans son ensemble qui me captivait. Grâce à Jean Piaget, que j'admirais énormément, et à ses travaux sur le développement des enfants, je me suis intéressé au fonctionnement cognitif. Puis j'en suis venu à me pencher sur le concept d'intelligence. Piaget avait publié plus de cinquante livres dont le titre comportait le mot *intelligence*, et pourtant je remarquai qu'il ne s'intéressait à ce concept que d'un point de vue descriptif. Il décrivait l'intelligence des bébés, des adolescents ou des savants, mais ne cherchait jamais à déterminer ce qui les différenciait. J'ai commencé à me poser des questions et j'ai voulu combler ce qui me paraissait être un manque. Je me suis intéressé à des formes de pensée autres que la logique pure, et j'ai mis en avant la notion d'art, dont j'ai une grande expérience puisque la musique m'a accompagné tout au long de mon adolescence. Les domaines de la musique, de la peinture ou de la poésie n'apparaissaient nulle part dans l'œuvre de Piaget, ni même chez d'autres psychologues de renom. Il m'a semblé important d'élargir la définition de l'intelligence humaine au-delà des seules capacités permettant à un individu de devenir un bon scientifique. Là se trouvait mon premier centre d'intérêt en termes de recherche. Il s'avéra par la suite être le projet de toute une vie.

Le deuxième facteur qui joua un rôle important dans la direction que j'ai fini par donner à mes travaux est l'opportunité qui m'a permis de travailler pendant quinze ans avec deux différents types de population : des enfants intellectuellement normaux et des patients souffrant de lésions cérébrales dues à des attaques, des tumeurs, des traumatismes ou des blessures par balle. Ce qui résulte d'une lésion cérébrale est relativement imprévisible et, à moins de travailler spécifiquement avec cette population, il est quasi impossible d'en anticiper les conséquences. Je travaillai donc parallèlement en psychologie du développement et en neuropsychologie.

C'est alors qu'un événement inattendu a eu un impact énorme sur la

« Il m'a semblé important d'élargir la définition de l'intelligence humaine au-delà des seules capacités permettant à un individu de devenir un bon scientifique. »

suite de ma carrière. Harvard a bénéficié d'une très importante somme d'argent pour étudier le *potentiel humain*. Dans ce projet, j'étais responsable d'une sorte de bilan de toutes les connaissances actuelles sur le potentiel intellectuel et cognitif des êtres humains, dans les domaines de la psychologie et des neurosciences. Ce projet, étalé sur cinq ans, m'a laissé beaucoup de temps pour réfléchir et faire la synthèse des connaissances disponibles. J'avais en parallèle toute une équipe qui, tout comme moi, s'appliquait à rechercher dans différentes cultures tout ce que nous savions du potentiel humain. Ces efforts combinés m'ont permis d'établir un ensemble de critères permettant de définir les capacités mentales humaines de façon beaucoup plus élargie et plus adaptée. C'est seulement plusieurs années après que j'ai fait le choix décisif de donner à ces différentes capacités le nom d'*intelligences*. Ce choix lexical n'était pas anodin : je sais aujourd'hui que, si j'avais intitulé mon livre *Les Sept Capacités* ou *Les Sept Aptitudes humaines*, personne n'y aurait jamais porté la moindre attention. Ma décision de parler d'« intelligences » au pluriel, c'est-à-dire de pluraliser un concept que tout le monde avait tendance jusqu'alors à décliner au singulier, mit le feu aux poudres. Dans mon livre *Frames of Mind* [6], ma motivation n'est certainement pas de détruire la notion de QI, mais nombreuses sont les personnes qui l'ont interprétée de cette manière. Il est d'ailleurs intéressant de noter que ma théorie n'est absolument pas populaire auprès des psychologues et qu'elle est tout bonnement rejetée par les psychomotriciens. En revanche, elle rencontre un certain succès auprès des biologistes parce qu'elle cherche à comprendre comment le potentiel humain a évolué au cours des millénaires. Elle est aussi appréciée des anthropologues, dans la mesure où j'observe comment ces intelligences s'expriment dans différentes cultures. Finalement, c'est chez les éducateurs que ma théorie a rencontré le plus grand succès.

Je mourrai probablement en étant la personne qui a créé la théorie des intelligences multiples et c'est bien dommage, d'une certaine façon, car je considère que mon œuvre s'étend bien au-delà de cette théorie. Ma bibliographie compte en effet plus d'une vingtaine de livres sur diffé-

6. H. Gardner, *Frames of Mind. The Theory of Multiple Intelligences*, New York, Basic Books, 1983, trad. *Les Formes de l'intelligence*, Paris, Odile Jacob, 1997.

rents sujets tels que la créativité, le leadership et la morale. Mais j'ai appris que l'on ne peut pas contrôler ce que les gens pensent…

Quelle est la différence entre intelligence et créativité ?

Je pense que, pour comprendre ce qu'est la créativité, il faut étudier les individus chez lesquels elle s'exprime le mieux, comme les Mozart ou les Einstein. Il existe des études qui partent du principe que nous sommes tous créatifs et que l'on peut apprendre beaucoup sur la créativité d'une personne en observant la façon dont elle range sa maison et ses livres, ou selon le style d'histoires drôles qu'elle raconte. En ce qui me concerne, je pense qu'il faut aborder ce concept dans sa forme la plus développée. C'est pourquoi tout mon travail sur la créativité est basé sur l'étude de personnes – vivantes ou non – dont la créativité s'exprime à un niveau très élevé.

Ces études m'ont amené à souligner deux points importants. Tout d'abord, il existe différentes formes de créativité, mais cela ne signifie pour autant qu'il s'agit de différentes formes d'intelligence. Ce que je veux dire par là, c'est que le type de créativité impliqué dans la création d'une œuvre d'art sera très différent du type de créativité sollicité pour gérer une entreprise ou résoudre un problème scientifique – il ne faut pas tout mélanger. Ensuite, je suis intimement convaincu que la créativité n'est pas tant le produit d'un certain type d'intellect qu'une question de caractère et de tempérament. Ce qui me semble véritablement important dans la créativité, c'est la façon dont elle s'exprime : certaines personnes sont clairement plus aptes, de par leur personnalité, à prendre des risques, à persévérer ; et, si quelque chose ne se déroule pas ou ne fonctionne pas comme prévu, elles cherchent à comprendre pourquoi et à apprendre de leurs erreurs. D'autres préféreront laisser tomber. Pour moi, la créativité n'est pas une forme d'intelligence. En revanche, selon la façon dont elle est utilisée par un individu, elle va plus ou moins faciliter l'expression des différentes formes d'intelligence de cette personne.

Comment le système scolaire pourrait-il s'inspirer de vos travaux pour aider les enfants à se développer dans les meilleures conditions possible ?

Je tiens tout d'abord à insister sur un point important : la théorie des intelligences multiples est une théorie *scientifique* et *psychologique*. Pas éducative. Il s'agit de ma vision de la façon dont l'esprit humain s'est développé, a évolué et s'est organisé au cours des millénaires. Je suis toujours très surpris de voir comment le domaine de l'éducation s'est emparé de la théorie des intelligences multiples, et ce partout dans le monde. C'est simple, quand je vais en Chine, je suis traité comme une véritable rock-star. Je ne m'attendais pas du tout à cela. En élaborant ma théorie, je pensais surtout m'adresser aux psychologues et aux scientifiques, non aux éducateurs. Mon objectif me paraissait pourtant simple, je voulais partager avec le monde scientifique certaines de mes découvertes, mais finalement mon projet a pris une tout autre direction qui, je dois le reconnaître, me plaît, parfois. Et, d'autres fois, pas du tout... Je me suis rendu compte que je n'avais pas beaucoup de contrôle sur la façon dont les gens se servaient de ma théorie. D'ailleurs, mes doutes sur la façon dont mes idées sont utilisées de par le monde sont à l'origine de certains de mes travaux sur l'éthique. Il est cependant clair que je ne suis pas en mesure d'imposer aux éducateurs, quelle que soit leur nationalité, ce qu'ils peuvent ou ne peuvent pas faire avec ma théorie.

Cela dit, si le système éducatif veut utiliser ma théorie des intelligences multiples, il doit prendre acte de deux dimensions essentielles. La première implication de ma théorie, c'est que les enfants ont des façons de penser qui diffèrent d'un sujet à l'autre. Ce serait une grossière erreur de penser que l'on peut traiter tous les enfants de la même manière. Il ne s'agit pas de dire que Jules est plus intelligent que Jim, mais plutôt que Jules est meilleur en langues tandis que Jim est plus performant dans le domaine de la musique et dans sa capacité à comprendre les gens. Ainsi, plus vous connaissez quelqu'un de façon spécifique, plus il vous est facile de l'édu-

« Ma motivation n'est certainement pas de détruire la notion de QI, mais nombreuses sont les personnes qui ont interprété ma théorie de cette manière. »

quer au maximum de ses capacités. Ce n'est malheureusement pas ce qui se passe dans ce que j'appelle les écoles « uniformes », où l'on enseigne indifféremment la même chose à tous les enfants et où les éducateurs sont convaincus de la justesse de leur enseignement, simplement parce que tous les étudiants sont traités de la même manière. Ce que font véritablement ces écoles, c'est enseigner selon les critères de l'intelligence verbale et de la logique. Si l'enfant possède ce type d'intelligence, alors il se sentira à sa place, mais, s'il excelle dans d'autres formes d'intelligence, il risque de s'ennuyer et de se retrouver en échec scolaire.

La seconde implication, j'en suis convaincu, c'est que les écoles enseignent beaucoup trop de choses. Il serait bien plus judicieux d'alléger les programmes et d'approfondir les sujets qui resteraient à traiter. C'est là que la théorie des intelligences multiples devient importante. En réduisant la taille des programmes, il est possible d'approfondir les sujets abordés de multiples façons. Ainsi, vous augmentez vos chances d'intéresser un plus grand nombre d'étudiants. Prenez l'exemple de l'évolution. Comment allez-vous l'enseigner ? Vous pouvez vous contenter d'en donner la définition ; ou vous pouvez l'expliquer en utilisant des mouches et du vinaigre, et en observant comment elles se développent. Ou bien en vous servant d'un ordinateur capable de simuler artificiellement le développement de la vie. Alors, vous faites participer un plus grand nombre d'enfants, vous montrez un phénomène de façon approfondie et vous faites appel à toutes leurs formes d'intelligence. Le phénomène, ou le concept, sera mieux compris, mieux intégré, et par conséquent mieux retenu.

Personne n'a attendu la théorie des intelligences multiples pour savoir qu'un enseignement individualisé est préférable à un enseignement standardisé, et personne n'a eu besoin de Howard Gardner pour comprendre en quoi enseigner un concept de différentes manières est bénéfique. Ce que la théorie des intelligences multiples a véritablement apporté, c'est une sorte de validation, de « permis » d'entrer dans cette vision différente des choses.

Au cours de l'été 2005, je me suis rendu au Danemark, à Danfoss Universe, là où se trouve ce qu'on appelle l'Explorama. Il s'agit d'un grand parc d'activités en tout genre, pour petits et grands de 5 à 99 ans. Pour moi, l'Explorama est l'illustration la plus réussie de la façon dont on peut se servir des intelligences multiples. Toutes les activités représentées stimulent la matière grise de chacun : personne ne sera bien évidemment excellent dans tous les domaines, mais personne ne sera mauvais dans toutes les activités non plus. Cet endroit est vraiment l'exemple parfait de la bonne utilisation que l'on peut faire de la théorie des intelligences multiples.

Y a-t-il des écoles où votre théorie a servi de base à un programme pédagogique ?

Il en existe en effet des centaines et même probablement des milliers dans le monde entier. Les États-Unis en comptent deux avec lesquelles j'ai beaucoup travaillé. L'une d'elles, « The Key Learning Community », se trouve à Indianapolis et enseigne à des centaines d'enfants depuis plus de vingt ans. L'autre, la « New City School » de St. Louis, fonctionne de façon indépendante.

« Les écoles enseignent beaucoup trop de choses. Il serait bien plus judicieux d'alléger les programmes et d'approfondir les sujets qui resteraient à traiter. »

Existe-t-il des échelles qui permettent de mesurer nos différentes formes d'intelligence, une sorte de nouveau test de QI ?

J'ai contribué à l'élaboration d'une quinzaine d'instruments de mesure qui peuvent évaluer les intelligences multiples chez les enfants. Cela dit, vous trouverez sur Internet un grand nombre d'échelles de mesure mises au point par d'autres et qui me laissent sceptique pour deux raisons. La première, c'est qu'elles confondent souvent préférences et aptitudes. L'intelligence n'a rien à voir avec ce que vous *aimez* faire : elle vient de la qualité de l'« ordinateur » qui se trouve dans votre tête. Si votre « ordinateur » est performant dans le domaine des langues, alors vous serez en mesure d'en apprendre facilement quatre ou cinq. Seconde raison, je ne pense pas que les gens soient capables de s'autoévaluer. En revanche, si ce qu'une personne me dit de ses intelligences correspond à la description qu'en ferait l'un de ses proches, là, cela mérite d'être pris en considération. Reprenons l'exemple de l'Explorama. Je pense que cet endroit est l'instrument de mesure des intelligences multiples le plus parfait qui soit. Vous découvrirez beaucoup sur vos différentes formes d'intelligence en y passant seulement quelques heures. Dès votre entrée dans ce complexe d'activités, vous pouvez faire une sorte de test dans lequel vous devez « deviner » quelles sont, selon vous, vos aptitudes les plus marquées. Vous êtes ensuite en mesure de comparer vos attentes du début avec vos scores réels, après quelques heures passées dans le parc.

Il serait sans doute possible d'élaborer d'excellentes échelles qui permettraient de mesurer les intelligences multiples, mais cela demanderait des fonds colossaux et j'aurais de toute manière beaucoup trop peur de répéter les mêmes erreurs que celles des tests de QI classiques, qui aboutissent à l'étiquetage des individus. Je préfère nettement me concentrer sur la question de l'enseignement des mathématiques, de l'histoire ou de la biologie de manière adaptée et efficace. Je pense que ma vraie contribution se situe à ce niveau-là.

> « L'intelligence n'a rien à voir avec ce que vous *aimez* faire : elle vient de la qualité de l'"ordinateur" qui se trouve dans votre tête. »

Pouvez-vous me parler du huitième type d'intelligence que vous mentionnez dans vos écrits ?

J'ai tendance à être très méfiant quand il s'agit d'ajouter des formes d'intelligence à ma théorie : il est tellement facile d'en trouver constamment de nouvelles. Dans ce que vous évoquez, il s'agit de l'*intelligence naturaliste*. Lorsque j'ai commencé à m'intéresser à cette forme d'intelligence, je faisais référence à la façon dont les individus parviennent à distinguer une chose d'une autre dans la nature. C'est-à-dire, comment faisons-nous la différence entre un animal et un autre animal ou entre une plante et une autre plante ? Après avoir inspecté de près les éléments provenant de différents domaines de recherche, il m'est apparu évident qu'il s'agissait là d'une aptitude humaine à part entière. L'évolution nous a montré que l'intelligence naturaliste et l'utilisation de la taxinomie se sont avérées déterminantes au cours des millénaires : n'oublions pas qu'il fut un temps où manger un fruit ou une plante toxique pouvait vous coûter la vie. Bien évidemment, ce n'est plus le cas aujourd'hui puisque, pour la plupart, nous faisons nos courses dans un supermarché. L'intelligence naturaliste ne joue donc plus un rôle aussi prépondérant dans nos vies. Je maintiens cependant que toute notre société de consommation est en fait basée sur l'intelligence naturaliste : c'est grâce à elle que nous choisissons d'acheter une voiture plutôt qu'une autre par exemple. Pour cela, nous nous servons de cellules qui se sont développées dans notre cerveau, il y a des milliers d'années, et qui nous aident à sélectionner ce qui nous correspond le mieux. Tout comme pour les autres formes d'intelligence, l'intelligence naturaliste s'est développée au cours des millénaires, et il ne tient qu'à nous d'apprendre à nous en servir à bon escient de nos jours.

Qu'en est-il de la notion de vie spirituelle et existentielle dont vous parlez ? S'agit-il d'une possible neuvième forme d'intelligence ?

J'essaie de comprendre ce qu'est la spiritualité. J'ai éliminé d'entrée de jeu certains aspects de la spiritualité qui pour moi n'ont rien en commun avec une certaine forme d'intelligence, par exemple les croyances. Par contre, il se pourrait qu'il existe un autre aspect de la spiritualité qui corresponde à la capacité de l'humain à se poser de grandes questions telles que « pourquoi mourons-nous ? », et qu'on pourrait éventuellement qualifier d'intelligence humaine. Je ne suis donc pas contre l'idée d'une intelligence existentielle, mais je ne suis pas pour autant prêt à l'ajouter à ma théorie.

S'il existe huit types d'intelligences, pouvons-nous dire que tout le monde est intelligent ?

Je sais que beaucoup de gens tendent à penser en ces termes, mais j'insiste sur le fait que je n'ai jamais dit cela et de plus je ne le crois absolument pas. La vie n'est pas juste, et vous trouverez toujours d'un côté des personnes très performantes dans de nombreux domaines, et d'autres très mauvaises dans ces mêmes domaines. La plupart d'entre nous vont tout de même présenter un profil plus mitigé pour des raisons aussi bien biologiques que culturelles. Je ne crois pas qu'il existe huit ou neuf différentes formes d'intelligence de façon absolue. Par ma théorie, je tente de trouver un compromis entre l'existence d'une multitude d'intelligences et une seule forme d'intelligence. Nous n'aurions aucun moyen d'expliquer les exploits de certains prodiges ainsi que certains troubles de l'apprentissage s'il n'existait qu'une seule forme d'intelligence. Je pense pourtant que, pour la plupart des gens, être intelligent veut dire être capable de réussir dans un certain type d'écoles et que cette réussite doit être mesurable par les tests de QI. Ma théorie cherche en partie à remettre en question cet état d'esprit.

« Je ne crois pas qu'il existe huit ou neuf différentes formes d'intelligence de façon *absolue*. Par ma théorie, je tente de trouver un compromis entre une *multitude* d'intelligences et *une seule forme* d'intelligence. »

Dans quelles formes d'intelligence pour reconnaissez-vous le plus ?

On me pose souvent cette question. Je pense que je suis plutôt bon en intelligence verbale et logique, bien que mon intelligence verbale me paraisse plus développée. Je suis bon écrivain et j'adore tout ce qui a rapport au verbal. Je suis un scientifique tout à fait décent et je suis bon en mathématiques sans pour autant être un génie. Mon intelligence musicale est par contre très développée et, si je n'avais pas fait une carrière de psychologue, je me serais sûrement tourné vers la musique, pas en tant qu'artiste interprète, mais plutôt en tant que compositeur ou professeur. J'ai toujours reconnu que mon intelligence interpersonnelle n'était pas mon point fort, mais j'y travaille sérieusement, depuis des années, et je pense m'être sensiblement amélioré de ce côté-là. À ce propos, je ne pense pas que l'intelligence interpersonnelle soit déterminée par la génétique, sauf peut-être dans le cas de l'autisme. Par ailleurs, je pense n'avoir aucune aptitude particulière pour ce qui est des intelligences spatiale et kinesthésique.

Il y a cependant un élément particulièrement intéressant dans mon profil, c'est ma capacité à synthétiser les informations. Dans notre monde moderne, et surtout avec l'avènement d'Internet, il me semble primordial d'apprendre à synthétiser la multitude d'informations auxquelles nous sommes confrontés chaque jour. Pourtant, la psychologie ne s'est pas penchée sur ce problème et n'est donc pas en mesure d'apporter la moindre contribution pour aider les gens à acquérir cette capacité. Il n'en reste pas moins que synthétiser les informations est sans doute ce que je sais faire le mieux. J'ai peut-être fait preuve d'originalité dans certains de mes concepts, mais je considère que mon aptitude à synthétiser les informations est mon meilleur atout...

« Dans notre monde moderne, et surtout avec l'avènement d'Internet, il me semble primordial d'apprendre à synthétiser la multitude d'informations auxquelles nous sommes confrontés chaque jour. »

Howard Gardner dans le texte

«Dans les pays occidentaux, les performances spatiales des femmes sont inférieures à celles des hommes; mais, dans un environnement où l'orientation spatiale serait aussi importante pour la survie des femmes que pour celle des hommes, il se pourrait bien que ces différences s'estompent, ou même s'inversent. Il semble qu'un tel effacement des différences entre groupes se produise chez les Esquimaux. [...] Dans un passé encore récent, d'apparentes différences entre groupes, mises en évidence par des outils psychologiques, ont été exploitées à des fins politiques douteuses. Je préfère ne pas apporter de l'eau à ce genre de moulin. De toute façon, si une investigation devait faire apparaître des différences entre groupes, je considérerais ces résultats comme un point de départ pour inciter à des efforts de remédiation plutôt que comme une prétendue preuve des limitations intrinsèques d'un groupe.» *Les Intelligences multiples*, Paris, Retz, 1996.

«Les intelligences ne peuvent pas être soumises au même type d'évaluation à tous les âges. [...] Je suis convaincu que l'on peut évaluer le potentiel intellectuel d'un individu très tôt dans la vie, peut-être même pendant sa prime enfance. À ce moment, les points forts et les faiblesses intellectuels apparaissent facilement si l'on donne aux individus l'occasion d'apprendre à reconnaître certains modèles et si l'on teste leurs capacités à se les rappeler d'un jour à l'autre. [...] Je pressens qu'il y a une aptitude intellectuelle forte quand l'individu qui en est doté ne se contente pas d'ap-

prendre aisément de nouveaux modèles : [...] il les apprend si facilement qu'il lui est pratiquement impossible de les oublier [...]. Il serait possible de dresser un tableau juste du profil intellectuel d'un individu – qu'il ait 3 ou 13 ans – à peu près en un mois, tout en le laissant impliqué dans les activités régulières de sa salle de classe. »

Les Formes de l'intelligence, Paris, Odile Jacob, 1997.

« De même que cela n'a pas de sens de considérer, sans faire de nuances, qu'un individu est tout à fait intelligent ou tout à fait stupide, de même il me semble que la recherche d'individus "créatifs en général" et la mise au point de tests qui permettraient de repérer la "créativité" sont absurdes. Si l'intelligence est multiple, alors, a fortiori, *la créativité l'est aussi. »*

Les Formes de la créativité, Paris, Odile Jacob, 2001.

« On rencontre quatre types distincts de personnalités exceptionnelles, les Maîtres, les Bâtisseurs, les Introspectifs et les Charismatiques. [...] Chacun d'entre nous abrite, au fond de lui-même, des traits de caractère propres à ces quatre types d'esprit. Une meilleure compréhension de l'univers mental de Mozart, de Freud, de Woolf et de Gandhi est non seulement la clef de notre épanouissement en tant qu'êtres humains, mais également d'un progrès pour notre société. »

Les Personnalités exceptionnelles : Mozart, Freud, Gandhi et les autres, Paris, Odile Jacob, 1999

Principaux ouvrages de Howard Gardner

The Shattered Mind. The Person after Brain Damage, New York, Knopf, 1975.

Creating Minds. An Anatomy of Creativity Seen through the Lives of Freud, Einstein, Picasso, Stravinsky, Eliot, Graham, and Gandhi, New York, Basic Books, trad. *Les Formes de la créativité*, Paris, Odile Jacob, 1999.

Frames of Mind. The Theory of Multiple Intelligences, New York, Basic Books, 1983, trad. *Les Intelligences multiples*, Paris, Retz, 1996.

Extraordinary Minds. Portraits of Exceptional Individuals and an Examination of Our Extraordinariness, New York, Basic Books, 1997, trad. *Les Personnalités exceptionnelles. Mozart, Freud, Gandhi et les autres*, Paris, Odile Jacob, 1999.

Jerome Bruner

Jerome Bruner en quelques dates...

1915 : Naissance à New York.

1941 : Doctorat à l'université Harvard.

1945 : Professeur de psychologie à Harvard.

1960 : Il crée, avec George Miller, le Centre pour les études cognitives, à Harvard.

1972 : Fermeture du Centre pour les études cognitives. Bruner part pour l'Angleterre et enseigne à l'université d'Oxford.

Jerome Bruner en quelques titres...

1954 : Membre de l'Académie américaine des arts et sciences.

1974 : CIBA Gold Medal pour l'« originalité et le caractère exceptionnel de ses recherches ».

1981 : Professeur à la faculté de droit de l'université de New York.

1987 : Prix Balzan pour ses « contributions à notre connaissance de l'esprit humain ».

L'enfant qui apprend

Par Jean-François Dortier

Durant les cinquante dernières années, il a été une figure dominante de la psychologie cognitive : l'un de ses pères fondateurs, mais aussi l'un de ses critiques, posant sur son évolution un regard pertinent. Il a publié plus de vingt livres, dont le premier, *The Process of Education* [1], fut un véritable best-seller, traduit dans vingt et une langues. Spécialiste de la psychologie de l'enfant, il s'est intéressé à la question pratique de la pédagogie : une de ses préoccupations principales a été de mettre en rapport l'éducation et les recherches en psychologie. De ce fait, il a participé à de nombreuses commissions de réforme de l'éducation aux États-Unis et a été le conseiller du président Kennedy puis du président Johnson.

Qui eût prédit une telle destinée à Jerome Seymour, dernier-né d'une famille de quatre enfants, fils d'émigrés polonais, juifs pratiquants, et... quasi aveugle? Son enfance n'est pas toujours facile : à l'âge de 2 ans, il doit subir plusieurs opérations de la cataracte; son père meurt alors qu'il n'a que 12 ans. La famille déménage plusieurs fois, et Jerome doit changer d'école, ce qui ne l'empêche pas de réussir de brillantes études. Pendant la guerre, Bruner travaille avec les Forces alliées au QG du

1. J. Bruner, *The Process of Education*, Cambridge, MA, Harvard University Press, 1960.

général Eisenhower, en France. C'est là, dans le service de lutte psychologique contre l'ennemi, qu'il met pour la première fois en pratique ses connaissances sur l'esprit humain. Puis c'est le retour aux États-Unis et à l'université où il accomplit la plus grande partie de sa carrière en tant qu'enseignant et chercheur.

Que nous apprend Jerome Bruner ?

L'un des pères fondateurs de la psychologie cognitive

On s'accorde généralement pour dater la naissance de la psychologie cognitive en 1956, année marquée par trois événements passés relativement inaperçus à l'époque. Le premier prend la forme d'un article au titre énigmatique : « 7, le nombre magique plus ou moins 2 », publié par George Miller dans la *Psychological Review*[2]. Dans cet article, Miller, alors jeune psychologue de Harvard, tentait d'attirer l'attention de ses collègues sur certaines limites du psychisme humain. Lorsqu'on doit traiter des informations, expliquait-il, l'esprit tend à s'embrouiller dès que leur nombre atteint sept. Il est par exemple difficile de retenir en mémoire une suite de plus de sept chiffres (comme la liste 4-2-9-3-9-8-3-5, par exemple). Au-delà, la mémoire chancelle. S'il en est ainsi, c'est que le cerveau possède une structure propre, avec ses limites, et ne peut être comparé à un réceptacle vierge, comme le suppose le béhaviorisme. Pour surmonter leurs limites intellectuelles, ajoute Miller, les humains ont inventé une solution ingénieuse : regrouper les chiffres par grappes. Il est ainsi facile de retenir la liste citée en regroupant les nombres par paires : 42-93-98-35. Miller met ainsi l'accent sur la capacité de l'esprit à

2. « The magical number seven plus or minus two : some limits on our capacity for processing information », probablement l'un des articles les plus fréquemment cités dans l'histoire de la psychologie.

effectuer un véritable « traitement » logique, et pas seulement un enregistrement des données transmises.

La même année, Jerome Bruner, un de ses amis et collègue à Harvard, lance des recherches qui s'inscrivent dans une perspective semblable. Bruner travaille à l'époque sur le processus de « catégorisation ». On appelle « catégorisation » le mécanisme mental par lequel nous rassemblons et classons des objets du monde en ensembles (par exemple, les animaux ayant un bec et des ailes sont regroupés dans la catégorie « oiseau »). En demandant à ses étudiants de classer des cartes de couleurs et de formes différentes, Bruner s'était aperçu que les individus utilisaient des stratégies mentales différentes.

Cette idée de « stratégies mentales » changeait radicalement la perspective par rapport au béhaviorisme, théorie psychologique alors dominante : elle s'intéressait aux cheminements de la pensée consciente du sujet, aux différentes étapes par lesquelles le sujet cherchait à résoudre un problème, tandis que le béhaviorisme (ou comportementalisme) voulait faire de la psychologie une science rigoureuse, en éliminant toute référence à la conscience, aux représentations du sujet, à l'introspection, pour ne s'en tenir qu'aux faits « objectifs », observables. À l'époque, parler d'« états mentaux » était presque une hérésie...

Les recherches de Miller et de Bruner étaient donc, à l'époque, révolutionnaires, puisqu'elles mettaient l'accent sur les « états mentaux » du sujet, ses capacités de raisonnement, la façon dont il traitait l'information. Conscients d'avoir ouvert une brèche dans la psychologie dominante de l'époque, Miller et Bruner créent, en 1960, le Harvard Center for Cognitive Studies, dont le projet n'est rien de moins que de fonder la psychologie sur de nouvelles bases. « *La révolution cognitive avait l'ambition de ramener l'esprit dans le giron des sciences humaines, d'où l'avait chassé le long hiver glacé de l'objectivisme* », raconte Jerome Bruner en retraçant son projet fondateur. Il s'agit de reconstituer les stratégies de pensée, voire les « visions du monde » des personnes en train de penser.

Un vent nouveau soufflait sur la recherche. On allait enfin ouvrir la « boîte noire » de l'esprit humain. Les fondateurs du centre de Harvard invitaient d'ailleurs philosophes et anthropologues à s'associer à ce grand programme de recherche.

À partir de la fin des années 1960, la psychologie cognitive prend son envol et détrône en peu de temps le béhaviorisme. Mais elle ne se développe pas tout à fait dans l'optique de Miller et Bruner. Car, avec l'essor de l'Intelligence artificielle, puis des neurosciences, une direction nouvelle est donnée aux recherches cognitives. C'est l'époque où se forme la galaxie des sciences cognitives : une véritable philosophie de l'esprit offrant un modèle général de la pensée.

Un psychologue au service des enfants

Quelques recherches marquantes ont contribué au renouvellement des approches dans plusieurs domaines.

La perception et le « new look perceptif »

Dans une expérience datant de 1947, Bruner constate, avec Goodman, que des enfants ont tendance à surévaluer la taille d'une pièce par rapport à un disque de carton de même surface. Cette expérience suggère que la perception n'est pas neutre mais dépend de la valeur que l'on attribue à l'objet perçu. Selon sa théorie du « new look perceptif », le sujet est un observateur actif qui explore le monde et lui attribue du sens en fonction de ses attentes et de ses cadres de référence, ou « schèmes » perceptifs.

La catégorisation et les stratégies mentales

L'expérience de Bruner sur la « catégorisation », en 1956, consiste à demander à des sujets comment classer des cartes de formes ou de couleurs différentes. Certains sujets utilisent une stratégie de *focusing* (focalisation) consistant à prendre une carte de référence et à rechercher celles qui comportent des traits communs avec elle. Une autre stratégie, le *scanning* (balayage), consiste à établir des hypothèses générales de classement après avoir vu toutes les cartes. Cette expérience pionnière en psychologie cognitive met au jour la diversité des stratégies mentales de résolution de problèmes.

Les trois stades de la représentation

À partir d'études précises, Bruner montre qu'au cours de son développement, l'enfant acquiert trois modes de représentations du monde. Le premier niveau de représentation est dit « enactif », c'est-à-dire lié à l'action. Il correspond au stade sensori-moteur de Piaget[3]. Puis vient

3. Jean Piaget (1896-1980), célèbre psychologue suisse, spécialiste du développement cognitif chez l'enfant. Il a mis au point quatre théories complémentaires : la théorie des stades, la théorie des schèmes, la théorie du jeu et la théorie morale.

la représentation « iconique », c'est-à-dire par image. Elle se réalise par intériorisation des gestes et des perceptions sous forme de schémas stables. Une autre phase de représentation est dite « symbolique ». Elle suppose une représentation abstraite, une conceptualisation du monde. Comme on peut le constater, la théorie de Bruner est moins une théorie des stades de développement qu'une théorie des divers modes de représentation du monde.

Comment les enfants apprennent à parler

Jerome Bruner s'est principalement intéressé aux nombreuses interactions entre l'enfant et ses parents, et à l'usage des mots et des expressions dans des contextes de communication très précis (repas, jeux, toilettes, etc.). Si l'enfant possède bien une prédisposition innée au langage (comme le soutient Noam Chomsky), la « construction » du sens attribué aux mots et aux expressions ne pourrait s'effectuer sans les multiples interactions avec les parents. Les mots, les phrases ne prennent d'abord sens que dans un contexte et lors d'une action donnée (« prends », « tombé ! », « papa est parti », « encore » pour demander du lait). Les éléments du langage prennent sens par rapport à une fonction de communication et à des scénarios-prototypes de la vie quotidienne. D'où l'idée – centrale chez Bruner – que l'acquisition du langage et de la culture se réalise par l'interaction permanente avec autrui, et ne peut s'expliquer par le seul déploiement autonome d'une capacité mentale.

Le regard désabusé de l'un des pères de la révolution cognitive

À partir des années 1980, Jerome Bruner critique l'orientation de la psychologie cognitive, qui prend pour modèle l'ordinateur et les modèles formels de raisonnement. Il plaide pour une psychologie culturelle (inspirée de Ignace Mayerson). Et déplore que l'idée initiale de la psychologie cognitive ait été pervertie [4]. L'inspiration première était en effet de redonner une place à l'esprit humain au sein de la psychologie. Mais les sciences cognitives sont passées de la recherche des « significations » (*meanings*) au « traitement de l'information ». Le modèle de l'or-

4. J. Bruner, *Acts of Meaning*, Cambridge, MA, Harvard University Press, 1990, trad. *Car la culture donne forme à l'esprit. De la révolution cognitive à la psychologie culturelle*, Paris, Eschel, 1991.

dinateur est devenu dominant pour penser les phénomènes mentaux : la pensée humaine y est réduite à une sorte de calcul, de combinatoire, une suite d'opérations logiques, comme si l'esprit était une machine à calculer très sophistiquée.

Si les avancées sont indéniables, selon Bruner, le « traitement de l'information n'est adapté pour penser qu'une seule forme de pensée : la pensée, logique, rationnelle, déductrice[5] ». Or une telle démarche est inopérante pour répondre à des questions du type « comment le monde est-il organisé dans l'esprit d'un musulman intégriste ? » ou « en quoi le Moi est-il différent dans la Grèce d'Homère et dans la société postindustrielle[6] ? ». Malheureusement, note Bruner avec humour, les questions posées par la psychologie cognitive sont devenues du type : « Quelle est la stratégie optimale pour fournir le contrôle de l'information à un opérateur de telle manière qu'on soit certain que le véhicule va rester dans une orbite prédéterminée[7] ? »

Bruner mène donc un combat depuis plusieurs années pour redonner vie à une psychologie plus humaniste, moins formelle, ouverte à la question du sens, des émotions, des perceptions, de la connaissance ordinaire, de l'intuition. En somme, il faut réhabiliter « l'esprit de finesse » et « l'esprit de géométrie » tels que les a distingués Pascal. La littérature nous en apprend peut-être autant sur l'âme que le scalpel du neurobiologiste. Il ne s'agit pas, selon Bruner, d'opposer deux modes de pensée, mais de tenter de donner à chacun la place qui lui revient.

---

5. *Ibid.*
6. *Ibid.*
7. *Ibid*, p. 5.

Rencontre avec Jerome Bruner[8]

*C'est lors d'un voyage à New York, en 1994, que j'ai rencontré Jerome Bruner pour la première fois. Richard Sennett m'avait donné son adresse. «Bruner habite à trois pas d'ici. Vous trouverez son adresse dans l'annuaire. C'est un homme très ouvert : il sera heureux de vous recevoir.» Rencontrer Jerome Bruner, ce monument de la psychologie? Aussitôt dit, aussitôt fait. Je trouve son numéro. J'appelle. Trois minutes plus tard, il est au bout du fil. Je lui explique que je suis le rédacteur en chef d'une revue de sciences humaines, installée en France. Que j'aimerais le voir pour un entretien. Rendez-vous est pris pour le lendemain, mardi, 14 heures. Bruner habite tout près de l'université de New York. Je suis un peu ému. J'entre dans une cour. Au fond, une porte fermée. L'interphone. «*It's on the third floor...*» Bruner m'attend à la sortie de l'ascenseur. Premier regard : un homme souriant, l'allure est celle d'un homme de 60 ans environ (Je sais qu'il en a 80!). Costume marron clair, très distingué. Visage ovale derrière de grosses lunettes. Rapides présentations. Je m'excuse de mon mauvais anglais. Il me répond en français... «Aucune importance, je ne suis pas totalement étranger à votre belle langue.» Soulagement. Il nous fait entrer dans son appartement. Immense. Son bureau donne sur une grande salle. Des étudiants y sont affairés autour de quelques ordinateurs. Bruner nous explique qu'ils sont en train de «boucler» un numéro de revue. Malgré son âge, il travaille toujours, écrit, et participe à des colloques...*

8. Entretien publié dans la revue *Sciences humaines* en novembre 1999.

Vous êtes l'un des pionniers de la psychologie cognitive et, alors que celle-ci semble dominer la psychologie contemporaine, vous prenez vos distances avec elle...

Lorsque j'ai commencé mes recherches en psychologie, le béhaviorisme régnait en maître sur la psychologie. La méthode scientifique dominante consistait à étudier des rats dans les laboratoires pour comprendre des fonctions psychiques isolées : perception, apprentissage ou mémoire. Mais ce qui m'intéressait en tant que psychologue, ce n'était pas les rats de laboratoire, mais les êtres humains. Je voulais comprendre comment les humains forgent une culture, créent des idées, des pensées, des univers mentaux. Or l'exploration des états mentaux des êtres humains – leurs rêves, leurs imaginations, leurs cultures –, je la trouvais plus dans la littérature, la poésie, le théâtre que dans la psychologie.

J'ai vécu cette époque un peu comme un schizophrène. La journée, je menais des expériences très minutieuses en laboratoire ; le soir, j'allais au théâtre, au cinéma, je lisais des romans. Le jour, j'écrivais les articles scientifiques, et le soir, je signais des comptes rendus de pièces de théâtre sous un pseudonyme. De ce moment est resté ancrée en moi cette idée qu'il y a deux façons d'approcher l'humain : l'approche scientifique – objective, formelle, rationnelle –, l'autre, plus littéraire, subjective, interprétative mais qui nous permet d'accéder au monde intérieur des humains.

« L'exploration des états mentaux des êtres humains – leurs rêves, leurs imaginations, leurs cultures –, je la trouvais plus dans la littérature, la poésie, le théâtre que dans la psychologie. »

Mais vous avez cherché par la suite à combler ce fossé en étudiant les états mentaux des individus...

Au début des années 1960, nous avions créé à Harvard avec George Miller le Center for Cognitive Studies, un groupe où se réunissaient psychologues, anthropologues, linguistes, philosophes, juristes. Notre projet était de créer une nouvelle psychologie culturelle qui ne se limite pas aux seuls aspects logiques et abstraits de la pensée, mais permette d'étudier l'être humain en tant que producteur de rêves, d'idées, de projets, ainsi que porteur et créateur d'une culture. Voilà l'idée de départ de la psychologie cognitive. Il s'agit à terme de comprendre ce qui pouvait se passer dans la tête d'un artiste qui crée, d'un croyant qui prie, d'un enfant qui découvre le monde…

Mais par la suite, la psychologie cognitive a dévié de cette direction sous l'influence des recherches en intelligence artificielle. L'ordinateur est devenu le modèle pour penser le psychisme. Le modèle computationniste, qui considère la pensée comme un programme informatique, une suite de calculs et d'instructions logiques, s'est imposé.

Or, pour ma part, je pense que la culture est irréductible au calcul, à une suite de règles formelles. La pensée est une construction sociale qui se crée et se recrée sans cesse. Nos actions sont guidées par des valeurs, des projets, des idéaux, des lois, des normes qui, loin d'être « naturelles », sont des constructions culturelles et symboliques. Penser l'humain, c'est penser la production de ces « œuvres » humaines – comme le dit I. Meyetson – que sont le droit, les mentalités, les religions, les arts, les sciences, les utopies…

« La culture est irréductible au calcul, à une suite de règles formelles. La pensée est une construction sociale qui se crée et se recrée sans cesse. »

Computationnisme et psychologie culturelle sont-ils vraiment incompatibles ?

En fait, ils n'ont pas les mêmes perspectives, ni les mêmes niveaux d'analyse… Le computationnisme vise à dégager des règles formelles et universelles qui guident la pensée, la mémoire, le langage, la résolution de problème. La psychologie culturelle recherche au contraire comment les êtres humains créent, transforment et donnent du sens à des productions culturelles.

Prenons une image. Si vous souhaitez comprendre comment ont été conçus les outils créés par l'homme (le marteau, les ciseaux, les pinces...), vous pouvez étudier la main et montrer qu'ils sont façonnés en fonction de contraintes anatomiques. C'est un peu l'approche des sciences cognitives actuelles. Elles veulent déduire les productions mentales de la structure du cerveau. Mais les outils ont aussi été inventés en fonction d'usages et de buts précis. À quoi servent-ils ? Comment apprend-on à s'en servir ? Comment évoluent-ils ? etc. Cela, seule une approche culturelle peut l'expliquer.

L'erreur du cognitivisme est de croire que l'on peut comprendre la pensée à partir de quelques règles de production. La perspective computationniste est intéressante en soi, mais limitée. Le danger est d'en faire une TOE, une « theory of everything », c'est-à-dire un modèle à prétention universelle.

Pour l'instant, rien ne permet de dire que ces deux perspectives sont incompatibles, ni d'ailleurs que leur opposition puisse être vraiment surmontée.

Comment définissez-vous justement cette culture qui façonne l'esprit humain ?

Je ne pense pas qu'il faille dire que la culture « façonne l'esprit » comme le ferait un moule d'une pâte malléable. Les sciences humaines ont longtemps eu de la culture une conception trop homogène. Quelque chose comme un système global, extérieur aux individus et qui s'impose à eux de l'extérieur.

En fait, les individus et les groupes ne sont pas passifs à l'égard de leur culture. Sans cesse, ils l'interprètent et la repensent. L'enfant ne s'approprie pas la culture comme il boit du lait. C'est par des actions et interactions permanentes avec ses parents et son entourage qu'il apprend d'abord à communiquer, qu'il découvre ce qui est permis et interdit, ce qui est bien ou mal, qu'il s'initie aux règles du jeu de la vie sociale. Mais il possède la capacité de créer de nouvelles situations, d'expérimenter de nouveaux scénarios. Dans l'interaction avec ses semblables, il recrée en quelque sorte une microsociété, réinvente le monde, le reconstruit. Et cette recréation se reproduit tout au long de la vie.

Prenons l'exemple du « *common law* », c'est-à-dire de l'ensemble des codes qui gèrent la vie en commun. Ce droit n'est pas une entité extérieure aux personnes. Sans cesse, les individus en discutent, l'interprètent; se l'approprient de façon différente. Il y a des conflits d'interprétation entre le canonique et le possible. Il en va de même pour les idéologies politiques, les systèmes d'interprétation religieux... Ce ne sont pas des systèmes culturels figés qui s'imposent de l'extérieur aux individus. Dans chaque culture existent des tensions, des espaces d'interprétation, des reformulations.

Ruth Benedict a montré dans *Le Sabre et le Chrysanthème* que la culture nippone possédait deux composantes : l'une, représentée par le sabre du samouraï, est violente; l'autre, symbolisée par le chrysanthème, est plutôt paisible et raffinée. L'individu doit alors intégrer à sa manière ces deux composantes. C'est la même chose pour le langage. Il n'est pas une entité stable, un système qui plane au-dessus des groupes humains. Le propre du langage est d'être génératif, créatif, évolutif.

De plus, le sens des mots, des phrases, peut faire l'objet de plusieurs interprétations. Les propos que je tiens en ce moment peuvent être commentés de multiples façons. C'est pourquoi il est faux de vouloir réduire le langage ou la pensée à un ensemble de règles abstraites. La posture formelle en psychologie nie les contradictions; il lui est impossible de définir les conflits incessants qui agitent une culture. Elle ne peut prendre en compte les ambiguïtés qui travaillent chaque élément d'une culture. On ne s'approprie pas une culture en spectateur passif, ni par le déploiement d'un programme mental intérieur. C'est par interaction permanente, par expérimentation que l'on s'initie aux règles du langage, que l'on acquiert celles de la vie en commun.

Mais si tout n'est que contradiction, interprétation, comment les hommes peuvent-ils se comprendre? Il faut bien qu'il y ait des règles générales, une certaine stabilité dans la communication?

C'est pourquoi les êtres humains composent des codes, des règles, des lois, des contraintes qui rendent possible la vie en commun. C'est le cas de la Bible, de la Constitution des États-Unis, du Code de la route, des règlements de toutes sortes. Ils sont chargés de définir des limites à l'action de chacun. Ce sont là justement des innovations culturelles, et il existe une interprétation permanente de ces textes. Ils font l'objet de discussions, de débats, de décodages pour s'adapter aux situations nouvelles. Personne n'applique la loi «à la lettre» – le Code de la route par exemple – sans une certaine marge de manœuvre. Lorsqu'il y a désaccord, il y a négociation, transaction.

Avec Anthony Amsterdam, nous allons publier prochainement un livre sur ce thème *Minding the Law*, c'est-à-dire sur cette transaction permanente entre une loi, un texte fondateur et les multiples interprétations qui en sont faites par la suite dans la vie quotidienne. On pourrait faire la même chose avec la Bible, un règlement intérieur, les codes de conduites dans une microsociété : ils sont en permanence soumis à une réinterprétation, à des discussions.

Un autre élément de stabilité dans les relations humaines est le fait que les êtres humains sont en perpétuelle interaction. Ces actions réciproques nous permettent d'anticiper les conduites d'autrui, de nous ajuster et de créer des normes et règles de conduite.

Dans plusieurs de vos livres, vous considérez que le récit est l'un des éléments prépondérants par lequel l'enfant s'approprie la culture. Pourquoi la forme narrative du récit serait-elle liée à l'entrée dans la culture ?

Je pense que le récit est l'une des formes les plus universelles et les plus puissantes du discours et de la communication humaine. Un récit est une forme de discours qui comprend plusieurs composantes : un individu en action, un ordre séquentiel d'événements, une « intrigue » qui met l'individu face à un problème, une situation inattendue, quelque chose d'anormal, d'imprévu, d'extraordinaire. Enfin, le récit a besoin de la perspective du narrateur, qui se projette dans la situation et l'interprète à sa manière.

Or on constate que les principaux centres d'intérêts linguistiques des enfants portent justement sur l'action humaine et ses effets, et particulière-

« Le récit est l'une des formes les plus universelles et les plus puissantes du discours et de la communication humaine. »

ment les interactions entre les personnes. Voilà pourquoi les enfants aiment tant les histoires, sont rassurés et inquiétés par elles. C'est une façon d'entrer en société, d'explorer mentalement le champ des possibles qui s'offrent à eux. Le loup va-t-il manger le Petit Chaperon rouge ? Comment David peut-il vaincre Goliath ? Ces histoires sont aussi vieilles que le monde et se récréent sans cesse sous des formes nouvelles.

La compréhension de la société commence toujours par des situations d'interactions où l'enfant est un protagoniste, un agent, une victime, un complice. L'enfant apprend à jouer un rôle dans cette scène familiale qui se rejoue chaque jour. Il apprend tout ce qui est autorisé et ce qui ne l'est pas, ce qui permet d'obtenir un résultat précis : d'abord dans l'action et l'interaction directe avec autrui, puis à travers des histoires qu'on lui raconte ou qu'il se raconte à lui-même.

Le récit est une façon imaginaire d'explorer le monde. Je pense que notre capacité à restituer l'expérience en termes de récit n'est pas seulement un jeu d'enfant : c'est un outil pour fabriquer de la signification, qui domine l'essentiel de notre vie au sein d'une culture.

Votre projet de psychologie culturelle est intimement lié à une certaine vision de l'éducation.

En effet, j'ai constamment recherché les liens qui peuvent s'établir entre les recherches théoriques sur la pensée et la pédagogie. À mon sens, le but de l'école n'est pas de façonner l'esprit des élèves en leur inculquant des savoirs spécialisés dont ils ne comprennent pas le sens et la raison d'être. Il faut que les élèves s'approprient une culture, intègrent les connaissances à partir de questions qu'ils se posent. Pour cela, il faut contester les programmes tout faits. On doit mettre en doute, discuter, explorer le monde, se déplacer, sortir du cadre de l'école. C'est ainsi que l'on s'approprie la culture, que l'on devient membre actif d'une société.

« On doit mettre en doute, discuter, explorer le monde, se déplacer, sortir du cadre de l'école. C'est ainsi que l'on s'approprie la culture, que l'on devient membre actif d'une société. »

Je participe depuis plusieurs années à une expérience scolaire qui s'inscrit dans cette perspective. Elle est menée en Italie, à Reggio Emilia, une petite ville au sud de Bologne. Là-bas s'est instaurée, dès la fin du XIXe siècle, une tradition scolaire tout à fait révolutionnaire et qui se perpétue aujourd'hui. Par exemple, dans une école, on conçoit un parc pour les oiseaux. Il s'agit de construire les cages, de faire venir des éthologistes, de demander des autorisations à la mairie…

À partir de là, on redécouvre toute la vie de la cité. On discute, on argumente, on débat. On ouvre l'enfant au monde, il le crée et en intègre les règles. Voilà une conception de l'éducation qui me paraît plus riche que celle de l'école traditionnelle. L'école devient ainsi un véritable laboratoire appliqué pour une psychologie culturelle.

Principaux ouvrages de Jerome Bruner

The Process of Education, Cambridge, MA, Harvard University Press, 1960.

Child's Talk: Learning to Use Language, New York, W. W. Norton & Company, 1983, trad. *Comment les enfants apprennent à parler*, Paris, Retz, 1987.

Actual Minds, Possible Words, Cambridge, MA, Harvard University Press, 1986, trad. *Cultures et Modes de pensée. L'esprit humain dans ses œuvres*, Paris, Retz, 2000.

Acts of Meaning, Cambridge, MA, Harvard University Press, 1990, trad. *Car la culture donne forme à l'esprit. De la révolution cognitive à la psychologie culturelle*, Paris, Eschel, 1991.

The Culture of Education, Cambridge, MA, Harvard University Press, 1996, trad. *L'Éducation, entrée dans la culture. Les problèmes de l'école à la lumière de la psychologie culturelle*, Paris, Retz, 1997.

Making Stories. Law, Literature, Life, New York, Farrar Straus & Giroux, 2002, trad. *Pourquoi nous racontons-nous des histoires ?*, Paris, Retz, 2002.

Noam Chomsky

Noam Chomsky en quelques dates...

1928 : Naissance à Philadelphie.

1955 : Doctorat de linguistique à l'université Harvard.

1957 : Parution de *Structures syntaxiques*, son premier ouvrage majeur.

1992 : Sortie du documentaire *Chomsky, les médias et les illusions nécessaires*, de Marl Achbar et Peter Wintonick.

2005 : Parution de *Nouveaux Horizons dans l'étude du langage et de l'esprit.*

Noam Chomsky en quelques titres...

1961-2007 : Professeur au MIT (il obtient en 1976 le prestigieux titre de Institute Professor).

1984 : Prix de la contribution scientifique remarquable décerné par l'APA.

1988 : Prix Kyoto en sciences fondamentales.

A reçu la médaille Helmholtz.

Comment un linguiste a transformé la psychologie

Par Cédric Routier

Plusieurs des grands psys interrogés dans ce livre évoquent l'influence de la « révolution cognitive » sur leurs travaux. Noam Chomsky est de ceux qui ont déclenché, porté et diffusé cette révolution.

Avram, de son premier prénom, Chomsky est sans hésitation *le* symbole de l'intellectuel mondialement connu et politiquement engagé, deux traits jamais démentis. Linguiste de formation, l'homme a imprimé sa marque sur les débats majeurs du monde contemporain en psychologie, en philosophie et en politique, tout autant que dans l'étude du langage. Pour les apports autant que pour les polémiques qu'il a suscitées dans tous ces domaines, Chomsky est aujourd'hui incontournable.

Né en 1928 à Philadelphie, le jeune Chomsky se nourrit des riches stimulations offertes par ses brillants parents et leurs relations cultivées : à sa mort, son père était considéré par le *New York Times* comme l'un des grammairiens de l'hébreu les plus réputés au monde. Ses années de primaire l'épanouissent – son école est très expérimentale –, mais collège et lycée lui sont une torture, trop formatés au goût de cet esprit déjà très libre... voire libertaire : il rédige, à 10 ans, pour premier essai, un article sur la guerre d'Espagne ! Son orientation politique, entre anarchisme et socialisme, marquera le reste de ses écrits engagés.

Il résiste à la tentation d'abandonner l'université sur les conseils de Zelig Harris (célèbre linguiste), qu'il apprécie avant tout pour ses idées politiques : étudiant les mathématiques, la philosophie et la linguistique, c'est cette dernière qu'il approfondit dans sa thèse de doctorat. Il pose déjà les bases de ce qui fera sa renommée : la grammaire générative et transformationnelle. C'est cependant en 1956 qu'a lieu l'événement majeur qui lance la révolution cognitive et la carrière de Chomsky : une conférence fondatrice des sciences cognitives se tient au MIT, avec entre autres Newell, Simon, Miller... et Chomsky lui-même, qui y énonce les grands principes de son futur modèle du langage.

Parallèlement au développement de sa théorie, au cours des trente années qui suivent, Chomsky s'engage fermement contre l'intervention des États-Unis au Viêtnam, puis dénonce l'hégémonisme américain en Amérique du Sud et au Moyen-Orient. Plus généralement, il est un fervent critique de la propagande des nations occidentales modernes, de la politique israélienne en Palestine et, récemment, des deux guerres du Golfe du clan Bush, ainsi que des raisons avancées pour justifier celles-ci. Un intellectuel sur tous les fronts.

Mais, sans nul doute, ce pour quoi il est si souvent cité [1] – et le restera encore longtemps [2] –, c'est sa thèse fondatrice sur le langage : l'être humain possède une compétence innée et universelle à maîtriser une langue. Le langage ne s'apprend que dans les détails : ses fondamentaux sont inclus dans notre équipement biologique de base. Et défendre *cette* idée fut, en son temps, une véritable révolution.

1. Y compris par ses successeurs : voir Pinker p. 41.

2. En 2005, il est élu « le plus grand intellectuel vivant » par les lecteurs du magazine anglais *Prospect*.

Que nous apprend Noam Chomsky ?

Ces incolores idées vertes qui dormaient furieusement

Au milieu des années 1950, à l'époque où Chomsky renouvelle les intérêts de la linguistique et des sciences cognitives, les préoccupations des grammairiens sont essentiellement « structurales » : ils étudient les phrases produites par les locuteurs d'une langue, pour les analyser en composants syntaxiques formels. Autrement dit, ils identifient groupe nominal et groupe verbal, puis décomposent chacun de ces éléments, jusqu'à rendre compte après coup de la syntaxe des phrases correctes. La plupart des experts pensent alors que la maîtrise du langage est acquise, et que finir par utiliser spontanément les règles correctes de la grammaire est un apprentissage de longue haleine. De l'éducation parentale puis scolaire, l'enfant « hérite » non seulement sa langue, mais aussi ses mécanismes.

Chomsky, lui, va centrer ses efforts sur le langage « mental » – la *compétence* linguistique –, et ne revenir qu'ensuite vers l'ensemble des langues naturelles (anglais, français, chinois, etc. : la version publique du langage, sa *performance*), pour mieux rendre compte d'un trait qu'il considère fondamental : la créativité du langage. Quelle que soit la langue parlée, une fois que nous sommes adultes – une fois devenus des « locuteurs compétents » –, nous sommes capables de produire et de comprendre un nombre infini de phrases différentes et nouvelles. De plus, cette puissance créatrice s'appuie sur un nombre fini d'éléments de base. La réflexion de Chomsky va de soi : tout locuteur compétent doit vraisemblablement posséder un système de codage et de décodage (de création et de compréhension) capable de réaliser cette prouesse. Et, si c'est bien en étudiant les phrases produites que l'on parvient à analyser la façon dont le langage se structure, les processus que Chomsky propose comme bases de la maîtrise du langage seront décisifs : la grammaire générative et transformationnelle.

Par ailleurs, non seulement nous sommes tous naturellement capables de comprendre notre langue, mais nous le sommes d'autant plus que nous jugeons intuitivement de *l'acceptabilité* d'une phrase dans notre langue : nous pouvons décider si tel énoncé est grammaticalement correct, mais aussi s'il est susceptible d'être compris correctement, s'il peut avoir un sens pour nous. L'exemple de Chomsky pour illustrer (notamment) cette idée est bien connu : *d'incolores idées vertes dorment furieusement* peut être perçu comme correct par n'importe qui parlant le français, mais peu de gens liront cette phrase sans rester perplexe sur son contexte et son sens. En l'occurrence, l'idée est ici de montrer combien grammaticalité *et* signification importent pour qu'un énoncé paraisse acceptable [3]; or cette capacité nous est tellement naturelle que l'on oublie combien l'analyser est complexe lorsqu'on s'y essaie! C'est également pour expliquer cette faculté que Chomsky a proposé sa grammaire, son modèle des règles de syntaxe du langage.

Un dernier élément essentiel de sa réflexion vient renforcer l'originalité de sa démarche vis-à-vis des deux précédents points. En étudiant de près l'acquisition du langage chez l'enfant, il est frappé de constater à quel point cet apprentissage est rapide. Vu l'écrasante nouveauté à laquelle les tout-petits sont confrontés chaque jour, vu la complexité des capacités que la maîtrise du langage recouvre, vu les spécificités qu'une langue donnée implique et la facilité avec laquelle ils s'y conforment très tôt, une seule possibilité explique selon Chomsky ces constats que tout un chacun peut réaliser : la faculté de langage est innée, préinscrite dans notre potentiel génétique, et l'usage des règles de la grammaire générative est massivement préparé, dès la naissance, par des structures biologiques préalables. L'affinement de cette *compétence*, notamment dans l'acquisition d'*une* langue maternelle (le versant

3. Même si l'on pouvait diminuer notre perplexité en rencontrant cette phrase au détour d'un poème…

«*performance*», encore une fois), peut bien adapter ce dispositif à l'environnement de naissance, les fondations sont essentiellement innées. En contrepoint des théories de son époque, Chomsky a donc ramené le pendule de l'inné et de l'acquis dans la direction de l'équipement génétique humain. Il n'y aurait pas, en quelque sorte, de «découverte» réelle des propriétés du langage chez l'enfant en grandissant, mais plutôt une sélection par l'environnement dans ce qui préexiste.

Sans jamais réduire la compétence linguistique aux neurosciences ni à la psychologie, Chomsky a ainsi esquissé trois traits – créativité, intuition de l'acceptabilité et caractère inné –, dont au moins le premier, la créativité du langage, est la marque spécifique du langage humain. Il considère même parfois, discutant des liens de l'esprit et du langage, que ce dernier est libre de toute subordination aux autres facultés cognitives : l'esprit pourrait alors naître, après tout, d'une rencontre entre certaines facultés et la puissance génératrice d'un système linguistique indépendant, premier et souverain…

Qu'est-ce que la grammaire générative et transformationnelle ? [4]

Entre 1957 et aujourd'hui, pas moins de quatre évolutions importantes ont eu lieu dans le modèle proposé par Chomsky. Il n'est pas simple de retracer le détail de ces versions successives, aux variations parfois très subtiles pour le profane, mais quelques essentiels peuvent être considérés comme les innovations majeures de Chomsky.

Comme indiqué dans l'intertitre précédent, l'approche du langage «mental» introduite par Chomsky s'appelle la «grammaire générative et transformationnelle». Cette grammaire bien spécifique est sa manière de rendre compte d'une *compétence* linguistique sous-jacente, distincte de la *performance* réelle (c'est-à-dire les phrases rencontrées dans une langue). Elle reprend les éléments minimaux du langage et les règles qui permettent de les assembler pour former l'ossature syntaxique, la structure de base que chacun de nous construit avant de produire chaque phrase qu'il prononce ou écrit réellement [5]. Ces règles, rapidement

4. On consultera avec profit J.-P. Brouckart, *Théories du langage*, Bruxelles, Mardaga, 1995.

5. Chomsky a longtemps distingué structures «profondes» et «superficielles» pour différencier ces deux processus que sont création d'une phrase du *langage*, puis production de celle-ci dans une *langue*.

suivies par tous – l'enfant les acquiert, on l'a dit, très vite –, sont cependant *implicites*, inconscientes : leur existence est révélée lorsque l'on se penche sur les phrases produites. Chomsky « remontera » donc aux sources, au *langage*, à travers l'étude d'énoncés choisis dans une *langue*. Ces règles et la réalité de leur intervention sont également *universelles* : certes, il existe une multiplicité de langues naturelles, mais *une seule* faculté de langage est partagée par tous les êtres humains. On doit donc pouvoir modéliser cette faculté universelle, formuler une « théorie » générale qui s'appliquera à tous et décrira le fonctionnement du langage.

La grammaire *générative* et *transformationnelle* de Chomsky répond à ces attentes :

- Générative, parce qu'elle est recréée par Chomsky à partir de l'analyse d'un certain nombre de phrases existantes, et que cette analyse peut ensuite être *généralisée* à un nombre infini d'autres phrases (existantes ou à venir) ; mais aussi parce qu'à partir d'un ensemble de règles identifiées par cette analyse cette grammaire peut *générer* la totalité des énoncés possibles et acceptables !
- Transformationnelle, parce que cette grammaire a recours à des processus de *transformation* des éléments de syntaxe pour passer d'une structure de base, formulée dans les symboles du « langage mental », à une phrase qui sera prononcée et qui aura du sens dans une langue naturelle.

Ce qu'il faut comprendre, pour saisir la portée des travaux de Chomsky, c'est qu'il s'est efforcé de montrer comment des propriétés sémantiques (le sens d'une phrase) et phonologiques (les sons prononcés) pouvaient naître des propriétés syntaxiques : comment des symboles formels, dans un langage mental décodé par un dispositif linguistique inné, pouvaient faire émerger peu à peu du sens et des sons en fournissant les indicateurs pour ce faire.

Pour revenir à la notion d'acceptabilité d'une phrase, la grammaire générative permettrait d'expliquer pourquoi certaines phrases sont certes correctes (« le verre vide est versé dans l'eau ») mais non « acceptables », c'est-à-dire qu'elles n'ont « pas de sens » pour tout un chacun : elles ne respectent pas certaines règles minimales de la grammaire générative, des règles que nous possédons implicitement mais que nous ne saurions exprimer directement (nous n'y avons pas accès). D'où le travail de Chomsky pour les mettre à jour !

Selon Chomsky, il existe ainsi :

– des fondements syntaxiques composés à la fois des règles d'agencement général de symboles, et un lexique de symboles (d'éléments) que d'autres règles plus restreintes ordonnent d'une façon spécifique ;

– des règles de transformation des chaînes de symboles, qui portent sur des ensembles d'éléments (non plus sur un élément particulier), transformations qui sont déclenchées automatiquement par les indications fournies par les règles syntaxiques ; ces transformations tiennent parfois compte du contexte de l'énoncé ;

– un composant spécialement chargé d'interpréter le sens de l'énoncé concerné, en se fondant lui aussi sur certains indicateurs syntaxiques ; et un autre composant chargé d'interpréter les indicateurs restants sur un plan phonologique (les sons impliqués).

Concernant le passage progressif d'une syntaxe formelle à la sémantique – le passage d'un ordre logique à celui de la signification d'une phrase –, Chomsky a longtemps considéré que les indices de transformation et d'interprétation se logeaient dans la structure *profonde* des énoncés. Il s'est ensuite ravisé, en admettant que des éléments d'interprétation – permettant de comprendre un énoncé – pouvaient aussi se loger dans la structure de surface, ces variations superficielles qui donnent une forme différente à deux phrases dont le sens est pourtant le même (pour faire simple : « John aime Marie » ou « Marie est aimée de John », par exemple).

Plus récemment, l'approche de Chomsky a encore évolué. Il est aujourd'hui passé à une théorie « des principes et des paramètres », dans laquelle il abandonne définitivement certaines notions qui avaient fait la renommée de ses précédents travaux (celle de « structure profonde », par exemple). Chomsky se penche aujourd'hui plus volontiers sur les sons et les significations dans le langage, s'interrogeant sur le caractère optimal des langues naturelles : leurs grammaires sont-elles parfaites ? Et, si elles ne le sont pas, ne serait-ce pas parce que le langage doit participer au jeu des autres facultés cognitives ? Les erreurs et les déviations que l'on observe parfois dans les langues ne seraient alors pas de la responsabilité du système linguistique lui-même, mais bien liées à des contraintes extérieures au langage… qui resterait un processus parfait ! Pour Chomsky, cela dépend de l'usage qui est fait des informations fournies par le langage : celui-ci met à disposition des représentations linguistiques qui sont ensuite utilisées par d'autres systèmes cognitifs ; ce sont *eux* qui imposent les variations des langues naturelles, lors de l'expression des structures d'un langage « mental » parfait. Ces autres systèmes expliquent aussi pourquoi certaines expressions verbales comprennent des groupes de mots qui ne modifient pas le sens d'une phrase mais fournissent des repères aux autres systèmes : cet aspect de la syntaxe est imposé par les systèmes extérieurs au langage, qui se guident ainsi par divers indices dans la phrase.

La pensée de Chomsky, en constante évolution, n'en finit pas de livrer des pistes originales pour l'étude de l'esprit et du langage. Une idée-force s'impose au-delà de tout le reste, que des successeurs illustres (dont Pinker, voir p. 38) ont reprise à leur compte : celle d'un système inné, capable de générer une créativité infinie, agencée par des règles en nombre limité.

On n'apprend pas une langue, on actualise des dispositions innées

Ainsi, selon Chomsky, l'objectif de l'étude du langage est d'une simplicité nette et implacable : étudier la compétence linguistique, « *réalité mentale sous-jacente au comportement* », à travers la performance concrète constatée chez les sujets qui s'expriment. Cette compétence est propre à n'importe quel esprit humain, de manière universelle et par-delà la diversité des langues passées et présentes. L'acquisition d'une langue n'est pas, n'est *jamais*, d'après Chomsky, l'apprentissage progressif de processus neufs, mais l'actualisation, par notre environnement, de prérequis tout spécialement dédiés à cette fonction. Comme Descartes avec son « *cogito* », Chomsky voit dans cette propriété naturelle, instinctive, de maîtriser une langue – attestée par la vitesse et le caractère irrépressible de ce processus – la marque spécifique de l'esprit humain. Ce qui importe réellement, pour comprendre cet esprit, se trame derrière la « surface » des énoncés lus, entendus, prononcés ou écrits chaque jour : il faut viser l'organisation profonde des règles inconscientes qui déterminent inévitablement, sur des bases biologiques, notre réalité linguistique intérieure. En cela, Chomsky est bien le digne représentant du courant qu'il a contribué à fonder : celui des sciences cognitives.

Rencontre avec Noam Chomsky

Par Violaine Guéritault

Difficile de rencontrer Noam Chomsky, l'intellectuel vivant le plus célèbre au monde – et peut-être le plus mal connu en France. Non pas qu'il se refuse au contact. Justement, c'est le contraire et bien le problème : ce digne héritier des Lumières, que Jean Bricmont compare à Voltaire, se veut disponible pour tous ceux qui le demandent, sans accorder plus d'importance à un prix Nobel qu'à un étudiant. Mais ses journées n'ont que vingt-quatre heures et il lui faut trouver une place pour tous ces livres et articles à lire ou à écrire, pour intervenir sur des multiples sites, donner des conférences, et poursuivre ses nombreux échanges avec de grands esprits du monde entier.

Je suis frappée par la gentillesse de cet homme singulier. Je le savais décapant, toujours en mouvement, d'une intelligence hors du commun; je découvre un être accessible, attentionné, patient face à des questions auxquelles il a déjà mille fois répondu et qui le replongent dans un passé strictement « cognitif » dont il se sent maintenant un peu éloigné. Dans le bâtiment du MIT, Chomsky a installé son bureau au beau milieu d'une forêt de livres : il y en a sur les murs, sur les tables, par terre, en piles, en colonnes. Chaque jour, un nouveau livre pousse, telle une plante tropicale, sur l'un de ses meubles.

Votre carrière a commencé dans le domaine de la linguistique et vous avez révolutionné la psychologie. Comment en êtes-vous venu à vous intéresser au langage ?

On peut s'intéresser au langage de mille et une façons, et pour de nombreuses raisons. Dans mon cas, je me posais des questions qui me paraissaient fondamentales. D'abord, je voulais comprendre ce que nous savons exactement lorsque nous connaissons une langue en particulier. Ensuite, je voulais savoir par quel biais nous acquérions cette connaissance, et finalement, comment nous en venions à utiliser cette connaissance.

Au début des années 1950, la linguistique répondait à ces questions de la manière suivante : une langue était comprise comme une sorte de système comprenant bon nombre d'automatismes appris et beaucoup de compétences particulières. Connaître une langue, c'était maîtriser ces compétences. Ensuite, on pensait que la connaissance d'une langue se faisait par le biais de mécanismes spécifiques, comme le conditionnement, les associations et la pratique. Enfin, on croyait que l'utilisation d'une langue était l'expression de la maîtrise de ces compétences.

« L'expression du langage est avant tout créative, c'est-à-dire qu'elle implique constamment la production et l'interprétation de nouvelles formes. »

En psychologie, les hypothèses dans ce domaine étaient de nature structuraliste. En tant que théorie, l'étude de la linguistique s'organisait essentiellement autour de principes d'analyse utilisés pour fournir une explication systématique des éléments qui constituent le langage : comment ils interagissent, l'ordre dans lequel ils apparaissent, la façon dont ils s'organisent en catégories, etc.

Je trouvais pour ma part que ces approches étaient parfaitement inadéquates, pour ne pas dire complètement erronées. L'expression normale du langage ne relève pas, selon moi, de l'utilisation de certains automatismes ni de compétences spécifiques. Elle est avant tout créative, c'est-à-dire qu'elle implique constamment la production et l'interprétation de nouvelles formes qui sont inédites dans le répertoire d'expériences linguistiques de la personne qui parle, ou même dans l'histoire du langage dans son ensemble. Il ne s'agit pas là d'un phénomène à caractère exotique, mais plutôt de la norme. Le lecteur d'un livre qu'il n'a jamais lu auparavant va découvrir des phrases totalement nouvelles pour lui, pourtant il n'aura aucun mal à les identifier en tant que phrases appartenant à sa propre langue et saura d'emblée en saisir la signification. Il accomplit cette tâche exactement de la même manière que n'importe quelle autre personne parlant la même langue que lui. En revanche, si les phrases en question étaient modifiées d'une manière ou d'une autre, écrites à l'envers par exemple, elles seraient tout aussi nouvelles pour le lecteur mais cette fois parfaitement incompréhensibles. L'utilisateur d'une langue, même s'il s'agit d'un jeune enfant, va attribuer un sens particulier et précis à des phrases simples qui sont totalement inédites dans son répertoire d'expériences linguistiques. Nous comprenons les phrases d'un texte de façon précise et explicite, indépendamment d'autres phrases que nous connaissons déjà. Les enfants n'apprennent pas à interpréter les phrases de manière spécifique, pas plus que ceux qui apprennent une langue étrangère et découvrent des phrases qui leur sont parfaitement inconnues. L'ensemble des phrases que nous lisons n'apparaissent pas dans les livres de grammaire, et ne feraient qu'embrouiller le lecteur si c'était le cas. Néanmoins, la majorité de celles que nous rencontrons dans un texte nous paraissent relativement familières bien que nous ne les ayons jamais lues auparavant. Je crois que nous n'accomplissons pas le décodage d'une phrase par habitude et que l'intervention de simples compétences n'est pas une explication suffisante.

Cela me conduit à dire que l'approche comportementaliste dans son ensemble n'est en aucun cas applicable au domaine de la linguistique. Pour illustrer ce point, il suffirait d'avoir recours à des exemples très simples qui permettraient par la même occasion de démontrer l'incapacité réelle de la doctrine comportementaliste à expliquer le comportement humain en général, exception faite de ses aspects les plus périphériques.

Pour revenir à votre question, les hypothèses communément proposées dans les années 1950 ne tenaient plus. La reconnaissance de ces faits dans différents domaines, y compris celui de la linguistique, et les explications qui en étaient données ont permis à la psychologie de développer une approche cognitive et ont conduit au développement de la *grammaire générative* en linguistique. Ce fut un facteur déterminant dans l'évolution de la psychologie. Aujourd'hui, je pense que les bonnes réponses à mes questions du début se résument à peu près à cela :

– la connaissance d'une langue implique la maîtrise d'un système de règles et de principes ;

– un enfant acquiert cette connaissance grâce à un héritage biologique sophistiqué qui détermine précisément le type de système nécessaire au développement du langage ;

– et enfin le langage est un comportement qui obéit à des règles bien spécifiques.

Au cœur du langage, ainsi que de la majeure partie des actions et des pensées humaines, se trouve un réseau de représentations mentales et de calculs. À partir de là, l'objectif de la linguistique est de mettre au jour ce type de fonctionnement et, de façon plus approfondie, d'identifier les facteurs biologiques invariants et fixes qui permettent à chaque enfant de développer un système de connaissances sophistiqué et hautement articulé en se basant uniquement sur des éléments très fragmentés et relativement limités.

« Enseigner ne se réduit pas à “remplir un récipient d'eau”. Enseigner, c'est permettre à une “fleur” de grandir et de s'épanouir d'une façon qui lui est propre. Mais cette “fleur” ne pourra pas fleurir si elle ne reçoit pas l'attention qu'elle mérite. »

Afin d'éclairer tous ceux d'entre nous qui ne sont pas linguistes, pourriez-vous expliquer le plus

simplement possible les fondements de votre théorie de la « grammaire générative [6] ***» ?***

Cette théorie repose sur l'idée que la connaissance d'une langue dépend d'un système fixe et invariant de règles, de calculs et de représentations mentales, connecté à l'appareil moteur et perceptif humain, de la même manière que l'ensemble de l'organisation du corps humain est fixe et invariant puisqu'il est déterminé par notre héritage biologique. Pour approfondir ces idées, il est essentiel de prendre en considération les principes qui régissent la structure et le sens des phrases. Les langues sont différentes par nature : l'anglais n'est pas comparable au japonais. Mais il semblerait que les langues diffèrent uniquement par leurs choix lexicaux et par la sélection de certaines options qui ne sont pas complètement déterminées par les principes fixes de notre héritage biologique. Dans toutes les langues, les verbes sont associés à des compléments d'objets, mais les compléments d'objets peuvent soit suivre le verbe, comme c'est le cas en anglais, soit le précéder, comme en japonais – cette option est valable non seulement pour les phrases verbales mais pour tous les types de phrases. Autre variante, la langue anglaise comporte des prépositions alors que le japonais se sert de postpositions. La langue japonaise est une sorte d'image miroir de l'anglais. Elle diffère de l'anglais par de nombreux autres aspects. Néanmoins, les systèmes cognitifs auxquels ces langues font appel sont formés dans le même moule. Nous pensons qu'il en va de même pour toutes les autres langues, si différentes soient-elles en apparence.

Si ce n'était pas le cas les enfants seraient absolument incapables de les apprendre. Une langue, avec toute la richesse et la complexité qui lui est associée, peut être apprise parce qu'un enfant, de par son héritage biologique, en a déjà « connaissance » quelque part en lui. Cela s'applique, de manière plus générale, à tous les accomplissements humains.

Puisque les enfants sont génétiquement programmés pour apprendre une langue, puisque ce don est inné, les enseignants, notamment à la maternelle, ne devraient-ils pas consacrer moins de temps au développement du langage et plus de temps à un autre type d'activité ?

6. *Generative transformational theory.*

Il n'existe aucun doute sur le fait que la structure élémentaire du langage humain et les principes qui définissent la forme et l'interprétation des phrases sont en grande partie inné. Cela ne veut pas dire pour autant que l'accent mis sur le développement du langage soit injustifié. Si un enfant est placé dans un environnement de pauvre qualité, ses capacités innées ne seront pas en mesure de se développer pleinement. Prenez les exemples suivants : un très jeune enfant qui aurait la jambe plâtrée pendant très longtemps serait incapable d'apprendre à marcher. De même, un enfant privé d'une nutrition équilibrée risque d'atteindre le stade de la puberté avec beaucoup de retard, voire jamais. Pourtant, la marche et la maturation sexuelle sont des propriétés biologiques innées. De la même manière, il se peut qu'un enfant élevé dans une institution avec un environnement et une nutrition acceptables ait des problèmes de développement tant au niveau physique qu'au niveau mental, si affection et rapports humains normaux lui font défaut.

Enseigner ne se réduit pas à « remplir un récipient d'eau ». Enseigner, c'est permettre à une « fleur » de grandir et de s'épanouir d'une façon qui lui est propre. Mais cette « fleur » ne pourra pas fleurir si elle ne reçoit pas l'attention qu'elle mérite. Le développement du langage, tout comme le développement des autres comportements humains, est fortement conditionné par la nature de l'environnement, et risque d'être sévèrement détérioré si cet environnement n'est pas approprié. Un contexte stimulant est nécessaire au développement de la curiosité, de l'intelligence et de la créativité chez l'être humain et permet à nos capacités biologiques innées de se révéler. Le simple fait que le cours de notre développement soit en grande partie défini par une programmation génétique ne signifie en aucun cas qu'il peut se passer d'attention et de stimulation.

> « Nous sommes souvent conscients que nous pensons avec des mots, mais il nous arrive aussi de penser sans en utiliser. »

Quels conseils donneriez-vous aux enseignants et aux parents pour les aider à apprendre le langage aux enfants ?

Il m'est difficile de répondre à cette question car, en tant que linguiste, je ne me sens pas habilité à conseiller une méthode plutôt qu'une autre pour l'apprentissage du langage. Néanmoins, en tant qu'individu, j'ai bien évidemment mon opinion sur le sujet, basée sur ma propre expérience et sur mon jugement personnel, mais cela ne me donne en aucun cas le droit de me poser en expert. Cela dit, je pense que l'enseignement, que ce soit à la maternelle ou à l'université, doit se focaliser sur l'encouragement des dispositions naturelles de l'individu. Selon moi, la « meilleure » méthode consiste à rendre la matière qu'on enseigne le plus intéressante possible et à faciliter le développement de la curiosité naturelle de l'enfant – ou de l'adulte. De façon générale, il faut éveiller son intérêt pour la vérité et la compréhension de tout ce qui l'entoure.

Quelle est selon vous la relation entre le langage et la pensée ?

Il est impossible de répondre à cela car nous n'avons pas de conception claire de ce qu'est la pensée en dehors de certaines de ses manifestations. L'une des manifestations de la pensée est le langage et, de ce fait, il existe une relation étroite entre les deux. Nous sommes souvent conscients que nous pensons avec des mots, mais il nous arrive aussi de penser sans en utiliser. Par exemple, il arrive fréquemment que nous disions quelque chose pour ensuite nous rétracter : « Non, non, ce n'est pas du tout cela que je voulais dire. » Nous essayons alors de reformuler notre pensée différemment pour l'exprimer comme nous le souhaitons réellement. Comment interpréter cela ? *A priori*, j'ai essayé d'exprimer une pensée en particulier. J'ai *essayé*, en effet, mais le mécanisme linguistique n'a pas fonctionné correctement. J'ai

« Le langage est spécifique à l'espèce humaine. Mais il y a une autre question sous-jacente : quelles sont les différentes variétés de cette caractéristique ? De quelle manière le langage humain varie-t-il ? »

alors comparé mes mots à la pensée que j'avais à l'esprit. À partir du moment où des expériences de ce type sont réelles, il est difficile de dire que la pensée et le langage sont une seule et même chose.

Quelles sont, selon vous, les grandes questions auxquelles le domaine de la psychologie doit encore répondre ?

Les questions classiques, bien sûr. La plus grande étant de savoir ce qui nous distingue, vous et moi, d'une pierre ou d'un oiseau.

Et, autre grande question : qu'est-ce que l'Homme ?

Qu'est-ce que l'humain ? C'est en effet une grande question. L'une des caractéristiques les plus importantes de l'Homme est le langage, central dans notre existence, et que nous ne partageons avec aucun autre organisme. Le langage est spécifique à l'espèce humaine. Mais il y a une autre question sous-jacente : quelles sont les différentes variétés de cette caractéristique ? De quelle manière le langage humain varie-t-il ? Se posent ensuite des questions sur la façon dont ces systèmes se développent chez les individus, comment ils sont utilisés lorsque nous exprimons nos pensées et comment ils s'intègrent à nos mécanismes neuronaux. Ce sont là des questions ouvertes au débat : nul ne sait si elles sont réalistes ou non.

> « Peut-être existe-t-il une relation entre ce que la recherche a découvert sur les capacités cognitives humaines et la possibilité qu'au cœur de l'utilisation du langage se trouve une certaine forme de liberté élaborée… la différence fondamentale entre les humains et les machines. »

Existe-t-il un lien entre votre intérêt pour la psycholinguistique et votre intérêt pour la politique ?

Si l'on part du principe que notre habileté à utiliser le langage et à porter des jugements va bien au-delà de notre simple expérience, alors la même logique s'applique à d'autres domaines. Nous portons tous des jugements moraux sur des situations qui sont nouvelles pour nous. Et nous parvenons même à le faire pour des situations particulièrement complexes. Nous avons une idée relativement précise de la façon dont notre société devrait être organisée : nous y identifions des choses que nous n'aimons pas et nous tentons alors de les modifier. Cela doit venir d'une idée que nous nous faisons de l'*être humain* et de ce qui est bon pour lui : quels sont ses besoins ? ses droits ? etc.

Voulez-vous dire par là que certaines idées sont innées ?

Nous sommes en pleine spéculation. Peut-être la nature humaine a-t-elle comme pilier central ce que l'on pourrait appeler un instinct de liberté. Si c'est le cas, peut-être existe-t-il une relation entre ce que la recherche a découvert sur les capacités cognitives humaines et la possibilité qu'au cœur de l'utilisation du langage se trouve une certaine forme de liberté élaborée qui a toujours été considérée, jusqu'à présent, comme étant la différence fondamentale entre les humains et les machines.

Principaux ouvrages de Noam Chomsky

The Logical Structure of Linguistic Theory (1955), Chicago, University of Chicago Press, 1975.

Syntactic Structures, La Haye, Mouton, 1957, trad. *Structures syntaxiques*, Paris, Seuil, 1994.

Current Issues in Linguistic Theory, La Haye, Mouton, 1964.

Aspects of the Theory of Syntax, Cambridge, MIT Press, 1965, trad. *Aspects de la théorie syntaxique*, Paris, Seuil, 1971.

Cartesian Linguistics, New York, Harper & Row, 1965, trad. *La Linguistique cartésienne*, Paris, Seuil, 1969.

Language and Mind, New York, Harcourt Brace & World, 1968, trad. *Le Langage et la Pensée*, Paris, Payot, 1969.

Théories du langage, théories de l'apprentissage. Débat entre Jean Piaget et Noam Chomsky, édité par Massimo Piattelli-Palmarini, Paris, Seuil, 1982.

Knowledge of Language. Its Nature, Origin, and Use, New York, Praeger, 1986.

New Horizons in the Study of Language and Mind, Cambridge, Cambridge University Press, 2000, trad. *Nouveaux Horizons dans l'étude du langage et de l'esprit*, Paris, Stock, 2005.

PEUT-ÊTRE VOUS RAPPELEZ-VOUS ce jour de mai 1997 où Kasparov, le champion du monde d'échecs, fut vaincu par un ordinateur. Quelques bouts de silicium avaient surpassé l'une des intelligences les plus foudroyantes de notre temps. De la pure science-fiction : les machines pouvaient donc être intelligentes, plus encore que l'homme. Étaient-elles en passe de dominer l'humain, comme dans 2001 : l'Odyssée de l'espace *ou* Matrix*?*

Ce n'était pas la première fois que la pensée et la machine étaient renvoyées face à face. Autrefois, on comparait le cerveau à une horloge; aujourd'hui, on la compare à un système informatique. L'analogie est tentante. L'idée de base des théories de l'esprit dites computationnelles, c'est que la pensée est une suite d'opérations logiques. En conséquence, on peut reproduire la pensée sous la forme d'une sorte d'algèbre mentale. C'est ainsi que l'Intelligence artificielle a vu le jour en 1956, dans le but de copier l'intelligence humaine, voire de la surpasser. Or copier, c'est aussi comprendre la structure et les processus de la pensée. La perspective n'est dès lors plus de créer des machines pour qu'elles soient performantes, mais pour percer les mystères de l'intelligence humaine. Et savoir si le cerveau fonctionne vraiment comme un ordinateur.

Dans les années 1980, deux grandes théories s'opposent : le computationnisme et le connexionnisme. Selon les computationnistes (en anglais, computer *signifie « ordinateur »), le cerveau traite l'information qu'il reçoit à la manière d'un ordinateur, étape par étape : il la transforme de façon linéaire, ou* sérielle. *La pensée est une manipulation de* symboles *(d'où l'autre nom du computationnisme, le « symbolisme »). Pour les connexionnistes, l'information n'est pas traitée de façon chronologique, mais simultanée. Tout se passe comme si l'esprit était composé de nombreux esprits, plus petits, qui travaillaient tous ensemble. Le traitement de l'information, effectué par un ensemble de réseaux, est ainsi* parallèle, *et non pas* sériel. *Le débat entre les deux écoles n'est pas clos. Cependant, avec le temps, il semble que chacune fasse un pas vers l'autre. Ainsi, selon McClelland, il s'agit en fait simplement de deux niveaux d'analyse différents de la pensée humaine.*

Quoi qu'il en soit, nous voilà armés d'une grille de lecture plus solide pour revoir les classiques du cinéma d'anticipation…

James McClelland

James McClelland en quelques dates...

1975 : Doctorat de psychologie cognitive, université de Pennsylvanie.

1984 : Il fonde le Centre pour les bases neurales de la cognition à l'université Carnegie Mellon (Pittsburgh).

1986 : Publication des deux volumes présentant le « Traitement parallèle et distribué ».

2002 : Professeur de psychologie et de neurosciences cognitives (Pittsburgh).

James McClelland en quelques titres...

Membre de l'Académie des sciences américaine, de l'Académie américaine pour l'avancement de la science et de la Société psychologique américaine.

Prix William James de la Société psychologique américaine.

Récompensé par l'APA pour ses contributions scientifiques et l'ensemble de sa carrière.

Prix Grawemeyer en psychologie.

Le cerveau n'est pas un ordinateur

Par Cédric Routier

« Jay » McClelland est un chercheur du concret. Son attitude favorite : s'asseoir pour voir si les choses marchent vraiment. C'est d'ailleurs la force de ses travaux : au-delà d'équations élégantes et de courbes éloquentes, ses articles exposent des théories que l'on voit *agir* en temps réel. Polo décontracté, moustache frémissante, il ferme les yeux pour mieux choisir ses mots. Puis jubile, sourire aux lèvres, quand il parle d'esprit, de réseaux et même d'une tasse de café.

L'homme est un pionnier de l'approche *connexionniste* – traduction : il explique l'esprit par les liens qui s'établissent entre des unités très simples. Un défi qu'il n'aborde pas en solitaire : c'est avec David Rumelhart et leur groupe de recherche qu'il a publié, en 1986, l'ouvrage de référence sur le modèle *PDP* [1] (« Traitement parallèle et distribué », voir plus loin, p. 191). Leur attitude, d'abord marginale, est devenue l'outsider le plus prometteur des années qui ont suivi. Formé comme béhavioriste [2], il est convaincu de la possibilité d'étudier scientifiquement

1. D. E. Rumelhart, J. L. McClelland and the PDP Research Group, *Parallel Distributed Processing. Explorations in the Microstructure of Cognition*, vol. 1 : *Foundations*, et vol. 2 : *Psychological and Biological Models*, Cambridge, MIT Press, 1986.

2. Un béhavioriste considère que l'objet d'étude de la psychologie doit être le *comportement* (on trouve cependant de nombreuses variétés de béhaviorisme en psychologie).

l'esprit, et pas seulement le comportement. Il délaisse la mémoire des pigeons pour celle des hommes et devient cognitiviste [3]. Il s'intéresse à la perception des lettres, et comprend que le contexte et la mémoire jouent un rôle fondamental. Or ce rôle est mal expliqué par les théories de l'époque… À 27 ans, ses intuitions participent aux balbutiements du connexionnisme, autour du langage et de la mémoire. Plus question de considérer que l'esprit manipule des symboles à la manière d'un ordinateur, étape par étape et dans un ordre précis. Nos connaissances sont acquises et stockées un peu partout, réparties sur l'ensemble des neurones du cerveau… ou du réseau qui l'imite.

Nos images du monde et nos souvenirs sont morcelés, éparpillés : c'est le niveau général d'activité dans des réseaux – ou dans le cerveau – qui donne naissance à nos pensées. McClelland le sait : de telles idées sont subtiles et demandent des explications – il préfère donc les montrer d'abord en action avant de tracer des schémas. Mais elles sont aussi superbement fertiles : elles posent des questions inattendues, elles dessinent une image fascinante de notre esprit.

3. Traditionnellement, la différence entre béhavioristes et cognitivistes est que les seconds considèrent le comportement comme un moyen d'étudier l'esprit, et notamment l'esprit *cognitif* : tout ce qui touche au savoir et à la connaissance.

Que nous apprend James McClelland ?

L'architecture du cerveau n'est pas celle de l'ordinateur

Dans les années 1950, une notion est devenue centrale dans l'étude de l'esprit : l'*information*. Avec elle, les sciences cognitives ont cherché à rendre compte de la *cognition*, autrement dit de toutes les activités de l'esprit ayant trait au raisonnement, à la mémoire, au langage. Les chercheurs ont alors décrit :

- l'*encodage* de l'information – la transformation des signaux reçus en quelque chose d'exploitable par l'esprit ;
- son *stockage* – l'enregistrement et la conservation du matériau encodé ;
- et enfin, sa *restitution* et son utilisation lorsque nous parlons, nous souvenons ou résolvons des problèmes.

Pour la stocker, puis l'utiliser, l'esprit doit pouvoir *traiter* cette information. Par analogie avec l'ordinateur[4], les cognitivistes ont proposé de décrire l'esprit comme si ces traitements étaient des *calculs* sur des *symboles*. L'approche symbolique est née de cette idée : l'esprit était conçu comme un logiciel (un *software*), capable de tourner sur des machines (ou *hardware*) qui n'avaient pas besoin d'être identiques. Les détails du cerveau, qui permettent à l'esprit de « fonctionner », pouvaient être temporairement négligés. Le courant dit de l'« intelligence artifi-

4. Plus précisément : avec l'ordinateur à architecture dite « de Von Neumann ».

cielle» (IA) va encore plus loin : il propose de «doter» une machine d'un esprit, ou, du moins, de simuler, à l'aide d'un ordinateur, le fonctionnement de l'esprit humain (ses caractéristiques, comme ses difficultés).

Dans cette veine de l'IA, l'approche *connexionniste* s'est développée en réaction à l'approche symbolique. Elle se préoccupe plus des réalités biologiques, et s'inspire de l'organisation des neurones pour expliquer l'esprit. Notre cerveau se compose en effet de neurones organisés en *réseaux* : l'approche connexionniste s'efforce de montrer comment l'information est traitée dans des réseaux, plutôt que dans des systèmes indépendants (un système pour chaque mémoire, un pour le langage, un pour la vision, etc., qui agiraient sur des symboles).

L'esprit comme un ensemble de réseaux

Pour les connexionnistes, notre esprit serait comme le résultat d'un grand chantier où se construisent des réseaux capables de traiter une information d'entrée et de donner une réponse adaptée en sortie. Qu'appellent-ils exactement un «réseau» ?

Un *réseau* désigne un ensemble d'unités simples – dites *élémentaires* –, connectées entre elles. Il peut avoir plusieurs fonctions : reconnaître des lettres et des mots, ou retrouver des informations à partir d'un prénom, par exemple. Ces unités simples sont comparables à des neurones, mais sont bien sûr artificielles. Elles peuvent être plus ou moins activées, en fonction des signaux qu'elles reçoivent des autres unités du réseau. Et réciproquement : elles-mêmes enverront un signal aux autres unités [5].

Les connexions entre unités peuvent être : *excitatrices* – elles augmentent l'activation de l'unité qui reçoit la connexion – ou *inhibitrices* – elles la diminuent.

Les signaux que reçoit une unité de la part des autres unités du réseau peuvent donc *augmenter* (connexion excitatrice) ou *diminuer* (connexion inhibitrice) son activation. Pour expliquer l'esprit, la *force* de ces connexions entre unités élémentaires est essentielle. Les connexionnistes considèrent que des unités qui s'activent en même

5. Dans certains réseaux, l'activation d'une unité élémentaire doit dépasser un certain seuil : au-dessus du seuil, elle est activée (signal = 1) et envoie cette information ; en dessous du seuil, elle est inactivée (signal = 0) et n'envoie rien.

temps renforcent leur lien et, à terme, ont plus tendance à s'influencer et à s'activer ensemble.

Finalement, pour connaître l'activation générale en sortie de chaque unité, on en additionne les signaux d'entrée excitateurs et inhibiteurs. À partir de l'information qu'on lui fournit au départ, la réponse d'un réseau dépend donc de l'activation générale de *l'ensemble* de ses unités. Le réseau présentera une *configuration* d'activation, une « allure » générale : elle est différente pour chaque information d'entrée et donne des réponses adaptées à chaque situation.

Pour les connexionnistes, apprentissages et mémoire se logent *dans* les connexions. C'est là qu'est « représentée » l'information, grâce à la variation continue de la *force* des connexions. Les interactions avec l'environnement modifient ces *connexions* : celles du réseau, dans une simulation ; les nôtres, dans la réalité. L'explication connexionniste est donc très différente de l'approche symbolique. Pour cette dernière, l'esprit est composé de plusieurs sous-systèmes, que l'information traverse pas à pas – on parle de traitement *sériel* – afin d'obtenir la réponse finale. Pour les connexionnistes :

- le traitement est *parallèle* : les unités des réseaux agissent toutes en même temps et les unes en fonction des autres ;
- le traitement est *distribué* sur l'ensemble du réseau : chaque unité n'est responsable, en fonction de ses connexions, que d'une toute petite partie de la réponse globale.

Toute connaissance se forme grâce à ce travail simultané et partagé.

Comment un réseau est capable d'apprendre à percevoir ou à s'exprimer

Les simulations connexionnistes ont un énorme avantage : elles marchent. Un exemple typique : les chercheurs choisissent une capacité humaine – comme percevoir des lettres dans un mot –, puis construisent un réseau pour l'étudier. Sous leurs yeux, en temps réel, le réseau apprend alors à réaliser la tâche prévue. Or *aucune règle explicite* ne lui a été donnée : personne n'a dit au réseau comment distinguer les lettres entre elles ! De plus, le réseau parvient aux mêmes réussites et échecs qu'un humain normal...

McClelland insiste sur la prise en compte du contexte d'une activité par le réseau (une lettre dans un mot, par exemple). L'importance du contexte explique aussi les différences entre expert et novice : un lecteur ou un joueur d'échecs confirmé ne perçoit pas exactement la même situation qu'un débutant ; il est plus efficace et plus rapide parce que sa connaissance est *contextualisée* et, donc, plus riche. Ses connexions sont mieux établies et plus nuancées !

L'étude du langage, notamment, illustre bien la puissance et l'originalité du connexionnisme. McClelland et Rumelhart ont ainsi créé un réseau capable d'apprendre à former les participes passés des verbes anglais, avec les mêmes succès et les mêmes difficultés qu'un enfant. Or, au départ, ce réseau n'est pas programmé pour connaître la règle et les exceptions : il se compose juste d'unités élémentaires, aux connexions mutuelles qui deviennent plus ou moins fortes. Ce réseau apprend ainsi par lui-même, sans qu'un « programme » interne ne dicte ses réponses.

Comprendre la mémoire grâce aux réseaux

Puisqu'un réseau se compose d'une collection d'unités simples et équivalentes, il n'existe pas *un* endroit précis où serait stockée *une* connaissance précise. Toute connaissance est disséminée et stockée dans l'ensemble du réseau : c'est la configuration des connexions entre unités (l'activation générale du réseau) qui correspond à une idée générale (une « chaise ») ou à un souvenir particulier (la « chaise de grand-mère »). Cette répartition des « bouts » d'informations est très proche de la réalité biologique du cerveau.

Le fonctionnement du réseau a d'autres similitudes frappantes avec notre mémoire. Les informations sont *distribuées* dans le réseau, entre de *nombreuses* unités : si l'une d'elles est endommagée, le réseau peut quand même « se rappeler » les souvenirs appropriés. Seule une destruction massive diminue sérieusement ses capacités. C'est exactement ce qu'on observe avec notre mémoire : en vieillissant, malgré une perte continuelle de neurones, notre mémoire reste très efficace pendant de longues années [6]. Les propriétés des réseaux connexionnistes expliquent également les difficultés spécifiques de certains amnésiques.

Nous avons par ailleurs deux types de mémoire : *épisodique*, celle de nos souvenirs personnels, notre biographie ; et *sémantique*, celle

6. L'expression qui désigne cette propriété, bien expliquée par les connexionnistes, est « *dégradation gracieuse* ».

des concepts. Nous sommes capables de classer un objet parmi ces concepts, et nous saurons dire en quoi il est différent d'autres objets qui lui ressemblent. Les réseaux connexionnistes arrivent facilement aux mêmes résultats :

- Une configuration spécifique du réseau correspond à un souvenir précis, c'est notre mémoire épisodique.
- La moyenne des configurations spécifiques, au fil du temps, correspond à un concept qui naît peu à peu, c'est notre mémoire sémantique.

Et les objets sont reconnus par le réseau quand ils activent une configuration donnée, qui peut alors identifier l'objet (« ceci est une chaise », par exemple).

Le connexionnisme de McClelland offre un cadre séduisant pour expliquer l'esprit. Proches de l'organisation du cerveau, ses réseaux s'ajustent aux contraintes de l'environnement : on peut les tester dans des conditions voisines de notre réalité psychologique. Ils expliquent des aspects délicats de la mémoire et sont surtout capables d'*apprendre*, d'après leur propre expérience. Des traits essentiels, qui font des travaux de McClelland une contribution majeure à l'étude scientifique de l'esprit.

Rencontre avec James McClelland

Sur le campus de l'université Carnegie Mellon, les écureuils ont fort à faire. Schenley Park est aussi verdoyant que paisible : la récolte vaut certainement son pesant de noisettes. Derrière moi, la cathédrale du Savoir s'élève fièrement : 163 mètres de haut, consacrés à l'enseignement. Elle allongera bientôt son ombre sur le mémorial Stephen Foster – le compositeur du célèbre Oh ! Suzanna –, *tout proche. L'impeccable pelouse traversée, je laisse à ma droite la chapelle Heinz, après avoir vérifié… mais oui, qu'il s'agit bien d'une célèbre famille locale, magnats de l'alimentaire ! À quelques pas, l'institut Carnegie Mellon dresse ses cinq étages. Ses colonnades ciselées aux chapiteaux antiques, anachroniques, annoncent l'atmosphère studieuse qui règne dans la place. James McClelland ne tarde pas à m'accueillir. Vigoureux, il arbore la moustache avec vaillance ; ses cheveux sont plutôt courts, son regard révèle le théoricien fervent et passionné qu'il est sans conteste. Nous prenons place autour d'une table plutôt sobre, entre ces murs qui ont vu le développement d'équations complexes et dont certaines traînent encore çà et là, à demi inscrites. Sur un écran d'ordinateur, un schéma scintille : il indique au curieux ce que le mot « réseau » veut dire.*

Comment définissez-vous votre conception de la psychologie ? Travaillez-vous, par exemple, sur l'intelligence artificielle ?

Je développe une sorte de *psychologie théorique* : je m'intéresse à la façon dont l'esprit humain fonctionne, non à la création d'un système artificiel intelligent. Je vois l'intelligence artificielle comme un type d'ingénierie, et la science cognitive comme un type d'étude scientifique. Les deux sont bien sûr liées, mais elles sont aussi différentes : j'essaie en réalité de comprendre le système naturel humain, plutôt que de construire un système artificiel.

Justement, vous défendez une conception alternative de l'esprit, qui se base sur le « traitement parallèle et distribué » de l'information : comment la présentez-vous ?

D'abord grâce à l'idée que l'esprit fonctionne de manière *collective*, un peu comme une société : il a de nombreux spécialistes qui réalisent chacun leur propre travail, mais l'ensemble fonctionne en commun d'une manière harmonieuse. Le système entier est organisé ; il est réceptif à ce qui se passe autour de lui, et il tient aussi compte des exigences que certaines parties du système placent sur d'autres. Cela fait une grande différence avec l'idée selon laquelle l'esprit est un ordinateur. Avec l'image de l'ordinateur, on pense à des séquences uniques d'étapes exécutées de manière très isolée, même si ça peut être très rapide ; or, en fait, l'esprit est comme composé de très nombreux esprits plus réduits qui travaillent tous ensemble.

Parallèle signifie donc que de nombreuses choses se produisent en même temps, et *distribué* signifie que le traitement est réparti sur des unités ou des éléments parallèles. La plus grande part du traitement de l'information dépendra des communications et des *connexions* entre ces éléments.

> « L'esprit est comme composé de très nombreux esprits plus réduits et qui travaillent tous ensemble. »

L'approche connexionniste est souvent distinguée de l'approche symbolique, elle lui est parfois même opposée : est-ce vraiment nécessaire ?

Il y a deux points de vue sur les relations entre approches connexionniste et symbolique : selon le premier, ces approches sont en conflit; pour le second, ce sont des niveaux d'analyse différents. Imaginons que j'aie une pensée à propos d'un objet, par exemple cette tasse : avec ma représentation mentale de cet objet, je peux faire certaines choses que l'on caractérise avec justesse par des calculs *symboliques*. Je peux placer ce mot, « tasse », à divers endroits d'une phrase; je peux en faire le sujet d'une phrase – « La tasse est sur la table. » Je peux parler de ce que quelqu'un a fait à la tasse – « L'homme a cassé la tasse. »

Quand j'utilise ce mot, « tasse », je me réfère clairement à un objet : je ne dispose pas de l'objet lui-même, j'ai juste le mot. Cette opération *référentielle* – la capacité à sélectionner un mot et à l'utiliser pour retrouver l'objet lui-même, ou à se rappeler cet objet – est l'essence du traitement des symboles. L'idée qu'une tasse est différente d'une balle, d'une table ou d'une journée, l'idée que chaque référence pointe vers des choses très différentes, doit être acceptée par tout le monde : c'est un aspect *fondamental* de la manière dont nous communiquons avec les autres !

Je crois donc au traitement symbolique, en particulier quand il est question de langage. De même pour l'arithmétique et les mathématiques : il faut imaginer que nous traitons des symboles. Nous pouvons additionner (7 + 3), que cela s'applique à des pommes, des bananes, des chaises ou à d'autres objets : le fait que le résultat soit toujours 10 est *indépendant* d'un contenu particulier. En ce sens, c'est donc un traitement très abstrait.

Mais, à la différence d'une certaine science cognitive théorique, en tant que connexionniste, je conçois cette activité symbolique comme une conséquence *émergente* : elle naît du processus parallèle et distribué que j'ai expliqué. Ainsi, quand je simule la façon dont l'esprit fonctionne, je ne note pas par écrit des symboles eux-mêmes : je construis un réseau d'unités simples, qui communiquent les unes avec les autres, et j'attends que le comportement symbolique du système naisse des interactions mutuelles entre ces unités. Certaines personnes prétendent que ce niveau, dit « subsymbolique », ne joue aucun rôle dans l'explication de la pensée : c'est là que nous sommes en désaccord.

Qu'est-ce qu'un réseau de cellules, réelles ou artificielles ?

Un réseau est simplement une collection d'unités, avec des connexions particulières entre elles, spécifiques. Prenez le « réseau social » : on parle d'un groupe d'individus qui communiquent entre eux. Il en va de même dans les réseaux neuraux : on parle d'un groupe de neurones qui s'influencent mutuellement les uns les autres.

Pourquoi avoir choisi ces réseaux pour simuler le fonctionnement de notre esprit?

Nous avons découvert que nous commencions à mieux saisir certains aspects des compétences cognitives humaines grâce à de tels réseaux. D'autres approches ne permettaient pas d'en rendre compte. J'étais particulièrement intéressé par la façon dont le contexte influence la perception. Cette influence est extrêmement grande : elle se manifeste chaque fois qu'on entend les sons parlés que d'autres produisent, chaque fois qu'on observe le monde alentour, chaque fois qu'on tente de comprendre pourquoi quelqu'un a agi d'une certaine manière, ou encore quand on perçoit ses motivations et qu'on les attribue à tel ou tel facteur...

Cette influence du contexte m'a toujours semblée un problème central : comment fait-on participer, dans l'interprétation de ce que l'on voit, non seulement l'information sensorielle immédiate qui nous parvient, mais aussi ce que l'on sait de l'expérience passée et de la situation dans laquelle cette information nous arrive? Les modèles connexionnistes et les réseaux neuraux offrent un cadre explicatif qui intègre de multiples sources d'influence dans la prise de décision. Par exemple pour la perception, quand l'esprit finit par décider de ce qu'on est en train de voir et parvient à une interprétation générale de la situation.

L'élément crucial est que les aspects *individuels*[7] de l'information, utilisés lorsque l'on perçoit quelque chose, sont souvent *ambigus* : nous devons « faire avec » l'incertitude. Il nous faut travailler avec l'idée que nous avons plus ou moins de preuves en faveur, ou contre, de nombreuses possibilités alternatives. Mais, quand nous considérons toutes les preuves disponibles, qui proviennent simultanément de toutes les sources considérées, ces preuves s'accordent souvent pour conduire à une réponse unique, très claire, bien meilleure que les autres. Un réseau peut intégrer simultanément de très nombreuses contraintes

7. Ce qui différencie le I du T; le H du N; ou le mot RUE du mot RIE, quand une tache d'encre masque partiellement le U et le I.

– dites «*contraintes souples* [8]». Les unités des réseaux ont des valeurs d'activation qui varient continuellement et qui représentent à quel point les preuves indiquent une conclusion particulière; chaque unité peut influencer d'autres unités, qui représentent d'autres types de conclusions. Nos premiers réseaux étaient conçus pour illustrer comment ce type de processus – la combinaison de l'information du contexte avec l'information des sens – parvenait à des résultats supérieurs, en termes de perception, à ceux que vous obtenez par exemple avec une source d'information sensorielle seulement.

Comment ces réseaux peuvent-ils apprendre?

Au début, nous avons exploré la perception en réalisant d'emblée les liens dans les réseaux. Nous avions par exemple créé un réseau pour percevoir les lettres dans des mots, ce qui fut très facile à câbler à la main : nous savions quelles lettres apparaissent dans quels mots, nous pouvions connecter nous-mêmes la lettre «C» au mot «CHAT», et ainsi de suite. Mais, aussitôt ce projet terminé, nous nous sommes demandé : comment un tel réseau peut-il être acquis au cours de l'apprentissage de la lecture et, plus généralement, pour les mots d'une langue? Nos efforts se sont donc très tôt déplacés vers une réflexion sur cette question : de quelle manière l'apprentissage pourrait-il se produire dans ces réseaux?

L'idée fondamentale est la suivante : les unités qui participent à l'activité d'un réseau, tout en s'influençant les unes les autres, affermissent leurs connexions. C'est Donald Hebb qui a exprimé cette idée, à peu près comme suit : quand un neurone participe à une activité neuronale et cause l'activité d'un autre neurone, la connexion qui va du premier neurone vers le second est renforcée. Dès lors, le premier neurone participera plus fortement aux causes de l'activité du second neurone. C'est en quelque sorte la déclaration majeure, la plus largement citée et identifiée comme telle, sur la façon dont l'apprentissage se produirait dans le cerveau.

---

8. Chaque unité du réseau subit l'influence de plusieurs autres unités. Mais c'est elle seule qui fait la synthèse de ces influences et s'active ou non, même si certaines influences sont contraires au statut qu'elle adopte finalement (activée ou non). Les connexions sont donc des contraintes *souples* : chacune, *à elle seule*, ne peut forcer la position finale d'une unité donnée.

C'est donc ainsi que s'améliorent nos connaissances et nos compétences au cours de la vie?

Oui, c'est ce que je pense. Il y a deux aspects dans l'idée de Hebb. Le premier est que toutes nos connaissances sont stockées dans les connexions entre nos neurones. D'après cette idée, ma connaissance du fait que ce visage est le vôtre est stockée dans les connexions entre certains de mes neurones. Ainsi, quand je vois votre visage, il active des neurones qui représentent ce que je vois, qui à leur tour activent des neurones qui me donnent les sons de votre prénom. En neurosciences, presque tout le monde adhère à cette idée : pour la plus grande part, ce que nous acquérons par expérience est dû au changement de force des connexions. Utilisons l'idée de Hebb : je vois votre visage et j'entends votre nom au même moment ; voir votre visage active une collection de neurones, entendre votre prénom en active une autre ; les connexions entre ces deux ensembles de neurones, actifs en même temps, se renforcent ; et, donc, quand je reverrai votre visage, cela aura tendance à faire revenir la configuration associée à votre prénom. À première vue, c'est une façon très claire de réfléchir sur la manière dont l'apprentissage peut se produire.

Mais le second aspect de l'idée formulée par Hebb… c'est qu'elle ne nous suffit pas pour étudier l'apprentissage : elle ne nous guide pas vers des idées *spécifiques* quant aux conditions exactes de changement des connexions, vers des idées qui conduiraient à des simulations offrant des succès raisonnables. Les neurobiologistes savent que le cerveau est un organe très divers, avec de nombreux types de neurones ; de nombreux types de connexions entre eux ; et de nombreuses parties différentes. Tous pourraient agir selon des principes et des règles légèrement différents. L'étude des bases neurales *réelles* de l'apprentissage est donc une étude extrêmement riche, diverse, des variations possibles – et sophistiquées – de la façon dont change la

« Toutes nos connaissances sont stockées dans les *connexions* entre nos neurones. »

force des connexions. Une étude qui tente de comprendre comment les systèmes multiples du cerveau peuvent travailler ensemble, lorsque ces connexions changent, et de nous donner une bonne chance d'acquérir des connaissances et de survivre dans un environnement complexe. Un environnement dans lequel l'apprentissage est absolument essentiel, en permanence.

Notre conscience est-elle localisée quelque part dans le cerveau ?

Non, je pense plutôt qu'il peut exister un *mode* des fonctions cérébrales distribuées qui est associé avec la conscience, et qu'il existe des mécanismes régulateurs essentiels – c'est-à-dire des systèmes simples qui régulent l'activité du système d'ensemble et qui jouent un rôle dans le fait que nous soyons conscients ou non. Mais la conscience est une propriété *collective* du système, quand ce système est dans un état général approprié. Il existe de petits noyaux dans le cerveau, qui déterminent si je suis endormi ou éveillé, mais ils fonctionnent en distribuant des molécules sur de vastes régions du cerveau. Leurs signaux sont très globaux, diffus, très généraux : c'est pourquoi ils nous permettent d'être simplement éveillés ou endormis. Certes, quand nous sommes éveillés, nous avons des expériences conscientes, mais elles impliquent une activité qui est largement *distribuée* à travers le cerveau. Je préfère donc concevoir l'expérience consciente comme le reflet d'une activité cohérente distribuée sur plusieurs régions du cerveau, qui participent à cette activité, plutôt que comme la propriété d'une région spécifique.

Comment définissez-vous la mémoire, en particulier chez les humains ?

Parler de « mémoire » peut être compris de plusieurs façons [9]. Si je dis «*j'ai le souvenir*» d'un événement, cela signifie que je suis capable de me remettre en tête certains des éléments de la configuration distribuée d'activation que j'avais en tête, quand j'ai eu cette expérience – ou quelque chose qui s'approche de cette configuration. Par exemple, je peux me rappeler l'apparence de ma femme, quand je l'ai vue pour la première fois en mariée : je me remets en tête l'éclat de son visage, le

9. Notons qu'en anglais, selon le contexte, *memory* peut désigner soit la mémoire, soit un souvenir.

voile qu'elle portait sur la tête, son maintien d'ensemble dans la robe, et l'apparence de la robe elle-même ; et ce, d'une façon qui reconstruit partiellement la situation que j'avais à l'esprit quand je l'ai vue à ce moment-là. Mais je peux aussi me remettre en tête le sentiment que j'ai eu lorsque je l'ai vue, ou son pâle reflet. Voilà ce qu'est un souvenir : un pâle reflet, reconstruit, réactivé, de la configuration distribuée d'activation que j'avais au moment de l'expérience.

Bien sûr, je peux avoir un « faux » souvenir : je peux construire dans mon esprit quelque chose qui n'est jamais arrivé. Je n'ai aucun moyen spécial pour garantir que les constructions qui ressemblent aux choses qui se sont réellement produites sont, d'une façon ou d'une autre, différentes des constructions formées de lambeaux d'autres expériences, et dont je pourrais avoir *l'illusion* de me souvenir. Les souvenirs peuvent donc être faux, mais être néanmoins des souvenirs. En ce sens, c'est différent du fait d'*imaginer* : je pourrais imaginer quelqu'un que je n'ai jamais vu dans une robe de mariée, ou même une robe que je n'ai jamais vue en réalité ! Car je peux imaginer des choses semblables à d'autres que j'ai réellement vues... Mais les souvenirs ne sont pas spéciaux à cet égard : ils sont bel et bien semblables à des « fantaisies ».

> « Voilà ce qu'est un souvenir : un pâle reflet, reconstruit, réactivé, de la configuration distribuée d'activation que j'avais au moment de l'expérience. »

Il arrive aussi qu'on parle de « mémoire » comme d'un dépôt d'informations factuelles : je me souviens de mon numéro de téléphone, ou que nous avions rendez-vous cet après-midi. En tant que connexionniste, c'est une réflexion intéressante : comment se fait-il, par exemple, que je me souvienne que j'avais ce rendez-vous, de sorte que je suis venu à mon bureau à l'heure dite pour vous rencontrer ? Ce n'est pas un problème trivial, car, pour un connexionniste, quand j'ai organisé le rendez-vous, j'ai pu faire certains changements dans la force des connexions entre neurones dans mon cerveau ; mais je n'ai pas observé ces connexions elles-mêmes ! Je ne peux pas voir que je les change ! Il n'y a personne pour le voir, ce n'est pas comme écrire dans un livre que je pourrais consulter, d'une manière ou d'une autre... Ma capacité à me souvenir que j'ai un rendez-vous n'est pas explicitement présente. Quelque chose doit m'amener à penser : « Ai-je un rendez-vous à 13 h 30, cet après-midi ? » Et, *ensuite seulement*, je me rappelle que j'ai associé cet horaire avec mon rendez-vous, grâce aux connexions entre les configurations de neurones qui représentent les heures de la journée et celles qui représentent votre nom.

Donc, la mémoire et le souvenir humains dépendent de certaines choses latentes, qui sont connectées suite à des expériences préalables ; mais ils dépendent aussi de processus qui permettent de ramener ces choses latentes à l'esprit.

Quels sont les résultats les plus importants que vous ayez obtenus dans ce domaine ?

Je serais tenté de dire que je n'ai pas encore achevé le travail qui, je l'espère, sera la meilleure réponse à votre question ! *(Il rit.)* Ma contribution, à propos de la mémoire, a été de réfléchir à la raison pour laquelle nous avons besoin de deux façons différentes d'apprendre. Cette réflexion provient essentiellement de la perspective connexionniste : elle m'a amené à comprendre quelque chose sur l'organisation d'ensemble du cerveau, que je n'avais pas réellement compris auparavant.

Si vous pensez que la connaissance que vous possédez est stockée dans les connexions entre neurones, et que les neurones participent tous à de nombreuses expériences, alors vous êtes immédiatement confronté à la situation dans laquelle tous les souvenirs, dans un certain sens, se « chevauchent » les uns les autres : ils sont entrelacés dans les mêmes connexions. Le stockage d'une expérience donnée équivaut simplement à fignoler légèrement toutes les connexions ; chaque expérience cisèle chaque connexion, puis elle se superpose aux autres expériences dans l'ensemble des connexions. Si vous raisonnez ainsi, une expérience individuelle n'est donc *qu'un seul* des très nombreux facteurs qui façonnent peu à peu l'ensemble des connexions, entre les unités et les neurones de votre cerveau.

Quand on cherche à développer une habileté particulière, on réalise le même acte encore et encore, mais chaque fois avec une légère variation de la situation : chaque fois, on ajuste des *connexions*. On espère que ce qu'on a fait va nous rendre meilleur, pour être encore un peu plus performant la prochaine fois, même si la situation n'est pas exactement la même. On utilise donc le « chevauchement » des expériences à notre avantage. Pour apprendre le tennis, par exemple : la balle ne traverse jamais le terrain exactement de la même manière, mais toutes les expériences similaires antérieures se chevauchent et se cumulent ; ce qui nous rend meilleur, encore et encore, pour renvoyer la balle.

Cette accumulation sous-tend des tas d'habiletés dans les domaines où l'on peut être expert, musicien... ou même mathématicien : vous vous entraînez à résoudre certains types de problèmes ; puis, après en avoir résolu beaucoup, vous vous construisez une compétence qui vous aide à résoudre des problèmes que personne n'a jamais résolus. Il y a donc un impact *cumulatif* de l'entraînement préalable. Une des vraies forces des modèles connexionnistes est qu'ils vous *montrent* comment cette acquisition peut avoir lieu, à partir d'expériences variées et qui se chevauchent. Certains de nos modèles sont très efficaces sur ce plan.

Cependant, une nouvelle information se présente parfois, une information qui n'est pas cohérente avec ce que vous savez déjà. C'est un challenge pour les systèmes connexionnistes. Vous avez deux choix, et aucun n'est très attrayant : faire de tout petits ajustements des connexions, basés sur cette nouvelle information, mais qui n'auront pas d'impact ; et, si l'information est

« Quand on cherche à développer une habileté particulière, on réalise le même acte encore et encore, mais chaque fois avec une légère variation de la situation : chaque fois, on ajuste des *connexions*. »

vraiment incohérente vis-à-vis de ce que vous savez déjà, elle ne modifiera pas la façon dont vous réagissez à la situation. Ou faire des changements massifs, pour répondre de manière appropriée à cette nouvelle situation ; mais, dans ce cas, vous détruisez toute l'information qui avait été stockée auparavant dans les connexions. Ce serait comme réécrire sur tout ce que vous aviez peu à peu accumulé dans ces connexions.

Pour sortir de ce dilemme, il faut imaginer que le cerveau s'est organisé lui-même pour avoir des systèmes complémentaires d'apprentissage. L'un est très lent ; il apprend progressivement la structure du monde, ce qui est cohérent, comment les choses s'assemblent, quelles sont exactement les réponses adéquates dans une situation donnée. L'autre est un système qui apprend très rapidement la nouvelle donne, les choses qui ne sont pas cohérentes avec ce que vous savez déjà, mais il le fait différemment : il ne réécrit pas *entièrement* sur la connaissance que vous avez accumulée peu à peu, par expérience. Il pourrait donc être utile d'avoir des systèmes complémentaires : l'un très lent, l'autre plus rapide.

Or les effets de certaines lésions cérébrales sont en accord avec cette idée. Il existe des individus qui ont subi une lésion très spécifique du cerveau : elle les empêche d'apprendre de nouvelles choses rapidement, elle interfère avec leurs souvenirs de choses qu'ils ont apprises récemment, mais elle laisse intactes leurs connaissances et habiletés à long terme. Or cette partie lésée du cerveau a des caractéristiques chimiques qui la rendent extrêmement *plastique*, c'est-à-dire qu'elle apprend très vite : des expériences réalisées chez les animaux, sur la partie analogue de leur cerveau, démontrent en effet qu'on peut y changer la force des connexions très facilement, en envoyant des signaux électriques aux neurones. Beaucoup plus facilement que dans d'autres parties du cerveau.

On trouve donc un système d'apprentissage lent, qui constitue la base, développée peu à peu, de notre sens de qui nous sommes ; de ce qu'est notre monde ; de quelle est notre langue ; de comment nous devrions agir, répondre aux situations ; ou de la structure de l'environnement. C'est une partie du système d'ensemble. Et il existe une autre partie, distincte, qui nous permet d'apprendre de nouvelles choses rapidement, sans perturber tout le reste. Je pense vraiment que le cerveau est organisé ainsi, et cette théorie nous permet de comprendre pourquoi.

À propos des troubles de la mémoire, du langage et de la perception, peut-on aider les personnes atteintes, grâce à vos modèles connexionnistes ?

Nous avons essayé d'y travailler mais... ce n'est pas facile ! D'abord parce que toute partie spécifique du cerveau, notamment celle qui importe pour former de nouveaux souvenirs rapidement, est une zone *unique* dans le cerveau. Certes, il en existe une dans chaque hémisphère et si vous ne perdez qu'une des deux zones, vous ne serez pas radicalement amoindri ; mais, si vous perdez les deux, il n'y a plus de structure équivalente dans votre cerveau. Nous faisons alors face à cette question : comment compenser cette perte ? C'est une *très* grosse perte, un système très spécial et unique. C'est comme essayer de se servir d'une voiture en ayant retiré le système électrique. Nous comprenons parfaitement le problème ; mais reste que, si le système électrique a disparu, quelque chose de vraiment crucial pour le fonctionnement de la voiture a été enlevé. La méthode fondamentale, pour aider les gens qui subissent les conséquences de lésions cérébrales, sera médicale : il y aura certainement des manières d'intervenir dans le cerveau pour lui permettre de reconstruire le câblage qui aura été détruit.

Comme théoricien, j'ai surtout cherché à décrire et à expliquer plutôt qu'à réparer. Les connexionnistes ont plus de chances de jouer un rôle en aidant à restructurer la manière dont les gens pensent. Être capable de faire ça est fondamental pour la condition humaine, dans le monde d'aujourd'hui. Prenons le cas d'une personne qui a grandi et passé toute sa vie dans un contexte culturel, avec une seule langue parlée autour de lui. Cette personne est soudain extraite de ce contexte culturel et linguistique, et placée dans un autre : tout le monde sait que des adultes, ainsi transplantés, n'acquièrent jamais vraiment la compétence d'un locuteur qui a baigné dans cette langue. Ils se sentent souvent comme entravés pour faire la transition. En comprenant la manière dont les systèmes d'apprentissage du cerveau fonctionnent, on peut aider les gens à mieux organiser leurs expériences, pour leur permettre de faire cette transition.

Ce sera aussi utile pour faciliter la récupération après certaines lésions cérébrales – pas forcément les mêmes que celles dont j'ai parlé. Supposez que j'aie une lésion qui affecte ma capacité à utiliser mon bras droit : cela se produit vraisemblablement parce que le dégât est survenu dans une partie de mon cortex où sont localisés les neurones qui envoient des signaux directs à mon bras. Puisqu'il y a possibilité de recâbler progressivement les connexions, il est possible que des neurones des zones cérébrales adjacentes puissent prendre en charge certaines des fonctions lésées. *Mais* il est également possible qu'ils soient déjà occupés à faire d'autres choses. Une longue réflexion sur la planification, sur la manière d'organiser mes propres expériences après la lésion cérébrale, nous permettrait de trouver des façons d'encourager ces neurones à adopter de nouvelles fonctions, à prendre en charge la fonction qui était assumée par la zone maintenant détruite. J'ai moi-même commencé des recherches là-dessus, et, avec un peu de chance, les progrès suivront.

Quelles sont les caractéristiques les plus importantes du langage ? Celles dont il faut tenir compte, par exemple, pour créer un dispositif qui comprenne un langage et qui parle vraiment ?

D'abord, il faut une capacité à créer un symbole pour une chose, par exemple un mot qui représente un objet. C'est ce que nous pourrions appeler la *capacité référentielle*. Nous avons parlé de la capacité à utiliser le mot *tasse* pour référer à la tasse. La seconde chose dont on a besoin, c'est une capacité à organiser ces symboles, pour que la façon dont ils sont positionnés, en lien les uns avec les autres, apporte une information supplémentaire. Ainsi, si je dis : *John aime Marie*, c'est très différent de : *Marie aime John*. Ce serait une grosse erreur si vous confondiez ces deux phrases. Le langage est un système où *l'ordre* dans lequel les éléments sont placés joue un rôle dans la définition de ce qui est signifié par l'ensemble de la communication. Ce n'est pas juste le fait que *John* réfère à John, *Marie* réfère à Marie et *aime* réfère à leur lien émotionnel : il existe aussi une structure à la direction de leur relation, et le langage doit nous aider à la communiquer.

La plupart des gens s'accorderaient pour dire que ce sont là les éléments essentiels du langage. J'en ajouterais cependant un troisième ; c'est là que ma conception du langage diverge de celle des linguistes traditionnels. L'élément supplémentaire dont vous avez besoin, pour que quelque chose fonctionne comme le langage humain, c'est la capacité à faire *participer le contexte* au processus interprétatif. En effet, les idées que nous communiquons avec le langage sont, en réalité, plus riches que ce que les symboles et leur organisation véhiculent. Cette richesse supplémentaire ne peut venir que du pouvoir interprétatif que nous utilisons pour combler les manques. Je vais essayer d'illustrer cela.

Reprenons avec *John aime Marie*. Lorsque je dis que *John aime Marie*, vous pouvez imaginer qu'il existe une personne nommée John, une autre personne dont le prénom est Marie, et qu'il y a entre eux cette relation, « aimer », qui dure. Mais la nature de cette relation n'est pas transmise par le mot *aime* lui-même ! Changeons légèrement la phrase : à présent, je vous dis que *John aime la crème glacée*. Croyez-vous que la relation que John a avec Marie est la même que sa relation avec la glace ? Probablement pas. *Vous* apportez donc quelque chose dans l'interprétation de la phrase qui n'est *pas* dans les mots « aime », « crème glacée », ou « John ».

La linguistique classique a essayé de réfléchir au traitement de ce fait. On a par exemple imaginé un dictionnaire, où le mot « aimer » aurait plusieurs entrées : l'une d'elles serait utilisée lorsque l'objet de l'affection est une personne du sexe opposé ; une autre, lorsque l'objet serait... disons, un aliment ! *(Rires.)* Mais ça ne marchera jamais.

Prenons un autre sens : *le pape aime les pécheurs*. On pourrait se dire : le pape est un genre particulier de symbole paternel ; il a des attentions pour une population de personnes, qui sont comme des enfants ; donc il existe comme une relation père-enfants ; et c'est ce dont on parle ici... Nous inscririons ça comme troisième entrée du « dictionnaire ». Mais voici l'histoire, un peu datée, d'un homme du nom de Jimmy Swaggart. C'était un ministre du culte évangéliste. Il est allé voir une prostituée, qui a ensuite écrit un article sur le sujet dans *Playboy Magazine*... Si je vous disais à présent : *Jimmy Swaggart aime les prostituées*,

> « À mesure que nos outils pour simuler les processus mentaux s'amélioreront, nous parviendrons mieux à les comprendre. »

cela communiquerait quelque chose d'assez différent de *le pape aime les pécheurs*, non? Votre capacité à le comprendre dépend du fait que vous avez entendu l'information spécifique à propos de Jimmy Swaggart allant voir une prostituée, et vous évite de penser : « Peut-être essaie-t-il de les sauver de leurs péchés ? »

Ce que je veux suggérer, c'est que la capacité à comprendre réellement une communication linguistique dépend de la capacité à y apporter de la connaissance supplémentaire. Et cela n'est pas saisi par la structure du langage lui-même, lors du processus d'interprétation de la communication. C'est donc le troisième élément vraiment crucial pour le langage humain.

Et devons-nous apprendre toutes ces capacités ?

Nous avons une tendance naturelle à faire toutes ces choses spécifiques, qui viennent bien sûr peser sur tout ce que nous acquérons par expérience.

Une dernière question : comment imaginez-vous le futur des sciences cognitives ?

Les sciences cognitives prennent à peine leur envol. Notre capacité à simuler et à saisir pleinement les subtilités de l'esprit humain dépend de la technologie que nous avons pour recréer quelque chose qui lui ressemble, dans un mécanisme artificiel ou dans un programme d'ordinateur. Si je veux simuler l'esprit humain et son traitement parallèle distribué massif, j'aurai besoin de gros systèmes de calcul, très sophistiqués et plus rapides, un matériel informatique qui n'existe peut-être même pas aujourd'hui.

Mais je suis très confiant : chaque année, nous développons un peu plus ce genre de matériel. Et, au fur et à mesure, alors que nos simulations s'améliorent, nos réflexions sont de mieux en mieux conduites et stimulées par ces simulations, et nous en apprenons de plus en plus sur elles. La compréhension de l'esprit humain dépend en fait de sa synthèse, de la même manière que la compréhension d'une molécule dépend de sa synthèse : si vous êtes chimiste, vous ne comprenez vraiment un composé organique que quand vous avez pu le synthétiser. C'est la même chose pour les sciences cognitives. Nous pourrions démonter l'esprit, mais ce n'est pas suffisant! Nous devons être capables de le synthétiser.

Aussi, à mesure que nos outils pour simuler les processus mentaux humains s'amélioreront, nous parviendrons à mieux les comprendre. Je ne dis pas que la simulation par elle-même est la réponse : la théorie est également cruciale. Mais la simulation l'informe, et la théorie naît de la compréhension de la façon dont nos idées actuelles sont insuffisantes ; or nous ne pouvons les tester qu'en développant des simulations. À mesure que nous avançons, les sciences cognitives deviendront des disciplines de plus en plus riches...

Principaux écrits de James McClelland

Parallel Distributed Processing. Explorations in the Microstructure of Cognition (avec D. E. Rumelhart et le PDP Research Group), vol. 1 : *Foundations*, et vol. 2 : *Psychological and Biological Models*, Cambridge, MIT Press, 1986.

Explorations in Parallel Distributed Processing. A Handbook of Models, Programs, and Exercises (avec D. E. Rumelhart), Cambridge, MIT Press, 1988.

« Parallel distributed processing. Implications for cognition and development », *in* R. Morris (éd.), *Parallel Distributed Processing. Implications for Psychology and Neurobiology*, New York, Oxford University Press, 1989.

« Nature, nurture, and connections. Implications of connectionist models for cognitive development » (avec E. Jenkins), *in* K. Van Lehn (éd.), *Architectures for Intelligence*, Hillsdale, NJ, Erlbaum, 1991, p. 41-73.

« A connectionist perspective on knowledge and development », *in* T. J. Simon & G. S. Halford (éds.), *Developing Cognitive Competence. New Approaches to Process Modeling*, Hillsdale, NJ, Erlbaum, 1995, p. 157-204.

« Connectionist models of memory », *in* E. Tulving & F. I. M Craik (éds.), *The Oxford Handbook of Memory*, New York, Oxford University Press, 2000, p. 583-596.

Mechanisms of Cognitive Development. Behavioral and Neural Perspectives (éd., avec R. S. Siegler), Mahwah, NJ, Erlbaum, 2001.

Philip Tetlock

Philip Tetlock en quelques dates...

1954 : Naissance à Vancouver, au Canada (Colombie britannique).

1979 : Doctorat de psychologie, université Yale.

1993-1994 : Il enseigne au Centre pour les études avancées en sciences comportementales, université Stanford.

1979-2001 : Il enseigne à l'université de Californie, Berkeley.

Depuis 2001 : Professeur à la Haas School of Business, université de Californie, Berkeley.

Philip Tetlock en quelques titres...

1986 : Prix scientifique de la contribution précoce à la psychologie sociale, décerné par l'APA.

1991-1993 : Vice-président de la Société internationale de psychologie politique.

1999 : Prix de la National Academy of Sciences Award for Behavioral Research.

Relevant to the Prevention of Nuclear War.

Penser et prévoir en politique

Par Pascal de Sutter

On pense souvent qu'un psychologue de renommée internationale est un homme d'un certain âge. On l'imagine volontiers avec une barbe et des lunettes, racontant de belles histoires. Il est vrai que la célébrité dans le domaine de la psychologie scientifique ne s'acquiert pas aussi vite que dans certaines émissions télé : il faut de longues années de recherches et des centaines de publications avant d'obtenir la reconnaissance. Pourtant, le professeur Philip Tetlock, en pleine force de l'âge, a presque l'allure d'un acteur de cinéma. On l'imagine aisément interpréter un film d'action qui se déroulerait dans le monde trouble des affaires et de la politique internationales. Un univers nébuleux où des experts sans scrupules fourmillent autour des grands de ce monde. Certains d'entre eux travaillent comme conseillers de leaders internationaux, d'autres sont les invités réguliers des plus grands médias. Leurs avis font la pluie et le beau temps du paysage médiatico-politique. Et, contrairement aux météorologues, leurs prédictions sont difficiles à vérifier.

Impossibles à vérifier ?

Ce n'est pas l'avis de Philip Tetlock. Dans un tel film, le professeur Tetlock ne tiendrait certes pas le rôle du justicier. Ce n'est pas son genre. Il n'aime pas se mettre en avant. Il dit lui-même préférer s'en tenir juste aux faits : «*Expliquer ma méthode, donner mes réponses et quitter la scène.*» Philip Tetlock garde toujours un certain recul, une juste prudence et un brin de cynisme. Il adopterait plutôt le rôle de l'empêcheur de penser en rond : l'homme qui ose poser les questions que l'on ne pose pas. Celui qui combat le dogmatisme, le politiquement correct et la mauvaise foi. Sa mission : mesurer l'immesurable.

Que nous apprend Philip Tetlock ?

Le dur métier de prophète

La tâche de Monsieur météo n'est pas simple. S'il annonce qu'il va pleuvoir et que, le lendemain, un soleil radieux brille dans un ciel d'azur, tout le monde sait qu'il s'est trompé. Si cela lui arrive trop souvent, il perd toute crédibilité. Les experts politico-économiques, invités réguliers des studios de télévision, ont pour leur part un créneau beaucoup plus confortable : leurs « prédictions » – pour reprendre le mot anglais qui n'a pas la connotation ésotérique qu'il a en français – sont parfois si floues qu'il est hautement probable qu'elles se réaliseront d'une manière ou d'une autre, un jour ou l'autre. Par exemple : « *Le continent africain connaîtra dans les années à venir des affrontements ethniques et de graves difficultés économiques.* » Une telle « prédiction » est évidemment peu risquée. Quand la prévision devient plus précise, comme « *la Belgique n'existera plus dans dix ans* », elle est souvent suivie d'une précaution oratoire : « ... *sauf prise de conscience collective importante* ». Ainsi les experts politico-économiques s'en tirent-ils toujours bien. Par ailleurs, lorsque des années s'écoulent entre la prédiction et l'événement, l'oubli s'installe. Les experts en économie et géopolitique peuvent dormir tranquilles. Personne ne vérifie leurs prévisions.

Personne. Sauf Philip Tetlock.

Mesurer l'immesurable

Les experts en politique aiment à répéter que, de toute façon, il est impossible d'évaluer quelque chose d'aussi complexe qu'une opinion dans le domaine de la géopolitique mondiale. Ce type de défense n'impressionna pas le professeur Tetlock qui se demanda tout simplement : «*Pourquoi les observateurs politiques seraient-ils dispensés des standards de précision et de rigueur que l'on exige des experts d'autres domaines ?*» En effet, lorsqu'un médecin rédige un rapport d'expertise devant un tribunal, on lui demande d'établir un pronostic clair, détaillé et précis. Pourtant, il travaille sur une base aussi peu prévisible et aussi complexe que le corps humain. Si Philip Tetlock avait dû travailler sur des rapports d'expertises, sa tâche aurait été aisée. Mais le professeur de l'université Berkeley s'est attaqué à mesurer ce que tout le monde estimait «immesurable». Il s'est donc lancé dans l'évaluation de diverses prévisions établies par des experts politiques renommés ou inconnus en tentant d'établir ce que serait un «bon jugement». Il pensait qu'un bon expert politique pouvait non seulement obtenir des prédictions justes, mais qu'il devait aussi posséder une manière de penser «juste». Rapidement, Philip Tetlock comprit qu'il ne pourrait pas trouver un outil de mesure qui puisse rassembler parfaitement toute la subtilité de la réalité et toutes les facettes morales de ce que représente un «bon jugement». Il accepta donc de créer une série d'outils de mesure, certes imparfaits, mais dont les imperfections seraient minimisées par la loi des grands nombres. Le psychologue ne se contenta pas d'évaluer une dizaine de prédictions politiques, ni même une centaine. Il en évalua 82 361 !

En outre, son travail ne porta pas sur quelques mois, mais sur plus de vingt années. Il évalua les prédictions politiques d'experts à propos de divers événements. Par exemple, l'évolution de l'Union soviétique et de l'Afrique du Sud en 1988, la guerre du golfe Persique de 1991, l'évolution du Canada et de l'Union européenne en 1992. Il posa des questions précises [1] à divers experts afin que le résultat qui apparaîtrait quelques temps plus tard soit indiscutable. Car les experts contestent souvent les résultats et son peu enclins à reconnaître leurs erreurs.

1. Par exemple : «Quels pays adopteront l'euro dans les trois à cinq prochaines années ?»

Les rois de la mauvaise foi

Le professeur Philip Tetlock alla jusqu'au bout de l'impertinence. Non seulement il osa mesurer la fiabilité des prévisions politico-économiques des experts, mais il se permit de les confronter à leurs mauvaises prédictions. Par exemple, lorsqu'il apparut clairement que le Canada ne se désintégrait pas comme l'avaient prédit de nombreux spécialistes, Philip Tetlock lança une nouvelle série d'expérimentations scientifiques où l'on demandait aux experts qui s'étaient trompés ce qu'ils en pensaient. Seule une toute petite minorité reconnut humblement leur erreur. Les autres adoptèrent différentes tactiques. Certains « oubliaient » leurs prédictions catastrophistes, affirmant (à l'encontre de ce leurs déclarations) qu'ils avaient toujours pensé que la Canada resterait uni. D'autres adoptaient diverses attitudes que Tetlock analysa.

1. L'excuse d'une mauvaise gestion de l'événement : « C'est sûr, cela devait arriver, mais ils n'ont pas fait ce que j'avais dit qu'il fallait faire. »

2. L'excuse d'une cause exogène : « Cela devait arriver, mais un concours de circonstances extérieures exceptionnelles, impossible à imaginer, a faussé le résultat final. »

3. L'excuse de l'issue serrée : « Il s'en est fallu d'un cheveu, j'ai presque eu raison ! »

4. L'excuse du timing : « Ce n'est pas encore arrivé, mais cela ne devrait tarder… »

5. L'excuse philosophique : « La géopolitique est si imprévisible que personne ne peut s'y retrouver, ceux qui ont tapé juste ont seulement été chanceux. »

6. L'excuse morale : « Dieu soit loué, je me suis trompé ! Mais tout cela n'est pas arrivé justement grâce à mes mises en garde. »

7. L'excuse statistique : « C'est arrivé, mais il y avait vraiment très, très peu de chances statistiques que cela se produise. »

Comme d'autres psychologues, Philip Tetlock estime qu'il s'agit d'un mécanisme de défense psychique typiquement humain. Il est difficile pour l'ego d'un expert de réputation de reconnaître humblement son erreur.

Les bons et les mauvais prophètes

Contrairement à ce qu'affirment certains, ce n'est pas uniquement la chance qui fait que certains experts «visent juste» dans leurs prédictions. Le professeur Tetlock a mis au point des modèles statistiques permettant de démontrer qu'il existe de meilleurs «tireurs». Ses expérimentations ont porté sur toutes sortes de personnes : des experts professionnels et des amateurs, des hommes et des femmes, des gens très éduqués et d'autres moins diplômés, des gens qui avaient accès à des informations confidentielles et des citoyens ordinaires, des invités réguliers des médias et des spécialistes plus discrets, des gens expérimentés depuis de longues années et des débutants, des gens politiquement de droite et d'autres de gauche, des idéalistes et des réalistes. De façon surprenante, aucun de ces critères n'entrait en ligne de compte pour définir ce qui faisait un bon «prophète». En d'autres termes, un expert qui voyait clair dans ses prédictions politico-économiques. Il apparut même que les experts les plus réputés et que l'on voyait le plus régulièrement sur les plateaux de télévision se trompaient beaucoup plus souvent que des non-spécialistes bien informés...

Les renards et les hérissons : deux façons de penser

Comprenant que le talent d'un «bon prophète» ne provenait ni de son expérience, ni de sa célébrité, ni de son appartenance politique, Philip Tetlock s'intéressa à la manière dont il réfléchissait. C'est ce qu'il nomma le *style cognitif.* Il découvrit alors que ce qui marquait la différence entre ceux qui se trompaient souvent et ceux qui voyaient souvent juste se trouvait dans leur manière de penser. Il arriva à la conclusion que le plus important n'était pas l'opinion que les experts ont d'une situation (*what they think*), mais la manière dont s'organise leur raisonnement (*how they think*). Il apparut alors que les experts qui présentaient une certaine façon de penser obtenaient de plus mauvais résultats que les autres. Reprenant la fameuse métaphore d'Isaiah Berlin[2], Tetlock les nomma les «hérissons». Les hérissons sont très forts dans un domaine très pointu : ils connaissent *une* «grande chose». Avec beaucoup d'assurance, ils généralisent cette connaissance spéci-

2. Isaiah Berlin, «The hedgehog and the fox», *in The Proper Study of Mankind*, New York, Farrar, Straus and Giroux, 1977, p. 436-498.

fique à d'autres domaines. Les hérissons se montrent impatients avec ceux qui ne comprennent pas leur point de vue. Ils ont confiance en eux et sont généralement convaincus d'être d'excellents prévisionnistes, à tout le moins, sur le long terme. Les hérissons ne changent pas facilement d'avis, même si on leur démontre le contraire. En revanche, les experts qui obtiennent de bons résultats dans les recherches de Tetlock ressemblent davantage à des « renards ». Ils possèdent une vaste culture générale, connaissent beaucoup de « petites choses ». Ils sont sceptiques vis-à-vis des grandes théories. Ils voient les prédictions non pas comme des raisonnements par déduction mais comme un assemblage souple de diverses sources d'informations. Les renards émettent souvent des doutes sur leurs propres prévisions. Les renards possèdent également une personnalité différente des hérissons. Ils sont plus ouverts d'esprit, plus tolérants vis-à-vis des situations ambiguës ou inattendues. Les renards se montrent curieux envers les idées qui divergent des leurs et ils admettent plus facilement leurs erreurs.

Évidemment, le professeur Tetlock a conscience que cette catégorisation n'est qu'une vision simplifiée de la réalité. Il n'existe pas – ou peu – de « purs » hérissons ou de « purs » renards, mais il existe des experts qui pensent *plutôt* à la manière « hérisson » ou *plutôt* à la manière « renard ». C'est une question de degrés.

On trouve ces deux styles cognitifs dans tous les camps politiques, mais il y a plus de renards au centre et plus de hérissons dans les partis d'extrême gauche ou d'extrême droite. Les renards qui obtiennent les meilleures prévisions sont aussi ceux qui ont un haut niveau de complexité dans leur manière de penser. Cela signifie qu'ils évitent les idées et les théories simples. Ils préfèrent intégrer dans leurs schémas de pensée des notions complexes. En d'autres termes, ils ne voient pas les choses en noir et blanc mais selon une gamme complexe de gris.

Être assez ouvert d'esprit pour reconnaître les limites de l'ouverture d'esprit

Philip Tetlock a compris que, pour faire de bonnes prévisions politico-économiques, il ne suffit pas de posséder un esprit souple, critique et nuancé. En effet, le problème d'un renard trop ouvert d'esprit est qu'il envisage toutes sortes de possibilités, y compris les moins probables. Il ne rejette rien avec *a priori* et risque de se perdre dans une multitude d'alternatives. Il est évident que, si on prédit une multitude de scénarios, on ne risque pas de se tromper. Mais cela ne sert pas à grand-chose non plus, car cela revient à dire que « tout est possible ». Si quelqu'un annonce que demain le temps sera variable avec des averses et des éclaircies, des périodes froides et plus chaudes, un ciel tantôt clair, tantôt nuageux et des épisodes de grand vent avec des moments d'accalmies, il risque moins de se tromper que celui qui affirme formellement qu'il fera un soleil éclatant, sans vent, toute la journée. C'est pourquoi Philip Tetlock a développé un autre concept, celui de « discrimination [3] ». Les bons prévisionnistes sont aussi des renards rusés. À certains moments, ils osent faire des prédictions inhabituelles, ils savent se montrer plus audacieux lorsqu'une série d'informations diverses leurs indique que les choses ne se passeront pas comme toute le monde le croit. Le plus fascinant, quel que soit le domaine d'observation (économie, politique, conflits sociaux, guerres, etc.), c'est que les renards sont généralement les plus justes dans leurs prévisions.

Vers des expertises politiques mesurables...

Philip Tetlock estime que la société se porterait mieux si ceux qui participent au débat politique acceptaient d'émettre leurs prédictions sous une forme testable et vérifiable, mesuraient la portée réelle de leurs prévisions et admettaient honnêtement leurs erreurs. Les tenants des théories du libéralisme économique estiment que ce n'est pas nécessaire. En effet, ils pensent que, de toute façon, les mauvais prévisionnistes seront naturellement éliminés selon une sorte de sélection naturelle à la Darwin. Or Philip Tetlock a observé que la majorité des experts qui se trompaient inlassablement continuaient a être invités à la télévision ou dans d'autres médias. D'une part, parce qu'on évaluait rarement la véracité de leurs assertions ; d'autre part, parce qu'ils étaient invités en fonction de leur réputation, de leurs relations professionnelles ou de leur apparence physique. En outre, les psychologues savent que le public est plus intéressé par le jeu des arènes que par des débats intellectuels sophistiqués. Il préfère donc les personnalités politiques qui défendent courageusement leur point de vue (même si elles ont tort) que celles qui émettent des doutes et reconnaissent sincèrement leurs erreurs.

3. Voir l'interview.

Philip Tetlock estime donc que la reconnaissance médiatique n'est pas la garantie d'un bon jugement politique. Il propose quelques pistes intéressantes. Il suggère notamment que les prévisions des experts politiques soient analysées et publiées dans des magazines de type scientifique, revues par un comité de pairs. Il serait alors possible de connaître les meilleurs analystes politiques, possédant un bon jugement. Avec toute la prudence qui le caractérise, Philip Tetlock espère que la psychologie politique pourra améliorer la transparence de certains mécanismes politico-économiques.

Les travaux de Philip Tetlock offrent une excellente opportunité d'apporter de la lumière dans le nébuleux monde de l'expertise politique.

Rencontre avec Philip Tetlock

La Californie… la baie de San Francisco… Berkeley… Des noms qui font fantasmer les étudiants du monde entier. Berkeley, l'université qui compte le plus de prix Nobel au mètre carré. On imagine, comme pour l'UCLA[4]*, que les alentours de l'université doivent être un éden sillonné d'avenues somptueuses. Pourtant, en approchant de l'illustre temple du savoir, le fantasme s'estompe. L'University Avenue qui mène au campus est bordée de taudis crasseux, de petits magasins miteux et de trottoirs sales où des clochards fouillent des poubelles. Quel est ce mystère ? Le professeur Philip Tetlock m'en donnera l'explication. Une explication psychologique… et politique : sachant que la spéculation immobilière a tendance à exploser autour des universités de renom, il a été décidé d'adopter un système permettant de bloquer les loyers. Ainsi, pensait-on, même les étudiants d'origine modeste pourraient trouver à se loger à un prix raisonnable. Cette décision politique généreuse n'a pas tenu compte de la psychologie humaine. En effet, ne pouvant augmenter les loyers à leur guise, les propriétaires ont arrêté d'investir dans la rénovation. Les bâtiments se dégradant de plus en plus, les universitaires ont quitté cette avenue et sont partis petit à petit, remplacés par une population pauvre. La plupart des étudiants et des professeurs vivent désormais sur les hauteurs qui abritent des quartiers opulents. L'université Berkeley est donc entourée de secteurs soit très riches, soit très pauvres.*

4. UCLA University of California, Los Angeles. Université située à côté du prestigieux quartier de Beverly Hills.

Le même contraste règne à l'intérieur du campus. L'université semble avoir été victime de son succès, et elle peine à loger autant d'institutions universitaires sur une surface aussi restreinte. À côté de bâtiments anciens passablement dégradés et mal entretenus, on trouve un foisonnement de constructions modernes aux styles variés. Parmi celles-ci se trouve la Haas School of Business, où travaille l'un des plus célèbres spécialistes de la psychologie politique : Philip Tetlock.

La salle principale de ce bâtiment universitaire est impressionnante. Escaliers monumentaux et écrans géants sur les murs. En revanche, le bureau du professeur Tetlock est franchement modeste. L'homme a gardé la simplicité qui caractérise souvent ses compatriotes canadiens. En conversant avec lui, je ne peux m'empêcher de le comparer à un acteur hollywoodien. Même sourire énigmatique, même regard perçant, même voix séduisante, même humour à froid. L'homme n'est pas bavard. Il écoute beaucoup, parle peu et s'exprime toujours avec nuance et prudence. Cette fois, il n'y a plus aucun doute, Philip Tetlock n'est pas un hérisson. Cet homme est un renard. Un fin renard.

« Nous avons remarqué que pour gagner une élection, un candidat devait tenir un discours simplifié. Avec des idées claires et élémentaires. Puis, lorsqu'il devient président, sa vision du monde se complexifie et cela transparaît dans ses discours. »

Comment vous êtes-vous intéressé à la psychologie ?

J'étais un jeune étudiant canadien, et comme je vivais à Vancouver, je suis allé faire mes études à l'université de Colombie britannique. Aux États-Unis, les jeunes essaient d'aller étudier le plus loin possible de leurs parents. Pas au Canada. En général, ils restent près de leur domicile. Ma famille voulait que je devienne avocat, et j'ai commencé dans ce domaine. D'ailleurs, aujourd'hui encore, je m'intéresse aux affaires légales et politiques. Mais j'ai été rapidement convaincu qu'on ne peut comprendre la loi ou la politique que si l'on comprend l'esprit humain. Et j'ai eu la chance de rencontrer un bon professeur de psychologie, qui m'a convaincu d'aller poursuivre mes études aux États-Unis. Mes parents ont pensé que c'était une idée stupide.

Vous êtes-vous rapidement intéressé à la psychologie politique ?

Pas au tout début. Mais j'ai participé à des travaux sur la psychologie de la communication diplomatique en situation de crise. Nous utilisions un système d'encodage pour analyser les discours diplomatiques. Nous effectuions une comparaison entre les communications diplomatiques de crises internationales qui se terminaient pacifiquement et celles qui aboutissaient à un conflit. Et nous avons découvert des différences systématiques sur le plan de la complexité intégrée.

Pouvez-vous précisez ce qu'est le « principe de complexité intégrée » ?

Le principe de complexité intégrée a été développé lors d'expériences psychologiques en laboratoire. On a constaté que les étudiants qui tenaient les discours les plus sophistiqués lors d'exercices de négociations étaient ceux qui obtenaient les meilleures résolutions de conflits. Ils arrivaient plus facilement à trouver des accords convenant aux deux parties que ceux qui tenaient un discours plus simpliste. Aujourd'hui encore, je m'intéresse aux questions portant sur la prise de décision et le contexte qui l'entoure. Je travaille notamment avec une collègue de Yale à propos du principe de « *group thinking* ». Il s'agit de la situation dans laquelle un groupe prend des décisions importantes – comme l'invasion de l'Irak – en comité restreint. L'expression « *group thinking* » a été utilisée pour la première fois par George Orwell dans *1984* et fait désormais partie de la langue anglaise. Elle

> « Plus un expert émet une opinion complexe, prudente et nuancée, plus il a de chance que sa prédiction se réalise. »

a une connotation totalitaire. Ce groupe réduit est composé d'individus qui pensent globalement de la même façon, s'influencent mutuellement et sont imperméables aux idées extérieures qui contredisent leurs propres croyances.

Dans mon livre *Expert Political Judgment*[5], nous parlons des experts politiques qui donnent leurs avis, dans les médias, sur les crises diplomatiques et politiques. Nous montrons scientifiquement que leurs prédictions sont d'autant plus fiables qu'ils sont tolérants vis-à-vis des critiques qui leur sont adressées. Lorsque vous êtes capable d'entendre un avis différent, vous êtes bien meilleur – en termes de fiabilité de vos prédictions politiques ! Cela m'a conduit à des études sur le style cognitif et la personnalité... Et aux « *big five* »...

Pouvez-vous m'en dire plus à propos des « big five » ?

Il s'agit probablement de la plus importante classification de personnalité humaine dans la psychologie américaine. Un de ces cinq facteurs (« *big five* ») porte sur l'ouverture d'esprit. Les gens avec un haut niveau de complexité intégrée dans le discours sont également ceux qui obtiennent un score élevé dans le facteur « ouverture d'esprit ».

Cela signifie-t-il qu'en connaissant la personnalité d'un leader on peut raisonnablement prédire son comportement dans certaines situations ?

(*Silence*.) Parfois ! (*Rires*.) Prédire le comportement humain est évidemment une tâche très difficile. Et les psychologues vivent souvent des expériences frustrantes à ce sujet. Il y a des scientifiques qui sont très sceptiques sur le pouvoir prédictif des tests de personnalité.

Mais, dans le cadre diplomatique, est-il possible, si l'on observe un comportement particulier, de prédire que cela conduira à un certain résultat ?

Effectivement, et c'est ce que nous avons démontré en travaillant sur le contenu des échanges diplomatiques lors de crises internationales.

5. P. Tetlock, *Expert Political Judgement. How Good Is It? How Can We Know ?*, Princeton, NJ, Princeton University Press, 2005.

Pensez-vous que le choix électoral des citoyens dépend essentiellement de l'appartenance politique ? En d'autres termes, si quelqu'un se sent de gauche, par exemple, est-ce qu'il votera toujours pour le candidat de la gauche ?

Je crois que les gens ordinaires ne raisonnent pas comme les élites politiques. Ils ne voient pas le monde de la même manière. De nombreux citoyens peuvent très bien avoir des opinions de gauche sur le plan social et de droite sur le plan économique. Ou l'inverse. Ronald Reagan, Président républicain, a notamment été élu grâce à de nombreuses voix d'ouvriers traditionnellement de « gauche ». Il semblerait que ce soit parce que ces cols-bleus n'aimaient pas certaines valeurs du parti démocrate comme l'avortement ou le soutien à la cause homosexuelle. Ronald Reagan a largement gagné les élections parce qu'il véhiculait certaines idées très populaires au sein de la population de gauche comme de droite.

Avez-vous observé des caractéristiques psychologiques particulières chez les vainqueurs des élections présidentielles ?

Oui, on observe que les gagnants tiennent généralement un discours assez simple, voire simpliste. C'était frappant chez Ronald Reagan : « Les États-Unis sont les "bons", du côté de Dieu, nos ennemis, c'est l'empire du mal ! » Nous avons remarqué que pour gagner une élection, un candidat devait tenir un discours simplifié. Avec des idées claires et élémentaires. Puis, lorsqu'il devient Président, sa vision du monde se complexifie, et cela transparaît dans ses discours. C'est exactement ce qui est arrivé avec Ronald Reagan, qui s'est montré beaucoup plus nuancé dans ses négociations avec l'URSS en pleine restructuration. Le problème, c'est lorsque le Président élu continue à avoir une vision du monde simpliste... Suivez mon regard... (*Rires.*)

Vous avez effectué de nombreuses recherches sur les experts en politique, journalistes ou non, qui donnent leur avis sur une situation politique.

Oui, j'ai analysé les gens qui effectuaient des prévisions sur ce qui allait se passer en Irak, par exemple, ceux qui prédisaient l'évolution de la Bourse japonaise, ou ceux qui prophétisaient la guerre civile en Afrique. Toutes sortes de prédictions économico-politiques... À propos de l'Union européenne, beaucoup d'experts prédisaient que l'euro ne marcherait pas et serait un échec retentissant ! Et aujourd'hui un euro vaut plus qu'un dollar…

Et vous avez essayé de savoir quels experts étaient les plus fiables dans leurs prédictions ?

Effectivement. Nous avons cherché à savoir pourquoi certains experts se trompaient très souvent et d'autres beaucoup moins. Et il est apparu que les experts avec un discours plus complexe étaient ceux qui – en moyenne – effectuaient les meilleures prédictions. Plus un expert émet une opinion complexe, prudente et nuancée, plus il a de chance que sa prédiction se réalise.

Savez-vous pourquoi ?

En fait, les gens qui fonctionnent avec des raisonnements simplistes ont tendance à émettre des prédictions plus extrêmes. Soit dans un sens négatif (« Ce sera terrible ! »), soit dans un sens positif (« Ce sera merveilleux ! »). Ils vont trop loin. En américain, on dit : « Ils ne savent pas appuyer sur les freins ! » Ils laissent leur pensée s'envoler trop loin. Ils utilisent peu les locutions qui freinent et modèrent une idée telles que « bien que », « par contre », « toutefois », « cependant »…

Lorsqu'ils se trompent, leur défense préférée consiste à dire : « Ce que j'ai prédit ne s'est pas passé. OK, je le reconnais. Mais cela arrivera. Tôt ou tard. Soyez patients… » Il existe un autre système de défense. Prenons par exemple le Canada : de nombreux experts en politique prédisent que le Canada va se désintégrer à cause du

> « La plupart des hommes politiques importants […] suivent des raisonnements beaucoup plus complexes en privé qu'en public. »

Québec. Les souverainistes ont encore perdu le dernier référendum sur l'indépendance du Québec, mais seulement de très peu. Et lorsqu'on dit à ceux qui avaient prévu la scission du Québec qu'ils se sont trompés, ils répliquent : «Cela a *failli* arriver! » Ce qui est amusant, c'est que si les souverainistes avaient gagné de justesse le référendum, ces mêmes experts n'auraient pas osé dire : «Je me suis presque trompé!» Il est facile de lancer : «J'ai presque eu raison», moins de dire : «J'ai presque eu tort»! Cela suggère une forme de rigidité mentale. Ce type de fonctionnement psychique est plus courant parmi ceux qui ont une vision simpliste des choses que parmi ceux qui envisagent le monde de manière plus complexe.

Pensez-vous que les experts et conseillers qui entourent les dirigeants de la planète ont également une vision du monde simpliste?

Mmmh *(longue pause réflexive)*... Dans mon expérience, la plupart des hommes politiques importants, leurs conseillers et les grands chefs d'entreprise suivent des raisonnements beaucoup plus complexes en privé qu'en public. Peut-être n'ont-ils pas encore un niveau de complexité suffisant! Mais en tout cas, leur raisonnement est plus sophistiqué en réalité qu'il n'apparaît dans les médias. Ce sont de grands communicateurs. Ils savent que le public n'aime pas les idées complexes.

Pourriez-vous donner quelques applications concrètes nées de vos recherches scientifiques?

J'enseigne dans une école de business[6]. Les hommes d'affaires ne sont pas des gens patients. Ils n'ont pas de temps pour étudier longuement un phénomène. Il veulent des résultats concrets. Très concrets. Donc, quand je donne un cours à ces gens, je leur parle de deux aspects fondamentaux de l'évaluation d'un expert : la notion de calibrage et celle de discrimination du jugement. Le calibrage, c'est la capacité d'établir des probabilités réalistes. Si un expert affirme qu'il y a 90 % de chance qu'un événement se produise et que cela n'arrive que dans 70 % des cas, c'est un mauvais calibrage. Pour effectuer ce type de mesure, il faut évidemment avoir de nombreuses prédictions sur de nombreux événe-

6. La Business Haas School of Berkeley.

ments. Une des leçons les plus importantes, c'est que les gens avec un niveau de complexité intégrée plus élevée effectuent un meilleur calibrage : ce sont ceux qui considèrent avec sérieux la possibilité de se tromper. Au niveau du business, c'est très utile. Lorsqu'on prend des décisions commerciales importantes, à moyen et à long terme, pouvoir augmenter le calibrage des prévisions économiques peut permettre de gagner des millions. Par exemple, une amélioration de 10 % du calibrage peut augmenter de 50 % les profits d'une société. Voilà quelque chose de concret, non ?

La discrimination est la capacité d'être intellectuellement « agressif » lorsque c'est approprié. Un moyen d'obtenir un bon score de calibrage – pas un très bon, mais un score décent –, c'est d'être une « poule mouillée ». Mettons que vous savez qu'un certain index A augmente en moyenne de 10 % chaque année depuis vingt ans, qu'un index B augmente de 20 % et un index C de 30 %. Eh bien, si vous prédisez que l'index A continuera à augmenter de 10 %, le B de 20 % et le C de 30 % lors des vingt prochaines années, vous obtiendrez probablement un bon calibrage. C'est ce que l'on appelle « prédire le niveau de base ». Il s'agit d'une approche très conservatrice, très prudente. Ainsi, vous ne ferez pas beaucoup d'erreurs. Mais vos prédictions ne seront pas éblouissantes non plus ! Voilà ce qu'on appelle une approche de « poule mouillée ». Vous obtiendrez ainsi un très mauvais score de *discrimination*. Pour obtenir un bon score de discrimination, vous devez être capable d'être occasionnellement plus « agressif ». Par exemple, prédire que l'index A augmentera fortement et que le B se stabilisera. Si vous êtes capable d'être souvent juste dans vos discriminations et que votre score de calibrage reste très bon, alors vous êtes un excellent expert en prédictions ! Et les très bons experts sont évidemment fort recherchés dans le domaine de la Bourse et des investissements.

> « Les bons experts tendent à n'être ni très optimistes, ni très pessimistes. Ils sont plutôt "stratégiques". »

Pensez-vous que les prédictions des experts sont liées à des traits de leur propre personnalité? Autrement dit, les plus optimistes font-ils des prédictions plus positives que les pessimistes?

Les bons experts tendent à n'être ni très optimistes ni très pessimistes. Ils sont plutôt «stratégiques». Ils essaient d'avoir du détachement par rapport aux événements. Ils ne tombent pas amoureux d'une idée particulière. J'aime cette expression : «tomber amoureux» d'une idée. Parce que si on tombe amoureux, il est évident que notre jugement devient complètement tordu. Or ces gens ne sont pas des romantiques. Les bons experts ne défendent pas des idées qualifiées de «libérales» ou de «conservatrices». Ils évitent d'être labellisés. Leur travail est meilleur lorsqu'ils se contentent d'observer ce qui se passe.

La plupart des grands psys que j'ai rencontrés continuent à travailler à temps plein après leur retraite. Pensez-vous que la même chose vous arrivera?

Je suis trop jeune pour penser à la retraite... Mais je crois que je ferai la même chose. J'arrêterai d'enseigner, néanmoins. De toute façon, je me suis déjà arrangé pour ne plus trop donner de cours! Encore qu'il soit utile d'enseigner. Cela nous permet de nous centrer sur ce que l'on fait. Et à penser vite. Surtout quand on devient plus vieux...

Comment souhaiteriez-vous voir évoluer la psychologie?

Je dois reconnaître que je n'ai moi-même pas été très bon dans les prédictions des changements majeurs de la psychologie sociale et politique. Je pense que la meilleure chose qui puisse arriver à la psychologie politique – et à la société en général – serait que les gens politiquement de gauche comme de droite apprennent à se parler au lieu de s'invectiver. Je veux dire par là vraiment dialoguer au lieu de continuellement discuter. Tenter de comprendre la manière de penser des autres plutôt que de se contenter de les critiquer.

Par exemple, imaginons que vous êtes politiquement de gauche et que je suis de droite. Nous discutons d'un instrument psychologique qui permettrait d'évaluer les préjugés raciaux. Si je critique cet instrument, vous direz que je suis un affreux conservateur raciste. Et je répondrai que vous êtes un sale gauchiste prêt à lancer une nouvelle chasse aux sorcières vis-à-vis de ceux qui ne pensent pas «politiquement correct». On peut s'insulter, mais on peut aussi s'exprimer de manière polie et sophistiquée, comme le font parfois les universitaires. Mais si l'on fonctionne de cette façon, le débat n'avance pas. En revanche, on peut décider d'établir une liste d'une série de points sur lesquels nous sommes d'accord, ensuite une autre liste de nos désaccords. Alors on se dira : «Essayons de mener des recherches et de rassembler des données objectives qui tendraient à confirmer ou à infirmer nos différentes théories.» Alors, là, on fait réellement avancer les choses...

Philip Tetlock dans le texte…

«Les personnes responsables recherchent les meilleurs avis possibles ; faire autre chose serait, disons, irresponsable. La mystique de l'expertise est tellement ancrée dans notre culture que ne pas faire appel aux bons experts est considéré comme une grave et stupide erreur. Comme en d'autres temps, où il fallait consulter les docteurs ou l'oracle de Delphe»

Expert Political Judgment. How Good Is It? How Can We Know?, Princeton, NJ, Princeton University Press, 2005, p. 64, trad. P. de Sutter.

«Le résultat de cette analyse est un premier signal qui indique que les experts ne considèrent pas l'expérience comme une opportunité d'ajuster leurs théories les moins efficaces à celles de leurs compétiteurs. Un modèle de compréhension plausible est de dire que nous sommes naturellement égocentriques. En analysant une situation, nous avons de la difficulté à prendre l'avis des autres au sérieux. Peu d'entre nous intègrent spontanément d'autres opinions dans leur expertise – même les points de vue qui, en seconde analyse, apparaissent comme étant probablement très justes»

Ibid., p. 123, trad. P. de Sutter.

«Des décades de recherches en laboratoire sur le "conservatisme cognitif" nous indiquent que même des gens très éduqués tendent à avoir de grandes difficultés à modifier leurs croyances. Ils admettent leurs erreurs de mauvaise grâce et défendent leurs premières positions avec opiniâtreté. Et des décades de recherches sur le style cognitif nous informent que ce problème est plus prononcé chez les hérissons que chez les renards»

Ibid., p. 123, trad. P. de Sutter.

Principaux textes de Philip Tetlock

« Cognitive biases and organizational correctives. Do both disease and cure depend on the ideological beholder ? », *Administrative Science Quarterly*, 45, 2000, p. 293-326.

« The psychology of the unthinkable. Taboo trade-offs, forbidden base rates, and heretical counterfactuals » (avec O. Kristel, B. Nelson, M. Green et J. Lerner), *Journal of Personality and Social Psychology*, 78, 2000, p. 853-870.

« Cognitive biases in path-dependent systems. Theory driven reasoning about plausible pasts and probable futures in world politics », *in* T. Gilovich, D. W. Griffin et D. Kahneman (éds.), *Inferences, Heuristics and Biases. New Directions in Judgment under Uncertainty*, New York, Cambridge University Press, 2001.

« Poking counterfactual holes in covering laws. Cognitive styles and historical reasoning » (avec R. N. Lebow), *American Political Science Review*, 95, 2001, p. 829-843.

« Social-functionalist metaphors for judgment and choice. The intuitive politician, theologian, and prosecutor », *Psychological Review*, 109, 3, 2002, p. 451-471.

Expert Political Judgment. How Good Is It ? How Can We Know ?, Princeton, NJ, Princeton University Press, 2005.

Unmaking the West. « What-If ? » Scenarios That Rewrite World History, (éd. avec R. N. Lebow et G. Parker), Ann Arbor, MI, University of Michigan Press, 2006.

3. Mémoriser et se souvenir

« Sans la mémoire, que serions-nous ? »
François René de Chateaubriand

Parmi les multiples fonctions de notre esprit, la mémoire est celle qui suscite l'intérêt le plus ancien. Dans l'Antiquité, elle était considérée comme le réceptacle du savoir, la source de toute connaissance[1]*. Sans la mémoire, l'homme n'aurait pu survivre. Cela commence avec le nourrisson qui se sent mal et pleure ; au départ il ne sait même pas qu'il a « faim ». Il va progressivement apprendre que se nourrir fait disparaître son mal-être et apporte du plaisir. Longtemps, la mémoire restera la faculté la plus précieuse de l'homme. Alcuin, conseiller de Charlemagne, la voit comme « la salle aux trésors de toutes les choses* [2] *».*

Puis vient la Renaissance. L'imprimerie se développe, et la mémoire n'est plus la principale bibliothèque du savoir. Au palmarès du prestige, les places sont chères, et, au fil du temps, l'intelligence et le raisonnement prennent la première place, reléguant la mémoire au simple rang de magasin des souvenirs. Penser, c'est désormais dominer le monde et soi-même. La mémoire dans tout cela ? Un outil pour classer, ordonner.

*Au XIX*e *siècle, avec les premières études scientifiques, la mémoire reprend du galon. Hermann Ebbinghaus inaugure un nouveau champ de recherche*

1. Épouse de Zeus, la mémoire est, sous le nom de Mnémosyne, la mère des Muses.
2. F. Yates *L'Art de la mémoire*, Paris, Gallimard, 1966, cité *in* A. Lieury, *Mais où est donc ma mémoire* ?, Paris, Dunod, 2005, un livre passionnant et très accessible.

en tentant sur lui-même de nombreuses expériences [3]. *La mémoire devient l'un des objets de prédilection de la psychologie. Peu à peu, on découvre qu'il n'y a pas* une *mémoire mais* des *mémoires, mobilisant plusieurs zones de notre cerveau.*

Dans les capacités prodigieuses de la mémoire, il y a quelque chose qui fascine et qui fait peur. On raconte que Mozart, à l'âge de 14 ans, entendit avec son père le Misere *d'Allegri dans la chapelle Sixtine. À l'époque, le Vatican gardait la partition secrète et Mozart retranscrivit de mémoire les neuf voix de la partition, près de quinze minutes de musique. Les personnes atteintes d'une forme d'autisme particulière – le syndrome d'Asperger – font elles aussi preuve d'une mémoire hors du commun, comme Kim Peek, qui a inspiré le film* Rain Man, *ou Daniel Tammet* [4] *capable de parler dix langues et d'apprendre l'islandais en une semaine.*

Mais tout emmagasiner, n'est-ce pas sombrer dans la folie, comme Funès, ce héros d'une nouvelle de l'écrivain argentin Borges qu'un accident a condamné à se souvenir de tout, et qui finit par mourir fou, coupé de sa propre humanité ?... Le psychologue russe Luria a étudié le cas réel d'un journaliste qui avait une mémoire de ce type et finit par être très perturbé [5]. *L'oubli qui fait disparaître le passé fait tout aussi peur. Dans une autre nouvelle, japonaise, de Kabawata* [6], *une femme vient trouver un homme pour lui faire le récit de leur relation amoureuse, une histoire à laquelle elle ne cesse de repenser depuis des années. L'homme ne se souvient de rien. Désemparé, il se lance dans toutes sortes de recherches pour réveiller ses souvenirs. Il a l'impression de devenir fou, ce trou dans sa mémoire ébranle sa raison. Jusqu'à ce qu'il découvre que... tous ces souvenirs étaient faux. Pour beaucoup de nos contemporains, ces défaillances de la mémoire suscitent l'angoisse : un nom qui ne revient pas, un papier dont ne se souvient plus où on l'a rangé. Le spectre de la maladie d'Alzheimer n'est jamais loin. Qui serions-nous sans nos souvenirs ? Que serions-nous s'il ne nous restait que l'oubli ? Si l'amnésie sert de base à tant de scénarios, c'est bien parce que notre identité se joue dans notre mémoire.*

---

3. La première publication remonte à 1885 (*Über das Gedächtnis*, Leipzig).
4. *Je suis né un jour bleu*, Paris, Les Arènes, 2007.
5. Cité par J. Van Rillaer, *Psychologie de la vie quotidienne*, Paris, Odile Jacob, 2003, p. 189.
6. *Anthologie de nouvelles japonaises contemporaines*, Paris, Gallimard, 1987, cité *in* D. Schacter, *Science de la mémoire*, Paris, Odile Jacob, 2003.

Endel Tulving

Endel Tulving en quelques dates...

1927 : Naissance à Tartu, en Estonie.

1954 : Maîtrise de psychologie, université de Toronto.

1957 : Doctorat de psychologie expérimentale, université Harvard.

1966 : Publication de ses travaux sur le stockage et le rappel de l'information.

1972 : Théorie de la mémoire épisodique.

Endel Tulving en quelques titres...

1983 : Distinguished Scientific Achievement Award, décerné par l'APA.

1986 : Membre honoraire étranger de l'Académie américaine des arts et sciences.

1987 : Guggenheim Fellowship.

1990 : William James Fellow, American Psychological Society.

1994 : Médaille d'or pour Lifetime Achievement, American Psychological Foundation.

Le père de la mémoire épisodique

Par Catherine Meyer

« La science est un jeu, et j'aime jouer. » Endel Tulving a l'étoffe d'un grand : créatif, travailleur, sceptique et humble. Il croit aux vertus de l'expérience et de la démonstration plus qu'à celle des livres. À quelqu'un qui le questionnait sur son sujet de recherche, Tulving demanda : « Pouvez-vous me citer les mois de l'année ? » L'interlocuteur s'exécuta : « Janvier, février, mars… » « Fort bien, continua Tulving. Maintenant, pouvez-vous les nommer à nouveau, mais, cette fois, par ordre alphabétique ? » L'interlocuteur se mit à balbutier et commença son énumération. Au bout de cinq minutes de labeur, il n'avait toujours pas répondu correctement. « Ce n'est pas parce qu'on sait quelque chose qu'on est capable de le dire, reprit alors Tulving. Voilà ce que j'étudie. »

Il est difficile d'imaginer la recherche sur la mémoire sans Endel Tulving. Son physique de savant Cosinus et son accent venu d'ailleurs intriguent. Son charisme discret fascine ceux qui l'approchent.

Né aux confins de la Baltique et de la Russie, dans un pays qui fut tour à tour la proie des Danois, des chevaliers teutoniques et des Russes, Endel Tulving se souvient de ses années d'école comme d'un interminable ennui. Seul le sport l'intéressait. 1939 : Endel a 17 ans, et le voilà dans le fracas de la guerre. La famille fait des plans pour s'enfuir, mais, dans le chaos, Endel et son frère sont séparés de leurs parents. Les Soviétiques ont envahi l'Estonie. Pendant plus de vingt ans, jusqu'à la mort de Staline, les parents croiront leurs enfants morts. Endel part pour l'Allemagne où il est fait prisonnier de guerre, puis reprend ses études et découvre enfin un domaine qui l'intéresse et le motive : la psychologie. Là au moins, il reste des choses importantes à découvrir. À 20 ans, il voit la guerre se terminer : Endel, qui a appris l'anglais, est interprète pour l'armée américaine et commence des études de médecine. Il rencontre sa future femme et part pour le Canada où elle le rejoindra. Entre 23 et 27 ans, il y sera conducteur de camions, ouvrier agricole, livreur, facteur, contremaître, géomètre, père… et étudiant en psychologie à l'université de Toronto. Il passe sa thèse à la prestigieuse université Harvard, Massachusetts. Sujet : la perception humaine des stimuli visuels.

À son retour au Canada, en 1956, le hasard le conduira sur les chemins de la mémoire, comme il en témoigne dans son interview. C'est le début de nouvelles aventures.

Que nous apprend Endel Tulving ?

Enregistrer les souvenirs et les réactiver sont deux processus différents

Tout commence à l'université de Toronto, Canada. Endel Tulving explique à ses étudiants que ce n'est pas parce qu'on ne se souvient pas d'un mot qu'on a entendu quelques minutes auparavant que ce mot n'est pas enregistré quelque part. Autrement dit, il existe dans la mémoire deux systèmes, l'un qui emmagasine et l'autre qui récupère.

Un étudiant, sceptique, lui demande comment il peut être si sûr de cela. Piqué, Tulving met au point une expérience. Il revient dans la classe avec une liste de vingt mots qu'il lit à ses étudiants, en leur demandant d'être très attentifs. Ce sont des mots ordinaires, sans rapport les uns avec les autres (violon, bureau, jaune, etc.). Puis il demande aux étudiants de noter par écrit tous ceux dont ils se souviennent. En général, pas plus de sept. Relevant une des copies où ne figurait pas le mot « jaune », il demande à l'étudiant : « Vous êtes sûr qu'il n'y avait pas une couleur ? » et l'étudiant de s'exclamer : « Ah oui ! jaune. » Tulving procède de même pour tous les mots qui manquent. La démonstration est sans appel : on peut avoir mémorisé une connaissance et ne pas se la rappeler. Là réside la différence entre le stockage (*availability*) et la récupération de l'information (*accessibility*). Faire entrer le souvenir dans la mémoire est une chose, l'en faire sortir en est une autre. Nous savons à quel point il peut être frustrant (et gênant), lors d'un examen, de ne pas pouvoir répondre à une question alors que nous avons en mémoire la réponse, mais non la clé pour y accéder.

L'affaire, avec toute la part de légende que ce type de récit comporte, donna lieu à une étude beaucoup plus scientifique [1], effectuée avec Zena Pearlstone, dont les résultats furent publiés quelques années plus tard. Les travaux des deux chercheurs ont permis de mettre au jour l'efficacité d'indices de reconnaissance lorsqu'on cherche à se remémorer une information, indices qui n'existent pas lors du « rappel libre », où rien de guide la recherche dans la mémoire.

Pour mieux comprendre cette double composante du processus de la mémoire, Tulving a eu recours à des procédés d'imagerie cérébrale. En visualisant l'activité cérébrale d'un individu pendant qu'il mémorise une information et pendant qu'il s'en souvient, on s'aperçoit que différentes zones entrent en action.

Reconnaître, ou le principe de spécificité de l'encodage

Un même mot présenté peut être retrouvé facilement ou pas du tout, selon le contexte. Tulving et Pearlstone ont testé auprès de près de 900 étudiants plusieurs combinaisons avec des listes allant de 12 à 48 mots. Si je dois me remémorer le mot « poule » au milieu d'une liste de mots et que l'on me donne l'indice catégoriel « animal », il me sera beaucoup plus facile de me le remémorer. Les indices peuvent également être associatifs ou phonétiques.

Il y a tellement de mots, de visages et d'images dans notre mémoire que les souvenirs ne sont pas récupérables si nous n'avons pas leur « adresse », comme le dit le psychologue français Alain Lieury [2]. C'est ce que Tulving appelle les « indices de récupération », une sorte de principe de traçabilité qui nous guide jusqu'à l'information stockée. Les meilleurs indices de récupération sont ceux qui ont été stockés en mémoire au moment de l'expérience. Lorsque nous nous référons au contexte dans lequel nous avons enregistré une information, il nous est plus facile de la retrouver.

Dans un domaine autre que verbal, nous avons tous fait un jour ce type d'expérience : lorsque nous voyons quelqu'un hors de son

1. E. Tulving et Z. Pearlstone, « Availability versus accessibility of information in memory for words », *Journal of Verbal Learning and Verbal Behavior*, 5, 1966, p. 381-391.
2. *Ibid.*

contexte (par exemple le facteur que nous croisons tous les matins sur son vélomoteur, avec sa casquette, et que nous rencontrons dans une file d'attente au cinéma), nous nous disons : « Ce visage me dit quelque chose, mais qui est-ce ? », sans parvenir à le reconnaître immédiatement.

La mémoire des événements ou la mémoire épisodique

En 1972, Endel Tulving propose de distinguer deux types de mémoires :
– la mémoire épisodique ;
– et la mémoire sémantique.

L'une est la mémoire de l'expérience, des événements qui surviennent dans notre vie, une sorte de mémoire biographique. Et l'autre, la mémoire de la connaissance et des faits généraux. Pour reprendre un exemple que Tulving cite souvent, nous utilisons notre mémoire sémantique lorsque nous disons que Paris est la capitale de la France, et notre mémoire épisodique lorsque nous nous rappelons notre voyage à Paris, pendant les vacances, et la visite de la tour Eiffel…

À l'époque, une telle idée était subversive : la plupart des psychologues pensaient qu'il n'existait qu'un seul type de mémoire à long terme, et la théorie de deux systèmes de mémoires séparées fut sévèrement critiquée. Selon ses détracteurs, savoir que Paris est la capitale de la France et se souvenir d'un voyage à Paris procédait d'un seul et unique type de mémoire. Ce qui change, c'est simplement l'information contenue dans la mémoire. Aujourd'hui, la plupart des scientifiques ont accepté la théorie de la mémoire épisodique.

Après avoir subi certaines lésions cérébrales, il arrive que l'on soit privé de mémoire épisodique : on peut effectuer des apprentissages nouveaux, on peut donc fabriquer de nouveaux souvenirs, quoique avec difficulté, mais impossible de se rappeler l'origine de ces apprentissages. Ainsi de cette patiente qui venait pour des soins à la clinique de Tulving. On lui apprenait certaines informations, comme « le soleil fait fondre l'asphalte ». À la fin des sessions, on lui posa la question suivante : « Qu'est-ce que le soleil fait fondre ? », elle répondit : « L'asphalte. » Mais, quand on lui demanda comment elle le savait, on s'aperçut qu'elle n'avait aucune idée de la façon dont elle l'avait appris.

Deux caractéristiques de la mémoire épisodique

L'une des spécificités de la mémoire épisodique est la conscience autonoétique. Quand on se rappelle le passé, quand on réactive un souvenir, on fait une expérience mentale particulière : on se voit acteur des événements, on est conscient de son identité. Tout se passe comme si on revoyait le film en «caméra subjective». Tulving nomme conscience *autonoétique* l'état de conscience associé à la mémoire épisodique. On a besoin d'être attentif – ce n'est pas le même état de conscience que lorsque l'on regarde ce qu'il y a autour de soi ou que l'on entend les bruits alentour. En revanche, quand on convoque la mémoire sémantique, on n'a pas conscience du fonctionnement de cette mémoire. Si je fais du vélo, par exemple, je n'ai pas besoin de réactiver consciemment le souvenir de mes capacités à tenir sur deux roues en pédalant. C'est automatique.

Autre caractéristique, la sensation subjective du temps : la mémoire épisodique nous permet de voyager mentalement dans le temps, d'aller du présent au passé et jusqu'au futur. C'est ce qu'Endel Tulving appelle la «chronesthésie».

Les enfants de moins de 4 ans et les animaux n'ont pas de mémoire épisodique

Les bébés et les jeunes enfants enregistrent un nombre astronomique d'informations. Il leur faut tout apprendre : comment se mettre sur le ventre quand on est sur le dos, comment arriver à saisir un objet en se servant de cet outil fabuleux qu'est la pince pouce-doigt, comment parler et bien d'autres choses. Pour cela, ils utilisent les capacités extraordinaires de leur mémoire sémantique. En revanche, ils n'ont pas de mémoire épisodique. Ils ne se souviennent pas du jour où ils ont fait leurs premiers pas : ils savent simplement marcher. De façon générale, ils ne se rappellent pas ce qu'ils ont fait la veille et ne peuvent pas s'imaginer ce qu'ils feront le lendemain. De notre toute petite enfance, nous gardons le souvenir de sensations physiques et d'émotions, non d'anecdotes ni d'«épisodes» de notre biographie. Une bonne odeur de gâteau peut réveiller un souvenir diffus de bonheur sans qu'aucun événement précis y soit associé.

Selon Tulving, les animaux ne disposent pas non plus de mémoire épisodique : le chien sait que, lorsque vous prenez sa laisse, cela signifie que vous allez le promener, mais il ne se souvient pas de la façon dont il l'a appris. Les chimpanzés et les gorilles sont aussi dépourvus de mémoire épisodique. Seul l'humain est capable de se déplacer en esprit dans le temps.

De cette caractéristique, Endel Tulving a fait son nouveau sujet de recherche. Notre capacité à agir dans le présent repose à la fois sur le passé et sur le futur. Car les mêmes mécanismes de la mémoire qui nous font remonter le temps nous permettent aussi d'explorer l'avenir…

Dialogue avec Endel Tulving

Il a longtemps travaillé sept jours par semaine, trois cent soixante-cinq jours par an. « Travailler, c'est comme faire un puzzle. Pourquoi arrêterais-je de faire quelque chose que j'aime ? » À 83 ans, je puis en témoigner, Endel Tulving est toujours dès la première heure à son bureau canadien du Rotman Research Institute. Mais il est aujourd'hui « semi-retraité ». Autrement dit, il ne travaille pas le week-end et s'accorde désormais quelques jours de vacances. Notamment pour compléter un autre puzzle, celui de son histoire, par un retour aux sources dans son appartement de la ville de Tallin, en Estonie, où je l'ai contacté…

D'où vient votre intérêt pour la mémoire ?

Il est le fruit du hasard plus qu'une vocation ou une étincelle liée à un événement particulier. Quand j'ai commencé mes recherches en psychologie expérimentale, dans les années 1950, la « mémoire » était encore un mot tabou. J'avais passé ma thèse à Harvard, et, quand je suis revenu au Canada en 1956, on m'a proposé un poste d'assistant à l'université de Toronto. Mais, à l'époque, l'université n'avait pas les équipements nécessaires pour faire de la recherche dans le domaine où j'avais soutenu ma thèse à Harvard – j'avais travaillé sur les effets des ajustements oculomoteurs sur l'acuité visuelle (convergence et accommodation). Il n'y avait d'ailleurs ni les équipements ni l'argent. Du coup, j'ai décidé de me consacrer à l'« apprentissage verbal ». Tout simplement parce que, pour étudier ce champ, du papier et un crayon suffisaient ! C'est le moment où le béhaviorisme reculait. La révolution cognitive battait son plein, et l'anathème qui pesait sur l'esprit se levait. Peu à peu, les recherches que je menais sur le langage m'ont conduit à la mémoire.

Vous êtes célèbre dans le monde entier pour votre découverte de la mémoire épisodique. Comment cette théorie a-t-elle été accueillie par les autres psychologues, dans les années 1970?

Avec difficulté! Les scientifiques sont formés pour être conservateurs et sceptiques face aux innovations. À juste titre d'ailleurs, puisque la plupart des idées révolutionnaires sont finalement des « culs-de-sac [3] ». Dans mon cas, beaucoup de gens ont eu du mal à accepter qu'il y avait deux types de mémoires. L'idée que le souvenir d'un fait comme « Paris est la capitale de la France » soit au fond différent du souvenir réactivé lorsqu'on se remémore une expérience personnelle, comme « je suis monté sur la tour Eiffel lors de ma première visite de Paris en 1966 », était dérangeante. Encore aujourd'hui, il y a des psychologues qui pensent que la seule différence entre ces deux processus réside dans la nature de l'information, et que la mémoire épisodique n'a rien de particulier.

« Les scientifiques sont formés pour être conservateurs et sceptiques face aux innovations. À juste titre d'ailleurs, puisque la plupart des idées révolutionnaires sont finalement des "culs-de-sac". »

Vos découvertes sur le principe de spécificité de l'encodage ont-elles eu des applications dans le domaine éducatif? Autrement dit, les indices que vous avez identifiés et qui nous permettent de mieux encoder et retrouver les informations ont-ils inspiré de nouvelles méthodes d'apprentissage?

Je pense qu'il aurait dû y en avoir… Mais, globalement, ce n'est pas le cas. Curieusement, les découvertes que l'on fait dans le huis clos des laboratoires n'ont pas beaucoup d'effets

3. En français dans l'interview.

pratiques dans la sphère de la vraie vie, là où la tradition est la règle depuis longtemps. Le principe de « spécificité de l'encodage » que j'ai mis au jour ne fait pas exception. Et je serais très surpris si plus d'un professeur sur vingt, quel que soit son niveau dans l'échelle du monde éducatif, avait jamais entendu mentionner ce principe. Alors vous pensez, l'utiliser dans le travail en classe…

Existe-t-il des personnes qui ne possèdent pas de mémoire épisodique ?

La mémoire épisodique, comme n'importe quelle capacité du cerveau ou de l'esprit, ne surgit pas comme ça, empaquetée dans une boîte, avec une étiquette qui dirait : « présent » ou « absent ». Il n'y a pas distribution des lots entre les individus, comme cette infâme thèse de la « bell curve[4] » le voudrait. Mais, à ce stade, dire qu'il y a des gens sur lesquels pèse une malédiction telle qu'on puisse dire d'eux qu'ils n'ont pas de mémoire épisodique n'est qu'une supposition. Il n'existe pour l'instant pas de données scientifiques pertinentes sur la question. Quand j'ai commencé à faire des publications sur la mémoire épisodique, j'ai rencontré plusieurs personnes qui m'ont dit, en privé, qu'elles étaient d'accord avec ma thèse pour la simple raison qu'elles-mêmes ne possédaient pas de mémoire épisodique. Le problème, c'est qu'elles ne se voient pas finir en cobayes de la science : elles ne veulent pas être observées, elles ne veulent pas qu'on écrive des articles sur leur cas. Néanmoins, cela va peut-être changer. Brian Levine, un de mes jeunes collègues au Rotman Research Institut, est en train d'étudier le cas d'une femme saine et intelligente qui lui a écrit, en 2006, pour lui dire qu'elle n'avait pas de mémoire épisodique. Il ne nous reste plus qu'à attendre de lire cette histoire fascinante dans une revue scientifique.

Vous vous intéressez à cette capacité de l'être humain à voyager mentalement dans le passé et le futur ? Pouvez-vous m'en dire plus ?

4. La « bell curve », ou « courbe en cloche », désigne la courbe représentant la distribution du QI dans une population. C'est une allusion au livre de Murray et Herrnstein, deux professeurs à Harvard, qui provoqua le scandale à sa sortie aux États-Unis : les auteurs y défendent l'idée que c'est le niveau d'intelligence d'un individu qui détermine essentiellement son emploi et son revenu.

L'aptitude à se penser soi-même en train de vivre, d'agir et d'avoir des expériences dans un temps « autre que maintenant » est extrêmement familière à tout individu parfaitement sain et intelligent. En fait, vous en avez vous-même souvent fait l'expérience. Simplement, vous n'analysez pas les choses de la même façon que les scientifiques. Si l'on parcourt l'histoire de la science, on s'aperçoit que les psychologues et tous ceux qui étudient le cerveau ou l'esprit ont étudié cette aptitude uniquement dans ses relations avec le passé. Ils l'ont nommée le « souvenir », empruntant le concept et le mot au langage de la vie quotidienne. L'idée de « voyage mental à travers le temps » est apparue récemment, pour reconnaître qu'il est possible que notre conscience du temps « autre que présent » ne concerne pas seulement le passé mais aussi le futur, autre direction de notre temps subjectif. Mon hypothèse est qu'au cours de l'évolution de notre espèce le voyage mental dans le passé et le futur est apparu comme une des facultés cérébrale/mentale, et qu'elle est mue par des mécanismes similaires. J'ai utilisé le terme de « chronesthésie » pour distinguer ce « sens du temps » très particulier de toutes les autres façons dont nous éprouvons et sommes influencés par le temps. Comment tout cela est-il possible ? C'est une question que, je l'espère, de nombreux jeunes talents des sciences cognitives continueront à creuser avec assiduité dans les années à venir.

> « Curieusement, les découvertes que l'on fait dans le huis clos des laboratoires n'ont pas beaucoup d'effets pratiques dans la sphère de la vraie vie. »

Dans les dix ou vingt dernières années, quelles ont été les avancées les plus excitantes ou les plus passionnantes dans le domaine de l'esprit et de la mémoire ?

Il y a deux développements qui me réjouissent particulièrement. D'abord, l'étude de la mémoire est devenue résolument multidisciplinaire : beaucoup d'étudiants, dans les nombreuses disciplines des sciences du vivant liées à la mémoire, ont fini par avoir besoin ou, en tout cas, envie de savoir et peut-être même de comprendre ce qui se passe dans les autres sous-domaines de la « science de la mémoire ». En second lieu, ce qui est nouveau, c'est que de plus en plus d'étudiants de la mémoire se sont sensibilisés à l'importance des distinctions théoriques subtiles qu'il nous faut désormais introduire si nous voulons aller plus loin et faire des découvertes substantielles. Faire des expériences, rassembler des données, c'est facile. Savoir ce que ces données signifient, là est la difficulté. C'est pourquoi il devient crucial de se préoccuper des concepts : là se joue le progrès.

Avez-vous un héros scientifique ?

Mon domaine, les neurosciences cognitives de la mémoire, est trop jeune pour avoir donné naissance à un héros que l'on peut admirer et adorer aveuglément. Et il m'est difficile de répondre à cette question dans la mesure où j'ai plutôt fait cavalier seul dans mes recherches. Cependant, parmi les grands scientifiques du passé, j'aimerais tirer mon chapeau à deux Français : Marie Curie et Louis Pasteur. Marie Curie pour ce qu'elle a fait en tant que femme dans un monde d'hommes, à une époque où c'était plus qu'une gageure. Et Pasteur parce qu'il a eu le génie de montrer comment ce qu'on fait dans un laboratoire peut être extrêmement important dans le monde réel.

« Faire des expériences, rassembler des données, c'est facile. Savoir ce que ces données signifient, là est la difficulté. »

Principaux écrits d'Endel Tulving

« Availability versus accessibility of information in memory for words » (avec Z. Pearstone), *Journal of Verbal Learning and Verbal Behavior*, 5, 1966, p. 381-391.

« Associative encoding and retrieval. Weak and strong cues » (avec D. M. Thomson), *Journal of Experimental Psychology*, 86 (2), 1970, p. 255-262.

« Episodic and semantic memory », *in Organization of Memory* (éd., avec W. Donaldson), New York, Academic Press, 1972, p. 382-402.

« Memory and conciousness », *Canadian Pyschology*, 26, 1985, p. 1-12.

« How any memory systems are there ? », *American Psychologist*, 40, 1985, p. 385-398.

Ross Quillian

Ross Quillian en quelques dates...

1931: Naissance à Los Angeles.

1961 : Master en mass communication, université de Chicago.

1966: Doctorat en psychologie, université Carnegie-Mellon.

1965-1971 : Chercheur scientifique à la BBN (Bolt, Beranek and Newman), Massachusetts.

1971- 1994 : Professeur à l'université de Californie, Irvine.

Depuis 1994 : Professeur émérite de l'université de Californie, Irvine.

Comment est organisée la mémoire : le réseau sémantique (1)

Par Pascal de Sutter

Dans les années 1960, étudiants, professeurs et chercheurs universitaires utilisaient une machine à écrire pour rédiger leurs travaux, et le téléphone ou le courrier pour communiquer entre eux. Personne n'imaginait que, quarante ans plus tard, la quasi-totalité des étudiants occidentaux posséderaient leur propre ordinateur, connecté avec le reste du monde. Et pourtant, dès cette époque, des chercheurs mettaient au point des systèmes informatiques qui permettraient à Internet de devenir un jour réalité.

L'un des obstacles que rencontraient les informaticiens était de donner à la machine un fonctionnement «intellectuel» compatible avec celui de l'humain. Pour cela, certains bureaux d'études engagèrent des psychologues. Ross Quillian fut l'un d'entre eux, l'un des plus brillants. Il est aujourd'hui considéré comme l'un des pionniers de ce que l'on nomma l'« intelligence artificielle[1] ». Avec Allan Collins (voir p. 261), il révolutionna notre compréhension du fonctionnement de la mémoire humaine et permit aux systèmes informatiques de progresser à pas de géants. Aujourd'hui, tous les étudiants en psychologie cognitive et tous ceux qui s'intéressent à la mémoire connaissent le modèle de Collins et Quillian.

Le succès et la renommée aidant, Quillian aurait pu « vendre son âme » aux riches multinationales de l'informatique. Mais celui qui avait été un petit garçon pauvre de South Central [2] n'oublia pas ses origines. Il réorienta sa carrière vers des recherches bien moins lucratives, en se consacrant à l'étude des médias et de la politique en vue de proposer des solutions pour améliorer la société nord-américaine.

1. Le terme « intelligence artificielle », inventé par John McCarthy en 1956, est toujours sujet à controverse. Il désigne un système informatique (ou robotique) capable de soutenir la comparaison avec l'intelligence humaine.

2. South Central est un quartier du sud de Los Angeles, situé au sud de l'autoroute Santa Monica et à l'est de l'autoroute San Diego. Le quartier a une mauvaise réputation, notamment à cause de la violence endémique qui y règne et des émeutes de 1992. Toutefois, il est contrasté et abrite aussi une très riche et réputée université privée : l'université de la Californie du Sud.

Que nous apprend Ross Quillian ?

Comment les recherches sur la traduction automatique ont permis de mieux comprendre le fonctionnement de la mémoire

Les informaticiens qui tentaient de développer des programmes rencontraient divers problèmes. Notamment celui de l'archivage et de la récupération de l'information (voir Endel Tulving, p. 237). Il n'est pas difficile de stocker des millions de données, mais il est plus complexe de les organiser de manière rationnelle afin que l'on puisse les récupérer rapidement et facilement. Par exemple, si l'on demande « *qu'est-ce qu'un billet vert ?* », la plupart des gens (surtout les Américains !) répondront « *un dollar* ». Mais, lorsque l'on posait la question à une machine, c'était une autre histoire. Certes, elle pouvait sans problème retrouver dans sa mémoire le mot *vert* et le mot *billet*. Mais s'agissait-il d'un billet doux, d'un ticket d'entrée de spectacle, d'un article de journal ou d'autre chose ? L'ordinateur ne le savait pas (à moins que l'association ait déjà été encodée dans sa mémoire). Le problème s'avérait encore plus complexe pour les programmes de traduction d'une langue à une autre. Les chercheurs se demandèrent comment les humains faisaient pour puiser dans leur mémoire l'information pertinente en si peu de temps…

La mémoire sémantique

Ross Quillian en avait l'intuition : il existe une organisation particulière de la mémoire humaine qui nous permet de récupérer rapidement les connaissances dont nous avons besoin. Il posa l'hypothèse que chaque mot a une signification particulière pour nous. Il possède un sens, d'où l'expression « *mémoire sémantique* ». La mémoire sémantique est un système d'organisation et d'archivage de l'information. Elle contient toutes nos connaissances géographiques, biologiques, sociales, linguistiques, etc. La question qui se pose concerne la façon dont nous pouvons accéder à ces connaissances. Selon quel circuit allons-nous chercher l'information ? Prenons un exemple. Quelqu'un vous demande : « Quel est le plus grand félin de l'Inde ? » Si votre réponse provient d'une association simple, la réponse sera rapide – notamment si vous vous souvenez d'un film montrant un maharadjah chassant le tigre à dos d'éléphant. C'est ce que Quillian nomme l'*accès direct*. Dans ce cas, c'est l'association grand félin = tigre / maharadjah = Inde qui nous donne la réponse. Les mots sont associés, comme le mot *trompe* avec le mot *éléphant*.

Mais la mémoire peut fonctionner autrement. C'est ce que le professeur Quillian nomme l'*inférence*. La réponse est alors plus lente, parce qu'elle procède par raisonnement et déduction. On se met à réfléchir pour déterminer quel est vraiment le plus grand félin d'Inde : panthère, tigre ou lion. Il faut alors posséder certaines connaissances zoologiques afin de peser le pour et le contre, et finalement de conclure que c'est le tigre. Selon Quillian, notre système sémantique est formé de connaissances sur la signification des mots, des connaissances biologiques, zoologiques, géographiques, anatomiques, culturelles, etc. Nous sommes aussi imprégnés d'images, d'odeurs et de textures en lien avec les mots.

Quillian a aussi développé l'idée que le temps nécessaire pour récupérer une information dépend de la distance entre le nœud qui fait l'objet de la question et le nœud où se trouve enregistrée l'information recherchée dans l'immense réseau sémantique de notre cerveau. Pour cela, il collabora avec un autre grand psychologue : Allan Collins (voir chapitre suivant).

Différents types de mémoire

Comme dans l'exemple du tigre, il s'avère que tous les humains n'utilisent pas le même système pour récupérer la même information. Un

Belge répondra « bleu ! » en une fraction de seconde à la question « quelle est la couleur d'un schtroumpf ? », car les petits Belges grandissent tous avec le monde imaginaire de Peyo[3]. Il utilisera donc un système par *accès direct*. Un Américain devra probablement effectuer un processus de mémorisation plus complexe pour la même question.

Par ailleurs, la mémoire humaine fonctionne de différentes façons chez le même individu en fonction du type d'information recherchée. Quillian distingue notamment :

- la mémoire lexicale (la mémoire du « par cœur », où l'on restitue l'information sans réfléchir) ;
- et la mémoire séquentielle (où l'on repasse le film des événements en les replaçant dans le temps).

La mémoire sémantique est distincte de la mémoire lexicale ; autrement dit, le sens des mots et la forme des mots ne sont pas « rangés » au même endroit. De cela, nous faisons l'expérience chaque fois que nous avons un mot « sur le bout de la langue » : nous savons de quoi ou de qui nous voulons parler, mais nous sommes incapables d'accéder au vocable qui nous permet de nommer cette chose.

Depuis, grâce aux travaux précurseurs de Quillian, bien d'autres types de mémoire ont été découverts. Quillian estime néanmoins que les différentes mémoires sont, d'une façon ou d'une autre, sémantiques.

La mémoire et la politique

La manière dont nous utilisons notre mémoire et dont nous construisons notre pensée guide aussi nos choix politiques. Selon Quillian, nos opinions sont largement influencées par nos expériences antérieures et par les informations que nous avons enregistrées. Les médias américains, constate Quillian, véhiculent de plus en plus des informations à caractère politiquement conservateur. Il en résulte une forme de droitisation de l'opinion publique américaine. Quillian s'est donné pour défi de conceptualiser ses hypothèses et de proposer des pistes pour améliorer ce qu'il considère comme l'équilibre démocratique. Il travaille ainsi activement à la rédaction d'un grand ouvrage de psychologie sociale et politique[4].

3. Peyo (1928-1992), nom d'auteur de Pierre Culliford, dessinateur belge de bandes dessinées.
4. Voir l'interview.

Rencontre avec Ross Quillian

La plupart des spécialistes que nous avons rencontrés pour ce livre ne parviennent pas, une fois qu'ils sont retraités, à se détacher du monde scientifique. Ross Quillian, lui, s'est retiré depuis longtemps de la compétition universitaire. Il préfère rester chez lui. L'enfant pauvre des bas-fonds de Los Angeles habite désormais dans un havre de paix pour retraités aisés. En revanche, son esprit libertaire, épris de justice sociale, est toujours en activité. Cet homme de 76 ans, à l'élégante minceur, se déplace avec l'aisance et la souplesse d'un félin. Il s'assied dans son fauteuil, pose ses jambes par-dessus l'accoudoir. Il semble avoir conservé certaines des caractéristiques les plus attachantes de l'adolescence : la foi en un monde meilleur, l'espoir de changer les choses et l'énergie pour œuvrer à une évolution des mentalités.

Qui vous a influencé le plus dans votre travail?

Herbert Simon [5] a été d'une aide incalculable quand je me suis lancé dans le domaine de l'intelligence artificielle. Il fut une grande source d'inspiration pour moi. Je m'intéressais à la manière dont les gens organisent leur mémoire. L'idée de départ est que, lorsque vous apprenez une information particulière du genre « les canaris ont des ailes », vous

5. Psychologue américain (1916-2001), prix Nobel de sciences économiques en 1978 pour sa recherche dans le processus de décision au sein des organisations économiques.

la stockez dans une catégorie plus large : «les oiseaux ont des ailes». Ensuite, si vous recevez une information complémentaire, par exemple «les canaris ont des poumons», vous la rangez dans une catégorie encore plus large comprenant les mammifères, les poissons, les reptiles, etc. Ce type de réseau permet de faire l'économie de millions d'informations particulières. C'est le genre de recherches que j'ai développées avec Allan Collins dans la société BBN, à Cambridge, dans le Massachusetts.

À votre avis, comment ces expérimentations peuvent-elles être utilisées par les psychologues cliniciens d'aujourd'hui?

Puis-je plutôt répondre sur l'implication pour les philosophes?

Oui, certainement.

L'implication pour les philosophes est déterminante car mon modèle montre que l'on ne prend pas une décision, ou que l'on ne se souvient pas d'un événement, de façon neutre et objective. Nous sommes influencés par des sortes de courts-circuits inconscients qui dépendent notamment de nos valeurs, des opinions et des préjugés que nous avons développés.

Ce qui signifie, par exemple dans le cas du racisme, qu'on va ignorer les informations qui iraient à l'encontre de nos préjugés et se focaliser sur ce qui confirme nos croyances?

Tout à fait. Et cela peut s'appliquer à tout ce que nous pensons : cela concerne non seulement la mémoire sémantique, mais aussi la mémoire séquentielle.

Pouvez-vous dire ce qu'est la mémoire séquentielle?

Prenons un exemple, si je vous demande ce que vous avez pris pour le petit déjeuner, vous allez remonter le temps à travers différentes séquences. C'est cela, la mémoire

«Posons l'hypothèse que toutes les cognitions (en gros, les pensées) sont liées à la mémoire sémantique, de façon inconsciente.»

séquentielle. Je crois que même ce type de mémoire est influencé par des processus inconscients qui nous dirigent dans nos réponses. On pourrait dire que toute la mémoire est sémantique. Lorsque deux personnes communiquent, il est important qu'elles attribuent le même sens aux mêmes mots, ou du moins un sens compatible. Ce qui n'a rien d'évident.

Vous voulez dire que, lorsqu'une personne comprend le sens d'une phrase, c'est parce qu'elle relie les mots à des expériences vécues personnellement, et donc qu'elle « colorie » l'information avec son propre vécu ?

C'est-à-dire que tout cela ne se produit pas de façon volontaire ou consciente. Au départ, deux personnes peuvent être d'accord sur un sujet : à première vue, leur compréhension du sens des mots est compatible. Mais, si elles discutent plus longuement, plus profondément, alors elles se rendent comptent qu'elles ne sont plus d'accord. Songeons à la vision du mariage, par exemple… (*Sourire.*)

Vous avez travaillé longtemps sur la mémoire. Quand et pourquoi vous êtes-vous davantage intéressé à la politique ?

« Nous sommes beaucoup, *beaucoup* plus influencés par les médias que nous pouvons même le concevoir. »

J'ai consacré une bonne partie de ma vie à la mémoire et je m'y intéresse encore… Mais, au fond, j'ai toujours été passionné par la politique. Je suis un enfant pauvre qui a grandi dans un quartier pauvre. Vous connaissez South Central LA?

Oui, de réputation. Mais je ne m'y suis pas promené le soir.

Oh, je ne vous conseille pas de le faire. Moi-même, je n'y retournerais pas, je ne le traverserais même pas en voiture ! Et, pourtant, j'ai grandi là-bas. Mais ce n'était pas aussi violent. Dans les années 1940 y vivait une classe de travailleurs. Ils n'avaient pas beaucoup de moyens, comme mes parents, mais ils avaient du travail. C'était la fin de la grande dépression. En un sens, j'étais favorisé car je n'ai pas manqué de nourriture comme d'autres enfants du quartier. Nous vivions avec peu de choses. De cette époque, je garde une conscience politique égalitaire. Je suis quelqu'un de gauche. Et je ressens le besoin d'essayer d'agir pour améliorer la situation aux États-Unis.

Est-ce la raison pour laquelle vous vous intéressez à la communication et aux médias ?

En fait, j'ai quitté une carrière sur la mémoire pleine de succès pour m'intéresser à la politique. Et j'ai passé de nombreuses années à écrire un livre proposant une nouvelle vision de la manière de faire de la politique. J'y travaille depuis trente-cinq ans... et j'espère le finir bientôt. Mais laissez-moi expliquer le lien avec la mémoire : posons l'hypothèse que toutes les cognitions (en gros, les pensées) sont liées à la mémoire sémantique, de façon inconsciente. Cela nous conduit à considérer que notre opinion des choses provient des informations et expériences que nous avons accumulées. Ainsi une idée, si elle est suffisamment répétée, devient-elle une valeur très forte. Mais cela se passe sans que nous nous en rendions compte. Et c'est justement cela qui donne toute la force à l'opinion.

Notre façon de voir le monde se construit à partir de tous ces petits morceaux d'information que nous avons récoltés. L'idée centrale que je développe est que nous sommes beaucoup, *beaucoup* plus influencés par les médias que nous pouvons même le concevoir. Et les médias sont eux-mêmes victimes du système que je viens de décrire. Les journalistes éliminent au fur et à mesure les informations qui pourraient nuire à leur carrière.

Voyez-vous une solution pour préserver un travail de qualité chez les journalistes ?

Pratiquement tous les médias diffusent de plus en plus des idées de droite. Je pense que les journalistes ne s'en rendent même pas compte. Je ne suis pas le seul à défendre cette idée. Beaucoup d'intellectuels américains, comme Chomsky [6], critiquent le système. Mais ils ne proposent pas

6. Voir p. 166.

grand-chose en échange. Pour ma part, je suggère une réforme radicale des médias. Je propose d'appliquer aux grands médias le même système que pour les publications scientifiques.

Vous voulez-dire les publications scientifiques de type universitaire ?

Oui. Tout d'abord, les publications scientifiques sont ouvertes à tout le monde. Et pas réservées à une élite de journalistes professionnels qui doivent se soucier de leur carrière. Tout le monde, n'importe où, a une chance de publier un article. Un jeune universitaire peut se faire connaître petit à petit, même s'il publie des travaux inhabituels ou révolutionnaires.

Ensuite, ces publications sont soumises à des règles précises et strictes. Un article passe devant un comité de pairs et d'experts afin de vérifier la pertinence de l'information.

Enfin, il y a de la place pour le débat d'idées. Je suggère donc d'étendre ce système, en l'améliorant encore, à l'ensemble des médias. J'espère ainsi modifier positivement la vision du monde qu'ont les citoyens qui participent aux élections. En souhaitant une société plus juste. Voilà mon rêve.

« Je propose d'appliquer aux grands médias le même système que pour les publications scientifiques. »

Principaux écrits de Ross Quillian

« Semantic memory », *in* M. Minsky, *Semantic Information Processing*, Cambridge, MA, MIT Press, 1966.

« Facilitating retrieval from semantic memory. The effect of repetition of word concepts » (avec A. M. Collins), *Acta Psychologica*, 33, 1970.

« Capturing concepts in a semantic net » (avec A. Bell), *in Associative Information Techniques*, New York, American Elsevier, 1971.

« A content-independent explanation of science's effectiveness », *Philosophy of Science*, 64, n° 3, septembre 1994, p. 429-448.

Allan Collins

Allan Collins en quelques dates...

1937 : Naissance aux États-Unis.

1962 : Master en sciences de la communication, université du Michigan.

1970 : Doctorat en psychologie, université du Michigan.

1967-1982 : Chercheur pour BBN Corporation.

1982-2000 : Chercheur pour BBN Technologies.

Allan Collins en quelques titres...

1974 : Guggenheim Fellowship.

Depuis 1989 : Professeur en éducation et politiques sociales, université Northwestern.

Depuis 1998 : Chercheur à la School of Education, Boston College.

Membre de l'Association américaine pour l'intelligence artificielle.

Comment est organisée la mémoire : le réseau sémantique (2)

Par Pascal de Sutter

Les découvertes sur la mémoire sémantique sont l'œuvre d'un véritable travail d'équipe associant Allan Collins et Ross Quillian. Les deux hommes ont travaillé ensemble cinq ans. Cinq années qui ont révolutionné la compréhension des mécanismes de la mémoire humaine. Tous les étudiants en psychologie associent les noms de Collins et Quillian, aussi liés que ceux de Bonnie and Clyde. Comme souvent dans les grandes découvertes humaines, rien n'aurait sans doute été possible sans la coopération des deux hommes.

À la fin des années 1960, Collins, jeune étudiant de l'université du Michigan, à l'époque la deuxième meilleure université des États-Unis en psychologie après Stanford, est recruté par une société du Massachusetts. C'est là qu'il rencontre Quillian.

Par la suite, leurs chemins se séparent. Allan Collins continue à travailler sur la mémoire, notamment avec Elizabeth Loftus, puis il s'intéresse à l'enseignement, ainsi qu'aux émotions.

Que nous apprend Allan Collins ?

Comment s'organisent les connaissances dans la mémoire ?

Allan Collins aida Ross Quillian à mettre au point un modèle de l'organisation du savoir et à construire un modèle de compréhension du langage. Il s'agit notamment du modèle du réseau sémantique (voir tableau). Pour cela, il proposa de chronométrer un sujet lorsqu'il répond à une question. L'idée sous-jacente était que, lorsqu'il prenait plus de temps, cela signifiait qu'il remontait plus loin dans l'arborescence sémantique. Par exemple, si l'on demande : « Un canari chante-t-il ? », le sujet répond très rapidement car les deux mots sont associés à un premier nœud sémantique. Si l'on demande ensuite : « Le canari a-t-il des plumes ? », la réponse est légèrement moins rapide car le cerveau doit remonter à un nœud sémantique supérieur faisant référence à la catégorie « oiseau ». Et le temps de réponse sera encore plus long pour répondre à la question : « Un canari a-t-il une peau ? », qui fait référence à un nœud sémantique plus éloigné de la catégorie générale « animal ».

Collins a également observé que ce réseau permettait de répondre à des questions inhabituelles grâce à un processus de déduction. « Est-ce qu'un canari possède un foie ? » Il est probable que personne ne vous a jamais posé ce genre de question. Pourtant, la plupart de ceux qui trouvent la réponse suivent ce raisonnement : *on mange du foie de canard, les canards sont des oiseaux, les canaris aussi, donc les canaris possèdent un foie.*

Le réseau sémantique
Collins & Quillian (1969)

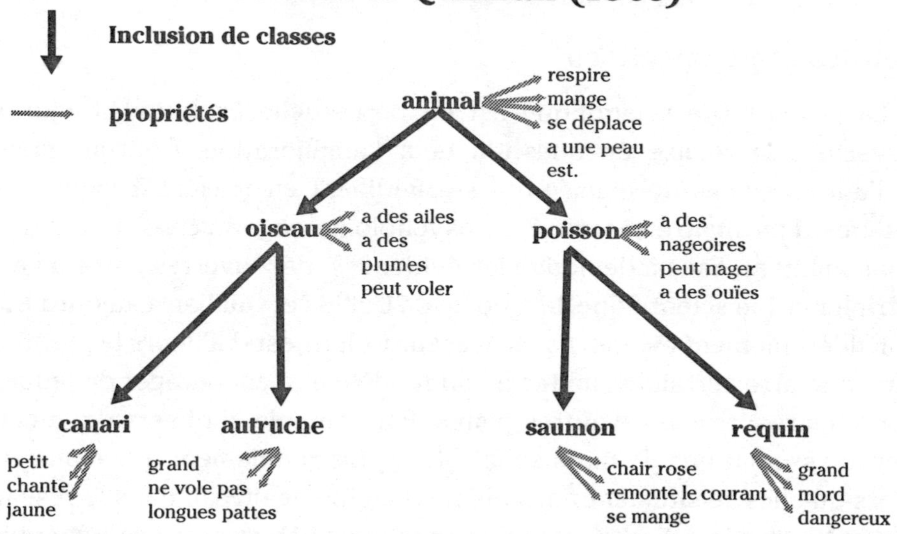

Comprendre le mécanisme de la mémoire

Allan Collins et son collègue Ross Quillian avancèrent une série de principes sur la façon dont les concepts sont organisés dans la mémoire :

1. *Les concepts sont stockés en mémoire sous la forme de nœuds sémantiques.* Les concepts sont liés entre eux par des liens associatifs. (Par exemple : canari – jaune – chanter – petit).
2. *L'information est récupérée en activant un premier concept* (par exemple : canari). Le sujet met alors en route toute une série de notions liées à ce concept (canari = oiseau, vole, chante, etc.). Cette activation diffuse vers d'autres nœuds sémantiques au sein du réseau comme une sorte d'arborescence.
3. *L'information est stockée au sein d'un réseau hiérarchique.* Il s'agit d'un réseau en catégories classées par ordre d'importance (oiseau, animal, être vivant).
4. *L'information est stockée de manière économique.* Si elle est enregistrée à un endroit, elle ne l'est pas à un autre. Ainsi, nous ne devons pas retenir qu'un canari pond des œufs, qu'une poule pond des œufs, qu'un aigle pond des œufs, etc. Il nous suffit de retenir une fois pour toutes qu'un oiseau pond des œufs. L'information « pond

des œufs » est stockée au niveau « oiseau ». Le cerveau humain essaie de fonctionner au maximum par des généralisations dans un but d'économie cognitive.

Limites et perspectives

La psychologie scientifique est en perpétuelle évolution, toujours ouverte à la remise en question et à l'amélioration. Contrairement à d'autres écoles de pensée qui se rigidifient en relisant à l'infini les œuvres d'un maître sacralisé, la psychologie cognitive se transforme constamment. Face à de nouvelles évidences, découvertes grâce à l'expérimentation scientifique, le modèle de Collins et Quillian a aujourd'hui considérablement évolué. Le professeur Collins est d'ailleurs le premier à reconnaître certaines limites à son modèle et à encourager de jeunes chercheurs à trouver d'autres pistes. Par exemple, il observa que certaines associations de mots se faisaient plus rapidement que d'autres, alors qu'elles se situaient normalement au même niveau dans le réseau sémantique. Ainsi, l'association entre *requin* et *bouger* est produite plus vite par les sujets d'expérimentation que celle entre *requin* et *peau*. L'explication réside peut-être dans le fait que certaines associations sont plus courantes ou plus évidentes pour l'individu. Ou, alors, le sujet procède par visualisation et, lorsqu'il peut « voir » un concept, il donne une réponse plus rapide que celle obtenue par déduction ou raisonnement.

En travaillant avec Elizabeth Loftus, Allan Collins a aussi découvert que même des concepts très éloignés dans le réseau sémantique pouvaient être récupérés rapidement. Par exemple, le mot *beurre* et le mot *pain* sont facilement associés alors que le mot *vache* et *farine* le sont moins. Il est possible que l'usage quotidien de concepts crée des réseaux parallèles qui font sens pour l'individu. Aussi Collins a-t-il revu son modèle en imaginant que le réseau ne fonctionne pas toujours de façon hiérarchisée.

Bien d'autres critiques pertinentes ont été émises à propos du modèle de Collins et Quillian. Mais le fait est que leur découverte a permis un incroyable bond en avant dans la connaissance de la mémoire et de la pensée humaine.

Rencontre avec Allan Collins

Les deux hommes ont travaillé ensemble mais sont désormais séparés par le grand espace du continent nord-américain. Ross Quillian a pris sa retraite au sud-ouest de la Californie, tandis qu'Allan Collins passe l'été sur une île du nord-est des États-Unis. À quelques kilomètres de Big Apple, on trouve le refuge estival des hommes d'affaires de Manhattan : East Hampton. Ce qui fut autrefois un village de pêcheurs est devenu la villégiature branchée des New-Yorkais. En été, il est préférable de s'y rendre en hélicoptère, si l'on ne veut pas finir coincé dans un interminable embouteillage de Porsche et de Ferrari. La maison de Collins est modeste, décorée de façon simple : une table, une toile cirée, quatre chaises... C'est un homme discret. Il m'invite avec sa famille dans un petit restaurant grec du bord de mer. Il parle peu, écoute les autres et ne contredit pas, ou si peu.

Quand et comment vous êtes-vous intéressé à la psychologie?

J'ai commencé mes études supérieures dans un domaine que l'on nommait les « sciences de la communication ». C'était un mélange d'études sur l'informatique, la psychologie, l'électronique, etc. On voulait que j'étudie l'électronique, mais j'ai eu de très mauvaises notes. Il faut dire que le prof n'était pas très bon non plus. J'étais surtout bon en mathématiques. En tout cas, je me suis orienté vers la psychologie. Un certain Paul Fitts, qui s'occupait d'ingénierie psychologique à l'université du Michigan, a éveillé mon intérêt pour le domaine. Puis il y a eu d'autres influences qui m'ont conduit vers la psychologie. Dès le début, quand j'étais à Cincinnati, je me suis intéressé à la sémantique. En fait, c'est l'étude du langage qui m'a conduit vers la psychologie. Dès que j'ai été diplômé, j'ai été engagé par une société du Massachusetts qui travaillait en collaboration avec le MIT [7]. Cette boîte avait été créée par trois professeurs du MIT. Ross Quillian y travaillait déjà sur la mémoire sémantique. C'était une grande chance que de pouvoir collaborer avec lui.

Que faisiez-vous ? De la recherche ? De la psychologie appliquée ?

Surtout de la recherche, grâce à des subventions du gouvernement. Nous travaillions notamment sur un système de communication inter-ordinateurs qui était une sorte d'ancêtre d'Internet. C'était en 1967. Il y avait aussi un projet où l'ordinateur interagissait avec l'humain en vue de lui apprendre quelque chose : le *tutoring system* [8].

Il s'agissait d'un travail en intelligence artificielle ?

Oui, bien que l'expression « intelligence artificielle » soit aujourd'hui fort critiquée. En fait, nous essayions de faire en sorte qu'un ordinateur puisse mieux comprendre les questions que lui pose l'humain, en suivant une logique comparable au fonctionnement du cerveau humain. Mais il y avait d'autres expériences, dont celles que j'ai effectuées avec Quillian, qui étaient de la recherche fondamentale. Nous avons travaillé ensemble environ cinq ans. Mes expériences s'orientèrent surtout sur le *tutoring system* et sur la façon dont les hommes récupèrent l'information stockée dans leur mémoire. Je dois dire que mes travaux suivaient l'orientation des financements. Je faisais ce pourquoi nous recevions de l'argent ! (*Rires.*)

Pouvez-vous m'en dire plus sur le* tutoring system *?

Le premier système a été créé pour comprendre la géographie sud-américaine, parce que je travaillais avec un collègue expert dans ce domaine. Le second est un système conçu pour apprendre aux humains

7. Le MIT (Massachusetts Institute of Technology) est considéré comme la meilleure université au monde en sciences et en technologies.

8. *Tutoring system* : système tutoriel ou tuteur informatisé. Il s'agit de systèmes qui permettent une meilleure interaction entre l'homme et la machine.

à utiliser un *word processor*. Dans les deux cas, il s'agissait de mettre au point un système qui guide pas à pas l'utilisateur du programme d'un ordinateur. C'est un système où l'ordinateur enseigne à l'humain. Il lui donne des exercices, lui fait passer des tests, le corrige quand il fait des erreurs, essaie de lui expliquer pourquoi les erreurs ont été commises et répond même à certaines questions.

Quel était le but de ces recherches?

Le but était de voir comment on pouvait créer des systèmes d'enseignement et de tutorat efficaces. Le plus intéressant fut de découvrir qu'il est possible de construire une machine qui possède une vaste connaissance du monde et qui peut interagir avec une personne. Plutôt qu'un professeur qui donne son cours *ex cathedra*, on peut mettre au point un enseignement où l'on pose des questions et où le système vous aide à trouver les réponses. Par exemple : « Pourquoi pleut-il beaucoup en Irlande ? » Le système va d'abord vérifier s'il est vrai qu'il pleut beaucoup en Irlande et le situer dans un contexte global. Puis il pose une question comme : « Quels sont les courants des vents dans la région ? » Le système ne donne pas une réponse directe, mais encourage la réflexion. C'est une vraie aide à l'étude.

Ce système est-il encore utilisé aujourd'hui?

Les systèmes ont été améliorés aux cours des années et sont devenus très élaborés. Mais ils sont construits sur notre principe de base, c'est-à-dire la mémoire sémantique.

Quels sont vos autres sujets d'étude sur la récupération des informations dans la mémoire?

Lorsque je travaillais sur le *tutoring*, je me suis intéressé à la façon dont les gens répondent aux questions. Par exemple : « Le Mékong est-il plus long que le Nil ? » Soit le sujet sait déjà

« L'enseignement socratique [est] un meilleur savoir. On se souvient mieux de ce que l'on a construit en partie soi-même. »

que l'Amazone et le Nil [9] sont les deux fleuves les plus longs du monde et il en déduit que, forcément, le Mékong est moins long que le Nil ; soit il tente de répondre par d'autres stratégies, comme la visualisation des fleuves sur une carte, ou en essayant d'imaginer la taille des pays traversés par les fleuves, ou en utilisant encore d'autres moyens. Nous avons essayé de comprendre les mécanismes intrapsychiques des gens pour donner une réponse. Et nous avons établi un modèle théorique sur la façon dont ils répondent aux questions lorsqu'ils ne connaissent pas immédiatement la réponse. Il s'agit de ce que l'on nomme les « processus d'inférence [10] ».

Certaines de vos recherches peuvent-elles être utilisées par le commun des mortels ?

Depuis 1980, je m'intéresse à la manière dont les professeurs enseignent. Plus particulièrement à tout ce qui touche à l'enseignement socratique. Il s'agit de répondre à une question en demandant : « À ton avis, pourquoi ? » Je reviens à mon exemple : pourquoi pleut-il beaucoup en Irlande ? L'étudiant peut dire : « Parce que c'est près de la mer. » Et le professeur pose une autre question : « Le Maroc ou la Mauritanie ne sont-ils pas aussi au bord de la mer ? Pourquoi penses-tu qu'il ne pleut pas beaucoup là-bas ? » La méthode socratique peut être aussi très utile en psychologie clinique.

En quoi l'enseignement socratique est-il selon vous plus efficace ?

La question n'est pas de savoir si c'est plus rapide, car construire le savoir de cette façon prend beaucoup de temps. Mais il s'agit d'un meilleur savoir. On se souvient mieux de ce que l'on a construit en partie soi-même. En outre, en étudiant les enfants, nous avons observé qu'ils étaient entraînés à répondre ce que l'on attend d'eux. Et que, si on leur posait une question plus profonde, ils étaient perdus. La méthode socratique oblige les enfants à réfléchir et à donner du sens à leur réponse. Et

9. Le débat scientifique n'est pas encore clos, mais il semblerait que ce soit désormais l'Amazone (et non le Nil ou le Mississippi, comme on le pensait) le plus long fleuve du monde (près de 7 000 km). Le Mékong est presque moitié moins long avec environ 4 000 km.

10. L'inférence est une opération mentale qui consiste à fournir une information que l'on ne connaît pas à partir de réflexions et/ou de diverses données stockées en mémoire.

mon travail consistait à comprendre comment formuler « la prochaine question ». C'est ce que j'ai nommé les règles de production. Il s'agit de toutes les règles que nous utilisons pour produire un cheminement logique dans nos questions.

Pensez-vous que vos travaux ont changé le système éducatif aux États-Unis ?

Probablement... probablement pas... heu... *certainement* pas ! (*Rires.*) Il faut dire que mes recherches étaient très théoriques. Mais il y a des gens qui essaient de les appliquer à des outils pédagogiques. Plus récemment, je me suis intéressé à la manière dont on construisait des théories. J'ai découvert qu'il existait un certain nombre de mécanismes que nous utilisons pour donner du sens à une information nouvelle. L'être humain a tendance à partir de théories déjà connues pour expliquer un nouveau phénomène. J'ai travaillé sur un système informatique qui tentait de reproduire la manière dont les scientifiques construisent des théories. Je me suis documenté à partir des protocoles de raisonnement que m'ont donnés des biologistes, des physiciens, des historiens ou des psychologues. On leur soumettait divers problèmes, par exemple « quel sera le climat dans mille ans ? » ou « pourquoi les adolescents se comportent-ils parfois de manière identique, parfois de manière très différente selon les cultures ? ». Ensuite, j'analysais la façon dont ils élaboraient une théorie explicative.

« L'être humain a tendance à partir de théories déjà connues pour expliquer un nouveau phénomène. »

D'où provenait le financement de vos recherches ?

La plupart des financements provenaient de l'armée ou de la Navy. Aux États-Unis le budget des dépenses militaires est si énorme qu'ils peuvent se permettre de financer d'importantes recherches fondamentales.

Quelles sont, selon vous, vos principales découvertes ?

Je songe tout d'abord à mes travaux avec Quillian sur la façon dont la connaissance est organisée : la découverte du réseau sémantique. Nous avons repéré les règles qu'utilisent les humains pour donner une réponse plausible à une question. Je donne un exemple : si l'on demande « est-ce que les loups aboient ? », la première étape du raisonnement se fait par association directe (loup = hurlement). Les gens diront donc de préférence : « Il me semble plutôt que les loups hurlent. » Ensuite se met en route le principe du réseau sémantique : « Mais puisque les loups ressemblent aux chiens, il est possible qu'ils aboient aussi. » En plus du réseau sémantique, il existe aussi le processus visuel : « Est-ce que les loups sont noirs ? » La personne visualise un loup dans sa tête et peut répondre : « Peut-être, mais, habituellement, ils sont plutôt gris. » Cela dépend des questions ou des sujets. Les gens utilisent un système ou l'autre.

Est-ce que le fait d'être diplômé de l'université du Michigan a aidé votre carrière ?

À l'époque, c'était la deuxième meilleure université des États-Unis en psychologie, après Stanford. Elle avait, et elle a toujours, une excellente réputation.

Et à l'école primaire, vos professeurs pensaient-ils que vous alliez faire une grande carrière ?

Pas vraiment. Je me souviens qu'à l'école primaire, j'étais en bas de la liste… En fait, j'étais plutôt lent. Mais j'ai eu la chance d'aller dans l'un des meilleurs lycées des États-Unis. Et je me suis amélioré. En partie parce qu'on accordait moins d'importance à la question de la rapidité dans le travail.

Principaux textes d'Allan Collins

« Retrieval time from semantic memory » (avec R. Quillian), *Journal of Verbal Learning and Verbal Behavior*, 8, 1969, p. 240-247.

« A spreading activation theory of semantic processing » (avec E. Loftus), *Psychological Review*, 82, 1975, p. 407-428.

Cognitive Science. A Multidisciplinary Journal of Artificial Intelligence, Psychology, and Language (avec R. Schank et E. Charniak), 1978.

Readings in Cognitive Science. A Perspective from Psychology and Artificial Intelligence (avec E. E. Smith), San Francisco, Morgan Kaufmann, 1988.

The Cognitive Structure of Emotions (avec A. Ortony et G. L. Clore), New York, Cambridge University Press, 1990.

« Learning communities in classrooms. A reconceptualization of educational practice » (avec K. Bielaczyc), *in* C. M. Reigeluth (éd.), *Instructional-Design Theories and Models. A New Paradigm of Instructional Theory*, Mahwah, NJ, Lawrence Erlbaum Associates, 1999.

« The role of different media in designing learning environments » (avec P. Neville et K. Bielaczyc), *International Journal of Artificial Intelligence in Education*, 11, 2000, p. 144-162.

« Design research : Theoretical and methodological issues » (avec D. Joseph et K. Bielaczyc), *Journal of the Learning Sciences*, 13(1), 2004, p. 15-42.

Elizabeth Loftus

Elizabeth Loftus en quelques dates...

1944 : Naissance à Los Angeles.

1966 : Licence (BA) à l'UCLA.

1967 : Master (MA) à Stanford.

1970 : Doctorat à Stanford.

1979 : Professeur de psychologie à l'université de Washington.

Depuis 2002 : Professeur à l'université de Californie, Irvine.

Elizabeth Loftus en quelques chiffres...

A publié 20 livres.

A écrit plus de 400 articles scientifiques.

A apporté son expertise de psychologue dans plus de cent affaires judiciaires.

A reçu des dizaines de distinctions honorifiques des plus prestigieuses sociétés de psychologie et de nombreuses universités internationales.

La mémoire est menteuse

Par Pascal de Sutter

On dit que le paradis sur terre n'existe pas. Pourtant, en allant à la rencontre d'Elizabeth Loftus, j'ai traversé une université qu'on peut qualifier de paradisiaque : l'université de Californie à Irvine (UCI). C'est un éden du savoir traversé d'avenues rigoureusement propres et parsemé d'élégants bâtiments aux briques parfaitement alignées. Point de pommier de la connaissance, mais des palmiers à profusion. J'ai encore en mémoire le foisonnement d'espaces verts plantés de mimosas, de bougainvilliers et d'autres arbres exotiques. Il y avait tant d'essences différentes que je me serais cru au jardin botanique de Monaco. Je me souviens d'avoir croisé de jolies étudiantes souriantes et d'élégants universitaires sportifs. Pour couronner le tout, le climat du sud de la Californie offre, en permanence, une atmosphère estivale de rêve. Une petite brise océanique apporte une touche rafraîchissante sous un ciel bleu azur. Voilà ce qui me vient à l'esprit en me remémorant ma visite à l'université où travaille et enseigne Elizabeth Loftus. Lorsque j'ai sonné à la porte du professeur Loftus, je me souviens de l'accueil charmant d'une personne à l'abondante chevelure auburn et au visage éclairé par de grands yeux bleus.

Et si mon souvenir me trompait ?

Comme ma rencontre avec Elizabeth Loftus remonte à plusieurs mois, je me suis penché sur les notes que j'avais écrites le soir même de mon entrevue avec la célèbre psychologue. Je suis rassuré. Effectivement, j'avais été ébloui par le lieu enchanteur, la végétation luxuriante et la propreté de l'université. Toutefois, une multitude d'autres détails qui se trouvent dans mes notes ont complètement disparu de ma mémoire. Un rapide coup d'œil à ma documentation photographique confirme mon impression : l'université de Californie à Irvine est effectivement un très bel endroit. Mais un détail cloche... Il n'y a pas de bâtiment en brique, comme dans mon souvenir. Pourtant, je l'aurais juré! En y réfléchissant à nouveau, j'ai dû confondre avec l'université du Michigan. Autre détail plus troublant, Elizabeth Loftus n'a pas des cheveux auburn mais châtains. Et ses yeux ne sont pas bleus, mais bruns.

Dans ce cas précis, il est peu important que mon souvenir soit plus ou moins conforme à la réalité. Mais qu'en est-il lorsqu'une personne doit raconter avec exactitude les circonstances d'un crime? Un crime particulièrement révoltant? L'abus sexuel d'un enfant par exemple...

Voilà le genre de question qui intéresse Elizabeth Loftus. Et qui lui a coûté très cher. À l'aube de l'an 2000, Elizabeth Loftus enseignait à l'université de Washington depuis près d'un quart de siècle. Ses travaux sur les mécanismes de la mémoire humaine, mondialement reconnus, avaient largement contribué à la renommée de l'institution universitaire. Mais, depuis quelques années, elle développait des idées à contre-courant et menait des recherches peu « politiquement correctes ». Aussi, lorsque harcèlements, menaces et ennuis juridiques s'abattirent sur elle, les autorités de l'université de Washington adoptèrent le comportement de Ponce Pilate. N'écoutant que leur courage – qui ne leur disait rien – ils décidèrent de ne pas soutenir Elizabeth Loftus. Aussi, elle finit par quitter famille et amis pour accepter l'offre de l'université de Californie à Irvine, à quelques milliers de kilomètres plus au sud. De toutes ces déceptions, Elizabeth Loftus ne parle pas. C'est une femme qui respire la joie de vivre, l'enthousiasme et l'optimisme. Il faut fouiller l'ensemble de ses livres pour y trouver seulement quelques lignes sur ces pénibles événements, dans un style sobre et pudique.

Que nous apprend Elizabeth Loftus ?

Les médias et les abus sexuels...

Il y a une centaine d'années, Sigmund Freud avait observé que de nombreux patients, la plupart du temps des femmes, lui rapportaient, en analyse, des histoires de « séduction précoce » : elles se souvenaient des relations incestueuses que leur père leur avait imposées. Ces contacts sexuels infantiles et leur refoulement étaient, selon lui, à l'origine de leur névrose. Puis le médecin viennois changea d'avis. Ne pouvant admettre qu'autant de femmes aient pu être ainsi sexuellement abusées, Freud élabora en 1897 une nouvelle théorie : il ne s'agissait que de fantasmes, et ces femmes avaient imaginé cette relation qui, conformément au complexe d'Œdipe, coïncidait avec leur désir secret. Le maître avait parlé, l'affaire était entendue.

Pendant plus d'un siècle, rares furent ceux qui contestèrent cette théorie. Puis, il y a une vingtaine d'années, plusieurs affaires de pédophilie émurent l'opinion publique en Europe et aux États-Unis. Ces comportements, qui, autrefois, auraient été plus ou moins étouffés ou dissimulés, se retrouvèrent sous les projecteurs des médias. De nombreuses victimes d'abus sexuels infantiles, restées longtemps dans l'ombre de la honte, décidèrent d'en parler ouvertement. Les psychiatres et psychologues s'intéressèrent au problème. On se mit enfin à écouter – et à croire – les anciennes victimes d'abus sexuels. Le phénomène prit une ampleur croissante, et les médias produisirent films, reportages, émissions et livres sur le sujet. De nombreux psys de tous bords établirent des liens linéaires de cause à effet entre abus sexuel infantile et souffrance psychique chez l'adulte. Trop de thérapeutes en tirèrent la conclusion – contestable – que, si un adulte était mal dans sa peau, c'était très probablement parce qu'il avait été abusé dans son enfance. Cette idée se répandit dans la société comme une traînée de poudre. Des hommes et des femmes à la recherche de la cause de leur souffrance commencèrent à se demander si eux aussi n'avaient pas été victime d'abus sexuels…

Comment une idée se transforme en erreur judiciaire collective

Au début des années 1980, suite aux travaux de Judith Herman, psychiatre américaine, et de Jeffrey Masson, ancien directeur des Archives Freud, se propagea l'idée que les abus sexuels imposés par les parents sont à l'origine de *toutes* les névroses. Herman et Masson servirent de caution scientifique à certains mouvements féministes qui, dans tous les États-Unis, fondaient des groupes d'entraide pour les « survivants de l'inceste ». En 1988 est publié un livre qui fait grand bruit et connaît un succès phénoménal (plus d'un million d'exemplaires vendus). Ce livre, *The Courage to Heal : A Guide for Women Survivors of Child Sexual Abuse* [1] (« le Courage de guérir : un guide pour les survivantes d'abus sexuels ») d'Ellen Bass et de Laura Davis, explique que les personnes souffrant de problèmes psychologiques – et qui ont le sentiment que quelque chose de traumatisant s'est produit dans leur enfance – doivent investiguer davantage cette impression. Selon les auteurs, les traumatismes extrêmes de l'enfance (dont l'abus sexuel) sont souvent spontanément « réprimés », autrement dit oubliés, pour permettre à l'enfant de continuer à grandir.

Il s'agit là du concept de « mémoire réprimée », ancienne idée freudienne remise au goût du jour. La « mémoire réprimée » serait la mémoire d'un événement traumatique qui est enfermé de manière inconsciente dans l'esprit. Le sujet *réprime* l'événement traumatique grâce à un mécanisme de défense pour se protéger de l'« horreur » de la réalité. L'expérience traumatisante est « oubliée » mais non « pardonnée », et

1. E. Bass et L. Davis, *The Courage to Heal. A Guide for Women Survivors of Child Sexual Abuse*, New York, Harper & Row, 1988.

cette répression inconsciente est supposée entraîner toute une série de problèmes psychiques et psychosomatiques (boulimie, insomnie, obsessions, alcoolisme, dépression, suicide, etc.). Toutefois, grâce à la psychothérapie, il serait possible de faire émerger ces souvenirs « refoulés ».

De nombreuses femmes se mirent donc à se « rappeler » avec force détails que leur père les avait abusées durant leur enfance, souvent avec la complicité de leur mère. Le plus étrange est que ces gens n'avaient jamais eu, auparavant, le moindre soupçon sur le comportement de leurs parents. Le souvenir était comme « revenu » durant le traitement, après la lecture d'un livre sur le sujet ou suite à une émission. L'apparition à la conscience de ces « souvenirs refoulés » entraîna logiquement de multiples drames familiaux. Aux États-Unis, la justice s'en mêla, et plusieurs personnes furent accusées et condamnées sur la seule base de ces souvenirs. Dans cette ambiance de nouvelle chasse aux sorcières, tout le monde soutenait les « victimes » et pratiquement personne n'osait remettre en doute leurs souvenirs... Sauf Elizabeth Loftus.

Le mythe de la mémoire réprimée ou comment une femme sauve les victimes de fausses allégations d'abus sexuels

Elizabeth Loftus est une femme de cœur.

À la fin des années 1980, elle a été profondément touchée par les nombreux courriers de personnes poursuivies en justice par leurs enfants. Il s'agissait de lettres tragiques où des parents – dont les enfants ne s'étaient jamais plaints – se voyaient soudain accusés d'agressions sexuelles : « *Je suis un homme de 75 ans et ma fille de 49 ans me poursuit au tribunal en prétendant que je l'ai abusée sexuellement durant son enfance* » ou « *Suite à une thérapie, mon fils nous accuse, mon épouse et moi-même, de l'avoir molesté sexuellement pendant de nombreuses années...* » Pourquoi toutes ces lettres à Elizabeth Loftus ? Le professeur Loftus est célèbre aux États-Unis pour ses travaux sur la mémoire. Elle a consacré toute sa carrière à mieux comprendre le mécanisme de la mémoire humaine. Elle a publié de nombreux ouvrages sur le sujet, mais, surtout, elle a écrit un livre intitulé *The Myth of Repressed Memory*[2], « *le mythe de la mémoire réprimée* ».

---

2. E. Loftus et K. Ketcham, *The Myth of Repressed Memory. False Memories and Allegations of Sexual Abuse*, New York, St Martin's Press, 1994.

Elizabeth Loftus est aussi une femme de tête.

Comme tous les esprits véritablement scientifiques, elle se méfie des théories qui se basent uniquement sur le génie de leur inventeur. Elle préfère les concepts issus de l'expérimentation et de l'observation rigoureuse. Or les théories de la mémoire réprimée ne reposent généralement sur aucun fondement scientifique.

Elizabeth Loftus est également une personne de bon sens.

Et son bon sens lui dit la chose suivante : la plupart des enfants qui ont connu la guerre, les camps de concentration, les viols collectifs, la famine ou la torture se souviennent de ces événements. De nombreuses observations scientifiquement validées [3] attestent qu'ils ne « répriment » pas inconsciemment ces souvenirs, mais au contraire se les rappellent, et fort bien. Parfois, ils essaient même désespérément d'oublier ces images traumatisantes, mais n'y arrivent pas. Il est donc étonnant que certaines victimes d'abus sexuels puissent tout oublier. Des études ont d'ailleurs montré que, dans l'immense majorité des cas d'abus sexuel avérés (quand l'abuseur reconnaît les faits ou que des preuves irréfutables sont produites), la victime n'avait rien oublié et n'avait pas connu d'épisode de mémoire réprimée. Ceux qui continuent de croire à la théorie de la « mémoire réprimée » objectent que c'est la répétition d'événements traumatisants (comme des actes incestueux chroniques) qui favorise la répression du souvenir. Or les expériences scientifiques montrent exactement le contraire : plus on répète un événement, mieux on s'en souvient. Par ailleurs, l'une des caractéristiques des souvenirs « révélés » après un épisode de « répression » prolongé, c'est qu'ils foisonnent de détails extraordinairement précis. Or les nombreuses études que Loftus a menées sur la mémoire indiquent que, généralement, plus le souvenir est ancien, plus il est sujet à des « erreurs » quant aux détails. Et cela est aussi vrai pour les événements traumatisants.

On ne peut pas se fier à sa mémoire

Le psychologue Ulric Neisser a mené une expérience célèbre, demandant à quarante étudiants de décrire la manière dont ils avaient été infor-

3. Voir D. L. Schacter, *Searching for Memory. The Brain, the Mind, and the Past*, New York, Basic Books, 1996, p. 256.

més de l'explosion de la navette spatiale *Challenger*. Il les interrogea dès le lendemain du drame (janvier 1986), puis leur reposa la même question deux ans plus tard (en septembre 1988). Les étudiants affirmèrent se souvenir parfaitement des circonstances entourant l'événement, et, pourtant, pas un seul ne le décrivit exactement de la même manière. Et, pour un tiers d'entre eux, le souvenir le plus récent n'avait pas grand-chose à voir avec l'ancien. En voici un exemple.

Janvier 1986 : «*J'étais en cours d'éducation religieuse et des gens ouvrirent la porte pour raconter l'explosion. Je ne connaissais aucun détail si ce n'est que la navette avait explosé [...]. Après la classe, je suis allée regarder le programme télévisé et j'ai eu connaissance des détails.*»

Septembre 1988 : «*La première fois que j'ai entendu parler de l'explosion, j'étais dans ma chambre d'étudiante, occupée à regarder la télévision avec mon amie. Un flash de nouvelles a interrompu le programme et nous avons toutes les deux été choquées. J'étais bouleversée et j'ai couru à l'étage pour en parler à un ami; ensuite j'ai appelé mes parents.*»

Comme on peut le constater, la seconde version est fort différente de la première.

Le plus étonnant, dans cette expérience, fut la réaction des étudiants. Ils étaient absolument persuadés que leur souvenir le plus récent était rigoureusement exact. Et ils avaient beaucoup de difficulté à croire qu'ils avaient écrit de leur propre main une version si différente deux ans plus tôt.

On observe exactement la même réaction avec les personnes qui rapportent des histoires de «mémoire réprimée». Ces personnes sont généralement intimement convaincues de la véracité de leur souvenir. Et, si on met en doute leurs allégations, elles s'exclament : «Pourquoi inventerais-je une chose si horrible? Depuis que ce souvenir m'est revenu, ma vie est un enfer.» Elizabeth Loftus ne doute pas que l'immense majorité de ces personnes sont de bonne foi et qu'elles souffrent sincèrement de l'apparition de ces souvenirs. Et, en tant que scientifique, elle s'est effectivement posé la question du *pourquoi* et du *comment* : pourquoi ces souvenirs refoulés? Et comment apparaissent-ils?

Comment faire apparaître un fantôme?

Nous sommes le 10 juillet 1959. Beth Fishman a 14 ans. Elle se prénomme Elizabeth Jane, mais tout le monde l'appelle «Beth». Beth s'éveille, le soleil brille. Ce devrait être un matin de vacances magnifique. Mais c'est le matin où l'on retrouve sa mère noyée dans la piscine familiale. Accident, suicide ? Beth ne saura jamais. Le dernier souvenir qu'elle retient de sa maman est celui d'un baiser, avant de s'endormir, et d'un murmure à l'oreille : «*I love you.*» Puis, plus rien, le trou noir. Le *black-out* total. Jusqu'au jour où, trente ans plus tard, un membre de la famille lui déclare que c'est elle qui a découvert le drame la première. Bouleversée, celle qui porte désormais le nom d'épouse d'Elizabeth Loftus ne comprend pas. Elle était persuadée que c'était son oncle Pearl qui avait découvert le corps. Mais, petit à petit, elle commence à recouvrer sa mémoire. Des souvenirs de plus en plus précis lui reviennent : elle se revoit, jeune fille fragile, regardant le scintillement bleu et blanc de la piscine. Sa mère, vêtue de sa chemise de nuit, flotte à la surface des eaux. «*Maman, Maman ?*» s'entend-elle crier, la voix amplifiée par la terreur. Puis la voiture de police, les lumières bleutées, le corps qu'on emporte. Tout lui revient à l'esprit avec de plus en plus de clarté. Sa mémoire est comme ressuscitée après un long sommeil. Elizabeth Loftus comprend mieux sa vie. Elle voit enfin d'où vient son obsession professionnelle pour l'étude scientifique de la mémoire. Tout fait désormais sens.

Quelques jours plus tard, le frère d'Elizabeth Loftus lui téléphone pour lui annoncer que l'on s'est trompé dans la dernière version de l'histoire. Ce n'est pas elle qui a découvert sa mère morte, mais son oncle Pearl. Et plusieurs témoins confirment que c'est bel et bien ainsi que cela s'est passé. Elizabeth Loftus n'avait rien vu du drame. Ces nouveaux souvenirs étaient parfaitement fictifs. Ce n'est pas cet événement qui a lancé le professeur Loftus dans ses recherches sur la mémoire refoulée. Elle s'y intéressait déjà auparavant. Mais cette expérience personnelle a confirmé l'idée que les souvenirs peuvent bel et bien survenir du néant, comme des fantômes.

Toutefois, les souvenirs fantômes ne nous hantent pas par hasard. Ils apparaissent seulement si quelqu'un les appelle.

Depuis l'invention de l'hypnose, on sait combien le patient est influençable au cours d'une thérapie, quelle qu'elle soit. C'est la dimension de la «suggestion», dont doit être conscient tout bon thérapeute : impossible d'être totalement neutre. Imaginons un psy persuadé que les abus sexuels infantiles sont la principale cause des troubles psychiques chez l'adulte. Si, spontanément, un patient lui parle d'un traumatisme infantile, il creusera cette piste en profondeur. En revanche, si le patient lui affirme avoir eu une enfance heureuse et banale, il restera sur sa faim. « Êtes-vous sûre que votre enfance était si heureuse ? Vous dites ne jamais avoir subi de trauma sexuel dans l'enfance, mais n'est-ce pas plutôt que vous ne vous en souvenez pas ? » La suggestion du psy est bien entendu rarement aussi évidente. La plupart du temps, elle n'est même pas consciente. Elle peut être non verbale : un regard, un toussotement, un froncement de sourcil. Si un thérapeute se met à prendre subitement des notes chaque fois que le patient aborde une question sexuelle, il induit l'idée que les événements sexuels sont plus importants que les autres. Chacun sait combien un patient malheureux est fragile et a envie de « plaire » à son thérapeute ; tous les patients ont besoin d'écoute et d'attention. Dès lors, si le thérapeute a envie d'entendre des histoires d'abus sexuels infantiles, il les entendra. Et, s'il ne les entend pas durant les premières séances, des souvenirs refoulés apparaîtront un peu plus tard, de plus en plus clairs, de plus en plus nombreux, de plus en plus précis…

Il existe cependant de nombreux cas de personnes n'ayant jamais suivi de thérapie et qui vivent des histoires de mémoire réprimée. Comment expliquer ce phénomène ?

Dans les années 1960, lorsque les journaux se mirent à parler de visites d'extraterrestres, des milliers de témoins rapportèrent en avoir rencontré. Puis la mode passa, et les témoignages se firent plus rares. Dans les années 1990, les histoires de mémoire réprimée firent la une de journaux aussi célèbres que *Newsweek* ou *Time Magazine*. Miss America en personne – et d'autres célébrités – s'exprimèrent publiquement : elles racontèrent qu'elles s'étaient soudain rappelé avoir été abusées dans leur enfance. N'est-il pas socialement valorisant de vivre une histoire aussi extraordinaire que celle de Miss America ? Il est indubitable que la personne qui met au grand jour les fantômes des souvenirs refoulés en souffre. Mais il est tout aussi vrai qu'elle en tire ce que l'on nomme en psychologie des « bénéfices secondaires » : compassion d'une partie de l'entourage, explication globale de tous ses problèmes psychiques, intérêt de nombreux psys et justification de comportements dérangeants pour le cercle familial. On pardonne plus facilement à une malheureuse victime d'abus sexuel d'être irritable, déprimée, boudeuse, froide, colérique ou rancunière.

Pour Elizabeth Loftus, cela ne signifie pas que ces pseudo-victimes soient mythomanes. Non, elles croient profondément à la véracité de leur « nouveau » souvenir. Et cela conduit à une autre question : pourquoi croient-elles aussi fermement à ces souvenirs ? Il nous arrive en effet à tous de douter de notre mémoire. Comment se fait-il que ces personnes, elles, n'en doutent pas ?

Pourquoi une croyance aussi inébranlable pour des souvenirs aussi anciens ?

L'étude clinique de nombreux cas de mémoire réprimée montre qu'au départ les sujets sont généralement dubitatifs. « Est-il possible que mon père ait pu me faire une telle chose ? Comment ma mère a-t-elle pu être complice ? Comment ai-je pu oublier si longtemps ? » Mais la lecture de livres tels que *The Courage to Heal* ou les conseils de « spécialistes » de la mémoire refoulée ont tôt fait de balayer leurs possibles doutes. Les rêves signifient toujours quelque chose, un souvenir d'enfant ne peut mentir, il faut faire confiance à sa mémoire. Leur pensée se résume à une équation simple : émotion = réalité.

En outre, si une adulte raconte que, jeune fille, elle a eu le premier prix de violon au concours Reine Elizabeth, on n'hésitera pas à lui demander la preuve d'une telle allégation. Mais, si elle nous confie avoir été violée par son père, qui osera mettre en doute sa parole ? D'ailleurs, Elizabeth Loftus ne met pas en cause la parole des personnes qui se sont toujours souvenu de traumatismes infantiles. Mais elle doute des souvenirs d'événements pénibles qui ont duré des années et qui ont été complètement effacés avant de resurgir, riches de nombreux détails précis, dix, vingt ou trente ans plus tard.

Si les tenants de la « mémoire réprimée » ne possédaient aucune preuve scientifique de ce mystérieux phénomène, Elizabeth Loftus n'avait pas non plus de preuves que de tels souvenirs pouvaient surgir du néant. D'ailleurs, elle constata que le débat prenait souvent une allure religieuse, quasi mystique. Il y avait les croyants et les sceptiques. Elizabeth Loftus prit rapidement conscience que les croyants tenaient le beau rôle et que sa situation était bien moins enviable. Il est en effet plus confortable de croire la pauvre victime d'un viol infantile que de donner crédit à un potentiel bourreau pédophile. Elizabeth Loftus a rencontré des pères qui finissaient par douter de leurs propres souvenirs :

«Et si j'avais réellement fait cela à ma fille et que je l'avais moi aussi oublié... ?» Il est même arrivé que des innocents avouent des crimes imaginaires juste pour mettre un terme au pénible processus judiciaire. C'est pour toutes ces victimes oubliées qu'Elizabeth Loftus devait se battre. Il lui fallait prouver que l'on pouvait créer ce genre de souvenir de toutes pièces.

L'expérimentation impossible

Le professeur Loftus était confrontée à une situation sans issue. Il lui était certes facile de mettre au point une expérimentation classique sur la mémoire : elle avait déjà montré, précédemment, qu'il était possible d'ajouter à un souvenir authentique une foule de détails parfaitement imaginaires auxquels le sujet croit dur comme fer, et que, dans un témoignage à propos d'un crime, des informations obtenues après les faits modifiaient considérablement le souvenir. Mais les souvenirs d'abus sexuels infantiles portent sur des circonstances à la fois très traumatiques et très intimes. Tout l'échafaudage de la théorie de la «mémoire réprimée» repose justement sur ce précepte : la mémoire humaine ne fonctionne pas de manière uniforme. Les mécanismes sont différents pour les souvenirs classiques et pour les souvenirs de traumatismes sexuels infantiles. La science peut démontrer que les souvenirs classiques sont peu fiables, influençables et parfois carrément imaginaires. Elle montre aussi que certains chocs traumatiques nous font effectivement perdre la mémoire d'événements graves. Les scientifiques savent aussi qu'il arrive occasionnellement qu'un enfant puisse «oublier» une agression sexuelle ou un inceste. Surtout lorsque cela se passe à un très jeune âge où la fonction mnésique est encore peu développée. Hélas, si la mémoire lui revient à l'âge adulte, elle est parcellaire, imprécise, bref, extrêmement peu fiable. Donc peu utilisable pour échafauder un témoignage valide. Or, selon les partisans de la «mémoire réprimée», les souvenirs d'abus sexuel seraient fiables, peu influençables et rarement (ou jamais) imaginaires.

Il n'est pas possible pour un chercheur de reproduire avec des sujets d'expérimentation des situations comparables à un abus sexuel infantile, pour des raisons évidentes d'éthique. Comment le professeur Loftus allait-elle s'y prendre pour faire surgir le faux souvenir d'un événement traumatisant infantile?

La technique de « l'enfant perdu dans un centre commercial[4] »

Le but d'Elizabeth Loftus était d'induire, chez les sujets de son expérience, non pas des morceaux de souvenirs, mais une histoire complète. Une de ses amies lui glissa l'idée qu'il existait une expérience vraiment traumatisante pour un jeune enfant : perdre ses parents dans un grand magasin ou un centre commercial. Enthousiaste, le professeur Loftus lança la procédure de recherche et obtint des résultats fascinants. Voilà quel en était le principe : on racontait à des sujets adultes une série d'aventures survenues durant leur enfance ; toutes étaient vraies sauf l'anecdote du centre commercial. Dans cette anecdote, on précisait aux « cobayes » qu'à l'âge de 5 ans ils s'étaient perdus pendant longtemps et avaient été recueillis par une personne âgée. 25 % des sujets se remémorèrent cet épisode et l'enrichirent même de détails précis sur l'apparence de la personne qui les avait aidés. Mais tout cela n'était jamais arrivé. Elizabeth Loftus avait enfin démontré qu'une personne adulte pouvait construire de toutes pièces de faux souvenirs très élaborés d'un événement traumatisant de l'enfance. D'autres chercheurs reproduisirent l'expérience avec de faux souvenirs infantiles de noyade, d'attaque d'animaux ou d'autres circonstances très stressantes. Et plus aucun scientifique sérieux ne met aujourd'hui en doute le fait que l'on peut induire chez un sujet (volontairement ou involontairement) de faux souvenirs très élaborés auxquels la personne croit fermement.

Évidemment, les tenants de la théorie de la « mémoire refoulée » estiment que cela ne prouve rien, et la quête d'Elizabeth Loftus pour approcher la vérité est encore longue.

4. *The « lost in the mall » technique.*

Rencontre avec Elizabeth Loftus

Non, cher lecteur, mes souvenirs ne sont pas imaginaires! Elizabeth Loftus vit bel et bien dans un endroit paradisiaque. Et ce n'est probablement pas pour rien que le prix de l'immobilier dans le campus d'Irvine et alentour atteint des sommets comparables à ceux pratiqués à Monaco – les taxes en plus. N'imaginez pas pour autant que les professeurs d'université soient riches, leurs logements sont subventionnés… Ici, j'apprécie le charme d'une maison décorée avec goût. Avec chaleur, elle m'invite à partager un apéritif en compagnie de ses amis du club des professeurs. J'y rencontre, autour de tables disposées sur la pelouse, quelques-uns des plus grands savants de notre temps, de ceux dont on souffle qu'ils seront les prochains prix Nobel. Et tout cela dans une ambiance simple et conviviale, à l'ombre des palmiers du sud de la Californie.

> « Lorsqu'on questionne les gens à propos de leurs souvenirs, on modifie leurs souvenirs. »

Quand et comment vous êtes-vous intéressée à la psychologie?

Au départ, je faisais des études de mathématiques. Mon père était quelqu'un de plutôt distant, mais il adorait les maths, et un moyen de capter son attention était de lui demander de m'aider pour mes devoirs dans ce domaine. Je suis donc devenue très bonne en mathématiques. C'est logiquement dans cette branche que j'ai ensuite entamé mes études universitaires. Puis j'ai eu l'occasion de suivre un cours d'introduction à la psychologie à l'UCLA et j'ai adoré ça. J'ai découvert qu'à l'université de Stanford il existait une spécialité nommée « psychologie mathématique ». Je me suis dit que ce serait parfait pour moi. Mais, lorsque je suis arrivée à Stanford et que j'ai commencé à vraiment étudier la psychologie mathématique –, en l'occurrence essayer de trouver des formules mathématiques pour expliquer les processus psychologiques – j'ai compris que ce n'était pas ce que je voulais. Ensuite, j'ai eu l'occasion de travailler dans cette université avec l'un de mes professeurs (Jonathan Friedman) sur le phénomène de la mémoire. Nous étudiions comment l'information est organisée et récupérée dans le cerveau. Il s'agissait de travaux sur la mémoire sémantique[5]. Par exemple, comment on se souvient du mot « banane » par association avec le mot « jaune ». Ou comment on met le mot « poire » dans la catégorie « fruit », etc. C'était très excitant pour moi. D'autant que cela m'a permis d'apprendre à mener des expérimentations, à analyser des données et à rédiger des articles scientifiques. C'est grâce au professeur Friedman que j'ai développé le goût de la recherche. Mais je cherchais quelque chose de plus concret.

Vous cherchiez quelque chose de plus directement utilisable dans la vie réelle et pas seulement des concepts théoriques ?

Oui, c'est l'époque où mon père décéda du cancer. Et je me suis dit : j'aimerais travailler sur quelque chose de concret, comme un remède contre le cancer ! Mais ce n'était pas mon domaine. J'étais seulement quelqu'un qui avait quelques connaissances sur la mémoire. Je m'intéressais aussi au domaine psycholégal. Ainsi, mon travail s'est orienté tout naturellement vers l'étude de la mémoire chez les témoins d'accidents ou de crimes. Et j'ai commencé à étudier la mémoire des témoins. Je montrais aux gens des films d'accidents ou de délits. C'était quelque chose de nouveau, d'inédit. À l'époque, on se contentait de montrer aux sujets d'expérimentation des listes de mots, des photos ou parfois des phrases. Mais personne ne leur montrait des films d'accidents de voiture.

---

5. Voir Allan Collins et Ross Quillian, chapitres précédents.

C'était vraiment une idée originale!

Oui, mais, à l'époque, les gens disaient : « C'est de la psychologie de foire, cela ne mènera à rien. » Je me suis entêtée dans cette direction. Et l'une des premières choses que j'ai découvertes, c'est que, lorsque l'on questionne les gens à propos de leurs souvenirs, on modifie leurs souvenirs. Par exemple, si on demande aux témoins « à quelle vitesse roulaient les véhicules lorsqu'ils se sont percutés », on obtient une moyenne de vitesse plus rapide que si on leur demande « à quelle vitesse roulaient les véhicules lorsqu'ils se sont touchés ». Je me suis alors demandé si la manière de poser les questions affectait, outre les réponses, la façon dont les gens reconstruisent leur mémoire. Et pas seulement à cause des mots employés, mais aussi par d'autres formes d'information.

D'autres éléments, comme le langage non verbal de l'interrogateur?

Oui, mais je pense ici aux informations complémentaires comme : « Madame Jones dit que cela s'est passé de cette façon, qu'en pensez-vous ? » On a mené des expériences pour montrer que les témoins « ajoutent » à leur mémoire des informations qui proviennent d'autres sources que ce qu'ils ont réellement vu. C'est ce que j'ai nommé par la suite le « *misinformation effect* » (l'effet « information trompeuse »). En résumé, il s'agit du phénomène qui se produit lorsqu'on donne une fausse information à un sujet à propos d'un véritable incident. Dans un nombre important de cas, le sujet intègre cette information trompeuse dans son souvenir, en étant per-

« L'"information trompeuse". En résumé, il s'agit du phénomène qui se produit lorsqu'on donne une fausse information à un sujet à propos d'un véritable incident. Dans un nombre important de cas, le sujet intègre cette information trompeuse dans son souvenir, en étant persuadé que c'est la réalité. »

suadé que c'est la réalité. J'ai connu alors une période de popularité en menant des tas d'expériences sur le «*misinformation effect*». Toutefois, la question la plus difficile était : «Lorsque vous avez transformé le souvenir de quelqu'un par des informations trompeuses, qu'avez-vous fait du souvenir original qui était là tout au début ?» Ce qui mène au grand débat sur la conservation de la mémoire. Est-ce que le souvenir initial est encore là ? Est-ce qu'il est enterré quelque part en dessous d'un tas d'ordures ? Faut-il creuser en profondeur pour le retrouver ? Ou bien le souvenir est-il irrémédiablement transformé par de nouvelles informations ?

Justement, j'ai une question à ce sujet. Beaucoup de gens s'imaginent que le souvenir d'un événement se trouve rangé quelque part, comme un dossier dans un tiroir. Et qu'il suffit d'ouvrir le bon tiroir pour le retrouver. Pour ma part, il me semble que l'on «reconstruit» le souvenir exactement au moment où on l'exprime et qu'il est influencé par notre humeur du moment. Si je suis heureux en ce moment, mes souvenirs seront teintés en rose. Et, si je suis triste, les mêmes souvenirs seront beaucoup plus gris. Qu'en pensez-vous ?

> «Parfois le souvenir demeure identique, mais s'enrichit de nouveaux détails fictifs, et parfois le souvenir est définitivement détérioré par des informations nouvelles. Il n'est alors plus possible de retrouver spontanément le souvenir initial.»

Pour ma part, je pense que les souvenirs sont altérés, modifiés, détériorés par des informations obtenues après l'événement. Mais d'autres scientifiques ne sont pas d'accord. Notamment un groupe de psychologues anglais, dont John Morton, qui estiment que les souvenirs peuvent s'affaiblir mais pas vraiment être «altérés». Ensuite, un autre groupe de personnes ont contesté mes recherches en disant que la mémoire ne peut être modifiée, ni même affaiblie.

Elles estiment que cela ne peut arriver qu'à ceux qui n'ont pas enregistré les détails dès le départ. Tout ce débat a été très riche sur le plan intellectuel. Finalement, j'ai publié en 1989 un article qui concluait que tout le monde avait peut-être raison. Parfois le souvenir est identique mais s'enrichit de nouveaux détails fictifs, et parfois le souvenir est définitivement détérioré par des informations nouvelles. Il n'est alors plus possible de retrouver spontanément le souvenir initial. Le seul moyen est de fournir au sujet de nouvelles informations authentiques sur ce qui s'est réellement passé.

Cependant, après une quinzaine d'années, j'ai eu envie de changer de domaine de recherche. Lors d'une soirée de nouvel an, j'ai mis par écrit ma résolution de nouvelle année et je l'ai déposée dans une boîte. J'avais noté la phrase suivante : « Je veux consacrer environ un tiers de mon temps à une autre activité et trouver quelque chose de différent. »

Comme un hobby?

Non, quelque chose d'intellectuel et de professionnel. Et au bout d'une année, il ne s'était toujours rien passé. Alors, l'année suivante, j'ai remis dans la boîte le même souhait. Et quelques mois plus tard est arrivée toute l'histoire de la « mémoire réprimée ». Il s'agit de cette théorie selon laquelle des années de brutalités peuvent être totalement réprimées dans l'inconscient. Les « victimes » restent complètement ignorantes de toutes ces horribles choses qu'elles ont vécues jusqu'au moment où elles font une thérapie. Et là, grâce à des techniques proprement miraculeuses, le thérapeute fait revenir à la conscience tous ces événements atroces. À l'époque, cette théorie était largement acceptée par le monde médical, judiciaire et scientifique. Pour ma part, j'en ai cherché activement les preuves scientifiques et je ne les ai pas trouvées. Aussi, j'ai commencé à témoigner comme expert au tribunal : de nombreuses personnes étaient accusées et parfois envoyées en prison sur la seule base de la véracité de cette théorie. Cette controverse m'a totalement absorbée. Des centaines et des centaines de personnes ont sollicité mon aide, dont la plupart étaient, selon moi, injustement accusées et parfaitement innocentes. Je me suis alors lancée dans des recherches pour tenter de prouver qu'avec le genre de techniques employées dans ces affaires judiciaires il était possible d'induire chez des sujets des souvenirs totalement faux de choses qui ne sont jamais arrivées.

Et cela m'a entraînée vers un nouveau domaine tout à fait passionnant.

Lorsque je travaillais au Canada, j'avais une collègue qui prétendait que toutes ses patientes souffrant de difficultés sexuelles avaient été abusées durant leur enfance. Je me suis souvent demandé si ce n'était pas la thérapeute qui induisait cette idée chez les femmes qui la consultaient.

Exactement! Et il arrive que, si les patients affirment ne se souvenir de rien, le thérapeute leur pose la question encore, encore et encore... Jusqu'à ce que la mémoire leur « revienne ». Voilà ce que je découvrais, en étudiant tous ces cas de « mémoire réprimée » avec les comptes rendus écrits des séances de thérapie. Si le patient affirmait ne se souvenir d'aucun abus sexuel durant son enfance, le thérapeute essayait toutes sortes de techniques telles l'hypnose ou l'interprétation des rêves pour aider le patient à recouvrer la mémoire. Selon moi, ces souvenirs surgissant en cours de thérapie avaient tout simplement été induits par le thérapeute. Évidemment, les gens n'appréciaient pas beaucoup ce genre d'explication.

« Ce n'est pas un débat sur la réalité ou l'horreur des abus sexuels, incestes et autres violences envers les enfants. C'est un débat à propos de la mémoire. »

Ils ne devaient pas beaucoup vous apprécier non plus ?

Non, ils ne m'appréciaient pas du tout! Les défenseurs de la théorie de la mémoire réprimée ont utilisé toutes sortes de moyens pour me faire taire. Vous savez, lorsque j'ai été en désaccord avec les psychologues anglais au sujet de la fiabilité de la mémoire, ça a été un débat très respectueux. Mais, pour la mémoire réprimée, ce fut beaucoup moins élégant. J'ai reçu des lettres anonymes, ils ont fait pression sur l'université qui m'employait, ont tenté de faire annuler des conférences que je donnais et finalement ont lancé des poursuites judiciaires. Ce n'était pas joli… Vraiment pas joli… Mais j'ai tenu bon.

Pensez-vous que, grâce à vos travaux, on a cessé de poursuivre des gens en justice sur la seule base de « souvenirs refoulés » ?

J'aimerais croire cela. Mais je suis encore appelée comme expert dans des affaires de ce genre. Cependant, il y a actuellement moins de cas judiciaires de « mémoire réprimée », parce que le nombre de sceptiques a augmenté…

Elizabeth Loftus dans le texte...

«Le nombre d'erreurs d'identifications conduisant à des accusations erronées, combiné au fait que le témoignage oculaire est accepté trop facilement par les jurys, est un réel problème pour la justice.»

Eyewitness Testimony, Cambridge, Harvard University Press, 1996, p. 201, trad. P. de Sutter.

«La mémoire ne fonctionne pas comme un enregistreur vidéo; les gens n'enregistrent pas passivement l'information comme une machine. Au contraire, ils captent l'information par morceaux, de différentes sources, à différents moments et rassemblent toute cette information. Dans un certain sens, les gens construisent leur mémoire. [...] J'ai expliqué que les psychologues font une distinction entre trois importantes phases dans le processus de la mémoire. La phase d'acquisition, la phase de rétention et la phase de récupération. Durant la phase d'acquisition, le témoin de l'événement engrange l'information. Ensuite vient la phase de rétention, période durant laquelle l'information réside dans la mémoire. Enfin vient la phase de récupération, moment où l'on pose aux gens des questions sur leurs souvenirs. De nombreux facteurs jouent pour affecter la précision et la fiabilité des souvenirs durant ces trois phases.»

Ibid., p. 213, trad. P. de Sutter.

«[On dit souvent que] les souvenirs sont contenus dans une certaine partie du cerveau, comme des disques d'ordinateur encodés ou des che-

mises de papier bulle précieusement classées dans les tiroirs d'un coffre-fort. [Selon moi] les souvenirs ne sont pas sagement assis dans un coin de notre cerveau, attendant patiemment d'être récupérés; ils circulent à travers l'esprit, plus comme des nuages de vapeur que comme quelque chose que l'on peut saisir dans ses mains.»

The Myth of Repressed Memory,
New York, St Martin's Press, 1994, p. 4, trad. P. de Sutter.

«Les chercheurs ont démontré, à travers des exemples authentiques et grâce aux expérimentations, qu'il est possible de croire qu'on a vécu quelque chose qui n'est jamais arrivé.»

Ibid., p. 76, trad. P. de Sutter.

Principaux ouvrages d'Elizabeth Loftus

Witness for the Defense. The Accused, the Eyewitness and the Expert Who Puts Memory on Trial (avec K. Ketcham), New York, St Martin's Press, 1991.

The Myth of Repressed Memory. False Memories and Allegations of Sexual Abuse (avec K. Ketcham), New York, St Martin's Press, 1994.

Eyewitness Testimony, Cambridge, Harvard University Press, 1996.

4. Les émotions

« La raison est, et ne devrait être, que l'esclave des passions. »

David Hume

LES ÉMOTIONS ont longtemps eu mauvaise presse : sauvages, débordantes, mauvaises conseillères, elles constituaient une menace pour l'individu et l'ordre social. Mieux valait se protéger de cette part animale en nous. Quant à manifester ses émotions, excepté dans certains cadres culturels [1], la chose était plutôt mal vue.

Il était donc naturel que les sciences de l'esprit ne s'intéressent pas à ces parasites de nos fonctions mentales supérieures. Ce qu'il convenait d'étudier, c'était le cerveau et ce qu'il produisait (les pensées), comme un botaniste observe le pommier et ses pommes. En outre, les émotions étaient-elles vraiment des productions mentales ? La peur qui fait dresser les cheveux sur la tête ou la boule de rage qui prend à la gorge semblaient plutôt se jouer du côté du corps. Toujours cette dualité corps/esprit ! Comme si nous étions faits de deux entités séparées, aussi impossibles à mélanger que l'eau et l'huile.

1. Par exemple la tragédie grecque ou l'opéra, que l'on peut considérer comme une représentation hypertrophique de l'émotion par la voix humaine.

Tant que les émotions étaient cantonnées à l'art et à la littérature, passait encore. Mais une étude scientifique des émotions, quelle aberration ! Jusqu'à ce que certains experts se penchent sur cette sphère, et découvrent que les émotions sont riches en enseignements sur l'universalité de notre humanité (Ekman), sur notre capacité à raisonner (Damasio) et sur nos maladies (LeDoux).

Aujourd'hui, on parle d'« intelligence émotionnelle[2] *», de « quotient émotionnel » (notion en passe de détrôner celle de QI), de « communication émotionnelle » et de « thérapie émotionnelle » (voir chapitre 8). Il est non seulement légitime mais recommandé de vivre ses émotions, de les exprimer et de ne pas les cacher. Réhabilitées pour leur contribution dans nos relations sociales, dans nos décisions et dans nos succès professionnels, celles qu'on appelait autrefois les passions ont désormais le vent en poupe.*

2. Concept popularisé par D. Goleman dans son best-seller *L'Intelligence émotionnelle*, Paris, Robert Laffont, 1999.

Paul Ekman

Paul Ekman en quelques dates...

1934 : Naissance à Washington DC.

1955 : Master en psychologie, université de Chicago.

1957 : Premier article publié sur le langage non verbal.

1958 : Doctorat en psychologie clinique à l'université Adelphi.

1960-2004 : Chercheur au Langley Porter Neuropsychiatric Institute.

1967 : Expédition en Nouvelle-Guinée.

1968-2005 : Professeur à l'École de médecine de l'université de Californie (San Francisco).

Paul Ekman en quelques titres...

1971 : Prix de la recherche scientifique de l'Institut national de santé mentale américain.

1991 : Prix de la contribution scientifique décerné par l'APA.

1994 : Docteur honoris causa de l'université de Chicago.

2001 : Nommé par l'APA comme l'un des psychologues les plus influents du XXe siècle.

Les grandes émotions sont universelles

Par Pascal de Sutter

Paul Ekman est un explorateur et un aventurier. Au sens noble du terme. Toute sa carrière s'est jouée à l'écart des sentiers battus. D'un tempérament rebelle, le jeune Paul Ekman avait déjà, dit-il lui-même, tendance à défendre fermement ses opinions face à ses professeurs. Ce qui lui attira parfois des ennuis. Ce ne seraient ni les premiers, ni les derniers. Quand il décida de s'inscrire à un programme de doctorat, on lui souffla de faire croire qu'il visait la recherche pour obtenir l'accès à une prestigieuse université. Mais Paul Ekman n'entendit rien. Il voulait devenir psychothérapeute et ne s'en cachait pas. Aucune université ne voulut de lui. Sauf l'université Adelphi.

Quand vint le temps de son service militaire, on lui suggéra de prolonger ses études pour y échapper. Mais Paul Ekman s'engagea malgré tout et y découvrit l'utilité de la recherche. À cette époque, tout le monde travaillait sur les pensées et la parole en psychologie ; il s'intéressa au non-verbal. On lui fit entendre qu'il était impossible de cataloguer quelque chose d'aussi vaste et complexe que les expressions faciales ; il se mit en tête d'en faire un inventaire complet. Et, contre toute attente, il y parvint, au bout de huit ans. Les scientifiques prétendaient que toutes les expressions faciales étaient culturellement déterminées ; il eut l'impertinence de démontrer le contraire.

Alors que les chercheurs préfèrent généralement se tenir éloignés des affaires du monde, Paul Ekman adore s'impliquer. Il travaille avec la police, le FBI, la CIA, le Pentagone et d'autres agences gouvernementales américaines et internationales. Il ne cesse de surprendre le monde scientifique par l'audace de ses découvertes.

À plus de 70 ans, il bouscule un dernier tabou en mêlant science et religion, expérimentations et philosophie : il a décidé de travailler avec le Dalaï Lama sur la validité scientifique de la méditation.

Que nous apprend Paul Ekman ?

L'expression des émotions à travers le monde

En 1965, Paul Ekman ne s'intéressait pas particulièrement aux expressions du visage. Il étudiait les gestes et les mouvements des bras. Or, à la même époque, un organisme de recherche, lié au département de la Défense, devait consacrer un budget important pour des études à l'étranger avant la fin de l'année fiscale. Le responsable du projet avait épousé une Thaïlandaise et était impressionné par leurs différences culturelles dans le langage non verbal. Il proposa, par hasard, au jeune docteur Ekman de mener une étude interculturelle sur le langage non verbal. Le psychologue faillit décliner l'offre parce qu'il ne possédait aucune qualification en anthropologie. Mais le défi était trop beau pour un aventurier comme lui.

L'idée consistait à découvrir ce qui, dans l'expression des émotions, était universel et ce qui variait selon les cultures. Comme la plupart de ses contemporains, y compris la prestigieuse anthropologue Margaret Mead[1], Paul Ekman pensait que l'expression des émotions était un phénomène purement culturel dépendant d'un apprentissage social. Une deuxième chance s'offrit alors au jeune chercheur. Il rencontra, également par hasard, un certain Silvan Tomkins[2]. Ce dernier, à l'encontre de tous les

1. Margaret Mead (1901-1978), anthropologue américaine. Suite à ses observations de terrain de cultures isolées, elle développa une théorie selon laquelle les traits de caractère de l'être humain résultent d'un conditionnement social.
2. Silvan Solomon Tomkins (1911-1991), psychologue américain qui décrivit le premier les émotions humaines génétiquement programmées. Selon lui, il en existe neuf.

autres, défendait l'idée que les expressions faciales étaient universelles dans l'espèce humaine. Il pensait, comme Darwin, qu'elles étaient un comportement inné. Mais, bien que trouvant les hypothèses de Tomkins très intéressantes, pour sa part, Ekman penchait plutôt pour les théories de Margaret Mead. À peine âgé de 30 ans, il avait l'extraordinaire opportunité de trancher dans un débat entre de grands scientifiques. Et pour cela, il devrait beaucoup voyager, y compris dans les contrées les plus reculées de la planète. L'idée enchantait le jeune psychologue-aventurier.

Ekman rencontra des gens du Chili, d'Argentine, du Brésil et des États-Unis, et leur demanda de reconnaître les émotions qu'ils pouvaient lire sur des visages photographiés : était-ce une expression de peur, de joie, de colère ? Les premiers résultats semblaient indiquer que Silvan Tomkins avait raison et que l'expression faciale des émotions était universelle. Il y avait bien, cependant, des nuances dans la manière d'exprimer les émotions. Par exemple, en public, les Japonais ont davantage tendance que les Américains à masquer leur expression par un sourire. Mais, en privé, ils expriment la joie ou la colère de la même façon. Certes, il existait bien des différences culturelles, mais elles concernaient la symbolique des gestes. Ainsi, dans certaines cultures, opiner de la tête veux dire « oui » et dans d'autres cela signifie « non ». Mais les expressions faciales s'avéraient bel et bien universelles. Toutefois, Paul Ekman se doutait que les scientifiques ne se laisseraient pas aussi facilement convaincre. Ils objecteraient que tous ces gens pouvaient très bien avoir appris la signification des expressions faciales occidentales en rencontrant des Occidentaux ou en regardant un film de Charlie Chaplin. Paul Ekman décida donc de partir à la rencontre d'un groupe ethnique tellement isolé qu'il ne pourrait en aucun cas être influencé par la culture occidentale. L'occasion se présenta de se rendre auprès du peuple Fore en Nouvelle-Guinée. Il s'agissait d'une des dernières peuplades de la planète à vivre encore à l'âge de la pierre. Ces gens n'avaient jamais vu un miroir et encore moins une photographie. Et, pourtant, ils purent reconnaître sans peine la signification des expressions faciales montrées sur les photos que leur présenta le psychologue. La preuve était désormais faite qu'au moins une partie des expressions faciales étaient universelles chez l'humain : la colère, la joie, le dégoût et la tristesse. Il existait toutefois chez ce peuple une certaine confusion entre les expressions de peur et de surprise ; Ekman pense qu'il est possible que dans leur mode de vie les deux émotions soient souvent liées. Toutefois, il était désormais évident qu'une série d'expressions faciales possédaient la même signification pour tous les humains de la planète.

Répertorier toutes les expressions faciales

Après de telles aventures, beaucoup se seraient reposés sur leurs lauriers. Pas Paul Ekman. Le chercheur avait découvert qu'il existait une forme de langage des émotions. Il songea qu'il serait intéressant d'en apprendre l'alphabet en décodant et en classant toutes les expressions faciales. Il décida donc de travailler sur les mécanismes musculaires des expressions faciales. Un travail titanesque. Ses collègues pensaient qu'il n'y arriverait jamais. Et, pourtant, il y est parvenu. Paul Ekman commença son travail à partir

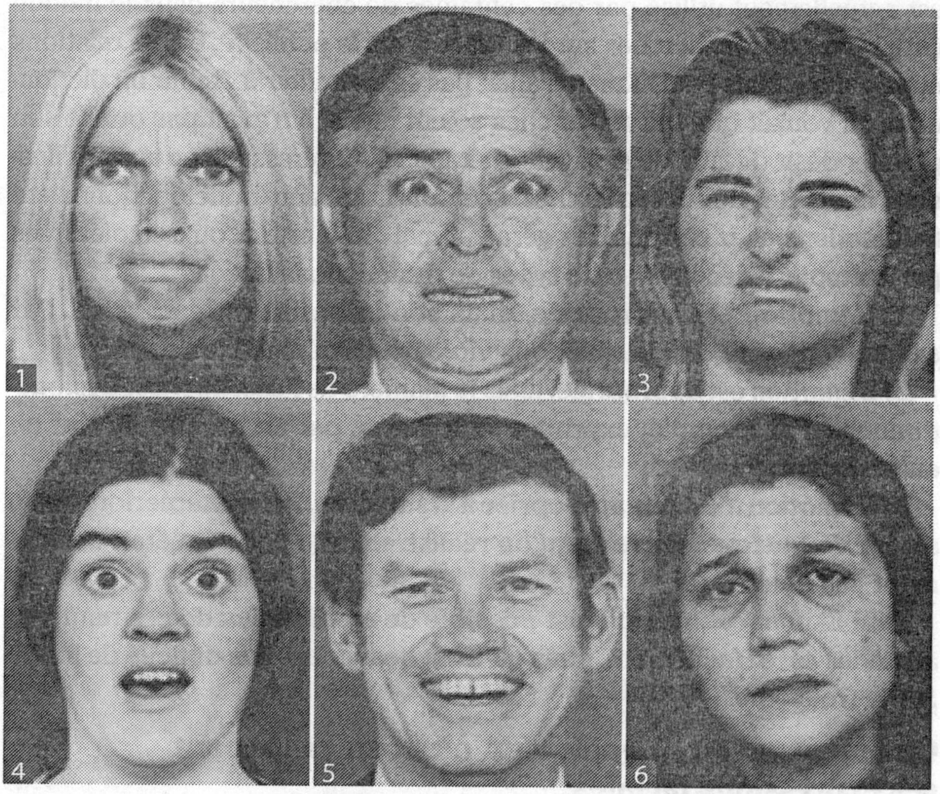

Saurez-vous reconnaître les émotions exprimées par ces visages ?[3]

1) La colère – 2) La peur – 3) Le dégoût – 4) La surprise – 5) La joie – 6) La tristesse.

3. Ces photos ont été prises par Paul Ekman.

des bases déjà élaborées un siècle plus tôt par un certain Duchenne de Boulogne[4]. Ce chercheur français avait étudié et photographié les expressions faciales en stimulant électriquement les muscles. Il avait analysé les différentes combinaisons d'expressions du visage à partir de groupes de deux muscles. Paul Ekman, quant à lui, étudia les interactions simultanées de six muscles. Ce qui donna dix mille combinaisons faciales possibles. Paul Ekman, Wallace Friesen et leur équipe les trièrent et les analysèrent. Ils divisèrent le visage en trois secteurs : zone I (les sourcils et le front) ; zone II (les yeux, les cils, le haut du nez); zone III (les joues, le nez, la bouche, le menton et la mâchoire). Ce système se nomme FACS, pour *Facial Action Coding System.* C'est un véritable « dictionnaire » des expressions faciales qui répertorie les quarante-six composants élémentaires universels. Le FACS est actuellement utilisé par des centaines de chercheurs dans le monde entier pour des recherches sur les réactions à la publicité, ou les relations mère-enfant. Mais Paul Ekman n'allait pas se contenter d'établir un dictionnaire : il voulait que ses recherches soient utiles. Il n'avait pas oublié son premier désir de faire de la psychothérapie. Il s'intéressa donc aux applications concrètes de ses recherches, et étudia la manière dont fonctionnaient les émotions chez ceux qui les géraient mal : les anxieux ou les colériques par exemple. Il découvrit trois types de dysfonctionnement :

1) L'émotion est appropriée, mais son intensité est excessive. Par exemple, dans le cas de réactions violentes lors d'une juste colère.

2) L'émotion est appropriée, mais la manière de l'exprimer est dysfonctionnelle. Par exemple, exprimer sa tristesse par un fou rire durant un enterrement.

3) L'émotion n'est pas appropriée à la situation. Par exemple, lorsqu'on a peur de quelque chose et qu'on réalise ensuite que ce n'était absolument pas dangereux.

Paul Ekman estime qu'il est possible de modifier les deux premières attitudes assez facilement, mais qu'il est beaucoup plus difficile de modifier la troisième.

Comment savoir si quelqu'un ment en examinant ses expressions faciales

En poursuivant ses recherches, Paul Ekman s'aperçut que, souvent, notre visage exprimait des émotions à l'insu de notre volonté. En d'autres

4. Pour plus de détails, voir l'interview de Paul Ekman.

termes, le visage pouvait montrer des émotions que nous tentions de dissimuler. Chez les très jeunes enfants, c'est assez facile à détecter – ce qui explique que les mères repèrent vite si leur bambin leur ment. Mais, en grandissant, les humains apprennent rapidement à dissimuler les expressions de leur visage. Et, si certains peuvent être très forts dans ce domaine, comme les grands joueurs de poker, d'autres sont si démonstratifs qu'on lit en eux comme dans un livre ouvert.

Paul Ekman fit alors une autre découverte étonnante : les micro-expressions. Même en se dissimulant derrière un masque impassible, de nombreux humains se trahissent par des émotions faciales très brèves. Durant 1/25 de seconde, le visage change et montre une expression de tristesse, de colère ou de dégoût par exemple. Ces micro-expressions peuvent parfois permettre de détecter un mensonge. En étudiant en profondeur les mensonges et les menteurs, Paul Ekman remit en cause un certain nombre d'idées reçues à ce sujet.

Première idée reçue, on estime souvent que les menteurs se trahissent de manière verbale : on pense qu'ils parlent trop, donnent moult détails, qu'ils bafouillent, se contredisent, hésitent, font des lapsus. Or les bons menteurs ne se trahissent généralement pas verbalement : ce sont leurs émotions qui les dénoncent. Ekman a relevé trois types d'émotions de ce type : *la peur, la culpabilité et la joie*. La première est la peur d'être pris, la peur que le mensonge ne soit dévoilé. Toutefois, Ekman met en garde contre un raccourci dangereux. Ce n'est pas parce qu'une personne exprime de la peur qu'elle est coupable de mensonge. C'est ce qu'il nomme « l'erreur d'Othello ». Dans le drame de Shakespeare, en effet, Othello interprète mal la peur sur le visage de sa femme en pensant que cela confirme l'idée qu'elle l'a trompé. En fait, la pauvre femme est terrorisée par l'injustice et la violence de la jalousie de son mari. La décision d'Othello de tuer sa femme est donc une terrible erreur d'interprétation d'une expression faciale. La deuxième émotion que peut ressentir un menteur est la *culpabilité*. Soit la honte de mentir à un être cher, soit la culpabilité liée à la faute qui a été commise et qu'il tente de dissimuler. Toutefois, des personnalités à tendance asociale ne ressentent pas ou ressentent peu ce genre d'émotion. Ce type d'individu peut cependant se trahir par le troisième type d'émotion : la *joie* de duper. C'est le plaisir de rouler son adversaire, de lui faire avaler une couleuvre.

Deuxième idée reçue, on dit qu'un menteur a le regard fuyant, qu'il se mord les lèvres, qu'il détourne le visage. Or les bons menteurs savent parfaitement mentir à quelqu'un en le regardant dans les yeux. En fait, les études montrent que les meilleurs indicateurs ne sont pas ceux du visage – en dehors des micro-expressions d'Ekman qu'on ne peut pas détecter sans un entraînement spécifique –, ni ceux du contenu verbal. Dès le plus jeune âge, un menteur apprend à contrôler son expression faciale et ses mots car il sait que c'est à cause d'eux qu'on le prendra en flagrant délit de mensonge. Ekman s'est donc intéressé à d'autres signaux et il a découvert qu'il était beaucoup plus efficace d'observer et d'analyser les mouvements du corps et le ton de la voix, bien meilleurs indicateurs de mensonge.

Troisième idée reçue : il y aurait des indicateurs invariants du mensonge. C'est faux. Il n'existe pas une manière uniforme de mentir. Cette variabilité individuelle est un problème important dans la détection du mensonge. On ne peut pas dire, par exemple, que transpirer ou trembler sont des signes irréfutables de mensonge. Ce sera le cas pour une personne mais non pour une autre. Si on rencontre quelqu'un pour la première fois, il est plus difficile de repérer ses mensonges. Lorsque l'on connaît la personne, cela devient plus aisé, et le taux de succès dans la détection augmente. Les travaux d'Ekman ont permis des progrès phénoménaux dans la compréhension du mensonge. Mais il n'existe pas de moyen fiable à 100 % pour le détecter. Il y a de véritable artistes du mensonge qui sont extrêmement difficiles à repérer ; mais il existe aussi des experts de la détection du mensonge. Non dans la police, ni dans les services de douane : en moyenne, policiers et douaniers ne repèrent pas plus vite un mensonge que n'importe quelle personne prise au hasard dans la rue. Les meilleurs « détecteurs » se trouvent parmi les arbitres de sport, les agents des services secrets et ceux qui ont reçu un enraînement spécial de la part de Paul Ekman. Car ses études ont évidemement attiré la curiosité et l'intérêt de nombreuses agences gouvernementales. Paul Ekman n'a aucun problème a travailler avec ce genre de service ; il a établi lui-même des bases éthiques strictes. Il ne travaille que pour des organisations de pays démocratiques fiables. Et avec la volonté que plus de criminels soient confondus et surtout plus d'innocents disculpés. Bien qu'il n'ait pas consacré sa vie à la psychothérapie, Paul Ekman a gagné le pari de vivre des aventures qui lui permettraient d'aider ses frères humains.

Rencontre avec Paul Ekman

Paul Ekman est un homme de contraste. Sujet au vertige, il habite au bord d'un précipice : sa maison est accrochée sur les bords d'une falaise, au beau milieu d'une des contrées les plus instables sur le plan sismologique, la Californie. Certes, la vue de son salon sur la baie de San Francisco vaut le déplacement, mais il faut la mériter. Le chemin est long pour arriver sur les hauteurs d'Oakland. Le professeur Ekman n'est pas non plus d'accès facile. Il se protège des contraintes liées à son succès médiatique. Pourtant, il accepte de me consacrer du temps et de me recevoir chez lui. En sa présence, il est difficile de ne pas se sentir impressionné : l'homme recèle à l'évidence une forte personnalité. Et, pourtant, il parle d'une voix douce et posée. Je ne suis pas spécialiste des émotions, mais je sens en lui un tempérament impulsif, une sorte d'énergie contenue. Comme la lave sous le volcan. En même temps, il paraît parfaitement serein. Sûr de ses propos, le professeur est direct. Il parle de lui sans fausse pudeur et sans modestie. Mais il mentionne aussi ceux qui l'ont aidé dans ses travaux ou ceux qui l'ont précédé dans ses recherches. Paul Ekman a presque une lueur inquiétante dans le regard, tandis que ses yeux dégagent une sorte de bonté naturelle.

En regardant à travers l'immense baie vitrée de son salon, de l'autre côté du pont, on aperçoit San Francisco et l'on devine l'université où Ekman enseignait. Entre les deux, une zone de contraste : les bas quartiers d'Oakland, sorte de ghetto angoissant qui respire l'anéantissement et l'espérance, le métissage et le repli identitaire. Sur les murs de la maison, des clichés superbes : Paul Ekman a longtemps été photographe. On respire un parfum d'exotisme et d'aventures intemporelles. Arrivé dans son bureau, on quitte le royaume de l'aventure pour se retrouver en pleine science-fiction : la pièce ressemble à une base secrète de James Bond. Un fauteuil de commandant de navire trône au milieu d'une flopée d'ordinateurs et d'engins électroniques.

Paul Ekman dégage une énergie déconcertante. Il parle de ses projets futurs avec l'enthousiasme d'un homme de 30 ans, et paraît en avoir une cinquantaine. Impossible de deviner qu'il a dépassé 70 ans. Et, lorsqu'il commence à parler, il est difficile d'oser l'interrompre.

Quand et comment vous êtes-vous intéressé à la psychologie ?

J'ai été marqué par de nombreuses influences. Mon père était médecin. Il travaillait pour l'armée pendant la Seconde Guerre mondiale. C'était quelqu'un qui se documentait beaucoup, il lisait énormément. J'ai probablement hérité de lui mon goût pour la lecture d'articles scientifiques. Ma mère avait des difficultés psychologiques [5]. Je pensais m'orienter vers une profession où je pourrais aider les gens avec des problèmes de ce genre. C'est probablement pour cela que j'ai choisi d'étudier la psychologie lorsque je suis entré à l'université. Au départ, je m'intéressais à la clinique. Je voulais devenir psychothérapeute. Pour aider les gens. J'ai donc suivi une formation essentiellement clinique.

« Petit à petit, en thérapie, j'ai observé que les choses les plus importantes ne passent pas par les mots. Les gestes et les expressions jouent un rôle prépondérant. »

5. La mère de Paul Ekman s'est suicidée alors qu'il avait 14 ans.

Quel auteur vous a influencé à l'époque ?

Sigmund Freud. J'étais un fanatique de Freud. Je lisais tout sur lui. J'étais capable de le citer en toutes circonstances. Mais, petit à petit, en thérapie, j'ai observé que les choses les plus importantes ne passent pas par les mots. Les gestes et les expressions jouent un rôle prépondérant. Et j'ai décidé de faire mon doctorat sur ce sujet parce qu'il n'y avait pas beaucoup d'études dans ce domaine à l'époque.

Vous avez alors quitté la psychothérapie pour la recherche ?

Non, pas encore. Vous savez, je croyais vraiment que l'on pouvait sauver le monde par la thérapie. Je voulais aider des gens. Je pensais donc toujours à la psychothérapie. À la fin des années 1950, le service militaire existait encore aux États-Unis. J'ai donc effectué mon service. C'est une expérience très intéressante. À l'hôpital, je voyais surtout des dossiers. À l'armée, je suis devenu psychologue en chef à Fort Dix, dans le New Jersey. Et je me suis rendu compte que les militaires étaient moins bornés qu'on ne l'imagine. Si on leur démontre qu'une méthode permet d'obtenir de meilleurs résultats, ils sont preneurs. Et, ce qu'il y a d'extraordinaire, c'est qu'il est possible de mettre en place un nouveau système et d'en évaluer l'impact rapidement. On obtient facilement d'importantes données statistiques. Durant mon service à Fort Dix, on pensait qu'il fallait immédiatement envoyer les soldats au cachot en cas de problèmes sérieux tels que l'AWOL[6]. Il y avait ensuite beaucoup de récidive. J'ai pu montrer que, si, lors de la première tentative, on remplaçait le cachot par des punitions et des corvées, on diminuait le risque que ça recommence. Ils ont adopté mon système et cela a effectivement diminué les récidives. J'ai compris à cette époque qu'on pouvait aussi se rendre utile et aider les gens en faisant de la recherche et pas seulement de la psychothérapie.

Et comment en êtes-vous venu à étudier les expressions faciales ?

En plus de mon intérêt pour la psychologie, je me passionnais pour la photographie. Notamment les portraits. Je me suis intéressé aux travaux d'un chercheur français à la fois médecin scientifique et artiste

---

6. AWOL = *Absence Without Official Leave*, que l'on peut traduire en français par désertion.

photographe : Duchenne de Boulogne. Il est pratiquement inconnu en France alors qu'il a découvert des choses passionnantes. Duchenne de Boulogne [7] est un contemporain de Charcot. Il mena d'ailleurs ses expériences à la Salpêtrière dans le service du fameux psychiatre. Il a fourni les premières photographies scientifiques de l'expression du visage induites par des stimulations électriques. Il stimulait électriquement certains muscles faciaux et photographiait les visages. Il a publié un livre en 1862 [8] en français. J'ai eu l'occasion de consulter un des exemplaires encore existants, grâce à une collègue qui lisait couramment le français. Il a été récemment réédité en anglais. Maintenant qu'il existe en anglais, je suis certains que les Français vont le lire. J'adore taquiner ainsi mes collègues français. Ce livre comprenait des centaines de photographies d'émotions faciales induites électriquement. Cette sorte de cartographie des expressions faciales est encore utilisée par des scientifiques du monde entier – mais pas par un seul Français – et même par les studios d'animation pour dessins animés. Duchenne de Boulogne a notamment découvert la différence entre un vrai sourire de joie et un sourire forcé. Le vrai sourire est constitué non seulement du travail des muscles de la bouche, mais aussi des muscles alentour des yeux. Ces sourires authentiques, je les ai nommés les « sourires de Duchenne ».

Existe-t-il des différences culturelles dans la manière de vivre les émotions ?

Oui et non. Chaque émotion a ce que je nomme un thème et une variation [9]. Le thème est un élément universel. Par exemple, si votre chaise s'écroule en dessous de vous, peu importe votre culture d'origine, vous éprouverez une réponse inconditionnelle de peur. Mais la plupart des choses nous font peur parce qu'on nous a appris à en avoir peur. Et

7. Guillaume-Benjamin Duchenne, surnommé Duchenne de Boulogne (1806–1875), est un médecin français considéré comme le fondateur de la neurologie et l'inventeur de la biopsie. Il utilisa le courant alternatif pour stimuler avec précision certains muscles. Il décrivit ainsi plusieurs affections neurologiques comme une forme d'atrophie musculaire qui porte aujourd'hui son nom : la myopathie de Duchenne. C'était aussi un artiste passionné par la photographie.

8. *Mécanisme de la physionomie humaine, ou Analyse électro-physiologique de l'expression des passions applicable à la pratique des arts plastiques.*

9. Paul Ekman utilise une métaphore empruntée à la musique, où le *thème* est la mélodie principale qui revient régulièrement et la *variation*, le reste de la musique qui varie à chaque strophe.

il existe évidemment des variations culturelles. Toutefois, des études ont montré que l'on apprend plus facilement une réaction de peur à un humain avec des objets qui ressemblent à des serpents qu'avec d'autres formes. Alors que dans notre société, un revolver est plus dangereux qu'un serpent. Il existe donc une sorte d'empreinte génétique qui nous prépare à avoir peur de certains animaux. Probablement des résidus de notre vie préhistorique, une série d'émotions en quelque sorte inscrite dans notre programme génétique d'être humain. Tout ce qui comprend une perte de support – comme dans l'exemple de la chaise – ou un danger de dommage corporel est un déclencheur de forte réaction de peur, quelle que soit sa culture. En fait, plutôt que de parler de culture, il faudrait parler de « groupes ethniques ». Chacun de ces groupes enseigne toute une série de règles sur les émotions que l'on peut montrer et sur celles que l'on doit cacher. C'est ce que je nomme les « variations ». Il existe une multitude de variations suivant les ethnies. Et même suivant les époques. Par exemple, dans ma jeunesse, le clin d'œil était parfois employé pour flirter. Plus personne ne fait cela aujourd'hui. Cela peut varier aussi suivant les personnes. Il existe dans la même famille des gens qui sont plus émotifs que d'autres. Ce qui varie également d'un lieu à l'autre et d'une personne à l'autre, c'est le déclencheur[10] des émotions. Au Japon, les gens seront plus facilement choqués si on ne respecte pas une tradition. Alors qu'ici, en général, cela ne déclencherait pas aussi facilement une émotion de colère ou de frustration. Et les déclencheurs les plus puissants sont ceux qui ont été acquis durant l'enfance.

« Il existe une sorte d'empreinte génétique qui nous prépare à avoir peur de certains animaux. Probablement des résidus de notre vie préhistorique. »

10. Traduction de « *trigger* ».

Voulez-vous me parler de vos découvertes principales ?

Elles concernent surtout les expressions faciales. Il n'y avait pas d'outils fiables pour les mesurer. Le problème était que la même personne ne reproduisait pas systématiquement la même expression et que c'était encore plus complexe avec deux personnes différentes. Cela m'a pris des années de travail. Je ne m'attendais pas à ce que ce soit aussi long. Mais nous avons pu finalement dresser une sorte d'inventaire classifiant toutes les expressions faciales. C'est la première grande découverte.

La deuxième consiste à avoir rassemblé et catalogué les six ou sept émotions qui sont universelles[11]. Ce qui a fait de cette découverte quelque chose de très fort, ce n'est pas seulement le fait que j'aie pu étudier des gens qui vivaient encore à l'âge de la pierre, mais la réaction des scientifiques : ils étaient en total désaccord avec moi. Beaucoup de choses ont découlé de cette découverte.

La troisième fut la découverte des micro-expressions faciales. Ce sont des expressions très rapides que la plupart des gens ne voient pas. Elles ne durent que quelques centièmes de seconde. Toutefois, de manière vraiment incroyable, tout le monde peut apprendre à les voir, en une heure, grâce à un CD que j'ai conçu. Tout ce concept des micro-expressions est venu du cas de la patiente suicidaire d'un collègue psychiatre. Cette femme souhaitait sortir de l'hôpital pour un week-end et prétendait que tout allait bien. L'entrevue fut filmée, et le psychiatre convaincu de sa bonne foi. Toutefois, à la dernière minute, la patiente reconnut qu'elle avait menti et que, si elle était retournée à la maison, elle se serait suicidée pour de bon. Le film de l'entrevue fut projeté à de nombreux psychiatres, et la plupart pensèrent qu'elle disait la vérité. Avec mon équipe, nous avons visionné en détail le film pendant des centaines d'heures. En apparence, tout semblait normal. Cette femme présentait le langage non verbal d'une personne sincère qui dit la vérité et qui a l'air bien dans sa peau. Mais, au ralenti, nous avons découvert quelque chose d'extraordinaire. Pendant une fraction de seconde, la patiente exprimait dans son visage un immense désespoir. Maintenant, je suis capable de détecter immédiatment ces micro-expressions.

11. La joie, la surprise, le dégoût, la colère, la peur et la tristesse (la septième est le mépris).

Actuellement, je travaille sur un dernier grand projet. Il s'agit d'un outil qui permet de comprendre le fonctionnement de son propre profil émotionnel.

Quand vous étiez à l'école, vos professeurs pouvaient-ils imaginer que vous accompliriez une telle carrière ?

Oh, non, non… J'ai été renvoyé du lycée ! (*Rires.*) Un de mes profs voulait que nous lisions un livre et que nous en fassions un résumé. Je demande si je peux choisir Hemingway. Ma prof me dit : « Non ! » Je veux savoir pourquoi, et elle me répond : « Parce que je suis le professeur ! » Je réplique : « Alors pourquoi ne me laissez-vous pas faire un travail sur Adolf Hitler et le fascisme dans une classe d'école ? » (*Rires.*) Ils m'ont jeté dehors. Heureusement, à l'époque, il était possible de rentrer très jeune à l'université de Chicago, même si on n'avait pas fini son secondaire. À condition de passer des examens d'entrée, évidemment. En fait, j'étais un adolescent assez rebelle. Je ne pouvais pas supporter l'autorité arbitraire.

> « J'ai eu beaucoup de chance de vivre ces différentes expériences. Et je suis heureux de pouvoir en faire partager les retombées au plus grand nombre. C'est ainsi que je conçois la science. »

Avez-vous des hobbies ?

J'ai fait beaucoup de photographie. J'ai même gagné des prix artistiques. Ma fille est photographe. J'ai toujours le fantasme de me remettre à la photographie… Je fais aussi du kayak et de la randonnée. Je joue un peu d'harmonica. Je voudrais faire de la photographie de portraits… Mais je n'ai pas le temps. Vous savez, je ne peux pas travailler à mi-temps.

Aujourd'hui je suis à la retraite : les trajets étaient vraiment trop longs. Mais je garde un statut scientifique officiel tout en n'étant pas obligé d'aller régulièrement à l'université. J'ai tout de même travaillé pour eux pendant trente-sept années. Cependant, pour dire la vérité, je me consacrais surtout à mes recherches. Je n'enseignais que 20 % de mon temps et encore, uniquement des cours dans mon domaine de recherche. Le rêve ! (*Rires.*)

Aviez-vous d'autres rêves ?

Je voulais être Magellan. Je voulais devenir explorateur. Découvrir quelque chose que personne n'avait jamais vu. Et j'ai eu doublement de la chance. Il y a eu d'abord les micro-expressions. C'était comme découvrir une nouvelle planète dans un télescope : j'étais un véritable découvreur ! Et puis mon expédition dans les montagnes de Nouvelle-Guinée. C'était vraiment une aventure d'explorateur dans la tradition de Magellan. Avec le sentiment de vivre de grands risques et de grands dangers. À cette époque [12], il y avait encore de véritables cannibales. Les hommes que j'ai rencontrés vivaient vraiment à l'âge de la pierre. Ils n'avaient jamais vu une allumette, encore moins un enregistreur. C'était incroyable. J'ai eu beaucoup de chance de vivre ces différentes expériences. Et je suis heureux de pouvoir en faire partager les retombées au plus grand nombre. C'est ainsi que je conçois la science.

12. En 1967, une partie de la Nouvelle-Guinée (actuelle Papouasie) n'avait pas encore été totalement explorée par les Occidentaux.

Paul Ekman dans le texte...

« Les parents apprennent à leurs enfants à contrôler leurs expressions (faciales) en montrant l'exemple ou en disant des choses comme : "Ne fais pas cette tête-là quand tu te fâches !"; "Allez, montre ta joie quand ta tante t'offre un cadeau"; "Ne fais pas cette tête d'enterrement quand tu t'ennuies !" »

Telling Lies. Clues to Deceit in the Marketplace, Politics, and Marriage, New York, Norton, 1992, p. 125, trad. P. de Sutter.

« Si nous ne pouvions jamais savoir comment quelqu'un se sent réellement [...] et si nous étions certains de savoir que chaque expression émotive n'est qu'un masque placé là juste pour plaire, manipuler ou duper, les relations partiraient à la dérive et l'attachement affectif serait bien moins ferme. [...] Nous laissons nos vies être guidées par la croyance qu'il existe une tendance à la vérité émotionnelle, que la plupart des gens ne peuvent ou ne veulent pas nous tromper sur ce qu'ils ressentent. Si la perfidie était aussi facile avec les émotions qu'elle l'est avec les idées, si les expressions et les gestes pouvaient être aussi facilement dissimulés et falsifiés que les mots, nos vies émotionnelles seraient appauvries et plus imprégnées de méfiance qu'elles ne le sont. Et si nous ne pouvions jamais mentir; si un sourire était tout à fait fiable, jamais absent quand le plaisir est ressenti et jamais présent sans plaisir, la vie serait plus dure que ce qu'elle est et bien des relations plus difficiles à conserver. [...] Nous ne

sommes ni transparents comme un tout jeune enfant, ni de parfaits dissimulateurs. Nous pouvons mentir ou être sincères, détecter un mensonge ou ne pas le voir, être dupés ou connaître la vérité. Nous avons le choix; c'est notre nature. » *Ibid.*, p. 351, trad. P. de Sutter.

« Toute l'attention a été concentrée sur les émotions qui posent problème, à soi ou aux autres. Avec pour résultat que nous connaissons mieux les maladies mentales que la santé mentale. Cela change actuellement avec une nouvelle attention portée sur ce que nous appelons les émotions positives. Je pense que nous pourrons tirer un grand bénéfice du fait de mieux connaître et mieux comprendre les émotions agréables : elles sont tellement importantes pour nous motiver dans la vie. »

Emotion Revealed. Recognizing Faces and Feelings to Improve Communication and Emotional Life, New York, Owl Books, 2003, p. 191, trad. P. de Sutter.

Principaux ouvrages de Paul Ekman

Paul Ekman, *Face of Man. Man Expressions of Universal Emotions in a New Guinea Village*, New York, Garland STPM Press, 1980.

Paul Ekman, *Telling Lies. Clues to Deceit in the Marketplace, Politics, and Marriage*, New York, Norton, 1992.

Paul Ekman, *Emotion Revealed. Recognizing Faces and Feelings to Improve Communication and Emotional Life*, New York, Owl Books, 2003.

PETITE PARABOLE CINÉMATOGRAPHIQUE

Titre du film : La Peur.

Sous-titre : Les deux circuits de la peur.

Scénariste : Joseph LeDoux.

Extérieur nuit

Un promeneur aperçoit sur le sol une forme étrange qui ressemble à un serpent.

La peur saisit le promeneur, immédiatement. Son corps est prêt à s'immobiliser, à fuir ou à attaquer. Quelques minuscules instants plus tard, l'information parvient à son cortex visuel puis à l'amygdale, cette partie en forme d'amande située dans son cerveau. S'il s'agit bien d'un serpent, l'information visuelle maintient la réponse corporelle de peur, et, selon les cas, notre promeneur prend ses jambes à son coup ou tente de tuer l'animal. S'il s'agit d'un bâton, la peur n'a plus de raison d'être, et les réponses physiologiques de peur s'évanouissent.

Conclusion : mieux vaut se tromper et prendre le bâton pour un serpent, plutôt que de prendre le serpent pour un bâton. Au moins, on est prêt en cas de problème.

Moralité : la peur est utile à notre survie.

Joseph LeDoux

Joseph LeDoux en quelques dates...

1949 : Naissance en Louisiane.

1977 : Diplôme en neurobiologie, université Stony Brook (New York).

1996 : Publication du *Cerveau émotionnel.*

2002 : Parution de *Neurobiologie de la personnalité.*

Joseph LeDoux en quelques titres

Professeur au département de psychologie de l'université de New York.

Directeur du Centre pour la science neurale et du Centre de neurosciences de la peur et de l'anxiété.

Membre de l'Association américaine pour l'avancement de la science et de l'Académie des sciences de New York.

L'un des fondateurs de l'Association des troubles anxieux d'Amérique.

Le mécanisme des émotions

Par Cédric Routier

Greenwich Village, Washington Square, Broadway : un périmètre paisible, entre verdure et lumières de New York. Apaisant. Et pourtant… c'est ici que, depuis bientôt vingt ans, Joseph LeDoux traque les peurs tapies dans notre cerveau.

Ses parents l'imaginaient homme d'affaires : « J'ai deux diplômes de commerce. Mes parents voulaient que j'aille à l'université hors de notre petite ville, que je devienne banquier et revienne faire de l'argent dans la communauté locale. » Lui veut savoir pourquoi nous achetons certains produits et pas d'autres : il apprend la psychologie sociale. Et tombe sur les mystères du cerveau : « J'ai fini par suivre le cours d'une personne qui étudiait le cerveau et la mémoire. J'ai été fasciné par ce sujet et je suis venu travailler dans son laboratoire. » Il quitte les affaires et finit ses études entre patients épileptiques et rats conditionnés. La quête des émotions dans le cerveau débute ; l'exploration de l'amygdale cérébrale est imminente.

Il travaille très tôt sur les patients au cerveau divisé, ou *split-brain* – autrement dit, dont les hémisphères cérébraux ne communiquent plus – et s'aperçoit que, quand on montre un objet à la partie droite du cerveau de l'un des patients, il arrive encore à décrire les émotions de la partie *gauche* de son cerveau ! Or cet hémisphère ne *peut plus* savoir quel objet vient d'être montré… Comment, dès lors, peut-il ressentir quelque chose envers l'objet ? LeDoux s'empare de la question. Il veut comprendre la biologie de nos émotions, mais elle est fuyante. Il se tourne vers ce qu'il connaît : le cerveau animal. Enfant, il extrayait déjà les plombs logés dans les cervelles des bêtes confiées à son père, boucher en Louisiane. Adulte, c'est chez le rat qu'il va tracer le « circuit de la peur », comme il le nomme. Une émotion primaire, des expériences bien ciblées et c'en est joué : peu à peu, les structures se révèlent.

La peur, il peut en parler : « Je ne peux pas dire que ma vie d'enfant a été plus ou moins émotionnelle que celle des autres… J'ai toutefois de vieux souvenirs d'une peur des serpents : ayant grandi en Louisiane, avec beaucoup de voies navigables et des serpents un peu partout, j'en ai toujours eu un peu peur. » Il s'en est depuis débarrassé. Féru de psychologie, il continue à vouloir percer la nôtre à jour. Il étudie nos synapses, passages entre nos neurones, pour dénicher les raisons biologiques de nos émotions.

Que nous apprend Joseph LeDoux ?

Un inconscient émotionnel

LeDoux s'est posé des questions simples : Que sont les émotions ? Comment agissent-elles sur notre cerveau ? Quel est leur rôle dans notre vie quotidienne ? Les réponses sont fascinantes.

Nous connaissons tous nos émotions : la peur, la colère, le plaisir, la joie… Nous pourrions tous les décrire, en parler. Dire ce qu'elles nous apportent d'agréable ou nous infligent de pénible. Mais elles impliquent plus que ce que nous ressentons : un véritable « inconscient émotionnel » explique une grande part de leur action. Il n'existe pas un seul système pour réguler nos émotions mais plusieurs : un pour chacune d'elles. La peur n'est pas la colère : nous n'agissons pas de la même manière pour fuir ou pour frapper. Le corps, donc le cerveau, doit réagir différemment. Les systèmes émotionnels travaillent le plus souvent en silence, loin de notre conscience. Ils réagissent à notre environnement et orientent nos réactions en fonction des événements.

Un système émotionnel est un outil de survie : développé dans notre cerveau au cours de l'évolution, il est essentiel à la satisfaction de nos besoins vitaux. Pour survivre, la peur est capitale : un rugissement, et nous nous figeons, pour mieux bondir dans les fourrés à la seconde suivante. Le plaisir, lui, renforce notre attirance pour un partenaire, et nous assurons ainsi notre descendance. Certaines zones de notre cerveau sont communes avec d'autres espèces (des poissons aux mammifères, en passant par les reptiles et les oiseaux), elles aussi capables d'émotions : les animaux n'en sont simplement jamais conscients, comme seul un être humain peut l'être. Même si, malgré des siècles d'évolution, nous sommes encore des « lézards émotionnels », comme LeDoux l'a écrit.

C'est sur ces bases qu'il s'intéresse aux émotions. Puisque nous sommes « parents émotionnels » d'autres animaux, il choisit un animal moins complexe que l'homme, au cerveau mieux accessible : le rat. Il opte pour la peur en tant qu'émotion basique : elle est simple à définir, car elle s'observe facilement (sursaut, immobilisation, fuite et indices biologiques). Et, pour l'étudier, il retient une expérience très répandue : le « conditionnement de la peur ». Un rat est soumis à l'association répétée d'un son avec un choc électrique léger ; après quelques essais, il manifeste une réaction de peur à la seule émission du son. En suivant le traitement du signal sonore dans le cerveau, puis en réalisant des lésions sélectives, LeDoux parvient à isoler une structure essentielle dans le circuit de la peur : l'amygdale.

Une amande dans le cerveau

Structure située à l'avant-centre du cerveau, l'amygdale (en grec, *amygdala* signifie « amande » – nous en possédons une de chaque côté du cerveau) coordonne tout le système qui active les réactions de peur dans le cerveau. Elle en est le centre de commande. Un système qui nous permet également, le cas échéant, de *ressentir* la peur. Chacun de ses noyaux tient un rôle spécifique. L'amygdale reçoit ainsi des informations de nos aires sensorielles (qui traitent les signaux de l'environnement) et réagit en fonction de celles-ci. Elle communique avec l'hippocampe, une des zones clés de la mémoire des contextes, qui l'influence en retour. Lorsque l'environnement se fait dangereux, l'amygdale lance les réactions corporelles de défense, grâce à ses connexions de sortie. Enfin, elle fait l'impasse sur les couches supérieures du cerveau (notre « cortex »), pour réagir au quart de tour.

LeDoux a mis ces propriétés en évidence. Il n'est pas le pionnier des études sur les émotions, mais il a dénoncé leur principale erreur : croire qu'il existait un « système limbique » responsable de toutes les émotions. Il a également mis au jour le fait que, pour que les émotions nous soient utiles, il nous faut une mémoire émotionnelle... Il s'est alors intéressé à cette question de l'« enregistrement » émotionnel et, en s'appuyant sur les sciences cognitives, il a montré comment les émotions s'associent aux souvenirs lorsqu'ils sont créés, et comment elles définissent qui nous sommes. L'adulte craintif affolé par les klaxons pourrait bien être victime d'un souvenir émotionnel intense qui s'est associé chez lui, enfant, à la scène d'un terrible accident.

Les dysfonctionnements sont donc possibles : lorsque l'amygdale s'active dans des contextes inadaptés, anxiété, phobies et peurs irrationnelles envahissent le quotidien. Si l'amygdale se met en marche, un simple vertige des hauteurs peut dégénérer en phobie de l'avion. Comme un système d'alarme que plus rien n'arrêterait. Sans que nous puissions identifier une cause : nos émotions, encore une fois, sont en grande partie inconscientes. Et leur apprentissage, bon gré mal gré, est d'un naturel tenace. Comment s'explique-t-il ? Où se logent les effets du monde qui nous entoure ? LeDoux se penche alors sur nos neurones.

Les mailles de notre cerveau

Pour Joseph LeDoux, nous sommes plus que ce dont nous sommes conscients : notre Soi se compose de notre personnalité, de nos émotions, et de toutes ces choses que gère notre cerveau, dont nous ne nous rendrons jamais compte. D'autres systèmes que celui de la peur existent : pour d'autres émotions (l'amour, notamment, dont le circuit implique d'autres noyaux de l'amygdale) ; pour créer et raviver des souvenirs (l'hippocampe, située au centre du cerveau, en est *la* structure incontournable) ; pour comprendre et parler un langage ; etc.

Notre cerveau se compose de cellules très spéciales : les neurones. Ceux-ci peuvent recevoir et émettre des signaux, par voie chimique et électrique : ils communiquent ainsi entre eux et forment des réseaux très complexes. Mais ces réseaux ne sont pas organisés au hasard : ils sont la matière première de notre cerveau et des structures telles que l'amygdale. Pour expliquer les fonctions du cerveau, il faut donc comprendre comment les neurones communiquent.

Chaque neurone possède des ramifications qui le connectent aux neurones voisins ; l'interface entre deux neurones est assurée par la *synapse*. Il s'agit simplement d'un espace dans lequel les neurones vont échanger des molécules spécifiques et, en fonction des entrées et des sorties de molécules, transmettre ou non une information. En étudiant de près ces échanges moléculaires, LeDoux a pu découvrir quelle chimie s'opère dans le circuit de la peur. Il a ensuite rapproché ses découvertes d'autres travaux sur la chimie des neurones. Et peut aujourd'hui tenter d'expliquer notre Moi par ses bases biologiques.

Nos synapses sont *plastiques*, c'est-à-dire malléables : elles sont capables de changer au cours du temps, et de lier plus ou moins les neurones entre eux. Elles se modifient en fonction des informations reçues par les neurones et des conséquences de nos actions. On parle alors de *plasticité synaptique*. Autrement dit, si notre cerveau peut apprendre et se transformer, c'est par ce mécanisme biologique. Qu'un ensemble de neurones soit sollicité, de manière répétée – comme dans la zone du toucher, pour un pianiste qui s'exerce –, et leurs liens vont se renforcer – le toucher du pianiste va s'améliorer. Que certains neurones reçoivent des signaux d'autres circuits liés à l'audition, et il apprendra à mieux jouer.

La manière dont fonctionnent les synapses est en partie déterminée par nos gènes. Les assemblées de neurones sont donc elles aussi, indirectement, des produits génétiques. Notre environnement fait le reste : il fournit les signaux extérieurs qui vont réguler la plasticité synaptique.

Qui sommes-nous ? ou l'identité biologique

Voilà pourquoi LeDoux parle de *Moi synaptique* : aucun de nous n'a jamais à la fois les mêmes gènes et la même vie qu'un autre. La plasticité synaptique détermine les associations entre neurones dans notre cerveau, donc les détails de son organisation. Notre Moi, qui nous sommes et pourquoi, réside dans nos synapses et dans l'assemblage de neurones qui est propre à chacun.

Bien sûr, au niveau global, les structures de notre cerveau sont identiques : ce sont leurs microdétails qui évoluent constamment. Pour LeDoux, notre esprit est le produit de composants communs – systèmes sensoriels, systèmes de mémoire, de langage, de conscience – et des connexions uniques qui nous particularisent. Il tient compte de trois domaines essentiels pour comprendre l'esprit et pour étudier sa biologie : émotions, cognition, motivation.

- Nos émotions sont souvent une première étape : sans elles, le cerveau est dénué d'informations subjectives sur le monde.

– La cognition est le domaine de la pensée : celle-ci réagit aux émotions et guide notre action, elle nous fait acteurs plutôt que spectateurs.
– Enfin, la motivation oriente ce passage à l'action : ses systèmes indiquent au cerveau lequel de nos besoins est, sur l'instant, le plus urgent.

Sans arrêt, des interactions entre neurones modifient et rétablissent notre équilibre biologique. Elles définissent peu à peu qui nous sommes, et notre esprit s'adapte ainsi à chaque situation. LeDoux l'affirme haut et fort : notre esprit n'est pas qu'une pensée, car, sans émotions ni raisons d'agir, il reste stérile. Ses racines, comme celles des émotions, plongent dans l'échange nécessaire entre l'inné (nos gènes) et l'acquis (nos actions).

Des découvertes qui ont une portée thérapeutique

L'approche synaptique améliore la compréhension de notre psychologie; elle permet aussi d'aborder ses troubles. Si les synapses sont responsables de notre esprit, elles doivent offrir un moyen de le soigner. Ainsi, un stress prolongé peut dégrader les neurones et leurs synapses dans l'hippocampe : il provoquera des troubles de mémoire. L'atteinte de ses circuits est aussi l'une des premières marques de la maladie d'Alzheimer. Le circuit de la peur, notamment l'amygdale, s'active parfois dans des contextes inappropriés, provoquant une peur panique : notre conscience est alors sa victime impuissante. Toutes ces manifestations trouvent leur explication au niveau synaptique : trop ou trop peu d'une molécule, et des perturbations surgissent.

Soigner, ce sera donc rétablir un équilibre biologique perturbé. Cela exige d'identifier un système précis, puis son circuit cérébral, et d'administrer la ou les molécules spécifiques. Des processus normaux seront ainsi, parfois, remis en route ou facilités. Le Centre de neurosciences de la peur et de l'anxiété, que LeDoux dirige, est tout entier tourné vers cet objectif thérapeutique ultime. La psychothérapie a également son importance : LeDoux insiste sur ses effets sur les synapses. Selon les troubles et les fonctions concernés, notre implication consciente pourra même participer à la réorganisation des circuits cérébraux; d'où l'importance de thérapies comportementales, cognitives et émotionnelles pour accompagner les traitements médicamenteux.

À la découverte de l'amygdale : une expérience fondatrice

Milieu des années 1980 : Joseph LeDoux et ses collaborateurs de l'époque cherchent les structures précises impliquées par les émotions. Jusqu'alors, l'habitude était de partir des zones au centre du cerveau (l'ex-« système limbique »), à coups de lésions et de stimulations, dont on étudiait les effets sur les réponses émotionnelles. LeDoux change radicalement de procédure : il va suivre le trajet d'une information à travers le cerveau.

Il réalise d'abord un conditionnement de la peur chez un rat. Puis il essaie de tracer le chemin suivi par le signal sonore, depuis son entrée par les voies auditives jusqu'aux zones de contrôle de la peur conditionnée. Il commence par le système auditif : à quel niveau se situe la partie qui est nécessaire à l'apprentissage de la réaction conditionnée ? Par des lésions répétées, il écarte le cortex (les couches supérieures du cerveau) et identifie le rôle du thalamus auditif : sans lui, le conditionnement n'a plus lieu.

Première surprise : le cortex (ici, auditif) a longtemps été considéré comme la cible première des informations (sonores) importantes. Pourtant LeDoux réalise que sa participation n'est pas essentielle. Pour que la peur s'apprenne encore, où se rend donc l'information, une fois sortie du thalamus ? LeDoux utilise une technique de traçage chimique pour identifier cette voie dans le cerveau. Il injecte une substance (la WGA-HRP) dans le thalamus auditif ; une journée s'écoule. Puis le cerveau de l'animal est disséqué et observé au microscope « en champ sombre » : celui-ci crée un contraste qui permet de repérer les voies que le produit injecté a empruntées (le produit les rend plus claires).

Et la lumière se fait : quatre zones sous-corticales (au centre du cerveau) apparaissent. Laquelle est essentielle pour le circuit de la peur ? Par trois fois, sur un autre rat, LeDoux sectionne l'une des voies allant du thalamus à l'une de ces zones. Sans effet : la peur peut toujours être apprise. Mais la quatrième lésion touche au but. Elle interrompt la communication entre le thalamus auditif et l'amygdale. Or, dans cette situation, le conditionnement n'a plus lieu. LeDoux vient de découvrir l'importance de l'amygdale.

Rencontre avec Joseph LeDoux

Je traverse la fraîcheur de Washington Square, célèbre parc de Manhattan. À l'abri des feuillages, je repère le bâtiment, massif. Numéro 6 : je franchis le sas au glissement feutré. Joseph LeDoux m'attend quelques étages plus haut. Face à nous, derrière une brume lointaine, domine l'Empire State Building. La climatisation ronronne et chasse les vestiges d'une chaleur de juin. La voix de mon hôte s'élève : nette, régulière. Trahissant à peine la Louisiane de son enfance…

Vous avez identifié ce qu'on appelle le « circuit de la peur », c'est-à-dire un mécanisme spécifique à cette émotion. Peut-on généraliser vos découvertes à d'autres émotions ?

Je pense qu'il est même difficile d'appliquer ce « circuit » de la simple peur à l'anxiété ! Ou de la peur conditionnée d'un son à la peur de tomber amoureux ou à l'effroi. Le mot « peur » s'applique à beaucoup de choses. Isaac Marks, un psychologue anglais qui a étudié la peur, a relevé, je crois, *trente-six* différents mots pour la peur, en anglais.

La peur elle-même est un sujet très compliqué. Ce que nous pouvons apprendre, certaines règles générales qui s'appliquent aux mécanismes cérébraux des émotions, nous pouvons les rechercher pour un autre système. Mais nous ne devrions pas nous attendre à ce qu'elles soient exactement les mêmes. Il est probablement erroné de penser que, dans l'amygdale, exactement les mêmes circuits sont impliqués dans la peur et dans d'autres émotions. Au fond, c'est une question empirique : nous devons faire des recherches, pas simplement supposer que ce sont les mêmes.

Pourquoi le cerveau émotionnel est-il essentiel pour comprendre et expliquer notre comportement? Comment nos émotions servent-elles de guides à notre esprit « rationnel » ?

Presque tout ce que nous faisons d'important engage les systèmes de l'émotion. Même si nous ne sommes pas conscients de ce que nous sommes en train de faire. En fait, la plupart de nos réponses initiales aux choses qui comptent sont inconscientes. C'est après coup que nous devenons conscients de ce que nous éprouvons, et que nous expliquons alors nos émotions sur la base de la situation présente. C'est la théorie que Schacter et Singer [1] proposent, je pense. Avec Gazzaniga, nous sommes arrivés à cette conclusion suite aux études sur les patients au cerveau divisé. Il suffit que l'hémisphère droit produise une réponse simple, comme saluer de la main, pour que l'hémisphère gauche vous raconte une histoire, à laquelle il croit, sur la raison pour laquelle le patient produit cette réponse : « J'ai vu un ami... » Le patient a toujours une explication, bien que nous sachions que ce n'est pas la bonne : c'est nous qui l'avons fait agir ainsi.

Les émotions déclenchent le comportement; ensuite, nous nous racontons une histoire pour expliquer notre comportement, parce que la conscience aime bien avoir une histoire-mythe sur qui nous sommes et pourquoi nous faisons ce que nous faisons. Ça fait partie d'une sorte de théorie narrative de la conscience. En fait, nous ne pouvons faire autrement qu'engager nos émotions quand quelque chose d'important survient. Le reste du comportement, ce sont des réponses instrumentales; tout ce que nous faisons d'autre se base sur les émotions initiales éveillées.

Comment influencent-elles la pensée rationnelle? C'est ce que Damasio a pu développer... (Voir chapitre suivant) Parfois, nos émotions ne sont pas très sophistiquées d'un point de vue cognitif, du moins au départ. Elles ne mentent pas; elles nous disent ce que nos cerveaux pensent et

1. Selon laquelle l'état d'éveil général du corps, reçu par le cerveau, est étiqueté par notre esprit en fonction des circonstances (sociales et physiques) : nous interprétons les circonstances pour pouvoir identifier des sensations ambiguës. Tremblons-nous de colère ou de peur? Tout dépend du contexte.

éprouvent vraiment, d'une certaine façon. Nous pouvons donc utiliser ces réactions dites *viscérales*, pour suivre notre esprit « inconscient », mais je ne suis pas sûr que ce soit toujours une bonne idée. À la base, nous sommes animés par des biais raciaux, toutes sortes de choses négatives que nous réprimons tout le temps ; c'est important pour la rationalité de maintenir sous contrôle les instincts de base. Je ne crois pas qu'il faille suivre nos réactions premières. Je ne suis pas sûr que ce soit la bonne manière de prendre des décisions.

Vous parlez d'inconscient : comment le définir ?

L'inconscient est tout ce qui n'a pas été colonisé à l'usage de la connaissance de soi. Traditionnellement, l'idée a commencé avec Freud, peut-être même avant. Il y a plusieurs façons de définir l'inconscient. L'une, le préconscient, contient de l'information potentiellement consciente, mais non consciente à l'instant présent : ce sont tous les souvenirs auxquels vous avez accès – vous me demandez ce que j'ai mangé au petit déjeuner, et je vous le dis, parce que cette information est là, disponible de source sûre. Mais, si vous me demandez pourquoi mon cœur va accélérer si vous frappez dans vos mains, je ne peux pas vous le dire, car ce n'est pas accessible. Le cerveau, la plupart du temps, agit inconsciemment. Nous ne contrôlons pas notre cœur ni notre digestion, bien que cela soit des éléments essentiels de nos réponses corporelles – et qu'il soit important que le cerveau contrôle ces fonctions ! Mais ce contrôle n'est pas conscient. Nous n'avons pas non plus le contrôle conscient de notre posture lorsque nous marchons : nous pouvons la changer, mais normalement nous marchons d'une certaine manière, à un certain rythme, et cela est régulé inconsciemment.

« Même pour les émotions dites de base, plus ou moins câblées dans le cerveau, il existe une influence culturelle. »

Intermédiaire entre le préconscient et ce qu'on pourrait appeler l'inconscient trivial, il existe un inconscient plus significatif qui stocke beaucoup d'informations émotionnelles : il est inconscient *et* inaccessible. La raison en est que nous ne sommes pas en liaison directe, consciente, avec l'amygdale, sur laquelle nous n'avons pas de contrôle, ni sur d'autres systèmes qui pourraient stocker de l'information inconsciemment. Nous devenons conscient de ces choses quand elles requièrent l'adaptation de notre comportement, et alors nous expliquons consciemment ce que nous avons fait, comme nous en avons parlé.

Je dirais donc qu'il y a trois niveaux de processus inconscients : le préconscient, en fait de l'information explicite, à laquelle on peut avoir accès ; l'inconscient... psychologiquement important, où il pourrait y avoir des choses comme les souvenirs émotionnels, auxquels on ne peut accéder car ils sont stockés implicitement – ce sont les systèmes de mémoire implicites du cerveau ; et enfin l'inconscient trivial – le contrôle des fonctions corporelles, les potentiels d'action des neurones, la libération des neurotransmetteurs, etc.

Nos émotions envahissent-elles notre quotidien sans que nous en soyons, le plus souvent, conscients ?

Je le pense, oui. Par exemple : nous nous caractérisons tous par des traits de personnalité, il existe des gens introvertis et d'autres extravertis. L'introverti fait constamment face à sa timidité. Pas forcément consciemment, mais, à cause de la façon dont il interagit normalement, il doit ajuster ses prévisions vis-à-vis des situations sociales. Du genre : dois-je ou non aller à cette soirée ? Et comment ? Car je serai mis à l'épreuve, socialement... Au départ, ce peut être conscient puis, peu à peu, vous évitez tout simplement certaines situations, dans lesquelles vous serez mal à l'aise.

Je pense qu'il existe des situations comme celle-ci où nous nous ajustons constamment. Nous apprenons des styles d'ajustement, que nous utilisons dans la vie quotidienne sans même y penser. Il y a aussi l'idée que les gens deviennent introvertis à cause d'un excès de l'éveil du système nerveux autonome : afin d'éviter d'être fortement stimulés, ils restent en dehors des situations... Ils ont comme une compréhension inconsciente de leur corps et ils ajustent leur comportement pour éviter ça.

En tant qu'humains, nous sommes une espèce sociale capable de parler : le langage modifie-t-il le « câblage » de notre cerveau ? Et ces fonctions supérieures peuvent-elles réduire, et même dominer, l'influence du circuit de la peur sur notre cerveau ?

Toute expérience que nous faisons modifie ce câblage ; par exemple, quand nous formons un souvenir. Aussi la culture nous change-t-elle constamment. Pendant longtemps, l'idée selon laquelle langage et culture pouvaient influencer la pensée était un peu rejetée en faveur d'un *langage de la pensée*, soutenu par Fodor, Pinker et d'autres... Mais, à présent, nous revenons vers l'hypothèse de Whorf : l'idée que le langage que vous possédez détermine l'expérience du monde que vous avez – les Eskimos, par exemple, ont quarante-sept mots pour décrire la neige... Elle était tombée en disgrâce, mais semble de retour. En termes d'émotions, par opposition à la cognition, il y a toujours eu un sentiment très fort selon lequel différentes cultures possèdent différents mots pour les émotions. Ces mots aident à définir les expériences qu'une culture donnée peut transmettre d'une génération à l'autre.

« Tout comme vous pouvez acquérir des peurs par apprentissage, vous pouvez prendre le contrôle de ces peurs par un type différent d'apprentissage : la thérapie. »

Même pour les émotions dites de base, plus ou moins câblées dans le cerveau, il existe une influence culturelle. Il y a ce qu'on appelle des *règles de manifestation* culturelles : par exemple au Japon, si vous êtes en colère, vous allez vous contenir lorsque vous vous trouvez dans une situation sociale soumise. Tout le monde réprime ses émotions ; même en colère, on ne crie pas sur son patron, parce qu'on perd son boulot. Nous avons donc cette aptitude à réguler socialement nos émotions, même si elles sont précâblées. Si, tout à coup, vous croisez un grand danger, il est difficile de réprimer votre réaction initiale ; mais vous pouvez très vite modifier votre expression faciale et votre posture, et essayer d'autoréguler votre émotion, si elle est inappropriée. Si un enfant, sur un terrain de jeux, est intimidé par un autre enfant et qu'il est capable de ne pas montrer sa peur, alors il est susceptible d'être moins ennuyé. Certaines personnes apprennent cela mieux que d'autres.

La régulation sociale et l'autorégulation des émotions sont très importantes, même pour les émotions basiques. Elles sont, jusqu'à un certain point, déterminées culturellement et linguistiquement.

Dans quelles conditions le stress émotionnel peut-il être avantageux ou néfaste ?

« Nous devrions essayer de découvrir ce Moi inconscient que nous emmenons partout, que nous avons créé, sans y prêter beaucoup d'attention. »

Dans un certain sens, le stress précoce, s'il n'est pas trop sévère, peut donner lieu à une sorte d'inoculation ; c'est une protection vis-à-vis des stress ultérieurs de la vie. L'enfant qui n'expérimente jamais aucun stress est mal préparé pour le monde. Un animal qui a été capturé et élevé à la maison, puis renvoyé dans les bois, survivra mal : il n'est pas muni des compétences d'ajustement appropriées pour gérer la vie en liberté et ses stress. Ce sont donc des exemples de stress utile.

Vous voyez, le stress est utile *par définition* : si nous vivons ces stress, ce n'est pas juste histoire de nous sentir stressés, mais parce que le stress sert à nous protéger dans les situations dangereuses. Ce n'est que lorsqu'il est excessif et continu que le système commence à s'effondrer ;

et, alors, nous souffrons. Les gens qui subissent un stress de manière répétée, chaque jour, à chaque instant, sans jamais pouvoir faire une pause sont en danger.

Que doivent garder en tête psychologues et psychiatres, en matière d'émotions ? Comment peut-on s'appuyer sur vos travaux pour améliorer les pratiques thérapeutiques ?

Je reçois beaucoup de courriers, à la fois des psychiatres, psychologues, et de leurs patients. Ils disent qu'ils trouvent utile de lire des livres comme le mien, que c'est un élément de leur thérapie. Ils voient comment les émotions fonctionnent dans le cerveau ; que générer peur et anxiété est un processus naturel du cerveau, qu'ils ne sont pas fous ou je ne sais quoi. *C'est* la façon dont fonctionne le cerveau.

Et, tout comme vous pouvez acquérir des peurs par apprentissage, vous pouvez prendre le contrôle de ces peurs par un type différent d'apprentissage : la thérapie.

Les émotions ont cette nature duelle : à la fois câblées et plastiques. Elles sont câblées pour exprimer d'une certaine façon les contributions de l'évolution ; mais la plupart des choses qui activent nos systèmes précâblés, nous les avons apprises. De même que nous pouvons apprendre à avoir peur, nous pouvons apprendre à contrôler nos peurs. C'est difficile, mais nous pouvons y parvenir. La thérapie est donc un processus d'apprentissage, et je pense, que lorsque les patients lisent cela – le rôle de l'apprentissage dans l'acquisition et le contrôle de la peur – ils commencent à comprendre.

L'idée est aussi que la peur, une fois apprise, n'est pas facilement éliminée, comme un souvenir. À première vue, ça semble très pessimiste de dire que la peur est là pour toujours, que, lorsque vous l'avez apprise, le système ne l'abandonnera pas. Il y a une raison biologique : l'animal qui s'échappe d'un danger serait très inadapté, s'il devait chaque fois réapprendre ce danger ! Le cerveau est câblé pour apprendre en une fois, ou presque, et ne pas oublier ce qu'il a appris. C'est donc déprimant pour les patients. Mais, d'un autre côté, quand les patients réalisent que c'est pour cela que c'est si difficile pour eux, que ce n'est pas *leur* faute, qu'ils ne peuvent y remédier car le cerveau est ainsi fait, ça les rassure. Ils se rendent également compte qu'il y a peut-être des choses qu'ils peuvent apprendre pour contenir leur peur et la garder sous contrôle.

Quand vous connaissez l'ennemi, vous pouvez déterminer comment l'attaquer au mieux. Si vous savez que la peur dure toujours, qu'elle ne peut être désapprise mais inhibée et gardée sous contrôle par d'autres moyens, alors vous vous concentrez là-dessus plutôt que d'essayer de vous en débarrasser. Par exemple : j'ai depuis peu un bourdonnement dans l'oreille, suite à un bruit auquel j'ai été exposé. Si j'y pense comme à une chose affreuse, je serai anxieux tout le temps ; mais, si j'y pense comme à un bruit de fond, c'est moins contrariant. Tout ça est une question d'attitude : savoir contre quoi vous luttez et essayer de s'en occuper d'une manière appropriée à sa réalité dans le cerveau.

Que souhaiteriez-vous modifier dans la vision qu'ont les gens d'eux-mêmes, de leurs émotions ou de leur personnalité ?

La chose importante, c'est de se rendre compte qu'une bonne part de ce que nous faisons, est inconscient. Ça ne veut pas dire que nous le faisons au hasard : nous développons une personnalité, à travers les âges de notre vie ; nous l'avons délibérément ou implicitement créée, par nos expériences, et elle gère la plupart de nos interactions quotidiennes avec le monde.

Les gens délaissent parfois l'idée qu'ils sont influencés inconsciemment, parce qu'ils pensent que cela signifie qu'ils ne sont pas aux commandes. Mais c'est *vous* qui avez développé cet inconscient et donc c'est *votre* Moi, c'est *votre* personnalité qui est inconsciente. Ce n'est pas quelque chose qui aurait été implanté en vous – comme une puce dans le cerveau, câblée par le gouvernement pour que vous ayez ces sentiments, ces peurs et tout ce qui y existe. C'est ce qui se passe et qui fait que vous devenez qui vous êtes. Nous devrions apprendre à adopter notre inconscient, à le connaître aussi bien que nous le pouvons. Vous voyez, l'oracle de Delphes dit « connais-toi toi-même » : ça signifie qu'une bonne part de qui nous sommes n'est pas très bien connue... Nous devrions essayer de découvrir ce Moi inconscient que nous emmenons partout, que nous avons créé, sans y prêter beaucoup d'attention. Nous devrions essayer d'abord de le connaître.

Et croyez-vous que ce Moi soit logé dans nos synapses ?

Oui, car le Moi est une mémoire, qui possède deux composantes. L'une peut être conçue comme une sorte de mémoire génétique, héritée de vos parents qui ont eux-mêmes hérité des leurs, et ainsi de suite pour votre historique familial. Elle est encodée dans le « plan » de votre cerveau qui dévoile la régulation des gènes ; c'est la part innée de votre personnalité, sa part non apprise. Ce sont aussi des souvenirs, des souvenirs que vous avez reçus de votre historique familial.

Et le reste, vous l'avez appris à travers l'expérience individuelle. Dans les deux cas, les synapses sont responsables du câblage du cerveau, qui réalise à la fois les aspects innés et appris de qui vous êtes. Je dirais donc que votre Moi est encodé par les synapses ; et pas simplement par les synapses, mais par les synapses travaillant dans des réseaux, faisant partie d'un cerveau, qui fait partie d'un corps, qui fait partie d'une culture.

« Quand il s'agit de détecter le danger et d'y répondre, le cerveau n'a pas changé tant que ça. À certains égards, nous sommes des lézards émotionnels. »

Les émotions ont-elles joué un rôle important dans votre propre vie ? Un événement particulier a-t-il été l'étincelle de votre intérêt pour les émotions ?

Je pense que les émotions jouent un rôle important dans la vie de tout le monde. Il serait difficile de vivre une vie sans émotions. Mais c'est de manière purement accidentelle que j'ai fini par étudier la peur. En fait, j'avais écrit un long devoir pour un cours sur les instincts et l'apprentissage... Cette question est restée comme coincée dans ma tête, et m'a conduit à une fascination pour les émotions.

Plus tard, avec Michael Gazzaniga, nous avons étudié des humains ayant subi une opération de dédoublement du cerveau pour contrôler l'épilepsie. L'une des choses que nous avons découvertes est que les hémisphères gauche et droit peuvent être conscients séparément, quand les patients ont leur langage dans l'hémisphère droit (d'habitude, il est situé dans l'hémisphère gauche, tandis que le visuel et le spatial sont à droite). Chez un des patients, sûrement à cause de dommages de l'hémisphère gauche subis durant la petite enfance, et avec l'épilepsie, le langage avait envahi l'hémisphère droit. Nous pouvions explorer certains aspects de la conscience dans les deux hémisphères : un côté voulait avoir un certain métier alors qu'il grandissait, l'autre avait une ambition différente ; l'un voulait être pilote de course, l'autre couturier ou architecte... Il y avait deux être conscients.

Si une émotion est produite dans l'hémisphère droit, comment l'hémisphère gauche réagit-il ? Nous avons induit une émotion dans l'hémisphère droit en lui présentant des mots, puis avons laissé l'hémisphère gauche décrire l'émotion : même s'il ne pouvait pas nommer le stimulus présenté, il pouvait nous dire si c'était une bonne ou une mauvaise chose. L'information émotionnelle passait à travers le cerveau, d'une manière ou d'une autre. Comme la commissure interne de ce patient était intacte – c'est une connexion entre les lobes temporaux de chaque côté, lobes où se situe l'amygdale –, l'information devait être transférée d'une amygdale à l'autre, par cette commissure. Fascinant !

Je ne pouvais pas étudier ça chez des patients humains. J'ai commencé avec des rats, chez lesquels j'ai cherché comment étudier les émotions. J'ai utilisé le conditionnement de la peur : non parce que j'étais intéressé par la peur, mais parce que c'était une façon commode de provoquer une émotion chez le rat. J'ai vite réalisé que j'étudiais la peur, non l'émotion.

L'important, c'est que ces études sur les patients au cerveau divisé m'indiquèrent l'amygdale comme une zone cérébrale importante, impliquée dans les émotions. Depuis 1956, Weiskrantz avait montré cette importance de l'amygdale. Je ne l'ai donc certes pas découverte, mais elle a commencé à jouer un rôle important avec mes recherches.

Quelles étaient alors vos sources d'inspiration ?

Les recherches de Gazzaniga, bien sûr, car je travaillais dans son laboratoire... Les patients au cerveau divisé vous forcent à réfléchir sur certaines choses, dont la spécificité du traitement de l'information dans les voies neurales. Comment un stimulus chemine-t-il à travers le cerveau ?

La recherche plus ancienne de Mishkin et ses collègues, aussi, issue des recherches classiques sur le syndrome de Klüwer-Bucy, en 1939. Après eux, on commença à essayer de comprendre exactement quelles étaient les voies neurales et leurs contributions. Pribram était le chercheur dominant à cette époque, vers 1959. Il attira dans son laboratoire pas mal de personnes, dont Mishkin, Weiskrantz et d'autres... Leurs recherches donnèrent naissance à trois domaines majeurs des neurosciences.

Le premier fut l'*étude des voies visuelles dans le cortex* : ils voulaient comprendre comment un stimulus visuel passe à travers le cortex visuel et atteint le lobe temporal, lors des perturbations des perceptions observées dans le syndrome de Klüwer-Bucy. Ce fut la quête des voies visuelles dans le cortex et le lobe temporal. Ils sont parvenus à ce qui est aujourd'hui connu comme la voie du « Quoi », dans le traitement visuel.

Ils donnèrent aussi naissance à *la recherche des systèmes de mémoire* : Mishkin travailla à la fois sur les voies visuelles vers le lobe temporal, puis sur celles qui sortent du système visuel vers l'hippocampe – qui influence la mémoire. Il cherchait à la fois dans l'hippocampe et dans l'amygdale. Il écarta l'amygdale comme partie du circuit de la mémoire, mais il avait aussi montré que l'amygdale était importante dans les associations stimulus/récompense. Poussant plus avant que Weiskrantz, il étudia son rôle dans ces associations. Le travail de Mishkin est donc très important.

Norman Geschwind, lui, était neurologue. Il défendait l'idée des *syndromes de déconnexion*, que présentent aussi des patients au cerveau divisé. Une longue tradition en neurologie, depuis Wernicke, Broca, etc., avait identifié ces syndromes. Geschwind avait relancé l'idée dans les années 1960, en montrant par exemple qu'avec une déconnexion entre l'aire de Wernicke et celle de Broca une personne peut entendre et comprendre le discours, parler, mais non répondre à un mot parlé par une réponse parlée : elle n'a pas cette capacité à conduire l'information d'une aire à l'autre. Il décrivit un certain nombre de syndromes de déconnexion, y compris pour le traitement sensoriel dans l'amygdale. C'était ce à quoi Mishkin se consacrait : la déconnexion entre cortex visuel et amygdale. Tous ces travaux importants me stimulaient.

La présence de Harvey Karten aussi, un neuroanatomiste qui travaillait sur l'évolution des parties du cerveau, en étudiant les oiseaux. Il disait dans un de ses séminaires : « Ne travaillez pas sur l'hippocampe et le système visuel, trop de gens travaillent déjà sur ces deux domaines. » Je me suis dit que c'était un bon conseil, que je devais trouver quelque chose sur lequel personne ne travaillait. Je me suis intéressé aux émotions à peu près à cette époque, car, au moment même où Karten nous donnait ce conseil, Gazzaniga me disait : « Tu sais, c'est intéressant, il n'y a presque aucune recherche sur les émotions en neurosciences, tu devrais y réfléchir… » Il connaissait les recherches sur l'émotion de l'époque, mais il était surpris que personne ne les fasse sur le cerveau.

Principaux ouvrages de Joseph LeDoux

The Integrated Mind (avec M. S. Gazzaniga), New York, Plenum Press, 1978.

Mind and Brain. Dialogues in Cognitive Neuroscience (avec W. Hirst), New York, Cambridge University Press, 1986.

The Emotional Brain. The Mysterious Underpinnings of Emotional Life, New York, Simon & Schuster, 1996, trad. *Le Cerveau des émotions*, Paris, Odile Jacob, 2005.

The Synaptic Self. How our Brains Becomes Who We Are, New York, Viking, 2001, trad. *Neurobiologie de la personnalité*, Paris, Odile Jacob, 2003.

The Synaptic Self. From Soul to Brain (éd., avec J. Debiec et H. Moss), New York, Annals of the New York Academy of Sciences, vol. 1001, 2003.

Joseph LeDoux dans le texte...

« Autrefois région obscure du cerveau, l'amygdale est pratiquement passée dans les mœurs maintenant. La bande dessinée de Batman Shadow of the Bat *décrit un monstre appelé* Amygdala *d'après "la masse de nerfs en forme d'amande dans le cerveau qui contrôle les sentiments de rage" [...]. Récemment, un article de journal intitulé "Kid's City" discutait le rôle de l'amygdale dans les peurs de l'enfance. Il existe un site web où vous pouvez "cliquer sur votre amygdale", c'est-à-dire sur certains boutons pour vous exposer à des stimuli qui sont supposés solliciter votre amygdale. Une nuit, alors que je zappais en regardant la télévision, je suis tombé sur l'émission d'une chaîne de science-fiction où une créature était capable de contrôler la peur des gens en influençant leur amygdale. J'ai même été contacté par des hommes de loi qui espéraient monter une défense "amygdalienne" en arguant du fait que le crime violent commis par leur client était dû à son amygdale plutôt qu'à sa libre volonté. Pour le meilleur et le pire, l'amygdale n'est plus une région obscure. »*

Neurobiologie de la personnalité, Paris, Odile Jacob, 2003, p. 268.

Antonio Damasio

Antonio Damasio en quelques dates...

1944 : Naissance à Lisbonne, au Portugal.

1974 : Docteur en psychiatrie et neurologie, université de Lisbonne, Medical School.

1975- 2005 : Enseignant et chercheur en neurologie à l'université de l'Iowa.

Depuis 1985 : Directeur du centre de recherche de la maladie d'Alzheimer de l'université de l'Iowa.

1994 : Publication de *L'Erreur de Descartes*, best-seller traduit dans 38 langues.

Antonio Damasio en quelques titres...

Professeur à l'université de la Californie du Sud.

1995 : Golden Brain Award, Berkeley.

2005 : Prince of Asturias Award for Scientific and Technical Research.

Pas de raison sans émotions

Par Pascal de Sutter

Au XVe siècle, les Portugais ouvrent les portes du monde à l'Occident. Fins navigateurs, ils découvrent des terres jusqu'alors inconnues : Madère, les Açores, le Brésil, et bien d'autres encore. Aujourd'hui, c'est un chercheur d'origine portugaise qui nous permet de découvrir plus en profondeur ce continent énigmatique qu'est le cerveau. Certes, Antonio Damasio n'est ni le premier ni le seul à vouloir en sillonner les mystérieux méandres. Mais, comme ses ancêtres lusitaniens, il est allé au-delà de ce qu'exploraient habituellement les spécialistes de son temps. Il est devenu l'un des grands théoriciens contemporains des émotions et de la conscience, entraînant dans son sillage de nombreux jeunes chercheurs.

C'est lui qui a ouvert les neurosciences cognitives au domaine des émotions, ce qui semblait alors incongru pour un neuropsychologue : comment pouvait-on s'intéresser méthodologiquement à un domaine aussi chaotique ? Était-il possible de réhabiliter ces passions qui ne révèlent pas toujours le meilleur côté de l'humain et qui échappent à son contrôle ? N'avons-nous pas appris avec Pascal que « le cœur a ses raisons que la raison ignore » ?

Comme beaucoup de ses collègues, ce pionnier a fini par quitter les côtes du Vieux Continent pour rejoindre les rivages de l'Amérique, à la fin des années 1970. Il s'y est établi avec son épouse, Hanna Damasio, également chercheur en neurosciences. Ensemble, ils ont fait reculer les frontières de la connaissance. Et ils ont réconcilié l'inconciliable : le corps et l'esprit, battant en brèche le dualisme hérité de Descartes. Le corps n'est pas une machine au service de cet instrument sophistiqué qu'est le cerveau. Et nos émotions, loin d'être de simples outils au service de notre survie, voire des productions mentales gênantes, sont indispensables à notre raison, comme Spinoza l'avait déjà compris.

Que nous apprend Antonio Damasio ?

Les émotions sont-elles bonnes conseillères ?

Comme la plupart d'entre nous, le jeune Antonio Damasio établissait une distinction claire entre les émotions et la raison. Il estimait que celles-ci parasitaient notre réflexion. Que les bonnes décisions, les décisions sages et justes, devaient être prises avec un minimum d'émotions. Si possible, sans. Et, comme nous tous, il savait que nous sommes continuellement soumis à des émotions qui influencent nos comportements et nous font faire des choix insensés. Ainsi, la joie peut nous amener à acheter un objet parfaitement inutile ; la colère, nous pousser à des extrémités dangereuses pour notre vie ou celle d'autrui. Ces observations élémentaires avaient conduit la plupart des philosophes et des psychologues à estimer que les émotions – résidus de nos instincts primitifs – étaient franchement inutiles, voire gênantes, dans la prise de décisions rationnelles. Aussi, les chercheurs en neurosciences du XXe siècle négligèrent longtemps l'étude des émotions dans la compréhension du mécanisme du raisonnement.

Comme souvent, c'est un peu par hasard qu'Antonio Damasio s'est intéressé à ce domaine de recherche. Il travaillait alors depuis plusieurs années avec des patients dont le cerveau présentait des lésions, causées par des accidents ou diverses opérations de neurochirurgie.

Le patient qui ne savait plus gérer sa vie

Dans les années 1980, le neuropsychologue eut affaire au cas tout à fait particulier d'un homme, Elliott, qui, à la suite d'une tumeur cérébrale (méningiome), dut subir une importante intervention. L'opération fut couronnée de succès, et, en apparence, il récupéra toutes ses capacités mentales et physiques. Pourtant, quelque chose clochait. Elliott n'était plus le même. Jadis courageux, il était devenu fainéant. Au travail, on ne pouvait plus se fier à lui. Il finit par perdre son job, puis, systématiquement, tous les emplois qu'il occupait. Connu pour ses compétences en gestion financière, il fit des investissements à risque et se lança dans des affaires hasardeuses. Ce qui le mena à la faillite. Il se mit aussi à collectionner des objets bizarres. Il perdit son épouse, qui demanda le divorce, se remaria et divorça encore. Bref, depuis l'opération, sa vie le menait d'échec en échec. Les médecins estimèrent que les problèmes d'Elliott relevaient de la psychothérapie et/ou qu'il s'agissait tout simplement de mauvaise volonté de sa part. Tel n'était pas l'avis du professeur Damasio.

Pour comprendre ce qui n'allait plus dans le fonctionnement mental de son patient, Antonio Damasio le soumit à une longue batterie de tests. Comme il s'en doutait, Elliott réussit avec brio tous les tests d'intelligence, de personnalité et de comportement. Puis il lui fit passer des épreuves plus fines, évaluant notamment la mémoire ou l'attention – le genre de test auquel les patients ayant subi des lésions des lobes frontaux du cerveau échouent habituellement. Mais, à la stupéfaction du chercheur, Elliott obtint également d'excellents résultats. Ses capacités intellectuelles semblaient donc bel et bien intactes, et son cerveau, fonctionnel. Par quel mystère un homme qui était indubitablement d'une intelligence supérieure pouvait-il se comporter dans la vie de manière aussi stupide ?

Il y avait bien quelque chose qui avait attiré l'attention du chercheur dès le début. Elliott paraissait comme « détaché » de ce qui lui arrivait. Le récit de ses échecs et des drames de sa vie semblait plus affecter Antonio Damasio qu'Elliott lui-même. Il semblait parler de quelqu'un d'autre, un peu à la manière froide et ironique des psychopathes. Le chercheur eut alors l'idée de lui faire passer des tests portant sur des questions d'ordre éthique. Elliott fournit des réponses tout à fait acceptables, comme si les notions de jugement moral étaient restées parfaitement claires pour lui. Mais que pouvait-il donc bien manquer à cet homme ?

« On devient stupide dès qu'on cesse d'être passionné [1] »

Antonio Damasio songea alors qu'il pouvait s'agir d'un problème de gestion des émotions. Il décida donc de montrer au patient une série de photos chocs mettant en scène des catastrophes naturelles et des accidents. Le genre d'images qui suscitent généralement de fortes émotions chez les sujets d'expérimentation. Son patient lui avoua qu'il était bien conscient qu'il *aurait dû* ressentir quelque chose, mais qu'en fait il n'éprouvait rien, ni tristesse ni effroi : pas la moindre émotion. Cet homme comprenait intellectuellement ce qu'était la joie ou la peur, mais il était incapable de les ressentir. Damasio eut alors l'inspiration [2] de soumettre cet homme à une épreuve comparable au polygraphe [3], qui détecte la transpiration sur la peau – réaction physiologique résultant des émotions. D'après le polygraphe, l'homme semblait ne ressentir absolument rien d'émotionnel. Le chercheur émit donc l'hypothèse que c'était précisément le déficit de perception émotive qui occasionnait chez cet homme les mauvais choix dans la vie de tous les jours. Ce qui signifiait que les émotions étaient peut-être utiles pour prendre la bonne décision.

Cette hypothèse, proprement révolutionnaire, allait à l'encontre de ce que l'on nous répète depuis la naissance : « Pour faire les bons choix dans la vie, il ne faut pas écouter ses émotions, mais se laisser guider par la raison. » Ce patient aurait dû – en théorie – être parfaitement raisonnable puisqu'il ne ressentait plus d'émotion. Or c'était exactement le contraire qui se produisait. Depuis l'opération qui l'avait privé d'une partie de son cerveau, essentielle pour la perception des émotions, il faisait continuellement les mauvais choix.

Pour valider scientifiquement son hypothèse, Antonio Damasio obtint, comme souvent dans sa carrière, la précieuse aide de son épouse. Elle

1. Citation de Claude-Adrien Helvétius, philosophe français (1715-1771).

2. Expérience menée en collaboration avec le neuropsychologue Daniel Tranel de l'université de l'Iowa.

3. Appareil que l'on nomme aussi – improprement – détecteur de mensonge. En vérité, il s'agit d'un détecteur des signes physiologiques de certaines émotions qui sont parfois liées au mensonge.

mit au point [4] une expérimentation originale qui permettait d'évaluer la capacité à prendre de bonnes décisions. C'est ce qu'on a appelé l'expérience de l'Iowa Gambling Task, qui consiste à placer le sujet face à quatre piles de cartes. Chaque fois que le sujet tire une carte, soit il « gagne » et reçoit un montant (en faux billets), soit il « perd » et doit payer la banque. Deux des quatre piles comportent des cartes à haut risque : le gain est élevé, mais le montant des pertes aussi. Si élevé que le joueur est presque sûr de finir ruiné. Les deux autres piles sont à faible risque. Elles offrent des gains moindres, mais aussi des pertes minimes. Les sujets « normaux » comprennent rapidement qu'il est préférable de prendre des cartes sur les piles à « faible risque ». Tandis que les sujets avec des lésions du cortex préfrontal continuent systématiquement de faire les choix les plus risqués, même si on leur montre la bonne stratégie.

La réhabilitation des émotions : elles sont utiles à la raison

Comment expliquer cette différence entre les sujets sains et les sujets dont le cortex est lésé ? Antonio Damasio estime qu'après quelques pertes élevées sur les paquets de cartes à haut risque les sujets normaux éprouvent des émotions négatives, ce qui les incite à ne pas piocher à nouveau dans ces piles. Intuitivement, avant même d'en faire la déduction logique, ils se dirigent prudemment vers les cartes à faible risque. En revanche, ceux qui n'éprouvent pas d'émotions continuent à prendre des risques inutiles. Le professeur Damasio conclut de ces résultats que la capacité d'exprimer et de ressentir des émotions est indispensable à la mise en œuvre de comportements rationnels.

D'après Damasio, les émotions – loin d'être systématiquement perturbantes – nous aident souvent à prendre de bonnes décisions dans la vie de tous les jours. Ces décisions ne se font pas sur un mode entièrement conscient. Il existe ce que le professeur Damasio nomme des « marqueurs somatiques », qui nous indiquent quelle décision prendre. Nos émotions s'accompagnent en effet de sensations physiologiques, comme des battements cardiaques accélérés, des contractions musculaires ou de la sueur. Elles sont également accompagnées de signaux non physiologiques, comme une sorte d'« intuition » qui nous guide dans

4. Ce test fut initialement développé par un chercheur nommé Antoine Becchara, qui enseigne actuellement la psychologie à l'université de la Californie du Sud.

la prise de décision. Les personnes perturbées dans leurs émotions ne ressentent pas les effets de ces « marqueurs somatiques » et ne savent pas quelle décision prendre. La découverte de Damasio nous montre que la prise de décision ne met pas seulement en jeu des capacités intellectuelles ou mnésiques. Elle ne dépend pas non plus juste des émotions, mais d'une subtile interaction entre de multiples facteurs, en apparence immatériels, que l'on nomme le sentiment, l'inspiration, l'intuition, la conscience...

Entre philosophie et physiologie

Des notions aussi insaisissables que la conscience semblent appartenir au monde de la philosophie. Or nous avons vu avec Damasio que des lésions d'une zone précise du cerveau altèrent non seulement les émotions, mais aussi les sentiments. Antonio Damasio distingue ces deux concepts[5] : les *émotions* peuvent s'observer de l'extérieur par, entre autres, l'expression faciale ou la transpiration ; les *sentiments* sont un vécu intérieur du sujet. Le chercheur estime – et c'est ce qui choque le plus certains philosophes – que les sentiments sont également inscrits dans la physiologie du sujet. On peut d'ailleurs en retrouver la trace, notamment grâce aux techniques de l'IRM[6] fonctionnelle. La pensée humaine dans ce qu'elle a de plus élevé, comme la conscience, fait donc bel et bien partie du système physiologique de notre corps dans son acception la plus large. Outre l'exemple cité précédemment, Damasio rapporte le cas d'une femme chez qui l'on induisit, par erreur, une stimulation électrique d'une partie du cerveau. Elle se mit soudain à éprouver une immense tristesse, qui se marqua sur son visage mais qu'elle exprima également en paroles. Lorsque la stimulation cessa, elle retourna immédiatement à une émotion plus sereine. Certes, Antonio et Hanna Damasio s'insurgent contre l'idée d'une localisation anatomique des émotions : d'après eux, c'est l'ensemble du corps qui les produit et les régit. Mais ils ont cependant démontré qu'indiscutablement certaines zones spécifiques[7] du cerveau humain sont à l'œuvre

5. Voir l'interview.

6. Imagerie en résonance magnétique (MRI en anglais).

7. Les dispositifs qui produisent les émotions occupent un ensemble assez limité de régions sous-corticales, qui part du niveau du tronc cérébral pour s'élever jusqu'au cerveau supérieur.

lorsque nous produisons et éprouvons des émotions. L'émotion n'est donc pas un phénomène abstrait et immatériel, mais elle s'inscrit dans notre corps sous la forme de différents échanges électrochimiques. Et les interactions entre émotions et raisonnement produisent ce que l'on peut nommer la « conscience ».

Les émotions sont essentielles

Selon le professeur Damasio, les émotions contribuent à réguler notre homéostasie [8], afin de tendre vers le bien-être. Toutes les émotions ont un rôle régulateur, contribuant à la création de circonstances avantageuses pour l'organisme. Elles ont pour fonction d'aider l'organisme à se maintenir en vie. Cela nous semble évident pour des émotions basiques telles que la peur, qui a permis à l'espèce humaine de fuir rapidement les prédateurs, ou la colère, qui nous donne le courage de combattre. Mais, pour Damasio, le même principe s'applique à des émotions sophistiquées comme l'amour de l'art. Ces émotions ont notamment permis à l'humain d'occuper la place qu'il occupe. Antonio Damasio garde l'espoir (une autre émotion importante) qu'une meilleure compréhension scientifique du rôle des émotions dans la prise de décision permettra peut-être à l'humanité de faire de meilleurs choix dans l'avenir.

8. Homéostasie (du grec *homoios*, « semblable » et *stasis*, « arrêt ») : tendance d'un organisme vivant à maintenir l'équilibre de ses systèmes internes en dépit des contraintes du milieu externe.

Rencontre avec Antonio Damasio

L'Université de la Californie du Sud, à Los Angeles, offre à ses chercheurs et à ses enseignants des moyens conséquents, dans un cadre enchanteur. De multiples fontaines rafraîchissent les nombreux parcs qui agrémentent le campus. Les étudiants qui circulent dans cet environnement enviable sont pratiquement tous blancs ou asiatiques. Les Noirs et les Hispaniques occupent essentiellement des fonctions d'entretien ou de surveillance. L'égalité des chances semble être un concept très théorique en Californie… C'est avec beaucoup d'amabilité que les Américains que je croise sur ma route me guident vers le building entièrement consacré aux neurosciences[9]*. Bâtiment imposant qui possède sa propre IRM fonctionnelle, dédiée exclusivement à la recherche. Pour arriver au bureau du rez-de-chaussée où reçoit le professeur Antonio Damasio, il faut montrer patte blanche. Une secrétaire efficace filtre les visiteurs avant de les faire pénétrer dans le sanctuaire du célèbre chercheur. Sur la porte du bureau, pas de nom. « C'est voulu… », me confiera Antonio Damasio. À l'intérieur, chaque objet, chaque livre, a sa place. Des œuvres d'art contemporain révèlent que d'autres passions que la science animent le neuropsychologue. L'homme dégage une autorité naturelle qui lui permet d'être aimable sans que son interlocuteur ose se permettre la moindre familiarité. Au début de notre entretien, il me tend un épais ouvrage. Il s'agit d'un véritable atlas anatomique du cerveau vivant, l'œuvre titanesque de son épouse, Hanna*

9. Il s'agit du Hedco Neuroscience Building (HNB).

Damasio [10]*. Manière, pour Antonio Damasio, de l'inclure immédiatement dans son succès et sa notoriété.*

Quand et comment vous êtes-vous intéressé à la psychologie ?

Cela m'est venu au tout début de mes études. J'étais curieux de la manière dont l'être humain fonctionnait. Cela n'avait pas encore de rapport direct avec le fonctionnement du cerveau. D'ailleurs, j'aurais aussi aimé devenir metteur en scène, faire des films pour le cinéma, ou être philosophe, mais je me suis plus raisonnablement tourné vers la médecine. En fait, l'un de mes professeurs à l'école de médecine fut une grande source d'inspiration pour moi. C'est lui qui m'a donné le goût de la neurologie. Mais la passion m'est venue grâce à un grand neurologiste américain : Norman Geschwind [11]. Aujourd'hui, on dirait plutôt « neuropsychologue », parce qu'il s'est intéressé aux fonctionnements du cerveau qui expliquent les comportements humains. Il a synthétisé les travaux de ses prédécesseurs du XIXe siècle en un corpus théorique cohérent. Ses travaux ont malheureusement été complètement oblitérés par l'apparition, à la même époque, de deux phénomènes. Le premier est le développement du courant psychanalytique et le second, l'apparition des médicaments psychoactifs. C'est pour rejoindre Norman Geschwind et travailler avec lui que j'ai émigré aux États-Unis. C'est avec lui que j'ai commencé à étudier les patients qui avaient subi des dommages cérébraux. Au début, je travaillais sur la perturbation du langage et de la mémoire. Ce n'est que par la suite que je me suis intéressé aux émotions.

Comment les psychologues peuvent-ils utiliser vos travaux dans leur pratique quotidienne auprès des patients ?

De bien des manières. De façon générale, ce que nous avons découvert peut être utilisé par les psychologues cliniciens pour affiner leur diagnostic. Je songe notamment à nos travaux sur de nouveaux types d'aphasie [12], de nouvelles formes de troubles de la mémoire ou de

10. Hanna Damasio, *Human Brain Anatomy Computerized Images*, New York, Oxford University Press, 2006.

11. Norman Geschwind (1926-1984), neurologue américain, est considéré comme le fondateur de la neurologie comportementale.

12. L'aphasie est une affection du langage, dans laquelle la compréhension ou l'expression des mots est atteinte, généralement à la suite d'une lésion des centres du langage situés dans le cortex cérébral.

nouveaux troubles dans la prise de décision ou la gestion des émotions. Grâce à tout cela, les psys peuvent mieux définir les syndromes et donc apporter un meilleur suivi thérapeutique. Par exemple, dans les années 1990, nous avons travaillé sur des patients atteints d'Alzheimer; on sait que ces patients ont beaucoup de difficultés à reconnaître des personnes, à se remémorer des événements ou à apprendre de nouvelles informations. Mais nous avons découvert qu'ils pouvaient apprendre de nouvelles tâches et des routines élémentaires utiles pour leur vie de tous les jours. C'est très important pour leur qualité de vie : c'est une façon de développer leur estime de soi et de remonter aussi le moral du personnel. Il reste un petit espoir. Et puis, il y a tout ce que ma femme a apporté sur l'anatomie du cerveau vivant. C'est très utile pour les neurologistes et les neurochirurgiens.

Quand avez-vous commencé à penser que les émotions et les sentiments pouvaient être scientifiquement étudiés?

C'est-à-dire que... au départ, je n'étudiais ni les émotions ni les sentiments. Mais je m'y suis intéressé parce que j'ai été amené, par hasard, à mesurer leur importance pour les patients qui avaient des problèmes de prise de décision. J'ai commencé à penser qu'il existait un lien entre prise de décision et émotions. C'est à partir de là que j'ai développé mon hypothèse des « marqueurs somatiques ». Et, lorsque je me suis intéressé aux émotions, il est devenu parfaitement clair pour moi qu'il n'existait aucune raison de ne pouvoir étudier les émotions et les sentiments de la même manière que l'on avait étudié la mémoire et le langage. Or, à l'époque, on pensait que les sentiments étaient

« Lorsque je me suis intéressé aux émotions, il est devenu parfaitement clair pour moi qu'il n'existait aucune raison de ne pouvoir étudier les émotions et les sentiments de la même manière que l'on avait étudié la mémoire et le langage. »

des concepts vagues et nébuleux, impossibles à étudier scientifiquement. Vingt ans plus tard, nous avons clairement prouvé que c'était possible.

Quelle est selon vous la différence entre émotion et sentiment?

Les émotions sont la première partie de la réponse face à un stimulus particulier. Le sentiment, c'est ce qui suit, lorsque l'émotion a été ressentie. Le sentiment correspond à la perception de ce qui s'est modifié dans notre corps et dans notre mental. L'émotion, pour sa part, est le système automatique de réponse.

Comme un réflexe?

Oui, mais un réflexe complexe... Un réflexe très, très complexe, avec une part corporelle et une part mentale. Le sentiment, c'est notre interprétation de l'émotion. Par exemple, ressentir la peur est le résultat de notre interprétation des changements corporels et des processus mentaux en lien avec un stimulus spécifique.

Le sentiment suit donc l'émotion.

Oui.

Pouvez-vous expliquer pourquoi les émotions et les sentiments sont si importants dans la prise de décision?

Les émotions sont des mécanismes de décision automatiques : quand vous avez une réaction de peur ou de joie, vos émotions décident de vos actions. Mais, au-dessus de cela, nous, les humains, avons développé un nouveau système de prise de décision, un système complexe d'analyse et de raisonnement. Ce qui est intéressant, c'est que, lorsque nous procédons à cette analyse raisonnée, ce n'est pas indépendamment des émotions. La façon dont nous évaluons certains faits, certaines options, et la façon dont nous imaginons le résultat de nos actions sont toujours « colorées » par les émotions. Parce qu'une décision a toujours une

« Le sentiment, c'est notre interprétation de l'émotion. »

conséquence, bonne, mauvaise ou entre les deux. Et notre évaluation de ce qui est bon ou mauvais est évidemment imprégnée d'émotions. C'est le fameux principe de récompense/punition. Tout ce que nous faisons, tout ce que nous avons l'intention de faire est intrinsèquement lié au monde des émotions. C'est pourquoi les émotions sont si importantes dans la prise de décision.

Cela ne signifie cependant pas que les décisions se prennent uniquement sur une base émotionnelle. Mais l'idée que l'on puisse prendre une décision indépendamment de toute émotion, dans un contexte de pure logique rationnelle, est une totale… fiction, un mythe!

Vous réhabilitez les émotions qui, pour beaucoup de scientifiques, étaient perçues plutôt négativement.

Tout à fait. Mais, attention, les émotions ne sont pas non plus toujours positives. Il y a des cas où elles sont contre-productives. Par exemple, si vous investissez votre argent en Bourse et que vos actions chutent brutalement, la réaction de peur peut vous pousser à les vendre. Or, si vous les conservez, il est fort probable que, tôt ou tard, le marché se redressera. Dans ce cas, l'émotion de peur risque de vous faire prendre la mauvaise décision. Prenons un exemple que tout le monde a vu à la télévision : le coup de tête de Zinedine Zidane lors de la finale du Mondial de football. Apparemment, le joueur italien l'a provoqué verbalement en insultant sa famille et en tenant, semble-t-il, des propos racistes. Zidane aurait mieux fait de ne pas réagir de manière aussi émotive : montrer une réaction particulièrement agressive à des millions de

« L'idée que l'on puisse prendre une décision indépendamment de toute émotion, dans un contexte de pure logique rationnelle, est une totale… fiction. »

téléspectateurs a nui à son image. Voilà un exemple de la façon dont une réaction émotionnelle peut s'avérer contre-productive. C'est cela qui a contribué à la mauvaise réputation des émotions. Voilà pourquoi on nous dit de nous en méfier.

Est-ce que travailler en Californie ou dans l'Iowa a eu une influence sur vos travaux?

Le climat pour la recherche est extrêmement positif aux États-Unis. Connaissant très bien l'Europe, je sais qu'elle est riche de personnalités incroyablement talentueuses. Mais beaucoup viennent travailler ici... Il est évident que les conditions de travail sont beaucoup plus avantageuses aux États-Unis. Tout d'abord, on peut travailler avec plus d'indépendance. La communication est aussi plus libre : moins de traditions et de règles sociales ou académiques à respecter. Ensuite, lorsqu'on travaille dans un domaine qui touche aussi au milieu artistique, c'est un grand avantage d'habiter à Los Angeles, qui est une ville très dynamique sur ce plan. Il y a ici une atmosphère particulière qui s'avère très stimulante.

« Le corps et le cerveau forment un organisme intégré et interagissent *via* des mécanismes chimiques et biologiques. »

Quand vous étiez enfant, vos professeurs pensaient-ils que vous aviez un talent exceptionnel?

(*Rires.*) Je pensais qu'on m'avait déjà posé toutes les questions possibles et imaginables dans mes nombreuses interviews, mais on ne m'a jamais demandé cela! Et je ne sais pas si j'ai une réponse... Personne ne m'a jamais dit : « Tu deviendras un génie. » Mais plusieurs enseignants pensaient que je ferais de ma vie quelque chose d'intéressant et ils m'ont soutenu dans mes projets. Je crois que la plupart des gens pensaient que je n'allais pas devenir un parfait idiot...

Avez-vous des activités de loisir en dehors de votre travail ?

Oui, des activités liées à l'art. J'écris de la poésie. Que je ne publie pas ! J'ai fait beaucoup de photographie, surtout des portraits. J'aime beaucoup le cinéma, le théâtre, la musique. Surtout la musique classique, qui est pour moi une véritable passion. D'ailleurs, je mène des recherches sur l'effet de la musique classique...

... Ce qui nous ramène à votre travail !

Oui, c'est vrai, alors ça ne compte pas. Mais tout cela change en ce moment. Pratiquement toute ma vie, j'ai considéré mon travail comme un plaisir. Je n'ai jamais pris de vacances. Mais, cette année, avec toute la pression du déménagement dans notre nouveau building, j'ai tout à coup eu envie de vacances. La semaine dernière, lors d'un voyage en Europe, j'ai pris une journée complète de vacances avec mon épouse. Nous étions à la campagne, dans un endroit calme, beau, loin de l'agitation du monde. Mais, déjà, cela commençait à nous peser. Nous avons écourté le séjour pour retourner dans une ville, avec toutes les activités que nous aimons. Même si je songe à prendre des vacances relaxantes, je commence à croire que c'est impossible pour moi !

Votre travail est comme une passion.

C'est vrai, c'est une passion. Et j'adore l'action. Je pense que je ne suis pas assez relax pour me relaxer...

Antonio Damasio dans le texte...

« Au niveau le plus fondamental, les émotions font partie de la régulation homéostatique et se trouvent là pour éviter la perte de l'intégrité, qui est un signe avant-coureur de la mort, ou la mort elle-même, ainsi que pour accéder à une source d'énergie, un abri ou à la sexualité. Par l'entremise de puissants mécanismes d'apprentissage comme le conditionnement, des émotions de toutes sortes assurent le lien entre la régulation homéostatique et les valeurs de survie, et les multiples événements et objets qui ponctuent notre expérience autobiographique. Les émotions sont inséparables de l'idée de récompense ou de punition, de plaisir ou de peine, d'approche ou de retrait, d'avantage ou de désavantage personnel. »

Le Sentiment même de soi. Corps, émotion, conscience, Paris, Odile Jacob, 1999, p. 62.

« Le corps et le cerveau forment un organisme intégré et interagissent via *des mécanismes chimiques et neurologiques. [...] L'activité du cerveau est orientée principalement vers la survie et le bien-être. Ensuite, il peut se consacrer à des activités secondaires telles que la poésie ou la construction d'un vaisseau spatial. Dans des organismes complexes comme le nôtre, les opérations de régulation du cerveau dépendent de la création et de la manipulation d'images mentales (idées ou pensées) dans le processus de ce que nous nommons l'esprit. [...] En d'autres termes, le corps, le cerveau et l'esprit sont les manifestations d'un seul et unique organisme. Bien que nous puissions les disséquer sous le microscope, pour des raisons*

scientifiques, ils sont en réalité inséparables dans des circonstances de fonctionnement normal. »

The Feeling of what Happens. Body and Emotion in the Making of Consciousness, New York, Harcourt, 1999, p. 194, trad. P. de Sutter.

« Si vous êtes en train de vous dire qu'il est vraiment bizarre que les pulsions biologiques puissent être à la fois bénéfiques et nuisibles, permettez-moi de vous dire que ce n'est pas le seul cas, en biologie, où un facteur ou un mécanisme peut jouer un rôle positif ou négatif, selon les circonstances. Nous savons tous que le monoxyde d'azote est toxique. Il peut polluer l'air et empoisonner le sang. Cependant, ce même gaz joue le rôle de neurotransmetteur, acheminant des signaux entre cellules nerveuses. »

L'Erreur de Descartes. La raison des émotions, Paris, Odile Jacob, 1997, p. 211.

Principaux ouvrages d'Antonio Damasio

Descartes'Error. Emotion, Reason, and the Human Brain, New York, Grosset/Putnam, 1994, trad. *L'Erreur de Descartes. La raison des émotions*, Paris, Odile Jacob, 1997.

The Feeling of what Happens. Body and Emotion in the Making of Consciousness, New York, Harcourt, 1999, trad. *Le Sentiment même de soi. Corps, émotion, conscience*, Paris, Odile Jacob, 1999.

Looking for Spinoza. Joy, Sorrow and the Feeling Brain, New York, Harcourt, 2003, trad. *Spinoza avait raison. Joie et tristesse, le cerveau des émotions*, Paris, Odile Jacob, 2003.

5. La personnalité

« PARCE QUE C'ÉTAIT LUI,
PARCE QUE C'ÉTAIT MOI. »
MICHEL DE MONTAIGNE

SI L'ON EN CROIT L'ÉTYMOLOGIE, la persona *ne désigne pas, au départ, la carte d'identité psychologique d'un individu, mais un « masque de théâtre ». Jung reprendra à son compte cette conception du masque social distinct du moi profond. « Je est un autre », dira Rimbaud; « Deviens ce que tu es », exhortera Nietzsche. D'emblée se trouvent posées l'ambiguïté et la complexité de cette notion : la personnalité est-elle l'expression de notre identité, ou au contraire ce qui l'occulte ?*

La psychologie n'a pas attendu le milieu du XIXe siècle pour exister. Sous une forme intuitive, relayée par la sagesse populaire et la littérature, elle décrit depuis des siècles les mécanismes de l'humain. Montaigne, Shakespeare, La Fontaine, La Bruyère, Balzac sont de véritables psychologues avant l'heure. Seulement voilà, il arrive que cette « psychologie intuitive » se trompe. Dans le domaine de la personnalité, ou, comme on dit dans le langage courant, du « caractère », les idées fausses vont bon train. « Les chiens ne font pas des chats », dit le proverbe. Poser la personnalité comme une entité aussi clairement définie que l'appartenance à une espèce et, qui plus est, héréditaire, au même titre que la couleur des yeux, est une erreur. Impossible, nous le verrons, de comprendre la personnalité en dehors de l'influence croisée des gènes, de l'éducation et de l'histoire d'un individu.

« Chasser le naturel, il revient au galop », « On ne se refait pas », « C'est plus fort que moi. » Voilà un autre cliché de la psychologie intuitive : la personnalité serait immuable, fixée une fois pour toutes, et prévisible. Faux! répondent encore les psychologues d'aujourd'hui : on peut changer. Pas

tout, pas facilement, mais la majorité des courants psychothérapeutiques sont là pour le confirmer, la personnalité n'est pas une fatalité, même dans les cas où elle est pathologique (comme les personnalités narcissique, borderline ou obsessionnelle, voir le chapitre 8).

Les Anciens tentèrent de classer leurs contemporains en différentes catégories. Hippocrate distinguait les sanguins, les bilieux, les lymphatiques et les mélancoliques. Mais il faut attendre les années 1950 et le psychologue américain Raymond Cattell [1] *pour que l'étude de la personnalité s'élabore à l'aide de méthodes statistiques rigoureuses*[2]*. Plusieurs années de travail sont nécessaires, d'abord pour relever tous les mots de la langue anglaise qui décrivent la personnalité de quelqu'un : timide, colérique, placide, instable, méfiant, etc. – en tout, près de quatre mille cinq cents. Deuxième étape : on évalue des milliers d'individus à l'aide de ces adjectifs pour les réduire en un plus petit nombre de qualificatifs. Et on finit par obtenir seize « traits de personnalité » utilisés, aujourd'hui encore, dans les tests (en retrait/ social, soumis/dominant, émotionnellement stable/instable, timide/sans inhibition, etc.).*

D'autres « modèles » sont ensuite apparus. Ainsi le veut la tradition scientifique : un chercheur teste une grille de lecture, il en repère les défauts et les limites, et il propose un nouveau modèle. Parmi les plus connus, l'inventaire de personnalité du psychologue anglais Hans Eysenck[3] *– il propose de classer la personnalité selon un axe introversion/extraversion et un axe neuroticisme/stabilité. Ou la théorie des Big Five de McCrae et Costa*[4]*, qui regroupe les traits de personnalité en cinq dimensions : introversion/extraversion, amical/hostile, consciencieuse, stable/instable, compétence. Aujourd'hui, l'un des modèles les plus innovateurs est celui de Robert Cloninger (voir page suivante).*

Si la connaissance de soi reste encore, pour une large part, une utopie de l'intime, ces outils d'exploration de la personnalité offrent une aide précieuse dans la prévention des troubles psychologiques et pour l'éducation des enfants.

---

1. R. B. Cattell, *Personality and Motivation. Structure and Measurement*, New York, World Book Co, 1957.

2. Avant Cattell s'était développée, notamment en France, une caractérologie assez largement diffusée, notamment par René Le Senne et Emmanuel Mounier.

3. H. J. Eysenck et S. B. G. Eysenck, *Personality Structure and Measurement*, Londres, Routledge, 1969.

4. R. McCrae et P. Costa, *Personality in Adulthood*, New York, Guilford Press, 1990.

Robert Cloninger

Robert Cloninger en quelques dates...

1944 : Naissance au Texas.

1966 : Diplôme de l'université d'Austin (Texas) en philosophie, psychologie, anthropologie.

1970 : Diplôme de l'École de médecine de Saint Louis (Missouri).

1994 : Création du Centre pour la psychobiologie de la personnalité.

Robert Cloninger en quelques titres...

Professeur en psychiatrie, génétique et psychologie, École de médecine de Washington (Saint Louis).

Membre de l'Association américaine pour l'avancement de la science, et de l'institut de médecine de l'Académie nationale des sciences américaine.

2003 : Primé par la Société internationale de génétique psychiatrique et classé parmi les 100 chercheurs les plus cités en psychologie et en psychiatrie (classement ISI).

Notre personnalité est en grande partie génétique

Par Cédric Routier

Robert Cloninger est un homme très accueillant. Il dégage la chaleur des gens simples, à l'enfance heureuse. Une enfance enracinée dans ses racines italiennes, entre une mère « *actrice et metteur en scène* », et un père professeur de littérature. C'est un amoureux de la culture et de la cuisine françaises, un fin connaisseur de la Renaissance. Un homme capable, aussi, du grand écart entre la science et Dieu : « *Je crois que Dieu est un mathématicien et qu'il nous a donné quelque chose de très beau et ordonné, bien que complexe.* » Un humaniste égaré au royaume de la science.

Car ce psychiatre a l'esprit d'un scientifique, à n'en pas douter. Depuis toujours, il examine ses semblables : enfant, « j'avais un riche entraînement à l'observation des motivations des gens, de leur point de vue ». « Comme un acteur, un metteur en scène et un professeur de littérature anglaise », ajoute-t-il en clin d'œil. Il veut comprendre la nature humaine, savoir comment la décrire. Il exige quelque chose « qui tienne réellement compte d'une compréhension de l'organisation des systèmes biologiques autant que des processus mentaux». Qu'à cela ne tienne : il marie génétique, biologie, psychologie et société pour créer sa propre théorie de la personnalité. Au passage, il transforme les méthodes d'analyse. Prêt à en découdre, il peut maintenant saisir «comment les processus biologiques, psychologiques et sociaux pourraient nous aider à comprendre les recherches sur la vulnérabilité à la maladie». Autrement dit, pourquoi quelqu'un peut devenir dépressif ou alcoolique.

Ce chercheur décrit, calcule, compare, analyse. Mais il soigne aussi : son système est la base de sa thérapie. «J'ai toujours cherché à comprendre quelles sont les conditions qui font que les gens agissent d'une manière qui soit bonne, plutôt qu'égoïste, avide et violente.» Il traque donc les indices là où ils se cachent : dans nos gènes et dans notre esprit... jusqu'en notre âme et en notre conscience : «La conscience n'est pas le résultat de l'organisation de la matière, mais quelque chose de premier et de mystérieux, qui donne en fin de compte naissance à tous les autres aspects de l'univers.» Il aide ses patients à faire le point sur eux-mêmes ; il les accompagne vers la connaissance de soi. «La capacité d'un être humain à réfléchir sur son passé et à imaginer son futur, à penser à la façon dont il peut changer de direction, à questionner ses propres suppositions, est réellement au cœur de notre aptitude à l'épanouissement et au développement.»

Pour Robert Cloninger, notre personnalité se résume à trois traits de tempérament et à quatre traits de caractère. Elle est inscrite dans notre biologie. Aujourd'hui, il ajoute une nouvelle dimension à sa théorie et se tourne vers le dernier bastion à prendre : notre Moi spirituel.

Que nous apprend Robert Cloninger ?

Comment cerner au mieux la personnalité d'un individu

Connaître la personnalité des autres, c'est pouvoir anticiper leurs réactions ; étudier la nôtre, c'est nous permettre de vivre mieux, d'explorer nos talents potentiels. Robert Cloninger s'est attelé à ce travail : cerner les éléments qui comptent dans notre personnalité, ce qui nous rapproche ou nous différencie. Comprendre aussi pourquoi certains sont atteints de troubles de la personnalité et comment les aider. Pour Cloninger, qui maîtrise aussi bien la biologie et la psychiatrie que la thérapie, une évidence s'impose : le développement de notre personnalité n'est pas *linéaire*. Il n'y a pas de chemin prétracé ; et les différentes dimensions de notre personnalité ne sont pas liées de façon simple. Les composantes qu'il isole s'influencent les unes les autres, à plusieurs niveaux. Et l'effet des gènes sur les traits de personnalité se révèle complexe : il dépend du contexte et de la période de notre vie.

Cloninger identifie d'abord *quelques* traits essentiels, des dimensions grâce auxquelles on peut distinguer les individus avec fiabilité. De ces traits, il n'en faut ni trop – pour éviter un inventaire aussi confus que la réalité elle-même –, ni trop peu – pour ne pas manquer une dimension importante.

Cloninger se penche très tôt sur les variations qui font les *différences* entre les gens, entre leurs motivations. Il se spécialise en médecine, choisit la psychiatrie et développe une approche très descriptive, très proche de ce qu'il observe chez ses patients, et orientée vers la biologie. Il travaille sur la personnalité antisociale[1] : quels sont ses rapports avec certains comportements pathologiques chez les parents ? Déçu par les études statistiques de la personnalité de l'époque, il se tourne vers la génétique. Il découvre des questionnaires mieux adaptés à ses objectifs : ceux d'Eysenck, de Sjöbring et Schalling, de Cattell.

Son « modèle de la personnalité », autrement dit sa description de ce qui fait le caractère d'une personne, naît à cette période. En 1985, il commence à développer un « modèle » des facteurs qui rendent vulnérable à certains troubles psychologiques. Il essaie d'identifier les traits qui prédisposent à tel ou tel type de personnalité pathologique, pour pouvoir les mesurer grâce à un outil fiable. Il ne complète pas simplement l'œuvre des autres, il innove : en 1986, il présente une synthèse de la personnalité et des états anxieux qui est *à la fois* biologique et sociale. Ce modèle est aujourd'hui connu comme l'*Inventaire du tempérament et du caractère (TCI)*, ou *modèle à sept facteurs*. Il a évolué au fil des recherches : initialement, il est plutôt comportemental (1985-1992) ; puis vient s'ajouter la prise en compte de la pensée, des fonctions supérieures de l'esprit (1992-1995). Aujourd'hui (depuis 1995), il intègre aussi une composante « existentielle ».

Avoir du tempérament... ou un sacré caractère ?

À l'origine, sept *traits* forment l'inventaire de personnalité de Cloninger : quatre traits de tempérament, trois de caractère. Ensemble, ils déterminent notre comportement (nous serons plus ou moins sociables, par exemple), les activités qui nous attirent (comme les loisirs plus ou moins risqués) et nos troubles probables quand la vie se fait difficile.

Le *tempérament* relève du monde concret, de nos cinq sens et de notre perception du monde. Quatre traits peuvent ainsi définir le tempérament de quelqu'un :

- l'*évitement de la souffrance* (êtes-vous plutôt sujet à l'anxiété, donc passif, ou prenez-vous au contraire de nombreuses initiatives ?) ;
- la *recherche de nouveauté* (explorez-vous sans cesse de nouvelles

1. Ses manifestations typiques sont le mépris pour autrui et ses droits ; l'exploitation des autres par profit personnel (manipulateur) ; l'impulsivité, parfois violente ; et l'absence de remords.

expériences ou au contraire appréciez-vous la monotonie et la tranquillité ?) ;

- la *dépendance à la récompense* (êtes-vous sensible aux contacts sociaux, recherchez-vous la compagnie d'autrui ou au contraire vous tenez-vous à l'écart, plutôt sur la réserve ?) ;
- la *persévérance* (restez-vous en deçà de vos possibilités ou au contraire faites-vous preuve de zèle dans vos activités ?).

Chaque individu se situe quelque part le long de ces dimensions qui forment un continuum. Ces traits sont très nettement basés sur le comportement, mais avec une nette coloration biologique : l'influence de nos gènes les explique pour moitié. Des ensembles spécifiques de gènes ont même été identifiés, susceptibles de déterminer ces traits.

Le *caractère* relève plutôt du cognitif, c'est-à-dire de nos processus supérieurs de pensée. Les traits de caractère sont une manière de quantifier l'« esprit », d'évaluer comment il joue son rôle dans notre personnalité. Le caractère reflète nos buts et valeurs personnels. Il est à l'origine de notre maturité… ou, au contraire, de nos troubles de personnalité. Comme il joue sur nos rapports avec le monde alentour, le caractère est dynamique, très variable selon les individus et les situations. Les traits de caractère sont eux aussi sous l'influence des gènes ; mais, pour expliquer nos différences, nos expériences spécifiques avec l'environnement tiennent un rôle plus important que pour le tempérament. Les traits de caractère sont : la centration sur soi, la coopérativité et la transcendance de soi :

- La *centration sur soi* correspond à l'idée que nous nous faisons de nous-même, notre concept de Moi : est-ce que je me sens responsable, tolérant envers moi-même, optimiste ? Ou empli de reproches, de doutes, inepte ?
- La *coopérativité* correspond, elle, à nos relations avec les autres : suis-je compréhensif, empathique, serviable ? Ou plein de préjugés, insensible et hostile ?
- La *transcendance de soi* reprend l'idée de notre participation au monde, en tant qu'éléments de ce monde : suis-je idéaliste, spirituel, mystique ? Ou plutôt concret, matérialiste et sceptique ?

Allié au tempérament, le caractère définit donc notre Moi, ce qui nous rend unique. Notre personnalité est un composé de ces sept dimensions.

Cloninger a récemment intégré une dimension supplémentaire, pour améliorer encore sa synthèse, tournée vers le spirituel et l'existentiel : au tempérament (notre «socle» de base) et au caractère (notre Moi cognitif) s'ajoute désormais la *cohérence*. Elle représente les aspects qui sont liés à notre conscience : la faculté de l'esprit à se contempler lui-même et à examiner son parcours de vie. Cloninger fait de la conscience de soi (*self-awareness*) le pilier de la cohérence de notre personnalité : la façon dont nous percevons notre Moi comme étant le nôtre, unique et inscrit dans le temps et l'espace.

L'arrière-plan biologique de notre personnalité

La personnalité, selon Cloninger, comprend donc trois grands axes : tempérament, caractère et conscience de soi. Chacun d'eux reçoit le soutien de données biologiques, génétiques et neurobiologiques.

Dès ses premiers travaux sur le tempérament, Cloninger associe certains traits de notre tempérament à trois neurotransmetteurs [2] de notre cerveau :

– la *dopamine* pour la recherche de nouveauté;
– la *sérotonine* pour l'évitement de la souffrance;
– l'*épinéphrine* pour la dépendance à la récompense.

L'idée est simple : selon la quantité de ces molécules dans le cerveau, le trait associé est plus ou moins marqué dans la personnalité de l'individu. Mais Cloninger découvre que les relations sont bien plus complexes. Ces neurotransmetteurs ne déterminent pas les traits directement : ainsi, la dopamine n'explique pas entièrement la recherche de nouveauté. Les neurotransmetteurs sont en fait distribués un peu partout dans notre cerveau et forment «*des autoroutes [...], de longues voies qui raccordent de nombreuses parties du cerveau, qui relient de nombreux systèmes locaux*». Des voies qui permettent au cerveau de changer presque instantanément de configuration, par exemple quand il nous faut passer d'une pensée à l'autre. «*Un ensemble différent de connexions s'établit à travers tout le cerveau*», grâce à «*ces autoroutes du cerveau qui connectent les systèmes experts locaux*». Dopamine, sérotonine et épinéphrine ne déterminent donc qu'en partie, et indirectement, nos traits de tempérament : elles en facilitent ou non l'expression. «*C'est ce qui permet à nos*

2. Les molécules chimiques qui passent d'un neurone à l'autre et leur permettent de communiquer.

cerveaux de fonctionner un peu comme Internet», ajoute Cloninger, et de relier deux points très distants en une fraction de seconde. «*C'est ce que font les neurotransmetteurs [...] dans le cerveau. Un rôle très important, qui nous permet de comprendre l'existence des traits spécifiques* et *des différents neurotransmetteurs, aux fonctions particulières.* »

La sphère hormonale compte aussi. «L'hormone de l'amour», l'ocytocine, a ainsi été mise en lien avec la «dépendance à la récompense». Ce trait de tempérament, on l'a vu, est élevé chez les personnes qui ressentent le besoin d'être approuvées par les autres : chaleureuses et sociables, elles sont toujours prêtes à rendre service. Or les différences entre les gens, pour ce trait précis, sont nettement liées à leur taux d'ocytocine, une hormone «*libérée lorsque les mères allaitent leurs enfants et lorsque les gens ont un orgasme, [qui] encourage le comportement parce que sa libération est aussi associée à la libération du neurotransmetteur du plaisir, la dopamine*». Reste à savoir si cette ocytocine rend les gens plus dépendants à la récompense; ou si, étant très dépendants, «*ils ont besoin d'approbation et font l'amour fréquemment, ont donc plus d'orgasmes et donc des niveaux plus élevés d'ocytocine*».

Quant à notre conscience, notre attention au monde et à nous-même, elle évolue dans trois directions, qui correspondent à des circuits cérébraux distincts : celui de la *valence* et de la centration sur soi; celui de la *vigilance* et de la coopérativité; celui du *contrôle inhibiteur* et de la transcendance de soi. Trois réseaux qui ont été étudiés par Posner (voir p. 412) et que Cloninger associe aux traits de son «inventaire». Des liens complexes, mais qui inscrivent sa théorie de la personnalité dans la neurobiologie autant que dans la psychologie.

Une théorie de la personnalité qui a aussi un but thérapeutique

Le psychiatre Cloninger cherche également un outil clinique, utile à la psychothérapie. Son modèle s'intéresse donc aux personnes atteintes d'un trouble de la personnalité [3]. En quoi sa théorie peut-elle l'aider à

3. On parle de trouble de la personnalité lorsque le fonctionnement général d'un individu est inadapté, rigide et existe depuis de longues années. Malgré les situations variées qu'il rencontre, l'individu qui souffre d'un trouble de la personnalité réagit toujours sur ce mode. Exemples typiques : le paranoïaque, toujours méfiant, persuadé que chacun cherche plus ou moins à lui nuire; ou l'obsessionnel compulsif, dont la vie est bardée de rituels et de pensées récurrentes.

mieux soigner ses patients ? D'abord, il cherche à rattacher les troubles de la personnalité aux différents traits qu'il a mis en évidence ; ensuite, à proposer des interventions ciblées.

Considérons le tempérament : l'anxieux possède un score élevé en « évitement de la souffrance », tandis que l'impulsif présente un haut score en « recherche de nouveauté » ; l'obsessionnel, lui, est plus élevé en « persévérance ». Examinons le caractère : une personne avec des scores élevés dans les trois traits (« centration sur soi », « coopérativité » et « transcendance de soi ») se révèle créative… mais avec un score bas en « centration sur soi », elle présentera surtout des troubles cycliques de l'humeur. Avec un score élevé en « transcendance de soi », mais de faibles valeurs de « coopérativité » et de « centration sur soi », on sera vraisemblablement en présence d'une personne qui tend vers la schizophrénie. Et ainsi de suite, pour l'ensemble des grands troubles de la personnalité. La « transcendance de soi » pourra être liée aux psychoses mais aussi à la créativité, tandis que la « centration sur soi » influencera le succès des thérapies entreprises. Tempérament et caractère interagissent pour déterminer nos troubles éventuels et notre évolution psychologique.

Une évolution, *justement*, qui n'est pas un chemin tout tracé. L'évolution de la personnalité ressemble plutôt à une spirale : un accroissement progressif, de plus en plus large, de notre conscience de nous-même, de nos potentiels et de nos difficultés. En quelque sorte, une prise de conscience de ce qui nous manque pour accéder au bien-être… et de la manière d'y parvenir.

C'est pour cette raison que Cloninger a développé son approche de la conscience : pour dépasser les difficultés qui piègent un patient dans un trouble durable ; pour permettre à tous de mieux se connaître « de l'intérieur » ; pour amener chacun, patient ou non, à contempler son existence avec calme. Le choix des meilleures options se fait alors facilement. Le va-et-vient constant de Cloninger entre psychologie, génétique et neurobiologie se poursuit naturellement par cette intégration du spirituel dans le domaine thérapeutique. Pour lui, « *la pensée humaine est influencée à la fois par le corps, l'esprit et l'âme* » : les trois aspects doivent être intégrés pour conduire à une juste conscience de soi, qui est *la* porte d'un développement personnel authentique et d'une créativité féconde. Il n'est plus seulement question de guérir le trouble, mais d'aller plus loin et de travailler sur l'équilibre de chacun au quotidien. La voie du bien-être et de la cohérence.

Contempler sa pensée et la faire progresser : le Dr Cloninger en thérapie

Comment passer d'une organisation du caractère à une autre, qui serait plus heureuse, plus empreinte de sagesse? Robert Cloninger utilise une méthode de méditation qui lui permet d'observer la façon dont les gens sont capables de progresser d'un premier à un deuxième stade de conscience de soi; puis d'un deuxième à un troisième stade.

Au premier stade, les gens se relaxent, physiologiquement. Ils baissent leur garde, sont moins sur la défensive. Ils peuvent alors accepter de reconnaître qu'ils ont des problèmes personnels, mais aussi de les examiner. Au deuxième stade, Cloninger leur demande de continuer à se relaxer, mais aussi de laisser venir toute pensée qui leur passe par la tête; puis de revenir vers leur état de relaxation. Peu à peu, il les amène à l'idée que ce sont *eux* qui contrôlent ce sur quoi ils se concentrent. Il est important que les patients sachent qu'ils ont le choix et qu'ils peuvent l'exercer. Il leur demande alors d'observer cette pensée, plutôt que de la laisser repartir, sans la juger ni la blâmer, pour voir ce qu'elle contient. Si l'exercice est trop contrariant, ils peuvent revenir à la seule relaxation et réessayer ensuite. Cloninger vise à ce qu'ils examinent leur subconscient, mais pas sous la contrainte : s'ils sont anxieux ou sur la défensive, ils n'y parviennent pas.

Cette deuxième étape est proche de l'état d'association libre, en psychanalyse, ou de «pleine conscience» (*mindfulness*[4]). Cloninger, lui, y voit un avantage essentiel : cet état réduit les rechutes et la récurrence des problèmes. Il instaure aussi une relation thérapeutique de soutien, empathique, dénuée de jugement, cruciale pour la suite. Cette capacité à observer le flux de leurs propres pensées inconscientes active, chez les patients, le cortex préfrontal médian : en l'exerçant, à travers la

4. Voir J. Kabat-Zinn, *Full Catastrophe Living. Using the Wisdom of Your Body and Mind to Face Stress, Pain and Ilness*, Peaslake, Delta, 1990; J. Kabat-Zinn, *Wherever You Go, There You Are*, New York, Hyperion, 2004, trad. *Où tu vas, tu es*, Paris, J'ai lu, 2005 ; Z. Segal, M. Williams et J. Teasdale, *The Mindful Way trough Depression. Freeing Yourself From Chronic Unhapiness*, New York, Guilford Press, trad. *La Thérapie cognitive basée sur la pleine conscience pour la dépression*, Louvain-la-Neuve, De Boeck, 2006.

méditation que propose Cloninger, l'activité de ce système du cerveau est facilitée.

Ils atteignent alors le troisième stade, où le thérapeute leur explique qu'ils peuvent tout faire avec leur esprit : ils doivent y pénétrer plus en profondeur et prendre conscience de leur propre perspective. Il les conduit à réfléchir sur le point de vue même qui donne naissance à leurs pensées, plus simplement aux contenus de celles-ci : est-ce une perspective optimiste, positive? Ou plutôt chargée d'émotions négatives et de ressentiment? Cloninger insiste alors sur la nature spirituelle de chaque être humain; sur sa capacité à observer sa propre perspective. En considérant sa situation présente sous cet angle, il élève ses pensées sur ce problème particulier. Il s'en extrait pour changer le regard qu'il pose sur sa vie. Ce que suggère alors Cloninger tient en peu de mots : «*Et maintenant, si vous considériez votre vie entière de cette manière?*»

Sa technique est adaptée au cas par cas, mais son principe reste le même : développer la conscience que les gens ont d'eux-mêmes; et ce, en effectuant un cheminement que personne ne peut faire à leur place, mais auquel Cloninger tente de les conduire.

Rencontre avec Robert Cloninger

Robert Cloninger n'est pas avare de commentaires sur sa pratique, ni sur son lieu d'exercice. Depuis le « carré » des praticiens, où nous prenons le premier repas de la journée, jusqu'à l'étage où se situe son laboratoire, la visite qu'il me propose est émaillée d'anecdotes et d'explications. Une attitude qui rejoint l'accueil qu'il m'a réservé à son domicile : généreuse, hospitalière et prévenante. Nous gagnons son bureau, lumineux et de taille respectable. Cette pièce est son lieu habituel de consultation : un long canapé et deux larges fauteuils permettent de s'y sentir à l'aise, détendu. Une élégante table basse complète le cadre de l'entretien. Le docteur Cloninger gagne l'un des fauteuils, tandis que je détaille les baies vitrées et leur panorama sur l'hôpital. Cheveux taillés en brosse et déjà grisonnants, dynamique et disponible, le docteur Cloninger réajuste ses lunettes et attend, avec un sourire aimable, que j'aborde ses travaux.

« La distinction entre *tempérament* et *caractère* n'est pas simplement que l'un est biologique et l'autre appris. »

Qu'entendez-vous par « tempérament » et par « caractère » ?

Le *tempérament* a toujours signifié : ces choses avec lesquelles nous naissons, qui tendent à être héritables et stables tout au long de notre vie. J'ai découvert que les traits de *caractère*, qui se développent au fil du temps, étaient eux aussi héritables, parfois stables au cours de notre vie, mais qu'ils peuvent également être influencés par l'expérience. Aussi, la distinction entre *tempérament* et *caractère* n'est pas simplement que l'un est biologique et l'autre appris. À l'origine, comme d'autres, cette séparation m'a tenté; mais, en réalisant des études sur des jumeaux, nous avons montré que ce n'était pas le cas.

À présent, je dirais que le *tempérament* fait référence au noyau émotionnel de la personnalité : nos instincts élémentaires à poursuivre les choses que nous voulons immédiatement. Ces instincts sont organisés et façonnés par des processus cognitifs supérieurs : notre *caractère*, que je définis dans ces termes : nos buts, nos valeurs et nos relations avec les gens. Le *caractère*, ce sont les manières dont nous régulons nos instincts émotionnels (le *tempérament*), pour poursuivre des buts particuliers, qui ont un intérêt pour nous.

Ainsi, on peut relier le *tempérament* à des choses régulées par les habitudes, ou par l'apprentissage de compétences; et le *caractère*, à des choses que nous apprenons et développons à travers la compréhension (l'*insight*) de qui nous sommes. Tempérament et caractère impliquent donc différents systèmes d'apprentissage et de mémoire dans le cerveau.

Où en est la validation scientifique de votre modèle de la personnalité?

L'inventaire du tempérament et du caractère (le TCI [5]) est aujourd'hui un instrument validé. On a prouvé qu'il était le plus complet des inventaires de personnalité existants : il *mesure* tous les facteurs des autres modèles (celui d'Eysenck à trois facteurs, celui de Goldberg à cinq facteurs), mais, en plus, il intègre l'*autotranscendance*, mal prise en compte par chacun des autres inventaires. Il *mesure aussi* quels sont les processus cérébraux et les processus de pensée à identifier. Il est capable de sélectionner des comportements indiquant quels sont les réseaux cérébraux qui régulent l'émotion et la cognition. Enfin, il est très utile dans le travail clinique pour aider les gens à obtenir une image de la façon dont ils ressentent les choses, et dont ils sont motivés par leurs buts et leurs valeurs. La plupart des autres inventaires ne mesurent que la façon dont

5. *Temperament and Character Inventory.*

les gens apparaissent aux autres, de l'extérieur. Le TCI donne une image de la manière dont les gens se ressentent *eux-mêmes*, par rapport à ce qu'ils font et pourquoi ils le font. Il est donc bien plus utile en thérapie que d'autres inventaires.

Pourriez-vous en dire plus sur l'utilisation pratique de votre théorie, par exemple pour soigner les gens ?

Après avoir permis des mesures fiables, l'identification des gènes et des facteurs environnementaux en interaction, la cartographie des systèmes cérébraux, l'association entre certains troubles, ma théorie guide à présent une approche thérapeutique basée sur le développement du caractère et l'accroissement de la conscience de soi.

Le plus grand défi en matière de traitement, aujourd'hui, est de réduire la susceptibilité des rechutes et des réapparitions de troubles traités avec les TCC et d'autres techniques. L'addition de techniques de psychologie positive, des techniques d'entraînement à la pleine conscience et des techniques de ma thérapie du bien-être n'est pas uniquement conçue pour traiter les gens de manière aiguë, ni pour leur enseigner comment être leur propre thérapeute au long cours. Il s'agit de leur apprendre à transformer leur caractère, pour qu'ils aient une plus grande conscience d'eux-mêmes, plus de flexibilité et d'intuition sur eux-mêmes. Les doter d'une structure de personnalité non vulnérable aux désordres qu'ils ont vécus, afin de les soigner vraiment, plutôt que les laisser simplement en traitement chronique.

« Ces trois principes : lâcher prise, œuvrer pour les autres et augmenter notre conscience, sont au cœur de *chaque* étape de ma thérapie. »

Comment abordez-vous le traitement des troubles de la personnalité ?

Mon approche intègre les approches biologique, cognitive, sociale et spirituelle. J'appelle ma méthode « thérapie de la cohérence » : elle se concentre sur le développement du caractère et du bonheur, ou bien-être. Je développe actuellement un programme standardisé d'autothérapie : il aide les gens à comprendre les choses qui les rendent heureux, celles qui les rendent malheureux, puis leur enseigne une série d'exercices ou de compétences qu'ils peuvent acquérir et pratiquer, pour que leur conscience d'eux-mêmes croisse, étape par étape. Ils apprennent d'abord à apaiser les problèmes émotionnels et à augmenter leurs expériences intenses de bien-être. Puis, après qu'ils ont goûté à l'effet que cela fait d'être heureux dans de bonnes conditions, je les aide pour que cela devienne leur état moyen, par un autre ensemble de compétences. Celles-ci leur permettent de décrire la configuration de leurs pensées, de leurs relations avec les autres, et les choses qui harmonisent le flot de ces pensées et de ces relations.

Ces techniques sont un pas en avant par rapport aux techniques cognitivo-comportementales : je peux apprendre aux gens à faire rapidement des changements, dans leur compréhension d'eux-mêmes et de leurs relations. En quelques semaines, ils réalisent des changements majeurs dans leur personnalité. Parfois, ils ne passent pas par l'étape première (avoir de nombreuses expériences très intenses, goûter au bien-être dans de bonnes conditions). Parfois, nous y parvenons alors que la personne arrive en crise et possède déjà les compétences pour passer directement à la deuxième étape. Mais, en général, je réalise une série de psychothérapies brèves et lui donne certains exercices à pratiquer. Puis, si elle le souhaite, nous progressons vers un niveau plus profond. La troisième phase implique que les gens ne soient pas simplement *en moyenne* heureux et satisfaits, mais qu'ils améliorent aussi leurs réactions

> « La plupart des gens aiment les réponses simples. La vérité, c'est qu'on ne peut pas réduire la personnalité humaine à la seule biologie. Les systèmes biologiques eux-mêmes sont très complexes. »

envers ce qui, auparavant, était des situations stressantes. Ils élèvent leur état minimal à un niveau très heureux et satisfaisant.

Étape par étape, je donne aux gens les outils pour organiser une vie pleine de sens et satisfaisante. Pour orienter leur Moi vers un bien-être et un bonheur motivé par eux-mêmes, libre et flexible, et qui s'enracine dans la conscience de soi. Tout est basé sur ces principes de base : pour développer le caractère, nous devons laisser aller nos conflits et nos luttes, nous accepter; nous devons œuvrer au service des autres, car c'est ce qui nous rend vraiment libres et comblés; et, enfin, développer constamment notre conscience de qui nous sommes, et de nos relations avec les autres. Ces trois principes – lâcher prise, œuvrer pour les autres, augmenter notre conscience – sont au cœur de *chaque* étape de ma thérapie.

Cette orientation vers le bien-être rend cette approche de la thérapie *universelle* : elle s'applique à *tous* les troubles mentaux. Elle peut également aider pour les troubles physiques. C'est quelque chose qui est offert à toute l'humanité, plutôt qu'à des gens qui auraient des « défauts » : lorsque le travail se focalise sur un trouble particulier, en fin de compte, il le stigmatise. Aussi longtemps que nous considérons que ça s'applique uniquement aux gens qui présentent des troubles, nous les stigmatisons. En travaillant sur le bien-être pour l'ensemble de l'humanité, en affirmant que nous sommes tous sur un chemin commun, nous pourrons rencontrer des blocages ou des obstacles sur le chemin, certes. Mais, s'il vaut pour tous, il n'y pas de stigmatisation. Cette approche universelle est essentielle pour aider les gens à réaliser que nous sommes tous bien plus semblables que différents; que nous avons tous un potentiel au bonheur; que nous avons tous besoin de nous entraider pour avancer dans cette direction.

Mon approche a donc des implications sur le traitement des troubles mentaux, mais aussi sur la façon dont nous nous regardons les uns les autres en société, la façon dont les pays se considèrent mutuellement dans le monde, et notre perception de nous-mêmes dans l'univers. C'est ambitieux! (*Il sourit.*)

Pouvons-nous expliquer la personnalité par des traits biologiques?

La plupart des gens aiment les réponses simples. La vérité, c'est qu'on ne peut pas réduire la personnalité humaine à la seule biologie.

Les systèmes biologiques eux-mêmes sont très complexes : ils ne se développent qu'en interaction avec les expériences de la vie. Même au niveau biologique, il existe un processus qui s'adapte à l'expérience. La personnalité est juste une autre manière de parler d'apprentissage : personnalité et apprentissage sont tous deux définis par un système biopsychologique, le nôtre, qui s'adapte à un environnement changeant.

Nous ne pouvons donc réduire la personnalité humaine à un seul facteur. Pour la comprendre, il faut toujours penser en termes de réponses adaptatives de systèmes, des systèmes qui incluent de nombreuses variables génétiques et environnementales. C'est leur combinaison qui donne naissance à la personnalité unique de chaque individu. Ce n'est donc pas une bonne idée d'essayer de *réduire* la personnalité à la biologie, mais il est important de la prendre en compte.

Est-ce donc si important de développer une approche qui allie physiologie, génétique et psychologie ?

Nous ne pouvons pas travailler simplement au niveau du comportement observable : nous devons comprendre le processus qui y conduit. Pour décrire ce processus, il faut comprendre les variables génétiques et saisir comment elles deviennent des processus physiologiques ; comment ceux-ci deviennent à leur tour des processus cognitifs ; comment les systèmes sociaux influencent ces processus cognitifs. Donc, si une interaction bio-psycho-sociale complexe a bien lieu, nous devons sérieusement la modéliser. Cela n'avait pas vraiment été fait auparavant.

« La conscience de soi signifie que l'être humain peut être libre. C'est en fin de compte ce qui lui donne un sentiment de dignité et de liberté, et l'aptitude au bonheur. »

Au milieu des années 1980, nous savions déjà que, les traits de personnalité étaient héritables, qu'il existait des influences environnementales importantes, que, pour comprendre la structure de la personnalité, nous devions savoir comment les facteurs génétiques et environnementaux interagissaient. Nous devions relier tout cela à différents systèmes d'apprentissage et de mémoire. Il me fallait donc marier ce que nous savions des systèmes cérébraux sous-tendant l'apprentissage, la mémoire et les émotions avec ce que nous savions de la génétique, de la pensée, du comportement. Il n'y a pas d'autre option qu'un système intégratif.

Pouvez-vous présenter vos idées sur la conscience de soi?

Il existe trois systèmes majeurs d'apprentissage et de mémoire dans le cerveau humain.

- L'un implique notre système d'habitudes, on l'appelle parfois système d'apprentissage *procédural* : il n'implique que l'apprentissage des habitudes et des habiletés motrices.
- Le deuxième système pour l'apprentissage et la mémoire dans le cerveau est le système *déclaratif*: il nous permet de *déclarer* quelles sont nos pensées; de dire, si quelqu'un nous le demande, ce que nous pensons.
- Mais il y a un troisième système, que Tulving (voir p. 240) et d'autres ont décrit : le système *autonoétique* ou *épisodique. Autonoétique* signifie simplement *conscient de soi.* Ce troisième système est ce qui nous permet d'avoir conscience de nous-mêmes.

Par ailleurs, la conscience de soi est notre capacité à reconnaître que nous possédons une continuité dans le temps et l'espace. Elle nous permet d'être conscients de notre propre histoire de vie. Nous ne savons pas seulement *ce que* nous avons appris, mais aussi *quand* nous l'avons appris et quel est son *sens* pour nous, en tant que personne. Seuls les êtres humains ont une *authentique* conscience de soi. D'autres primates, comme les chimpanzés, se reconnaissent certes eux-mêmes dans un miroir, mais les êtres humains n'ont pas besoin de miroir : ils possèdent leur propre système pour la conscience de soi, construit en eux, qui sert de miroir pour réfléchir sur l'histoire de leur vie.

La conscience de soi est au cœur de notre capacité à développer notre bien-être, une vie satisfaisante et notre bonheur. En prenant de plus en plus conscience que les choses s'ajustent pour former un tout, nous pouvons développer un sens plus profond et plus satisfaisant de notre vie et nous changer nous-mêmes. La conscience de soi signifie que l'être humain peut être libre. C'est en fin de compte ce qui lui donne un sentiment de dignité et de liberté, et l'aptitude au bonheur.

Comment cette conscience interagit-elle avec la personnalité ?

C'est une relation complexe. Il faut bien distinguer tempérament et caractère. Nous distinguons consciemment cinq aspects de notre vie : la sexualité (notre préoccupation pour le plaisir et la douleur) ; la matérialité (nos besoins concrets de statut et de pouvoir, de nourriture, de vêtements, etc.) ; l'émotionnalité (nos besoins sociaux) ; nos besoins intellectuels; nos besoins spirituels. Tous forment notre *être* humain. Chacun des tempéraments se rapporte à l'un de ces aspects : l'*évitement du danger* est relié à notre fonction sexuelle, notre sensibilité, au plaisir et à la douleur; la *recherche de nouveauté* est liée à notre besoin de pouvoir et de statut; la *dépendance, à la récompense*, à nos besoins sociaux et émotionnels; et la *persévérance*, à nos besoins intellectuels.

Comment la personnalité régule-t-elle le flot de notre conscience? Les traits de *caractère* décrivent le contrôle dynamique constant de nos pensées. Il y a donc une partie de notre être, notre âme, notre « essence spirituelle » (*spirit*), qu'on ne peut pas réduire aux processus émotionnels ou intellectuels. Elle participe au sens d'un accomplissement : cet aspect supérieur de la conscience, notre conscience de nous-mêmes, est irréductible. Ce n'est pas entièrement explicable par des processus intellectuels, émotionnels, biologiques ou sociaux.

Cette conscience pourrait bien être la source ultime de tout le reste dans l'univers : la pure conscience serait première. Cette idée est cohérente avec la pointe de la physique moderne. Notre meilleure façon de décrire la réalité, en termes physiques, c'est la théorie quantique; et, pour expliquer les modèles standards de la physique des particules, les physiciens ont dû supposer qu'il existait un champ universel, dont tout provenait et où tout retournait, constamment. Ce champ ressemble à ce que les mystiques observent lorsqu'ils sont dans des états élevés d'éveil et de méditation, lorsqu'ils sentent qu'ils ouvrent leur conscience à un océan d'amour, dans lequel tout est interconnecté. Ils sentent qu'il existe une certaine source intelligente qui donne naissance à l'ordre de l'univers.

Pensez-vous que des processus internes inconscients agissent sur nous et influencent nos actions ?

Ma description de la personnalité humaine et du développement psychologique est très cohérente avec les idées freudiennes d'une topographie de la conscience à trois niveaux : inconscient, subconscient et conscient. Les processus cognitifs sont constitués de trois étapes, qui correspondent à ces trois niveaux :

- d'abord notre perspective préverbale, notre regard brut sur l'expérience ;
- puis la naissance des mots, par des interprétations ;
- et enfin le moment où ces mots commencent à agir automatiquement, pour faire naître des émotions et, au final, nos comportements habituels.

Nous devons aussi reconnaître que, nous connaissant nous-mêmes, nous élargissons le conscient : ces choses auparavant *inconscientes*, nous les aidons à devenir *subconscientes* puis *conscientes*. Le processus de la thérapie est en fait d'éclairer l'inconscient et d'accroître ce qui est accessible à la conscience, pour qu'il soit géré rationnellement, avec amour et maturité. Moins on est mûr, plus on est régulé par des choses inconscientes. Si vous êtes immature, vous êtes fondamentalement guidé par des choses que vous ne comprenez pas.

Toutefois, il y a une grosse erreur dans la psychologie freudienne : elle conçoit l'inconscient comme quelque chose de mauvais ou d'irrationnel, qui doit être contrôlé par le moi. C'est enraciné dans les propres peurs de Freud, ses peurs de « lâcher prise » quant au jugement et au contrôle exercés par son intellect. Je crois sincèrement qu'il était déprimé et frustré parce qu'il ne pouvait lâcher prise sur ce point. Or notre inconscient inclut sagesse et amour, en plus des choses que nous avons refoulées. Ce n'est qu'en ayant confiance lorsque nous laissons nos problèmes se manifester et en leur faisant face que nous pouvons puiser dans l'amour et la sagesse qui sont dans notre cœur.

L'inconscient est en fait une porte vers le *superconscient*, que Jung avait reconnue. Nous ne sommes pas parfaits, mais nous pouvons mieux nous

> « Cette conscience pourrait bien être la source ultime de tout le reste dans l'univers : la pure conscience serait première. Cette idée est cohérente avec la pointe de la physique moderne. »

comprendre, et vivre ensemble de manière plus satisfaisante, en laissant s'exprimer la superconscience de l'âme, son amour et sa sagesse. Cela change notre conception de l'être humain : nous avons en nous-mêmes ce réservoir qui peut mener à l'intégrité et à la bonté sans la souffrance. Nous pouvons affronter toute situation et nous y adapter de façon saine : cela ne peut arriver qu'en faisant face à ce qu'il y a dans notre inconscient.

Comment travaillez-vous en thérapie ?

J'insiste d'abord sur l'amplification de la prise de conscience en cours. Ensuite, j'aide la personne à chercher ce qu'elle veut *vraiment* faire, et à quel point. Quand vous vous affrontez vous-même, vous créez des barrières. Vous refoulez des choses, et il y aura des situations où ces conflits et ces contradictions resurgiront. En en prenant conscience, sans porter de jugement, vous pouvez changer profondément sans être en conflit avec vous-même. Je cherche une relation thérapeutique dans laquelle je suis un confident : le patient sait qu'il ne va pas être jugé. Je suis juste là, nous considérons les faits ensemble en nous demandant : comment allons-nous faire marcher tout ça ?

Quand un tel rapport est établi, j'aide la personne à parvenir au second stade de la connaissance de soi : une forme spéciale de conscience, dans laquelle on est capable d'observer son inconscient sans le juger. Plutôt que d'être égocentrique et d'essayer de le contrôler, elle lâche prise sur le contrôle. N'étant pas jugée, elle sent qu'elle fait partie d'un tout : elle laisse l'amour et la sagesse de son cœur s'exprimer, car elle a abaissé les bar-

> « Si le génie, c'est d'avoir ces dons spéciaux, qui vont au-delà de l'intelligence générale, alors il n'y a pas d'explication adéquate à partir de la structure du cerveau, ou de la biochimie. Il n'y a pas non plus de preuves que ces dons soient transmissibles. »

rières. Ce n'est qu'à ce moment-là que les gens peuvent laisser tomber les choses qui ne marchent pas.

Après avoir procédé au classement ordonné des pensées, que nous réalisons auparavant, nous essayons de connecter celles-ci avec leur vie dans différentes situations et relations. Alors les patients comprennent : c'est *dynamique*, ce n'est pas un trait fixé. Ils sont nés et vivent avec une certaine biologie, une certaine psychologie; mais ils peuvent aussi, dans un état d'éveil (*awareness*), changer ça!

Pensez-vous que nous devrions nous libérer de nos émotions?

Une vie sans émotion serait stérile! En thérapie, ce que nous faisons n'est pas éliminer toute passion, mais rechercher des émotions saines, basées sur l'amour, l'espoir, la bonté et le bonheur... Un ordre croissant de cohérence et de satisfaction de nos émotions. C'est l'une des erreurs parfois véhiculées par le bouddhisme et l'hindouisme : penser que nous devons devenir vides et dénués d'émotions afin d'être équilibrés. Les gens les plus sains et les plus comblés que j'ai pu voir sont des gens très animés, joyeux, et qui apprécient la vie! Ce qu'il y a de surprenant avec eux, c'est qu'indépendamment des circonstances ils restent positifs, sereins et flexibles. C'est cette sérénité, cette flexibilité, ce sens d'une joie intérieure d'être en vie et d'avoir l'opportunité de s'adapter aux défis de la vie qui les caractérisent. Ce sont des émotions très fortes, mais positives : espoir, empathie, compassion, joie, humilité... et non des émotions négatives : colère, anxiété, peur, violence, haine... Le développement sain consiste à «lâcher prise» sur les émotions négatives et à cultiver les émotions positives.

Cette nouvelle manière de considérer que les patients sont capables d'intégrer des outils et de prendre soin d'eux-mêmes, n'est-ce pas une tendance plutôt récente?

Oui, en effet. Mais, en même temps, si vous examinez l'histoire de la philosophie et de la psychologie, déjà à l'époque de Platon et d'Homère, les grands philosophes nous apprenaient comment vivre une vie plus consciente d'elle-même, une vie plus douce, plus aimante; qu'il y a des choses spirituelles dans la vie qui lui donnent du sens. Le voyage d'Ulysse est le chemin de la découverte de soi. C'est une métaphore sur la manière de découvrir de réels *dons* au fond de nous, et de laisser le flot de notre âme s'exprimer dans notre vie. J'espère que ce que je fais, c'est exprimer dans un langage moderne des vérités perpétuelles, qui ont toujours été là pour les êtres humains.

À cause de l'industrialisation et de la médicalisation, nous avons considéré les choses de manière trop étroite. Ça a rendu nos vies moins satisfaisantes et nos thérapies moins efficaces. Plutôt que de *lutter* avec des pensées *négatives*, il est nettement plus épanouissant de *réfléchir* à des pensées *positives*. Comme dans le mouvement de la psychologie positive, qui est cependant limitée : il lui manque la foi. Penser que nous créons Dieu n'est pas adéquat : nous sommes les créatures de Dieu, plutôt que ses créateurs. Nous ne créons pas l'ordre de l'univers, mais nous progressons dans notre conscience d'un ordre qui est déjà là, qui est naturellement satisfaisant pour les êtres humains.

Quel conseil donneriez-vous au lecteur qui cherche plus de bien-être ?

C'est une question très importante. J'ai fait un triste constat, qui m'a un peu surpris, quand j'ai commencé à faire des recherches précises sur le niveau de satisfaction et de maturité de l'individu moyen : la majorité d'entre nous, la plupart du temps, s'ajuste de manière très égocentrique. Nous pouvons différer la gratification, mais surtout pour maximiser la satisfaction finale de nos désirs. Nous sommes gentils envers les gens quand ça nous arrange. Et nous pouvons être plutôt méchants et égoïstes quand ils se mettent en travers de ce que nous voulons. En vivant de cette façon, nous sommes menacés par l'anxiété, la peur, et par les problèmes dans nos relations avec les autres. Nous nous privons de l'amour véritable et de la satisfaction.

« J'espère que ce que je fais, c'est exprimer dans un langage moderne des vérités perpétuelles, qui ont toujours été là pour les êtres humains. »

Mais alors la vie nous gifle en pleine figure. Nous devons tous, en fin de compte, affronter la souffrance et la mort. Les gens peuvent remettre cette vérité à plus tard, mais au final nous allons tous mourir. Nous devons donc vaincre notre peur de la mort. Comment allons-nous nous y préparer ? Pourquoi ne pas enrichir notre vie dès que possible ? Par exemple, grâce à des façons de penser et de nous entendre avec les gens, qui nous apportent plus d'émotions positives ou plus de satisfactions dans la vie. Qui nous apportent en fait une compréhension des questions profondes que nous devons tous affronter : pourquoi suis-je ici ? Pourquoi est-ce agréable d'être gentil envers les autres et, à l'inverse, pénible d'être méchant ou mesquin ? Comment puis-je apprendre à m'accepter quand je me sens heureux, que je fais vraiment ce que j'aime et qui me fait du bien ?

Il existe une voie pour notre spiritualité. Elle implique un progrès de la conscience, la bonté et l'espoir. Nous pouvons tous l'atteindre si nous allons plus loin dans la conscience de nos pensées et de nos sentiments. C'est la tâche de toute vie. Jusqu'à un certain point, nous avons tous des problèmes, des choses que nous ne comprenons ou n'aimons pas en nous. Nous pouvons donc tous en profiter. C'est ce que je veux transmettre. Et pas seulement aux gens atteints de troubles mentaux, ou à leurs familles, mais à tout le monde ! En psychologie, en psychiatrie, dans les études sociales, il existe des manières d'aider les gens à être plus heureux qu'ils ne le sont actuellement. Il existe une compréhension plus profonde de qui nous sommes, nous autres les êtres humains.

Principaux ouvrages de C. Robert Cloninger

« A psychobiological model of temperament and character » (avec D. M. Svrakic et T. R. Przybeck), *Archives of General Psychiatry*, 1993.

Personality and Psychopathology (éd.), Arlington, American Psychiatric Press, 1999.

Feeling Good. The Science of Well-Being, New York, Oxford University Press, 2004.

Jerome Kagan

Jerome Kagan en quelques dates

1929 : Naissance à Newark, dans le New Jersey.

1954 : Doctorat à l'université de Yale.

1957-1964 : Il travaille à l'institut de recherche Fels, Ohio.

1982 : Publication de *The Nature of the Child.*

1964-2004 : Il intègre Harvard pour y développer ses recherches.

2008 : Publication de *What Is Emotion? History, Measures, and Meanings.*

Jerome Kagan en quelques titres

Professeur de psychologie Daniel et Amy Starch, université Harvard.

Membre de nombreux comités de l'Académie nationale des sciences américaine.

1963 : Prix Hofheimer, décerné par l'APA.

1994 : Prix du scientifique de renom, décerné par l'APA.

1994 : Prix « G. Stanley Hall », décerné par l'APA.

Les racines du tempérament : entre biologie et biographie

Par Cédric Routier

La «psychologie du développement» s'intéresse à notre histoire : comment évolue notre psychologie depuis notre venue au monde jusqu'au jour de notre mort? Comment se forgent notre intelligence, notre vie affective, nos liens aux autres? L'un de ses champs de prédilection est l'enfance. Et, dans ce domaine, Jerome Kagan a remis en cause presque tous les essentiels des cent dernières années : la théorie de l'attachement (le lien mère-bébé), l'importance de l'environnement dans les premières années de la vie, le principe de plaisir freudien…

Contradictoire et polémique selon ses détracteurs, Kagan est pourtant un homme nuancé, prudent, parfois complexe : ainsi, il se révèle à la fois pionnier de l'étude des dimensions innées du tempérament chez les bébés et hostile au déterminisme biologique strict. Autant dire qu'il ne laisse guère indifférent. Particulièrement au tournant d'un siècle qui cherche, pour le meilleur ou pour le pire, à prédire l'avenir de ses enfants… Sur ce point, Kagan a beaucoup à dire.

Son parcours professionnel est classique et sans heurts : il sort de l'université Rutgers en 1950, licence en poche, pour intégrer Harvard puis Yale, où il décroche son doctorat. Après une année passée comme instructeur en psychologie, puis deux autres comme psychologue pour l'armée, il rejoint un lieu qui se révélera capital pour ses recherches futures : l'institut de recherche Fels. Il y travaille sept ans avant de revenir à Harvard. Seul bémol – à son goût – de ses premières années d'enseignement : avoir naïvement professé les théories psychanalytiques du développement de l'enfant, dominantes à l'époque, en particulier l'idée que les soins reçus les toutes premières années déterminent à jamais notre devenir. Il s'éloignera peu à peu d'une telle position, pour finalement s'y opposer et donner aux parents un rôle bien moins dramatique.

Ce qu'il découvre à l'institut Fels, aux côtés de Howard Moss, est un fait majeur : en épluchant les résultats d'une longue étude (le suivi, entamé par d'autres, d'une centaine d'enfants entre 1929 et 1939), il remarque qu'une petite partie des sujets, très craintifs avant trois ans, ont conservé ce trait jusqu'à l'âge adulte. Il rencontre d'ailleurs ces personnes et constate que même leurs choix de vie témoignent de ce trait ! Est-ce là seulement l'influence de l'expérience au cours des années ? Ou la biologie aurait-elle une part déterminante, comme d'autres études le suggèrent ? Il faudra presque vint ans à Kagan pour y revenir et formuler son hypothèse centrale : le tempérament, en particulier celui qu'il nomme *inhibé*, est présent dès les premiers mois et se conserve jusqu'à l'âge adulte.

Par la suite, la richesse de ses travaux sera d'affirmer que, oui, le tempérament (*inhibé* ou *non inhibé*) est une réalité aux racines biologiques, mais que l'environnement familial et social interagit toujours avec cette base et estompe, voire efface, les tendances précoces. L'entrelacement des influences le dispute, en complexité, aux divers systèmes biologiques qui fondent le tempérament. Aussi, plutôt que l'homme d'une seule « proie » théorique, Kagan se définit-il comme un « *chasseur de papillons* » : à la poursuite de brefs coups d'œil, émerveillé, sur le développement humain… Sans jamais de réponse définitive, ni jamais lever complètement les ambiguïtés de la nature humaine.

Que nous apprend Jerome Kagan?

Du comportement du bébé à la biologie… et *vice versa*

Au IIe siècle de notre ère, soit presque mille huit cents ans avant les recherches de Kagan, un médecin nommé Galien identifiait quatre types de tempérament – colérique, sanguin, mélancolique et flegmatique –, produits de l'influence de quatre «humeurs», ou quatre sécrétions biologiques [1]. Malgré le caractère sommaire de sa démarche scientifique, il s'agissait d'une première : l'ancrage biologique du tempérament, qui colore le reste de nos actions, était mis au jour. Une intuition à laquelle Kagan rend hommage dans un de ses livres. Comme Galien avant lui, mais cette fois avec preuves rigoureuses et mesures scientifiques à l'appui, Kagan met en évidence au moins deux tempéraments chez le très jeune enfant, qu'un profil physiologique spécifique précède dès la naissance : le tempérament inhibé et le tempérament non inhibé. Quarante ans de travaux ont ancré cette classification dans de solides démonstrations.

Qu'entend Kagan par «tempérament»? Il s'agit selon lui d'un profil général, à la fois physiologique, émotionnel et comportemental. Un potentiel biologique qui pourra évoluer dans une direction que l'on peut

1. Les quatre humeurs identifiées par Galien sont : la bile noire, la bile jaune, le sang et le phlegme. De nos jours, cette théorie est bien sûr complètement dépassée; seule l'intuition de Galien et sa classification des tempéraments retiennent l'attention de Kagan.

prédire, mais pas systématiquement. Un potentiel qui sera actualisé par les interactions avec l'environnement. Les tempéraments inhibés et non inhibés illustrent parfaitement cette interaction entre biologie et environnement.

En 1978, en comparant des bébés d'origine chinoise et des bébés d'origine caucasienne (le bébé américain blanc « moyen »), élevés dans des conditions comparables, il met en évidence des différences de comportement et de battements cardiaques entre les deux groupes : les premiers sont plus craintifs et leur cœur, moins variable. Cette découverte remet Kagan sur la piste de l'influence biologique : à partir de 1979, il pilote trois études majeures, sur plusieurs années, aux cotés de Garcia-Coll, Snidman et Arcus, qui vont fournir des résultats étonnants. Ces études s'intéressent à des bébés âgés de deux ou quatre mois, selon les travaux, et les suivent régulièrement tout au long de leurs trois premières années, voire parfois jusqu'à l'adolescence. Au total, ce sont plus de sept cents enfants qui seront concernés par ces trois études.

Chaque fois, les enfants sont confrontés à l'inconnu, d'une manière adaptée à leurs âges successifs et, selon les cas, en présence ou non de leur mère : par exemple, on fait tourner un mobile sous leurs yeux, ou on leur fait entendre une voix sortie de « nulle part ». Autre situation, on les confronte à une pièce ou à des jouets inconnus ; ou un clown fait irruption dans la pièce ; ou bien une inconnue, parfois courroucée ou d'allure bizarre (un sac sur la tête, par exemple), survient ; ou encore on fait entrer un enfant de même âge et de même sexe, avec lequel ils peuvent jouer ; etc. On observe d'abord le comportement du bébé testé : mouvements du corps, grimaces, sourires, pleurs, vocalises. Puis, quand l'enfant est plus grand, on note : fuit-il ? Reste-t-il auprès de la mère et, si oui, combien de temps ? S'amuse-t-il avec les jouets de la pièce ? A-t-il des échanges avec les adultes ou les enfants ? Enfin, à l'adolescence, les sujets sont simplement revus en entretien individuel, pour discuter de leur vie actuelle et de leurs souhaits pour le futur.

Quant aux mesures biologiques, elles touchent à divers aspects, dont :
- l'activité cardiaque (notamment ses variations et ses pics),
- le taux de cortisol salivaire[2],

2. Une sécrétion biologique présente en cas de stress ou d'émotion intense.

– l'excitabilité de l'amygdale [3],
– certains profils d'activité du cerveau,
– la température relative du front (droite *vs* gauche),
– le profil du visage (plus ou moins allongé),
– et même une tendance à certaines allergies (eczéma ou rhume des foins) !

La synthèse de ces nombreuses mesures et observations, associée au discours des parents sur leur progéniture et aux réponses des enfants [4], conduit Kagan et ses collaborateurs à une conclusion unanime : certains bébés, dès la naissance, peuvent être classés dans deux groupes identifiables, les *très* réactifs ou les *peu* réactifs. Il existe en fait peu de cas extrêmes, mais ces deux catégories sont tout de même bien réelles. Les réactions observées chez ces bébés reflètent leur profil physiologique spécifique, que Kagan caractérise par divers indices biologiques et qu'il attribue à une excitabilité particulière du système nerveux sympathique, plus spécifiquement de l'amygdale :

– Les enfants peu réactifs ont un seuil d'excitabilité assez haut et supportent facilement la nouveauté, l'inconnu. Ils s'agitent assez peu et sont plutôt détendus, voire souriants.
– Les enfants très réactifs ont un seuil d'excitabilité assez bas, supportent assez mal les stimulations inhabituelles et pleurent, s'énervent, s'agitent et manifestent nettement plus leur malaise.

Plus tard, à mesure que ces bébés se développent, les « très réactifs » sont enclins à évoluer vers un tempérament *inhibé* : ils évitent les contacts avec l'étranger ou les situations inhabituelles, sont moins turbulents, s'effraient plus facilement et durablement. En un mot, ils sont plus fréquemment qualifiés de « craintifs ». Les « peu réactifs », en grandissant, se révèlent plus à l'aise avec l'inconnu, moins faciles à perturber et souvent plus ouverts aux interactions : ils appartiennent à la catégorie des *non inhibés*. Et certains de ces traits se conserveront jusqu'à l'adolescence : les enfants inhibés peuvent devenir plus facile-

3. Celle-là même dont parle LeDoux (voir p. 320).

4. Kagan, pour plusieurs raisons, reste très prudent sur la validité des observations parentales ou personnelles, souvent biaisées. Il reconnaît volontiers que les raisons de ces biais sont compréhensibles, mais, selon lui, *toute* classification des tempéraments ou des personnalités qui se baserait sur elles seules serait peu pertinente. Et n'accéderait pas aux bases biologiques.

ment des adultes isolés, parfois très anxieux, peu à l'aise socialement et qui s'orienteront préférentiellement vers des professions solitaires. Alors que les enfants non inhibés seraient au contraire des adultes extravertis, très entourés, à l'aise dans le contact et l'action, plutôt meneurs d'hommes ou commerciaux.

Si l'on s'arrête sur ce tableau, tout serait donc joué à la naissance : certains d'entre nous seraient réellement « à part », avec une physiologie qui les singularise et favorise un caractère très craintif ou, au contraire, aventureux. Mais l'apport réel de Kagan est bien sûr plus complexe... et nettement moins sombre.

La biologie nous prédispose, mais les circonstances nous façonnent

Tout d'abord, même si l'on peut calculer un indice d'excitabilité sur la base de mesures biologiques, Kagan est catégorique : ce qui prédit le mieux le tempérament futur reste la réactivité *comportementale*, que l'on observe vers quatre mois à travers une série de situations tests. Même au sein de chaque groupe (très réactifs/peu réactifs), les indices physiologiques varient, et tous ne sont pas directement liés à un tempérament plus ou moins craintif.

De plus, la gamme des tempéraments ne se limite pas, loin de là, aux seules catégories « inhibé/non inhibé ». Certes, il s'agit bien de profils *qualitativement* différents, non d'une question de degré, et ils permettent de distinguer les individus [5]; mais bien d'autres classifications sont sans doute possibles, si l'on prête suffisamment attention aux multiples réactions dont chacun est capable. Simplement, Kagan, le « chasseur de papillons », ne s'est penché que sur deux tempéraments parmi d'autres.

Enfin, et c'est une précision de taille, ces deux tempéraments ne prédisposent pas, ne « déterminent » pas (au sens strict) à quelque chose : ils ne suggèrent qu'une *tendance* générale à réagir d'une certaine manière, en particulier face à l'inconnu; ils donnent une idée des actions que l'enfant sera peu enclin à accomplir. Or les interactions des

5. Autrement dit : chacun de nous ne se situe pas, pour Kagan, sur un axe qui va de l'inhibition à la non-inhibition complètes. Certains sont inhibés; d'autres non inhibés; et la majorité des autres ne sont ni l'un ni l'autre, et non quelque part à égale distance des deux (même si, par ailleurs, nous pouvons être tout de même plus ou moins craintifs, mais pour des tas d'autres raisons...).

parents, de la famille, et des camarades avec ces enfants, initialement classés « très »/« peu » réactifs, « inhibés »/« non inhibés », vont influencer de façon significative ce potentiel de base... Dans un sens ou dans l'autre, et tout au long du développement, non juste avant trois ans! Kagan a plusieurs fois constaté que des bébés « quittaient » leur catégorie (inhibé/non inhibé) en vieillissant, parfois très vite (avant l'âge de 2 ans) ; d'autres enfants, eux, évoluaient de telle manière qu'il devenait possible de les catégoriser comme inhibés, bien qu'ils n'aient pas originellement été considérés comme très réactifs. Une attention particulière des parents (singulière ou culturelle), un événement de vie traumatique, et le biais de tempérament peut disparaître ou s'inverser dans la personnalité d'adulte, malgré des bases biologiques spécifiques ou, au contraire, communes. Les conclusions de Kagan sont donc nettes, mais non univoques :

– Certains enfants évoluent d'un profil biologique clair vers un tempérament défini qui s'exprime aussi à l'âge adulte.
– D'autres enfants, à cause des accidents ou des bonheurs de la vie, ne suivent pas le même chemin, malgré un profil initial similaire.
– Et tous, surtout, quel que soit leur biais de départ, subiront l'influence large et durable de leurs environnements.

Être le plus gros poisson de l'étang, le « crack » local, à l'aise avec tout le monde et promis à un brillant avenir, n'a donc parfois rien de juste ni de méritoire : votre tempérament aura peut-être facilité, très tôt, vos interactions avec le monde, il aura permis à vos talents d'éclore plus facilement, avec moins de stress et donc plus d'occasions. Mais votre non moins brillant collègue du département « recherche » de l'entreprise, isolé au fond de son laboratoire, exprime lui aussi des talents réels, parce qu'il aura su éviter les situations qu'enfant il anticipait avec effroi et vivait avec angoisse – cocktails, joutes verbales ou voyages fréquents.

Tout ne se joue pas avant trois ans

À travers l'étude du développement de l'enfant, Kagan a mis à mal plusieurs théories, souvent populaires : il lui paraissait nécessaire de les dénoncer tant les erreurs qu'elles entraînent sont fréquentes. Toutes ces idées reçues succombent dès qu'on met au jour les influences biologiques sur le tempérament, l'influence de l'environnement *tout au long* de la vie, et les différences notables que peuvent présenter les individus entre eux… jusque dans leur métabolisme de base.

Mettre au jour une réactivité spécifique de l'amygdale et du système sympathique, très tôt dans la vie du bébé, qui permette de prédire ses futurs comportements craintifs, c'est ébranler la thèse selon laquelle l'environnement familial des deux premières années serait responsable de tout. Autrement dit, selon laquelle les parents, et notamment la mère, détermineraient les craintes et peurs futures de l'enfant [6]. C'est bien la physiologie précoce du bébé, et l'on pourrait peut-être même, à ce stade, parler d'une susceptibilité génétique, qui serait responsable de ces qualités particulières du nourrisson. Le tempérament inhibé serait ainsi une conséquence de la biologie, non de soins inadéquats.

Mais quand Kagan insiste sur le rôle de l'environnement au cours du développement, en interaction avec notre biologie, il estime par ailleurs que *tout* peut être rattrapé ou changé durant les années qui suivent (qu'on songe, par exemple, aux enfants inhibés qui, adultes, ont de multiples amis et relations). Hormis les cas d'abus très sévères durant la prime enfance, il est donc inutile d'ajouter aux parents le stress d'une autosurveillance permanente, comme s'il fallait être des parents parfaits : être aimants et attentionnés de façon adaptée, comme le sont la plupart des parents – et comme les autres peuvent le devenir –, suffit à assurer le bien-être du bébé. Quelques petites erreurs de parcours n'auront rien d'irréversible. Le déterminisme infantile, cette idée que « tout se joue » avant deux ou trois ans, est largement exagéré.

Les études de Kagan lui font également proscrire le recours à des concepts généraux, supposés refléter les mêmes choses d'un individu à l'autre (la même gamme de comportements, ou les mêmes structures biologiques). D'après lui, ses travaux sur le tempérament démontrent combien une même attitude peut être due à des facteurs biologiques prédisposants comme à une biographie particulière. Mais, plus encore, au sein d'une catégorie donnée d'individus, certains indices biologiques peuvent diverger, certains comportements être absents. Parler de « la » peur, c'est se rendre aveugle au fait qu'il existe toute une famille

6. Une critique qui s'adresse aussi, directement, aux conclusions de John Bowlby, célèbre théoricien de l'attachement précoce de l'enfant à sa mère.

de « peurs » dont les explications sont, au final, différentes. Parler de la personnalité et se baser sur des réponses verbales aux tests proposés, c'est se couper de l'observation directe et objective, aussi capitale que les éléments subjectifs pour dresser des catégories fiables et prédictives. C'est également mettre de côté les facteurs qui, selon les cultures et au sein d'une même culture, différencient les réalités recouvertes par les termes employés : comme si parler d'« extraversion » ou de « perfectionnisme » pouvait s'appliquer à tous, en tout lieu. Or recourir au contexte des phénomènes qu'on étudie est fondamental pour les distinguer correctement.

En fait, ce que Kagan reproche à la psychologie de la personnalité et des émotions, c'est d'être trop peu avancée pour se permettre d'élaborer des grandes théories unificatrices. À force de classer sous un même concept (peur, intelligence, etc.) des tas de situations qualitativement différentes, à force de considérer trop vite que telle émotion chez l'animal correspond, peu ou prou, à ce qu'éprouve l'être humain, les psychologues vident de toute signification les concepts qu'ils emploient. Revenir aux détails, ne pas chercher à tout prix des dimensions continues, voilà deux aspects qui obsèdent Kagan.

L'homme est un être biologiquement moral

Dernier point sur lequel il bataille ferme : il faut abandonner l'idée selon laquelle le « principe de plaisir [7] » est à l'origine de notre morale, et, avec elle, de notre conduite en société. L'évolution des espèces nous a doté, selon Kagan, de la faculté de distinguer précocement le « bien » du « mal » et de ressentir un certain malaise à accomplir des actes que nous savons ou pressentons défendus, voire immoraux. Cet attribut, inscrit dans notre biologie, est une qualité particulière à notre espèce, au même titre que l'araignée sait tisser une toile ou l'abeille construire une ruche. Aussi manifestons-nous très tôt une capacité à ne pas mal agir : selon Kagan, de façon très nette à partir de deux ans. Attention : cette tendance biologique à agir de façon morale, si elle est universelle, l'est au niveau *général*; elle ne dicte en rien telle ou telle morale *particulière*, spécifique d'une culture. Une autre façon d'affirmer la même idée

7. Selon lequel nos actions seraient systématiquement guidées par la maximisation de notre propre plaisir.

consiste à souligner que honte et culpabilité nous sont, pour Kagan, aussi intrinsèques que la peur, et qu'elles déterminent notre fonctionnement avec autant d'influence, et tout aussi précocement.

Évidemment, nous sommes tous conscients de contre-exemples en apparence flagrants : faits divers, meurtres de masse, fraudes, etc. Kagan ne les ignore pas et, au contraire, les discute : c'est justement leur caractère choquant qui explique qu'on les rapporte dans les médias ou qu'ils frappent notre mémoire. Rapportées au nombre d'occasions de faire le mal, chaque jour, à l'échelle de la planète, les mauvaises actions réellement accomplies sont plutôt rares, bien que dramatiques. À l'échelle de l'espèce, cela témoigne, d'après Kagan, de l'inscription biologique de notre sens moral et de notre capacité à l'empathie. Il lui semble donc important de rééquilibrer la balance de l'éthique : les actions guidées par ce « sens moral » inné l'emportent largement sur celles guidées par un principe de plaisir hypothétique.

Ainsi, notre tempérament n'est pas seul inscrit dans notre biologie : notre moralité y naît également. C'est avec ces bagages que nous traversons la vie, plus ou moins éloignés de nos tendances naturelles par ses aléas.

Kagan contre Bowlby : le mythe de l'attachement remis en cause

John Bowlby, psychanalyste et spécialiste de l'enfant, est l'auteur d'une théorie de l'attachement précoce qui a rencontré un vif succès. Au moins trois de ses idées ne sont pas contestées par Kagan ; celui-ci reconnaît d'ailleurs la pertinence des intuitions de Bowlby :

- dès ses premiers jours, tout bébé, humain ou autre mammifère, développe des interactions, au plan émotionnel, avec des sujets de son entourage proche, ceux qui prennent soin de lui ; elles sont importantes pour son développement harmonieux ;
- le bébé se fixe ainsi très vite à ce que Bowlby nomme des « figures d'attachement », le plus souvent sa mère, et la relation entre l'enfant et cette figure est ce que Bowlby appelle l'« attachement » ;
- ainsi, le bébé est ensuite plus apaisé et plus calme, plus « *secure* », lorsque ces figures, plutôt que des étrangers, sont présentes avec lui dans une situation nouvelle.

Bowlby va plus loin : lorsque tout se passe bien, l'enfant présente un attachement «*secure*», une certaine sécurité psychologique qu'il a intériorisée et qui lui permet de tolérer l'absence de sa figure d'attachement. Mais que les choses se passent mal dans les premiers mois, et l'enfant puis l'adulte traîneront un attachement vacillant, «*insecure*», qui les fragilisera à jamais. C'est évidemment sur ce premier point que Kagan contredit Bowlby : l'influence de l'environnement, au cours du développement, peut venir contrebalancer des interactions précoces perturbées. Certains enfants, considérés comme ayant un tempérament inhibé à deux ans, changent avec l'âge.

De plus, pour évaluer l'attachement chez le jeune enfant, Bowlby et sa collègue Ainsworth ont eu recours à une célèbre expérience dite de la «situation étrange» : l'enfant est amené dans une pièce inconnue, avec sa mère; ils y séjournent quelques minutes, puis un étranger entre et la mère s'en va. Les réactions de l'enfant sont alors observées, et l'on déduit, chez ceux qui s'agitent, crient et pleurent, un attachement incomplet, «*insecure*». Or les propres travaux de Kagan chez le bébé, ainsi que d'autres études de collaborateurs, ont suggéré que ces enfants qui pleurent et s'époumonent étaient simplement des bébés «très réactifs». Ce que la «situation étrange» mettrait en évidence est finalement une qualité de tempérament. Il n'existerait donc pas encore de mesure fiable de l'attachement défini par Bowlby : on se doit de rester très prudent sur les conclusions qu'on peut tirer de sa théorie.

Rencontre avec Jerome Kagan

Par Violaine Guéritault

Pour accéder au bureau de Jerome Kagan, il faut gagner le William James Building, ce grand bâtiment blanc consacré à la psychologie qui dresse ses quinze étages sur le campus de la très renommée université Harvard. Comme le précise une notice adressée aux étudiants, les ascenseurs sont très fréquentés, et il faut prévoir plusieurs minutes pour arriver aux étages supérieurs. Autant dire qu'ici la ponctualité est appréciée.

C'est depuis une pièce exiguë que Kagan conçoit ses idées explosives, dynamitant sans état d'âme les vaches sacrées de la psychologie. Je m'attendais à rencontrer un être rebelle, un rien polémique. Je découvre un homme d'une grande gentillesse. Il est plein d'humour, ne cherche ni à séduire ni à prouver quoi que ce soit. Le temps que nous passons ensemble est si agréable, et Jerome Kagan fait preuve d'une telle simplicité que j'ai le sentiment de le connaître depuis des années; comme si j'étais l'une de ses anciennes étudiantes venue le trouver pour discuter avec lui de mes recherches.

Y a-t-il des événements, dans votre vie, qui ont influencé l'orientation que vous avez donnée à votre recherche ?

Absolument. Il y a trois événements qui ont joué un rôle important dans ma vie professionnelle. Le premier est lié à un projet de recherche que j'ai mené dans un institut de l'Ohio entre 1957 et 1959. Une équipe de recherche y avait collecté de nombreuses observations concernant un important groupe d'enfants, suivis depuis leur enfance jusqu'à leur adolescence. Mon rôle consistait à recevoir ces enfants – qui avaient à présent une vingtaine d'années – pour les interviewer, tandis que l'un de mes collègues était chargé d'évaluer l'historique de leur enfance. À ma grande surprise, nous avons découvert que certains de ces enfants, tous originaires de l'Ohio et issus de classes sociales moyennes, avaient été évalués comme étant timides, silencieux et peu interactifs durant les trois premières années de leur vie, et qu'ils étaient, par la suite, devenus des adultes introvertis, craignant de prendre des risques, et de surcroît phobiques sociaux. À l'époque, je ne comprenais pas ces observations, mais je les ai précieusement gardées dans un coin de ma mémoire.

Le deuxième événement se situe entre 1975 et 1976. Il y avait alors une très forte demande, de la part de la population américaine, pour que le gouvernement crée des crèches : à cette époque, les femmes entraient massivement sur le marché du travail et avaient besoin de structures pour garder leurs enfants. Ce concept effrayait de nombreux psychologues : pour eux, l'idée de laisser la garde de petits enfants à des étrangers semblait inimaginable. Nous avons alors obtenu un financement important du National Institute of Health (NIH)[8] afin d'évaluer les risques potentiels des crèches sur la santé psychologique des enfants séparés de leurs mères. Ce projet fut mis en place dans une zone ouvrière de la ville de Boston, et, de ce fait, notre échantillon de population se composait d'une part d'enfants américains d'origine chinoise venant de Chinatown et d'autre part d'enfants caucasiens. Je fus surpris

> « Un lien de bonne qualité entre un enfant et sa mère est certes un bon départ dans la vie, mais il n'est pas suffisant [...]. C'est un peu comme si l'on disait que la première semaine d'une lune de miel pouvait prédire le succès d'un mariage. »

8. Institut national de la santé.

d'observer que ces enfants d'origines ethniques variées présentaient des caractéristiques très différentes. Il était impossible de les confondre alors qu'ils n'étaient âgés que de trois mois. Les bébés chinois étaient très calmes, silencieux, passifs et sans entrain en comparaison des bébés blancs. Cette différence allait jusqu'à leur rythme cardiaque, beaucoup plus lent chez les bébés d'origine chinoise. J'en ai conclu que la physiologie et l'ethnicité de ces bébés avaient bien plus d'impact sur eux que le fait de se retrouver dans une crèche. Cette observation a énormément influé sur ce qui s'est passé par la suite.

Enfin, le troisième événement qui a joué un rôle dans la tournure de ma carrière fut ma décision d'entamer des recherches sur toutes ces observations accumulées depuis plusieurs années. J'avais une étudiante en doctorat qui me proposa d'en faire le sujet de sa thèse. Pour cela, elle réunit des centaines d'enfants âgés de 2 ans et, dans un contexte expérimental, elle les exposa à des situations nouvelles et inconnues. Environ 20 % des enfants de ce groupe étaient similaires à ceux rencontrés en 1957 dans l'Ohio : ils se montraient timides, silencieux et passifs, alors que le restant du groupe était au contraire intrépide et sociable. De plus, elle remarqua que ces enfants tendaient à conserver ces caractéristiques au fur et à mesure qu'ils grandissaient.

Ces trois événements ont sans aucun doute contribué à me convaincre de l'intérêt du type de recherche auquel je me consacre depuis vingt-cinq années.

Pensez-vous que le tempérament d'un individu s'exprime différemment selon le milieu dans lequel il grandit?

Bien évidemment! Le tempérament est une tendance biologique, au départ, et il existe bien plus que deux types de tempérament. Un environnement va s'en emparer et le façonner de différentes manières. Considérons l'analogie suivante : avec deux morceaux de bois de différents types, du chêne et de l'acajou par exemple, je peux faire des bibliothèques, des bureaux, des chaises ou bien deux tables, similaires en apparence. Mais,

«Je refuse de penser que tout est joué d'avance.»

si vous les regardez de plus près, vous remarquerez que ces bois ont des marques différentes et ne vieillissent pas de la même manière. Le tempérament est semblable au bois, c'est seulement une tendance. Le trait de personnalité, c'est le meuble que vous allez réaliser au cours de votre vie. C'est le produit de toutes vos expériences, construites sur la base de ce tempérament pour finalement aboutir à une personnalité bien spécifique. Il est très important de bien distinguer tempérament et personnalité, et de ne surtout pas les confondre.

Pouvez-vous m'expliquer pourquoi vous remettez en question la théorie de l'attachement, selon laquelle les toutes premières relations entre une mère et son bébé déterminent son mode relationnel aux autres?

Il faut savoir que les mots ont toujours deux significations et que l'objectif de la science est de s'assurer que ces deux significations sont en phase l'une avec l'autre, et cohérentes. C'est pourquoi la science utilise un *référent* qui est censé mettre tout le monde d'accord sur le sens d'un terme en particulier. Si l'on prend l'exemple du concept de l'« attachement », différentes personnes vont lui donner différents sens : pour certains, la simple relation bébé-maman, pour d'autres, la qualité du lien qui unit un bébé à sa mère, ou le sentiment de sécurité, etc. C'est pourquoi il est nécessaire d'établir un référent qui permet de mesurer ce concept de façon scientifique. Aux États-Unis, le *référent* est une « situation inconnue », en l'occurrence comment un bébé va réagir face à une situation nouvelle. Je suis intimement convaincu que, dans le cas du concept de l'attachement, nous avons choisi le mauvais référent et que, de ce fait, toutes les recherches effectuées sur la question et les conclusions qui en ont été tirées doivent être remises en question. Car nous n'avons pas de moyen sûr pour mesurer cette variable. Je ne suis pas en désaccord avec le terme en lui-même, mais avec la façon dont l'attachement est mesuré scientifiquement. Je crois qu'actuellement personne ne sait comment le faire. Voilà pourquoi je remets en question la validité de la théorie de l'attachement. Le problème étant que toutes les conclusions qui sont publiées dans les journaux scientifiques sur le sujet et qui sont ensuite réutilisées par les médias sont à mon avis totalement fausses puisque basées sur le mauvais référent.

Donc, selon vous, à cause de cette erreur de référent, nous ne pouvons pas vraiment dire que la qualité du lien émotionnel entre un bébé et sa mère influencera sa vie par la suite ?

C'est exactement cela. Mon opinion sur le sujet est qu'un lien de bonne qualité entre un enfant et sa mère est certes un bon départ dans la vie, mais qu'il n'est pas suffisant car de nombreux facteurs peuvent ensuite impacter ce lien et ses bénéfices de départ. C'est un peu comme si l'on disait que la première semaine d'une lune de miel pouvait prédire le succès d'un mariage. C'est bien évidemment faux. Je rejette donc entièrement l'idée que la qualité du lien d'attachement est préservée tout au long de la vie et influence directement l'existence d'un individu. D'ailleurs, de nombreux enfants sans lien d'attachement de qualité avec leurs parents ont malgré tout des vies tout à fait épanouies. C'est le cas de beaucoup d'orphelins. Je refuse de penser que tout est joué d'avance.

Vous êtes connu pour votre opinion critique sur certaines vaches sacrées de la psychologie moderne, telles l'importance des deux premières années de la vie, les valeurs morales, etc. Cet esprit critique est courageux en soi et plutôt sain scientifiquement parlant, mais ne pensez-vous pas que vous risquez de remplacer une sorte de déterminisme éducatif par un déterminisme biologique ?

Absolument pas. Lorsque je dis que les deux premières années de la vie n'ont pas l'importance qu'on tend à leur donner, je ne parle en aucun cas de biologie mais de l'avenir psychologique de l'enfant. Ce qui sera important pour lui, ce sont les écoles qu'il fréquentera et les amis qu'il aura. Cela n'a strictement rien à voir avec la biologie mais avec ses expériences futures, qui joueront un rôle important dans son développement psychologique.

Lorsque je remets en question l'importance des deux premières années de la vie, je ne fais en aucun cas allusion à la notion de tempérament. Pour moi, ce qui est important, c'est ce qui distingue les individus dans la progression de leur vie. D'ailleurs, si je devais faire une liste de ces différences par ordre d'importance, je placerais en premier l'époque à laquelle vit la personne. Est-elle née en France au XVe siècle ou aux États-Unis de nos jours ? Cette donnée-là est essentielle. Ensuite vient la culture dans laquelle cette personne a grandi. Est-elle née en

Chine ou en Allemagne ? Ces deux variables représentent à elles seules 80 % de la variabilité et n'ont strictement rien à voir avec la biologie de l'individu. La variable que je mettrais en troisième position sur ma liste est l'environnement familial dans lequel grandit l'individu et en dernier je citerais le tempérament de la personne, car, selon moi, cette variable est la moins importante de toutes, bien qu'elle ait évidemment son importance. Il faut savoir qu'il y a cinquante ans de cela on ne prêtait aucune attention à la notion de tempérament. Tout ce que mon travail a contribué à faire, c'est apporter une certaine reconnaissance à ce concept ; mais je n'ai jamais dit qu'il supplantait tous les autres facteurs dont je viens juste de parler.

Que pensez-vous de la psychologie évolutionniste ?

Je pense qu'il s'agit là d'une théorie sans aucun intérêt. L'espèce humaine est différente de toutes les autres espèces. Cela étant clairement énoncé, qu'est-ce que la théorie évolutionniste nous apprend de plus ? Absolument rien ! Par exemple, cette théorie nous dit que, pour comprendre ce que font les humains, il faut garder à l'esprit la priorité qu'ils accordent à la conservation de l'espèce. Si c'était effectivement le cas, comment explique-t-on que certaines femmes refusent d'avoir des enfants ? Si leur priorité est la conservation de l'espèce, comment se fait-il que ces femmes agissent contre leur biologie et donc contre les intérêts de leur propre espèce ?

Mon avis sur la question est le suivant. Notre société occidentale s'est construite sur son histoire. Ce passé commun a contribué à développer la mobilité des individus, le brassage des ethnies, la compétitivité, les valeurs morales, etc. La société contemporaine a pour effet de mettre les gens

« Les parents sont tels des ébénistes qui vont choisir de sculpter, à partir du "bois brut" qu'est le tempérament de leur enfant, soit une "bibliothèque", soit un "buffet". C'est le développement de la personnalité. »

mal à l'aise parce qu'ils en viennent à se sentir menacés. Le travail des intellectuels est de trouver un moyen de soulager ce sentiment d'inconfort existentiel. Nombreux sont les gens qui, aussi bien en Europe qu'aux États-Unis, ressentent un certain mal-être à l'idée de vivre selon des règles de compétitivité, d'égocentrisme et d'individualisme. C'est alors que certains intellectuels (dont les psychologues évolutionnistes) interviennent pour annoncer haut et fort : « Ne vous inquiétez surtout pas, ne vous sentez pas coupables car c'est dans votre nature profonde d'être égoïste. C'est parfaitement normal ! » Et les gens de cesser, alors, de culpabiliser. N'est-ce pas formidable ? Mais cette théorie n'est basée sur aucune preuve tangible, elle représente seulement un point de vue « éthique ». Je m'explique. Selon les psychologues évolutionnistes, personne ne devrait jamais s'arrêter pour aider un automobiliste en difficulté au bord de la route, puisque cela ne lui sera en aucune manière bénéfique... Les théoriciens évolutionnistes ont beaucoup de succès parce qu'ils ont une fonction thérapeutique, en quelque sorte. Ils contribuent à réduire la culpabilité de ceux qui considèrent que l'individualisme poussé à l'extrême n'est pas une bonne chose. Il n'est pas étonnant que de nombreux groupes religieux, comme les créationnistes, se révoltent contre cette théorie puisque, de leur côté, ils prêchent le partage et l'amour du prochain au nom de Jésus-Christ. Pour eux, ces théoriciens évolutionnistes sont l'incarnation du mal. Il ne s'agit de rien d'autre que d'idéologie politique.

> « Le bien et le mal. Comment se fait-il que ces concepts se tiennent et existent dans toutes les cultures ? »

Dans quelle mesure croyez-vous que les individus sont libres de devenir ce que bon leur semble ?

Voilà une question bien difficile ! Il y a bien des choses que nous ne sommes pas libres de devenir. Même en y mettant la meilleure volonté du monde, je ne pourrai jamais devenir un Mozart. Nous naissons tous avec des limitations, mais, malgré cela, chacun d'entre nous peut choisir de se donner les moyens d'accomplir des exploits et des merveilles. Nous devons cependant garder à l'esprit que nous ne pouvons pas faire tout ce que nous voudrions, en partie à cause de l'éducation que nous avons reçue, en partie à cause de notre classe sociale, en partie à cause de l'environnement dans lequel nous avons grandi et aussi, bien sûr, à cause de notre biologie.

Jusqu'à quel point les parents peuvent-ils influencer le développement du tempérament de leur enfant?

C'est très simple. Les parents ne peuvent en aucun cas influer sur le développement du *tempérament* de leur enfant, parce que celui-ci est d'origine biologique. C'est-à-dire qu'il est lié à des circuits neurologiques et qu'il est donc inné. En revanche, les parents sont tels des ébénistes qui vont choisir de sculpter, à partir du «bois brut» qu'est le tempérament de leur enfant, soit une «bibliothèque», soit un «buffet». C'est le développement de la *personnalité* – n'oubliez jamais cette distinction. Les parents ont donc un vrai pouvoir, dans la mesure où la personnalité est ce qui jouera véritablement sur les relations que l'enfant entretiendra avec les autres. Et non son tempérament.

Vous avez aussi étudié l'apparition du sens moral chez les jeunes enfants. Pouvez-vous m'en dire un peu plus sur cette partie de votre recherche?

La recherche que j'ai effectuée, il y a près de trente ans de cela, semblait indiquer qu'il existe une étape importante de maturation qui se met en place au cours de la deuxième année de la vie. Nous savons aujourd'hui que, durant cette période, le cerveau subit de nombreux changements, dont cette phase de maturation décisive. Juste avant qu'un enfant fête son deuxième anniversaire, il fait preuve de deux compétences spécifiques. La première est l'habileté à deviner ce que pensent ses parents. Et, à partir du moment où un enfant est capable de cela, il va apprendre à distinguer les actes répréhensibles de ceux qui seront au contraire récompensés. C'est le premier stade du développement du sens moral. La seconde phase intervient six à huit mois plus tard, quand l'enfant apprend la différence entre les concepts du bien et du mal. Il n'existe pas une seule culture au monde où ces deux concepts n'existent pas, ce qui signifie qu'il y a quelque chose de fondamental dans l'esprit humain qui classifie les choses, les gens ou les événements comme étant « bien » ou « mal ». Je suis intimement convaincu que ces notions sont innées dans l'espèce humaine bien que nous n'en connaissions pas les données biologiques. Je pense qu'elles remontent loin dans notre évolution, jusqu'à certaines expériences universelles telles les sensations de goût sucré *versus* goût aigre, de douleur *versus* douceur, etc. C'est à ce stade que l'enfant découvre la conscience de soi. Une fois cette conscience de soi acquise, il peut juger ses actes comme étant bons ou mauvais et il sait au fond de lui que ce qu'il veut véritablement, c'est être bon.

Selon vous, quel est le lien entre la philosophie et la psychologie? Philosophes et psychologues ne tentent-ils pas de répondre aux mêmes questions?

Le sens de toute proposition et de toute conclusion est fonction des preuves qui l'appuient. Les philosophes et les psychologues fondent leurs raisonnements sur des preuves de nature très différentes et arrivent de ce fait à des conclusions tout aussi différentes. Le rôle des philosophes est d'étudier la cohérence des mots. Un grand philosophe est celui qui prend conscience, avant qui que ce soit d'autre, du fait que la signification d'un mot a changé. Les philosophes ressentent ce changement bien avant tout le monde et débattent ensuite du sujet. Ainsi, lorsque le sens du mot *moralité* a changé, de nombreux philosophes de renom ont longuement disserté sur les implications d'un tel changement et sur l'attitude que les individus devraient de ce fait adopter. Les psychologues, pour leur part, étudient les observations qu'ils font de certains phénomènes, et leur rôle est de faire correspondre certains mots grâce à ces observations. Ce n'est pas la même chose.

Selon vous, quel avenir va connaître la psychologie du développement?

Le domaine de la psychologie du développement, au même titre que les autres domaines de la psychologie, correspond à un cycle. Celui-ci a débuté il y a plus de cent ans avec l'étude de la maturation des « stades de développement », comme le fait de passer de la position assise à la position debout, puis à l'action de courir. Par la suite, avec Freud et les comportementalistes, ce domaine a quelque peu changé de direction et s'est concentré sur les différences de personnalité et de caractère chez les enfants. L'accent a été alors mis sur la famille, et ce jusque dans les années 1960. À partir de là, deux camps se sont formés : le camp de ceux qui étudiaient le tempérament d'une part, et d'autre part celui de ceux qui faisaient de la recherche sur le développement cognitif dans la tradition piagétienne la plus pure. Nous sommes différents de par le type de recherches et d'expérimentations que nous faisons. Nous n'avons pas de concepts en commun, et je pense que beaucoup d'eau coulera sous les ponts avant que nous trouvions un véritable terrain d'entente.

Y a-t-il une question que vous vous posez depuis longtemps et à laquelle vous n'êtes toujours pas parvenu à apporter une réponse?

C'est une question intéressante. Il y a en effet deux questions qui me tarabustent. La première concerne le domaine de la psychologie : je donnerais cher pour connaître les bases neurophysiologiques exactes, dans le système limbique, qui entraînent une forte réactivité chez un enfant et une réactivité faible chez un autre. Cette question me fascine depuis longtemps, et j'aurais aimé pouvoir y apporter une réponse, mais je ne pense pas que je vivrai assez longtemps pour le faire.

La seconde chose que j'aimerais vraiment savoir, c'est comment le fonctionnement du cerveau humain permet à un individu de différencier de façon aussi nette ce qui est bon de ce qui est mauvais. Je rêverais de comprendre pourquoi et comment des choses qui n'ont absolument rien en commun, tels l'amour, un gâteau au chocolat, l'empathie ou le patriotisme, sont toutes perçues comme étant bonnes et favorables. Le bien et le mal. Comment se fait-il que ces concepts se tiennent et existent dans toutes les cultures? C'est pour moi

« Je rêverais de comprendre pourquoi et comment des choses qui n'ont absolument rien en commun, tels l'amour, un gâteau au chocolat, l'empathie ou le patriotisme, sont toutes perçues comme étant bonnes et favorables. »

une question vraiment très importante à laquelle je ne parviens pas à apporter de réponse valable.

Cela dit, si vous m'aviez demandé vingt ans plus tôt quelle est *la* question qui me trotte dans la tête et à laquelle je n'ai pas trouvé de réponse, je vous aurais répondu sans hésiter : « Quel est le but de la vie et de notre présence ici-bas ? » Mais j'ai, depuis, répondu à cette question. Je sais aujourd'hui qu'il n'y a pas de but précis à notre vie. Et je pense que la nature ne peut que se moquer d'une telle question…

Jerome Kagan dans le texte...

«Le principal catalyseur pour les changements liés à l'environnement est l'information. Et l'une de nos sources d'information réside dans les événements qui ont été associés à des sentiments très intenses. Un enfant regarde par la fenêtre un grand autobus rouge, et soudain, il entend un coup de tonnerre : il est effrayé et se met à pleurer. La prochaine fois qu'il verra un grand autobus rouge, ou peut-être n'importe quel type d'autobus, il y a de grandes chances pour qu'il revive cette expérience de frayeur. Parfois, le propre comportement de l'enfant devient prédictif d'un but souhaité. Un bébé de douze mois pleure quand sa mère le pose dans son lit, éteint la lumière et quitte la pièce. Ses cris incitent la mère à revenir, à allumer la lumière et à rester à ses côtés. Le retour de la mère, considéré comme un événement gratifiant, augmente la probabilité que, à l'avenir, l'enfant se mette à pleurer quand sa mère le couche.

[...] Autrefois, la plupart des experts soutenaient, sans l'argumenter, que la composante importante de l'événement gratifiant était sa capacité à procurer du plaisir à un individu. Mais, parce qu'on ne ressent pas du plaisir chaque fois qu'on exécute une action dans un but déterminé, de nombreux psychologues ont avancé l'idée que si une réponse est simplement suivie d'une changement dans ce qu'on est en train de faire – surtout si ce changement éveille notre attention –, alors la probabilité que l'on répète ce comportement est accrue. [...]

La troisième source d'information vient de l'inconnu, de l'inattendu : face à un événement nouveau, l'enfant essaie de relier ce qu'il vit à ce qu'il connaît, engageant un processus qui va changer ce qu'il connaissait jusqu'alors. »

The Nature of Child, New York,
Basic Books, 1982, p. 7, trad. C. Meyer.

« Homo sapiens *est caractérisé dans l'évolution par l'émergence, entre sa deuxième et troisième année de vie, dune prise de conscience des catégories symboliques du bien et du mal que les enfants appliqueront par la suite à leurs propres actions, pensées ou sentiments. Toute information que les humains interprètent comme signifiant qu'ils sont bons ou mauvais possède une résonance affective. L'acte en tant qu'acte est beaucoup moins important que son évaluation symbolique. Tuer par réflexe d'autodéfense est acceptable ; le même acte perpétré par un cambrioleur en pleine nuit ne l'est pas. Contrairement à tous les autres animaux, les hommes jugent continuellement les implications morales de leurs désirs, de leurs comportements et de leurs sentiments.* »

Des idées reçues en psychologie,
Paris, Odile Jacob, 2000, p. 211.

« *L'anxiété et la culpabilité liées aux violations de normes morales sont médiatisées par des circuits limbiques qui sont aussi ceux qui médiatisent une forte réactivité et une forte inhibition. Ainsi, les enfants inhibés pourraient être davantage sujets à ces émotions morales et biologiquement prédisposés à ressentir une culpabilité et une anxiété plus intenses en cas de comportement asocial. Si de tels enfants grandissaient dans un contexte familial mettant l'accent sur l'obéissance, ils devraient montrer des signes de soumission à des normes extrêmement strictes vis-à-vis des comportements que leur famille considère comme inopportuns.* »

La Part de l'inné : tempérament et nature humaine,
Paris, Bayard, 2000, p. 397.

« *Si des psychologues voulant dépister un futur comportement délinquant développaient un test diagnostique parfait permettant de sélectionner les enfants d'un an extrêmement non inhibés et ayant un tonus sympathique faible, on peut estimer qu'ils identifieraient vingt petits garçons sur cent enfants testés. Or seulement un ou deux auraient des chances de devenir des délinquants chroniques ou violents ; les scientifiques se tromperaient donc dix-neuf fois sur vingt.* »

Ibid., p. 402.

«*S'ils ont le privilège de pouvoir choisir, les adolescents inhibés optent pour un métier qui leur permet de travailler seuls, de contrôler ce qui va se passer, d'éviter tout danger physique, toute difficulté financière, ainsi que le sentiment d'humiliation qui provient de l'échec. Ils ont donc peu de chances de devenir pilotes d'essai, commerciaux, banquiers d'affaire, PDG ou avocats. S'ils ont des diplômes universitaires, ils peuvent opter pour les mathématiques, les arts, l'écriture ou la programmation informatique – activités qui leur permettent de contrôler les événements nouveaux et de réduire leur quotidien d'incertitude. Les jeunes non inhibés choisissent quant à eux des métiers qu'évitent les adolescents inhibés, comme avocat, chirurgien, broker, chef d'entreprise ou homme politique. Ces activités exigent une capacité à être décontracté, à l'aise et en confiance avec les inconnus, ainsi qu'une disposition à affronter l'imprévisible avec le moins de tension possible.* »

Ibid., p. 421.

Principaux ouvrages de Jerome Kagan

Growth of the Child. Reflections on Human Development, New York, Norton, 1978.

The Nature of the Child, New York, Basic Books, 1982.

Galen's Prophecy. Temperament in Human Nature, Boulder, CO, Westview Press, 1994, trad. *La Part de l'inné : tempérament et nature humaine*, Paris, Bayard, 2000.

Three Seductive Ideas, Cambridge, MA, Harvard University Press, 1998, trad. *Des idées reçues en psychologie*, Paris, Odile Jacob, 2000.

What is Emotion ? History, Measures, and Meanings, New Haven, Yale University Press, 2008.

Mary K. Rothbart

Mary Rothbart en quelques dates...

1940 : Naissance à Lewistown, dans le Montana.

1966 : Master en psychologie, université Stanford.

1967 : PhD en psychologie.

1967-1970 : Elle se consacre à l'éducation de ses propres enfants.

1970-2002 : Elle enseigne à l'université de l'Oregon.

Mary Rothbart en quelques titres...

2005 : Docteur honoris causa, université Uppsala, en Suède.

2006 : « Champion for Children » Award, Birth To Three, à Eugene, dans l'Oregon.

Un laboratoire du tempérament

Par Pascal de Sutter

Il y a des psychologues chercheurs qui ont passé tant d'années au fond de laboratoires spécialisés qu'ils ont perdu tout contact avec la réalité. Et il y a des psychologues praticiens qui, immergés dans leur clinique, lancent de nouvelles théories révolutionnaires sans jamais prendre la peine d'en vérifier la validité scientifique. Mary Rothbart nous montre qu'il est possible d'éviter ces deux extrêmes et de concilier l'observation de la vie quotidienne et l'expérimentation scientifique.

Une jeune Américaine originaire du fin fond du Montana, nommée Mary Klevjord [1], réussit un exploit fort peu commun : celui de concilier vie de mère et vie de chercheur universitaire. Née à une époque où les femmes avaient le choix entre renoncer à leur vie familiale pour se consacrer à leur carrière et abandonner leur vie professionnelle pour élever leur famille, elle parvint à concilier l'un et l'autre. Comme elle parvint à concilier l'expérimentation en laboratoire et l'observation de terrain, l'enseignement et la recherche, la psychologie et la biologie, la passion et la raison, l'inné et l'acquis.

Pour cela, elle dut faire preuve d'imagination, de persévérance et d'une énorme capacité de travail.

1. Rothbart est son nom d'épouse. C'est également celui sous lequel elle a acquis sa notoriété.

Que nous apprend Mary Rothbart ?

Un débat vieux comme le monde...

Le terme de «tempérament» provient du latin *temperamentum* qui signifie un mélange d'«humeurs tempérées» (*temperare*), autrement dit «dosées en juste proportions». C'est à Galien [2] que l'on attribue généralement la théorie des quatre humeurs [3], bien qu'en réalité le principe ait déjà été énoncé par Theophrastus [4] quatre siècles plus tôt. Galien observa de grandes différences de comportement chez de jeunes enfants, dues selon lui au fait qu'il existait différentes âmes. Les idées de Galien se maintinrent tout au long du Moyen Âge et de la Renaissance. Toutefois, la sélection de certaines races d'animaux pour leurs caractéristiques comportementales conduisit les hommes à penser que certains traits de personnalité pouvaient également être liés à l'ascendance. Ainsi les éleveurs de chiens savent-ils que les jack russels sont d'un tempérament plus nerveux que les labradors. On transposa cette idée à l'homme en considérant que les qualités d'un enfant pouvaient provenir de son lignage. C'est ce que l'on nomma l'«atavisme [5]».

Avec l'esprit des Lumières et la Révolution française se répandit l'idée rousseauiste que nous naissons tous égaux : c'est notre éducation et le

2. Médecin grec du IIe siècle après J.-C.
3. Type sanguin, colérique, mélancolique et flegmatique.
4. Philosophe grec, disciple de Platon puis d'Aristote.
5. Du latin *atavus*, qui signifie «ancêtre».

milieu dans lequel nous évoluons qui font de nous des individus médiocres ou exceptionnels. Nous retrouvons ici l'éternel débat de l'inné et de l'acquis. Débat toujours d'actualité et qui devient vite politique.

Une pensée à contre-courant

Lorsque Mary Rothbart fait ses études de psychologie, la psychanalyse domine la pensée nord-américaine. À cette époque, on pensait que, si un enfant était mentalement perturbé, schizophrène ou autiste, c'était parce que sa mère ne l'aimait pas assez ou désirait inconsciemment sa perte. Les théories psychanalytiques tendaient à dire que, si tout se joue avant 6 ans, c'était grâce à la mère ou surtout *à cause* d'elle. Le psychanalyste Bruno Bettelheim affirmait que « *le facteur qui précipite l'enfant dans l'autisme infantile est le désir de ses parents qu'il n'existe pas* [6] ». Il y avait donc une forme de consensus selon lequel tous les troubles psychiques provenaient de perturbations infantiles telles qu'un « œdipe mal résolu » ou un « blocage au stade anal ». Quant aux enfants « normaux », leur personnalité se construisait en fonction d'une sorte de modelage familial qui transformait de petits « pervers polymorphes » en des êtres adultes plus ou moins névrosés. Ce développement s'effectuait au gré du « refoulement », des « pulsions libidinales » et/ou des « traumatismes infantiles » réels ou imaginaires.

À l'époque où Mary Rothbart commença ses premières expériences scientifiques, les principes béhavioristes commençaient à poindre dans les milieux scientifiques. Peu à peu, les théories de l'apprentissage furent communément admises en psychologie du développement. Désormais, si un psychologue observait l'agressivité d'une petite fille de 5 ans vis-à-vis de sa mère, ce n'était plus à cause d'un œdipe mal résolu [7]. On disait simplement qu'elle avait été « conditionnée » à recevoir des avantages pour ce type de comportement agressif : par exemple, chaque fois qu'elle se mettait en colère, elle obtenait de sa mère ce qu'elle voulait. Il y avait tout de même un point commun entre les explications psychanalytiques et les théories comportementalistes : l'attitude de l'enfant dépendait de l'influence parentale. Les enfants étaient trop timides soit – selon les psychanalystes – parce que leur mère était castratrice,

6. B. Bettelheim, *La Forteresse vide*, Paris, Gallimard, 1969.

7. L'explication psychologique n'était plus qu'elle voulait inconsciemment tuer sa mère pour garder – pour elle seule – le pénis de son père.

soit – selon les comportementalistes – parce que leur mère leur avait « appris » à se comporter ainsi.

En résumé, la faute en incombait toujours à la mère. L'immense majorité des psychologues étaient alors des hommes. Et ce n'est peut-être pas un hasard si l'un des premiers psychologues à contester ces principes fut une femme : Mary Rothbart. La jeune psychologue aurait pu partir en guerre contre cette vision réductrice du développement infantile. Mais, n'étant pas une rebelle, et encore moins une guerrière, elle se contenta de mener ses propres expériences avec l'aide de collègues extrêmement compétents, tel Michael Posner.

Michael Posner

Comme souvent dans la recherche, le travail en coopération avec d'autres experts permet de progresser plus rapidement que le labeur isolé. Michael Posner mériterait une place beaucoup plus large dans ce livre, tant il est considéré par ses pairs comme un des plus éminents psychologues de notre temps. Également professeur à l'université de l'Oregon, il a accepté une interview où il a exposé ses travaux sur l'étude de l'*attention*[8]. Selon lui, sa plus grande découverte porte sur les trois réseaux neuronaux qui sont les composants les plus importants de l'attention. Le premier est le système d'orientation dans le monde environnant, le deuxième maintient l'état d'alerte, et le troisième permet l'ajustement aux conflits face à d'autres réponses possibles, ce qu'il nomme l'attention exécutive. Avec Elizabeth Rothbart, il travaille actuellement sur l'implication des gènes et des apprentissages dans les réseaux de l'attention. Le développement de ces réseaux se fait surtout entre 4 et 6 ans ; le professeur Posner s'intéresse donc au développement précoce de l'attention et à la manière de l'améliorer grâce à certains exercices spécialisés pouvant être implantés à la maternelle. Il a démontré qu'il est possible d'améliorer l'attention d'enfants hyperactifs et autistiques. Bien qu'essentiellement théoriques, les travaux de Michael Posner contribueront bientôt à aider les millions de familles qui vivent avec un enfant hyperactif ou avec un déficit d'attention. Michael

8. Voici la définition de l'attention que Michael Posner m'a donnée : « Le réseau du cerveau qui module les autres réseaux en sélectionnant et en organisant l'information à la fois du monde extérieur et de nos pensées internes. »

Posner a publié [9] deux ouvrages de référence dans la compréhension du fonctionnement du cerveau.

Nous ne naissons pas tous identiques

Les hypothèses de Mary Rothbart cheminèrent tranquillement, à contre-courant des idées de l'époque, à la recherche de l'origine de nos comportements. Sa source : l'étude des nouveau-nés. Pour observer le comportement des nouveau-nés, elle interrogea leurs parents et mena diverses expériences : elle chronométra la durée de leur éveil, compta le nombre de leurs mouvements, mesura leur capacité d'attention face à certains stimuli, classifia ceux qui les attiraient le plus, etc. Elle utilisa des tests validés, tel le NBAS [10], qui évalue toute une série de comportements et vingt réflexes. Ainsi, elle put regrouper en quatre grandes catégories les comportements caractéristiques des bébés : 1) l'émotionnalité négative (angoisse-détresse/capacité d'apaisement) ; 2) le niveau d'activité ; 3) l'éveil et l'attention orientée ; 4) l'approche/retrait.

Elle observa que certains bébés étaient plus vite effrayés par le bruit, qu'ils pleuraient plus facilement, étaient moins actifs, moins curieux et avaient tendance à éviter les stimuli. Tandis que d'autres présentaient des caractéristiques opposées ou un mélange de divers comportements. Brefs, ils ne se comportaient pas tous de la même manière : elle mesura scientifiquement ce quelque chose que les mères de famille connaissent depuis des milliers d'années. Elle émit alors un premier concept théorique, celui des « différences individuelles originelles » : « Nous ne naissons pas tous identiques. » Idée à première vue évidente et simplissime, mais qui complique singulièrement toutes les théories classiques du développement. Car, si l'on suppose que les enfants naissent avec des caractéristiques comportementales qui leurs sont propres, cela signifie que leur développement psychologique ne sera peut-être pas le même, y compris dans des conditions éducatives identiques. Pour reprendre la métaphore de l'éducation présentée comme un moule, on peut dire qu'avec le même moule on n'obtient pas le même résultat si, au départ, la composition de la pâte coulée est différente.

9. M. Posner, *Chronometric Explorations of Mind*, Hillsdale, NJ, Lawrence Erlbaum Associates, 1978, et M. Posner et M. E. Raichle, *Images of Mind*, New York, Scientific American Library, 1994.
10. *Neonatal Behavior Assesment Scale* (développée par T. Brazelton).

Cependant, on pourrait objecter que, même si les bébés possèdent des caractéristiques comportementales différentes, le poids de l'éducation et des expériences est si lourd que ces petites variations de départ sont facilement gommées par l'apprentissage. Aussi Mary Rothbart poursuivit-elle ses travaux en menant des études longitudinales [11].

Bébé fait de la résistance

Mary Rothbart observa que, lorsque des parents désiraient élever leurs enfants exactement de la même manière, ils n'obtenaient jamais des résultats identiques. Dès les premiers jours, certains bébés se montraient actifs et d'autres plus passifs. Et, malgré les efforts des parents pour calmer les nerveux et activer les apathiques, les nourrissons continuaient imperturbablement à se développer selon un schéma qui semblait leur être propre. En d'autres termes, les enfants « résistaient » au rouleau compresseur éducatif.

Cette situation désolait de nombreux parents, à une époque où l'on considérait que le fonctionnement psychique d'un être humain dépendait presque totalement de son éducation familiale. Mary Rothbart entama donc une étude sur de longues années et remarqua que les enfants qui avaient été observés comme les plus irritables dès les premières semaines étaient aussi ceux qui, à l'âge de deux ans, présentaient en moyenne des caractéristiques comparables. Ils se montraient généralement plus angoissés, moins attentifs aux stimuli, moins sensibles aux attentions et plus imprévisibles dans leurs réactions que les autres enfants. Pourtant, ils avaient été élevés dans des familles différentes. Mary Rothbart en arriva à la conclusion qu'il existait une forme de *stabilité* dans certaines caractéristiques des comportements infantiles. Ce qu'on appelle communément le « caractère » était en partie fondé sur des caractéristiques précoces. Les partisans de l'inné pouvaient-ils crier victoire ? C'est mal connaître le professeur Mary Rothbart que d'imaginer qu'une idée simple la conduirait à des conclusions simplistes.

Bon sang peut mentir

« Bon sang ne saurait mentir », disait-on autrefois. On entendait par là que les enfants bien nés – en l'occurrence issus de familles pres-

11. Recherches qui portent sur l'observation de l'évolution de sujets sur de longues périodes de temps.

tigieuses – ne pouvaient devenir que des individus exceptionnels. Mary Rothbart observa les facteurs qui faisaient qu'un bébé irritable ne devenait pas un enfant plus difficile ou qu'un nouveau-né calme se transformait en bambin agité. Elle découvrit que l'évolution dépend de « facteurs d'instabilité » ou de « stabilité », autrement dit d'éléments qui contribuent à maintenir stables certains aspects du tempérament ou à les modifier. Ces facteurs ont été étudiés et classifiés. Ils sont au nombre de cinq : 1) les conditions biologiques de l'enfant, tels des changements de maturation ; 2) le réseau social ; 3) la consolidation de certains comportements ou l'apprentissage social ; 4) les préjugés sociaux à propos du genre, de l'âge, de l'apparence physique, etc. ; 5) l'écologie, y compris l'environnement physique et les facteurs économiques.

Nous voici donc dans le domaine de l'acquis. « Acquis » englobant de manière large l'environnement interne et externe de l'enfant et pas seulement le lien à la mère ou à la famille proche. Sachant qu'il est pratiquement impossible de « prédire » l'évolution d'un enfant à partir d'observations du nouveau-né, tant les facteurs d'instabilité sont nombreux, fallait-il pour autant rejeter l'idée d'une empreinte précoce ?

Définir le tempérament

La personnalité d'un enfant étant quelque chose d'infiniment complexe, il n'était guère aisé de faire la part entre ce qui provient de son environnement et ce qui lui est « propre ». Toutefois, les recherches de Mary Rothbart ont permis de trouver une sorte d'empreinte originelle de l'individu. C'est ce qu'elle nomme le « tempérament », qu'elle définit comme « *des différences individuelles constitutionnelles de réactivité et d'autorégulation* [12] » – le mot « constitutionnel » faisant référence à l'idée de fondement biologique influencé par l'hérédité, la maturation et l'expérience. Cette définition prudente est loin d'un concept rigide où le tempérament serait une sorte de caractère héréditaire et immuable qui déterminerait définitivement la future conduite d'un individu. Il s'agit plutôt d'une sorte d'esquisse de départ, de croquis encore flou, de ce que pourrait devenir une personne.

12. G. Kohnstamm, J. Bates et M. K. Rothbart (éds.), *Temperament in Childhood*, Chichester, UK, Wiley, 1989.

Les mécanismes internes du tempérament

Il ne fut pas difficile de montrer que les enfants possédaient, dès le départ, des caractéristiques comportementales propres (ce qu'elle nomma les *différences individuelles*). Il fut plus délicat de prouver que certaines de ces caractéristiques étaient relativement stables dans le temps (*la stabilité*). Comprendre les mécanismes internes qui régissent le tempérament fut encore plus complexe, car il s'agit d'un processus où interviennent de multiples facteurs. On peut tenter de le simplifier en prenant l'exemple d'un jeune enfant qui entend un bruit. Lorsque l'intensité du bruit est faible, la *réactivité* de l'enfant est généralement positive. Si le bruit devient plus intense, on observe un mélange d'expressions positives et négatives, et, si le bruit devient vraiment trop intense, la réactivité devient négative. C'est vrai pour tous les enfants. Mais la différence se situe dans le degré de stimulus à partir duquel la réaction positive devient négative. Chez certains enfants, même un bruit faible entraîne de l'anxiété. Alors que, chez d'autres, des bruits forts sont connotés positivement. Ce mécanisme semble dépendre d'une variation individuelle du système de contrôle automatique *interne* [13]. Si certains bébés rient et expriment du bien-être lorsqu'on les jette en l'air et que d'autres sont terrorisés, cela provient d'une différence de « sensibilité » de leur système de contrôle automatique interne. Ce serait aussi le système de contrôle automatique interne qui expliquerait pourquoi certains enfants réagissent plus vite ou plus fort à certains stimuli que d'autres. Ce niveau de réactivité plus ou moins élevé se maintiendrait parfois chez l'adulte, ce qui expliquerait l'hypersensibilité ou l'hyperémotivité de certaines personnes.

On peut observer scientifiquement la réactivité des enfants parce qu'elle s'exprime par une série de *réactivités* somatiques (expressions faciales, vocales, motrices), autonomes (variation de respiration, accélération cardiaque, etc.), cognitives (attention, intérêt) et neuro-endocrines.

Toutefois, dès son plus jeune âge, l'enfant développe un mécanisme interne de contrôle de sa réactivité. C'est ce que Rothbart nomme *l'autorégulation*. Ce système permet à l'enfant de « gérer » les multiples stimuli qu'il reçoit. Il agira en fonction de l'intensité du stimulus mais

13. Ce que Rothbart nomme « *effort* ».

aussi suivant le système de contrôle automatique interne. Par exemple, en entendant un bruit, l'enfant se dirige vers l'émetteur du son ou s'en éloigne : c'est le principe d'*approche/évitement*. Il existe selon Rothbart d'autres types d'*autorégulation*, tels : *orienter son attention vers le stimulus/orienter son attention vers autre chose que le stimulus*; *se calmer/s'auto-exciter*; *rechercher le confort des autres/rechercher l'excitation des autres*. Les enfants possèdent toute une série de comportements d'*autorégulation*. Sucer son pouce est l'un des plus connus. Beaucoup d'enfants utilisent ce comportement pour se *calmer*. À l'inverse, d'autres vont taper des pieds pour *s'auto-exciter*. Quand l'enfant grandit, il apprend à mieux *activer* ou *inhiber son système de contrôle* [14]. Dans une certaine mesure, il «choisit» par exemple de se calmer ou de s'exciter. De nombreux parents ont déjà observé leur enfant se forcer à pleurer en prenant une attitude corporelle de tristesse ou en dramatisant une situation. Les adultes aussi *activent* ou *inhibent leur système de contrôle*, en se forçant à la concentration, par exemple en imaginant leur future carrière s'ils réussissent leur examen. Ils peuvent également s'interdire d'avaler le chocolat dont ils ont une envie immédiate, pour garder la ligne sur le long terme – ce contrôle de soi peut d'ailleurs prendre des proportions dramatiques chez les anorexiques. Là encore, il existe de grandes variations individuelles : certains enfants n'ont pas de difficulté à se concentrer sur une activité et à inhiber les stimuli qui les entourent. Ils peuvent facilement reporter une envie impulsive pour terminer une activité commencée. D'autres ont plus de mal à contrecarrer leur impulsivité : on peut supposer qu'ils ont un moins bon système d'inhibition de leur système de contrôle. Cette idée a amené Mary Rothbart à utiliser ses recherches dans des applications très utiles pour des enfants en difficultés scolaire et sociale.

Comprendre le mécanisme de l'attention

Elle a ainsi mené toute une série de recherches sur le mécanisme de l'attention des jeunes enfants et a découvert qu'il existait deux systèmes d'attention. Le premier, chronologiquement, est la *sélectivité perceptive* [15]. Parmi les multiples stimuli, l'enfant devient peu à peu capable

14. Ce que Rothbart nomme «*effortful control*».
15. Ce que Rothbart nomme «*perceptual selectivity*».

de sélectionner celui sur lequel il choisit de se concentrer. Le second système se développe plus tard et se nomme *processus d'inhibition de réponses compétitives* [16]. C'est aussi ce que l'on peut appeler la *motivation*. L'enfant réfrène son envie de faire autre chose, provoquée par une série de stimulations qui entrent en compétition avec son activité principale. Il procède de cette manière notamment parce qu'il estime que les bénéfices à moyen terme sont plus intéressants que la satisfaction du désir immédiat. Mais cela dépend aussi de facteurs indépendants de sa volonté, qui font partie de son tempérament. Mary Rothbart a également observé que les enfants développaient une meilleure attention si, d'une part, les éléments « distracteurs » se trouvaient en dehors de leur champ de vision central et, d'autre part, s'ils avaient été habitués à être distraits de différentes manières.

Le tempérament fonctionne un peu comme ces programmes d'ordinateur évolutifs. Certes, le système originel ne peut être totalement modifié, mais il peut considérablement évoluer au cours du temps. Il existe des cas extrêmes d'hyperactivité – probablement liés à des causes biologiques – dans lesquels il est difficile d'améliorer la situation. Mais, dans de nombreux cas, Mary Rothbart a montré que le contexte culturel et éducationnel pouvait avoir une influence considérable sur le développement de l'enfant et sur ses capacités d'attention.

16. Ce que Rothbart nomme « *inhibition of competitive responses* ».

Rencontre avec Mary Klevjord Rothbart

Eugene, Oregon, est une ville accueillante. On s'y sent immédiatement bien tant l'endroit respire le calme, la sérénité et la douceur de vivre. Point de gratte-ciel arrogants, point de quartiers richissimes ou de banlieues inquiétantes; juste des avenues tranquilles où les gens se saluent encore. Non loin de l'université, une rivière limpide sert de lieu de baignade aux étudiants du campus. Cette petite ville abrite une charmante université de réputation internationale qui semble bien modeste en comparaison des colossaux campus de la Californie voisine. Mary Rothbart ressemble un peu à la petite ville qu'elle habite. En conversant avec elle, dans son minuscule bureau universitaire, je découvre une personne réservée et discrète qui paraît encore douter d'elle malgré sa grande notoriété. En même temps, je sens la volonté et la passion qui l'animent. Sa générosité transparaît dans l'attention qu'elle porte à autrui : elle s'intéresse à mes propres recherches, me pose des questions, propose son aide. L'ambition dévorante, la recherche de la gloire et l'arrivisme lui sont étrangers. Son seul souci semble être de partager son savoir avec les autres pour une meilleure compréhension du mystérieux monde de la psychologie infantile…

Quand et comment vous êtes-vous intéressée à la psychologie?

Déjà à la fin du lycée, je me passionnais pour la science en général. Je voulais utiliser la méthode scientifique pour mieux comprendre le monde. Et j'avais envie de m'orienter vers la biologie. Mais, lorsque je me suis rendu compte que l'esprit humain pouvait aussi être un sujet d'étude scientifique, cela m'a enthousiasmée. Évidemment, aujourd'hui, avec l'évolution des neurosciences, la distinction entre biologie et psychologie n'est pas aussi marquée qu'à l'époque. Mais je dois reconnaître que ma décision a aussi été influencée par le fait que je n'avais pas de très bons yeux. Et que j'avais donc beaucoup de difficultés à regarder dans un microscope... (*Rires.*)

Avez- vous toujours enseigné dans l'Oregon ?

Oui, c'est ici que j'ai fait toute ma carrière académique. Mais mon mari Myron Rothbart a enseigné à l'université Mac Gill pendant trois ans. Moi, je restais à la maison pour m'occuper des enfants. Mon mari est professeur de psychologie sociale. Il s'occupe surtout de l'étude des préjugés et des stéréotypes.

Depuis vos débuts en psychologie, avez-vous découvert des concepts qui ont modifié considérablement vos premières opinions ?

Oh oui... (*Rires.*) J'ai été formée à la psychologie à l'université Stanford. À cette époque, toutes les études sur le développement de l'enfant portaient sur l'apprentissage social. L'idée était que les changements au cours du développement de l'enfant sont la conséquence de punitions et de récompenses. Surtout de récompenses. Et j'ai travaillé dans ce domaine. J'ai effectué des études en laboratoire sur les performances d'apprentissage des enfants, notamment sur la différence des sexes. Ensuite, j'ai pris quelques années sabbatiques pour me consacrer à mes deux enfants. Et j'ai été frappée par leurs différences, dès les tout premiers mois de leur vie. Il n'était pas possible que ces dissemblances remarquables soient la conséquence d'un système de récompense différent. Cela m'a renvoyée aux questionnements scientifiques. Les enfants sont-ils tous coulés dans le même moule ? Ou existe-t-il des différences dès le départ ? L'inspiration de mes travaux ultérieurs est vraiment venue de l'observation des dissimilitudes entre mes deux enfants. Et cela me faisait penser aux différences qui existent entre mon mari et moi-même. Je me suis alors dit que ces variations entre individus devaient avoir une origine biologique. Et j'ai pensé que, si l'on pouvait mieux identifier ces éléments biologiques constitutifs, on comprendrait mieux comment les humains développent leur comportement social. C'est avec cette idée que je suis retournée à l'université. Je n'ai pas pu immédiatement étudier ce domaine : j'ai commencé par des recherches sur l'humeur chez les jeunes enfants. Et j'ai constaté les mêmes différences que chez mes enfants. Nous avons observé les variations d'expression de leurs émotions positives. À cette époque, on étudiait très peu les émotions positives des enfants. Et c'est là que j'ai découvert tout le domaine du tempérament. En compilant les recherches précédentes sur le sujet, je me suis dit que je pouvais faire mieux. J'ai pensé que je pourrais commencer en prenant les parents comme sources d'information sur le comportement de leurs enfants dans de nombreuses situations différentes. Je serais alors capable de mesurer les dimensions des différences individuelles observées. Je me suis basée sur des études de psychologues cliniciens et de médecins qui avaient déjà identifié neufs dimensions possibles dans le tempérament humain. Ensuite, je me suis intéressée à la littérature scientifique sur le comportement animal déterminé par la génétique. Finalement, j'ai défini onze dimensions du tempérament.

Pouvez-vous me définir plus précisément ce que vous entendez par « tempérament » ?

Dans les années 1980, nous avons tenté de définir clairement divers aspects du tempérament. Tout d'abord, il y a ce que nous nommons la « réactivité ». Il s'agit de différences individuelles dans la manière dont se déclenche une réaction de peur, de colère ou d'agressivité. Le niveau d'activation de certains comportements basiques est présent à un très jeune âge, et il varie d'une personne à l'autre. Cela peut être lié à des facteurs biologiques. Ensuite, ce qui nous intéressait depuis le début – mais nous ne savions pas encore combien ce serait important – était l'« autorégulation ». Il s'agit de la capacité qu'ont les enfants

> « Nos réactions émotionnelles, nos réactions motrices affectent la manière dont nous pensons. Et cela influence aussi ce que nous aimons, ce que nous trouvons intéressant ou passionnant et ce qui nous fait peur ou nous inquiète. »

à suivre des règles, à comprendre des instructions, à organiser et formuler une pensée. Cela avait déjà été observé chez les jeunes enfants, mais nous avons essayé de structurer cette idée de différences individuelles en les nommant « réactivité » et « autorégulation ». Voilà ce que nous nommons le tempérament. Ce qui est différent d'autres dimensions de la personnalité qui sont plus de l'ordre des interactions entre individus et qui relèvent d'un niveau cognitif.

Si je prends mes propres enfants, en grandissant, ils ne régulaient pas leurs réactions de la même façon. Et l'enfant qui souriait et riait le plus est devenu celui qui avait le plus difficulté à planifier ses activités et à ne pas juste faire ce qu'il avait envie de faire à un moment précis. Tandis que l'autre, qui semblait plus anxieux, parvenait à s'organiser beaucoup mieux et était plus soigneux. En grandissant, l'enfant plus « positif », plus « affectueux » est devenu un artiste. Le second est un mathématicien spécialisé dans la programmation d'ordinateurs.

Cela nous conduit peut-être à l'idée que les enfants ont les qualités de leurs défauts et les défauts de leurs qualités...

« Nous voulions mettre un terme à l'idée que tout était la faute des parents. Ou que tout allait bien grâce aux parents ! »

Oh oui ! Je crois que c'est tout à fait vrai. Et cela nous indique une différence claire et nette entre tempérament et personnalité. Nos réactions émotionnelles, nos réactions motrices affectent la manière dont nous pensons, et ce que nous aimons, ce que nous trouvons intéressant ou passionnant, ce qui nous fait peur ou nous inquiète. Et tout cela est mis en place par des différences individuelles précoces qui constituent notre tempérament. Lorsque nous avons étudié les rapports des parents à propos des comportements des enfants, nous avons découvert que certaines dimensions que nous pensions être de l'ordre du tempérament ne tenaient pas vraiment... Parmi les onze dimensions dont je vous parlais, il existe une dimension « rapprochement »/« retrait » qui définit l'attitude d'un enfant vis-à-vis d'un nouvel élément : il a soit une attitude curieuse, ouverte, soit une attitude plus méfiante, prudente. Et, finalement, nous avons observé que certains enfants peuvent avoir une attitude « approchante » *et* « évitante ». Nous avons aussi étudié la dimension « intensité »/« modération ». Et, là aussi, nous avons remarqué que les enfants plus « intenses » ne réagissaient pas de manière intense dans toutes les situations. Ils pouvaient très bien réagir intensément à des situations positives et réagir modérément à des événements négatifs. Cela montrait qu'on ne pouvait pas si simplement classer les enfants dans différentes catégories. Cependant, au fur et à mesure que les enfants grandissaient, nous avons compris l'importance du concept d'« autorégulation ». Nous avons étudié la capacité des enfants à modérer leur comportement, leur capacité de penser à la manière dont ils ressentent les choses, à activer leurs émotions ou à les restreindre. Nous sommes remontés le plus loin possible dans l'enfance. Jusqu'à observer la durée d'attention qu'un nourrisson pouvait montrer vis-à-vis d'un stimulus excitant. Avec des enfants plus âgés, nous avons mesuré la capacité de concentration, la capacité à réprimer une envie immédiate pour continuer une tâche précise. C'est ce que nous avons nommé l'inhibition du système de contrôle automatique chez les jeunes enfants, c'est-à-dire la capacité à inhiber une action pour se concentrer sur une autre. Il s'agit de nos premiers essais pour comprendre les différences individuelles. Nous ne nous sommes pas contentés d'enregistrer ce que les parents nous disaient, mais nous avons aussi effectué des observations directes d'enfants dans leur milieu habituel.

Des observations à la maison ?

Oui, chez eux. Nous avons constaté certaines différences entre ce que les parents nous rapportaient et ce que nous observions nous-mêmes. Alors nous avons développé des expériences de laboratoire pour mieux cerner nos hypothèses quant aux différences de tempérament. Nous avons obtenu de bons résultats avec plusieurs méthodes. Par exemple, nous présentions un jouet mécanique bruyant que l'enfant ne connaissait pas et nous analysions ses réactions. Ce genre de stimulus servait à mesurer le facteur d'ampleur des réactions de peur – dès le plus jeune âge, ces réactions varient beaucoup d'un bébé à l'autre. Nous avons aussi testé leur colère et leur frustration en plaçant un objet désirable derrière une vitre en plastique ou en retirant à un enfant un ustensile qu'il appréciait. Puis nous avons analysé les réactions neuromotrices de bébés en les plaçant sur un matelas marqué par des lignes : on mesurait le nombre de lignes qu'ils traversaient pour atteindre les jouets alentour. Certains nourrissons bougeaient énormément et d'autres nettement moins. Nous nous sommes enfin intéressés à la réponse des enfants face aux stimuli visuels : nous chronométrions la durée durant laquelle ils se focalisaient sur une image présentée et combien de temps ils parvenaient à rester concentrés sur leur jeu.

Ce que nous avons observé de particulièrement intéressant, c'est que nous pouvions regrouper certains types de réactions. Par exemple, les nourrissons qui sourient et rient le plus sont aussi ceux qui ont tendance à bouger et qui passent facilement d'une activité à l'autre. Ensuite, vers l'âge de 7 ans, ces mêmes enfants sont décrits par leurs parents comme plus extravertis, plus positifs, plus rapides dans leurs décisions par rapport aux autres enfants. Nous avons aussi découvert, grâce à nos expérimentations, que nous pouvions prédire assez justement quels seraient les enfants qui, plus tard, auraient une tendance à être facilement effrayés ou tristes. Et nous avons pu également distinguer ce «*pattern*[17]» spécifique à d'autres différences précoces, comme la tendance à la colère et la faible tolérance à la frustration.

En quoi vos recherches peuvent-elles être utiles aux parents ou aux psychologues cliniciens qui travaillent avec des enfants?

Notre plus grande contribution est probablement d'avoir découvert que bien des comportements d'enfants ne sont pas juste de la «réactivité». Car les études précédentes affirmaient généralement que le tempérament des enfants dépendait seulement de leur manière de réagir face à des stimuli. Pour simplifier, cela revenait à dire que les enfants développaient des comportements d'extraversion et de curiosité posi-

17. Généralement, *pattern* est utilisé, en anglais, dans les écrits de psychologie scientifique. On entend par ce mot une sorte de modelage précoce, comme un moule dans lequel se coulent les futurs comportements. Toutefois, il ne faut pas voir le *pattern* comme un moule rigide. On pourrait le comparer au dessin initial d'un nouveau modèle de voiture qui indique déjà le modèle final, mais évolue parfois considérablement au cours du temps.

tive parce qu'ils avaient vécu des expériences positives dans ce sens [18]. Voilà comment on expliquait les différences de tempérament. Nos recherches ont permis de découvrir une nouvelle manière d'appréhender la compréhension du comportement des enfants, dans le sens où les enfants ne réagissent pas si simplement aux stimuli. Ils sont capables d'inhiber une réaction spontanée pour planifier une action et se comporter comme une entité indépendante.

Donc, dans un certain sens, vos recherches ont contribué à réduire les reproches que l'on faisait habituellement aux parents d'enfants qui ont des difficultés de comportement.

Oui, tout à fait. Nous voulions mettre un terme à l'idée que tout était la faute des parents. Ou que tout allait bien grâce aux parents ! Nous avons montré que le comportement d'un enfant ne dépend pas seulement des attitudes parentales. Il ne suffit pas de prodiguer les justes punitions et les bonnes récompenses pour que l'enfant se comporte adéquatement. L'enfant, dès le départ, possède certains potentiels et certaines faiblesses directement liés à son tempérament. Le défi ultime est de savoir comment l'adulte peut apprendre à accepter certains aspects du tempérament de l'enfant et comment il peut « guider » ou « orienter » certaines tendances vers une issue plus favorable. Il s'agit de trouver une motivation chez l'enfant pour qu'il puisse se dire : « OK, même si c'est difficile ou pénible pour moi, j'ai besoin de le faire ! » Et ce genre de réflexion nous a conduits à développer les concepts de caractère ou de conscience. L'idée est que les enfants agissent aussi en fonction de principes et pas seulement pour obtenir des récompenses ou pour éviter des punitions. Nous avons ainsi lié nos travaux sur les différences individuelles et sur le système de contrôle

« L'enfant, dès le départ, possède certains potentiels et certaines faiblesses directement liés à son tempérament. »

18. On peut résumer cette idée en disant que l'on croyait que, si un enfant était très éveillé et curieux, c'était seulement parce que ses parents l'avaient encouragé dans ce sens depuis son plus jeune âge. Or les études de Mary K. Rothbart indiquent que cela n'est certainement pas aussi simple.

automatique à ceux sur le développement de l'empathie chez l'enfant. Et, par contraste, nous avons aussi tenté de comprendre les problèmes de comportements déviants. Ce qui offre une application utile dans le domaine de l'enseignement, notamment. L'étape suivante dans la recherche scientifique consiste à mieux cerner les liens entre les aspects les plus précoces du tempérament et ses composantes physiologiques. Les nouvelles techniques d'IRM [19] offrent des perspectives auxquelles nous n'avions pas accès autrefois. Mais cela reste difficile avec de très jeunes enfants. Toutefois, avec Michael Posner, nous avons déjà pu retracer quelques *patterns* de fonctionnement du cerveau pour certaines tâches. Un peu comme si chaque individu avait une manière de raisonner qui lui était propre et qui se maintenait de manière stable de l'enfance à l'âge adulte.

Pensez-vous que vos recherches pourraient aider à comprendre les problématiques des enfants hyperactifs, et peut-être à les traiter?

Je pense que oui. Mais je dois dire que nous n'avons pas exploré l'aspect clinique. Nos recherches sont surtout empiriques. Je crois cependant que certaines de nos recherches offrent des perspectives encourageantes dans ce sens. Notre intention était de dire : « Comment pouvons-nous comprendre toutes ces variables à différents niveaux? » En effet, pour les hyperactifs, nous avons toutes sortes de données et d'hypothèses. Nous estimons qu'il existe probablement une composante génétique. Mais nous avons aussi suivi une autre piste. À l'âge où se produisent de nombreux développements dans la capacité de l'enfant à se contrôler, pouvons-nous l'entraîner à mieux gérer son atten-

« Nous avons montré que le comportement d'un enfant ne dépend pas seulement des attitudes parentales. Il ne suffit pas de prodiguer les justes punitions et les bonnes récompenses pour que l'enfant se comporte adéquatement. »

19. IRM : Imagerie par résonance magnétique.

tion ? Et, récemment, j'ai mis au point une technique d'entraînement de cinq jours. Cette méthode est basée sur un programme de l'université Georgestate, avec des singes. Il est apparu que cette méthode est transférable à l'humain ; nous l'avons donc appliquée à des enfants de 3 à 6 ans. Certains de nos résultats suggèrent que nous pouvons effectivement améliorer la capacité d'attention des enfants. Et je pense que ce genre de programme ne devrait pas se limiter à des exercices sur ordinateur. Mais je songe à toute une série d'activités sous formes de jeux, de chansons, de musiques.

On pourrait donc intégrer cette méthode aux activités habituelles de l'enseignant en maternelle, par exemple ?

Oui. Absolument. Et l'idée est que, s'il y a effectivement des enfants avec certaines difficultés qui pourraient en bénéficier, cela ne doit pas se limiter à eux : tous les enfants pourraient développer leur potentiel dans ce domaine. On peut aussi aider, par exemple, des enfants au tempérament plus « peureux » à découvrir de nouvelles stratégies pour mieux s'adapter à des situations anxiogènes, ce qui rendrait leur vie scolaire beaucoup plus agréable. Les exercices d'entraînement de l'attention nous offrent une perspective très optimiste sur le développement de l'enfant. Ce n'est pas parce que le tempérament est en grande partie déterminé génétiquement qu'on ne peut rien faire. Il est tout à fait possible de définir à quel âge se mettent en place certains aspects du comportement. Il est donc réaliste d'envisager que l'on puisse, grâce à des programmes spécifiques, aider chaque enfant à développer son potentiel dans différents domaines.

Principaux ouvrages de Mary Rothbart

Temperament in Childhood (éd., avec G. Kohnstamm et J. Bates), Chichester, UK, Wiley, 1989.

Attention in Early Development. Themes and Variations (avec H. A. Ruff), New York, Oxford University Press, 1996.

Educating the Human Brain (avec M. Posner), Washington, American Psychological Association, 2007.

Walter Mischel

Walter Mischel en quelques dates…

1930 : Naissance à Vienne.

1956 : Doctorat de psychologie, université de l'Ohio.

1962 : Professeur à l'université Stanford.

1983 : Professeur à l'université Columbia.

Walter Mischel en quelques titres…

2000 : Éditeur de la *Psychological Review*.

2004 : Membre de l'Académie nationale des sciences.

2007 : Président de l'Association for Psychological Science.

Nous ne sommes pas les mêmes selon les circonstances

Par Jacques Van Rillaer

Walter Mischel est né à Vienne en 1930. À l'âge de 9 ans, il émigre avec ses parents aux États-Unis pour fuir le nazisme. Il grandit à New York, où il fait ses études de psychologie. Son premier travail le plonge dans l'univers de la délinquance. Il tente d'y utiliser, sans succès, la théorie de Freud ; son enthousiasme pour la psychanalyse se dissipe alors, pour ne plus jamais revenir.

Mischel réalise sa thèse de doctorat à l'université de l'État de l'Ohio. Il se met alors à l'école de deux psychologues éminents, George Kelly et Julian Rotter. Le premier s'est rendu célèbre par sa théorie des schémas personnels, selon laquelle un moyen essentiel pour connaître quelqu'un est d'examiner les catégories conceptuelles (« *constructs* ») à l'aide desquelles il décode la réalité et anticipe des événements [1]. Le second a promu la notion, désormais classique, de « lieu de contrôle (du renforcement) [2] ». Certaines personnes croient que les sources de « renfor-

1. G. Kelly, *The Psychology of Personal Constructs*, New York, Norton, 1955, 2 vol.

2. J. Rotter, « Generalized expectancies for internal versus external control of reinforcement », *Psychological Monographs*, vol. 80, n° 609, 1966, 28 p.

cement » (ou de gratification) de leurs comportements se trouvent en elles-mêmes (« contrôle interne »), d'autres pensent que ces sources sont surtout dans l'environnement (« contrôle externe »), d'autres encore se situent sur un continuum entre ces deux pôles. Celles qui estiment qu'elles « contrôlent » leur existence sont davantage enclines à faire des efforts et, dès lors, exercent effectivement plus d'emprise sur ce qui leur arrive [3].

En 1962, après quelques années d'assistanat à l'université du Colorado et à Harvard, Mischel devient professeur dans la prestigieuse université Stanford, dont le département de psychologie est à l'avant-garde de la recherche depuis le début du XXe siècle. Il va y mener un nombre impressionnant d'expériences, souvent en collaboration avec d'autres chercheurs de premier plan, parmi lesquels Albert Bandura.

Mischel a écrit près de deux cents articles scientifiques et une demi-douzaine d'ouvrages. Son livre le plus célèbre est *Personality and Assessment* [4]. Paru en 1968, il a déclenché de vives discussions et de nombreuses recherches sur l'importance respective de la personnalité et des situations dans la détermination des comportements. En 1971, Mischel publie un excellent manuel sur la structure de la personnalité [5]. Cet ouvrage, qui en est aujourd'hui à sa huitième édition (remaniée), a été abondamment cité dans les publications psychologiques de niveau universitaire. Dans la liste établie par Steven Haggbloom *et al.* [6], Mischel occupe la vingt-cinquième place. Une de ses principales contributions est d'avoir montré expérimentalement que ce que l'on appelle la « volonté » est déterminé par un ensemble de variables et peut se développer par l'éducation, par la psychothérapie ou par soi-même.

---

3. Il y a aujourd'hui beaucoup de recherches sur les effets psychologiques et même somatiques de la façon de se situer sur la dimension « internalité-externalité » du « lieu de contrôle ». Pour une revue de l'impact sur la santé, voir par exemple M. Bruchon-Schweitzer, *Psychologie de la santé*, Paris, Dunod, 2002, p. 229-249.

4. W. Mischel, *Personality and Assessment*, New York, Wiley, 1968, 365 p.

5. W. Mischel, *Introduction to Personality. Toward an Integrative Science of the Person* (1971), 8e édition (avec Y. Shoda et A. Ozlem), New York, Wiley, 2007, 570 p.

6. S. Haggbloom *et al.*, « The 100 most eminent psychologists of the 20th century », *Review of General Psychology*, 6, 1999, p. 135-152.

Que nous apprend Walter Mischel?

Quand on fait la cigale plutôt que la fourmi

La première publication importante de Mischel date de 1958. Il s'agit d'une expérience sur le «délai de gratification [7]». Mischel n'est pas le premier à souligner l'importance de la capacité de différer des satisfactions immédiates ou à court terme en vue d'obtenir, à moyen ou à long terme, des satisfactions plus importantes. Le recueil des fables de La Fontaine commence précisément par l'histoire de la cigale, qui a chanté «au temps chaud» et «se trouva fort dépourvue quand la bise fut venue». Des psychologues, comme Mowrer et Ullmann, avaient déjà avancé que l'incapacité à tolérer des délais pour obtenir du plaisir est un facteur crucial dans l'adoption de comportements impulsifs et antisociaux[8]. Mowrer expliquait le «paradoxe névrotique» – l'adoption de conduites par lesquelles nous nous faisons du tort – par le fait que des conduites dites «névrotiques» diminuent rapidement l'anxiété, mais comportent à moyen ou à long terme des conséquences défavorables ou autodestructrices[9]. Ainsi, la personne qui souffre de phobies, par ses évitements

7. W. Mischel, «Preference for delayed and immediate reinforcement. An experimental study of a cultural observation», *Journal of Abnormal and Social Psychology*, 56, 1958, p. 57-61.

8. O. H. Mowrer et A. D. Ullmann, «Time as a determinant in integrative learning», *Psychological Review*, 52, 1945, p. 61-90.

9. O. H. Mowrer, *Learning Theory and the Personality Dynamics*, New York, Ronald Press, 1950, p. 535.

systématiques de situations anxiogènes dès leur apparition, « renforce » ses réactions de fuite et rétrécit de plus en plus ses possibilités d'action.

En 1953, Skinner développait l'idée que les situations qui induisent des comportements d'autocontrôle typiques sont des situations où des conduites mènent à des conséquences conflictuelles. Ces conséquences sont généralement dissociées dans le temps : les effets agréables sont immédiats ou rapides, et les « coûts » sont différés (par exemple pour le tabagisme), ou bien des effets désagréables surgissent immédiatement tandis que les « bénéfices » n'apparaissent qu'à moyen ou à long terme (comme dans le cas d'exercices physiques en vue de restaurer sa mobilité). Skinner soulignait que l'autocontrôle n'est pas l'expression d'une force mystérieuse, mais une catégorie de comportements, déterminés par des contingences précises d'incitation et de renforcement [10].

Les expériences des bonbons

L'originalité de Mischel est d'avoir réalisé des expérimentations méthodiques pour observer et expliquer les comportements adoptés dans des situations où il faut choisir des satisfactions immédiates ou éloignées dans le temps. Sa première expérience a été réalisée avec des écoliers de 7 à 9 ans. Les enfants pouvaient choisir d'avoir immédiatement un petit bonbon ou d'en recevoir un gros une semaine plus tard. L'âge de 8 ans est apparu comme un pivot : ont préféré le petit bonbon « immédiat » 81 % des enfants de 7 ans, 20 % des enfants de 9 ans et 48 % des enfants de 8 ans.

Mischel et ses collaborateurs ont réalisé de nombreuses variantes de la situation suivante : un enfant, laissé seul quelques minutes dans une pièce, est assis devant une table sur laquelle se trouve une friandise. Un adulte lui propose de consommer sans délai ce qui est devant lui ou de recevoir une quantité plus importante de friandises plus tard (par exemple au retour de l'adulte un quart d'heure plus tard, ou quand l'enfant reviendra, dans une semaine). Dans la plupart de ces expériences, l'enfant doit rester un temps défini dans la pièce, en présence du stimulus tentateur [11].

---

10. B. F. Skinner, *Science and Human Behavior*, New York, The Macmillan Company, 1953, p. 230, trad. *Science et Comportement humain*, Paris, In Press, 2005, p. 215.

11. Pour une revue d'ensemble, voir W. Mischel, « Metacognition and the rules of delay », *in* J. Flavell et L. Ross (éds.), *Social Cognitive Development*, New York, Cambridge University Press, 1981, p. 240-271 ; W. Mischel *et al.*, « Delay of gratification in children »,

Ces recherches montrent clairement que le comportement dépend à la fois de caractéristiques personnelles et de conditions externes. Nous résumons ici les résultats essentiels en prenant comme fil conducteur huit variables dont il faut en principe toujours tenir compte pour expliquer des comportements. Nous utilisons l'abréviation « c.s.IM » pour désigner le choix d'une satisfaction immédiate et « c.s.DIF » pour le choix d'une satisfaction différée.

Les stimuli

La vue d'un bonbon à consommer tout de suite entraîne davantage de c.s.IM que sa photo. Par ailleurs, la photo d'une friandise suscite plus de c.s.IM que l'évocation purement verbale de l'alternative ou le placement de la friandise sous une cloche opaque dès la fin de l'énoncé de la possibilité de choisir.

Un exemple concret : l'expérimentateur dit à des enfants de 4 ans qu'ils peuvent manger immédiatement un bonbon, mais qu'ils peuvent en avoir deux s'ils attendent 15 minutes, le temps qu'il s'absente. Si le bonbon est visible, les enfants attendent en moyenne 30 secondes avant de le manger. Si le bonbon n'est pas visible, l'attente est en moyenne de 13 minutes, soit 26 fois plus longue.

Lorsque l'expérimentateur, après avoir expliqué l'enjeu, distrait l'enfant, par exemple par des jouets, le c.s.DIF est plus fréquent que si l'enfant est laissé à lui-même.

La « saillance » des propriétés attractives d'un stimulus peut être plus ou moins forte. Ainsi, quand l'expérimentateur attire l'attention de l'enfant sur des qualités sensibles du bonbon (« *hot encoding* »), le c.s.IM est beaucoup plus fréquent que s'il suggère à l'enfant d'« encoder » le bonbon de façon « froide », comme une chose abstraite (« *cool encoding* »). Il dit par exemple, dans le premier cas : « Regarde bien le bonbon, il a un goût délicieux », et, dans le second : « Essaie d'imaginer que ce bonbon est un petit bout de bois et qu'il a très mauvais goût. »

Les processus cognitifs

L'impact d'un stimulus dépend étroitement de la façon dont la personne l'appréhende. Dans une de ses expériences, Mischel propose

---

Science, 244, 1989, p. 933-938; W. Mischel *et al.*, « Principles of self-regulation », *in* E. Higgins et A. Kruglanski (éds.), *Social Psychology. Handbook of Basic Principles*, New York, Guilford Press, 1996, p. 329-360.

à des enfants de «transformer dans la tête», durant le délai d'attente, le biscuit placé devant eux : les enfants sont invités à se le représenter comme n'étant qu'une image. À d'autres enfants, qui ne voient que l'image d'un biscuit, il demande de s'imaginer qu'ils sont devant un véritable biscuit, qu'ils peuvent le voir et le toucher. Résultat : les enfants qui regardent l'image comme s'il s'agissait d'un objet réel résistent moins longtemps que ceux qui transforment la réalité en image.

À partir de 5 ans, des enfants «contrôlent» par eux-mêmes le pouvoir incitant du stimulus : ils évitent de regarder le bonbon, ils se distraient en se parlant à eux-mêmes, ils mettent les mains sur les yeux ou les bras derrière le dos.

On peut enseigner à un enfant à se donner des instructions pour résister efficacement au c.s.IM. Chez les plus grands, on peut leur proposer de recadrer la situation, par exemple en l'envisageant comme une expérience passionnante et non comme une frustration.

La planification est une variable essentielle : lorsqu'un adulte expose des stratégies cognitives avant l'expérience («tu vas pouvoir attendre si tu penses à des choses amusantes») et recommande à l'enfant de les utiliser dès le moment où il sera seul, la satisfaction différée est plus souvent choisie. Cet effet s'observe surtout si l'adulte suggère une planification concrète et détaillée de comportements («dis-moi à quelles choses "que tu aimes beaucoup" tu vas penser»). Les conseils abstraits ou généraux sont, en l'occurrence, très peu efficaces.

L'état affectif

Lorsque l'expérimentateur demande à l'enfant, avant de le confronter à l'alternative, de se remémorer des souvenirs tristes ou d'imaginer une situation pénible («pleurer sans que personne ne vienne en aide»), l'enfant fera plus souvent un c.s.IM que si l'expérimentateur l'a d'abord incité à songer à des choses gaies. Ce résultat rejoint des observations cliniques, d'une part, sur des personnes déprimées (celles-ci éprouvent beaucoup de difficulté à entreprendre des actions qui ne sont pas directement gratifiantes[12]) et, d'autre part, sur des personnes qui ont décidé de s'abstenir de boire de l'alcool et en reprennent malgré tout (le facteur

12. L. Rehm et P. Plakosh, «Preference for immediate reinforcement in depression», *Journal of Behavior Therapy and Experimental Psychiatry*, 6, 1975, p. 101-103.

de rechute le plus fréquent est constitué d'émotions pénibles : solitude, ennui, frustration, jalousie, colère, angoisse, dépression [13]).

Le répertoire des modes d'action

Le choix des enfants dépend de la richesse de leur répertoire comportemental. Dans la constitution de ce répertoire, les exemples de conduites observées sont un élément décisif. Les enfants qui, dans une première phase de l'expérience, ont vu des adultes choisir systématiquement soit le plaisir immédiat, soit le plaisir différé ont tendance à agir de la même façon, même s'ils font l'expérience du choix un mois plus tard. Cet effet est renforcé si l'adulte a justifié son choix à haute voix.

L'anticipation de conséquences et de leur délai

Le choix dépend évidemment de la différence entre les deux gratifications. Si les bonbons à venir sont au nombre de cinquante au lieu des cinq bonbons initiaux, le c.s.DIF sera plus fréquent. À noter que, si l'on montre à de jeunes enfants un bonbon à consommer tout de suite et un sachet de bonbons à recevoir s'ils attendent, la majorité fait un c.s.IM : la vue concrète du «stimulus» peut provoquer une forte impulsion au plaisir.

Le choix est étroitement lié à la durée du délai d'obtention du plaisir, par exemple quinze minutes ou quatre semaines. Plus le délai est long, moins le stimulus apparaît motivant.

Enfin, plus l'enfant est certain d'obtenir davantage de bonbons s'il attend, plus il est motivé. La confiance est un autre facteur de la capacité à différer.

L'état de l'organisme

À ma connaissance, Mischel n'a pas testé l'impact de l'état de l'organisme sur le choix. Peut-être parce que ce facteur est évident. Il va de soi que, si l'enfant a faim, il est davantage tenté par le c.s.IM. On peut facilement imaginer que, s'il reçoit une petite quantité de chocolat avant de devoir choisir, il éprouvera une très forte envie de continuer à en consommer : le stimulus devient alors particulièrement «saillant», l'effet du goût s'additionne à l'effet de la perception visuelle.

---

13. G. A. Marlatt et J. Gordon, *Relapse Prevention. Maintenance Strategies in the Treatment of Addictive Behaviors*, New York, Guilford Press, 1985, 558 p.

Les événements de la vie

Les comportements dépendent toujours, dans une certaine mesure, des expériences passées. En l'occurrence, des recherches ont montré que les enfants qui ont vécu dans des conditions de vie très stressantes adoptent plus souvent le c.s.IM que ceux qui ont bénéficié de contextes harmonieux[14].

Mischel a étudié plus particulièrement l'impact de l'absence du père. Il a constaté que, jusqu'à l'âge de 9 ans, les enfants élevés uniquement par leur mère résistent moins longtemps à la satisfaction immédiate, quel que soit leur sexe. Chez les enfants plus âgés, cette variable n'est plus significative.

Le tempérament

Le tempérament, tel qu'il apparaît dès la petite enfance, semble orienter la façon de réagir au dilemme « un peu tout de suite ou davantage plus tard ». En effet, les enfants qui, à l'âge de 18 mois, réorientent spontanément leur attention lorsque leur mère les quitte résistent plus longtemps à l'impulsion de consommer lorsqu'ils ont 4 ans. La capacité de modifier facilement son attention en cas de frustration apparaît comme une disposition cruciale dans la gestion des réactions impulsives[15].

Nous agissons toujours en fonction de la situation dans laquelle nous nous trouvons

Jusque dans les années 1960, la majorité des psys faisaient couramment usage de la notion de « trait » de personnalité, souvent conçu comme un facteur permanent, qui se manifeste dans les situations les plus variées. Les psychologues parlaient d'extraversion, de conformisme, de dépendance, d'agressivité, etc. Les freudiens de caractère « anal », dont les traits étaient : l'économie (ou l'avarice), l'entêtement, le souci d'ordre et de propreté[16].

---

14. M. Rutter [1987] « Psychosocial resilience and protective mechanisms », *American Journal of Orthopsychiatry*, 57, 1987, p. 316-331.

15. A. Sethi, W. Mischel, L. Aber, Y. Shoda et M. Rodriguez, « The role of strategic attention deployment in development of self-regulation. Predicting preschoolers delay of gratification from mother-toddler interactions », *Developmental Psychology*, 36, 2000, p. 767-777.

16. S. Freud, « Charakter und Analerotik », 1908, rééd. *in Gesammelte Werke*, VII, Francfort, Fischer, p. 203-209.

Pourtant, si l'on procède à des études systématiques sur un grand nombre de personnes, constate-t-on que celles qui sont diagnostiquées «introverties» se conduisent toujours ou très souvent de façon introvertie, quelles que soient les situations ? À cette question, Walter Mischel répond résolument «non». La Rochefoucauld disait : «On est quelquefois aussi différent de soi-même que des autres [17].» Pour Mischel, ce n'est pas *quelquefois*, mais *souvent* le cas, du moins si l'on envisage des situations nettement différentes.

1968 est une année célèbre dans le monde des étudiants. Elle l'est également dans le monde de la psychologie. L'ouvrage *Personality and Assessment* (que l'on peut traduire par «la personnalité et son évaluation») que Mischel publia cette année-là présentait la première grande revue de recherches méthodiques sur la constance des traits de personnalité. Mischel montrait que les traits globaux n'ont pas la constance qu'imaginaient la plupart des psychologues et que cette notion ne permet pas d'expliquer le comportement. Se trouvaient ainsi remises en question la théorie classique de la personnalité (conçue comme un ensemble de dispositions stables, transsituationnelles) et la valeur des tests de personnalité (Mischel admettait que le niveau des aptitudes intellectuelles peut se manifester dans des situations très différentes, notamment dans des tests de capacités cognitives).

Mischel n'était pas le premier psychologue à défendre ce point de vue. Son ouvrage a eu un impact considérable parce que c'était la première grande synthèse, brillamment présentée, de plusieurs dizaines de travaux solides se rapportant à la cohérence de la personnalité. À titre d'exemple, citons brièvement deux recherches classiques, en commençant par la plus célèbre.

Durant les années 1920, Hugh Hartshorne, Mark May et coll. ont étudié, sur plusieurs milliers d'enfants de 11 à 14 ans, le degré de constance de diverses dimensions de la personnalité : le sens de la coopération, la serviabilité, l'honnêteté et l'autocontrôle. Ils ont comparé systématiquement, dans des contextes différents (le domicile, l'école, les jeux, les sports), des conduites censées traduire ces dispositions et ont constaté qu'en règle générale la corrélation entre les conduites d'un sujet était relativement élevée lorsqu'il se retrouvait dans le même

17. *Réflexions ou Sentences et maximes morales* [1678], rééd. Paris, Garnier, 1954, § 135.

contexte, mais qu'elle était faible et parfois nulle lorsque les conduites étaient observées dans des cadres nettement différents. Plus les situations différaient, plus les corrélations étaient basses. Par exemple, tel enfant, lorsqu'il subissait des frustrations, restait « maître de lui » en classe, mais faisait des colères à la maison. Un autre trichait, mais mentait rarement et ne volait jamais. On pouvait conclure qu'il n'y a pas de « surmoi » agissant de façon uniforme, dans toutes les situations. Les comportements sont « choisis » en fonction de leurs effets dans le contexte particulier [18].

On trouve des résultats semblables dans des recherches sur des adultes, et pour une large diversité de « traits ». Par exemple, Leroy Burwen et Donald Campbell ont étudié méthodiquement les attitudes d'une même personne à l'égard de différentes figures d'autorité [19]. Leur conclusion contredit la croyance de beaucoup de psys : la corrélation entre les attitudes à l'égard du père et envers diverses figures d'autorité est faible, nullement significative.

Mischel souligne avec force que la notion de « trait » favorise des explications dispositionnelles qui, en fait, ne sont que des tautologies. Il reprend à son compte la critique « béhavioriste » du « mentalisme », c'est-à-dire l'explication des conduites par des entités mentales.

Il souligne également l'importance des situations pour comprendre les comportements. S'il y a bien une disposition constante chez l'être humain, c'est la recherche de satisfactions (de diverses natures) et l'évitement de souffrances ou de déplaisir, dans quelque situation que ce soit. Nos modes de réaction varient essentiellement en fonction des effets auxquels nous nous attendons. Mischel n'adopte pas une position radicalement situationniste ou environnementaliste. L'élève de Kelly et de Rotter sait parfaitement que les situations ont un pouvoir incitateur, dans la mesure même de la signification que leur attribue la personne, en fonction de son histoire et de ses projets. On ne peut rendre compte

---

18. H. Hartshorne, M. May et J. Maller, *Studies in the Nature of Character*, New York, Macmillan, 3 vol., 1928-1930. Au début des années 1980, W. Mischel et P. Peake ont mené une recherche comparable sur des collégiens : « In search of consistency : measure for measure », *in* M. P. Zanna, E. T. Higgins et C. P. Herman (éds), *Consistency in Social Behavior. The Ontario Symposium*, Hillsdale, NJ, Erlbaum, 1982, vol. 2, p. 187-207.

19. L.S. Burwen et D. T. Campbell, « The generality of attitudes toward authority and nonauthority figures », *Journal of Abnormal and Social Psychology*, 54, 1957, p. 24-31. Cité par W. Mischel, *Personality and Assessment*, *op. cit.*, p. 21-23.

du comportement qu'en tenant compte à la fois de la situation et de différents processus cognitifs, qui jouent en même temps. Ces processus peuvent conduire à des modes de conduite stables à travers plusieurs situations, mais pas nécessairement à travers toutes. Mischel dénomme cette conception la « théorie cognitivo-sociale de la personnalité ». Il l'a développée en 1973, dans son célèbre article « Towards a cognitive social learning theory reconceptualization of personality[20] ».

Une théorie sociale et cognitive de la personnalité

Mischel n'a pas eu l'intention de ruiner la notion de « personnalité ». Il propose seulement de la reconceptualiser en tenant compte des environnements des conduites et d'un certain nombre de processus cognitivo-affectifs. Voici brièvement les variables qu'il estime essentielles pour comprendre les comportements :

- Les compétences : les informations acquises par l'individu et l'habileté à les utiliser pour résoudre des problèmes, imaginer des idées et des actions.
- Les stratégies d'encodage et de conceptualisation : les schémas avec lesquels l'individu interprète les événements (internes et externes), ses propres conduites et ce qu'il est.
- Les anticipations de conséquences de comportements, compte tenu des situations : les relations du type « si j'adopte telle conduite dans telles circonstances, alors je peux m'attendre à tels effets », « quand Paul veut se faire remarquer en classe, il fait le clown ».
- Les valeurs personnelles : les préférences et les aversions, la hiérarchie des objectifs.
- Les réactions affectives et physiologiques.
- Les processus de régulation des conduites en fonction d'objectifs personnels.

Au fil des années, Mischel a, d'une certaine manière, adouci sa critique des traits de personnalité. Il a évidemment maintenu que cette notion n'explique pas, en définitive, les comportements, mais il a admis que les individus se caractérisent par des modes de réaction relativement stables dans diverses situations, ce qu'il appelle des « signatures comportementales de la personnalité ».

20. *Psychological Review*, 80, 1973, p. 252-283.

Précisément, la capacité à différer des satisfactions apparaît comme un mode de conduite qui se retrouve, chez un même individu, à travers une diversité plus ou moins large de situations et qui se maintient, relativement, à travers le temps. Mischel a constaté que les enfants qui, à l'âge de 4 ans, avaient le mieux résisté au plaisir immédiat sont à l'adolescence plus nombreux à se contrôler dans diverses situations frustrantes, à se montrer sociables, à ne pas consommer de drogues et à avoir de bons résultats scolaires[21].

Une autre conception de la volonté

Ces dernières années, Mischel s'est particulièrement intéressé à la « volonté », c'est-à-dire l'adoption de conduites qui réclament un effort psychologique[22]. Il présente une conception optimiste de la condition humaine. Pour lui, nous avons la capacité de nous gérer et de surmonter le « contrôle » que des situations exercent sur nous. Nous pouvons, dans une certaine mesure, sélectionner les situations dans lesquelles nous nous engageons. Lorsque nous ne pouvons pas agir sur notre environnement, nous pouvons de toute façon le transformer psychologiquement, en modifiant sa signification.

Mischel parle de « capacités » d'autorégulation, de façon à éviter de suggérer l'existence d'une entité mentale située à l'intérieur de nous-mêmes. La régulation de soi, dans des situations où elle ne s'accomplit pas de façon automatique, dépend de plusieurs processus, de leur degré d'élaboration, de la facilité à les mettre en œuvre et de leur intégration en vue d'objectifs. Les principaux processus sont la perception du lieu de contrôle et le sentiment d'efficacité personnelle, la capacité à (re)focaliser l'attention, l'habileté à restructurer des significations de façon constructive, la capacité à se calmer et à changer son humeur, la capacité à anticiper et à planifier des conduites de façon concrète en vue d'atteindre des objectifs, l'habileté à se donner des instructions précises et à se récompenser, la répétition fréquente des objectifs et des

---

21. W. Mischel *et al.*, « The nature of adolescent competenties predicted by preschool delay of gratification », *Journal of Personality and Social Psychology*, 54, 1988, p. 687-699.

22. W. Mischel *et al.*, « Principles of self-regulation : The nature of willpower and self-control », *in* E. T. Higgins et A. W. Kruglanski (éds.), *Social Psychology. Handbook of Basic Principles*, *op. cit.*, p. 329-360 ; W. Mischel et O. Ayduk, « Willpower in a cognitive-affective processing system », *in* R. F. Baumeister et K. D. Vohs (éds.), *Handbook of Self-Regulation*, New York, Guilford Press, 2004.

intentions à mettre en œuvre, la capacité à réajuster des objectifs et des comportements en fonction des résultats.

Les expériences de Mischel ont montré l'importance de plusieurs de ces processus. Elles ont été une source d'inspiration pour d'autres chercheurs, y compris en psychologie animale [23]. Une abondante moisson de travaux contemporains les confirme et les complète pour fournir aux personnes intéressées des stratégies leur permettant de changer plus aisément et plus durablement des automatismes dont elles sont les victimes.

---

23. Par exemple, James Grosch et Allen Neuringer se sont inspirés du paradigme de Mischel pour leurs expériences sur la capacité des pigeons à ne pas consommer une récompense présente en vue d'en recevoir une plus importante quelques secondes plus tard. Leurs observations vont dans le sens des résultats de Mischel : « Self-control in pigeons under the Mischel paradigm », *Journal of Experimental Analysis of Behavior*, 35, 1981, p. 3-21.

Walter Mischel dans le texte...

Les traits de personnalité : une notion à reformuler

« Les traits et les états globaux [de la personnalité] sont des unités excessivement grossières quand il s'agit de rendre compte de la complexité et de la subtilité des distinctions que les gens font sans arrêt. Les conceptions traditionnelles du concept de trait ont présenté l'homme comme victime de son histoire infantile, comme tributaire d'attributs rigides et intangibles, et comme poussé inexorablement par des forces inconscientes. Cette image de l'être humain n'est pas seulement peu attrayante du point de vue philosophique, elle est surtout en contradiction avec une grande quantité de données expérimentales. La conception traditionnelle de la personnalité comme composée de traits stables, sans référence à des situations, est un expédient commode pour rendre compte de la complexité et de l'unicité de chaque personne. En fait, elle conduit à une vue grossièrement simplifiée, qui passe à côté de la richesse de la vie des individus et de leur spécificité. Une conception plus adéquate doit prendre en considération l'adaptabilité extraordinaire de l'être humain, ses capacités à percevoir des différences, à opérer des prises de conscience et à se réguler lui-même. Elle doit également reconnaître que les hommes ont le pouvoir de changer la façon dont ils se voient et dont ils se comportent, et qu'ils le font effectivement. Comprendre comment les êtres humains peuvent modifier leur comportement, de façon construc-

tive et méthodique, c'est la question centrale d'une véritable psychologie dynamique de la personnalité. »

W. Mischel, *Personality and Assessment*, New York, Wiley, 1968, p. 301, trad. J. Van Rillaer.

L'importance de pouvoir différer certaines satisfactions

« *La plupart des recherches sur le délai de gratification portent sur le conflit entre des petites récompenses immédiatement disponibles et des récompenses plus importantes mais ultérieures. Il s'agit là de dilemmes simples entre "moins maintenant" et "davantage plus tard". Des processus psychologiques semblables jouent plus subtilement dans les conflits interpersonnels qui minent beaucoup de relations humaines dans le travail et dans les relations intimes. Les bonnes intentions de maintenir l'harmonie et de travailler de façon coopérative en vue de buts communs sont trop souvent sabotées par des explosions de colère, d'hostilité et de jalousie au cours des tensions de la vie quotidienne. [...] Ces situations créent facilement des conflits entre la tendance à réagir immédiatement de façon égocentrée, sans prêter attention aux conséquences à long terme, aux implications pour le partenaire et pour le maintien de la relation. [...] Fondamentalement, l'adaptation entre des partenaires requiert de différer des gratifications, d'effectuer et de maintenir le choix d'intérêts différés, larges ("larges" signifiant bons à la fois pour soi et pour la relation), plutôt que de choisir des intérêts égocentriques à courte vue.* »

« Willpower in a cognitive-affective processing system », *in* R. F. Baumeister et K. D. Vohs (éds.), *Handbook of Self-Regulation*, New York, Guilford Press, 2004, p. 118, trad. J. Van Rillaer.

Principaux écrits de Walter Mischel

Personality and Assessment, New York, Wiley, 1968, 365 p.

Introduction to Personality [1971], 8e édition, New York, Wiley, 2007, 570 p.

« Toward a cognitive social learning reconceptualisation of personality », *Psychological Review*, 80, 1973, p. 252-283.

« Willpower in a cognitive-affective processing system. The dynamics of delay of gratification », *in* R. F. Baumeister et K. D. Vohs (éds.), *Handbook of Self-Regulation*, New York, Guilford Press, 2004, p. 99-129.

Robert Rosenthal

Robert Rosenthal en quelques dates...

1933 : Naissance le 2 mars à Giessen, en Allemagne.

1941 : Il immigre aux États-Unis.

1956 : Doctorat à l'université de Californie, Los Angeles.

1968 : *Pygmalion in the Classroom.*

1967 : Professeur à l'université Harvard.

1999 : Professeur émérite et Distinguished Professor, université Riverside de Californie.

Robert Rosenthal en quelques titres...

A publié comme premier auteur 430 articles scientifiques.

A publié comme coauteur des centaines d'autres articles scientifiques.

A reçu 26 distinctions honorifiques.

Est membre de 39 associations et revues scientifiques en psychologie.

L'effet Pygmalion : on devient ce que les autres attendent de nous

Par Pascal de Sutter

Mme Rosenthal, désespérée, demande : «Qu'ai-je bien pu faire de mal pour que mon fils en arrive là?» L'instituteur est interloqué : «Mais enfin, de quoi parlez-vous? Bob obtient des A+ partout...» «Presque partout, réplique la mère éplorée, il y a cet affreux B...» Cela n'est pas une mauvaise plaisanterie, mais une des nombreuses anecdotes que Robert Rosenthal aime raconter, non sans humour, à propos de ses premiers Pygmalions... ses propres parents.

À 12 ans, le jeune Robert se met à jouer au football dans une petite équipe locale. Son père lui demande alors, le plus sérieusement du monde, comment il envisage sa future carrière de joueur professionnel. Lorsqu'à 18 ans il est reçu à l'école navale, Rosenthal père le félicite. Puis l'interroge, *illico*, sur la manière dont il compte s'y prendre pour devenir amiral.

Robert Rosenthal ne fera pas de carrière de footballeur professionnel, ni d'amiral. Mais il sera professeur à Harvard et deviendra l'un des plus grands psychologues de son temps. L'ambition démesurée des parents Rosenthal pour leur garçon a-t-elle joué un rôle clé dans le succès de sa carrière? Robert Rosenthal en est persuadé. Car l'illustre professeur de psychologie est lui-même un homme d'une modestie à toute épreuve. Lorsqu'il mentionne son doctorat obtenu à la prestigieuse UCLA (université de Californie, Los Angeles), il s'empresse de dire qu'à son époque cette université était bien moins renommée qu'aujourd'hui. Et, si je marque mon admiration pour son admission comme enseignant à la célébrissime université Harvard, il réplique immédiatement qu'elle n'était pas liée à ses compétences, mais juste à un coup de chance. Pour le professeur Rosenthal, son exceptionnelle carrière tient surtout au fait que l'on a cru en lui. Ses parents, puis ses professeurs, ont rêvé d'un destin illustre pour l'étudiant Rosenthal. Il a bénéficié lui-même de ce qu'il a nommé, bien plus tard, l'« effet Pygmalion ».

Que nous apprend Robert Rosenthal ?

Les « prophéties » qui se réalisent

Bien que Robert Rosenthal ait consacré presque toute sa carrière au concept de prophétie autoréalisatrice[1], il n'en est pas l'inventeur. L'expression a été utilisée pour la première fois par un autre fils d'immigré, un certain Meyer Schkolnick, qui dut changer son nom en Robert King Merton pour avoir une chance d'entrer à l'université. Sociologue, il donna la première définition de la prophétie autoréalisée. De quoi s'agit-il ? D'une prédiction qui, même si elle est au départ tout à fait fausse ou fantaisiste, peut changer le comportement des individus, de manière que la prophétie se réalise. L'exemple le plus éclairant de ce phénomène est celui de la Bourse. Imaginons qu'une rumeur circule : « Les actions X vont augmenter. » Au départ, cette prophétie ne se base sur rien de concret. Mais, comme tout le monde se met à acheter cette action, sa valeur augmente effectivement. Et la prophétie se réalise. Puis une nouvelle prophétie fantaisiste est lancée : « L'action X va chuter. » Les gens se mettent à vendre leurs titres, et, tout naturellement, l'action chute. La prophétie s'est de nouveau autoréalisée. Ce concept de prophétie autoréalisatrice est bien connu des sociologues et a été beaucoup étudié, notamment dans les problèmes de discrimination raciale ou religieuse. Robert Rosenthal, lui, a consacré pratiquement toute sa

1. En anglais : *self-fulfilling prophecy.*

carrière à analyser les prophéties autoréalisatrices dans le domaine psychologique. Il s'est tout d'abord intéressé à l'effet placebo, une forme particulière de « prophétie ».

L'effet placebo et les prophéties médicales

Nous connaissons tous la puissance des placebos, ces médicaments qui ne contiennent aucun principe actif mais qui guérissent réellement les gens qui croient en leur efficacité. Robert Rosenthal rapporte dans son livre [2] des expériences de chirurgie placebo. Il montre comment, en voyant la cicatrice d'une fausse opération, de nombreux patients se sont sentis mieux; on s'était pourtant contenté d'entailler la peau et de la recoudre sans rien enlever. Ce qui est ici mis en évidence, c'est la puissance de l'autosuggestion : je suis opéré, donc je vais mieux. Mais ce qui intéressait Rosenthal, c'était le vecteur intra-personnel de l'effet placebo. Il avait en effet observé que l'effet placebo était toujours largement amplifié par les paroles du médecin. Si un médecin « croit » dans l'efficacité d'un traitement, le traitement devient réellement efficace pour le patient. Si un médecin doute de son traitement, le patient va moins bien. Ce phénomène est d'ailleurs si répandu qu'aujourd'hui tous les essais scientifiques de nouveaux médicaments se font en « double aveugle ». De quoi s'agit-il? On divise les sujets de l'essai en deux groupes : le premier reçoit le vrai médicament, le second, le placebo. Le patient est « aveugle » parce qu'il ne sait pas s'il reçoit le principe actif ou le placebo; le médecin est lui aussi « aveugle » puisqu'il ne sait pas non plus ce qu'il donne à son patient. Seuls les expérimentateurs, à la fin de l'expérience, savent qui a reçu le vrai médicament. C'est le seul moyen que l'on ait trouvé jusqu'à présent pour s'assurer que c'est le médicament lui-même qui est vraiment efficace et non l'autosuggestion du patient ou l'influence du médecin.

Prophéties pour les rats

Pourquoi tester la prophétie autoréalisatrice chez l'animal ? Rosenthal part de l'idée que l'animal est moins influençable que l'homme, ce qui rend la prophétie autoréalisatrice encore moins probable. Il commence l'expérience avec des rats, répartissant de façon aléatoire un groupe

2. R. Rosenthal et L. Jacobson, *Pygmalion in the Classroom. Teacher Expectation and Pupil's Intellectual Development* [1968], New York, Irvingon Publishers, 1992 (édition augmentée), trad. *Pygmalion à l'école*, Paris, Casterman, 1971.

de soixante rats entre douze étudiants-expérimentateurs. Il fait croire aux étudiants qu'il a sélectionné, par multiples croisements, un groupe de rats très intelligents et un autre groupe de rats particulièrement stupides. Les étudiants doivent apprendre aux rats diverses tâches pour obtenir de la nourriture. Le résultat est le suivant : les étudiants qui croyaient entraîner des rats intelligents obtiennent des résultats bien meilleurs que ceux qui croyaient avoir affaire à des rats idiots. Ainsi, la prophétie autoréalisatrice fonctionne même chez les rats ! Rosenthal se demanda en quoi l'attitude des étudiants avait pu être différente vis-à-vis des rongeurs. Il constata que ceux qui croyaient travailler avec des rats intelligents leur apportaient plus de soins, les prenaient plus souvent dans leurs mains et leur *parlaient* moins que ceux qui travaillaient avec des rats prétendument idiots.

Cette expérience montre que n'importe quel rat est capable de se comporter de manière « intelligente » à partir du moment où l'on se comporte comme s'il était intelligent. Pour aller plus loin, un collègue de Rosenthal (W. M. Burnham, en 1966) mena une autre expérience. Il enleva à la moitié des rats une partie du cortex. Et, à l'autre moitié, il fit seulement une petite cicatrice, sans toucher au cerveau. Les étudiants-expérimentateurs ne savaient pas quels rats présentaient de véritables lésions au cerveau. De manière prévisible, la prophétie autoréalisatrice se produisit avec les rats dont les étudiants pensaient que le cerveau n'était pas atteint et qui portaient seulement une cicatrice. Mais la prophétie ne se réalisa pas pour les rats dont le cerveau était réellement endommagé, même si les étudiants croyaient que ce n'était qu'une cicatrice. Cette expérience tend à montrer que, si un animal est handicapé mentalement, il ne suffit pas de croire en son potentiel pour que sa situation s'améliore. De manière plus étonnante, on observa une prophétie autoréalisatrice « négative » sur les rats au cerveau intact, mais dont les étudiants croyaient qu'il avait été endommagé. Ces rats parfaitement sains obtinrent des performances aussi mauvaises que les rats atteints de véritables lésions cérébrales.

Les prophéties autoréalisatrices à l'école

Après les expérimentions de laboratoire, Rosenthal voulut mener des recherches dans le monde réel. Il décida de conduire une large étude au sein d'une école primaire. La recherche devint si célèbre qu'on l'appela *Oak school experiment.* D'où lui vint cette idée? Comme la plupart des chercheurs, Robert Rosenthal pensait que les résultats scolaires des enfants dépendaient de leur milieu social et de leur appartenance ethnique, les enfants des classes les plus défavorisées étant généralement ceux qui réussissaient le moins bien. De nombreuses hypothèses et études avaient été élaborées à ce sujet. On mettait souvent en cause le comportement des parents ou le fonctionnement de l'école. Mais l'on s'intéressait plus rarement au rôle des enseignants. Or le professeur Rosenthal avait observé que les jeunes enseignants affectés dans les écoles des quartiers les plus défavorisés n'avaient généralement qu'une hâte : trouver une place dans une école d'un milieu plus aisé. Cinquante ans plus tard, ce problème est toujours bien réel... Rosenthal posa donc l'hypothèse que le succès scolaire des élèves dépendait aussi des *attentes* des enseignants. Si un professeur ne croyait pas à la réussite de ses élèves défavorisés et qu'il ne songeait qu'à changer d'école, on pouvait penser que les enfants le sentaient. Et qu'eux-mêmes se percevaient comme indignes d'être éduqués et incapables d'obtenir de bons résultats. Dans le cercle vicieux de la prophétie autoréalisatrice, les élèves au comportement inadéquat sont labellisés « difficiles ». Ils se comportent alors de façon « difficile », confirmant ainsi l'étiquette qu'on leur a collée.

Au printemps 1964, le professeur Rosenthal mena une large expérience portant sur 370 écoliers issus d'un milieu pauvre – mais pas misérable. Les enfants étaient majoritairement issus de l'immigration italienne ancienne ou de l'immigration mexicaine plus récente. Rosenthal fit passer aux élèves des tests d'intelligence classiques, comme cela se fait régulièrement dans les écoles américaines. Mais il fit croire aux enseignants qu'il s'agissait d'un nouveau test, le « *Study of inflected acquisition* » de la Harvard National Science Foundation. Ce test était supposé détecter les élèves qui allaient s'épanouir de manière rapide sur le plan intellectuel. Ensuite, l'équipe de Rosenthal donna aux instituteurs une liste d'élèves représentant 20 % de la totalité des noms (environ cinq élèves par classe), qui avaient prétendument obtenu un score exceptionnel à ce test de prédiction de réussite scolaire. Ces noms leur furent communiqués à titre d'information, sans qu'aucune consigne précise ne leur soit donnée, si ce n'est de n'en parler ni aux parents ni aux enfants. En réalité, les noms de ces élèves avaient été tirés au hasard : il ne s'agissait pas d'enfants plus doués que la moyenne. À la fin de l'année scolaire, les chercheurs retournèrent dans l'école afin de savoir ce qu'étaient devenus ces élèves au supposé meilleur potentiel.

Pygmalion à l'école

Selon la légende rapportée par Ovide, Pygmalion est roi de Chypre et sculpteur à ses heures perdues. Il tombe amoureux de la statue d'ivoire qu'il a sculptée. La déesse Aphrodite exauce son vœu et transforme la statue en une femme véritable. Dans le langage courant, un « Pygmalion » est un mentor, celui qui prend sous son aile une personne dans le but de la faire progresser, voire de la métamorphoser. Avec l'expérience de Rosenthal, les enseignants sont devenus les Pygmalions des enfants, dans la mesure où presque tous les élèves qui avaient été désignés par les chercheurs comme « doués » connurent une évolution remarquable durant l'année. Ils s'étaient *réellement* épanouis intellectuellement, comme l'avait prophétisé le *faux* test.

On pourrait objecter que, finalement, induits en erreur par le pseudo-test, les professeurs avaient probablement surévalué les étudiants prétendus plus doués. Les notes seraient donc purement subjectives et ne refléteraient pas une véritable évolution de l'étudiant. Mais, ayant prévu ce biais, Rosenthal et son équipe effectuèrent une série de tests de QI avant et après l'expérience. Et il s'avéra que les élèves sélectionnés obtenaient bien des performances supérieures aux autres !

Limites et potentiel de l'effet Pygmalion

Rosenthal se demanda si l'effet était le même chez les garçons et chez les filles. Dans l'ensemble, les progrès étaient sensiblement identiques. Toutefois, chez les garçons, c'est le QI verbal qui augmentait fortement, tandis que, chez les filles, le QI de raisonnement était le plus stimulé. Or il s'agissait de différences filles/garçons qui existaient déjà avant l'expérimentation et qui n'avaient donc été que renforcées. L'hypothèse de Rosenthal est que les enseignants « poussent » les élèves dans des domaines où ils ont déjà naturellement un certain potentiel. Les chercheurs tentèrent aussi de savoir s'il existait des différences entre groupes ethniques. Aucune différence statistiquement significative ne fut obtenue. Enfin, Rosenthal et son équipe cherchèrent à savoir à quel âge l'effet Pygmalion était le plus marquant. Il apparut clairement que plus l'enfant était jeune, plus l'effet était prononcé. En première et deuxième année primaire (l'équivalent du CP et du CE1 français), l'effet Pygmalion est impressionnant. Les autres années, les différences sont nettement moins marquées et peuvent être dues au hasard. Rosenthal explique ce phénomène de deux manières.

– Tout d'abord, les enfants plus jeunes sont plus malléables intellectuellement et aussi plus sensibles à l'attention du professeur envers eux.

– Ensuite, il est probable qu'après plusieurs années dans l'école les élèves commencent à être connus pour leur potentiel intellectuel. Il devient alors plus difficile de « manipuler » le professeur pour les besoins de l'expérience.

Rosenthal étudia également l'appréciation du comportement en classe des élèves prétendus « doués ». Là aussi, on observa une évolution remarquable. Ces élèves étaient en moyenne perçus par l'institutrice comme plus curieux, plus intéressants, plus joyeux et susceptibles de connaître dans le futur beaucoup de succès.

Perspectives...

Avant l'expérience de Rosenthal, on pensait que, si un enseignant se focalisait plus sur un élève que sur un autre, cela se ferait au détriment de l'ensemble du groupe. Or Rosenthal a observé que, dans les classes où les élèves supposés « doués » faisaient le plus de progrès, les autres enfants amélioraient aussi leurs capacités. Par ailleurs, on montra que les enseignants ne consacraient pas plus de temps aux étudiants « doués » qu'aux autres. Au contraire, les croyant plus intelligents, ils supposaient qu'ils comprendraient plus vite. Ce qui va à l'encontre de l'idée qu'il faut passer plus de temps avec un étudiant pour augmenter sa réussite.

Aujourd'hui, plus que jamais, on se questionne sur l'efficacité du système éducatif. De nombreux pédagogues essaient de contrecarrer la tendance qui freine les enfants de milieux défavorisés dans leur réussite scolaire. On tente de mettre en place de nouveaux programmes ou de nouvelles méthodes d'enseignement. Avec des succès mitigés. Les travaux de Rosenthal nous conduisent à réfléchir à une nouvelle piste. Ne faudrait-il pas plutôt changer les préjugés des enseignants, des parents et des enfants eux-mêmes ?

Imaginons une école dans un milieu défavorisé. Et si le professeur de CP, voyant les petits écoliers pénétrer dans sa classe, pensait : « Voilà peut-être les futures élites de notre nation ! », au lieu de ruminer : « Espérons qu'il n'y aura pas trop de cas difficiles cette année. » Et si les parents se disaient : « Que puis-je faire pour que mes enfants, aussi intelligents que les autres, réussissent brillamment à l'école ? » Et si les enfants eux-mêmes, influencés par leurs Pygmalions (parents et enseignants), arrivaient à penser : « Je peux réussir aussi bien que n'importe quel autre », au lieu de se dire, inconsciemment : « De toute façon, je suis nul. Donc autant exister comme chahuteur plutôt que de ne pas exister du tout. »

Si les recherches du professeur Rosenthal parviennent effectivement à changer certaines mentalités, alors la prophétie de Mme et de M. Rosenthal se sera effectivement réalisée. Leur petit garçon sera réellement devenu un grand homme pour l'humanité.

Rencontre avec Robert Rosenthal

Je n'ai eu pas de difficulté à trouver l'université de Californie, Riverside, en plein désert californien : le professeur Robert Rosenthal m'avait envoyé deux pages d'informations détaillées pour me permettre de trouver mon chemin. Il m'avait également précisé que je devais lui téléphoner dès mon arrivée : il viendrait me chercher afin que je ne me perde pas dans l'immensité du campus. En sortant de ma voiture climatisée, je constatai deux choses : d'abord que le parking était très éloigné des bâtiments universitaires, ensuite que la température devait avoisiner les 40° C à l'ombre. Or il n'y avait pas d'ombre. Je décidai donc de me rendre seul jusqu'à son bureau. Toutefois, je fis un détour par la librairie universitaire pour me procurer le fameux ouvrage de Rosenthal, Pygmalion in the Classroom. *Ce best-seller fut publié pour la première fois en 1968 et a été réédité sans discontinuer jusqu'à aujourd'hui. Le précieux livre sous le bras, je finis par me perdre dans les dédales du campus.*

Comme personne ne peut me dire où se trouve le bureau du professeur Rosenthal, je décide de l'appeler pour lui demander de me guider. Cet éminent professeur de 73 ans insiste pour venir à ma rencontre. J'aperçois alors un petit homme voûté mais d'une vivacité surprenante. Il se déplace avec une telle rapidité que je dois accélérer le pas pour suivre le rythme. Dès les premiers échanges, je tombe sous le charme. Cela confirme ce qu'une collègue psychologue m'a dit avant de partir : « Tu verras, c'est un homme fantastique. » Effectivement, je le trouve d'une gentillesse et d'une simplicité désarmantes. Suis-je involontairement la victime d'une prophétie autoréalisatrice ? On m'a dit qu'il était très gentil, et je réalise la prophétie en le trouvant effectivement très aimable...

Quand et comment avez-vous eu envie de devenir psychologue ?

À la fin du lycée, quand j'ai posé ma candidature à l'UCLA, j'avais déjà décidé d'étudier la psychologie. Mais je n'avais pas la moindre idée de ce que c'était véritablement. Le programme me semblait intéressant... Et j'avais aussi la réputation d'être un bon confident pour mes amis! J'ai eu la chance de finir rapidement mes études et de pouvoir travailler comme psychologue clinicien. J'ai ainsi acquis une bonne expérience concrète, dans un hôpital général. J'ai beaucoup travaillé dans le domaine des interactions entre la condition médicale et la condition psychique. C'est ce que nous nommions la « psychosomatique ». J'étais alors très intéressé par la psychologie appliquée.

Qu'est-ce qui vous a décidé à vous lancer dans la recherche ?

C'est surtout l'enseignement qui m'intéressait, pas la recherche. Et si j'avais eu l'occasion d'obtenir un poste dans la région de Los Angeles, j'aurais sauté sur l'occasion. Mais j'ai eu une offre pour entamer un nouveau programme de doctorat en psychologie clinique à l'université du North Dakota. Imaginez! J'avais alors seulement 24 ans et j'allais diriger un programme de doctorat... Mais il faut dire qu'ils n'avaient personne d'autre là-bas!

Avez-vous été influencé par les psychologues de votre époque ?

Oui, j'ai beaucoup apprécié les travaux d'Edwin Shneidman qui portaient sur le suicide. J'ai aussi été influencé par plusieurs psychologues cliniciens qui me supervisaient. Ils travaillaient essentiellement dans le courant psychanalytique. Ce n'étaient pas des thérapies purement freudiennes, mais des approches d'inspiration analytique. Il faut dire que c'était l'orientation principale des psychologues cliniciens à l'époque, au milieu des années 1950.

Comme en France aujourd'hui ?

Oui, comme cela se passe en France aujourd'hui, c'est vrai. Mais c'est ainsi que j'ai débuté. Par la suite, je suis devenu moi-même superviseur et j'ai utilisé différents tests, comme les tests interprétatifs, puis des outils plus validés scientifiquement, comme l'échelle d'intelligence de Wechsler. Et ce que j'enseignais à l'université, c'était surtout la psychologie clinique. Ensuite, en 1962, je suis parti pour Harvard où je suis resté trente-sept années. À 66 ans, j'ai pris ma retraite de Harvard et je suis revenu en Californie pour continuer à travailler à l'université de Californie Riverside où je suis très actif depuis sept ans. Je contribue à la publication de nombreux articles scientifiques, mais jamais comme premier auteur.

D'où vous est venue l'idée de prophétie autoréalisatrice ?

C'est arrivé suite à l'échec d'une des expériences de mon doctorat. Je tentais de valider scientifiquement le concept freudien de « projection ». Et je n'arrivais pas à prouver quoi que ce soit dans ce sens, mais j'obtenais des résultats statistiques étonnants. Ces résultats montraient que les sujets ne répondaient pas au hasard, mais selon une orientation bien précise. Et cette orientation, je ne pouvais l'expliquer que par le fait que c'est moi qui la donnais. Dans un certain sens, je pipais les dés. C'était moi, l'expérimentateur, qui influençais involontairement la réponse des sujets d'expérimentation dans le sens auquel je m'attendais. Comme par hasard, j'obtenais des résultats favorables à mon hypothèse. Je me suis alors intéressé à la littérature scientifique dans ce domaine.

Ce concept s'est donc présenté sur votre route par hasard ?

Exactement, par hasard, suite à une erreur. Et j'ai commencé à mener des recherches spécifiques sur les *biais* dans les expérimentations scientifiques, et sur ce que l'on peut nommer l'« effet d'attente de l'expérimentateur » (*expectancy effect*). Nous avons mené une dizaine d'expérimentations au cours desquelles des chercheurs pensaient effectuer une expérience sur un nouvel instrument pour mesurer l'empathie. À la moitié d'entre eux, nous disions que nous avions sélectionné des sujets dont les taux d'échec seraient nombreux (les « faibles »). Et à l'autre moitié, qu'on s'attendait à ce que les sujets obtiennent des scores de succès élevés (les « forts »). Les conditions d'expériences étaient les mêmes et les chercheurs devaient lire les mêmes instructions dans les deux situations. La seule différence se trouvait dans l'esprit du chercheur. Et pourtant, chaque fois, les chercheurs obtenaient plus d'échecs dans le groupe supposé « faible » et plus de succès dans le groupe prétendument « fort ». Alors, nous avons essayé de modifier les conditions de l'expérimentation. Par exemple, on mettait un écran entre le chercheur et le sujet d'expérimentation pour supprimer l'influence du langage non verbal (les gestes, les regards). Cela diminuait effectivement l'amplitude du résultat, mais on observait encore une différence. Ce qui montre l'importance de la communication non verbale. Ensuite, nous avons travaillé sur le ton de la voix. Et constaté que la voix produisait aussi un effet sur le résultat. Nous avons alors cherché à étudier la manière dont passait le message de façon non verbale.

Dans un article que vous avez publié, vous montrez comment, au cours d'un procès, le verdict du jury pouvait être prédit par le langage non verbal du juge. Pouvez-vous nous en parler ?

J'avais un étudiant brillant à Harvard qui s'intéressait au domaine juridique. Il obtint l'accord des juges pour les filmer au moment où ils donnent aux jurés les instructions sur la manière dont ils doivent procéder avant d'énoncer leur verdict. Il a enregistré trente-cinq procès. Généralement, ce que disent les juges est similaire dans le contenu puisque ce sont des instructions standardisées. La différence réside dans le langage non verbal et dans le ton de la voix. Nous nous sommes alors demandé si, en observant l'attitude du juge, nous pouvions prédire la décision du jury. En d'autres termes, si le juge utilisait une certaine intonation de voix avec certains gestes, pouvait-on prédire que le jury allait acquitter le prévenu ? Inversement, si le juge – avec les mêmes mots – prenait une attitude différente, pouvions-nous nous attendre à une condamnation ? Eh bien la réponse est oui ! Simplement en observant le juge, nous pouvions prédire la décision du jury !

« Je crois que dans le futur, notre compréhension du comportement humain partira du plus petit niveau (moléculaire) jusqu'au plus grand (la sociologie, l'anthropologie) en passant par le niveau intermédiaire : la psychologie cognitive. »

Ce qui signifie que le juge influence la décision du jury?

Oui.

Donc, si le juge pense que l'accusé est coupable et mérite une forte sanction, le jury le déclarera probablement coupable?

Exactement! C'est d'autant plus incroyable que cette expérience ne s'est pas faite en laboratoire, mais dans des conditions bien réelles. Mais un autre de mes étudiants a été plus loin. Il a présenté à de véritables jurés un petit film montrant une banale affaire d'accident. Puis il leur a montré la vidéo de juges donnant les instructions techniques pour rendre le verdict. Dans tous les cas, les instructions étaient identiques dans leur contenu verbal. Mais la moitié d'entre eux ont visionné un juge qui croyait le prévenu coupable, tandis que l'autre moitié a vu un juge qui pensait le prévenu innocent. Cette situation a modifié le résultat de 15 %. Ce qui signifie que dans 15 % des affaires, la décision prise par un jury est clairement influencée par la façon dont le juge s'exprime lorsqu'il énonce des instructions techniques aux jurés. C'est effrayant.

Pour revenir à l'idée de la prophétie autoréalisatrice, avez-vous étudié l'influence des parents?

Non, il y a peu d'études à ce sujet. Et cela pour des raisons essentiellement éthiques. On doit faire attention lorsqu'on joue avec le destin d'un enfant. De notre côté, nous n'avons mené des expériences qu'avec des enseignants. Dès lors, l'impact n'était que sur une année; de plus, nous proposions toujours des «prophéties» positives. Nous faisions passer un test aux étudiants qui était supposé prédire le succès scolaire. Puis, en début d'année, lorsque l'enseignant recevait ses nouveaux élèves, on lui donnait le nom de cinq enfants qui devraient particulièrement s'épanouir intellectuellement au cours de l'année

> «Peut-être est-ce vers les enseignants que nous devrions cibler nos prochaines recherches.»

à venir. Évidemment, ces cinq noms étaient choisis tout à fait au hasard. Et à la fin de l'année, ces cinq enfants s'étaient réellement épanouis intellectuellement. On pouvait même objectivement le mesurer sur des tests de quotient intellectuel, en comparant à un groupe contrôle d'autres enfants de la classe. D'autres expériences ont été menées par d'autres chercheurs; ils ont obtenu des résultats semblables mais parfois nettement moins impressionnants. Alors un étudiant a comparé ces différentes recherches et a effectué un important travail statistique. Et il a découvert que la variable qui influençait le plus le résultat final, c'était l'attente du professeur. Et cette attente était directement liée au fait que l'enseignant connaissait l'étudiant depuis longtemps ou depuis très peu de temps.

Je comprends. Si l'enseignant connaissait l'étudiant depuis longtemps et savait bien que c'était un élève médiocre, il était tellement surpris par le résultat du faux test qu'il avait du mal à le croire. Et l'effet jouait beaucoup moins.

Exactement, vous avez compris. Cela fonctionne très bien si l'enseignant ne connaît l'élève que depuis moins de deux semaines. Au-delà, l'effet commence à diminuer et disparaît complètement après plusieurs mois. On ne peut pas débarquer dans une classe au milieu de l'année et faire croire à un professeur qu'un élève est génial, alors qu'il sait bien qu'il est médiocre. Les profs ne sont pas idiots!

C'est ce que vous avez nommé l'effet Pygmalion.

Oui.

Et quelle est la différence avec la prophétie autoréalisatrice?

L'idée de prophétie autoréalisatrice a été théorisée par d'autres chercheurs. Dans une acception restreinte de la définition, la prophétie *auto*-réalisatrice est mise en place par la personne elle-même. Il s'agit d'un concept très fort dans la culture nord-américaine. Il y circule l'idée que si l'on veut vraiment quelque chose, on finit toujours par l'obtenir. C'est un domaine de recherche fascinant. Mais de notre côté, nous nous sommes intéressés aux prophéties implantées par d'autres personnes. On manipule le sujet A, mais l'effet est sur le sujet B. Un collègue israélien a largement étudié les applications au monde industriel et militaire. Plus un *leader* a des attentes élevées, plus ses subalternes obtiennent du succès.

Vos travaux ont-ils eu des applications pour l'enseignement?

Nous avons mené très peu de travaux sur l'application concrète de nos découvertes. Je dois l'avouer... Je suppose que j'aurais dû... Mais mon intérêt portait davantage sur la compréhension du phénomène. Avec une étudiante extraordinaire, nous avons mené une grande méta-analyse[3] sur trente et un articles scientifiques. Nous avons notamment cherché à savoir quelle était la différence dans le comportement de l'enseignant lorsqu'il avait une attente supérieure pour un étudiant qu'il croyait particulièrement doué. Nous avons découvert toute une série d'éléments. Mais on peut la résumer à deux facteurs essentiels. Tout d'abord, l'enseignant traite de façon plus chaleureuse l'élève pour lequel il a plus d'attentes. Ensuite, il lui donne tout simplement plus de travail. Ce que contesteraient certainement les élèves! Or si l'on croit en la valeur de quelqu'un, il est normal qu'on ait envie de lui apprendre beaucoup de choses, donc de lui donner plus de travail.

Pensez-vous que l'apparence physique d'un étudiant influence l'attente d'un enseignant? Ou que les élèves physiquement plus beaux sont considérés par les professeurs comme plus intelligents?

Je n'ai pas étudié cette question, mais je pense qu'il existe des travaux scientifiques qui indiquent que les enfants plus beaux reçoivent plus d'attention que les autres. Toutefois, cela n'a pas été corroboré avec l'attente des professeurs quant au résultat scolaire. Cela me semble une idée fascinante. Je serais enchanté de participer à ce genre de recherche. Si vous connaissez un étudiant qui veut faire un doctorat sur ce thème, envoyez-le-moi! L'idée m'enthousiasme.

Quand vous étiez un jeune étudiant, vos professeurs avaient-ils de grandes attentes pour vous, pensaient-ils que vous étiez l'un des plus doués?

Oui, je crois. Et je jouais aussi un autre rôle dans la classe : j'étais le clown! Je faisais des blagues et j'amusais la galerie. Mais ce n'était jamais hostile vis-à-vis du prof. Je m'arrangeais pour qu'il continue de m'apprécier malgré mes pitreries.

3. Une méta-analyse est l'analyse comparée d'une série d'études scientifiques publiées.

À votre avis, quel est l'avenir de la psychologie ?

Je ne suis pas un réductionniste. Certains pensent que lorsqu'on déchiffrera le fonctionnement précis des molécules, on aura tout compris sur le comportement humain. Je pense effectivement que l'on comprend mieux le comportement humain en étudiant le niveau moléculaire. Mais je crois que l'on comprend l'humain en l'étudiant aussi à un niveau sociologique. Je crois que dans le futur, notre compréhension du comportement humain partira du plus petit niveau (moléculaire) jusqu'au plus grand (la sociologie, l'anthropologie), en passant par le niveau intermédiaire : la psychologie cognitive.

Pourquoi rencontre-t-on beaucoup des plus grands psychologues de notre époque aux États-Unis ?

Je ne sais pas... Vous pensez que c'est vrai ? Pour ma part, je crois qu'il y a de grands chercheurs en psychologie partout dans le monde.

Effectivement, mais on en retrouve davantage aux États-Unis, bien que ce soient souvent des immigrés.

Peut-être est-ce une question de financement de la recherche. Est-ce que vous avez de bons financements en Europe ?

Non... C'est catastrophique...

Je pense que cela doit être le problème. Car lorsque je vais en Europe je suis toujours impressionné de constater combien mes collègues universitaires maîtrisent leur

« Quelle [est] la différence dans le comportement de l'enseignant lorsqu'il a une attente supérieure pour un étudiant qu'il croit particulièrement doué ? [...] On peut la résumer à deux facteurs essentiels. Tout d'abord, l'enseignant traite de façon plus chaleureuse l'élève pour lequel il a plus d'attentes. Ensuite, il lui donne tout simplement plus de travail. »

domaine. Ils ont un niveau de connaissance si élevé que c'en est embarrassant pour moi. Ils se souviennent de détails de mes propres recherches que j'ai moi-même oubliés. Je suis même persuadé que le niveau de connaissances scientifiques des chercheurs universitaires est plus élevé en Europe qu'aux États-Unis. Je n'ai jamais réfléchi à cette question. Mais je suppose que puisqu'ils n'ont pas les moyens financiers pour s'offrir des laboratoires de recherche sophistiqués, ils dépensent leur petit budget à l'achat de livres et de revues scientifiques. Ils consacrent donc beaucoup de temps à la lecture des travaux publiés par les Américains. Et finissent par en savoir plus que nous !

C'est par cette dernière touche de modestie et d'humour que se termine mon entretien avec l'éminent professeur émérite de Harvard. En ramassant mes documents, je me coupe avec la tranche d'un papier. Comme par magie, Robert Rosenthal sort de sa poche un sparadrap. Il me fait un clin d'œil et déclare : « Scout, toujours prêt ! »

Cette fois j'en suis convaincu. Si je pense que Robert Rosenthal est un homme extraordinaire, ce n'est pas l'effet d'une prophétie autoréalisatrice, mais bel et bien la réalité.

Robert Rosenthal dans le texte...

« Entrer en CP est un grand pas pour un enfant. Ce peut être soit une expérience merveilleuse, soit une expérience dévastatrice. L'institutrice lui sourit, imaginant ce que cette année lui apportera. [...] Si l'institutrice voit un nombre important d'enfants mal habillés et peu soignés, peu importe la couleur de leur peau, elle sait que son travail sera difficile et peu satisfaisant. L'institutrice voudrait que tous les enfants réussissent bien. Mais elle sait que les enfants des milieux défavorisés échouent souvent à l'école, tout comme elle sait que les enfants de la classe moyenne obtiennent de meilleurs résultats. Elle pense à tout cela en souriant. Elle les accueille pour la grande aventure du CP et déjà elle évalue leur futur succès ou échec à l'étalon de leur apparence sociale. Les enfants lui sourient en retour, inconscients du fait que leur première évaluation est déjà en train de se faire. »

Pygmalion in the Classroom, New York,
Irvington Publishers, 1992, trad. P. de Sutter.

« Pour résumer nos spéculations, nous pouvons dire, à partir de ce qu'elle dit, de la façon et du moment où elle le dit, à partir de ses expressions faciales, de ses gestes, et peut-être de sa façon de les toucher, que l'institutrice a communiqué aux enfants du groupe expérimental qu'elle s'attendait à une amélioration de leurs performances intellectuelles. Cette façon de communiquer, combinée à des modifications probables de ses techniques d'enseignement, peut avoir aidé les apprentissages de l'enfant

par un changement de sa propre perception de lui-même, de ses attentes, de ses comportements, de ses habiletés cognitives et de ses motivations. »

Ibid., trad. P. de Sutter.

«*Peut-être est-ce vers les enseignants que nous devrions cibler nos prochaines recherches. Si nous pouvions savoir comment ils peuvent améliorer considérablement la réussite et la compétence de leurs élèves sans changement notoire de leur méthode d'enseignement, alors nous pourrions expliquer aux autres enseignants comment faire la même chose.* »

Ibid., trad. P. de Sutter.

« "Après tout, que peut-on attendre de bon de tels enfants ?" *L'homme de la rue a peut-être le droit d'émettre une telle opinion (et prophétie) en voyant des enfants, laissés à eux-mêmes, se chamailler dans une sordide cours de récréation d'un quartier pauvre. L'enseignant dans une classe devrait savoir que, s'il émet la même prophétie, elle se réalisera. Lui, il n'est pas un badaud dans la rue. Il est probable qu'être le Pygmalion de la classe est davantage son rôle.* »

Ibid., trad. P. de Sutter.

Principaux textes de Robert Rosenthal

Pygmalion in the Classroom. Teacher Expectation and Pupil's Intellectual Development (avec L. Jacobson) [1968], New York, Irvington Publishers, 1992 (édition augmentée), trad., *Pygmalion à l'école*, Paris, Casterman, 1971.

Judgment Studies. Design, Analysis and Meta-Analysis, New York, Cambridge University Press, 1987.

Meta-Analytic Procedures for Social Research, Newbury Park, CA, Sage Publications, 1991 (édition révisée).

People Studying People. Artifacts and Ethics in Behavioral Research (avec R. L. Rosnow), New York, Freeman, 1997.

Contrasts and Effect Sizes in Behavioral Research. A Correlational Approach (avec R. L. Rosnow et D. B Rubin), New York, Cambridge University Press, 2000.

« Covert communication in classrooms, clinics, courtrooms, and cubicles », *American Psychologist*, 57, 2002, p. 839-849.

« Quantifying construct validity. Two simple measures » (avec D. Westen), *Journal of Personality and Social Psychology*, 84, 2003, p. 608-618.

« Repeated measures contrasts for "multiple patterns" hypotheses » (avec R. M. Furr), *Psychological Methods*, 8, 2003, p. 275-293.

6. La biologie de l'esprit

> « *Nous ne sommes pas seulement corps ou seulement esprit ; nous sommes corps et esprit tout ensemble.* »
>
> George Sand

Pendant des siècles, on s'est demandé où se trouvait l'esprit. On a d'abord cru que le principe vital qui animait l'esprit se trouvait dans le sang, étroitement associé, dans les religions du Livre, à l'âme – d'où l'interdiction, toujours respectée par les juifs et les musulmans, de manger un animal avec son sang. Pour certaines traditions d'Afrique du Nord, l'esprit, porté par le sang, réside dans le foie. Selon Rabelais, « le sang est le siège de l'âme[1] *». Les Égyptiens hésitaient pour leur part entre le cœur et le cerveau. Pour les Mayas-Quichés*[2]*, les Tatars et de nombreux autres peuples, l'esprit est dans le souffle. Il s'échappe par la bouche, notamment la nuit, pour permettre à l'esprit de voyager au pays des rêves. Dans l'Antiquité gréco-romaine, cette conception pneumatologique de l'âme est centrale.* Psyché *en grec et* anima *en latin ne signifient-ils pas exactement le « souffle » ?*

C'est un médecin renommé de Crotone[3]*, Alcméon, qui fut le premier*

1. Rabelais, *Le Tiers-Livre*, Paris, Livre de Poche, 1995.
2. R. Girard, *Le Popol Vu. Histoire culturelle des Mayas-Quichés*, Paris, Payot, 1954.
3. Dans le sud de l'Italie, à l'époque de la grande Grèce, au VIe siècle avant J.-C.

à faire du cerveau le siège de l'esprit [4]*. Repris par Hippocrate, au siècle suivant, il est ensuite contesté par Aristote, le principe des sensations étant selon lui localisé dans le cœur, « l'Acropole du corps » humain. Quelques siècles plus tard, Galien soigne des gladiateurs blessés à la tête. Il observe comment les affections cérébrales altèrent leurs mouvements et leur perception et met en évidence le parcours de l'influx nerveux depuis le cerveau. Ensuite, la route est longue, du Moyen Âge aux anatomistes du XVIII*e *siècle, avant que l'on découvre que le cerveau fonctionne à l'électricité* [5]*, puis grâce à ces messagers chimiques que sont les neurotransmetteurs.*

Il n'est pas possible de réduire l'esprit à l'organe qui le produit, de même que l'étincelle ne réside ni dans l'embout rouge de l'allumette ni dans le grattoir sur lequel on la frotte. Le cerveau ne sécrète pas l'esprit comme le pancréas l'insuline. Reste qu'on ne peut l'opposer au corps ni le couper de sa base biologique. Et que les méthodes d'exploration contemporaines nous permettent d'y voir plus clair. Par exemple, d'observer le nombre astronomique de cellules nerveuses que le cerveau comporte, environ cent milliards. Sachant que chaque cellule, ou neurone, établit plusieurs milliers de connexions avec les autres neurones... il nous est impossible d'imaginer l'immensité du réseau qui se tisse dans notre encéphale. Comme le dit le neurophysiologiste Edelman [6]*, si l'on s'avisait de dénombrer les connexions à l'intérieur du seul cortex (une par seconde), il nous faudrait trente-deux millions d'années pour en venir à bout.*

Autre sujet de fascination : la plasticité neuronale. Le cerveau n'est pas un organe figé, programmé une fois pour toutes. C'est une matière en perpétuel changement, une forme malléable, « plastique ». D'abord, contrairement à ce que les scientifiques ont longtemps cru, les neurones se renouvellent et peuvent apparaître à tout âge. Ensuite, et c'est là le plus fascinant, durant toute notre vie, les connexions et les groupements entre neurones se modifient et se recomposent au fil des expériences. Comme le dit Joseph LeDoux, nous sommes nos synapses. Autrement dit, nous sommes cette métamorphose permanente au gré de notre histoire. La vie façonne notre cerveau, comme le dit Marc Jeannerod, elle le « sculpte ».

---

4. « Ce qui gouverne siège dans le cerveau », *in* J. Defradas, *La Grèce*, Paris, Bloud & Gay, 1963.
5. Avec Luigi Galvani (1737-1798), pionnier de ce qu'on appellera l'« électrophysiologie ».
6. G. Edelman, *Plus vaste que le ciel*, Paris, Odile Jacob, 2004.

David Hubel

David Hubel en quelques dates...

1926 : Naissance à Windsor, Ontario (Canada).
1947 : Diplôme en mathématiques et en physique à l'université McGill. Il décide, presque sur un coup de tête, de s'inscrire à l'École de médecine de McGill.

1965 : Professeur de physiologie à l'université Harvard.
1968 : Professeur titulaire de la chaire George Packer Berry de neurobiologie.

David Hubel en quelques titres...

1978 : Prix Louisa Gross Horwitz de l'université Columbia, avec T. Wiesel.
1981 : Prix Nobel de physiologie ou médecine avec T. Wiesel, pour « leurs découvertes sur le traitement de l'information par le système visuel ».

Le cerveau n'est pas une table rase

Par Violaine Guéritault

Comment devient-on prix Nobel? Esprit de boutade ou excès de modestie, David Hubel aime à raconter que tout a commencé, un jour d'enfance, par une expérience de chimie dans la maison familiale d'Outremont, au Québec : le bougre découvre les effets de l'intéressant mélange du chlorate de potassium et du sucre. Il obtient un véritable canon, très explosif, qui manque de tout faire sauter. La science serait-elle dangereuse? Adolescent, il s'essaie à une autre expérience et remplit un ballon avec de l'hydrogène après y avoir placé un message. Quelques semaines plus tard, il reçoit l'appel d'une jeune fille de Sherbrooke (à plus de 100 km de chez lui), chez qui l'engin a fini par atterrir. La science s'avère cette fois-ci très utile. L'esprit créatif et pragmatique de David Hubel (il avoue préférer de beaucoup s'exercer à expérimenter le domaine de la science plutôt que lire sur le sujet) le conduit aussi durant son adolescence à s'intéresser de près à l'électronique. Mais il finit par s'en lasser et avoue humblement : « Tout ce que j'ai jamais construit dans ce domaine n'a jamais marché! »

Diplômé de mathématiques en 1947, il est admis contre toute attente à la faculté de médecine de l'université McGill, alors qu'il ne possède pas le moindre rudiment de biologie. David Hubel s'étonne et doute alors de lui-même. Pourtant, à sa plus grande surprise, il constate qu'il aime la médecine clinique, qui le conduit finalement à s'intéresser à la neurophysiologie. C'est ainsi qu'il consacrera les décennies suivantes à chercher les cellules qui permettraient de comprendre la façon dont le cerveau contrôle la vision. Ses aventures le conduiront à cartographier le cortex visuel et à remporter, en 1981, le prix Nobel dans la catégorie physiologie ou médecine avec son collaborateur Torsten Wiesel. David Hubel a passé la majeure partie de sa vie professionnelle aux États-Unis sous la supervision de Stephen Kuffler, si apprécié par ses pairs que, lorsqu'il décida de déménager son laboratoire de l'université Johns Hopkins à la faculté de médecine de l'université Harvard, tous les membres de son équipe de recherche, et leur famille, le suivirent. Cinq ans plus tard, cette équipe de choc créait le nouveau département de neurobiologie de Harvard, aujourd'hui réputé dans le monde entier. C'est dans ce contexte que le docteur Hubel a mené, avec Torsten Wiesel, les travaux qui allaient lui valoir le prix Nobel.

Outre ses intérêts scientifiques, David Hubel est un fervent musicien, linguiste et photographe amateur. L'humilité est ce qui caractérise sans doute le mieux ce grand homme de la science qui, interrogé un jour lors d'une conférence sur la recette de son succès, donna ce simple conseil : commencer, et ne jamais abandonner…

Que nous apprend David Hubel ?

Voir. Un acte qui semble aller de soi. Le livre dans vos mains, la pièce qui vous entoure. Et pourtant, la perception visuelle obéit à un processus extraordinairement complexe. Quand vous regardez ce livre, il n'y a en fait pas à proprement parler de livre sur votre rétine. L'information qui y figure n'est qu'un ensemble de pixels (environ 1 million). Ensuite, au terme d'un processus de construction, ce livre, avec ses pages et ses signes graphiques vous apparaît. *Voir* est donc la réponse finale d'un processus d'*interprétation*. Comment fonctionne ce système complexe ? Que met-il en jeu dans le cerveau ? Autant de questions auxquelles les neurobiologistes ont tenté de répondre aujourd'hui, menant recherches théoriques et expérimentales pour comprendre les structures cérébrales du cerveau. C'est là qu'intervient David Hubel : grâce à lui, ainsi qu'à Torsten Wiesel, son compagnon de route, le cortex visuel est aujourd'hui la partie la mieux connue du cerveau. Au détour, on découvre aussi que le cerveau n'est pas la « page blanche » que l'on imaginait...

À la découverte du cortex visuel

Qu'est-ce qui a incité David Hubel à s'intéresser aux structures cérébrales responsables de la vision ? Nous sommes au milieu des années 1950. À l'institut Walter Reed, où il a travaillé avant de poursuivre ses recherches à l'université Johns Hopkins, le directeur de David Hubel fait savoir que personne, au sein de l'équipe de neurophysiologie expérimentale, ne s'intéresse à la vision. Pragmatique, David Hubel se dit qu'en choisissant ce champ de recherche il aura moins à jouer du bistouri, le système visuel se trouvant à proximité du cerveau des chats alors étudiés. « Cela m'apparaissait plus facile », explique-t-il.

David Hubel met des années à recenser les fonctions cérébrales. Il localise entre autres les zones du cerveau responsables de la reconnaissance visuelle de la couleur, de la profondeur et du mouvement. Il étudie le son produit par la décharge des nerfs optiques d'animaux en réponse à divers stimuli visuels – son qui s'apparente à celui produit par un morceau de caoutchouc qu'on frotte lentement contre la peau mouillée.

Il est par ailleurs à l'origine de l'émergence et du développement de l'électrophysiologie visuelle moderne. Ses études sur les bases nerveuses de la perception visuelle l'ont amené à mettre au point des outils qui sont encore utilisés aujourd'hui par les physiologistes des systèmes sensoriel et moteur. Il a été le premier à démontrer que les neurones qui traitent la couleur sont confinés dans des petits nodules corticaux appelés « blobs ». Il a également étudié différents aspects de la fonction visuelle et des mouvements oculaires qui lui sont associés, ainsi que les illusions optiques.

C'est au Walter Reed Army Institute of Research de Washington, DC, que David Hubel amorce sa recherche sur l'action des cellules nerveuses pendant le sommeil. Sous la supervision de M. Fuortes, il développe une microélectrode qui peut pénétrer le cortex et permet des enregistrements à partir d'un seul neurone. En 1958, le Dr Hubel commence à collaborer avec Torsten Wiesel au laboratoire de Stephen Kuffler au Johns Hopkins Hospital. Les docteurs Hubel et Wiesel utilisent des électrodes pour explorer l'aire visuelle du cerveau. C'est ainsi qu'ils découvrent comment certaines cellules réagissent à une stimulation particulière, comme un bord sombre se déplaçant dans une certaine direction. Dans une expérience, des lignes diagonales en mouvement ont été projetées sur un écran géant à un groupe de gens pour ensuite disparaître subitement. Les personnes placées devant l'écran ont alors l'impression de voir réapparaître les mêmes lignes, immobiles cette fois-ci, un phénomène expliqué par la fonction réflective du cerveau.

David Hubel a aussi démontré comment la couleur est définie par la zone qui l'entoure, faisant passer un point du noir au blanc en modifiant simplement l'intensité du fond sur lequel celui-ci est projeté.

Présence ou absence de précâblage dans le cerveau ? Là n'est plus la question

David Hubel se demande alors si le cortex visuel primaire est déjà câblé avant la naissance ou si le câblage s'élabore dans les premiers mois de la vie, grâce aux stimuli visuels que reçoit le bébé. La position des experts à l'époque était en faveur de l'apprentissage et du conditionnement. Le cerveau des bébés était vu comme une page blanche sur laquelle la vie allait écrire et organiser de façon cohérente notre aptitude à comprendre ce que nous voyons. Le Dr Hubel met au point une expérience devenue depuis célèbre. Il provoque une cécité partielle chez des animaux nouveau-nés en occultant l'une de leurs paupières. Il s'aperçoit alors que l'œil privé de vision devient aveugle, mais non l'autre. Cette cécité est réversible, lorsqu'on rend la vision à l'animal, mais pas totalement, et seulement à condition que l'autre œil soit à son tour privé de vision. De cette manière, l'œil précédemment rendu aveugle peut compenser les lacunes de développement qu'il a subies. En entrant « en compétition », les deux yeux se disputent les connexions neuronales. L'œil doté de vision va empêcher l'œil clos de se développer normalement, car les connexions neuronales réservées à ce dernier vont se désactiver.

Cette découverte a bouleversé les préjugés de l'époque sur l'apprentissage. Elle démontre en effet que certaines parties du cerveau sont précâblées et que ce câblage peut s'effacer, faute de stimulations.

L'importance de la « période critique » dans le développement du cortex visuel

En travaillant sur des chats et des singes, David Hubel découvre qu'il existe une période critique d'élaboration du fonctionnement de la vision qui, bien que variant d'un animal à un autre, existe chez toutes les espèces, y compris chez l'être humain. Selon le type de stimulations reçues par les yeux durant la période critique qui s'étale sur les semaines ou les mois qui suivent la naissance, il est possible d'obtenir des changements importants dans les connexions neuronales. Changements qui sont par la suite impossibles chez l'animal adulte.

Cette constatation a conduit à la découverte du moyen de guérison d'une forme de cécité appelée « amblyopie ». Ce type de cécité vient de ce que, dans certains cas, une partie du cortex visuel primaire n'est pas stimulée parce qu'elle ne reçoit pas d'information venant de l'œil. Les neurones dégénèrent alors de manière irrécupérable et le bébé devient aveugle. Le problème n'est donc pas celui d'un défaut dans le précâblage. C'est le contraire qui prévaut : les neurones qui existent dès la naissance ont besoin d'être stimulés pour survivre.

Le travail de David Hubel illustre le lien existant entre la recherche pure et la recherche appliquée. Le Dr Hubel explique qu'il n'a pas cherché à guérir une forme de cécité et que sa découverte sur la façon de traiter l'amblyopie est un produit inattendu de son étude du fonctionnement du cerveau. Il ajoute de façon très ironique que, si son programme de recherche avait porté sur cette forme de cécité, il n'aurait jamais obtenu la moindre subvention. On lui aurait demandé de travailler, comme cela semblait évident, sur l'œil, et cela n'aurait mené à rien puisque le problème se situe au niveau du cerveau!

Ces études ouvrirent aussi la voie au traitement de la cataracte et du strabisme chez l'enfant. Elles marquent par ailleurs une avancée importante dans la compréhension de la plasticité cérébrale.

Rencontre avec David Hubel

L'art de ne pas se prendre au sérieux. C'est sans doute l'un des domaines où ce prix Nobel est passé maître. Simple, accessible et infiniment gentil, il est de ces êtres qui impressionnent par leur personnalité faite de compétence et de modestie. Un vrai grand homme par le talent et par l'humanité. Ce natif du Canada, qui a passé une partie de son enfance à Montréal, a été élevé dans le bilinguisme. C'est pourquoi il insiste pour que notre entretien se déroule en français.

Pourquoi vous êtes-vous intéressé à la neurophysiologie ?

D'une certaine manière, j'ai étudié la neurophysiologie par accident. Je me suis tout d'abord intéressé à la physique et aux mathématiques à l'université, puis je suis entré en fac de médecine à Montréal. Il y avait un grand institut de neurologie à Montréal, dans lequel travaillaient des professeurs de renom comme le professeur Jasper. C'est pendant mes études de médecine que j'ai commencé à m'intéresser à la neurologie. J'ai ensuite fait mon internat en neurologie, toujours à Montréal avec le professeur Jasper. C'est à ce moment-là que j'ai commencé à faire de la recherche dans ce domaine.

J'ai ensuite décidé de partir vivre aux États-Unis, où j'ai d'abord travaillé dans un petit centre de neuropsychologie. J'ai commencé à y faire de la recherche sur le système visuel. Cette période était d'autant plus intéressante pour moi que ce centre m'avait donné « carte blanche » : je pouvais faire absolument ce que je voulais. J'ai décidé de me spécialiser dans l'étude du système visuel. J'ai tout d'abord cherché à mesurer l'activité des cellules corticales chez les animaux en liberté. Il s'agissait là d'une grande première, car aucune donnée de ce type n'avait jamais été collectée sur des animaux qui ne vivaient pas en captivité. Ce début de recherche a été couronné de succès. Suite à cela, je suis allé m'installer à Boston où j'ai participé à la création du département de neurobiologie à Harvard, qui est devenu par la suite l'un des plus célèbres au monde.

Je voudrais ajouter à cela que dans le travail de recherche que j'ai accompli avec le Dr Wiesel, nous avons tout d'abord commencé à étudier la perception visuelle. Puis, dans les années 1960, nous nous sommes intéressés au cortex visuel des animaux rendus aveugles. Nous avons cousu l'une des paupières, privant ainsi l'animal nouveau-né de sa vision. Nous nous sommes très rapidement rendu compte que les animaux dont l'une des paupières avait été condamnée devenaient aveugles de cet œil-là, mais pas de l'autre. Nous avons aussi découvert que cette cécité est réversible dans une certaine mesure, mais pas totalement, lorsque la vision est restaurée et seulement à condition que l'autre œil soit dès lors privé de sa vision. De cette manière, l'œil précédemment privé de vision peut « travailler plus » et compenser les lacunes de développement qui lui ont été imposées à la naissance. Nous avons aussi découvert que les cellules du cortex visuel perçoivent seulement des lignes et ont pour rôle de déterminer la bonne orientation de ces lignes. Ainsi, certains neurones entrent spécifiquement en action pour reconnaître l'orientation de certaines lignes, alors que d'autres neurones sont activés pour identifier d'autres lignes. À partir de là, on s'aperçoit que si l'on prive de sa vision l'un des

> « L'implication la plus importante de notre découverte en psychologie, c'est de démontrer que le concept de la "table rase" est faux. »

yeux d'un animal nouveau-né, en l'espace de deux semaines les deux yeux entrent en « compétition » et se « disputent » les connexions neuronales. L'œil ouvert va ainsi bénéficier de l'ensemble de l'activité de ces connexions et priver par ailleurs l'œil clos d'un développement normal en désactivant les connexions neuronales qui lui étaient réservées. En résumé, les connexions neuronales qui étaient normales à la naissance de l'animal deviennent anormales suite à ce traitement infligé dans les deux premières semaines de sa vie.

Cette spécificité se retrouve chez tous les animaux, même chez les singes, ce qui nous a permis d'établir qu'elle était innée. Cette découverte, bien qu'inattendue, fut importante pour le domaine de la psychologie. La plupart des psychologues de l'époque pensaient que le cortex était telle une « table rase [1] » et notre recherche a démontré que ce n'est pas le cas du cortex du nouveau-né, même si l'environnement est très important. Il existe de toute évidence certaines connexions neuronales cruciales dès le départ.

Quelles sont les implications de votre découverte pour le domaine de la psychologie ?

L'implication la plus importante de notre découverte en psychologie, c'est de démontrer que le concept de la table rase est faux. Il est indiscutable qu'après la naissance notre environnement contribue au développement de beaucoup de connexions neuronales dans notre cerveau. Néanmoins, il existe déjà de nombreuses connexions à la naissance, contrairement à ce que les psychologues pensaient jusqu'alors.

Et dans le domaine de la médecine ?

Nous ne nous attendions absolument pas à ce que notre découverte ait autant d'impact dans le monde de la médecine. Notre recherche a permis, par exemple, de mieux comprendre les causes du strabisme chez

1. Idée selon laquelle l'esprit humain serait totalement vierge à la naissance. Ce sont les événements et l'expérience de la vie qui imprimeraient peu à peu leurs marques. L'image vient de la tablette de cire sur laquelle on écrivait (*tabula rasa* en latin) avant que l'utilisation du papier se généralise. Elle vient de Thomas d'Aquin et de John Locke, et a été reprise par Descartes. Dans le débat nature/culture, les théoriciens de la « table rase » se prononcent en faveur de la culture quand il s'agit de décrire la personnalité, le comportement et l'intelligence.

les humains. Cette recherche consistait à sectionner un certain muscle de manière à causer un strabisme artificiel chez des animaux. Nous avons aussi découvert que chez les animaux nouveau-nés, presque toutes les cellules du cortex répondent aux stimulations reçues par les deux yeux. Cela nous a permis, dans certaines conditions expérimentales, d'établir que chez les animaux rendus artificiellement strabiques, l'un des deux yeux finit par s'adapter et devenir monoculaire. On observe donc de grands changements dans l'organisation des connexions du système visuel seulement en sectionnant un muscle bien précis. Nous avons aussi observé que pour obtenir ce résultat, il fallait que ce muscle soit coupé lors d'une période bien spécifique après la naissance, que l'on appelle « période critique ». Si ce muscle venait à être sectionné après cette période critique, il serait impossible d'observer les mêmes changements dans l'organisation des connexions du système visuel. La durée de cette « période critique » varie d'un animal à un autre. Quelques mois chez un chat, un an chez un singe et peut-être seulement quelques heures, quelques jours ou plusieurs années chez un être humain – mais bien évidemment, dans le cas des humains, nous n'en savons rien. Nous pouvons donc obtenir des changements dans les connexions neuronales pendant cette période critique, mais pas chez l'animal adulte. C'est pourquoi, si un jeune enfant souffre de strabisme, il faut le traiter chirurgicalement très rapidement afin d'être sûr d'intervenir durant la période critique. Il fut un temps où l'on croyait qu'opérer le strabisme d'un enfant comportait de gros risques : les médecins attendaient que celui-ci soit sorti de l'enfance pour intervenir chirurgicalement, mais c'était beaucoup trop tard. Notre recherche a permis de changer ces idées préconçues et fausses, et de faire progresser la médecine dans ce domaine spécifique.

Avez-vous été avec le Dr Wiesel les premiers à parler de la « plasticité » du cerveau ou d'autres chercheurs vous ont-ils précédés dans ce domaine ?

Je pense que nous avons été les premiers à faire des observations scientifiques et neurophysiologiques dans ce domaine. D'autres avant nous avaient découvert que les animaux élevés dans le noir devenaient aveugles sans grand espoir de recouvrer la vue par la suite, mais nous avons été les premiers à spécifier les techniques nécessaires pour faire des mesures scientifiques sur ce sujet.

Quel est votre héros scientifique ?

La première personne à laquelle je pense, quand j'entends votre question, est Galilée. Ce fut un très grand homme dont l'apport pour la science est considérable. Ensuite, c'est le professeur Jasper, mon professeur à Montréal, qui me vient à l'esprit. Il m'a énormément appris et a vraiment contribué à mon développement en tant que scientifique. Mais pour ce qui est d'un chercheur dans le sens propre du terme, alors ma préférence va sans aucun doute à Galilée. J'ai beaucoup de respect pour cet homme très simple et direct. Sa contribution scientifique nous a permis d'élargir nos connaissances de façon extraordinaire.

Pensez-vous que le domaine de la psychologie pourrait un jour avoir l'équivalent d'un Einstein ?

C'est difficile à dire. Le domaine de la psychologie est très vaste en soi et il paraît difficile pour une seule personne d'en maîtriser toutes les facettes. De plus, l'aspect théorique des phénomènes dans le domaine de la psychologie n'a pas la même importance qu'en physique. Peut-être parce que nos connaissances en psychologie ne sont pas assez avancées. Mais cela peut changer avec le temps. Les connexions neuronales dans notre cerveau sont extraordinairement complexes. Il faut d'abord que nous apprenions à mieux les cerner. Les psychologues peuvent aussi comprendre des entités qui à première vue semblent difficiles à appréhender, comme la notion d'« esprit ». Savoir ce qu'est l'esprit va bien plus loin qu'une simple définition de ce terme. Il en va de même pour la notion d'« âme », que l'on n'est peut-être pas encore capable d'expliquer.

> « Il est grand temps que nous nous dirigions vers une meilleure compréhension du fonctionnement des cellules et, surtout, du fonctionnement intime, voire caché, des cellules. »

À votre avis, que connaissons-nous du fonctionnement du cerveau aujourd'hui ? Peut-on dire que nous l'avons élucidé à 10 ou 20 % ?

On ne peut pas parler de proportion ni même de pourcentage parce que cela dépend avant tout du niveau de connaissances. Nos connaissances actuelles sur le cerveau changent constamment grâce aux nouvelles technologies, comme l'IRM. Nous découvrons des éléments nouveaux tous les jours. Je suis cependant convaincu qu'il y a encore une foule de choses que nous ne connaissons pas. Notre cerveau est terriblement complexe : c'est d'ailleurs ce qui le rend si fascinant et si magique.

Quel est, selon vous, l'avenir des neurosciences et de la neurophysiologie ?

C'est assez difficile à dire, mais pour moi, il est grand temps que nous nous dirigions vers une meilleure compréhension du fonctionnement des cellules et, surtout, du fonctionnement intime, voire caché, des cellules. Quand je parle des « cellules » dans le domaine de la psychologie, je veux parler de l'*interaction* des cellules. Pour ce faire, il faut que nous apprenions à toujours mieux en mesurer l'activité : c'est là notre seule chance d'avancer dans la compréhension de leur fonctionnement.

Je pense par ailleurs que la limite entre la neurologie et la psychologie est de moins en moins marquée. C'est une bonne chose, pour l'un comme pour l'autre de ces domaines. Car les psychologues peuvent jouer un rôle important en neurologie : ils peuvent donner des idées d'expérimentation nouvelles auxquelles les neurologues n'auraient jamais pensé.

« La limite entre la neurologie et la psychologie est de moins en moins marquée. C'est une bonne chose, pour l'un comme pour l'autre de ces domaines. »

Principaux textes de David Hubel

Eye, Brain and Vision, New York, W. H. Freeman & Company, 1988, trad. *L'Œil, le cerveau et la vision. Les étapes cérébrales du traitement visuel*, Paris, Pour la science, 1994.

Vision and Art. The Biology of Seing (avec M. Livingstone), New York, HNA Books, 2002.

Brain and Visual Perception. The Story of a 25-Year Collaboration (avec T. Wiesel), Oxford, Oxford University Press, 2004.

Michel Jouvet

Michel Jouvet en quelques dates...

1925 : Naissance à Lons-le-Saunier.

1954 : Formation scientifique aux États-Unis chez le Pr Magoun.

1955 : Tour du monde en quatre-vingt-dix jours.

1959 : Découverte du sommeil paradoxal.

1969 : Publication de la théorie *monoaminergique* du sommeil.

1990 : Publication de la théorie génétique du sommeil.

Michel Jouvet en quelques titres...

1961 : Professeur agrégé de médecine expérimentale et directeur du laboratoire de neurophysiologie clinique sur le sommeil à l'Hôpital neurologique de Lyon.

1966 : Directeur de l'unité de recherche U52 « onirologie moléculaire » de l'INSERM.

1977 : Élection à l'Académie des sciences.

1989 : Médaille d'or du CNRS.

Un curieux au pays du sommeil : rêver n'est pas dormir

Par Bernard Pascal

Michel Jouvet est natif de Franche-Comté où son père est médecin généraliste. D'abord peu intéressé par la médecine et passionné de voyages, il veut être officier de marine. La Seconde Guerre mondiale en décide autrement. En décembre 1942, alors qu'il étudie à Lyon en classe de « math sup » pour intégrer une école militaire, la flotte française de Toulon est sabordée : c'en est fait de la carrière navale... Michel Jouvet entre alors dans le maquis du Jura. Puis il se porte volontaire dans les troupes alpines et ne revient à la vie civile qu'en octobre 1945. Les voyages l'attirent toujours, et il rêve d'une carrière d'ethnologue, si bien qu'il entreprend de s'inscrire à la faculté des lettres de Lyon où le célèbre anthropologiste André Leroy-Gourhan vient de Paris chaque semaine pour ses cours. Le docteur Jouvet ayant réussi à convaincre son fils que les études de médecine le mèneraient « n'importe où », Michel décide de suivre une double formation d'anthropologiste-ethnologue et de médecin, à Lyon.

En 1951, Michel Jouvet est interne en médecine, dans le service de neurochirurgie du professeur Pierre Wertheimer. Sa curiosité est éveillée par les phénomènes de perte de connaissance et de coma. Le cerveau devient dès lors pour lui un objet d'étude passionnant. Il se lance dans la recherche en neurophysiologie et décide de partir travailler dans le laboratoire de Horace Magoun en Californie, durant un an, pour apprendre des techniques nouvelles.

À la fin de son année américaine, Michel Jouvet se lance dans un tour du monde. En quatre-vingt-dix jours, il réussit à faire escale dans de nombreux pays d'Asie et d'Europe. Tous les événements, tous les endroits du monde, sont mis à contribution pour satisfaire sa curiosité dévorante.

De retour à Lyon, il termine son internat en neurochirurgie. Toujours intéressé par le coma, il publie en 1959 les critères de la mort cérébrale, qui permettent de décider l'arrêt d'une réanimation chez un patient en coma dépassé. Dix ans plus tard, il publiera une échelle de diagnostic de l'intensité des comas qui inspirera l'échelle de Coma de Glasgow, toujours en usage.

Jouvet reprend ses travaux expérimentaux à partir de 1958 au CNRS, avec deux jeunes médecins : François Michel et Danièle Mounier. C'est à cette époque qu'il va découvrir le *sommeil paradoxal*, cette phase du sommeil durant laquelle on rêve.

Dès lors, le laboratoire de neurophysiologie se développe, et, pour approfondir les études sur le sommeil paradoxal, Michel Jouvet y fait régulièrement entrer des biologistes maîtrisant les techniques nouvelles : biochimie, histochimie, génétique, immunohistochimie, etc. Renouant avec son ancienne passion pour l'anthropologie, il se lance dans l'étude de l'évolution du sommeil paradoxal au travers des espèces (phylogenèse) et au cours du développement de l'individu (ontogenèse), et se rend même en Afrique noire pour étudier le sommeil chez les Bassari : le besoin de voyager le tenaille toujours. Il s'intéresse à une maladie, la *narcolepsie*, responsable d'accès brutaux de sommeil paradoxal en plein éveil ; il développera un médicament, le *modafinil*, qui permet de la soigner. Jusqu'à sa retraite en 2000, il sera à la tête d'un des plus importants laboratoires du monde consacré aux « *états de vigilance* » : l'éveil, le sommeil lent et le sommeil paradoxal.

Que nous apprend Michel Jouvet?

La découverte du sommeil paradoxal

Nous sommes en 1951, Michel Jouvet se passionne pour l'étude du cerveau. À cette époque, on sait très peu de choses en matière d'éveil et de sommeil. Pour le savant russe Ivan Pavlov, le cortex cérébral (littéralement, l'« écorce », comme pour un arbre), c'est-à-dire la partie superficielle du cerveau, est l'élément fondamental du fonctionnement nerveux supérieur. Pavlov considère que c'est lui le responsable de l'éveil et aussi du sommeil; en fin de journée, il bloque l'activité de l'encéphale : le cerveau s'endort comme lorsque l'on appuie sur le frein d'une automobile.

Jouvet prend connaissance d'un travail publié en 1949 par l'Américain Horace Magoun et son collègue italien Giuseppe Moruzzi, à propos d'une structure nerveuse située dans le tronc cérébral [1] : la *formation réticulée*. Leurs recherches montrent l'existence d'un *système réticulé activateur ascendant* (figure 2), qui monte depuis la formation réticulée du tronc cérébral vers le cerveau, pour le stimuler. Voilà donc un système *actif*, responsable de l'*éveil*. Cet article fait l'effet d'une bombe dans la tête de Michel Jouvet : le cortex n'est donc pas la seule structure responsable

1. Rappelons que l'encéphale est constitué des deux hémisphères cérébraux (le cerveau proprement dit), du cervelet et du tronc cérébral, qui unit ces structures entre elles et se poursuit vers la moelle.

de l'alternance éveil-sommeil. Il décide de partir travailler chez Horace Magoun, en Californie, pour apprendre les nouvelles techniques.

De retour à Lyon, il étudie l'éveil : chez le chat endormi, l'électroencéphalogramme montre un tracé de sommeil, avec des *ondes lentes* et des *fuseaux* (figure 1). Un stimulus sonore provoque l'éveil, et l'électroencéphalogramme montre un *tracé d'éveil*, rapide :

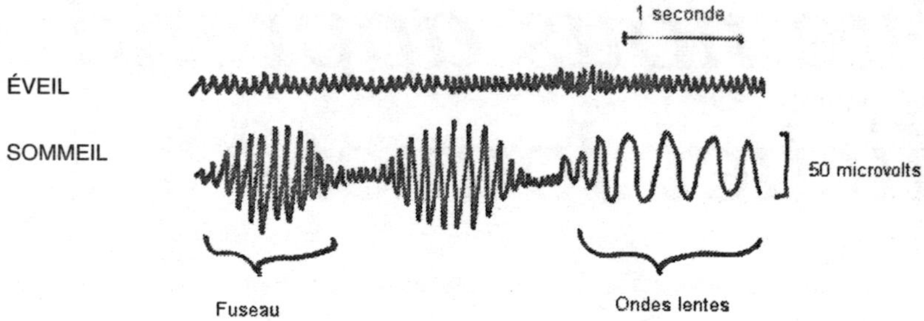

Figure 1 : activité électrique du cortex.

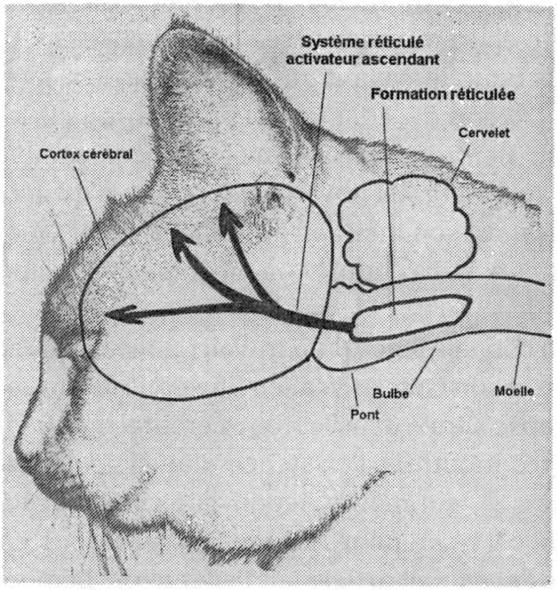

Figure 2 : schéma de l'encéphale chez le chat.

Pour des raisons techniques, l'équipe lyonnaise décide d'enregistrer aussi les muscles de la nuque et la formation réticulée du pont au moyen de deux électrodes. Cette décision un peu fortuite sera cruciale pour l'évolution des travaux de Jouvet : grâce à ces deux nouvelles électrodes, trois observations curieuses s'imposent aux chercheurs :

- Grâce à l'électrode qui enregistre les muscles de la nuque, ils s'aperçoivent que l'activité musculaire de l'animal, qui est intense lorsqu'il est éveillé, se relâche lentement lorsqu'il s'endort progressivement. Lorsqu'il sommeille durant plusieurs heures, l'activité électrique de ses muscles disparaît complètement à intervalles réguliers, toutes les vingt minutes : durant cinq à six minutes, les muscles de l'animal restent atones, flasques, et cela se reproduit régulièrement au cours de son sommeil.
- Durant ces périodes où les muscles demeurent atones, l'électrode qui enregistre la réticulée du pont s'affole : un rythme rapide fait de fuseaux s'inscrit sur les tracés.
- Troisième observation : dans ces périodes d'activité intense du tronc et d'atonie musculaire, on observe des mouvements rapides des yeux.

Pour confirmer ces données, Jouvet réalise l'ablation de tout le cerveau, en avant du pont, et retrouve les phases de fuseaux et d'atonie musculaire : c'est bien le tronc qui est responsable de cet état. Étonnée, l'équipe se précipite pour refaire ces mêmes enregistrements chez des chats ayant un cortex intact : mêmes constatations. De plus, les enregistrements du cortex montrent qu'au cours des périodes d'atonie musculaire, de mouvements oculaires et d'activité rapide du tronc le cortex a, lui aussi, un tracé rapide, identique à celui de l'éveil...

Voilà une bien curieuse façon de dormir : il existe donc, toutes les 20 minutes, durant quelques minutes, un *sommeil paradoxal*, déclenché par une structure située dans le tronc cérébral. Pendant ces phases de sommeil paradoxal, la musculature du chat est au repos complet, alors que son cerveau et ses yeux sont le siège d'une activité intense. Ce nouveau type de sommeil est très différent du sommeil à ondes lentes déjà connu. Il existe donc trois « états de vigilance » : l'éveil, le sommeil à ondes lentes et le sommeil paradoxal.

Entre 1953 et 1958, l'équipe de William Dement, à Chicago, avait découvert chez l'homme des phases du sommeil durant lesquelles les sujets rêvaient : le rêve survient par périodes de 20 à 25 minutes, séparées par des intervalles de 90 minutes. Jouvet montre que le rêve correspond aux périodes de sommeil paradoxal. Il isole ensuite dans le pont une zone qui commande le sommeil paradoxal : le *locus coeruleus*. La destruction de cet endroit minuscule supprime le sommeil paradoxal et laisse intact le sommeil à ondes lentes.

Voilà démontrée l'existence de deux phénomènes séparés :

- le sommeil lent, commandé par des structures de la partie antérieure du cerveau (cortex et thalamus) ;
- et le sommeil paradoxal, qui provient de l'arrière de l'encéphale (formation réticulée du pont). Le sommeil paradoxal est la période durant laquelle on rêve.

La découverte du comportement onirique

Entre 1956 et 1965, l'équipe de Jouvet parvient à identifier le système neuronal responsable de l'atonie musculaire du sommeil paradoxal (que l'on peut nommer « système de freinage »). En détruisant la structure responsable du système de freinage, située dans la réticulée du pont, on supprime l'atonie musculaire et on révèle le comportement onirique : le chat endormi ouvre les yeux, lève la tête, regarde en haut, à droite et à gauche, puis se met à courir après une proie imaginaire, s'arrêtant pour jouer avec elle ; il peut avoir des comportements de peur, d'attaque, de léchage. Pendant toutes ces activités, l'animal reste insensible aux stimulations du milieu où il se trouve. Ainsi se trouve mis au jour l'activité onirique du chat, que l'on peut observer par son comportement.

À quoi sert le sommeil paradoxal ?

Puisque l'on dispose, avec les enregistrements électriques, de marqueurs objectifs (mouvements des yeux, électro-encéphalogramme, activité musculaire), on peut rechercher le sommeil paradoxal et le rêve chez d'autres animaux. Reprenant son ancienne passion pour l'anthropologie et l'évolution, Jouvet se lance alors dans des recherches de zoologie comparée.

Le sommeil paradoxal à travers les différentes espèces

De ses études sur les différentes espèces animales, l'équipe de Jouvet conclut que le sommeil paradoxal n'existe pas chez les animaux dits « à sang froid » ou poïkilothermes (c'est-à-dire dont la température interne varie en fonction de celle du milieu dans lequel ils se trouvent) : les poissons, les batraciens et les reptiles. En revanche, on le retrouve chez les oiseaux et les mammifères, qui conservent une température interne constante (on les qualifie d'homéothermes). La poule, le pigeon, la chouette, l'aigle et tous les mammifères étudiés, depuis l'opossum jusqu'à l'éléphant, connaissent le sommeil paradoxal. Tout se passe comme si l'évolution avait éprouvé le besoin de créer cet état lors de l'apparition de l'homéothermie.

Le sommeil paradoxal au cours du développement d'un individu

Parallèlement, Michel Jouvet et ses collaborateurs étudient l'évolution du sommeil au cours du développement de l'individu. Ils découvrent que les nouveau-nés des rats et des chats présentent un taux de sommeil paradoxal plus élevé que l'animal adulte. Par ailleurs, plus un mammifère est immature à la naissance, plus la proportion du sommeil paradoxal est élevée. C'est donc au moment où se font la maturation et la programmation génétique du système nerveux (neurogenèse) que ce phénomène atteint son taux le plus élevé, pour décroître ensuite chez l'individu adulte. Au fur et à mesure de l'achèvement de la neurogenèse, le sommeil paradoxal s'installe. Le sommeil lent, quant à lui, apparaît après le sommeil paradoxal, ce qui confirme l'indépendance des deux phénomènes. En conclusion, ces travaux conduisent à penser que le sommeil paradoxal n'apparaît qu'une fois la neurogenèse achevée. Peut-être effectue-t-il une de ses fonctions à sa place ?

La génétique du sommeil paradoxal

En 1990, Bouchard, de l'université du Minnesota, publie une grande étude commencée en 1979 sur des « vrais jumeaux », que l'on appelle aussi homozygotes. Ces individus sont intéressants sur le plan de l'hérédité, car ils ont strictement le même matériel génétique. Des dizaines de paires de jumeaux homozygotes élevés dès leur naissance dans des familles différentes ont été soumis à des tests psychométriques et physiologiques. Les tests de personnalité, de tempérament, des habitudes au cours du travail, des loisirs et des comportements sociaux ont montré une très grande similarité entre les jumeaux d'une même paire. Jouvet propose alors une théorie génétique du sommeil paradoxal (voir l'entretien avec Michel Jouvet). *Cette théorie conçoit le sommeil paradoxal comme un conservateur des comportements spécifiques de l'individu (individuation).* Le sommeil lent serait, lui, le gardien du rêve : d'une part, il assure la sécurité du système, en bloquant l'éveil ; d'autre part, il ravitaille le cerveau en énergie pour lui permettre d'utiliser ses forces lors de la mise en jeu du rêve. En effet, le sommeil paradoxal consomme de l'énergie, en quantité au moins aussi importante que l'éveil.

La physiologie des trois « états de vigilance » (éveil, sommeil lent, sommeil paradoxal)

La chimie du sommeil

En 1969, Jouvet publie sa *théorie monoaminergique* (la sérotonine, la noradrénaline et la dopamine sont toutes les trois des monoamines) : la sérotonine, dont les neurones producteurs sont situés dans le *raphé* (un groupe de neurones situés dans le pont), est responsable du sommeil lent, et la destruction du noyau du raphé entraîne une insomnie. Le sommeil lent est donc déclenché par la sérotonine. L'éveil est, lui, sous la dépendance de deux neurotransmetteurs : la dopamine et la noradrénaline. Le sommeil paradoxal est déclenché par les neurones à acétylcholine du *locus coeruleus*. Vers 1975, la théorie sérotoninergique du sommeil est battue en brèche : les neurones à sérotonine du raphé sont inactifs au cours du sommeil, mais au contraire très actifs durant l'éveil. D'où l'hypothèse nouvelle de Jouvet : ce neurotransmetteur pourrait, durant l'éveil, provoquer dans certains neurones la synthèse d'un « facteur hypnogène », qui serait actif pour déclencher le sommeil. Cette substance hypnogène n'a pas été découverte, mais cette thèse est toujours à l'origine de recherches actuelles.

Les aspects énergétiques du sommeil paradoxal (1990-2000)

Une nouvelle technique, la tomographie par émission de positons, appliquée à l'étude du sommeil paradoxal, révèle que cet état consomme au moins autant d'énergie que l'éveil. Le cerveau est donc un gros consommateur d'énergie lorsqu'il rêve. Cette énergie, il lui faut au préalable la stocker pour qu'elle puisse être utilisée par le sommeil paradoxal. Il semble donc que le sommeil lent soit indispensable, notamment, à l'accumulation des réserves énergétiques utilisées par les mécanismes du sommeil paradoxal.

En bloquant chimiquement les mécanismes hypothalamiques régulateurs de la température corporelle, on peut refroidir un animal. Chez le chat, à 24°C, le sommeil paradoxal persiste. Alors qu'à une température si basse tous les métabolismes s'interrompent, le sommeil paradoxal fait exception : plus la température baisse, plus il augmente – il décuple, même. Pour Jouvet, l'explication est la suivante : des neurones, qui étaient faits pour les poïkilothermes et qui ont une plasticité extraordinaire leur permettant de fonctionner à basse température (venant probablement d'un petit dinosaure), ont été transmis aux oiseaux et ensuite aux mammifères conformément aux mécanismes de l'évolution.

Ainsi, durant toute sa vie, Michel Jouvet a exploré le monde avec curiosité, saisissant chaque occasion qui s'offrait à lui pour s'interroger sur le sens des choses observées. C'est parce qu'il n'a pu faire de carrière militaire qu'il est devenu médecin, c'est parce qu'il a été étonné par les comas qu'il s'est intéressé à la neurophysiologie. C'est en étudiant les mécanismes de l'éveil et en plantant deux électrodes aux bons endroits qu'il a découvert, par hasard, le sommeil paradoxal. Mais, après avoir pris conscience de l'importance de ce troisième état de vigilance, il n'a cessé d'en rechercher la signification dans la nature : comprendre les mécanismes du sommeil paradoxal dans le cerveau n'était pas suffisant pour lui, il lui fallait aussi rechercher les particularités du phénomène parmi l'ensemble des vertébrés et au cours du développement des individus. Immédiatement, les observations issues de ses travaux entraînaient des réflexions : ses théories sont le fruit d'une pensée englobante. Par son ouverture intellectuelle, il a émis des hypothèses qui ont servi de base de travail dans plusieurs domaines : électrophysiologie, biochimie, génétique, ethnologie, zoologie, pharmacologie, clinique. Actuellement, dans toutes les grandes villes, des laboratoires d'exploration clinique permettent d'enregistrer les patients souffrant de troubles de l'éveil ou du sommeil et de leur proposer des solutions thérapeutiques. Le modafinil, quant à lui, est un médicament commercialisé, qui rend service aux narcoleptiques du monde entier (voir l'entretien).

Rencontre avec Michel Jouvet

Le rendez-vous avait été fixé en fin de matinée, dans sa maison, au nord de Lyon. Le temps de garer ma voiture dans le jardin, Michel Jouvet vient m'accueillir, accompagné de ses deux gros chiens, qu'il me présente. Le bouvier bernois s'appelle Oniros, soit le «rêve», en grec; quant au terre-neuve, Uther, il porte le nom du père du roi Arthur : Uther Pendragon… D'emblée, le ton est donné : l'onirologie et le mythe. L'histoire de l'humanité. Je pressens la richesse de la rencontre. L'homme à la forte carrure me fait entrer dans son bureau, et j'y découvre la suite logique de cette introduction : un véritable musée des sciences et des souvenirs de voyage. Au plafond de cette pièce aux tons sombres, bruns et verts, propice à la réflexion, une carapace de tortue géante. Les hautes bibliothèques vitrées, surchargées de livres, d'articles scientifiques et de photographies, sont ornées à leur cime d'une collection de mappemondes. Aux murs, de grosses mygales naturalisées sous verre, ainsi que divers papillons et insectes exotiques. Sur la table, au centre, la photographie d'une femme Bassari, parée de ses bijoux. À côté de ce portrait, un crâne d'animal, long et sculpté. Dans un coin brille un objet de cuivre et de verre : le casque d'un scaphandre. L'ambiance paraît surgir tout droit d'une bande dessinée de Hergé. À droite de la porte, une relique : une table d'expérimentation du physiologiste Claude Bernard, cadeau du laboratoire de la faculté pour le départ à la retraite de Michel Jouvet. Sur la table de travail, près de la fenêtre, de nombreux documents épars et, touche moderne dans ce musée intemporel, l'écran plat d'un ordinateur.

Nous voilà partis pour un long entretien : Michel Jouvet parle, explique, inlassablement; il noircit le papier de schémas et de notes. L'œil vif et l'expression décidée, mon hôte fait de nombreuses digressions pour évoquer tel ou tel souvenir amusant. Le visage sérieux s'éclaircit alors d'un sourire, et le discours neurophysiologique perd son côté formel pour se transformer en une partie de rigolade. J'ai en face de moi un esprit jeune, et seule une raideur dans la démarche rappelle ses 81 ans… Une interruption pour le déjeuner : «J'ai réservé dans une auberge locale, explique-t-il; vous verrez, les cuisses de grenouille y sont délicieuses.» Chaleureux et très convivial, il m'invite à un repas familial avec ses deux derniers fils, Jean-Christophe, vingt-cinq ans, interne en médecine, et Frédéric, vingt et un ans, étudiant en école de commerce. Après l'accueil très respectueux du chef de cuisine, je questionne : «Vous devez être la célébrité locale, monsieur?» La répartie est immédiate et pleine d'humour : «Vous savez, je suis effectivement le seul membre de l'Académie des sciences de ce village.» Et la conversation se poursuit à table : mêlant Leroy-Gourhan, les Bassaris, l'histofluorescence et les événements personnels, Michel Jouvet est intarissable. «Comment trouvez-vous ce Saint-Vérand?» me demande-t-il après une gorgée de vin.. Avec cet amateur de bonne chère, la discussion technique laisse facilement la place à des considérations œnologiques ou gastronomiques. Cet excellent repas dans la Dombes achevé, nous reprenons l'interview dans le bureau, interrompus de temps à autre par les visites de Shrek, un des chats de la maison, qui vient s'intéresser au visiteur. Avec les êtres humains comme avec les animaux, son maître se révèle très respectueux et curieux de toute la diversité que la nature lui permet d'observer. Et c'est

«La curiosité et l'observation sont pour moi les qualités les plus importantes, celles qu'il faudrait transmettre à tout jeune scientifique.»

après une journée passionnante que je quitte, un peu à regret, ce personnage attachant et hors du commun.

Y a-t-il eu des événements dans votre vie qui ont influencé votre pensée scientifique ?

Au départ, je voulais être officier de marine, je voulais voyager. La guerre m'en a empêché, et après la Libération, je me suis inscrit, à défaut, en ethnologie à la faculté des lettres, toujours dans l'idée de partir. Les études de médecine, vers lesquelles mon père m'a orienté, m'ont conduit à m'intéresser au cerveau, alors que je n'avais aucun intérêt initial pour la biologie. Mon internat en neurochirurgie m'a mis au contact de quelque chose de fascinant : le cerveau. Le cerveau, c'était même plus intéressant que le tour du monde. Je partais alors à la découverte de l'inconnu car, en 1951, on n'en connaissait presque rien : c'est cela qui me passionnait. Le séjour d'un an chez Horace Magoun aux États-Unis m'a permis de me former aux techniques modernes de la neurophysiologie : la stéréotaxie, les micro-électrodes. Par la suite, alors que je cherchais à étudier les réflexes conditionnés et l'éveil, le hasard a voulu que je tombe sur le sommeil paradoxal en mettant des électrodes aux bons endroits. Ensuite, la démarche est devenue cartésienne et exploratoire.

Quelles sont les personnalités scientifiques qui ont marqué vos idées ?

D'abord mon maître en ethnologie, André Leroy-Gourhan. Il était capable de faire trois cours d'une heure et demie sur l'histoire du clou ou du harpon. Il avait un propulseur et envoyait sa lance depuis le tableau dans l'amphi, en faisant siffler cet engin à nos oreilles, l'expédiant se planter dans le mur du fond... Ensuite, des enseignants de médecine, tel le docteur Paliard, un interniste doté d'un sens clinique remarquable, qui m'a beaucoup appris à examiner, palper, écouter, observer. Ces personnages m'ont communiqué le sens de l'observation. Enfin, un Mexicain rencontré au cours de mon séjour aux États-Unis : Raul Hernandez-Peon; cet homme pensait, et cela m'a beaucoup marqué, que si une observation avait été faite dans une expérience, même si on ne l'avait obtenue qu'une seule fois, cela démontrait quelque chose d'important, qui méritait d'être pris en considération.

Quelles sont les qualités qu'il est selon vous essentiel de transmettre à un étudiant ?

La curiosité et l'observation sont pour moi les qualités les plus importantes, celles qu'il faudrait transmettre à tout jeune scientifique. Autre atout essentiel : avoir le culot de se dire qu'on peut se lancer dans quelque chose même si on n'en a pas, au départ, une connaissance approfondie. Être capable de partir à l'exploration.

Pouvez-vous décrire les trois « états de vigilance » : l'éveil, le sommeil lent et le sommeil paradoxal, et leurs caractéristiques ?

Sur le plan comportemental : regardez quelqu'un qui est assis dans un fauteuil ; s'il est éveillé, il s'intéresse à son environnement, tourne la tête, etc. À un moment donné, il va s'immobiliser et fermer les yeux. Si vous faites un petit bruit et qu'il ouvre les yeux, c'est qu'il est dans un stade de sommeil léger. Au fur et à mesure que son sommeil devient plus profond, vous allez noter un relâchement musculaire : sa tête tombe. Au bout d'une heure, une heure et demie, sa respiration change, il se produit un arrêt respiratoire de vingt à trente secondes, contemporain d'une érection, puis sa respiration devient irrégulière, on observe de petits mouvements de la bouche, des doigts, des yeux. Et si vous le réveillez, il vous dira qu'il était en train de rêver. Voilà les trois états de ce qu'on appelle la vigilance. Avec cette observation, on distingue l'éveil du sommeil lent et du sommeil paradoxal, avec presque autant de précision que l'électroencéphalogramme. En plaçant une électrode sur le menton pour le tonus musculaire et une sur l'orbite, pour les mouvements des yeux, on peut obtenir les mêmes renseignements : si l'on constate un tonus musculaire intense et des mouvements oculaires,

> « Le sommeil lent [...] est le gardien du sommeil paradoxal : il permet de stocker l'énorme quantité d'énergie nécessaire à l'activité onirique. Et il constitue une barrière de sécurité pour la reprogrammation de l'individuation. »

c'est l'éveil. Si l'activité musculaire se réduit, sans mouvements oculaires, c'est le sommeil lent ; lorsqu'il n'y a aucun tonus musculaire et beaucoup de mouvements des yeux, c'est le rêve. Vous remarquerez qu'ainsi on ne s'occupe que d'activité musculaire, pas d'activité du cerveau : j'ai eu l'idée de mettre au point la technique que j'appelle *polygraphie*, c'est-à-dire de l'enregistrement simultané de diverses activités (mouvements oculaires, tonus musculaire, érection), en plus de celle du cortex.

Chaque état peut présenter différents niveaux d'intensité : il y a d'abord l'attention, qui est un hyperéveil, avec focalisation sur un centre d'intérêt. Ensuite, l'hypnose : un sujet sous hypnose présente un rythme cortical de type « alpha », c'est-à-dire qu'il est en éveil relaxé : il n'y a jamais d'ondes lentes de sommeil.

Votre nom est associé à la notion de « sommeil paradoxal ». Pouvez-vous expliquer en quoi consiste ce phénomène ?

Divers éléments avaient été notés depuis longtemps, de façon fractionnée. La première personne à avoir constaté la chute du tonus fut Gélineau en 1880 avec la narcolepsie (voir plus loin). Un urologue, vers 1910, avait noté une érection périodique, toutes les quatre-vingt-dix minutes, chez l'homme, durant la nuit. Les mouvements des yeux sont connus depuis longtemps, on en parle dans de vieux contes chinois. Aristote disait que les fœtus rêvaient, les mammifères également, mais pas les animaux à coquille. Scipion Dupleix, historien du XVIe siècle, pensait aussi que les animaux rêvaient. Maury, professeur au Collège de France, s'est intéressé de près aux phénomènes oniriques : il a décrit des rêves d'endormissement (images hypnagogiques) et des rêves à l'éveil (images hypnopompiques). Ce qui a permis de faire la synthèse de ces diverses observations, ce sont nos recherches sur le chat : il existe un état différent du sommeil lent et de l'éveil. Dans cet état, il y a atonie musculaire, mais ce n'est pas du sommeil puisqu'il existe une activité corticale et oculaire intense. Nous l'avons donc appelé *sommeil paradoxal*. C'est durant cette phase de la nuit que l'on rêve. De plus, cet état peut exister en l'absence de sommeil lent : des lésions chez l'animal peuvent supprimer le sommeil lent sans faire disparaître le rêve. Certains médicaments peuvent supprimer le sommeil paradoxal et le rêve sans gêner le sommeil. C'est un état de vigilance à part. On aurait aussi pu l'appeler, comme l'avait proposé une équipe, « phénomène particulier au cours du sommeil ».

Vous avez émis, dans les années 1990, une théorie de la « programmation génétique itérative du cerveau ». Pouvez-vous nous en dire plus ?

Les jumeaux homozygotes élevés séparément présentent de grandes similitudes comportementales et psychologiques, comme l'a montré Bouchard, de l'université du Minnesota, dans une publication de 1990. Le cas des jumeaux Jim, par exemple, est étonnant. Ils ont grandi dans des familles différentes et ne se sont rencontrés qu'à l'âge de 39 ans. Leur fréquence cardiaque, leur tension artérielle, leurs tracés électro-encéphalographiques et polygraphiques de sommeil sont identiques. Ils ont tous les deux grossi de cinq kilos à la même époque. Ils souffrent de migraines depuis l'âge de 18 ans. Ils ont chacun divorcé d'une première femme pour se remarier ensuite. Ils ont tous les deux pour passe-temps la menuiserie. Pourtant, ils ont été exposés à des influences très diverses de la part des milieux différents dans lesquels ils ont vécu. Or le cerveau est un organe extrêmement plastique, très influencé par l'apprentissage et donc par les phénomènes liés au milieu. Un individu placé dans un milieu donné subit l'influence de celui-ci : des connexions entre les neurones se développent, d'autres sont supprimées, ce qui aboutit à des modifications importantes du comportement. Comment expliquer alors que des stéréotypes comportementaux aient été conservés tout au long de la vie, malgré des différences considérables en ce qui concerne l'environnement ?

Au cours du développement fœtal, la neurogenèse, c'est-à-dire la constitution du système nerveux, installe la programmation génétique de l'encéphale ; elle est donc la gardienne de l'individuation, de tout ce qui spécifie un individu. Dans les espèces où cette neurogenèse persiste au cours de la vie adulte, elle peut continuer à assurer cette fonction. C'est le cas chez les poïkilothermes, c'est-à-dire les poissons, les amphibiens, les reptiles. Pour preuve, on peut enlever un morceau du cerveau chez une grenouille adulte, il se reconstituera. Mais avec l'apparition de l'homéothermie, cette fonction a été perdue : la neurogenèse disparaît chez les animaux à « sang chaud » dans les premiers mois qui suivent la naissance, leur cerveau ne produit plus de nouveaux neurones.

Il faut donc admettre qu'il existe dans le cerveau des homéothermes un système automatique de sauvegarde qui maintient certains aspects génétiques de l'individu : une reprogrammation génétique itérative.

Maintenant, pourquoi cette fonction serait-elle exercée par le sommeil paradoxal, et non par autre chose? Voyons ce qui se passe lorsqu'un animal ou un homme rêve. On a montré qu'il existe, chez le chat, une activité au niveau des fibres nerveuses motrices du bulbe rachidien : une activité très intense, comme lorsqu'il est en mouvement. Cependant, le sujet reste immobile, car le *locus coeruleus alpha* bloque l'activité motrice : c'est l'atonie musculaire du sommeil paradoxal. Si l'on supprime cette atonie (par destruction du *locus coeruleus alpha*), on observe alors des *comportements oniriques* : le chat attaque, se défend; chez l'homme, lors de maladies atteignant cette zone du pont (démence à corps de Lewy, par exemple), on constate aussi des comportements oniriques de ce type. Il existe donc, au cours du sommeil paradoxal, une activité motrice, bloquée. Cette activité pourrait très bien correspondre à une réinscription des comportements génétiques dans les neurones. Si un système de reprogrammation existe, il doit être présent à un moment où il ne gêne pas la vie éveillée par le comportement moteur qu'il entraîne : le sommeil est sur ce plan une période de sécurité. Le sommeil paradoxal apparaît, par la manifestation de son activité motrice et par sa situation protégée, tout à fait adapté pour une telle conservation des comportements individuels.

Avec le recul du temps et les connaissances actuelles, quelles sont vos idées sur les fonctions du sommeil et du rêve?

Il y a trois niveaux d'explication. Premièrement, l'alternance éveil-sommeil selon un rythme circadien, de près de vingt-quatre heures, est probablement liée à la rotation terrestre autour du Soleil. Lorsqu'on place des sujets dans l'obscurité d'une grotte, ils continuent à alterner sommeil et éveil sur une période d'un peu plus de vingt-quatre heures, cela grâce à une horloge interne qui a été localisée dans le cerveau. Il semble que l'évolution ait favorisé un rythme biologique calqué sur la rotation terrestre, permettant le repos lors de l'obscurité. Le premier élément relève donc de Newton.

Deuxièmement, il est probable qu'il existe un aspect énergétique, relevant peut-être de Malthus : la population de la Terre croît de façon exponentielle alors que les ressources augmentent de façon arithmétique. Durant le sommeil, on ne dépense pas d'énergie, donc on économise celle disponible sur notre planète. Les animaux qui mangeraient en permanence finiraient par se retrouver sans nourriture et ne pourraient survivre. Il est donc possible que ce type d'animaux ait disparu au profit de ceux qui dorment et se reposent, s'abstenant de manger durant ces périodes. Les gros carnivores, tels que le lion, qui se nourrit de façon ponctuelle de gros repas faits d'animaux qu'il a tués, peuvent davantage dormir qu'un herbivore qui doit ingérer une grosse quantité d'herbages. Les herbivores passent beaucoup plus de temps à manger et donc à rester éveillés. Voilà pour les fonctions du sommeil lent : repos et préservation de l'énergie disponible.

Troisièmement, et là on en arrive à Mendel et la génétique, tout animal ou être humain possède une identité. Il est capable d'identifier les émotions d'un de ses congénères, d'avoir des comportements qui lui sont spécifiques. Cela, grâce à un système de reprogrammation génétique. C'est là le rôle du sommeil paradoxal, comme on l'a vu précédemment. Concernant le sommeil lent, on peut dire qu'il est le gardien du sommeil paradoxal : il permet de stocker l'énorme quantité d'énergie nécessaire à l'activité onirique. Et il constitue une barrière de sécurité pour la reprogrammation de l'individuation : il bloque l'activité de l'organisme, empêchant l'interférence entre la vie active et les mécanismes de sauvegarde de l'individuation.

Sur quelles applications pratiques vos recherches ont-elles débouché ?

Surtout sur un médicament : l'adrafinil et son métabolite actif, le modafinil. J'ai testé chez le chat l'adrafinil, et je me suis rendu compte qu'il avait un effet éveillant, sans avoir d'action de type amphétamine. La première dose que j'ai administrée à un animal l'a tenu éveillé durant quatre jours et quatre nuits! C'était intéressant pour traiter les troubles de l'éveil tels que la narcolepsie, maladie dans laquelle les gens passent brutalement, en pleine journée, en phase de sommeil paradoxal. Jusqu'alors, on ne disposait que des amphétamines pour cette affection, avec tous les inconvénients d'accoutumance et de dépendance que représentent ces produits. Le modafinil permet de traiter ce problème sans ces effets indésirables. Puis on s'est rendu compte que, dans le cerveau, l'adrafinil est transformé en modafinil, qui est actif également et utilisé depuis en tant que médicament, à des doses beaucoup plus faibles. On s'en sert donc pour soigner les narcoleptiques, et aussi pour le «*jet lag*», c'est-à-dire pour pallier l'endormissement secondaire au décalage horaire chez les gens qui voyagent d'ouest en est par avion, en allant à contresens du Soleil.

Depuis les travaux sur le modafinil, on a découvert l'hypocrétine (ou orexine), peptide produit par des neurones de la partie antérieure de l'hypothalamus. Dans la narcolepsie, il existe une anomalie portant sur l'orexine : soit un déficit de fabrication d'orexine, soit un mauvais fonctionnement des récepteurs à l'orexine. Chez les narcoleptiques, il y a effondrement du taux d'orexine. Lorsqu'on détruit les neurones à orexine chez la souris, on obtient une narcolepsie expérimentale. Mais l'orexine ne peut être administrée par voie orale, car cette petite protéine est détruite par les sucs digestifs : on cherche donc actuellement des analogues à l'orexine, qui soient susceptibles d'agir sur les récepteurs, pour traiter cette pathologie.

Avez-vous une théorie de la conscience et de l'éveil?

Commençons par l'éveil. En tant que physiologiste, je vous répondrai en termes de *pourquoi* et de *comment*. En ce qui concerne le *pourquoi*, il est évident que l'éveil est une nécessité pour tout être vivant : c'est le seul état qui lui permette de trouver sa nourriture, de se défendre et de se reproduire. Pour ce qui est du *comment*, il faut dire qu'au cours de l'évolution de nombreux systèmes se sont ajoutés les uns aux autres pour permettre à l'éveil une meilleure adaptation au milieu. Le premier mécanisme qui est apparu chez les algues primitives, c'est l'horloge biologique. Chez les algues bleues de l'océan primitif, il existait déjà une alternance activité-repos. Au cours de la phase d'activité, ces cellules utilisaient l'énergie solaire pour leur fonctionnement. Dans l'obscurité, ces êtres entraient en phase de repos, durant laquelle ils se préparaient à la phase d'activité qui allait suivre. C'est le phénomène d'homéostasie prédictive : ils se devaient, par anticipation, d'avoir leurs systèmes de synthèse protéique prêts à utiliser l'énergie du Soleil dès le lever du jour. Ces êtres vivaient dans un milieu qui était l'océan primitif, dont la température était constante. Puis, lorsque les poïkilothermes sont apparus, la température du milieu a eu une incidence sur la vigilance; au froid, une carpe ou une grenouille sont en état d'inactivité. Chez ces animaux, la température extérieure a pris le pas sur l'horloge, et donc sur le Soleil, et s'est mise à commander à sa place l'activité métabolique :

au froid, ils sont à l'état de repos et, lorsqu'il fait chaud, ils sont actifs. Avec l'apparition de l'homéothermie, chez les oiseaux et les mammifères, la température extérieure n'a plus eu d'influence. Ces animaux ont une horloge dans le cerveau, laquelle se cale sur la lumière solaire et déclenche le sommeil lorsque survient la nuit. Là encore, on retrouve l'homéostasie prédictive : en fin de nuit, la sécrétion du cortisol (mise en jeu au milieu de la nuit) permet de stimuler l'activité musculaire chez le sujet qui va bientôt se réveiller.

En ce qui concerne la conscience, je n'en ai pas de définition. Mais, sur le plan phénoménologique, on peut distinguer divers types de conscience. Tout d'abord, la *conscience réflexive* : « Je suis conscient d'être conscient. » Liée au langage et aux symboles, elle est le propre de l'homme. Un observateur peut distinguer deux types de conscience réflexive : la *conscience réflexive éveillée* et la *conscience réflexive onirique*, mais le sujet, lui, ne sait pas faire cette différence. Lorsque vous rêvez que vous volez dans les airs, vous êtes persuadé que vous êtes en train de voler, tout comme lors de l'éveil vous êtes convaincu de la réalité de tout ce qui vous arrive. L'observateur, lui, grâce à l'examen clinique, l'électro-encéphalogramme, les mesures chimiques, peut faire cette distinction; il détient des moyens d'investigation *objectifs* qui lui permettent de différencier les deux états. Le sujet ne différencie pas les deux types de conscience réflexive, alors que l'observateur a les moyens de le faire. Quant au *substratum* commun de la conscience réflexive (qu'elle soit éveillée ou onirique), il reste à découvrir : peut-être est-il lié à l'activité *gamma* de l'électro-encéphalogramme? Mais lorsqu'on cherche à comprendre ce qu'est la conscience réflexive, le problème de la subjectivité se pose à nouveau. Pour comprendre un système complexe, il faut disposer d'un système plus complexe, comme le décrit le *théorème d'incomplétude* de Kurt Gödel

> « Dans le domaine de la conscience, nous parvenons aux limites des possibilités de compréhension de l'esprit humain. »

(1931). Dans le domaine de la conscience, nous parvenons aux limites des possibilités de compréhension de l'esprit humain : nous jugeons avec notre propre référentiel quelque chose – la conscience – qui est probablement plus complexe : peut-être l'ordinateur nous aidera-t-il à sortir de la subjectivité pour parvenir à l'objectivité?

À côté de la conscience réflexive, il existe une *conscience automatique*, plus simple, qui nous permet de freiner automatiquement à un feu rouge, par exemple. Elle existe déjà chez les oiseaux et les mammifères. Néanmoins, certains animaux, même s'ils n'ont pas la possibilité d'une conscience réflective comme l'homme, ont la capacité d'une conscience plus étendue : le perroquet gris du Gabon comprend trois cents mots, et Konrad Lorentz a montré que les corbeaux pouvaient compter jusqu'à douze. Les grands singes tels que les *bonobos* sont capables de se reconnaître dans un miroir, ce qui correspond à la conscience de soi.

Michel Jouvet dans le texte…

Le sommeil, l'autre versant de l'esprit

«Sommeil-Esprit! Ces deux phénomènes sont en apparence contradictoires. D'une part, la ressemblance du Sommeil et de la Mort illustrée par Hypnos et Thanatos, les deux frères jumeaux de la mythologie grecque, d'autre part, l'Esprit, ce témoin de l'activité nerveuse supérieure au cours de l'éveil.

Il est vraisemblable que cette contradiction est à l'origine du concept d'Esprit. Imaginons les premiers Hominiens réfugiés dans une grotte de l'Afrique orientale. Ils possèdent déjà un langage rudimentaire et ils pensent, mais ils ne pensent pas encore qu'ils pensent… Un rêveur se réveille et raconte qu'au cours de la nuit, il est sorti de la grotte et a volé comme un oiseau. Ses compagnons le regardent, stupéfaits et incrédules. Le même phénomène se reproduit encore, et encore. Combien de temps a-t-il fallu pour que jaillisse alors, un jour, l'interrogation capitale qui est à l'aube de l'humanité : il doit exister quelque chose d'immatériel, «l'Esprit ou l'Âme», qui est fondamentalement différent du corps matériel. L'Esprit infatigable et invisible peut en effet demeurer éveillé pendant le Sommeil. Il voyage où il veut, dans l'espace et dans le temps, le passé ou le futur, et peut délivrer au cerveau les images fantastiques de son périple, ou de son dialogue avec dieux et démons, pendant que le corps, immobile et fatigué, est écrasé par le Sommeil.

Certes, la pensée humaine dut hésiter entre deux aspects de l'individualisation du rêve, le mouvement de l'âme errante quittant son corps pour se livrer à un vagabondage nocturne, ou le mouvement des dieux et des démons venant visiter l'homme endormi et lui octroyer ses révélations... Mais il apparaît vraisemblable, selon Spencer et Malinovski, que le rêve a été à la base de la croyance dans l'âme, l'esprit, les dieux et les démons que l'on retrouve sous de nombreux avatars à la naissance de toutes les civilisations et de toutes les religions. Il en est ainsi des rêves prophétiques. Les songes de Jacob, de Pharaon et de Nabuchodonosor dans l'Ancien Testament, le songe de Joseph, des Mages et de la fuite en Égypte dans les Évangiles de Matthieu. Ainsi les songes du Bouddhisme, de Maya la Mère du Bouddha, de Cudhodana, son Père ou de Gôpa, sa femme. Ainsi les songes de l'Islam dont le plus célèbre est le voyage de Mahomet sur sa jument Elborak. Plus tard, les fondateurs d'ordres religieux entrèrent en relation privilégiée avec Dieu par l'intermédiaire du rêve, comme Macaire, François d'Assise, Don Bosco, saint Bruno.

Ce courant métaphysique du rêve persiste encore aujourd'hui. Les fellahs du Delta du Nil s'enveloppent la tête avec un turban pour empêcher leur âme de quitter leur tête au cours du sommeil et, chez les tribus Masaï du Kenya, il est interdit de réveiller brusquement un dormeur, de peur que l'Esprit qui vagabonde n'ait le temps de réintégrer le corps.

Bien sûr, ce n'est pas au neurobiologiste de retracer l'histoire du rêve, ce premier aspect de l'inconscient découvert bien avant les concepts de conscience et d'inconscient au niveau cognitif et affectif. Au neurobiologiste, la tâche encore impossible d'essayer d'expliquer avec nos connaissances actuelles, les machinations de la nuit au niveau de l'Esprit.

Il nous faut d'abord nous situer parmi les différentes « écoles » qui étudient la conscience, car cette situation est responsable de notre définition de l'Esprit.

Ni le béhaviorisme (qui évacue le problème de l'Esprit ou de la conscience), ni le fonctionnalisme, qui ne s'intéresse qu'aux performances et qui peut fort bien admettre qu'un ordinateur soit conscient, ni le panpsychisme ne sont appropriés à notre étude. En l'absence de preuves permettant de concevoir des influences externes immatérielles pouvant agir sur le cerveau en violation des lois de la thermodynamique, nous nous situons donc, pour le moment, au sein de l'école dite de « l'identité psychoneurale » et donc en opposition avec le dualisme cartésien, dans son acception originale ou dans ses développements plus récents.

Par Esprit, nous entendons le fonctionnement de l'activité nerveuse supérieure : la perception ou l'aperception de l'environnement, la représentation d'êtres absents (imagerie mentale) permettant la prévision de certaines réponses complexes, la communication avec les congénères. En bref, chez l'homme, la conscience réflexive : «Je pense que je pense», la conscience : «Je pense», l'inconscient : «J'ai fait cet acte complexe sans y penser.» Nous admettons que certains aspects de la conscience peuvent exister chez tous les homéothermes, des oiseaux (le perroquet gris du Gabon est capable de retenir 1200 mots, plus qu'un enfant de 5 ans) aux mammifères. La conscience de soi (reconnaissance de sa face dans un miroir) apparaît avec le chimpanzé, mais n'existe pas chez le gorille. La conscience réflexive est sans doute réservée à l'homme éveillé (je suis conscient d'être conscient) et au rêveur. Dans ce dernier cas, la conscience réflexive peut être sujette à d'étranges distorsions.

Les différents modes opérationnels synchroniques de la conscience sont prolongés par un sillage diachronique en rapport avec la mémoire. Nous pouvons en général nous souvenir facilement de nos pensées ou de nos actes conscients alors que des associations d'idées nous permettent de retrouver l'origine de certains actes inconscients.»

Revue de métaphysique et de morale, n° 2, 1992, p. 185-202.

La programmation itérative de l'individuation psychologique

«La programmation des circuits responsables de l'idiosyncrasie héréditaire ne nécessite pas, en effet, l'apparition de nouveaux neurones par neurogenèse. Les corps cellulaires contiennent l'ADN nécessaire à la synthèse de molécules qui sont incorporées dans les membranes comme récepteurs. On peut ainsi émettre l'hypothèse que certains types de neurones, qui apparaissent tardivement au cours de l'ontogenèse [...], puissent synthétiser continuellement des récepteurs. Ces récepteurs labiles ne deviendraient fonctionnels que s'ils étaient excités (stabilisés) par des excitations endogènes. Il faut alors présumer qu'il existe un générateur endogène *qui soit responsable de la validation de ces récepteurs selon le même mécanisme utilisé par les stimuli épigénétiques pour maintenir fonctionnelle la voie visuelle, par exemple. Il n'est pas besoin d'admettre la nécessité d'un codage temporel d'influx à partir du générateur pour «instruire» l'entretien et la validation des systèmes responsables des réactions idiosyncrasiques héréditaires (Jouvet, 1978). Selon une hypothèse sélective plus simple (Jouvet, 1980-1986), l'information de la programmation*

héréditaire dépendrait alors seulement de la sélection des neurones qui sont, ou ne sont pas, excités par une programmation endogène dont le codage peut être stochastique. D'après cette hypothèse sélective, un nombre limité de gènes pourrait contribuer à la programmation de l'hérédité psychologique en induisant à la fois la synthèse des récepteurs et l'arrivée des terminales présynaptiques issues du générateur au niveau de différents groupes d'interneurones. »

Canadian Journal of Psychology, vol. 42, 1991, p. 148-168.

Principaux ouvrages de Michel Jouvet

Neurophysiologie des états de sommeil, Paris, CNRS, 1965.

Le Sommeil et le Rêve, Paris, Odile Jacob, 1992.

Le Château des songes (roman), Paris, Odile Jacob, 1992.

Le Grenier des rêves, Paris, Odile Jacob, 1997.

Où, quand, comment. Pourquoi rêvons-nous, pourquoi dormons-nous ?, Paris, Odile Jacob, 2000.

Le Voleur de songes (roman), Paris, Odile Jacob, 2004.

Marc Jeannerod

Marc Jeannerod en quelques dates...

1935 : Naissance à Lyon.

1965 : Doctorat de médecine à l'université de Lyon.

1977-1998 : Il dirige l'unité « Vision et motricité » de l'INSERM.

2005 : Professeur émérite à l'université Claude-Bernard.

1998-2003 : Direction et ouverture de l'Institut des sciences cognitives, UMR 5015 du CNRS.

Marc Jeannerod en quelques titres...

1984 : Prix Montyon de l'Académie des sciences.

1989 : Membre de l'Académie Europea.

1993 : Docteur *honoris causa* de l'université de Lausanne.

1996 : Doctor *honoris causa* de l'université de Buenos-Aires.

2002 : Élu membre de l'Académie nationale des sciences (section de biologie humaine et sciences médicales).

La physiologie de la volonté

Par Jean-Claude Dreher

Marc Jeannerod pratique la science à la manière des hommes des Lumières : dans un esprit d'ouverture, de partage et d'utilité. Dans son approche des sciences du cerveau, il n'oublie jamais l'homme ni la société. Son parcours le conduit à une approche multi-disciplinaire de la cognition et de l'esprit, combinant les neurosciences, la linguistique, la philosophie, la neurophysiologie et la neuropsychologie.

Marc Jeannerod commence sa carrière scientifique en étudiant le sommeil du chat. Puis il oriente ses recherches sur la représentation cérébrale de l'action, qu'il s'agisse d'une action exécutée, simulée mentalement (imaginée) ou observée (action d'autrui ou de soi-même). Il a publié de nombreux travaux en neurophysiologie et en neuropsychologie sur ce sujet qui lui ont valu une reconnaissance internationale. Par ailleurs, ses recherches sur la compréhension des actions et des intentions d'autrui ont bouleversé notre regard sur certaines pathologies mentales, comme les troubles des patients schizophrènes.

Marc Jeannerod s'est également distingué par ses activités de fondateur dans le domaine des sciences cognitives : il est à l'origine du premier centre interdisciplinaire français en sciences cognitives, l'Institut des sciences cognitives, à Bron, dans la périphérie de Lyon. C'est aussi un diffuseur de connaissances : outre ses travaux scientifiques, il publie de nombreux ouvrages de vulgarisation et organise de grandes manifestations, comme une exposition pour la Cité des sciences & de l'industrie.

Professeur à l'université Claude Bernard, il a participé activement à la création d'un DEA puis d'un DESS de neuropsychologie. Il a également dirigé la revue *Neuropsychologia.*

Son travail mêle des réflexions philosophique, physiologique et neuroscientifique. Toujours dans la course, il continue ses investigations sur la nature des rapports entre cerveau et psychisme. Il prépare actuellement un nouveau livre concernant les rapports entre neurosciences et comportement, à la lumière de l'une des découvertes les plus récentes des neurosciences : les « neurones miroirs »[1].

Il s'agit de décrire, du point de vue des neurosciences et du comportement, les événements qui accompagnent un mouvement volontaire. Les questions posées sont : Quelle est la frontière entre conscient et non-conscient ? L'action volontaire est-elle voulue consciemment ? Comment se construit la représentation d'une action ? Disposons nous d'un contrôle total sur nos action ? La liberté d'agir est-elle une illusion ? Si c'est le cas, en fonction de quels indices la décision d'agir (ou de ne pas agir) est-elle prise ?

1. Découverts par le professeur Giacomo Rizzolatti et ses collaborateurs à l'université de Parme. Ils ont observé que chez le macaque, les neurones qui commandent le mouvement des doigts saisissant une pomme s'activaient aussi quand le singe observe quelqu'un qui fait le même geste.

Que nous apprend Marc Jeannerod ?

Du sommeil du chat à la conscience de soi

Marc Jeannerod a commencé sa carrière scientifique à la fin des années 1950 en tant que neurologue interne des hôpitaux de Lyon. Très rapidement, il rejoint le laboratoire de Michel Jouvet pour réaliser une thèse sur les mouvements oculaires du chat au cours du sommeil paradoxal. Ce rapprochement précoce se fait par l'intermédiaire de François Michel. Ensemble, les trois auteurs vont effectuer une recherche sur les mouvements des yeux pendant le sommeil paradoxal, coïncidant avec les « pointes » géniculo-occipitales enregistrées dans le pont, le noyau géniculé latéral et le cortex occipital. Ces pointes ponto-géniculo-occipitales (PGO) deviendront rapidement un critère clé du sommeil paradoxal.

Après un postdoctorat aux États-Unis au département d'anatomie de l'université de Californie (UCLA), il revient en France pour fonder son laboratoire INSERM sur la motricité. Ce laboratoire sera à l'origine de nombreux travaux influents sur le contrôle du mouvement et les interactions existant entre vision et motricité. Ainsi, Marc Jeannerod va s'intéresser à de nombreux thèmes de recherches axés sur l'étude du système moteur et sensori-moteur, depuis l'étude des mouvements simulés, la représentation des actions (celle d'autrui et les siennes propres), la conscience, jusqu'aux déficits d'attribution des intentions intervenant dans la schizophrénie.

La beauté de son approche consiste à avoir eu une démarche directe privilégiant des expériences de psychophysique simples dont les résultats sont faciles à interpréter. Il s'intéresse ainsi à la motricité de la main lors de gestes de pointage et de préhension. Il propose des distinctions conceptuelles qui sont rapidement suivies de tests expérimentaux permettant de les valider, en cherchant en particulier l'implémentation cérébrale des mouvements réels et imaginés, de la représentation cérébrale de l'action, de l'agentivité, de l'observation des actions d'autrui, de l'attribution d'une action à son auteur et de l'imitation des actions.

L'Institut des sciences cognitives : pour une interdisciplinarité des vues de l'esprit

En 1992, Marc Jeannerod reçoit la mission de créer un Institut des sciences cognitives sous l'égide du CNRS. C'était un projet très ambitieux qui faisait suite à un ensemble d'initiatives prises par les instances responsables de la recherche dans la seconde moitié des années 1980, qui avaient clairement insisté sur la nécessité d'une orientation interdisciplinaire des recherches sur le cerveau dans divers domaines, dont celui de la cognition. Marc Jeannerod organise les objectifs, choisit les disciplines et parvient à convaincre les instances scientifiques du bien-fondé de construire un nouveau lieu de travail interdisciplinaire et d'en assurer les moyens de fonctionnement. Le choix est fait de privilégier la cognition naturelle et de retenir comme thèmes les mécanismes du langage, ceux de la représentation de l'intention et de l'action, les mécanismes de la reconnaissance et de la mémorisation, ainsi que les émotions. Plus précisément, le programme initial du nouvel Institut réunit des équipes autour de cinq chapitres principaux : les sciences du langage, la reconnaissance des formes et la mémoire, la planification de l'action, l'organisation spatiale du comportement et enfin la modélisation des processus cognitifs. On notera que tous ont un impact direct sur des thèmes de société, qu'il s'agisse du développement cognitif et de l'éducation, des dysfonctionnements de la cognition et de la pathologie mentale ou de la représentation des connaissances et de la communication. Ainsi, à côté de l'impact déjà clairement reconnu des sciences cognitives sur la technologie et l'industrie, se dessinaient de nouveaux domaines où elles semblaient appelées à jouer un rôle important : la santé et l'éducation.

Dans le cadre d'une action « sciences de la cognition », un rapport de

Jean-Pierre Changeux formule des recommandations sur la façon de structurer le domaine de recherche des sciences cognitives. Ce rapport insistait particulièrement sur le rôle de la psychologie cognitive et des neurosciences comme bases permettant de structurer un ensemble de disciplines comme la psychologie sociale, l'économie politique, la linguistique générative, l'anthropologie cognitive et la philosophie, d'une part, l'étude des réseaux de neurones artificiels, d'autre part. Le programme des actions à entreprendre, et qui sera, pour l'essentiel, réalisé, incluait la création d'une action concertée à long terme sur les sciences cognitives, la mise en place de bourses de formation, la création d'enseignements spécifiques, d'une bibliothèque. Le rapport préconisait enfin la création d'instituts de sciences cognitives « où l'interdisciplinarité caractéristique des sciences cognitives puisse relever de la pratique quotidienne » et où les compétences et les moyens techniques puissent être mis en commun. Il apparaissait nécessaire que ce type d'institut soit créé à partir de bâtiments neufs et de personnels nouveaux, ce qui fut également réalisé.

L'Institut des sciences cognitives est aujourd'hui divisé en deux laboratoires, un de neurosciences portant sur l'étude du cerveau et l'autre portant sur le langage, et à la frontière des sciences de la vie et des sciences de l'homme.

Pour une neurophysiologie de la volonté

Marc Jeannerod s'est intéressé aux bases physiologiques de la cognition motrice en étudiant différents aspects des intégrations entre nos perceptions sensorielles et l'action. Il a montré que, lorsqu'on effectue un mouvement volontaire, il existe une action anticipatrice de la commande du mouvement sur le système sensoriel. Le cerveau est donc une machine (voir son livre *Le Cerveau-machine*[2]), qui effectue en permanence des prédictions et qui corrige les écarts entre ses prédictions et les informations sensorielles venant du monde extérieur. Dans une expérience désormais classique, Marc Jeannerod a montré que l'ouverture des doigts de la main anticipe la taille des objets à saisir. La taille des objets est donc codée au niveau cérébral et guide le mouvement dès le début de la représentation du but à atteindre (la saisie de l'objet).

2. M. Jeannerod, *Le Cerveau-machine. Physiologie de la volonté*, Paris, Fayard, 1983.

Marc Jeannerod a par la suite étudié les différences fondamentales et les aspects communs existant entre une action réellement exécutée, simplement imaginée (action simulée), et l'action observée d'autrui ou de soi-même. Il a développé le concept clé de *représentation partagée*, qui désigne l'existence d'une activation de zones cérébrales communes à l'ensemble de ces trois types d'action. De plus, il a montré que chaque type d'action active des régions cérébrales spécifiques : exécuter une action, ce n'est pas comme la simuler ou regarder un tiers la réaliser. Cette distinction entre l'observation d'une action exécutée par un tiers ou par soi-même a par la suite mené à l'étude de perturbations cognitives intervenant dans les troubles schizophréniques. Marc Jeannerod a ainsi proposé que les patients schizophrènes souffrent de déficits de l'attribution de l'action à sa source (soi ou autrui).

À la fois neuroscientifique, philosophe et physiologiste, Marc Jeannerod a largement contribué à l'étude de la volonté, du normal au pathologique, de son aspect philosophique à son traitement cérébral.

Rencontre avec Marc Jeannerod

Marc Jeannerod, officiellement à la retraite depuis deux ans, continue de travailler dans un bureau de l'Institut des sciences cognitives, qu'il a créé à Bron, dans la banlieue lyonnaise, à la fin des années 1990. Il me reçoit dans son bureau, heureux de partager sa connaissance de l'histoire récente des recherches dans le domaine des neurosciences cognitives de la motricité et des relations sensori-motrices.

Votre activité scientifique a débuté dans le laboratoire de Michel Jouvet. Pourriez-vous nous retracer votre parcours scientifique ?

D'abord, je dois rappeler que je suis médecin à l'origine, et que j'ai effectué mon internat à l'hôpital neurologique. Mon épisode médical a duré une bonne quinzaine d'années, avec une forte participation à l'électro-encéphalographie. Il s'agissait avant tout d'une carrière de neurologue. C'est dans ce cadre que j'ai rencontré Michel Jouvet, en fait par l'intermédiaire de François Michel, qui a été directeur de recherches au CNRS, neurologue et neuropsychologue, et qui a pris sa retraite il y a cinq ans. À l'époque, il était interne, et moi externe dans un service de neurologie et neuropsychiatrie : c'est lui qui m'a conseillé de rencontrer Michel Jouvet. Il faut savoir qu'en 1959 François Michel et Michel Jouvet avaient fait la première description du sommeil paradoxal chez le chat. Ces résultats avaient été publiés dans un petit journal français sans visibilité internationale, mais ils étaient révolutionnaires à l'époque.

Michel Jouvet m'a dit : « Vous voulez faire de la recherche, il n'y a pas d'avenir dans ce domaine... Passez d'abord votre internat. » C'est ce que j'ai fait. Puis je suis revenu le voir. Il a vu que j'étais motivé, et j'ai fait ma thèse chez lui, sur le mouvement des yeux pendant le sommeil paradoxal chez le chat. Le sommeil paradoxal est caractérisé par une atonie musculaire et d'abondantes décharges phasiques dans tous les petits muscles non chargés par la gravité, comme les muscles des yeux et les muscles des doigts. C'est très visible chez le nouveau-né et chez le chat. J'essaie de vous expliquer par là comment j'en suis venu à m'intéresser à la motricité et aux aspects sensori-moteurs (à la vision en particulier).

Au début des années 1970, j'ai effectué un postdoctorat aux États-Unis sur le système vestibulaire (études de potentiels d'action chez un poisson). Quand je suis rentré, j'ai créé mon propre laboratoire sur la visuomotricité. Bien sûr, à ce moment-là, j'avais présent à l'esprit que l'activité motrice peut être adaptée au monde visuel ou déclenchée de manière endogène au cours du rêve. Il y a donc une sorte de continuité entre mes recherches sur le rêve et l'action. Les représentations oniriques, avec cette conscience particulière qu'on a pendant le rêve, ressemblent aux représentations motrices qu'on a pendant l'éveil mais restent très difficilement accessibles à l'investigation d'un point de vue méthodologique. Par la suite, je ne me suis plus intéressé à l'étude des rêves.

Quelles sont les différentes rencontres ou les événements de votre vie qui vous ont conduit à étudier l'action, la notion de représentation et la conscience ?

J'ai toujours eu un grand intérêt pour la philosophie, et j'appartiens à une école pour laquelle l'individu possède un bagage inné. C'est grâce à l'action que l'individu apprend, à partir de ces stocks innés. L'action est dirigée de l'intérieur et rapporte de l'information : quand elle réussit, cela valide la représentation préalable et quand elle échoue, cela efface la représentation. C'est une école philosophique qui soutient une théorie *constructiviste* de l'action, du reste assez répandue dans les milieux francophones. Dans les milieux anglophones, c'est plutôt la théorie empirique de l'action qui prime. Beaucoup de choses m'ont ensuite influencé, comme un article de Changeux et Danchin vers 1975 sur la stabilisation sélective des synapses neuro-musculaires. Pour eux, c'est l'activité du jeune animal qui stabilise le nombre de synapses qui vont rester (elles sont en excès au départ). Cette hypothèse neurophysiologique allait assez bien avec l'hypothèse neurocognitive à un niveau plus élevé sur le rôle de l'action. Elle a été validée par la suite. Par exemple, si vous immobilisez une patte chez l'animal, les synapses neuro-musculaires se remettent à proliférer. Il faut que l'animal se serve à nouveau de sa patte pour que le nombre de synapses rediminue. Il y a aussi le phénomène inverse, avec par exemple l'élevage de chatons dans l'obscurité, qui révèle le non-développement des capacités sensorielles et la réduction des synapses dans le cortex visuel. Ça a été une époque très importante pour l'étude de la plasticité sensorielle et sensori-motrice.

J'ai ensuite beaucoup étudié les phénomènes d'adaptation sensori-motrice en utilisant des prismes, puis les phénomènes d'adaptation vestibulaire en collaborant avec Alain Berthoz. Nous nous sommes intéressés à l'influence de la vision sur la plasticité du système vestibulaire. À mes débuts, je me suis donc focalisé à la sensori-motricité, puis je me suis éloigné de cette idée.

Vous décrivez dans* La Nature de l'esprit[3] *une approche de la physiologie de la volonté. Pourriez-vous nous en retracer les grandes lignes ?

J'ai fait allusion à une physiologie de la volonté dans deux livres : d'une part dans *Le Cerveau-machine* et d'autre part dans *La Nature de l'esprit*. C'est un titre évidemment provocateur, car la volonté est un concept un peu flou. Nous nous étions beaucoup intéressés aux activités réflexes. Je voulais qu'on étudie aussi les actions autogénérées, qui pouvaient se traduire par cette physiologie de la volonté. On en vient au concept de la représentation.

« On a pu montrer que, lorsqu'on se représente mentalement une action, on augmente son rythme respiratoire mais pas sa consommation d'oxygène, puisqu'il n'y a pas de contraction musculaire. »

3. M. Jeannerod, *La Nature de l'esprit. Sciences cognitives et cerveau*, Paris, Odile Jacob, 2002.

Justement, on discute beaucoup dans les sciences cognitives de la notion de « représentation ». N'est-ce pas un concept flou ou creux?

Il est vrai que c'est un concept creux, au sens bergsonien : pour Bergson, l'action n'avait pas à être représentée. C'est aussi un concept creux selon ses détracteurs, représentés en France par Jean-Luc Petit et Alain Berthoz : pour eux, c'est le contact par l'action entre l'organisme et le monde extérieur qui fait que cela structure l'action et qu'on peut se passer de la notion de représentation, mais ici effectivement cette notion devient très floue. Quant à moi, je ne suis pas bergsonien du tout et je pense que la notion de représentation est nécessaire à la compréhension de l'action autogénérée. Quand on s'intéresse aux réflexes, on n'a pas forcément besoin de cette notion de représentation, mais elle devient nécessaire à la compréhension de l'action autogénérée. On peut trouver une réalité physiologique à ce concept, comme les séquences d'activations cérébrales apparaissant avant le mouvement, qu'on peut observer en magnéto-encépholographie (MEG) et en imagerie par résonance magnétique fonctionnelle (IRMf), et qui décrivent les grandes étapes anatomiques successives mises en jeu pour la construction d'une représentation (du cortex préfrontal à l'aire motrice supplémentaire puis au cortex moteur).

« Se représenter une action implique les mêmes réseaux cérébraux que l'action elle-même. »

D'autre part, je me suis beaucoup intéressé à l'imagerie motrice et à l'action simulée, en particulier avec Jean Decety. Cela permet d'étudier les contenus des représentations de l'action indépendamment de l'exécution proprement dite. On utilise des méthodes basées sur la chronométrie mentale, suivant l'idée que la durée du temps de réaction des sujets dépend de la complexité du calcul à réaliser (par exemple, les sujets prendront plus de temps à imaginer la rotation d'un objet complexe qu'une forme simple, de même que pour un objet réellement présenté sur un écran).

Vous dites souvent que penser une action, c'est se préparer à l'exécuter. Quels sont les indices cérébraux et physiologiques qui indiquent la représentation de l'action?

Il existe une série d'indices physiologiques et d'indices cérébraux à la préparation de l'action. On peut par exemple étudier la représentation de l'action avec l'électro-encéphalographie (EEG) en étudiant en particulier une onde cérébrale apparaissant plusieurs secondes avant un mouvement, nommée «potentiel de préparation motrice». On a également examiné tout un ensemble de fonctions végétatives. Par exemple, on a pu montrer que lorsqu'on se représente mentalement une action, on augmente son rythme respiratoire mais pas sa consommation d'oxygène, puisqu'il n'y a pas de contraction musculaire. On peut aussi mesurer les réflexes de la moelle épinière (spinaux), comme on l'a fait à Marseille avec Jean Requin, directeur de recherches au CNRS. On observe une facilitation des motoneurones pendant la préparation à l'action et pendant la simulation motrice. Une image motrice est donc une préparation.

Toutes nos actions représentées ne sont pas exécutées. Quels sont les mécanismes neuronaux qui permettent la réalisation de l'action représentée?

On ne comprend pas encore bien pourquoi et comment une action représentée n'est pas forcément exécutée. Il pourrait y avoir des mécanismes d'inhibition qui entrent en jeu. Quand on fait de la neuro-imagerie de l'action imaginée – nous avons été les premiers à faire cela avec Jean Decety en 1994 –, on dit aux sujets d'imaginer une action, mais de ne pas l'exécuter. Dans ce cas, on trouve non seulement l'activation de régions motrices communes à celles activées lors de la réalisation des actions, mais aussi une forte activation du cortex préfrontal dorsolatéral. Ces résultats montrent bien que se représenter une action implique les mêmes réseaux cérébraux que l'action elle-même, mais ils montrent aussi un substrat neuronal possible de l'inhibition des actions.

Comment s'effectue la sélection entre plusieurs actions possibles au niveau neuronal?

Je n'ai pas regardé cela de près. Certaines personnes disent qu'on peut préparer plusieurs actions à la fois et choisir au dernier moment.

Christopher Frith par exemple a demandé à des sujets de choisir librement entre appuyer sur un bouton avec l'index ou le pouce. Comment la sélection se fait reste encore peu compris à mon avis.

Y a-t-il vraiment des activations cérébrales identiques entre une action exécutée par un tiers et une action réellement exécutée ou représentée? N'est-ce pas justement les différences au niveau cérébral entre ces différentes actions ou représentations qui sont énigmatiques? Faut-il y voir un manque de précision de l'imagerie? Cela pose également le problème du niveau d'observation...

Il y a en fait trois états : l'action exécutée, l'action simulée et l'action observée. Pendant longtemps, j'ai cru que c'était un peu la même chose. J'avais développé ce concept de la *représentation partagée* pour désigner l'existence d'une activation de zones cérébrales communes à l'ensemble de ces trois états. Chaque état a en fait des activations propres : quand on réalise une action, ce n'est pas comme la simuler ou regarder un tiers la réaliser, et on sait très bien faire la différence entre ces trois états. L'idée que simuler une action implique à peu près les mêmes zones cérébrales que celles impliquées lors de son exécution est aujourd'hui une idée largement acceptée. Il existe une quantité d'études d'imagerie cérébrale sur ce sujet, encore très récentes. On utilise même cette approche dans les interfaces homme-machine pour que, lorsqu'on pense à un mouvement simple, l'activation du cortex moteur soit utilisée pour diriger un bras robot. C'est la conséquence directe de la notion de représentation partagée. Ces expériences sont également réalisées chez le singe.

Quelles sont les différences entre les réseaux cérébraux représentant une intention d'action autogénérée et une action observée qui permettent l'attribution correcte d'une action ou d'une intention? Que reflètent ces différences en termes de mécanismes?

Un problème se pose (qui est d'ailleurs peut-être un faux problème) : s'il existe des représentations partagées entre l'action à laquelle je pense et celle que j'observe chez quelqu'un d'autre, comment attribuer l'action à son véritable auteur? Dans les deux cas, il n'y a pas de véritable action proprement exécutée par le sujet, pas de proprioception. La réponse qui s'impose, c'est qu'il n'y a pas seulement des représentations partagées, mais aussi des activations propres à chaque état. Cette question est tout de même pertinente parce que la plupart de nos représentations d'action se construisent de manière implicite et non de manière consciente. Dans une maladie comme la schizophrénie, il y aurait justement un problème d'attribution des actions à autrui.

Les résultats d'imagerie cérébrale montrant des réseaux impliqués dans l'attribution des actions à son auteur (agentivité) ou à autrui ne vous paraissent-ils pas limités ou répétitifs ? Quels développements futurs de la neuro-imagerie voyez-vous pour remédier au problème des zones cérébrales multifonctions ?

Effectivement, il y a ce grave problème avec la neuro-imagerie qui vous montre des zones qui sont multifonctions. Il faudrait peut-être travailler au niveau de chaque petite composante des images (nommée voxel en trois dimensions, de même qu'un pixel pour une image en deux dimensions), et surtout sortir de l'illusion que donne l'IRMf d'observer un processus dynamique, alors qu'elle est une image statique. C'est l'ordre d'entrée en scène qui compte. Il faudrait des méthodes rapides et précises. Or on a aujourd'hui des méthodes spatialement précises et pas rapides (l'IRMf) et des méthodes rapides et spatialement imprécises (EEG, MEG). L'avenir est dans la fusion de plusieurs techniques ou dans le développement de nouvelles méthodes, comme celle de la « *multi-voxel pattern analysis* » développée par John Haynes à Berlin.

Il me semble que vous vous êtes surtout centré sur l'étude de mouvements simples et des boucles sensori-motrices. Qu'en est-il des aspects intégratifs pour l'organisation temporelle du comportement lors de séquences d'actions complexes ? Pourriez-vous nous parler de la notion de schéma ou de plan d'action ?

Si vous êtes dans un scanner ou dans une situation où vous mesurez des temps de réponse, il faut forcément étudier des situations simples de mouvements monoarticulaires. C'est effectivement une critique importante, mais je ne vois pas comment étudier des actions complexes. Tim Shallice, par exemple, a étudié des représentations complexes et l'organisation de séquences d'actions cognitives, mais cela se situe à un niveau plus abstrait. Il y a un déficit des études du comportement quand il s'agit de mouvements complexes. Si l'on veut rester du côté de la neurophysiologie, il faut se réduire à l'étude de mouvements simples. On pense évidemment aux neuropsychologues, Damasio par exemple, mais moi je ne suis jamais allé aussi loin.

Quid de la motivation ? Outre les aspects sensori-moteurs mis en jeu pour attraper une pomme, encore faut-il que j'aie assez faim pour vouloir m'en saisir. Quelles sont les pistes de recherches liant motivation, récompense et action que vous pouvez entrevoir pour les années futures ?

J'ai été assez impressionné par l'hypothèse des marqueurs somatiques de Damasio, qui travaille à l'université de l'Iowa aux États-Unis. Damasio a étudié un patient présentant une atteinte d'une région antérieure du cortex préfrontal qui prenait des décisions pratiquement au hasard et souvent contre son propre intérêt. Il ne pouvait plus évaluer la situation dans laquelle la décision devait être effectuée. Selon Damasio [4], ce patient était devenu incapable, après sa lésion, d'utiliser des marqueurs émotionnels qui, en temps normal, servent d'indice dans la décision à prendre : la décision la meilleure étant celle qui engendre le plus d'affects (émotion et humeur) positifs et le moins d'aspects négatifs.

Je trouve qu'un exemple frappant d'un marqueur somatique relativement inconscient est celui de Joshua Green qui travaille chez Jonathan Cohen, à Princeton. Ils conçoivent la motivation comme la décision qui vous fait le moins de mal et vous crée le plus de plaisir. C'est évidemment un peu court comme définition, mais ça en vaut une autre. Les gens les plus intelligents et les plus moraux sont justement ceux qui, ignorant les marqueurs somatiques, prennent des décisions basées sur la logique et la rationalité. Dans l'expérience de Green et Cohen, vous expliquez à des gens qu'un wagon fou dévale une pente et s'apprête à s'écraser avec cinq personnes à bord. Si l'on choisit d'aiguiller ce wagon, la trajectoire peut être déviée de façon à ne tuer qu'une seule personne à bord et de sauver la vie des autres. Les gens sont donc placés face à un dilemme moral important : comment choisir entre sacrifier la vie d'une personne et épargner la vie de plusieurs autres ? À ce premier dilemme, tous les participants répondent qu'ils sont prêts à aiguiller le wagon pour qu'il tue une personne et non les cinq.

4. Voir p. 342.

Dans un second dilemme, vous avez la possibilité de dévier la trajectoire dudit wagon en poussant sur la voie une personne de forte corpulence. Que vont choisir les sujets testés dans cette expérience? Dans le second dilemme, les avis sont partagés : il y a une proportion notable de gens qui sont prêts à exécuter l'action de tuer une personne pour en sauver un plus grand nombre, mais ils répondent plus lentement puisqu'il faut vaincre le traitement des marqueurs somatiques pour arriver au traitement cognitif et faire le raisonnement suivant : «Bien que je trouve dégoûtant de tuer quelqu'un de mes mains, il vaut mieux en sacrifier un pour sauver le plus grand nombre.» L'imagerie cérébrale de cette expérience nous apprend que le cortex préfrontal médian et le cortex cingulaire antérieur sont beaucoup plus activés au cours du second dilemme que lors du premier. Pour Green et Cohen, ces activations reflètent l'importance de l'implication personnelle, beaucoup plus marquée dans le second cas que dans le premier, qui induit un état émotionnel extrêmement élevé. La décision de provoquer la mort d'une personne pour en sauver cinq est jugée acceptable, dans le premier cas, pour la majorité des sujets, parce qu'elle n'implique pas la décision de tuer volontairement.

« La conscience de l'action apparaît entre 500 millisecondes à 1 seconde après que l'intention du mouvement devient consciente. Cela pose la question du libre arbitre et alimente le débat entre la thèse physiologique montrant qu'il existe un déterminisme cérébral de l'action volontaire et la thèse philosophique qui prétend qu'il existe un libre arbitre. »

Comment étudier la volonté chez le sujet sain?

L'étude du mouvement volontaire a bénéficié de l'étude de cas pathologiques, surtout de cas où les sujets ne disposaient plus d'informations périphériques comme les patients déafférentés (souffrant de la disconnexion d'un segment corporel au système nerveux central), qui fournissent un bon exemple pour l'étude de mouvements volontaires fabriqués à partir de représentations internes. On a par exemple observé une patiente déafférentée totale (nommée GL) et on s'est aperçu que, bien qu'elle n'ait aucune information périphérique sur l'exécution de ses mouvements (lorsqu'on la mettait dans le noir), elle était néanmoins capable de déterminer que c'était bien elle qui avait exécuté telle ou telle action. Ce type de patient fournit donc un modèle de l'étude du mouvement généré de façon entièrement endogène.

Comment devient-on conscient que l'on fait telle ou telle action ?

Une expérience fameuse de Libet a montré que la conscience de l'action est un phénomène assez tardif. En enregistrant le potentiel de préparation avant un mouvement simple, il s'est aperçu que la conscience de l'action apparaît entre 500 millisecondes à 1 seconde après que l'intention du mouvement devient consciente. Cela pose la question du libre arbitre et alimente le débat entre la thèse physiologique montrant qu'il existe un déterminisme cérébral de l'action volontaire et la thèse philosophique qui prétend qu'il existe un libre arbitre. Cette question est accessible à la recherche neurologique. Des études récentes de John Haynes, à Berlin, utilisant l'imagerie par résonance magnétique fonctionnelle, soutiennent un déterminisme encore plus extrême que Libet pour la genèse inconsciente d'un mouvement volontaire, qui se ferait presque 10 secondes avant le mouvement exécuté !

« Je crois qu'il faut respecter les siècles de philosophie qui nous ont précédés et ne pas réduire la morale à telle ou telle région cérébrale. »

Comment définir la conscience d'un point de vue neurobiologique ?

Ces questions sur la conscience sont extrêmement intéressantes mais aussi très difficiles. Je pense que tous les modèles qu'on a eus jusqu'à maintenant, que ce soit ceux de Koch, Crick, Dehaene ou Changeux, sont des modèles spéculatifs qui ne tiennent pas compte du comportement et des expériences sur la prise de conscience. J'ai une attitude différente qui consiste à utiliser les réponses du sujet pour savoir quel est son niveau de conscience. J'étudie donc la conscience de soi et la conscience de l'action en enregistrant des variables neurophysiologiques, tout en enregistrant les réponses du sujet. Les résultats montrent des différences cérébrales entre la conscience de soi et la conscience des choses. Il existe aussi des états altérés de la conscience de soi, comme dans la schizophrénie.

Quelles sont les relations entre intention inconsciente et attribution d'une action à son auteur?

La plupart des actions sont exécutées de façon inconsciente ou automatique. La conscience de l'action apparaît donc après l'action elle-même : cela a été montré dans de nombreuses expériences. C'est exactement le contraire de ce qui se passe quand on apprend. Il y a soit prise de conscience quand le mode automatique ne fonctionne plus, soit, au contraire, passage en mode automatique lorsqu'une séquence d'action est surapprise. Il serait intéressant d'étudier l'activité cérébrale lorsqu'on augmente la difficulté d'une tâche déjà automatisée. Cela donnerait une idée sur la prise de conscience, c'est-à-dire sur le passage d'un mode automatique à un mode conscient. Le fait que la conscience apparaisse après l'action montre que le rôle de la conscience est d'établir une cohérence «après coup» entre une action, son objectif, ses motivations, ou encore d'établir une consonance cognitive entre l'avant et l'après de l'action. Il faudrait rapprocher les études sur la conscience de la notion de dissonance cognitive, qui a été développée en psychologie sociale dans les années 1950.

Quel est l'impact réel de la neuro-imagerie cognitive sur la compréhension du cerveau? Comment, selon vous, utiliser l'imagerie cérébrale pour qu'elle soit plus informative?

Jusque dans les années 1980, la neuro-imagerie n'existait pas. Dans les années 1990, la méthode a acquis un énorme potentiel. La première étude que j'ai faite avec Jean Decety publiée dans *Nature* concernait les régions cérébrales impliquées lors des mouvements imaginés. Les expériences d'imagerie cérébrale actuelles ont un grand défaut : leur faible résolution temporelle. La combinaison de plusieurs méthodes (IRMf et EEG) permet dès maintenant d'observer l'activité cérébrale en temps réel.

Les neurosciences cognitives, qui font partie de la biologie, semblent s'intéresser à des domaines réservés aux sciences de l'homme (états mentaux, relations de soi aux autres, valeurs, intentions, désirs, économie). Comment concilier ces deux approches ?

Actuellement, certains expriment une crainte et peut-être aussi une plainte de voir les neurosciences s'emparer de problèmes classiquement réservés aux philosophes ou aux moralistes. Je crois qu'il faut respecter les siècles de philosophie qui nous ont précédés et ne pas réduire la morale à telle ou telle région cérébrale. Cependant, il ne faut pas avoir peur de l'approche des neurosciences sur ces questions, qui a pris en partie sa source dans l'éthologie. Cette discipline nous montre qu'il existe une continuité entre les primates non humains et l'homme au niveau de la conscience de soi et des valeurs. En effet, la conscience n'est pas le propre de l'homme : il existe au contraire une continuité évolutive pour des notions comme la conscience, qu'on a souvent attribuée uniquement à l'homme.

Pourriez-vous nous dire quelle est selon vous la place de la psychothérapie dans le traitement des troubles mentaux, et sa relation aux neurosciences cognitives ?

Le programme initial de l'Institut des sciences cognitives était de rapprocher les neurosciences et la psychiatrie. À Lyon, la psychiatrie était isolée, éloignée de la recherche en neurosciences. On s'est donc beaucoup battu pour installer l'Institut entre l'hôpital neurologique et l'hôpital psychiatrique. Cela a permis de refonder une sorte de psychopathologie utilisant des variables comportementales et physiologiques pour caractériser des troubles mentaux comme la schizophrénie. Pour répondre à votre question, la psychothérapie est une méthode qui passe par le langage et qui devrait modifier le cerveau de façon similaire aux autres formes d'apprentissage par le langage. La combinaison de la psychothérapie avec des méthodes neurobiologiques pourrait être une piste très intéressante. Pourquoi par exemple ne pas utiliser des facteurs de croissance pendant la psychothérapie pour dynamiser les changements au niveau des réseaux cérébraux déficients chez les patients ?

La psychiatrie française est encore très largement sous l'emprise de la psychanalyse. Les approches plus neurobiologiques de maladies comme la schizophrénie sont peu présentes dans la plupart des services de psychiatrie. Comment pourrait-on faire avancer les choses selon vous ?

Il est vrai que la psychiatre française est encore aujourd'hui dominée par la psychanalyse, surtout chez les équipes soignantes. La prise en charge des patients dans un hôpital est à dissocier de la thérapie proprement dite. L'idée que la psychothérapie puisse modifier les réseaux neuronaux devrait pouvoir rapprocher psychanalystes et neuroscientifiques, à condition que les psychanalystes le veuillent bien car ils sont souvent réticents ou ont peur de ce rapprochement. Je pense néanmoins qu'il faudra en passer par là, peut-être en changeant le mode de recrutement des psychiatres afin qu'ils soient d'avantage impliqués dans la recherche. Il y a un grand manque de psychiatres, peut-être dû à ce sentiment d'impuissance actuel face au système psychiatrique. Le problème en France, c'est que la psychanalyse a eu une forte emprise sur les intellectuels.

Marc Jeannerod dans le texte...

« L'action est une des modalités essentielles de notre présence au monde. C'est par elle que nous entrons en contact avec les objets et que nous transformons notre environnement; c'est par elle aussi que nous exprimons nos états d'esprit et que nous communiquons avec nos semblables. »

La Nature de l'esprit, Paris, Odile Jacob, 2002.

« Expérimentalement, l'observation d'une action exécutée par un tiers provoque, dans le cerveau de l'observateur, une activation similaire à celle qu'il aurait s'il exécutait (ou se représentait) lui-même cette action. Nos représentations ne se limitent donc pas à des états mentaux endogènes, que nous avons nous-mêmes créés. Au contraire, le fait que la production d'une action et son observation impliquent des mécanismes communs suggère une équivalence entre les représentations propres au seul sujet et les représentations nées de l'interaction avec d'autres individus. C'est exactement ce que signifie l'expression représentation partagée : la même action peut être représentée simultanément par celui qui l'exécute (ou à l'intention de l'exécuter) et par celui qui l'observe (ou qui cherche à en déchiffrer le contenu). »

Ibid.

« La notion d'une distribution de la conscience dans de nombreuses structures nerveuses ouvre sur une autre notion, celle d'une conscience différente pour chaque type d'information à traiter : la conscience d'un

visage, d'un événement, d'une émotion, etc., pourrait chaque fois représenter une conscience spécialisée, ad hoc *en quelque sorte.* »

Ibid.

« *Une grande partie des traitements qu'effectue notre cerveau se déroule en l'absence de tout contrôle conscient. Et lorsque nous pensons exercer ce contrôle conscient, notre expérience ne cadre que rarement avec la réalité ! [...] La partie du système visuel qui réalise le traitement conscient d'objets (permettant de les identifier et de les comparer) est victime d'une illusion qu'ignore l'autre partie du système, celle qui réalise le mouvement automatique de saisie.* »

Pour la science, novembre 2007.

« *La possibilité de voir le cerveau presque en temps réel, d'enregistrer l'activité cognitive, sans que le sujet ait à préciser ce qu'il ressent, comme c'était le cas dans les expériences de psychologie, représente un progrès décisif pour la compréhension des rapports entre cerveau et cognition.* »

Ibid.

Principaux écrits de Marc Jeannerod

Le Cerveau-machine. Physiologie de la volonté, Paris, Fayard, 1983.

The Neural and Behavioural Organization of Goal-Directed Movements, Oxford, Oxford University Press, 1988.

Esprit où es-tu ? Psychanalyse et neuroscience (avec J. Hochmann), Paris, Odile Jacob, 1991.

Neuropsychologie humaine (avec X. Seron), Liège, Mardaga, 1994, rééd. 1998.

De la physiologie mentale. Histoire des relations entre la psychologie et la biologie, Paris, Odile Jacob, 1996.

The Cognitive Neuroscience of Action, Oxford, Blackwell, 1997.

La Nature de l'esprit. Sciences cognitives et cerveau, Paris, Odile Jacob, 2002.

L'Homme sans visage, Paris, Odile Jacob, Paris, 2007.

Gerald Edelman

Gerald Edelman en quelques dates...

1929 : Naissance à New York.

1954 : Docteur en médecine de l'École médicale universitaire de Pennsylvanie.

1960 : Doctorat de l'institut Rockefeller (New York).

1987 : Parution de *Neural Darwinism*, premier ouvrage de sa trilogie, suivi de *Topobiology* (1988) et du *Remembered Present* (1989).

Gerald Edelman en quelques titres...

Prix Nobel de physiologie et de médecine (1972) pour ses travaux en immunologie.

Élu Personnalité de l'année en 1990 (Paris).

Membre de l'Académie nationale des sciences américaine.

Membre étranger de l'Académie des sciences de l'Institut de France, de l'Académie royale des sciences espagnole, et affilié à l'Académie juive des arts et des sciences.

Nos neurones sont soumis à un processus de sélection naturelle

Par Cédric Routier

Le présent remémoré… Lorsqu'il parle de notre conscience, Gerald Edelman, prix Nobel de médecine, a des accents de poète. Ce neurobiologiste est aujourd'hui le tenant d'une théorie fascinante sur l'organisation de notre cerveau. Comment la conscience naît-elle des interactions entre nos neurones ? Il propose une explication complexe, convaincante et, surtout, darwinienne.

Scientifique de talent, Edelman hésite un temps entre la carrière de violoniste et celle de compositeur. S'il se détourne de l'une comme de l'autre, il reste un virtuose… de la science. Il étudie certaines protéines de notre sang, lorsqu'il rejoint puis intègre l'université Rockefeller, puis se penche sur notre système immunitaire : il partage avec Rodney Porter un prix Nobel de médecine pour ses travaux sur les anticorps.

Ses incursions dans notre protection immunitaire le fascinent : il y observe un mécanisme de variation et de sélection des réponses du système, analogue à celui de la sélection naturelle prôné par Darwin! Il s'attaque alors à l'organisation des cellules vivantes et à leurs interactions, et met en évidence les molécules responsables de l'adhésion entre ces cellules : comme une «colle» qui leur permettrait de gagner l'emplacement où elles se fixent et s'expriment. Il fait alors une découverte : un gène spécifique contrôle à la fois les molécules de «collage» des cellules neurales (celles qui font l'organisation de notre cerveau) et... la production de notre système immunitaire!

Ses réflexions s'élargissent. Des liens entre organisation du cerveau et du système immunitaire, il est conduit vers sa contribution majeure : l'idée d'une sélection de groupes de neurones dans le cerveau, d'abord lors de sa construction, puis au tout long de notre vie. L'organisation et l'évolution du cerveau se font selon des processus darwiniens : notre conscience va naître de boucles, de réseaux et de «cartes» établis entre les groupes de neurones sélectionnés, entretenus, et en interaction. Il présente alors sa théorie en détail, sous la forme d'une trilogie dont son *Neural Darwinism* [1] («darwinisme neuronal»), en 1987, est la pièce centrale.

Le «brillant» feu intellectuel qui l'animait n'a depuis lors guère pâli. Edelman nous guide à travers les méandres de sa *Biologie de la conscience* [2], puis explore l'«Univers de la conscience [3]», pour découvrir «*comment la matière devient imagination*» et défaire le mystère que Schopenhauer appelait «le nœud du monde» – cette possibilité d'un lien entre notre expérience consciente, subjective, et le monde, objectif. Depuis l'intervention des gènes et la neurobiologie, jusqu'aux ressorts psychologiques de notre conscience, Edelman dresse un tableau *Plus vaste que le ciel* [4] de la vie de l'esprit.

---

1. G. Edelman, *Neural Darwinism. The Theory of Neuronal Group Selection*, New York, Basic Books, 1987.
2. *Bright Air, Brilliant Fire. On the Matter of the Mind*, New York, Basic Books, 1992 : «éther divin, feu destructeur : de la matière de l'esprit» (titre inspiré d'un vers d'Empédocle). Trad. *Biologie de la conscience*, Paris, Odile Jacob, 1992.
3. G. Edelman et G. Tononi, *Universe of Consciousness. How Matter Becomes Imagination*, New York, Basic Books, 2000, trad. *Comment la matière devient conscience*, Paris, Odile Jacob, 2000.
4. G. Edelman, *Wider than the Sky. The Phenomenal Gift of Consciousness*, New Haven, Yale University Press, 2004, trad. *Plus vaste que le ciel. Une nouvelle théorie générale du cerveau*, Paris, Odile Jacob, 2004.

Que nous apprend Gerald Edelman?

L'inscription biologique de la conscience

Les deux traits essentiels de la théorie d'Edelman sont exprimés dans son appellation : *darwinisme neuronal*. Ou comment se pencher sur la seule base biologique susceptible de donner naissance à l'esprit et à la conscience, le cerveau (d'où l'adjectif *neuronal*), en l'envisageant comme un système organisé dans sa structure et ses fonctions par les principes de Darwin (d'où le *darwinisme*). Le tour de force consiste à rendre d'abord cette proposition convaincante, pour envisager ensuite l'explication qu'elle donne du flot de la conscience.

La théorie darwinienne de l'évolution des espèces a pour clefs de voûte deux principes simples [5] : dans le règne animal, il existe une variation manifeste entre les individus, au sein de chaque espèce et d'une espèce à l'autre; et les conséquences de cette variation, en termes de reproduction et de survie des individus de chaque espèce, sélectionnent parmi ces espèces celles qui se perpétuent. On peut ensuite ajouter tous les bémols qui s'imposent : considérer la survie d'individus, de groupes ou de populations; souligner la relativité des adaptations individuelles en fonction des milieux et des autres espèces; insister sur le rôle du hasard

5. Et non, comme le laisse croire l'image d'Épinal, la seule maxime d'une «loi du plus fort» qui n'est qu'une lecture lointaine, superficielle au point d'en devenir fausse, de certaines conséquences des principes qui suivent.

dans la variation; étudier le surgissement de la culture et du langage; etc. Mais ces deux principes demeurent : une variation originelle; puis une reproduction différentielle au sein de cette variation.

La force de ces deux principes s'impose à qui réalise qu'ils sont indépendants de leur domaine d'application originel : si Darwin les utilise pour expliquer l'évolution des espèces, Burnet (en 1959) montre leur action dans l'établissement et le fonctionnement du système immunitaire. Edelman poursuit donc assez «naturellement» la logique de Darwin, dans une explication du plus complexe des systèmes biologiques : le cerveau. Il se penche en effet sur la manière dont celui-ci se structure au cours du développement, pour élaborer la façon dont la sélection darwinienne peut y avoir lieu. Quelles seront les unités sélectionnées? Des groupes de neurones – ou *groupes neuronaux*.

Initialement, Edelman fait appel à la *topobiologie* pour poser ses fondations. En effet, cette science s'intéresse notamment à la manière dont les fonctions et les propriétés des cellules d'un organisme sont déterminées par leur localisation. Au cours de la croissance du futur système nerveux, les cellules neurales – celles qui sont appelées à former les neurones – se déplacent selon des voies dont le tracé les mène finalement à bon port – là où les structures du cerveau, notamment le thalamus [6] et le *cortex* («l'écorce» du cerveau : ses couches extérieures), se constituent. Ce processus a principalement lieu au cours du développement du fœtus. Comment ces voies sont-elles balisées? Quel signal indique à une cellule neurale qu'elle peut stopper sa migration et commencer à croître pour former un neurone, avec son axone et ses dendrites [7]? Edelman insiste sur le rôle des molécules d'adhérence des cellules [8] – ici, cellules nerveuses – qui servent de «*colle du cerveau*» dans le guidage et la fixation de ces cellules sur leurs emplacements définitifs.

---

6. Le thalamus est une structure située au «cœur» du cerveau, juste au-dessus du tronc cérébral (un ensemble qui se situe dans le prolongement de la moelle épinière) et par laquelle transitent les signaux qui gagnent le cortex; notamment, les signaux sensoriels.

7. Le corps cellulaire d'un neurone se prolonge de multiples dendrites (sortes de filaments qui se connectent aux autres neurones et en reçoivent les signaux : les «informations d'entrée» du neurone) et d'un seul axone («filament» principal de sortie, par lequel le neurone envoie à son tour ses propres signaux).

8. *Cell Adhesion Molecules*, ou CAM.

Peu à peu, au plan anatomique puis fonctionnel, on assiste, dans le cerveau, à la mise en place de groupes neuronaux; de réseaux interactifs entre ces groupes; puis de véritables *cartes thalamo-corticales*, configurations de réseaux du cortex et du thalamus en interaction. Le darwinisme neuronal décrit et explique la sélection, l'arrangement et les fonctions des groupes neuronaux à trois niveaux successifs :

- la formation d'un répertoire *primaire*, anatomique, par une sélection qui s'exerce sur la variation dans les populations de neurones. Cette variation est notamment liée aux déplacements de cellules, à la mort de certaines d'entre elles et à l'activité des autres, et aux connexions que les neurones peuvent établir entre eux : des neurones voisins se connectent de manière abondante et coopèrent;
- puis la formation d'un répertoire *secondaire* se surajoute : prenant le répertoire primaire pour base de départ anatomique, des modifications *fonctionnelles* ont lieu dans l'organisation du cerveau. Une sélection préférentielle de certaines connexions – *synapses* –, *dans* les groupes neuronaux, et un accroissement de la force de ces connexions interviennent. Les expériences de l'organisme – ses actions, ce qu'il vit –, au cours de son développement, déterminent les circuits fonctionnels (ou *cartes corticales et thalamiques fonctionnelles*) qui apparaissent par ce processus et qui formeront le répertoire secondaire;
- enfin, à une échelle plus large, ces circuits fonctionnels finissent par former des *cartographies* cérébrales *globales* : des configurations d'ensemble de l'activité du cerveau. Les circuits fonctionnels interagissent : ils échangent des signaux grâce à un processus de *réentrée* des signaux, circulation des signaux entre les cartes corticales et thalamiques qui s'ajoute aux signaux déjà reçus par le thalamus et le cortex. Ces cartographies globales, issues des répertoires primaire (anatomique) et secondaire (fonctionnel), utilisent de façon variable des groupes neuronaux entiers et accomplissent nos processus psychologiques les plus sophistiqués. Les connexions entre cartes thalamo-corticales, au sein des cartographies globales, sont réciproques et parallèles : les informations transitent d'une carte à l'autre et par plusieurs « chemins ». La puissance des phénomènes perceptifs, cognitifs et conscients dont notre cerveau est capable provient au final de cette structure d'ensemble.

La *réentrance* des signaux dans les cartes fonctionnelles est une propriété primordiale pour la réalisation de nos fonctions psychologiques supérieures : attention, perception, mémoire, langage et, bien sûr, conscience. C'est grâce à la réentrance que nos fonctions *psychologiques* coïncident avec les propriétés *physiologiques* de notre cerveau. Edelman l'affirme donc clairement : dans un cadre darwiniste, l'organisation anatomique et fonctionnelle du cerveau rend caduque l'idée d'une structure centrale, d'un « chef » hiérarchique qui gérerait la diffusion et l'utilisation de l'information. Dans le cerveau, les échanges de signaux sont *massifs* et *parallèles* ; ils se font entre cartes thalamo-corticales de groupes neuronaux ; et des boucles au sein de celles-ci permettent un accès constant et répété à toute information. Le décor est prêt pour l'entrée en scène de la conscience.

Percevoir, se rappeler et comprendre le monde

Les cartographies globales et dynamiques qui se forment dans notre cerveau sont des états transitoires. Pour que notre conscience apparaisse sur cette base, plusieurs conditions sont nécessaires et viennent s'ajouter au tableau d'Edelman : une perception *active* du monde extérieur, utilisable au sein des cartographies globales ; la possibilité d'une *mémoire*, à court et à long terme ; l'apparition de *concepts*, pour ordonner le monde, notre perception de celui-ci et nos connaissances. Ces trois conditions réunies entraînent l'existence d'une conscience *primaire*, celle du « présent remémoré » – la formule même d'Edelman. Puis, grâce aux apports conjoints de cette conscience primaire et du langage, une conscience d'*ordre supérieur* peut voir le jour : elle est dépositaire de notre Moi ; de notre esprit conscient, inscrit dans une durée – conscient d'avoir un passé, capable de se projeter vers un futur et dépassant les dimensions restreintes de l'instant présent.

La perception active de l'environnement est la première condition d'émergence de toute conscience. Elle repose autant sur la réception « passive » des informations sensorielles (par les cinq sens) que sur les actions motrices ; ces dernières permettent d'obtenir de nouvelles informations sensorielles et d'ajuster le comportement à la situation, pour continuer à s'informer. À travers ses groupes neuronaux, réunis en cartes thalamo-corticales réentrantes, le cerveau réalise des *catégorisations perceptives* :

- des entrées sensorielles et motrices complexes, issues de l'environnement, sont reçues par des cartes précises – des populations de neurones sélectionnées pour leurs connexions avec les systèmes sensoriels concernés ; la plupart du temps dans le thalamus, avant de gagner le cortex ;
- puis, selon la cartographie globale actuelle de l'ensemble des cartes thalamo-corticales en activité, les signaux de sortie de ces cartes sont couplés avec les réponses sensori-motrices (les actions) de l'organisme ;
- enfin, ces actions subséquentes entraînent de nouvelles entrées, établissant une boucle dynamique continuelle entre entrées et sorties des cartes thalamo-corticales : il s'agit d'une *boucle de catégorisation*, de « classement » des perceptions par le cerveau. Cela permet d'ajuster le comportement d'un organisme à son environnement.

En plus de l'entrée continuelle de nouvelles informations au sein des cartes corticales, on assiste au phénomène de *réentrance* des cartes : le retour constant des signaux de sortie d'une carte à l'autre, par des échanges réciproques. Ces signaux, en plus de déterminer le comportement moteur, reviennent donc se mêler aux nouvelles entrées et restent disponibles.

L'activité d'un organisme, sensori-motrice [9], est donc essentielle à la perception. Les catégorisations perceptives du cerveau sont une sorte de « classement », *en temps réel*, des signaux qu'il tire de l'environnement. L'établissement des catégories perceptives, par les boucles de catégorisation, est aussi déterminé par des critères de *valeurs* internes à l'organisme : un ensemble de variables physiologiques qui ont été sélectionnées par l'évolution. Elles sont principalement des valeurs liées aux exigences biologiques (besoin en énergie, en eau, en repos, etc.), impliquées dans la survie ; elles diffèrent bien sûr d'une espèce à l'autre.

En matière de répertoires primaire et secondaire, l'activité joue également un rôle. Elle est impliquée dans la formation de nouvelles voies de communication neuronale, au moment de l'établissement du répertoire primaire : elle intervient ainsi dans le développement sélectif de la neuroanatomie du cerveau. Et, par le mécanisme des boucles dynamiques

9. C'est-à-dire qu'elle fait intervenir des informations issues à la fois des cinq sens, de la position du corps et des mouvements effectués.

de *réentrance*, l'activité intervient aussi dans la formation du répertoire secondaire : elle affine les rôles fonctionnels des groupes neuronaux.

Percevoir et classer des signaux est une première étape; la nécessité d'une mémoire vient ensuite. Qui dit perception et catégorisation – l'établissement de «classes», de catégories, pour mettre un peu d'ordre dans ce qu'offre le monde – dit nécessité d'une mémoire; notamment pour qu'un apprentissage puisse avoir lieu. Pour Edelman, la mémoire n'est pas une chose, un objet, un lieu ou une entité : c'est une propriété *dynamique* et *collective* des populations de neurones. La mémoire est une fonction du système cérébral dans son ensemble, non une zone spécifique : elle reflète la possibilité, pour le cerveau, d'élaborer, à partir des catégories perceptives, des cartographies globales (des configurations d'ensemble des activités neuronales), susceptibles d'être réactivées au moment opportun.

La mémoire consiste en fait à renforcer, à consolider les catégorisations perceptives que le cerveau a réalisées auparavant. Certains circuits corticaux et sous-corticaux spécifiques interviennent : ils déterminent notamment la manière dont les catégories sont ordonnées, leur «classement» selon les valeurs biologiques internes de l'organisme. Ils entraînent aussi, en fonction de ces valeurs et de la situation, des modifications synaptiques supplémentaires des cartes thalamo-corticales (donc des populations de neurones) : c'est ce que nous exprimons en distinguant la mémoire à «court» terme (l'information est disponible, au plus, quelques minutes) et à «long» terme (l'information reste disponible pendant des mois, voire des années).

Se souvenir, c'est réaliser un processus de *recatégorisation*, continu et dynamique – prendre en compte les nouvelles entrées, au fur et à mesure, et réagir à celles-ci. Notre mémoire repose sur la *ré*activation d'une cartographie globale particulière du cerveau, dans une situation particulière : le cerveau est *à nouveau* dans un état similaire ou proche de celui qui était le sien, quand nous avons fait l'expérience que nous nous rappelons. Cela explique que notre mémoire dépende des *contextes* dans lesquels nous nous souvenons : une portion d'une cartographie globale peut être réactivée en lien avec une partie des circonstances actuelles, mais aussi modifiée, grâce aux nouveaux arrangements des populations de neurones (qui ont eu lieu depuis l'expérience initiale) et aux entrées spécifiques de la situation présente. On ne se souvient pas exactement de la même chose dans les mêmes circonstances, si fidèles que nous soyons, puisque notre cerveau a continué d'évoluer depuis l'expérience initiale.

Avec la possibilité de réaliser des catégorisations perceptives de plus en plus fines, et de se les remémorer en temps utile, le cerveau développe une condition supplémentaire pour la naissance de la conscience; une condition qui ajuste encore un peu plus le comportement des organismes à leur environnement, surtout chez les plus complexes d'entre eux. Il s'agit de la capacité à *former des concepts*. Avant même l'apparition d'un langage, le cerveau établit des relations élaborées, de plus en plus « abstraites », entre les actes de l'organisme et les choses. Il devient capable de reconnaître des relations entre des événements variés – activant les cartographies globales appropriées, tout en y intégrant peu à peu de nouveaux signaux.

Former des concepts, c'est tout simplement réaliser des catégorisations de plus en plus étendues. Elles incluent de plus en plus de nuances dans les classements que réalise le cerveau, à mesure qu'évoluent les relations anatomiques et fonctionnelles entre groupes neuronaux. Et, comme on le devine, cet accroissement du pouvoir de catégorisation – cette extension des catégorisations possibles – est dû à la possibilité de mémoriser sur le long terme. Entre les événements du monde et ses propres sensations et actions, l'organisme devient capable de plus grandes généralisations : ses apprentissages, donc son comportement, en sont grandement améliorés. Un socle minimal de relations se forme, base solide pour l'apparition d'un premier type de conscience.

Comment ces « catégorisations étendues », cette formation de concepts, sont-elles réalisées? Des aires corticales spécialisées, situées dans le cortex frontal (à « l'avant » du cerveau), temporal (derrière nos tempes et légèrement vers l'arrière) et pariétal (aux alentours du sommet du cerveau), jouent un rôle majeur. Elles interviennent en distinguant et en combinant, selon les valeurs biologiques propres à l'organisme, l'activité des cartographies globales, liée aux signaux extérieurs. Or, le plus souvent, ces aires de « catégorisation élaborée » ne reçoivent pas d'entrées directes, de signaux venus de l'extérieur : elles se basent sur les signaux qui leur parviennent de *l'intérieur* du système cérébral, depuis les cartes fonctionnelles spécifiques qui participent à l'activité d'ensemble. En intégrant ces signaux (avec, ici aussi, des boucles de *réentrance*), puis en renvoyant leurs propres signaux de sortie de façon sélective dans le système, elles régulent les cartographies globales, associant les activités éparses des cartes thalamo-corticales en catégorisations plus étendues, en relations plus élaborées : les concepts.

Le cerveau réalise donc, d'une part, des cartes des événements extérieurs et des actions – les cartographies globales, changeantes – et, d'autre part, des cartes de ses propres activités, des catégories générales des divers types de cartographies globales. Il conserve ainsi la trace de ses activités passées et, le cas échéant, fait appel à des « concepts » généraux – la réactivation de cartographies globales, par des structures qui gèrent les relations entre cartes à un niveau plus général. Une première forme de conscience peut faire son apparition.

Vers une conscience du présent et de soi

Sur la base des mécanismes et processus introduits jusqu'ici, une conscience primaire va pouvoir naître. Elle est une conscience du monde, et non de soi. Elle permet de «*se rendre compte de la présence des choses dans le monde*», et de s'en rendre compte *dans le présent*. Cette dimension « d'actualité » de la conscience primaire, cette inscription dans l'instant présent, est sa particularité : elle fait d'elle ce «*présent remémoré*» évoqué par Edelman.

Car que sont nos sensations conscientes, au moment où nous les *éprouvons* ? Rien d'autre que des *re*catégorisations de relations établies auparavant, affinées au fur et à mesure, et ce, grâce au fonctionnement d'ensemble du cerveau. Les relations catégorisées et enregistrées auparavant, véritables configurations générales d'activité du cerveau (les fameuses cartographies globales), sont réactivées dans l'instant présent de la perception consciente. En associant ainsi les divers aspects présents de l'environnement (Edelman parle de *corrélations*) par l'activité des cartographies globales, le cerveau crée de véritables *scènes* où sont reliés les éléments qu'il perçoit. Il peut ensuite y associer de nouveaux éléments et apprendre de nouvelles relations, déterminées à la fois par son environnement et par son histoire.

La conscience primaire germe en s'appuyant sur ces scènes perceptives : des catégorisations perceptives ont été réalisées au préalable par le cerveau ; puis, en fonction notamment des valeurs biologiques associées à ces catégories perceptives, des relations plus générales (des concepts) en sont sorties. Ces relations passées ajustent les catégorisations perceptives en cours (les « perceptions »), celles de la situation présente, pour construire une scène pertinente pour l'organisme : toute sensation ou perception consciente est bien un présent *re*mémoré, puisque déterminée par la mémoire des catégorisations passées en interaction avec les catégorisations présentes. Rien de tout cela ne se fait étape par étape : l'activité de cartes thalamo-corticales localisées, de groupes de neurones spécifiques, a lieu en *parallèle,* c'est-à-dire simultanément. Les catégorisations perceptives se font en continu, et c'est leur corrélation, grâce notamment à la *réentrance* et aux connexions entre les diverses cartes sensorielles, qui permet l'existence des scènes nécessaires à la formation d'une conscience primaire.

À quoi sert cette conscience primaire, si elle se limite à l'instant présent et que ce qui s'y déroule n'est pas encore mémorisé ? Elle met en relation les signaux de l'environnement et les conséquences des actions. Elle guide l'attention pour réaliser des tâches complexes. Elle permet d'évaluer et de rectifier l'erreur. Surtout, elle offre à l'organisme qui la possède une rapidité largement accrue sur tous ces plans, donc la possibilité d'apprentissages plus complexes et plus étendus. Enfin, elle est nécessaire à l'apparition d'une conscience d'ordre supérieur, qui ne va plus se limiter au présent mais donner naissance à un Moi personnel : celui d'un individu conscient de lui-même, de ses actions passées et des possibilités futures ; un Moi qui n'est pas simplement capable de mémoriser à long terme, mais d'être conscient de ce pouvoir.

D'où provient cette forme de conscience supérieure, dont nous autres humains sommes dotés, et dont chacun fait l'expérience lorsqu'il réfléchit sur lui-même, sur sa vie et sur ce qu'il ressent ? Essentiellement de la possession d'aires corticales spécialement dédiées au langage. La possibilité du langage, grâce à l'existence de ces zones du cerveau, est pour Edelman la caractéristique majeure qui permet l'émergence d'une nouvelle forme de conscience, plus élaborée que la conscience primaire – que nous partageons avec d'autres animaux. Les aires du langage, capables de traiter des signaux comme « linguistiques », permettent au cerveau de réaliser des catégorisations supplémentaires : d'établir de nouvelles relations, encore plus étendues, entre toutes les variétés de signaux fournies par l'environnement *et* par le cerveau lui-même.

L'activité conjointe d'aires corticales responsables des valeurs associées aux catégories, d'aires « conceptuelles » qui établissent des relations plus étendues entre les cartographies globales successives, et des aires du langage, dote notre cerveau d'un pouvoir inégalé. Il peut former des concepts sophistiqués, incluant des relations symboliques (c'est-à-dire liées au langage), et les utiliser pour se créer un modèle du monde et de ses relations avec lui. De ce point de vue, la possibilité d'une « mémoire symbolique » – soit la possibilité de réactiver opportunément les aires du langage au sein des cartographies globales, pour réactiver des relations complexes entre événements – est fondamentale. Les aires du langage introduisent la sémantique (la signification) puis la syntaxe (la grammaire) propres au langage dans les types de mémorisation de relations qui étaient jusqu'ici possibles : une forme de mémoire supplémentaire, pour de nouveaux concepts, grâce à des associations réciproques avec les relations déjà actives dans la conscience primaire. Le développement d'une conscience supérieure apparaît avec la possibilité du langage.

Ce niveau d'évolution du cerveau une fois atteint – la possession d'aires cérébrales permettant un langage –, une catégorisation des processus de la conscience primaire (celle des relations inscrites dans le présent) par des moyens symboliques va se produire. Le cerveau devient capable de distinguer les relations issues de la conscience primaire de nouvelles relations, de les comparer et de les associer. Nos rapports avec autrui introduisent également de nouveaux signaux, qui sont intégrés aux cartographies globales. L'élaboration d'une notion de Moi individuel débute, construite sur la différence entre soi et non-soi ; des modèles du monde se développent, donc une conscience du passé et la possibilité d'un recul vis-à-vis de l'instant présent. Nous devenons peu à peu « *conscients d'être conscients* ». Par une interaction constante entre une forme de mémoire symbolique et les aires qui catégorisent les cartographies globales elles-mêmes – les aires des « concepts » –, une « vie intérieure » individuelle s'élabore : celle de la conscience d'ordre supérieur.

Ainsi la conscience d'ordre supérieur joint-elle « *au tableau de l'identité biologique une individualité socialement construite* ». Depuis la sélection anatomique puis fonctionnelle de groupes neuronaux, en passant par leur organisation en cartes thalamo-corticales réentrantes (c'est-à-dire où l'information s'échange constamment, en boucle), jusqu'aux cartographies globales et aux relations qui s'établissent entre ces états transitoires du cerveau, notre biologie donne naissance à un esprit conscient du monde et de lui-même.

Schéma de la théorie de la sélection des groupes neuronaux : un circuit parmi d'autres

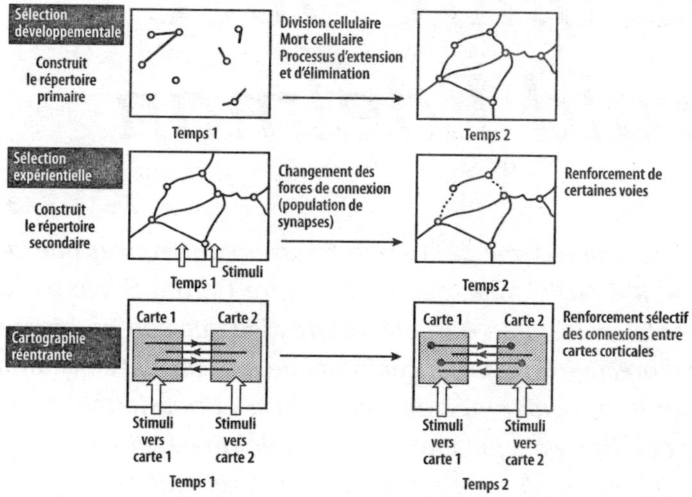

Développement d'une conscience d'ordre supérieur

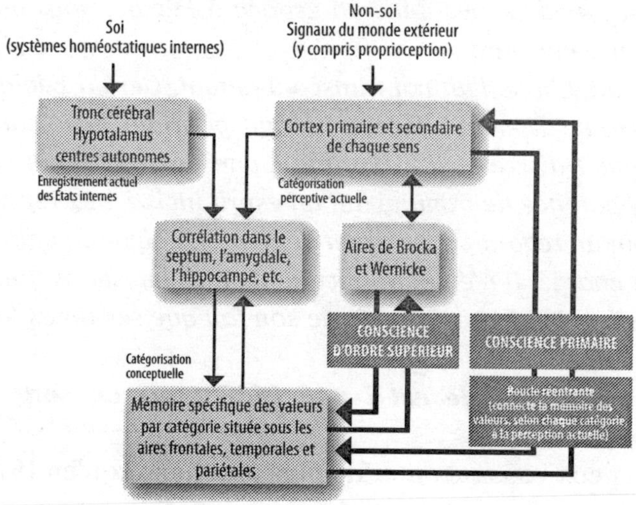

Rencontre avec Gerald Edelman

C'est à l'occasion d'une de ses nombreuses conférences internationales, aujourd'hui parisienne, que je rencontre Gerald Edelman. Ou, plutôt, que je lui vole un instant : auréolé du prestige que son ambitieuse théorie lui octroie – prestige légitime –, cet invité de marque est constamment sollicité. À ce titre, la conférence du jour, dense et passionnante, ne fait pas exception. Pendant presque une heure, Edelman développe, pour ceux qui s'accrochent à ses mots, une synthèse de ses réflexions sur la conscience. À quand les cerveaux artificiels et les consciences synthétiques ? Très bientôt, si on l'en croit. M'arrachant à ces perspectives futuristes, je bondis à la suite de ce chercheur que d'autres entourent déjà : nous parvenons à convenir d'un rendez-vous dans un espace à l'écart; nous nous y retrouvons une heure plus tard.

En proie aux affres d'un vol transcontinental, Gerald Edelman, Californien de soixante-dix-sept ans, me répond pourtant avec courtoisie. Son allure est plutôt discrète; il s'exprime d'une voix calme et feutrée. Mais derrière l'apparence de fragilité luit un esprit incisif, aux reparties pleines d'ironie, dont un regard vif transmet l'énergie. Malgré un emploi du temps visiblement chargé, il n'éludera aucune de mes questions, tout en mesure et en concision. Aussi précis et sûr de son fait que ses livres le suggèrent.

Comment votre modèle est-il né ? D'où vous en sont venues les premières idées ?

Ce que je peux vous raconter de plus proche est qu'en 1976 je me suis retrouvé dans l'aéroport de Zurich, après avoir raté mon avion. Au lieu de me rendre en ville, je me suis assis contre le mur comme un beatnik ou une groupie, et j'ai noté mes idées. Ce sont celles que vous trouverez dans le livre intitulé *The Mindful Brain*[10], écrit par Vernon Mountcastle et moi-même. C'est à cette occasion, et dans cet ouvrage, que j'ai pour la première fois donné naissance à une théorie telle que celle de la sélection des groupes neuronaux En fait, j'ai toujours été intéressé par ce que j'appelle les sciences de la reconnaissance : immunologie, biologie développementale, neurosciences – tous ces domaines où la variation somatique devient importante pour traiter de ce qui n'est pas préalablement prévu, ce à quoi même l'évolution n'aurait pu faire face. Telle est l'idée générale qui se trouve à l'arrière-plan de mes travaux.

Qu'est-ce qui, selon vous, est erroné dans la psychologie cognitive?

Avant tout, la psychologie cognitive a réalisé certaines avancées vraiment remarquables. Mais lorsqu'un modèle de l'ordinateur la sous-tend – on parle de fonctionnalisme « computationnel » –, la psychologie cognitive ne prête pas assez attention à *la* chose la plus importante à propos du cerveau : la neuro-anatomie. Et, aussi, à la neurodynamique. Si vous laissez de côté la neuro-anatomie en pensant qu'il y a un programme quelque part, c'est que vous n'avez pas été attentif à l'énorme variation des signaux dans le monde, ainsi qu'au caractère unique de l'individu. Je pense qu'on va progressivement remédier à cet état de fait, parce qu'une telle perspective ne peut pas être juste. Le cerveau n'est pas une machine de Turing[11] – *l'évolution* n'est pas une machine de Turing.

« Le cerveau n'est pas une machine de Turing – l'évolution n'est pas une machine de Turing. »

10. G. Edelman et V. Mountcastle, *The Mindful Brain. Cortical Organization and the Group Selective Theory of Higher Brain Function*, Cambridge, MIT Press, 1978.

11. Dans les années 1940, Alan Turing, pionnier de la conception des ordinateurs, mit au point une expérience simulant l'esprit au plan mécanique.

Ce que nous ressentons à chaque instant est-il le produit direct de nos expériences passées et de nos souvenirs ?

Oui et non. Le fait est qu'il existe des expériences qui sont uniques et qui n'ont pas de connexion avec ce que vous appelez les souvenirs passés. Plus vous développez de mémoire, plus le cerveau se parle à lui-même en tant que système, et plus il existera une influence de la mémoire sur tout ce que vous faites. Mais il reste de nombreuses confrontations, au niveau de la perception, qui ne dépendent pas nécessairement de la mémoire.

Pourriez-vous nous parler de la manière dont notre cerveau attribue une valeur subjective à ces expériences et à ces souvenirs ?

Votre cerveau ne fait pas cela de manière *nécessaire*. Parce qu'il s'agit de *votre* corps, et que le caractère privé, intime, de la conscience est évident, à partir du moment où vous considérez que le cerveau est incarné, qu'il est enchâssé dans un corps. Vous ne pouvez pas avoir un cerveau dans une cuve : vous devez avoir un corps, et ce corps influence le cerveau autant que le cerveau influence ce corps. Imaginons que j'aie un tentacule à la place d'un bras, telle une pieuvre, alors mon cerveau serait réagencé en conséquence, s'il me fallait faire quoi que ce soit avec.

Pensez-vous que les psychothérapies traditionnelles, qu'il s'agisse de la psychanalyse ou des thérapies cognitives et comportementales, influencent la cartographie de nos cerveaux ?

Très clairement. Elles représentent toutes des tentatives de faire quelque chose, de s'occuper des complexités du cerveau, lorsque vous n'avez aucun moyen de traiter médicalement, directement, par des médicaments. Il y a donc toujours eu une place pour ce que nous appelons la *talking cure* [12]. Mais étant donné l'individualité de chaque patient, il n'existe pas de règle générale qui nous dise : « Ceci est meilleur que cela. » En ce sens, vous avez donc besoin, je pense, à la fois des médicaments *et* d'un traitement par la parole. Mais le type de réaffectation que les individus effectuent au niveau microscopique, dans leur cerveau, demanderait une telle spécificité « individuelle » de la part des

12. Littéralement, le « traitement par la parole » : la cure analytique, traditionnellement.

médicaments. Et par ailleurs, le cours du développement des symptômes signifie la même chose : s'il vous faut si longtemps pour devenir névrotique, croyez-vous que vous puissiez être soigné en un jour ? C'est hors de question. Le cerveau se réagence lui-même constamment, à un niveau qui est celui de l'infime. Donc : parole et médication ensemble, appliquées soigneusement.

Vous avez parlé d'« individualité » : pensez-vous que celle-ci, ou notre personnalité, soit localisée quelque part ?

Non, cela n'a pas de sens d'un point de vue philosophique. C'est ce que l'on appelle une erreur de catégorie. Non, car ce n'est pas une chose, ce n'est pas une capacité : c'est un processus, qui survient en continu. Ce n'est donc pas non plus localisé en un endroit : je pense que cette question doit vraiment être formulée et considérée autrement.

Nos interactions sociales influencent-elles directement la cartographie de notre cerveau ? Et le langage interagit-il avec le cerveau pour étendre notre conscience ?

Oui, pour ce qui est des interactions sociales. Quant au langage : oui, bien sûr ! J'aborde d'ailleurs cette question dans mes ouvrages. La conscience primaire est le présent remémoré, comme un projecteur éclairant une partie d'une pièce plongée dans l'obscurité ; mais si je possède un vrai langage et un lexique, je possède une conscience d'ordre supérieur et je peux alors traiter le futur et le passé comme une narration, comme une histoire – ce qu'un animal ne peut pas faire, parce qu'il n'a pas de vrai langage. Cependant, cette conscience d'ordre supérieur, assez puissante en tant que telle pour vous extraire du présent remémoré si vous le souhaitez, ne peut exister sans qu'une conscience primaire soit toujours présente.

« Le corps influence le cerveau autant que le cerveau influence le corps. »

Pensez-vous que les neurosciences ont quelque chose à dire sur la liberté et le libre arbitre?

Oh, oh… C'est là un problème impossible que la question du libre arbitre. C'est un problème qui va droit dans le mur, comme tout ce que vous pouvez dire à son propos. Déterminisme fort, indéterminisme, déterminisme faible, cela n'a pas d'importance : il s'agit d'une de ces questions philosophiques qui, j'en ai peur, n'ont pas de réponse. Mais je vais vous donner mon sentiment là-dessus : en théorie, je ne peux croire que ce que vous faites échappe aux lois de la nature et par conséquent, en théorie, il n'existe pas de libre arbitre. Mais de façon pragmatique, au jour le jour, je *dois* vous considérer comme si vous étiez doté d'un libre arbitre. Voilà mon dernier mot sur le libre arbitre : vous êtes *déterminé* à en avoir un, dans tous les sens du terme. Vous n'êtes pas libre de faire autrement que d'en avoir un, mais vous vous sentez alors tel que vous devez être doté d'un libre arbitre. Je sais que ça semble être une réponse habile, mais je ne pense pas que l'on puisse répondre à cette question sur un plan philosophique. Néanmoins, l'illusion d'une volonté consciente est très certainement présente en chacun de nous, et elle est utile.

« S'il vous faut si longtemps pour devenir névrotique, croyez-vous que vous puissiez être soigné en un jour ? »

Et croyez-vous que l'on puisse réduire la psychologie humaine aux neurosciences?

Non… L'ensemble de la psychologie humaine? Jamais! Elle est certes causée par les neurones, mais lorsque vous tracez à rebours le dessin de phénomènes psychologiques complexes, tout cela est si compliqué que vous ne pouvez en découvrir la «raison d'être».

Pensez-vous, enfin, que nous verrons un de ces jours des automates conscients?

Nous en fabriquerons un. Pas dans mon époque, mais dans la vôtre.

Vraiment ?

Bien sûr. Et encore, je vous donne là-dessus une opinion des plus prudentes !

Durant les vingt ou trente dernières années, quelles ont été selon vous les avancées les plus prometteuses dans les recherches sur l'esprit et la conscience ?

Je ne crois pas que je puisse répondre à cette question : c'est encore trop compliqué, les choses ne sont pas encore assez claires. Mais la tendance générale vers le naturalisme doit être saluée, ainsi que la fin du dualisme.

Pourquoi je ne suis pas un dualiste, pourquoi ne pas être un dualiste des substances comme Descartes ? Cela est assez clair. Mais esprit et conscience ne sont pas encore définis de manière assez tranchée, même si les scientifiques s'y intéressent. Beaucoup ont commis les mêmes erreurs que les philosophes. Aussi les choses sont-elles encore trop floues, jusqu'à présent, pour répondre à une telle question.

Principaux ouvrages de Gerald Edelman

Neural Darwinism. The Theory of Neuronal Group Selection, New York, Basic Books, 1987.

Topobiology. An Introduction to Molecular Embryology, New York, Basic Books, 1988.

The Remembered Present. A Biological Theory of Consciousness, New York, Basic Books, 1989.

Bright Air, Brilliant Fire. On the Matter of the Mind, New York, Basic Books, 1992, trad. *Biologie de la conscience*, Paris, Odile Jacob, 1992.

Universe of Consciousness. How Matter Becomes Imagination (avec G. Tononi), New York, Basic Books, 2000, trad. *Comment la matière devient conscience*, Paris, Odile Jacob, 2000.

Wider than the Sky. The Phenomenal Gift of Consciousness, New Haven, Yale University Press, 2004, trad. *Plus vaste que le ciel. Une nouvelle théorie générale du cerveau*, Paris, Odile Jacob, 2004.

Michael S. Gazzaniga

Michael Gazzaniga en quelques dates...

1964 : Doctorat en psychobiologie au California Institute of Technology.

1970 : Publication de *The Bisected Brain.*

1989-2003 : Éditeur du *Journal of Cognitive Neuroscience.*

1978 : Publication de *The Integrated Mind.*

1995 : Éditeur en chef du monumental *The Cognitive Neurosciences.*

Michael Gazzaniga en quelques titres...

Directeur du Centre d'études sur l'esprit à l'université de Californie (Santa Barbara).

Membre de l'Association américaine de neurologie, de l'Académie américaine des arts et sciences, de l'Institut de médecine et du Conseil présidentiel de bioéthique.

Président de la Société américaine de psychologie.

Comment le cerveau fabrique la pensée

Par Raymond Bruyer

Michael S. Gazzaniga s'est fait connaître, dans les années 1960, par ses travaux sur ce qu'on appelle en français « le cerveau dédoublé » (*bisected brain, split brain, commissurotomized brain* ou encore *callosotomised brain*). Comment un cerveau dont les deux hémisphères sont déconnectés l'un de l'autre peut-il produire un comportement et une pensée uniques et cohérents ? Pourquoi le patient n'est-il pas schizophrène ?

On voit très bien que ces travaux initiaux, relativement techniques, conduisent immédiatement au monde fascinant des relations cerveau-esprit. Pour Gazzaniga, le cerveau fabrique la pensée, et il s'agit de comprendre comment. D'où l'élargissement des thématiques (par exemple, quelles sont les compétences linguistiques de l'hémisphère droit ?). D'où également un véritable militantisme pour l'émergence et la promotion des neurosciences cognitives. Enfin, son dernier livre paru, *The Ethical Brain*[1], est une sorte de synthèse de ce qui a été acquis au cours des trente dernières années en la matière, une cerise sur le gâteau.

Il est vrai que Gazzaniga a toujours été avide de comprendre les choses. Lorsqu'il était enfant, un voisin n'avait-il pas dit à son père :

1. M. Gazzaniga, *The Ethical Brain*, New York, The Dana Press, 2005.

«Mike est en train de devenir philosophe» ? Un peu plus tard, il aménagera un laboratoire dans le garage familial pour étudier les enzymes dans les muscles de lapins. Il fera irruption dans l'univers de l'étude du cerveau après avoir lu un article de Sperry sur la croissance des neurones, décrivant ses travaux réalisés à l'Institut technologique de Californie (Caltech). Mike le pragmatique : «Puisque ma petite amie habite à proximité de Caltech, je me suis dit que ce serait une excellente idée d'aller étudier la croissance neuronale à Caltech.» Il entrera au laboratoire de Sperry, dont l'équipe étudiait des cerveaux dédoublés sur des modèles animaux, et, en 1981, obtiendra le prix Nobel pour ses recherches.

Que nous apprend Michael Gazzaniga ?

Le cerveau sain n'est pas dédoublé

Le cerveau est constitué de deux hémisphères, relativement identiques et symétriques. Pour les fonctions sensorielles et motrices de base, chaque hémisphère contrôle la moitié opposée du corps. Ainsi, un stimulus présenté dans la moitié droite du champ visuel génère, dans la rétine, des influx qui arriveront dans l'aire visuelle primaire de l'hémisphère gauche. De même, un mouvement du pouce de la main gauche est déclenché par des influx en provenance de l'aire motrice primaire de l'hémisphère droit.

Un tel dispositif devrait entraîner des comportements différents, voire antinomiques, entre les parties droite et gauche du corps. Or ce n'est pas le cas : nous avons un comportement unitaire, cohérent et intégré. Cela ne peut se comprendre que parce que les régions homologues de chaque hémisphère sont reliées entre elles par des « ponts » de fibres nerveuses qui permettent cette coordination : lorsque l'hémisphère droit déclenche un mouvement de la main gauche, la zone motrice de l'hémisphère gauche en est « informée », et la coordination peut s'effectuer.

En outre, pour les fonctions dites supérieures ou cognitives, on savait déjà dans les années 1960 que les choses étaient différentes : l'organisation croisée entre le cerveau et le corps n'est pas de mise. Ainsi, dès le XIXe siècle, on avait observé que les lésions cérébrales entraînant des troubles du langage (ou aphasies) se trouvaient presque toujours dans l'hémisphère gauche. De même, depuis le début du XXe siècle, on sait que c'est généralement une lésion de l'hémisphère droit qui provoque un trouble de la perception de l'espace, des visages ou de la musique.

À nouveau, de telles observations ne peuvent s'expliquer que par une coordination entre les hémisphères. En effet, si une lésion de l'hémisphère droit provoque un trouble de la perception d'une mélodie, ce trouble se produit que cette mélodie soit entendue par l'oreille gauche (principalement contrôlée par ce même hémisphère droit) ou par l'oreille droite (principalement reliée à l'hémisphère gauche).

L'épilepsie et le cerveau dédoublé

Les ponts de fibres nerveuses (des axones) reliant les deux hémisphères sont appelés des commissures (d'où l'expression *commissurotomised brain*). Il y en a plusieurs, dont la plus importante et la plus massive est le corps calleux (d'où l'expression *callosotomised brain*).

La forme la plus invalidante d'épilepsie est celle qui déclenche ce qu'on appelle des crises «grand mal» : le sujet souffre de convulsions qui affectent l'ensemble du corps. Une crise grand mal est l'expression comportementale d'un accroissement anormal de l'activité électrochimique des cellules nerveuses d'une région limitée du cerveau (le foyer épileptique), accroissement qui se propage ensuite aux autres régions, y compris celles de l'autre hémisphère, *via* les commissures interhémisphériques, en particulier le corps calleux.

Dans les années 1930-1940, avant l'avènement des médicaments antiépileptiques modernes, la seule manière d'enrayer cette propagation était de sectionner chirurgicalement les commissures interhémisphériques (les vingt-six premiers patients furent opérés par Van Wagenen dans l'État de New York) : le patient était toujours épileptique, mais, au moins, les crises étaient confinées à l'hémisphère où elles prenaient naissance et étaient en outre moins fréquentes, ce qui atténuait la gravité des symptômes. Le cerveau était donc dédoublé, et, apparemment, cela n'avait pas d'effet secondaire sur le comportement quotidien du patient (selon les observations cliniques d'Akelaitis, en 1944). C'est du moins ce qu'on a cru jusqu'au début des années 1960.

On comprendra en effet plus tard, d'une part, que des structures sous-corticales permettent cette unité comportementale des activités courantes (Sergent, 1986). D'autre part, toujours dans la vie de tous les jours, les deux hémisphères sont le plus souvent stimulés : nous entendons par les deux oreilles, nous percevons la totalité du champ visuel, etc. Ce n'est qu'en mettant les sujets dans des conditions particulières et artificielles que l'on pourra tester les compétences respectives des hémisphères. Ce sera alors le début d'une période de mise en évidence de «spécialisations hémisphériques» pour ce qu'on appelle les fonctions supérieures, et dont la popularisation entraînera des dérives théoriques, mais aussi commerciales et lucratives. On constatera également que les patients au cerveau dédoublé sont bel et bien en difficulté lorsqu'on leur fait faire des tâches qui nécessitent une intégration interhémisphérique (Sergent, 1987).

L'apport empirique de M. S. Gazzaniga

En 1962, au laboratoire dirigé par Sperry à Caltech, Gazzaniga examine un patient au cerveau divisé pour réaliser divers tests. En particulier, ce dernier sera soumis à des stimuli visuels latéralisés, c'est-à-dire présentés dans une seule moitié de son champ visuel à la fois. Techniquement, on invite le sujet à fixer un point central et on projette un stimulus (un mot ou une image, par exemple) très brièvement (de l'ordre de 150 millisecondes) dans l'un ou l'autre hémichamp. Cette courte durée est telle que le sujet n'a pas le temps de faire une saccade oculaire en direction du stimulus. Ce dernier n'a donc stimulé qu'une moitié du champ visuel. En vertu de ce qu'on a vu plus haut, les influx générés dans la rétine vont donc n'atteindre que l'hémisphère du côté opposé à l'hémichamp activé. Chaque fois qu'un stimulus était présenté, le patient devait presser un bouton avec la main située du même côté que le stimulus pour indiquer qu'il l'avait détecté, puis devait décrire, dénommer ou lire à voix haute ce qu'il avait vu.

Gazzaniga et ses collègues ont d'abord testé l'hémichamp droit du patient, qui a détecté et reconnu sans difficulté les stimuli. Cela rejoignait l'idée de compétences verbales de l'hémisphère gauche, issue de l'observation de patients devenus aphasiques suite à une lésion gauche. Les chercheurs ont ensuite stimulé l'hémichamp gauche. Le patient s'est alors comporté comme s'il était aveugle, disant ne rien voir; pourtant, sa main gauche appuyait correctement sur le bouton chaque fois qu'un stimulus était projeté! En d'autres termes, les chercheurs avaient démontré que l'hémisphère droit détectait bien les stimuli mais était dépourvu des aptitudes verbales observées pour l'hémisphère gauche.

Notons qu'un sujet au cerveau intact est capable de verbaliser des stimuli présentés dans son hémichamp gauche, mais sa performance est moins bonne et/ou moins rapide que s'ils sont présentés à droite. Cela s'explique par l'intervention des commissures interhémisphériques, ce qui, par définition, n'est plus possible chez un patient au cerveau dédoublé. En effet, chez le sujet sain, lorsqu'une région donnée de l'hémisphère droit est stimulée, elle peut à son tour envoyer des influx vers l'hémisphère gauche qui peut alors assurer l'intervention du langage (mais avec un certain retard et un risque plus élevé d'erreurs).

Cette observation initiale de Gazzaniga a généré un regain d'intérêt pour l'analyse précise du comportement de patients au cerveau dédoublé. Ces travaux seront à leur tour à l'origine de la profusion d'études sur les spécialisations hémisphériques chez des sujets au cerveau dédoublé, des sujets atteints d'une lésion d'un hémisphère et des sujets sains. Dans les années 1970 et 1980, on verra ainsi fleurir des « catalogues » de spécialités hémisphériques : l'hémisphère gauche serait spécialisé pour le langage, la parole, la résolution de problèmes, le calcul, il serait analytique et rationnel ; l'hémisphère droit serait spécialisé pour les activités visuospatiales, la reconnaissance des visages et de la musique, il serait créatif, émotionnel et procéderait de manière globale.

Dans les années 1970, on en était ainsi à concevoir les deux hémisphères cérébraux comme des rivaux, qui se seraient partagé la gestion des activités mentales complexes. On en avait oublié que le comportement était unitaire et géré par un seul organe, le cerveau. Heureusement, sous l'impulsion de la regrettée Justine Sergent, une attitude plus sage a ensuite été adoptée, considérant que les deux hémisphères sont en collaboration ou coopération, plutôt qu'en compétition, pour le pilotage des activités mentales. Dans la même ligne, un certain nombre de travaux ont contribué à montrer que l'hémisphère droit dispose de certaines compétences linguistiques, bien que limitées si on les compare à celles de l'hémisphère gauche.

En réalité, ces travaux de Sergent ont été le point culminant d'un mouvement de résistance contre cette catalographie des compétences antinomiques respectives des hémisphères gauche et droit. Une telle démarche était soutenue par des chercheurs comme Sperry et Levy. Gazzaniga ne partageait pas ce point de vue (voir plus loin) : il finit par quitter le groupe de Sperry et passa de la côte Ouest (Caltech, en Californie) à la côte Est (diverses institutions à New York). Peu rancunier, il reviendra toutefois ultérieurement sur la côte Ouest : il est actuellement directeur du Centre d'étude de l'esprit à l'université de Californie (à Santa Barbara).

Bien entendu, la production scientifique de Gazzaniga ne s'est pas limitée à l'étude décrite plus haut. Si c'était le cas, il n'y aurait pas de quoi le faire figurer dans un ouvrage sur les grands psys contemporains! Cette recherche sera le point de départ d'une carrière active et prolifique. Les bases de données consultées présentent environ cent cinquante articles scientifiques de Gazzaniga. Or ces bases ne remontent que jusqu'en 1987 : il faut donc y ajouter la période 1962-1986, qui fut probablement la plus féconde. Après cette étude princeps, Gazzaniga et de nombreux collègues vont en effet poursuivre l'examen de patients au cerveau dédoublé en abordant toutes les facettes du comportement : le langage, la perception, la mémoire, la gestion de l'espace, le contrôle du geste, les émotions, la conscience, etc. Ainsi, c'est lors de son activité sur la côte Est qu'il mettra en évidence les compétences langagières limitées de l'hémisphère droit. À cette époque, il publiera avec Joseph LeDoux *The Integrated Mind* [2], affirmant de la sorte que le cerveau est un organe intégré, générant tant un « esprit » qu'un comportement unitaires, et non un organe constitué de deux hémisphères en compétition.

L'apport conceptuel de Gazzaniga et ses applications

Dans *The Integrated Mind*, les auteurs établissent toutefois, d'une manière dérangeante mais empiriquement fondée, que cette unité de l'esprit n'est peut-être qu'une... vue de l'esprit. Ils battent en effet en brèche la conception habituelle, y compris chez les scientifiques, d'une conscience unitaire : « la » conscience n'existe pas davantage que « l »'inconscient freudien. Pour Gazzaniga et LeDoux, le cerveau est constitué d'un grand nombre de systèmes mentaux indépendants, qui sont chacun capables de générer des réponses appropriées aux informations spécifiques qu'ils reçoivent : l'esprit est davantage socio-

2. M. Gazzaniga et J. LeDoux, *The Integrated Mind*, New York, Plenum Press, 1978.

logique que psychologique. Il y a un système, le système verbal localisé dans l'hémisphère gauche et connecté au système qui permet la capacité d'inférences, dont la fonction est d'interpréter les actions ou les activités mentales de l'individu : grâce à ce système, nous « prenons conscience » de ce qui se passe.

Au départ de ce constat, on retrouve des observations de patients au cerveau dédoublé. En général, lorsqu'on présente des mots à l'hémisphère droit de ces patients, ils ne peuvent les lire. Les auteurs ont cependant constaté, chez certains patients, un phénomène intéressant. Si on leur demande d'abord de faire ce qui est écrit (et présenté dans le champ gauche), ils le font ; si on leur demande ensuite ce qui était écrit, ils y arrivent ou produisent un mot sémantiquement proche de ce qui était écrit. Pour Gazzaniga, cela s'explique : l'hémisphère gauche a « vu » les gestes accomplis et les interprète.

L'interprète vise naturellement à construire une représentation de la réalité qui soit cohérente, donc unitaire. Cela va se faire *via* des inférences, sur base de l'accumulation des expériences antérieures, mais aussi par attribution de causes aux actions, *via* des croyances et des valeurs. C'est « l'esprit intégré » : il n'y a pas un « soi » unitaire, il y a de multiples « soi » (autant que de systèmes différents), et ce qui est unitaire, c'est l'interprétation qui en est faite sur la base de croyances et de valeurs. Cela entraîne évidemment que le libre arbitre est également illusoire, ce qui a des conséquences sur ce qu'on appelle la responsabilité. Par un chemin différent (les propriétés du cerveau), Gazzaniga rejoint ainsi les conclusions des béhavioristes à partir de leurs études sur l'apprentissage [3].

Sur la base de tous ces travaux scientifiques, on voit donc que Gazzaniga s'est forgé une conception claire des rapports entre l'esprit (la pensée, la cognition) et le corps (le cerveau). Pour lui, la pensée n'est rien d'autre que ce que produit le cerveau, c'est une évidence : il n'y a donc pas de raison de s'interroger sur les relations entre les deux. Il « appliquera » et illustrera cette position à deux activités humaines complexes dans deux de ses ouvrages : les relations entre les individus, avec *The*

3. Voir par exemple l'ouvrage de Skinner, *Beyond Freedom and Dignity*, New York, Knopf, 1971, trad. *Par-delà la liberté et la dignité*, Paris, Robert Laffont, 1972.

Social Brain[4], en 1985, et la morale, avec *The Ethical Brain*[5], en 2005. Gazzaniga sera rejoint dans cette thèse radicalement antinomique du dualisme cartésien par deux autres éminents neuroscientifiques contemporains : Antonio Damasio (voir p. 338), avec *Descartes' Error* [6], et Gerald Edelman (voir p. 498), avec *Bright Air, Brilliant Fire* [7].

Gazzaniga et le développement des neurosciences cognitives

Les travaux sur le cerveau dédoublé et, ultérieurement, l'essor des techniques modernes d'imagerie cérébrale (potentiels évoqués, magnéto-encéphalographie, tomographie par émission de positrons, résonance magnétique fonctionnelle, stimulation magnétique transcrânienne) vont être à l'origine du déploiement de ce qu'on appellera les « neurosciences cognitives ».

Gazzaniga sera un ardent militant de leur cause, dans trois registres d'activités.

D'abord, sur le plan institutionnel, il a dirigé le Centre de neurosciences cognitives du Dartmouth College, puis le Centre d'études sur l'esprit à l'université de Californie.

Ensuite, sur le plan éditorial, il a fondé et dirigé pendant près de quinze ans le *Journal of Cognitive Neuroscience*, qui est rapidement devenu la meilleure revue scientifique en neurosciences cognitives. De même, il a été l'éditeur en chef du monumental traité *The Cognitive Neurosciences* [8], réédité (et mis à jour) deux fois jusqu'à présent.

Enfin, Gazzaniga a créé la Cognitive Neuroscience Society.

---

4. M. Gazzaniga, *The Social Brain*, New York, Basic Books, 1985, trad. *Le Cerveau social*, Paris, Robert Laffont, 1992.
5. M. Gazzaniga, *The Ethical Brain*, *op. cit.*
6. A. Damasio, *Descartes'Error. Emotion, Reason, and the Human Brain*, New York, Grosset/Putnam, 1994, trad. *L'Erreur de Descartes. La raison des émotions*, Paris, Odile Jacob, 1997.
7. G. Edelman, *Bright Air, Brilliant Fire. On the Matter of the Mind*, New York, Basic Books, 1992, trad. *Biologie de la conscience*, Paris, Odile Jacob, 1992.
8. *The Cognitive Neurosciences. The Biology of the Mind*, Cambridge, MIT Press, 1995 (rééd. 2004), trad. *Neurosciences cognitives. La biologie de l'esprit*, Paris, De Boeck, 2000.

Rencontre virtuelle avec Michael Gazzaniga

Une malencontreuse allergie[9] *m'a interdit de mettre le pied sur le sol américain pour interviewer M. S. Gazzaniga. J'ai donc procédé à une «rencontre virtuelle», en recourant à des interviews qu'il a données à des collègues, pour des revues scientifiques, ou à des journalistes scientifiques.*

Dans une interview pour le* Scientific American** [10], l'interviewer l'interroge à propos des expériences sur le cerveau dédoublé, en particulier sur la « supériorité » de l'hémisphère droit pour les visages* et *pour les formes globales : « Que se passerait-il si vous montriez au patient une scène constituée de nombreux petits visages formant un objet global? Est-ce que la préférence de l'hémisphère droit pour les visages serait toujours d'application ? »***

Une grande question, dont j'ignore la réponse. Vous devriez vous inscrire à un programme de licence universitaire.

Interrogé pour* Science News** [11] ***: l'interviewer lui demande comment il envisage le futur des neurosciences cognitives.

9. De nature politique.
10. En 1990.
11. En 1996.

Je regarde vers l'avenir en me demandant ce que sera la neuroscience cognitive dans cinq ou dix ans. Il y a eu d'incroyables avancées technologiques dans l'imagerie cérébrale, mais jusqu'à présent nous n'avons pas d'outil pour comprendre les principes de base du cerveau et de la cognition. [...] La plupart des activités que l'on considère aujourd'hui comme neurosciences cognitives viennent de chercheurs sur le cerveau qui tombent sur un phénomène et l'extrapolent aussitôt à une fonction cognitive sans même prendre en compte ce que les cognitivistes connaissent de cette fonction. Il y a une arrogance, chez certains neuroscientistes, à penser que la recherche cognitive est facile, mais elle est difficile, vraiment difficile.

Comment le cerveau génère-t-il la pensée [12] ?

Savoir comment le cerveau génère la pensée est un tel défi qu'on sort du lit chaque matin avec énergie et plein de projets. [...] Je fais partie de ceux qui pensent que le processus créatif dépend directement du temps que l'on consacre à pétrir une question : je reviens sans arrêt sur les idées, les résultats, les pensées. Il me semble que cela maintient actifs des réseaux sémantiques et, soudain, «bingo» : on prend conscience d'une inconsistance ou d'une consistance, et les débuts d'une nouvelle idée surgissent.

Comment voyez-vous une future société humaine sur Mars ?

Les humains débarqueront sur Mars avec leurs cerveaux. Heureusement ou pas, cela signifie qu'ils emportent tous leurs schémas et programmes précâblés sur la manière de penser, mais aussi sur ce qui fait plaisir et comment se forment des coalitions. Il n'y a pas plus de dix cents de différence entre le *bushman* du Kalahari et le patron d'Oxford. Il est certain que la patine culturelle est différente, mais les fonctions de base sont plus similaires que divergentes.

« Il n'y a pas plus de 10 % de différence entre le *bushman* du Kalahari et le patron d'Oxford. »

12. Entretien non daté.

Les idées sur la façon de changer la nature de base des humains ont toujours échoué. Donc, la communauté martienne devra tenir compte de la manière dont les humains ont réussi à être ensemble sur la Terre et appliquer ces principes sur Mars. Le gouvernement brésilien a essayé de changer le mode de vie des Brésiliens avec la construction de Brasilia. Ce colossal échec ressemble au grand bond en avant de la Chine.

Les nouveaux environnements sont fascinants et constituent des défis. Nous combinons les éléments du nouveau lieu pour arriver à de nouveaux résultats. Pourtant, les éléments biologiques qui font ces merveilleuses choses sont les mêmes pour tous les humains et n'ont pas changé depuis des milliers d'années. Le samedi après-midi sur Mars, les habitants de la New City continueront à apprécier une bière fraîche en regardant un match de la ligue de football.

L'interviewer* [13] *rappelle que, selon Gazzaniga, le système juridique est un domaine qui pourrait être affecté par la neuroscience. Car, pour l'auteur, « en termes neuroscientifiques, personne n'est plus ou moins responsable qu'un autre des actions réalisées ».

S'il n'y avait qu'une seule personne au monde, le concept de responsabilité personnelle n'existerait pas. De tels concepts et leur importance dans une culture n'existent que dans un contexte social. Ce sont des règles sociales apprises par un groupe. [...] Les cent cinquante dernières années de la science sont sur un chemin solide qui va montrer de plus en plus comment nos cerveaux fonctionnent d'une manière automatique. Cela ne fait aucun doute. Mais cela ne veut pas dire qu'une machine automatique comme le cerveau ne peut pas apprendre de règles. Les schizophrènes s'arrêtent aux feux rouges.

« Je fais partie de ceux qui pensent que le processus créatif dépend directement du temps que l'on consacre à pétrir une question. »

L'interviewer demande ensuite si, comme son livre semble le dire, Gazzaniga est pour une conception laïcisée et scientifique de la morale.

13. Les échanges qui suivent sont extraits d'une interview accordée à l'*American Scientist* à l'occasion de la parution de *The Ethical Brain*, en 2005, et de la présence de Gazzaniga au Conseil présidentiel de bioéthique.

Oui. Très franchement, je pense que cela doit être comme cela et que c'est à nous de découvrir comment cela fonctionne. C'est un devoir moral. Nous devons être suffisamment énergiques pour concevoir comment ça marche.

Le journaliste rappelle à Gazzaniga qu'il prédit une collision entre la connaissance scientifique et les croyances religieuses. Il lui demande alors s'il pense que la religion a un rôle à jouer dans une société scientifiquement informée.

Il serait fou de penser qu'on va vivre pour toujours dans un monde qui n'est pas dominé par des gens qui soutiennent des croyances religieuses. Mais il serait tout aussi fou de ne pas constater que de plus en plus de gens ne partagent pas ces croyances suite à une étude soigneuse, sérieuse et rationnelle. Toutefois, la tension qui surgira naturellement entre ces deux courants ne doit pas nécessairement être destructive. À travers le monde, les religions font le bien, et des milliards de personnes sont rassurées par leurs croyances. En quoi serait-ce un mal? Là où il faut être prudent, c'est lorsque ces personnes veulent que vous les assumiez aussi. Voilà pourquoi une compréhension plus générale de la nature humaine est importante.

Principaux ouvrages de Michael Gazzaniga

The Bisected Brain, New York, Appleton-Century-Crofts, 1970, trad. *Le Cerveau dédoublé*, Bruxelles, Mardaga, 1976.

Handbook of Psychobiology (éd., avec C. Blackemore), New York, Academic Press, 1975.

The Integrated Mind (avec J. LeDoux), New York, Plenum Press, 1978.

Neuropsychology. Handbook of Behavioral Neurobiology (éd.), New York, Plenum Press, 1979.

The Social Brain, New York, Basic Books, 1985, trad. *Le Cerveau social*, Paris, Robert Laffont, 1992.

The Cognitive Neurosciences. The Biology of the Mind, Cambridge, MIT Press, 1995 (rééd. 2004), trad. *Neurosciences cognitives. La biologie de l'esprit*, Paris, De Boeck, 2000.

The Ethical Brain, New York, The Dana Press, 2005.

7. La philosophie de l'esprit

« La science, c'est ce que vous savez.
La philosophie, c'est ce que vous ne savez pas. »
Bertrand Russell

CE SONT LES TRUBLIONS DES SCIENCES COGNITIVES. Ni psychologues, ni neurologues, ni neurophysiologistes, ils sont, comme leur nom l'indique, des philosophes, des « philosophes de l'esprit ». On l'a vu [1]*, les psychologues se sont peu à peu emparés des questions philosophiques pour tenter d'y apporter une réponse, en s'appuyant sur la science empirique. Mais les philosophes n'ont pas été en reste. Ils se sont approprié les modèles et les résultats des sciences cognitives et des neurosciences, pour repenser les questions traditionnelles de la philosophie : le lien corps/esprit, le rapport entre le langage et la pensée, la question de l'intention… et celle, la plus terrible, de la conscience !*

Les philosophes de l'esprit pratiquent une sorte de science-fiction de la psychologie : à partir des résultats des sciences cognitives, ils élaborent des scénarios d'anticipation. Pour comprendre jusqu'où l'on peut aller, mais, surtout, pour interroger, prolonger ou contester le point de vue de la science, ses modèles, ses conclusions. Ainsi de Thomas Nagel, qui nous montre que, quelle que soit notre connaissance des chauves-souris et de leurs capacités sensorielles, il nous est impossible de décrire l'expérience subjective d'une chauve-souris. Nous ne saurons jamais « ce que c'est que

1. Voir p. 12.

d'être une chauve-souris[2] *». Ainsi encore de John Searle, qui imagine l'expérience de la « chambre chinoise »* (voir p. 574) *et montre qu'il est tout à fait possible de répondre à des questions en chinois, à l'aide d'un manuel, sans parler le chinois, et, donc, sans rien comprendre au sens de ce qui est dit. Cette expérience « en pensée » révèle que l'esprit humain ne peut être réduit à une suite d'opérations logiques, comme certains le laissent accroire*[3].

Philosophie et psychologie entretiennent des rapports étroits, nourris de fascination réciproque et traversés d'âpres rivalités. Certains psychologues d'orientation scientifique accordent beaucoup d'importance à la réflexion philosophique : ils estiment que la psychologie ne peut s'affranchir totalement de la philosophie, en particulier parce qu'elle utilise des principes et des concepts qui impliquent des prises de position « philosophiques » et qu'elle traite de problèmes aux prolongements philosophiques. D'autres estiment que l'apport essentiel de la philosophie se limite aujourd'hui à la réflexion sur le sens de l'existence, sur les valeurs et les choix éthiques. Ils se montrent très critiques à l'égard des spéculations d'un certain nombre de philosophes et récusent ces « expériences de pensée ». Au final, psychologues et philosophes se disputent la garde de leur enfant commun : l'esprit humain. Faut-il l'intégrer aux sciences de la nature ou considérer qu'il échappe à ses lois ?

La philosophie de l'esprit est une branche de la philosophie en plein essor depuis les années 1980. Brentano, Frege, Husserl, Russell, Carnap, Feigl ou Wittgenstein ont très tôt nourri le débat. Ou encore, pêle-mêle, Wilfrid Sellars, Ned Block, Hilary Putnam, Thomas Nagel, Richard Rorty ou même W. V. O. Quine. Et, plus récemment, Jerry Fodor, Donald Davidson, Fred Dretske, John Searle et Daniel Dennett.

2. T. Nagel, « Quel effet cela fait-il d'être une chauve-souris ? » *in Questions mortelles*, Paris, PUF, 1983.

3. Voir les théories computationnelles p. 197-198.

John Searle

John Searle en quelques dates...

1932 : Naissance à Denver, dans le Colorado.

1959 : Doctorat de philosophie à Oxford (Angleterre).

1969 : Parution des *Actes de langage.*

1992 : Parution de *La Redécouverte de l'esprit.*

2006 : Professeur de philosophie, spécialiste de l'esprit et du langage (Berkeley, université de Californie).

John Searle en quelques titres...

Membre, depuis plus de vingt ans, de l'actuel Institut des sciences cognitives et du cerveau.

Ancien président de la division du Pacifique (côte Ouest des États-Unis) de l'Association philosophique américaine.

Impliqué dans le programme de neurosciences de l'Institut de La Jolla (Californie), codirigé par G. Edelman.

Ne réduisons pas l'esprit au cerveau !

Par Cédric Routier

Militant, humaniste et tenace : John R. Searle exprime ces trois vertus sur chacun des territoires qu'il investit. À Berkeley, en 1964, lorsqu'il se bat pour la libre expression des idées politiques. En 1969, dans son premier – et désormais classique – ouvrage, quand il inscrit avec fermeté le langage dans l'*acte* de communiquer. En sciences cognitives enfin, lorsqu'il jette son pavé dans la mare d'une « révolution » trop enthousiaste et pourfend le modèle de l'ordinateur : l'homme est un peu plus qu'une machine, et l'esprit, plus qu'un logiciel.

Philosophe citoyen, son style est clair, sans détours. Ses vues novatrices, souvent polémiques, font de son œuvre l'une des plus commentées des quarante dernières années. Fidèle aux premières thèses de ses maîtres, il quitte l'école de philosophie d'Oxford avec une conviction profonde : le langage passe par l'action, la signification est à chercher dans l'expression du message, pas seulement dans son contenu littéral. Et, pour cela, nos attentes, nos croyances, nos désirs et le contexte ont une importance fondamentale.

Dans de telles conditions, comment éviter de s'interroger sur l'esprit ? Searle va devenir l'un de ses philosophes les plus percutants, autour du fameux problème qu'il énonce en 1980 : l'analogie de la chambre chinoise (voir p. 574). Sans doute le plus célèbre casse-tête auquel aient eu affaire philosophes et psychologues cognitivistes. Déclarant à l'occasion que faire de la philosophie, «*c'est se taper la tête contre un mur chaque jour jusqu'à y faire un trou*», Searle maintiendra sa thèse avec persévérance : l'esprit n'est qu'une émanation du cerveau, sur lequel on doit donc se pencher pour le comprendre ; mais les *intentions* dont nous faisons preuve en parlant sont capitales pour cette explication. Et aucun ordinateur ni aucun logiciel ne sauraient rivaliser avec de telles propriétés.

L'originalité de Searle réside tout entière dans cette tension entre un matérialisme jamais négocié – nous ne sommes que *matière* – et la prise en compte des propriétés subjectives de l'esprit et de la conscience. Esprit, es-tu là ? Bien sûr, mais cet esprit n'est pas d'un autre monde : il est subjectif, intime, se projetant sur ce qui l'entoure. Et en même temps lié au cerveau, tangible, matériel, physique.

Que nous apprend John Searle ?

Quand parler, c'est agir... avec l'intention de le faire

John Searle avance très tôt une thèse assez simple qui va pourtant le mener jusqu'aux confins de l'esprit et de la conscience. Prenant pour thème la communication par le langage, il soutient la position suivante : il n'y communication que dans l'*acte* de langage. Son analyse du langage s'inscrit donc dans une analyse plus globale de l'*action* ; or tout acte de langage diffère foncièrement de n'importe quel autre événement en ce que des *intentions* spécifiques, de la part de celui qui s'exprime, le définissent justement comme *acte de langage*. Pour dire d'un acte qu'il est une forme de communication linguistique, nous nous basons sur l'hypothèse qu'il est la manifestation de diverses intentions : un tapis de feuilles tombées d'un arbre au hasard n'est qu'un événement naturel ; mais qu'un promeneur les place dans la même disposition, un peu plus loin, pour « interdire » le passage, et c'est un *acte de langage*.

Un acte de langage – chercher à communiquer – est, au moment où il a lieu, l'actualisation d'un ensemble de conventions, de *règles* sous-jacentes, pas nécessairement conscientes, propres à la langue dans laquelle on s'exprime. Ces règles sont le cadre implicite qui permet à ce que nous exprimons d'avoir un sens, une *signification* : elles donnent à l'expression sa structure *sémantique*. Pour que nous reconnaissions comme tel cet acte de langage – cette tentative de communication –, l'expression énoncée doit obéir à l'ensemble de ces règles constitutives.

Parler une langue est donc un comportement, mais un comportement qui suit des règles conventionnelles : on peut ne les découvrir que longtemps après les avoir apprises inconsciemment. Le point capital, pour Searle, est que supposer ces règles et leur régulation du comportement est *nécessaire* pour expliquer le comportement langagier.

Mais *l'intentionnalité* – le fait qu'un locuteur possède des intentions particulières – est aussi essentielle que le fait de suivre des conventions. Elle nous conduit de l'analyse du langage, puis de l'action, vers celle de l'esprit. L'action possède chez Searle une composante physique et *mentale* (l'intention), et cette composante mentale *est à l'origine de* la composante physique. De plus, elle se la représente, ce qui nous permet de concevoir ou d'anticiper nos actions. Les intentions ont donc un statut de forces motrices, causales : lors d'une action délibérée, ce sont elles qui entraînent cette action et qui sélectionnent, parmi des désirs en conflits, ceux que l'action vise à satisfaire. Décrire les actions de l'agent humain, c'est donc choisir une description qui passe par celle des intentions que l'agent manifeste dans son action.

Dans cette analyse, l'action *s'explique* par le contenu même des intentions de celui qui agit. Plus généralement, chaque intention s'insère dans un réseau de capacités et d'états mentaux, rattachés les uns aux autres : une action intentionnelle s'inscrit dans un arrière-plan, propre à chacun – ses connaissances, ses capacités, ses aptitudes –, qui ne débouche pas toujours sur une règle ou sur une prise de conscience de cet arrière-plan. Mais celui-ci permet l'enracinement des croyances, des désirs et des intentions, qui déterminent au final chaque intention particulière et l'action qu'elle entraîne.

Rendre compte du fait que j'ai braqué une banque, c'est ainsi me prêter l'intention préalable de le faire, et lier celle-ci au fait que je *sais* qu'il s'y trouve un coffre, que je *crois* qu'il contient un somme importante et que je *veux* m'enrichir au plus vite. Notre arrière-plan participe de nos *représentations* de la réalité, de la manière dont nous la concevons ; comme tel, il participe donc aussi de chacun de nos états mentaux. Il est comme leur toile de fond, sans laquelle ces états mentaux ne seraient pas « visibles » ; une toile qui se construit peu à peu, au cours de notre vie, et qui est à la fois commune à l'ensemble des êtres humains, pour une part, et culturelle, locale, pour une autre.

Bien sûr, l'analyse des cas particuliers nuance le tout ; mais, depuis le langage jusqu'à l'action, la survenue des intentions introduit le recours aux concepts mentaux. Une philosophie de l'esprit s'impose : Searle construit la sienne en stigmatisant les égarements du cognitivisme.

L'enthousiasme excessif du cognitivisme

Searle est un philosophe du langage, de l'action, mais aussi de l'esprit. Comme tel, et pour en avoir été le contemporain, il a suivi les évolutions de la « révolution » cognitive et la naissance des sciences cognitives. Il ne remet en cause ni le bien-fondé d'une attitude scientifique envers la psychologie, ni l'utilité des résultats obtenus dans chaque domaine – en particulier ceux des neurosciences –, ni l'importance de ces recherches et de l'attitude cognitive générale, pour la description et l'explication de notre psychologie. Mais il est un point sur lequel il demeure inflexible : à pécher par excès d'enthousiasme, les sciences cognitives s'imaginent parfois expliquer l'esprit et la conscience, lorsqu'en fait elles laissent de côté leurs propriétés essentielles. Et, si l'étude du cerveau est *fondamentale* pour l'explication de nos actions et de nos esprits, ce n'est aucunement parce que esprit et conscience peuvent se *réduire* à la seule sphère biologique. Des affirmations apparemment paradoxales, que d'autres philosophes – tel Daniel Dennett –, partisans de thèses cognitivistes fortes, critiquent avec véhémence.

Aussi Searle prend-il la peine de détailler ses objections :

• La syntaxe [1], sur laquelle se base tout ordinateur qui manipule des symboles, n'est pas une propriété naturelle, présente dans la nature (ou *intrinsèque*), que les sciences découvrent telle quelle : il faut qu'un observateur extérieur *interprète* ce qu'il observe comme « syntaxe » et « symboles ». Cela exclut des sciences de la nature toute science cognitive basée sur ces manipulations de symboles.

• Si la présence d'un observateur est une condition toujours nécessaire, faut-il postuler sa présence à l'*intérieur* du système qui réalise les « manipulations de symboles » et simule l'esprit ? Dès lors, si l'esprit fonctionne sur cette base syntaxique, il nous faudrait croire à l'existence d'un tel observateur à l'intérieur du cerveau...

---

1. La manière dont les signes, symboles, mots, doivent être organisés pour que le message soit cohérent et compréhensible.

• La syntaxe, à elle seule, ne suffit pas pour attribuer du sens, des significations : c'est ce qu'illustre la chambre chinoise (voir p. 574).

• La syntaxe n'a pas de pouvoir causal : elle est dénuée de contenu mental, d'*intentions*, et le fait de ne réaliser que des *calculs* (des manipulations de symboles) ne permet pas d'agir de façon effective. L'*intentionnalité* lui fait défaut.

• Enfin, le cerveau *ne traite pas* de l'information, au sens où le fait un ordinateur (longtemps le modèle de référence des sciences cognitives). L'ordinateur reçoit des entrées par un utilisateur extérieur, codées par cet utilisateur selon une certaine syntaxe ; puis il réalise une suite d'étapes de traitement, interprétables *de l'extérieur* comme syntaxiques et sémantiques (ce que l'ordinateur seul ne peut faire) ; enfin, il fournit une sortie qui, à nouveau, peut être interprétée par l'utilisateur. La réalité biologique du cerveau est tout autre : les processus neurophysiologiques qui s'y déroulent sont spécifiques et intrinsèques (ils ne dépendent pas de leur interprétation par un observateur pour avoir lieu : *ils ont lieu*) ; ils conduisent à une expérience qui est *vécue* par l'organisme, mais qui *n'exige pas* d'être interprétée pour *être*.

L'esprit émerge donc d'un système biologique, le cerveau, qui ne fonctionne pas sur le modèle de l'ordinateur syntaxique : celui-ci est certes pratique pour simuler un processus donné, mais il n'est qu'un outil de réflexion commode et *rien de plus*.

Redécouvrir l'esprit : vers une science du cerveau ?

Pour appuyer l'importance d'une sphère *mentale* à part entière, Searle émaille ses propos d'expériences en pensée[2] toujours suggestives. Il prétexte un remplacement imaginaire, progressif, de notre cerveau par des pastilles de silicium – une expérience bien sûr fictive – pour questionner les relations causales entre processus du cerveau, processus mentaux et comportement observable ; pour réfléchir aux liens possibles entre le physique, le mental et l'action. Il montre ainsi comment le comportement des autres nous renseigne partiellement sur leurs états mentaux conscients ; comment la conscience *agit* entre nos perceptions et nos actions, comment l'esprit conscient contrôle le comportement ;

2. L'usage retenu ici – parler d'expériences « en pensée » plutôt que « de pensée » – suit une suggestion personnelle de Marc Richelle.

mais, aussi, combien l'existence des phénomènes mentaux est *subjective* et *intime*, c'est-à-dire indépendante de notre comportement. Avec une autre expérience de ce type, celle des « robots conscients » – expérience tout aussi fictive –, il montre l'existence possible et pertinente d'une conscience à part entière : un niveau mental indépendant du niveau comportemental, mais non moins essentiel à la compréhension de l'esprit.

La thèse générale que propose Searle, lorsqu'il nous invite à « redécouvrir l'esprit », s'énonce en fait simplement. D'une part, il défend ce que les philosophes de l'esprit appellent la « psychologie populaire » : elle est faite de désirs et de croyances, qui ont une réalité subjective (propre à chacun) ; des états subjectifs qu'éprouvent les êtres et qui déterminent leurs actions, sans les contraindre absolument. Que de tels états, désirs, croyances, ne se réduisent pas à la neurobiologie ne les rend pas moins *réels*.

Vient alors la seconde partie du message de Searle. Tous les processus mentaux sont causés par des processus d'un niveau inférieur (l'activité des neurones, de leurs réseaux, etc.), ou encore : le cerveau *est à l'origine* de l'esprit ; et le royaume du mental, les événements mentaux que nous éprouvons tous sont simplement l'*état* dans lequel se trouve ce système cérébral. Ils existent par eux-mêmes, mais en tant que propriétés de la structure biologique qui les crée : le cerveau.

La conscience, propriété de certains êtres biologiques, est issue de l'évolution naturelle ; elle est centrale pour la définition et l'existence de tout objet mental, un préliminaire à son existence. Searle qualifie son approche de « naturalisme biologique » : la conscience, produit de l'évolution, est *émergente* ; elle naît du cerveau, système biologique aux propriétés spécifiques et dont la conscience fait partie. L'apparition de cette conscience est essentielle à la possibilité d'avoir des états *intentionnels* : ces intentions qui caractérisent notre esprit et dont l'être humain fait preuve dans l'action. Une apparition qui entraîne aussi, chez ceux qui la manifestent, des avantages énormes : une flexibilité, une sensibilité et une créativité décuplées.

Est-il possible d'établir une science du mental ? Searle en doute. Il est selon lui fondamental d'étudier le cerveau, sa neurophysiologie et sa neurobiologie. De telles études éclairent nécessairement l'analyse des rapports entre le physique et le mental ; entre le cerveau d'une part, l'esprit et la conscience d'autre part. Mais Searle récuse aussi le strict découpage « mental/physique », hérité de Descartes : le premier (mental) émerge du second (physique), mais sans qu'il en diffère par *nature*. La biologie explique l'un et l'autre. Ce sont nos *modèles* d'étude habituels, en science, qui nous empêchent, en l'état, d'accéder à l'étude scientifique de la propriété centrale de la conscience : sa subjectivité.

Qui dit « observation » scientifique d'un phénomène implique une distance entre l'objet observé et son observateur. Cette relation est impossible, par définition, lorsqu'il s'agit d'étudier la conscience, subjective également *par définition*. Autrement dit : si l'étude de la conscience, qui n'existe pleinement « qu'à la *première* personne », doit se faire selon les canons actuels des modèles scientifiques (donc : à la *troisième* personne), l'entreprise est vouée à l'échec. Même si, en définitive, l'existence de la conscience ne dément ni n'invalide pas les meilleures théories de la physique et de la biologie contemporaines. La compréhension de l'esprit et de la conscience nécessitent un compte rendu adéquat des phénomènes intentionnels, à divers niveaux – les sciences humaines et sociales se chargent de la plupart. Mais un tel compte rendu exclut, de fait, toute *science* (au sens fort) du *mental*… non du cerveau.

Quand Searle expérimente : la chambre chinoise

Searle a proposé en 1980 cette expérience ingénieuse – et fictive – pour éclairer son opposition à « l'intelligence artificielle forte ». Ce courant de pensée, issu des sciences cognitives, considère qu'il est possible de doter certaines machines d'un esprit ; et en particulier un ordinateur, pour peu qu'on réalise le logiciel adéquat. De plus, cet esprit présenterait les mêmes caractéristiques qu'un esprit humain. Par conséquent, l'esprit humain lui-même ne serait finalement qu'une forme de « logiciel », l'esprit (ou le cerveau, selon les versions) n'étant qu'un processeur qui traite l'information sous forme de symboles et qui effectue sur celle-ci des opérations (des calculs, ou *computations* en anglais). À l'origine, le test qui a proposé d'expérimenter la capacité des machines à « penser » est celui d'Alan Turing [3] : il s'agirait de confronter un observateur humain, simultanément et à son insu, d'une part à un ordinateur et d'autre part à un être humain ; sa tâche consisterait à poser des questions à ces deux interlocu-

3. Dans un article publié en 1950.

teurs et d'essayer de les distinguer en fonction des réponses. S'il échoue, on considérera que la machine a réussi le test de Turing et possède les propriétés attendues d'un être humain – ou, plutôt, de son esprit.

L'argument de la chambre chinoise s'attaque à ces prétentions. On suppose qu'un homme est enfermé dans une pièce; celle-ci est remplie de casiers, qui contiennent des symboles chinois (c'est la «base de données»). Cet homme ne connaît rien au chinois, mais il dispose d'un manuel, rédigé dans sa langue natale (c'est le «programme»), qui fait correspondre à n'importe quelle suite de symboles une autre suite de symboles. À l'extérieur de la pièce se trouve un observateur : il est chargé de poser des questions en chinois à cette «boîte» qu'est la chambre, puis de juger si cette «boîte» comprend et parle le chinois. Régulièrement, l'observateur introduit dans la pièce, par une fente prévue à cet effet, une suite de symboles chinois – les questions (ce sont les «entrées»). Bien sûr, l'homme à l'intérieur de la chambre *ignore* que ce sont des questions : tout ce que son manuel indique, c'est le choix des symboles et l'ordre dans lequel les placer. Il transmet simplement en réponse, par cette même fente, une suite de symboles appropriés (ce sont les «sorties»). Voilà pour le dispositif.

De fait, l'observateur pose des questions, et l'homme lui répond dans la même langue, et avec justesse. C'est la situation du test de Turing. La question que soulève Searle est la suivante : l'homme situé *dans* la pièce comprend-il le chinois? Et la réponse est selon lui limpide : oui, selon le test de Turing; mais évidemment non en réalité! Ce qui montre plusieurs choses :

- Si la possession du programme adéquat ne nous permet pas de dire que cet homme comprend le chinois, alors il en sera de même pour n'importe quel ordinateur, sur cette même base : malgré un logiciel performant, la machine ne saurait faire mieux et n'ajoutera rien que cet homme n'accomplisse aussi.
- Plus largement :

– un programme est toujours formel, syntaxique : il manipule les symboles et en fait correspondre certains avec d'autres, selon des opérations spécifiées;

– par ailleurs, un esprit possède un «contenu», quelque chose qui donne du sens aux mots (Searle parle de contenu «mental» ou *sémantique*) ;

- or la syntaxe par elle-même – la manipulation des symboles – ne garantit jamais qu'un tel contenu va être associé à ces symboles : elle reste par définition purement formelle ;
- en conclusion, l'esprit ne peut pas être un simple logiciel, un programme implanté dans nos cerveaux.

L'homme placé dans la pièce n'accède qu'à la *syntaxe* du chinois, *via* le manuel : chez lui, aucun symbole n'est associé à un contenu, une idée, une représentation. Bien sûr, d'un point de vue formel, son comportement est sans doute exemplaire ; mais nous ne pourrons jamais dire qu'il comprend le chinois, privé comme il l'est de contenus *sémantiques*. La seule syntaxe lui interdit tout accès à la *signification*.

Dès lors, l'intelligence artificielle « forte » ne peut qu'être dans l'erreur : l'ordinateur est certes un outil pratique pour mener des recherches et étudier des phénomènes précis (c'est la thèse de l'intelligence artificielle « faible », que Searle accepte) ; mais il n'explique ni ne modélise de manière adéquate l'esprit humain et sa capacité à générer du sens. Quant au test de Turing, il se révèle incapable, sous cette forme, de discerner une compréhension véritable, c'est-à-dire celle qui témoigne de la présence des caractéristiques d'un esprit authentique. Plus généralement, plutôt que l'impossibilité d'une machine pensante (qu'il ne rejette pas *a priori*), ce que Searle souligne est que la conception de l'esprit comme réalisant simplement des manipulations de symboles est foncièrement erronée : la prise en compte de la *causalité* mentale lui fait défaut.

Rencontre avec John Searle

Depuis la cour intérieure, j'aperçois John Searle : d'un signe de la main, à la fenêtre du second étage, il m'invite à monter. Son appartement parisien, meublé sans ostentation, est paré des tableaux d'une artiste locale. On s'y sent à l'aise, accueilli et attendu. Le visiteur est rapidement gagné par le confort douillet qui règne ici, conquis par l'attitude amicale et spontanée qu'est celle du philosophe. Une courtoisie naturelle qui lui sied bien. Une fois servis les rafraîchissements, nous nous installons dans le salon où son épouse nous rejoint. Elle assistera, discrète et charmante, à notre conversation. John Searle est fidèle à l'image que ses livres suggèrent : intellectuel citoyen, il discute l'actualité difficile de la recherche publique en France, et particulièrement en philosophie ; il présente ses thèses avec ingéniosité ; et, un brin provocateur, il affirme avec force des intuitions contraires à certaines perspectives actuelles de la psychologie, tout en soutenant avec sympathie la tendance au renouveau des sciences cognitives. Allant droit au but, exprimant clairement sa pensée, Searle reste un interlocuteur de référence dans le débat sur l'esprit. Entre ces murs anciens, l'homme continue à développer une image du monde, de la conscience et de leur dimension sociale qui ne s'en laisse pas conter.

Qu'est-ce qui vous a conduit à étudier le langage, puis l'esprit ?

À l'époque de mes études, vers la fin des années 1950, Oxford était une université très stimulante. C'était le meilleur endroit où étudier la philosophie. Deux de mes enseignants, Peter Strawson et John Austin,

ont beaucoup compté : tous deux obsédés par les problèmes de philosophie du langage, ils considéraient la philosophie de l'esprit comme dépendante, en quelque sorte, de la philosophie du langage. C'est avec leurs cours que j'ai découvert ces sujets, lorsque j'étais encore un jeune étudiant. Je me vois vraiment comme le continuateur de leurs travaux.

Y a-t-il des erreurs dans les recherches actuelles sur l'esprit?

Oui, absolument. D'une certaine manière, nous tous, philosophes, ne faisons qu'écrire les notes de bas de page de l'œuvre de Frege [4]. Il a inventé la philosophie du langage et la logique. Notre dette envers lui ne fait donc aucun doute. Mais il y a de terribles absences dans sa philosophie. Il a notamment commis une erreur très sérieuse, en ne considérant pas le langage comme une extension de nos capacités biologiques plus fondamentales – nos capacités à la perception, l'action, la pensée, les sentiments et l'émotion... Sur le long terme, cela a été un désastre, qui a empêché que l'on réalise combien la philosophie du langage dépend de celle de l'esprit, plutôt que le contraire. De nombreux philosophes – Michael Dummett ou Donald Davidson, par exemple – soutiennent que toutes nos pensées sont dépendantes du langage : c'est une même erreur, qui dérive presque automatiquement de celle de Frege. C'est lui qui a considéré le langage comme premier. Mais si vous pensez de manière biologique, naturaliste – une manière de penser que Frege n'adoptait pas –, alors vous devez réaliser que le langage dérive de l'esprit... et non le contraire! Ces dernières années, nous commençons à peine à réaliser qu'il est possible de baser une philosophie du langage sur une philosophie de l'esprit.

Une autre erreur persistante est celle de Wittgenstein. Sur le long terme, le biais antithéorie de Wittgenstein a eu un effet partiellement néfaste : il ne croyait pas qu'il faille chercher une *théorie* du langage. Or je pense, avec Austin, qu'il *faut* chercher une théorie générale des actes de langage et de la signification. Austin et Grice m'influencent donc plus sur ce point, même si j'admire énormément Wittgenstein et que j'ai

4. Gottlob Frege (1848-1925) : mathématicien, logicien et philosophe allemand, il est à l'origine du « calcul propositionnel » moderne (ou calcul des prédicats). On le considère comme le fondateur de la logique moderne, pour en avoir fait un « calcul » logique à part entière, et comme l'un des pères de la philosophie analytique moderne. Ses travaux de logique se sont notamment étendus au langage.

appris quantité de choses de lui. Son héritage durable, en philosophie du langage, est qu'on ne devrait pas penser les *significations* comme des entités que l'on peut « introspecter » ; ne pas les penser comme des sortes d'objets cartésiens. C'est une intuition importante. Mais il faut à mon sens aller plus loin : construire une théorie générale du langage et du sens.

Les sciences biologiques sont-elles de bons modèles scientifiques pour la psychologie ?

Jusqu'à un certain point, la psychologie doit être basée sur la biologie. Tout ce qu'on dit en psychologie doit être cohérent avec ce qu'on sait de l'esprit selon la neurobiologie. Mais ce serait une très grosse erreur de penser qu'il n'y a pas de niveau psychologique à part entière : il existe bel et bien. Après avoir parlé des neurones dans les synapses, il faut encore discuter des contenus des cognitions ! Pas seulement des processus neurobiologiques, mais aussi de leur réalisation à un niveau supérieur ; dans les processus de pensée, de perception, dans l'action volontaire et dans la cognition de manière générale.

La psychologie est donc bien sûr basée sur la biologie, mais tout comme la biologie est basée sur la chimie et la physique : il s'agit simplement des niveaux différents d'*un seul* monde. Quand on considère sérieusement le niveau psychologique, le niveau de l'intentionnalité, on découvre des méthodes et des mécanismes d'explication différents. J'essaie personnellement de mettre l'accent sur la causalité *intentionnelle* : j'ai une intention – lever mon bras –, qui cause le mouvement de mon bras vers le haut. On ne peut pas parler de la cognition humaine sans prendre au sérieux ce niveau de causalité – niveau supérieur aux neurones et aux synapses –, celui de l'intentionnalité, en particulier l'in-

« Le langage dérive de l'esprit... et non le contraire ! Ces dernières années, nous commençons à peine à réaliser qu'il est possible de baser une philosophie du langage sur une philosophie de l'esprit. »

tentionnalité consciente. On doit donc à l'évidence baser la psychologie sur la neurobiologie. Mais une fois que cela est fait, on découvre que les choses essentielles en psychologie sont la conscience et l'intentionnalité, et qu'elles ne se situent pas au niveau neurobiologique mais à un niveau plus élevé, qui doit être *expliqué* en termes neurobiologiques.

Conscience et intentions ont donc toujours une place, au-delà de la neurobiologie?

Absolument! L'affirmation suivante est fondamentale pour ma position d'ensemble sur l'esprit : les phénomènes mentaux sont *causalement* réductibles à leurs bases neurobiologiques, mais pas *ontologiquement*[5]. Pour le dire autrement : on ne montre pas que la conscience n'est *rien d'autre que* l'activité des neurones, mais on peut montrer qu'il n'existe pas d'effets causaux de la conscience qui ne soient pas aussi des effets causaux de cette activité.

Pourquoi? Comment se fait-il qu'on puisse réaliser cette réduction au niveau des causes, mais non au niveau ontologique? Parce que la conscience en général, et notamment l'intentionnalité, a un mode d'existence à la *première* personne. Elle possède ce caractère subjectif, cette subjectivité ontologique qualitative, du fait qu'elle n'existe que comme une *expérience* de la part des sujets humains ou animaux. Et à cause de cette existence à la *première* personne, on ne peut pas la réduire à, ou l'éliminer en faveur de, quelque chose qui existerait simplement à la *troisième* personne. Elle n'a rien de mystérieux, ou qui la distingue du monde physique ordinaire : elle en fait bien sûr partie, c'est un phénomène biologique. C'est un fait de notre biologie que le cerveau produit des états subjectifs, qualitatifs et conscients de sentiments, de sensations et de connaissance, qui exigent d'être reconnus comme aspects *réels* du monde *réel*.

Est-ce la différence principale entre votre modèle de la conscience et le modèle d'Edelman ou celui de Dennett?

Je suis plus favorable à celui d'Edelman qu'à celui de Dennett. Ce dernier nie l'existence de la conscience telle que je la définis : en termes

5. La dimension *ontologique* d'un phénomène est la dimension de son existence : *ontologiquement*, neurones, grains de sable et chaises appartiennent à un même niveau, différent par exemple de celui d'une chaise aperçue en rêve et sur un tas de sable.

d'états subjectifs qualitatifs de sensations, de sentiments ou de connaissance consciente. Il nie qu'il existe l'une de ces choses, ce qui signifie qu'il n'offre pas, à mon sens, de compte rendu de la conscience.

Edelman est plus proche de mes conceptions. Il distingue conscience primaire et d'ordre supérieur, ce qui est une bonne chose, mais sa question diffère de la mienne : comment *exactement* la conscience pourrait-elle être causée par des processus neurobiologiques ? Ce qui est en lien avec la réentrance et la projection entre cartes corticales. Il se peut que cela s'avère finalement juste ; je doute qu'une telle entreprise rencontre le succès, mais c'est une question scientifique factuelle, non un problème philosophique. Au plan philosophique, les conceptions d'Edelman et les miennes sont donc très proches, mais totalement opposées à celles de Dennett. De notre point de vue, il nie subtilement l'existence de la conscience. Il utilise le *mot*, mais à la manière béhavioriste : pour faire référence à des dispositions comportementales. Aussi ne saisit-il pas l'existence des *qualia*, ces états subjectifs qualitatifs de « sensation ».

Pourtant, vous parlez tous deux d'une évolution naturelle et d'un fondement biologique de la conscience...

Effectivement, je crois qu'il faut traiter la conscience de façon naturaliste : comme une part de notre nature biologique. De nombreuses personnes seraient d'accord avec moi pour utiliser ces mots. Ceux-ci disent que « nous devons naturaliser la conscience », mais ils signifient quelque chose de complètement différent. Lorsque *je* dis que nous devons « naturaliser » la conscience, j'entends par là qu'il faut considérer comme allant de soi que la conscience est un phénomène subjectif, à la première personne et qualitatif ; et ensuite, la voir comme une partie de notre nature biologique.

« L'idée de pouvoir résoudre le problème du libre arbitre et du déterminisme en faisant appel à la génétique est erronée. »

Lorsque d'autres disent qu'ils doivent « naturaliser » la conscience, ils signifient qu'il faudrait *nier* son caractère qualitatif, subjectif et irréductible ; et ensuite, la décrire simplement en termes neurobiologiques, à la troisième personne. Or ce n'est pas naturaliser la conscience : c'est nier son existence !

Vous évoquez des auteurs comme Proust, Joyce, Mann et Kafka : comment vous ont-ils influencé ?

Je suis très influencé par les grands auteurs du XXe siècle : ceux que vous avez mentionnés, mais aussi les grands auteurs américains tels que Hemingway ou Fitzgerald... Ils ont profondément marqué mon mode général de sensibilité. Non pas que j'aie appris telle ou telle thèse philosophique particulière auprès de... Proust ou Kafka. Je ne tiens aucune théorie de Proust, de Mann, de Joyce ou de Kafka, mais plutôt un mode de sensibilité, largement affecté par ces auteurs. Jeune étudiant, j'ai passé un mois entier de ma vie à lire l'*Ulysse* de Joyce, mot à mot et page par page, jusqu'à me sentir maîtriser complètement cette œuvre. Ils m'ont fait grand effet intellectuellement, mais non sur un point spécifique. Il s'agit plus d'une tournure d'esprit, une façon de ressentir et de penser qui a été très influencée par ces grands auteurs du XXe siècle.

« Ce serait une très grosse erreur de penser qu'il n'y a pas de niveau psychologique à part entière : il existe bel et bien. Après avoir parlé des neurones dans les synapses, il faut encore discuter des contenus des cognitions ! »

La sensibilité appelle l'émotion : que pensez-vous d'une tendance récente à la réintroduction des émotions en psychologie et dans les théories sur l'esprit ?

C'est un scandale que nous n'ayons pas encore de théorie adéquate des émotions ! C'est en partie à cause de l'absence de définition claire de ce qu'est une émotion ; les gens redéfinissent souvent cette notion pour l'ajuster à leur théorie. Ekman, par exemple, essaie de définir les émotions en ces termes : « ce qui produit les expressions faciales ». Mais... il n'existe pas d'expression faciale typique du fait d'être amoureux! À la différence de celui d'être « surpris » ou « en colère »... Ekman pensera donc que ce n'est pas une émotion. C'est une erreur! Il faut comprendre que les émotions, ce sont ces sensations ou ces contenus intentionnels qui nous *remuent*! L'étymologie même du mot l'indique : la notion d'*emoverare*, qui en latin signifie *déplacer, remuer*.

La meilleure manière de penser les émotions est de les voir comme des formes agitantes de désirs, causées par, et comprenant, des croyances. Si vous êtes en colère contre quelqu'un, vous *croyez* quelque chose à propos de cette personne; des désirs de blesser, de faire du mal à cette personne vous agitent. Nous n'avons pas de théorie adéquate des émotions et je n'ai pas encore trouvé ce que j'en pense dans une telle théorie. Il est donc très utile que l'on commence à s'intéresser aux émotions dans les sciences cognitives et en psychologie.

Mais ne serait-il pas difficile d'introduire ces « désirs agitants » dans des théories comme celles de LeDoux[6] ou de Damasio[7] ?

C'est fort possible. Damasio nous rend toutefois un précieux service, en faisant remarquer que c'est une erreur de notre culture que d'opposer rationalité et émotion : si l'on est dénué d'émotions, il n'est pas de rationalité non plus. La rationalité est un moyen d'organiser, entre autres choses, nos émotions. Damasio, avec justesse, nous dit que c'est une erreur de penser qu'un agent purement rationnel, qui n'aurait pas d'émotions, puisse exister. Les gens dénués d'émotions tendent à être irrationnels.

Que pensez-vous de l'intérêt actuel pour le déterminisme génétique et biologique ?

On commence seulement à cartographier le génome humain, à concevoir l'influence de la génétique sur nos vies : il reste un long chemin à parcourir. Le vrai problème, avec tout type de déterminisme, c'est que même si on l'accepte en théorie, on ne peut le vivre. Il faut toujours faire des choix, qu'on base sur le présupposé que des alternatives s'offrent

6. Voir p. 316.
7. Voir p. 338.

à nous. Le déterminisme génétique ne résout donc pas le problème du libre arbitre et du déterminisme. La génétique vous montre comment certaines contraintes pèsent sur l'exercice du libre arbitre ; elle montre que plusieurs de ces contraintes sont réglées par une base génétique, la structure génétique qui produit les traits phénotypiques[8]. Mais l'idée de pouvoir résoudre le problème du libre arbitre et du déterminisme en faisant appel à la génétique est erronée.

La génétique ne restreint donc pas notre liberté ?

Pour autant que je sache, non.

Retournons vers le langage : quel rôle joue-t-il dans la définition de notre identité ?

Nos conceptions de nous-mêmes, en tant qu'êtres humains, sont façonnées par certains types de « récits ». La constitution de nos identités possède une *structure* linguistique, il n'y a aucun doute à ce sujet. La question la plus intéressante est à mes yeux la suivante : comment le langage constitue-t-il la réalité sociale et institutionnelle ? Il *existe* une réalité épistémique objective de l'argent, des gouvernements, de la propriété, du mariage, des universités et des systèmes juridiques ; et tous sont constitués par le langage. Ils ne peuvent exister sans langage : il peut y avoir un langage et pas de propriété privée, d'argent, de mariage ou de gouvernement, mais non l'inverse.

L'un de mes livres s'intitule *La Construction de la réalité sociale*[9] ; j'espère travailler plus avant sur la manière dont le langage constitue la réalité *sociale*. On trouve une lacune intéressante dans notre histoire : aucun philosophe social, depuis Aristote jusqu'à Bourdieu, Habermas ou Foucault, ne reconnaît le rôle *constitutif* du langage dans la réalité sociale. Cela peut paraître une affirmation surprenante, parce que ces auteurs ont beaucoup parlé du langage – Habermas, Foucault et Bourdieu par exemple. Mais ils considèrent que ce rôle constitutif va de soi. Ils réfléchissent sur la façon dont nous pouvons utiliser le langage pour

8. Le phénotype est l'expression concrète des gènes au cours du développement : les gènes codent pour des traits qui, en lien avec l'environnement, donneront lieu à telle caractéristique. Le phénotype désigne l'ensemble des traits observables d'un individu.

9. *The Construction of Social Reality*, New York, The Free Press, 1995, trad. *La Construction de la réalité sociale*, Paris, Gallimard, 1998.

organiser les relations sociales, les moyens d'obtenir et de manipuler le pouvoir, mais ils ne posent pas la question cruciale : qu'est-ce que le langage, en premier lieu ? Et qu'est-ce qui fait que nous pouvons l'utiliser et le faire fonctionner de cette manière dans les relations de pouvoir ?

Voyez-vous un rapport entre ce niveau, « socialement construit », et le « troisième monde » dont parle Karl Popper[10] ?

Absolument pas ! Les trois niveaux ou trois « mondes » de Popper sont une confusion désespérée, bien pire qu'une erreur philosophique. Penser que nous vivons dans plus d'un seul monde, c'est une sorte de mauvaise capitulation ! Nous vivons dans *un* monde très exactement. La tâche des philosophes est d'expliquer comment il est simultanément possible que le monde soit entièrement constitué de particules physiques *et* qu'il existe cependant une réalité de la conscience et de l'intentionnalité, *et* une réalité de la propriété, de l'argent, du mariage, etc. Ma tâche est d'expliquer comment tout cela fait partie d'une seule et même réalité !

Les cartésiens abandonnent sur ce

10. Karl Popper (1902-1994), philosophe autrichien majeur du XXe siècle, défend l'existence de trois mondes distincts, avec leurs niveaux et spécificités propres : le Monde 1 est celui des phénomènes de la physique, la chimie et la biologie ; le Monde 2 est celui de la psychologie, de l'esprit et de la conscience ; et le Monde 3, celui de la « connaissance objective », « *le monde des productions de l'esprit humain* » (œuvres d'art, littérature, sociétés et conventions, etc.). Seul le Monde 3 est exclusivement humain.

« Une chose merveilleuse est pile en train de se produire dans les sciences cognitives [...] : nous sommes en train de quitter un paradigme computationnel pour un paradigme neurobiologique, [...]. On se rend finalement compte que l'ordinateur joue le même rôle dans l'étude du cerveau que dans l'étude de tout autre sujet, par exemple la digestion. »

point, en disant qu'il existe deux mondes. Les popperiens font pire : ils prétendent qu'il existe *trois* mondes! C'est désespérément confus. On ne peut avoir de philosophie cohérente à moins de réaliser que l'ensemble de la réalité appartient à un seul et même monde. La tâche philosophique devient alors nettement définie : il nous faut obtenir un compte rendu de ces phénomènes spécifiquement humains pour montrer comment ils font partie de ce monde réel unique.

Vous avez prédit la fin du cognitivisme traditionnel en psychologie. Qu'en est-il aujourd'hui ?

Ma définition du cognitivisme est celle d'une position intermédiaire entre l'intelligence artificielle forte et l'approche intentionnaliste – ma propre approche. D'après cette définition, le cognitivisme dit : posséder un cerveau, c'est peut-être plus que d'avoir un programme, mais les mécanismes réels de l'esprit, ses mécanismes explicatifs causaux, sont des processus de calcul, qui opèrent sur des éléments symboliques dans le cerveau. Les gens qui soutiennent cette version seraient d'accord pour dire qu'il existe peut-être quelque chose comme l'intentionnalité intrinsèque. Mais pour eux, une psychologie scientifique doit être computationnelle[11], et ses opérateurs explicatifs doivent être des processus de calcul opérant sur les éléments symboliques, dans le cerveau.

C'est une profonde erreur. Je ne sais si c'est encore le cas, mais il y a vingt ans elle était très commune. Fodor par exemple, quelle que soit sa position aujourd'hui, commettait cette erreur. J'ai argumenté contre cette position : il ne peut exister de science de l'esprit *per se* – en soi. Et, de même que ma « chambre chinoise » a montré que la sémantique des contenus mentaux n'est pas intrinsèque à la syntaxe des processus de calcul, la syntaxe des processus de calcul n'est pas intrinsèque à la neurobiologie du cerveau – ce qui est encore plus fondamental. *Syntaxe* ne désigne pas un aspect de la nature comme *force*, *masse*, *gravitation* ou *attraction*. La notion de syntaxe est relative à l'observateur : nous ne *découvrons* pas la syntaxe dans la nature, nous *assignons* une interprétation syntaxique aux processus naturels. Il n'y a donc aucun moyen de

11. D'après le terme anglais qui signifie calcul, « computation » ; d'où *computationnel* : basé sur, ou qui réalise, des calculs. Calcul est à comprendre au sens large : celui d'un traitement de symboles selon certaines règles.

découvrir que le cerveau est un ordinateur digital, au sens où on pourrait dire qu'il pèse un kilo et demi. On peut bien trouver des processus auxquels on attache une interprétation computationnelle, mais c'est valable pour tout et n'importe quoi ! Je vais vous montrer un ordinateur très simple : il calcule la fonction $h = 1/2gt^2$ *(il prend un stylo, lève le bras et laisse tomber l'objet).* Il le fait simplement d'une manière analogique et non digitale. Mais si c'est un ordinateur, tout est un ordinateur !

Le problème avec le cognitivisme n'est pas qu'il est erroné, mais qu'il est dénué de sens. Si on pose la question suivante : « le cerveau est-il un ordinateur digital ? », alors il faut ensuite se demander : « est-il intrinsèquement un ordinateur digital ? ». Or la réponse est que *rien* n'est en soi un ordinateur digital qui effectue des calculs, excepté peut-être nos propres processus conscients de calcul comme « 1 + 1 = 2 ». Aucun phénomène à la troisième personne n'est intrinsèquement un ordinateur digital, qui effectuerait des calculs. Une chose n'est un tel ordinateur digital que *relativement* à une certaine interprétation. Mais si l'on me demande : « ne pouvons-nous interpréter le cerveau computationnellement ? », la réponse est alors qu'on peut *tout* interpréter de cette manière !

Ce qu'il nous faut comprendre, ce sont les mécanismes causaux réels qui expliquent les phénomènes cognitifs. On peut par exemple montrer qu'il est *utile* de décrire le réflexe oculo-vestibulaire[12] en termes de calculs. On peut dire qu'il s'agit d'un réflexe qui suit un algorithme très simple : *déplacer le globe oculaire de manière exactement proportionnelle et opposée au mouvement de la tête, de façon à stabiliser l'image rétinienne.* Cela explique ce qui se passe ; mais non les *causes* de ce qui se passe ! Pour expliquer ces causes, il faut se tourner vers les mécanismes physiques réels dans le cervelet. Le problème avec le cognitivisme n'est donc pas tant qu'il est faux, mais qu'il n'est pas une thèse que l'on peut formuler avec cohérence.

Une chose merveilleuse est en train de se produire dans les sciences cognitives. Elle a commencé ces dix dernières années, et elle continue : nous sommes en train de quitter un paradigme *computationnel* pour un paradigme *neurobiologique*, nous allons des sciences cognitives compu-

12. Searle désigne ici le cas d'un mouvement brusque de la tête d'un bébé dans une direction (vers l'arrière, par exemple) : ses yeux bougent alors dans le sens opposé (ici, vers le bas) de manière réflexe.

tationnelles vers les neurosciences cognitives. On se rend finalement compte que l'ordinateur joue le même rôle dans l'étude du cerveau que dans l'étude de tout autre sujet, par exemple la digestion : les ordinateurs sont des appareils merveilleux pour faire de la recherche sur les processus digestifs ; mais ce serait une erreur de penser qu'à la lumière de ce que nous en savons notre estomac est réellement un ordinateur. De la même manière, c'est une erreur que de dire : « Nous savons ce qu'est le cerveau : c'est un ordinateur. »

Principaux écrits de John Searle

Speech Acts. An Essay in the Philosophy of Language, Cambridge, Cambridge University Press, 1969, trad. *Les Actes de langage*, Paris, Hermann, 1972.

Minds, Brains and Science, Londres, British Broadcasting Corporation, 1984, trad. *Du cerveau au savoir*, Paris, Hermann, 1985.

Intentionality. An Essay in the Philosophy of Mind, Cambridge, Cambridge University Press, 1983, trad. *L'Intentionnalité*, Paris, Minuit, 1986.

The Rediscovery of the Mind, Cambridge, MA, MIT Press, 1992, trad. *La Redécouverte de l'esprit*, Paris, Gallimard, 1995.

The Construction of Social Reality, New York, The Free Press, 1995, trad. *La Construction de la réalité sociale*, Paris, Gallimard, 1998.

Liberté et Neurobiologie, Paris, Grasset, 2004.

John Searle dans le texte...

«Pour moi l'esprit et le corps agissent l'un sur l'autre, mais ne sont pas deux choses différentes, puisque les phénomènes mentaux ne sont que des caractéristiques du cerveau. On peut décrire cette position en la considérant comme une assertion aussi bien du physicalisme que du mentalisme. Supposons que nous définissions le "physicalisme naïf" comme le point de vue qui considère que toutes les choses qui existent dans le monde sont des particules physiques, avec leurs propriétés et leurs relations. [...] Maintenant, définissons le "mentalisme naïf" : disons que c'est le point de vue qui affirme que les phénomènes mentaux existent. Il y a réellement des états mentaux : certains sont conscients ; beaucoup ont une intentionnalité ; tous ont une subjectivité ; et beaucoup d'entre eux ont une fonction causale qui détermine des événements physiques dans le monde [...]. Le mentalisme naïf et le physicalisme naïf ne s'excluent nullement l'un l'autre. En fait, pour ce que nous connaissons du fonctionnement du monde, ils ne sont pas seulement cohérents, ils sont vrais l'un et l'autre.»

Du cerveau au savoir, Paris, Hermann, 1985, p. 35-36.

Daniel C. Dennett

Daniel Dennett en quelques chiffres...

1942 : Naissance à Beyrouth.

1963 : Diplôme en philosophie de l'université Harvard.

1965 : Doctorat de philosophie à Oxford (Grande-Bretagne).

1975 : Professeur à l'université Tufts (Massachusetts).

2006 : Professeur Austin B. Fletcher de philosophie et directeur du Centre pour les recherches cognitives (université Tufts).

Daniel Dennett en quelques titres...

1973 et 1986 : Bourses Guggenheim.

2001 : Prix Jean Nicod (Paris).

Membre et ex-président de l'Association philosophique américaine et de la Société pour la philosophie et la psychologie.

Membre de l'Académie américaine des arts et sciences, de l'Académie hongroise des sciences, de l'Association américaine pour l'intelligence artificielle et de la Société de science cognitive.

Du bon usage des idées de Darwin

Par Cédric Routier

Fermier, navigateur et philosophe : Daniel Dennett est un homme de contrastes. Quand il n'aborde pas l'esprit, il voyage de l'Atlantique à l'agriculture. Avec un plaisir manifeste. Il est incollable sur le cidre, et pour cause : il en produit. De la culture des pommes à la mise en bouteilles, un cidre « *méthode champenoise* », comme il le rappelle. Dans sa ferme du Maine, tandis que les fruits mûrissent, ses idées prennent forme. Il les emporte en pleine mer. Et rapporte du large des œuvres fortes, denses, persuasives. Avec une touche d'ironie.

« Je voulais aider les psychologues et scientifiques travaillant sur le cerveau, mais je ne pensais pas pouvoir dire une telle chose : qui étais-je, moi le philosophe, pour les aider ? Dès lors, je décrétai que, s'il me fallait les aider, ils devraient me le demander ! » lance-t-il en riant. Dennett n'hésite jamais quand il décèle l'erreur ; il ne pardonne pas les à-peu-près. C'est un brillant polémiste. Ses critiques sont ciblées, ses attaques n'épargnent personne. À 17 ans, il lit Descartes : « J'étais fasciné, mais aussi fermement convaincu que c'était complètement faux. Je voulais comprendre pourquoi, et j'y travaille encore ! » Il faut dire qu'il s'appuie sur une culture scientifique solide. Dans les sciences de l'esprit, sa réputation n'est plus à faire. Et la biologie lui doit l'un de ses plus fascinants essais, *Darwin est-il dangereux?* [1].

Son apparence confirme la détermination dont l'homme est capable. Massif, il a le verbe sonore. Mais il reste un interlocuteur patient, serein, qui cherche à convaincre. Sa barbe florissante est celle des premiers philosophes : sa lune de miel s'est déroulée en Grèce... Qu'on le questionne sur son itinéraire, il répond avec naturel : «*Ça n'avait plus vraiment d'importance, que je sois philosophe ou psychologue : je travaillais sur des questions intéressantes, avec des gens intéressants, et qui s'intéressaient à mon travail; que rêver de mieux?*» Il poursuit donc les traces des origines, biologiques, de l'esprit et de la conscience, et cherche à les expliquer.

Sa propre conscience s'exprime dans ses engagements. Pour lui, par exemple, toute religion est un phénomène naturel (même s'il est produit socialement), qui n'échappe pas à l'héritage de Darwin, n'en déplaise aux créationnistes : «*Les gens veulent croire en Dieu! Le darwinisme universel est donc très perturbant pour beaucoup d'entre eux. Alors ils le caricaturent, le déforment du fait de leur peur et cela crée des conflits. Ma tâche est de les amener à voir que c'est une belle idée, libératrice, qui n'est pas destructrice.*» Il fustige les fanatismes, propose même un enseignement pour les éliminer. Mais bien loin de l'administration de son pays : «*Comment? À l'exact opposé de la façon dont Bush et compagnie s'y emploient actuellement. Ils fabriquent des fanatiques à un rythme considérable. On pourrait difficilement faire mieux qu'eux : Abou Graïb, Guantanamo, ce sont là des élevages de fanatiques! Ils fabriquent des fanatiques aussi vite qu'ils le peuvent! C'est stupide!*»

À 15 ans, Dennett avait fui la psychologie sur un malentendu («C'est sur la base d'une minute de conversation en voiture que j'ai décidé que je n'avais pas de temps à perdre avec la psychologie!»). Il compte aujourd'hui parmi les philosophes les plus stimulants, penseur moderne de l'esprit qui maîtrise aussi le jazz et la sculpture... avec un égal brio.

1. D. Dennett, *Darwin's Dangerous Ideas*, New York, Simon & Schuster, 1995, trad. *Darwin est-il dangereux?*, Paris, Odile Jacob, 2000.

Que nous apprend Daniel Dennett ?

L'acide universel de Darwin

Analysant simultanément biologie et psychologie, Daniel Dennett s'est fait le champion du modèle darwinien [2]. Ses réflexions sur la psychologie et sa théorie de la conscience proposent un cadre original aux sciences de l'esprit et portent le sceau de cet ancrage. D'abord parce que « l'acide universel de Darwin » transforme tout ce qu'il touche.

Qu'entend-il par « acide universel » ? Un corps qui possède la propriété essentielle d'un acide – dissoudre ce qui entre en contact avec lui, et donc en transformer l'apparence –, mais pour *tous* les corps qu'il rencontre. L'image n'est à l'origine qu'une figure imaginaire, un simple jeu d'enfant, qui capte ici la caractéristique principale de l'idée centrale de Darwin [3] : bien que née dans le domaine de la biologie, elle est capable de « passer à travers » tout ce qu'elle aborde et en transforme l'aspect après son passage ; elle révolutionne l'ensemble des domaines auxquels elle s'applique, depuis la cosmologie jusqu'à la psychologie.

---

2. Qui tient en deux mots : variation et sélection. Une variation existe entre les individus, phénomène inhérent aux espèces, et l'environnement sélectionne certaines de ces variations en fonction de certaines de leurs propriétés. Conséquence : les « porteurs » de ces variations auront une descendance plus vaste.

3. Celle de la sélection naturelle (une variation des organismes, puis la reproduction différentielle des mieux adaptés au milieu actuel) comme principe de l'évolution des espèces.

Autre caractéristique majeure du processus décrit par Darwin : il s'agit d'un mécanisme aveugle. Un mécanisme dénué de toute volonté peut-il aller jusqu'à produire nos esprits ? C'est la thèse de Dennett, qui rejette avec force toute idée d'une volonté divine, d'une Mère Nature ou d'un dessein prédéterminé qui serait à l'origine de l'évolution – celle de l'univers, celle des espèces et celle des esprits. Depuis les autres espèces jusqu'à nous-mêmes, y compris nos créations (technologiques, sociales, artistiques), tout se rassemble sous l'égide d'une explication évolutionniste, avec pour arrière-plan le mécanisme aveugle et cumulatif mis au jour par Darwin.

Démystifier n'est pas réduire

« Dangereuse » est la perspective darwinienne : elle menace de dissoudre l'étincelle créatrice et intelligente qui est supposée nous habiter, et notre autorité d'agents, d'êtres responsables et sources de nos réalisations. Elle déposséderait l'homme de la paternité de ses actes ; de sa nature unique d'« être à part » dans le royaume de la Création... ou de la science. Or l'idée de Darwin, convenablement développée, dissout effectivement... le côté supernaturel, mystique ou irrationnel de ces traits ! Nul besoin d'un principe supérieur ou d'une Mère Nature bienveillante pour que l'esprit conscient voie le jour durant l'évolution.

Dennett parle de *réductionnisme incarné*, sans être péjoratif. Il ne s'agit pas de ramener des processus supérieurs – l'intelligence, l'esprit, la conscience – à un niveau inférieur – le jeu des molécules, par exemple. Il est juste question de refuser les interventions miraculeuses et de favoriser le principe de « grues d'élévation [4] » cumulatives : qu'un processus apparaisse peu à peu chez un organisme – une simple cellule, dans les débuts de la vie – et s'avère « utile » – la cellule se reproduit –, il sera

4. Dennett joue avec l'image d'une opposition entre des « crochets célestes » suspendus aux cieux, et des « grues d'élévation » ancrées dans le sol. Les crochets ont un caractère artificiel : ils désignent ces processus qui surgissent opportunément (ils « tombent du ciel » presque littéralement), et viennent expliquer les phénomènes, même en science, comme par miracle... sans s'appuyer sur ce qui précède. Ils sont en contradiction avec les conditions requises des sciences naturelles. Les grues, elles, font tenir l'édifice explicatif par l'accumulation de processus les uns sur les autres : un premier processus se développe, utile à un premier niveau ; puis il sert d'appui au deuxième, qui « s'élève » grâce au premier et construit un phénomène plus complexe... et ainsi de suite. Ici, ce qui est plus élaboré n'entre pas en conflit avec ce qui le précède : du plus simple au plus complexe, les explications restent cohérentes et se renforcent mutuellement.

conservé. La sélection naturelle, car c'est d'elle qu'il s'agit, se présente ainsi comme un *processus algorithmique*, dont les traits essentiels sont : la neutralité (seule compte sa logique, sous forme d'une succession d'étapes, *pas ce à quoi il s'applique*) ; son caractère aveugle (un mécanisme stupide et borné suffit pour que chaque étape ait lieu) ; ses résultats garantis (dans les bonnes conditions et sans sauter d'étape, ce processus réalise systématiquement la tâche prévue). L'idée géniale de Darwin est ainsi neutre; applicable à presque tout; et promesse d'une explication des phénomènes au sein d'*une seule* grande perspective... sans être jamais *dirigée* vers un but.

Cette idée, bien tempérée, ne dissout pas entièrement les esprits, ni les buts (*de* l'action) ou les significations (*dans* l'action) : elle les *explique*, tout en les démystifiant. Dennett œuvre pour une tentative unificatrice dans les sciences, et comprendre l'idée de Darwin comme un processus algorithmique en fournit les bases solides. Son réductionnisme incarné ne ramène pas tout phénomène à ce qui se passe au niveau inférieur [5] : il explique au contraire comment, à *chaque* niveau, joue un processus de sélection cumulatif, avec des particularités adaptées à chacun des niveaux.

Une conséquence est incontournable : nous sommes tous des produits de l'arbre de la vie, nous et nos créations, connectés d'une manière ou d'une autre; arbre qui n'est autre que celui des possibles. Même nos artefacts technologiques en sont les fruits, donc des produits de l'évolution! Il n'existe pas, pour Dennett, de discontinuité dans ce qu'il nomme l'« espace de conception » : toutes les choses réelles sont unies entre elles, par le simple effet du processus darwinien d'accumulation progressive. Ce processus est un processus de *descendance* avec modification qui, pour l'essentiel, copie mais ne réinvente pas. Cette économie de conception se manifeste par des *mouvements forcés* : ces cas, fréquents, où un mécanisme présent chez un organisme se révèle être la seule solution raisonnablement envisageable, vu les facteurs impliqués et la nécessité de se préserver et de se répliquer. D'où, aussi, ces imperfections occasionnelles que les organismes conservent : la pression sélective fluctue, et il est parfois plus économique de conser-

---

5. Contrairement, par exemple, à un enchaînement réductionniste fort : ramener la psychologie à la biologie, la biologie à la chimie et la chimie à la physique.

ver un mécanisme « imparfait » que d'entrer dans un processus de transformation globale[6] ! Certes, ces accumulations aveugles, au cœur du processus de l'évolution, engendrent beaucoup de pertes : un « ingénieur surnaturel » qui *planifierait* serait plus productif et plus rentable. Mais, comme tout ajout, même minime, qui s'avère profitable peut être systématiquement conservé, et que ce processus a lieu sur une échelle de temps considérable, les réussites de l'évolution n'ont plus rien d'improbable.

Pour Dennett, depuis les bactéries jusqu'au chant d'un rossignol, mais aussi le langage, nos esprits, la culture et la technologie, tout est connecté et nécessairement issu d'un processus darwinien. Il n'existe pas d'intervention miraculeuse. Et, s'il défend une perspective « centrée sur les gènes[7] » – l'organisme vu comme un « véhicule » à gènes –, il ajoute que nous différons des autres animaux sur ce point : « nous », en tant qu'individus, sommes différents du « Nous » en tant qu'espèce. Notre culture et ses *mèmes* sont peut-être issus de processus liés à la sélection naturelle, mais, même s'ils sont contrôlés par eux, ils modifient nos rapports avec les « intérêts égoïstes » de nos gènes : nous tirons profit de nettement plus que notre seul équipement de survie et de reproduction. Que sont ces fameux mèmes ?

Les « mèmes » ou les « gènes » de la culture

Le terme *mème* fait référence à celui de gène : un mème est l'unité de sélection culturelle, là où le gène est l'unité de sélection biologique. Un mème subit une pression sélective culturelle : le mème se transmet et se reproduit, ou « périt » et disparaît ; mais, ici, tout se joue au niveau du langage et des pratiques culturelles. Les mèmes sont donc les bases de l'évolution culturelle. Leur « taille » est variable (des fameux quatre coups de la *Cinquième* de Beethoven, jusqu'au calcul arithmétique !), et ce sont avant tout des réplicateurs : leur activité est de se dupliquer, pour se reproduire et se diffuser. Comment, sur quelle base ?

Selon Dennett, les mèmes jouent leur rôle majeur dans la structuration… du cerveau humain. Ils participent, à divers degrés, à la transformation d'un cerveau « brut » – celui d'un être non socialisé – en un

6. Ce serait d'ailleurs en contradiction avec le caractère cumulatif de l'évolution des espèces, que Darwin a démontré.

7. À la suite de Dawkins.

habitat pour mèmes, une « niche » écologique qui fournira des conditions d'accueil et de survie propres à la réplication des mèmes. Et, comme les ressources sont limitées (un cerveau ne peut tout abriter!), la compétition s'installe entre eux : seuls les plus adaptés aux conditions et aux équilibres changeants de nos esprits survivront. En tant que personnes, « nous » sommes donc nos mèmes ! Évidemment, l'évolution des cultures, l'évolution *mémétique* issue de cette compétition, est extrêmement plus rapide que l'évolution génétique : ce qui l'a rendue capable, en dix mille ans à peine, de modifier, voire de neutraliser, les contraintes et les processus génétiques. Voilà notre spécificité majeure, même si nous partageons tant avec l'ensemble des animaux.

L'intentionnalité, clé de notre esprit

Pour Dennett, deux propriétés centrales de nos esprits naissent de processus graduels :

- l'intentionnalité – pouvoir diriger ses pensées, ses processus vers un objet; en saisir la signification; et agir en fonction de cet objet, en toute conscience;
- notre caractère d'*agents* intentionnels conscients : nous agissons *tout en ayant* des intentions.

C'est le jeu des mèmes, sur la base organique du cerveau, qui instaure un esprit et développe notre intentionnalité. Malgré son caractère polémique, le principe est donc que l'esprit n'est pas souverain : de ce point de vue darwinien, notre intentionnalité et notre conscience sont ainsi les produits d'un « amalgame » partiellement agencé, qui se réagence constamment, d'entités réduites, elles-mêmes des produits de l'évolution. Ces « machines absurdes » participent, à divers degrés, au fonctionnement de l'esprit. La pensée darwinienne et le courant de l'intelligence artificielle se rejoignent : la première explique l'apparition puis la complexification de systèmes composites, la seconde légitime la lecture de l'esprit comme résultant d'une accumulation de mécanismes aveugles.

Une nouvelle théorie de la conscience

Dennett *naturalise* l'esprit et la conscience : il ne les explique que dans le cadre des sciences naturelles. Il se dresse contre le *matérialisme cartésien* : cette conception des rapports entre le corps et l'esprit, en effet, rejette le dualisme de Descartes[8], mais cherche encore une ligne de partage dans le cerveau ou l'esprit, à partir de laquelle naît la conscience, sorte de « ligne d'arrivée ». Or, selon Dennett, *il n'y pas de ligne d'arrivée* : la conscience existe, elle doit être expliquée, mais elle ne naît soudainement ni d'un endroit ni d'un faisceau.

Sa théorie de la conscience suit le modèle des *feuillets multiples*. Le traitement de l'information qui parvient au cerveau se fait de manière *parallèle* : un peu partout, là où l'information arrive ou dans des circuits proches. Le traitement est aussi *simultané :* chaque processus travaille en même temps (il réalise une certaine tâche simple, de façon mécanique, pour produire un certain résultat). Pas de « bon génie » aux commandes à l'intérieur du cerveau ! Et tous ces traitements élaborent des sortes de *feuillets* narratifs : les versions plus ou moins riches, à un instant T, de l'information disponible pour l'organisme. Selon notre action et nos contraintes, nous utiliserons telle version pour agir efficacement, prenant ainsi *conscience* de notre environnement et de l'information disponible. Mais le traitement de l'information ne se fait *qu'une seule fois* : pas de « centre de commande » recevant *finalement* la version avancée d'une même information pour en *prendre conscience*.

Bien sûr, les détails du modèle et ses arguments sont plus riches. Ils s'appuient notamment sur la « stratégie de l'interprète » *:* elle explique la *nature* de l'intentionnalité des êtres vivants et (parfois) conscients, ce pourquoi nous considérons leurs actes comme sensés et visant un but. Selon Dennett, ce sont toujours nos interprétations *extérieures* qui nous conduisent à parler d'action intentionnelle… jamais l'organisme concerné par lui-même. Il s'oppose ainsi à Searle. Sa théorie de l'esprit peut donc aussi s'appliquer… aux machines et aux simulations informatiques de l'esprit !

Dennett a ainsi développé une approche originale pour étudier la manière dont un sujet conscient vit et ressent cette conscience : l'*hétérophénoménologie*. La démarche est simple : prendre au mot la parole d'une personne à propos du *contenu* de son vécu – comme un écrivain fait autorité sur sa fiction, ou des croyants sur leurs mythes religieux. Mais, et c'est une condition essentielle de validité, cette personne ne

8. L'idée qu'il existe deux substances ou deux mondes qui communiquent, celui de la matière et celui de l'esprit.

fera jamais autorité sur l'*explication* de ce qu'elle ressent : pour cela, le chercheur s'adressera aux méthodes les plus scrupuleuses de la science moderne.

Quand et où apparaît cette conscience? Nulle part, précisément. Des décisions et des jugements[9] sont pris un peu partout dans le cerveau par ses processus – des algorithmes, un peu comme des bonshommes stupides et aveugles. Mais nulle part ne s'unissent ces processus pour former une « image » recomposée : le théâtre mental de Descartes n'existe pas! À un moment donné, la conscience est un « simple » effet de l'importance relative, pour le contrôle des actions d'un organisme par son cerveau, d'informations diversement traitées, à divers stades d'avancement. Seules les informations qui laissent une trace, qui influencent le comportement, notamment verbal, définiront ce qui constituera la conscience.

L'évolution a donc fait de notre cerveau une structure au fonctionnement parallèle, dont l'organisation et les fonctions d'origine ont été colonisées par un immense complexe de mèmes. Notre conscience est une « machine virtuelle » sérielle (car elle fonctionne par étapes, un vécu après l'autre, d'où l'illusion du *flot* de la conscience) ; une machine implantée sur une base organique que rien ne prédestinait à cette fonction de plus. Dennett propose une théorie de la genèse et du fonctionnement de la conscience, où les mèmes élargissent les pouvoirs d'une base organique qu'ils ont colonisée : cette extension fascinante, la machine virtuelle qui nous contrôle, est la conscience. Concevoir l'esprit comme un algorithme, ou comme composé d'un ensemble d'algorithmes, c'est justifier ainsi le caractère inconscient des processus parallèles qui sont à l'œuvre dans le cerveau, et notre impression (subjective) du caractère sériel des traitements à l'œuvre dans nos pensées... Une illusion liée à la machine virtuelle que notre cerveau abrite.

Ce que *nous* sommes

Deux énormes différences existent donc entre nous et les autres animaux : les caractéristiques uniques héritées par notre cerveau; et les pouvoirs considérables qui se sont développés sur cette base, grâce aux mèmes et à la transmission culturelle. Le phénomène qui unifie ces

9. Concrètement, des passages d'une zone donnée d'un état à un autre.

deux aspects porte un nom : le langage. À travers son développement, Dennett dépeint la genèse de ce qui fait de nous des individus à part entière. Ce que nous sommes est en majeure partie ce que notre culture fait de nous : là encore, la colonisation de notre cerveau par les mèmes, transmis par notre environnement social, détermine fondamentalement ce qui fera de nous une *personne*. À ce titre, les mèmes se révèlent parfois des *symbiotes mutualistes*, expression tirée de la biologie : des «parasites» amicaux, bénéfiques, qui tirent un avantage réciproque de leur coopération avec notre cerveau... Et les autres mèmes qu'il peut abriter. C'est à travers l'influence des mèmes, donc de notre communauté humaine, que nous devenons ces êtres intelligents et socialisés.

Au terme d'un itinéraire passionnant, Dennett démontre comment les systèmes soumis à une sélection dans un environnement particulier finissent par accéder peu à peu à la *signification*, celle-là même qui culmine chez l'homme et dans son utilisation d'un langage. Un processus qui suit les contraintes, les pressions et les réactions de l'environnement où se déroule cette sélection entre les systèmes considérés (organismes, machines ou logiciels). Une raison supplémentaire pour laquelle la seule intentionnalité réelle ne peut être intrinsèque – propre à l'esprit qui la génère –, mais bien *dérivée* – elle naît des conditions de production de la signification. La stratégie de l'interprète «extérieur» est inévitable pour comprendre les actes d'un organisme; même si la réalité de l'esprit, de la signification et de la conscience est indéniable.

Dessinant la grande boucle de la pensée darwinienne jusqu'à l'émergence de la conscience, stade auquel il nous devient possible de revenir sur ses origines mêmes, Dennett illustre la façon dont les gènes sont ainsi sources de toute signification. Ils sont le point de départ sur lequel se construit toute forme de pensée créatrice, si distante qu'en soit finalement notre psychologie : nous ne sommes pas que nos gènes, loin s'en faut, pour peu que l'on tienne compte de l'évolution de nos esprits, de celles de nos cultures et de notre socialisation. Un lieu propre à la signification et indépendant des gènes, la *personne* humaine, s'échafaude pourtant sur cette base inévitablement génétique : cela fait de nous des individus à la fois particuliers *et* tous membres d'une même espèce. Quant aux domaines les plus élaborés de la culture et du savoir – l'édification d'une morale et de valeurs, par exemple –, l'avertissement de Dennett résonne à la suite de Darwin et de Nietzsche : l'origine d'une chose et sa place ou fonction actuelle sont de deux ordres nettement distincts. Que nous soyons des produits de l'évolution jusque dans nos productions les plus abstraites ne réduit pas leur signification et leur utilité à la seule sphère génétique : lorsque les mèmes et les *personnes* qu'ils façonnent entrent dans la danse, l'affranchissement devient possible. Une rébellion contre toute « tyrannie des réplicateurs », c'est-à-dire la primauté de l'intérêt de nos gènes, sans avoir à sortir d'une compréhension scientifique et darwinienne du monde.

Rencontre avec Daniel Dennett

L'imposante carrure de Daniel Dennett, son verbe sonore, sa barbe respectable : tout concourt à faire de cet entretien une rencontre marquante. Sa force de conviction doit mettre à mal plus d'un auditoire. Il aime débusquer les idées d'apparence anodine, pour nous en faire saisir la logique et la fertilité... et redresser les erreurs qu'il y décèle. Daniel Dennett démontre une confiance sereine dans ses réflexions, pleinement justifiée par leur portée. Difficile de ne pas le suivre dans sa défense d'un darwinisme bien compris, dans sa relecture de la psychologie sous cette bannière. Et quand, au détour d'une phrase, il revient sur ses talents de cultivateur, ou qu'il évoque sa ferme du Maine au cours du repas, le portrait s'enrichit d'une touche inattendue. L'homme est pluriel, passionné par la technique comme par la philosophie, sans cesse à l'affût de mécaniques séduisantes. Ce philosophe exprime la révolution qu'entraîne la pensée darwinienne pour nos conceptions de l'être humain, de notre psychologie et de la manière dont nous pourrons la simuler. Féru de mots d'esprit, il n'hésite pas non plus à parler politique. Nous nous retrouvons, à l'arrière d'une auberge de province, dans un bureau encombré, que l'hôtelière propose en hâte. Une situation presque saugrenue, qui révèle à quel point l'homme s'embarrasse peu des convenances : l'essentiel reste de discuter ses thèses et de les affiner pour convaincre. De passage en France, sa conférence du jour marque cet engagement : il s'y exprime sur la question des rapports entre ordinateurs et psychologie.

Pouvez-vous nous parler de vos débuts en psychologie et en philosophie de l'esprit ?

J'ai découvert la philosophie de l'esprit durant ma première année universitaire, avec les *Méditations* et le *Discours de la méthode* de Descartes. L'idée d'une carrière consacrée à faire la même chose que Descartes avec ces livres m'enchantait. La même année, en 1959, j'ai découvert Quine : je suivais un cours de logique mathématique. La première chose que j'ai lue fut *Mathematical Logic* [10]; puis vint son essai, *D'un point de vue logique* [11]. C'était excellent : je *devais* me rendre à Harvard et travailler avec lui ! Là-bas j'ai découvert qu'il venait de publier, en 1960, *Le Mot et la Chose* [12]. Mon premier cours de philosophie de l'esprit fut basé sur ce livre. C'était un départ... fulgurant : j'avais 18 ans et j'étudiais avec Quine, au meilleur de sa forme, sur son livre le plus important ! C'est ce qui m'a convaincu de devenir un philosophe. À la même époque j'ai lu Gilbert Ryle, *La Notion d'esprit* [13], puis Wittgenstein. Sans me servir de mentor, c'est Quine qui m'a orienté vers Wittgenstein.

Je n'ai pas suivi un seul cours de psychologie, lorsque j'étais étudiant, jusqu'à la fin du second cycle. La raison en est plutôt comique : lorsque j'étais assez jeune, vers 14, 15 ans, ma sœur plus âgée suivait un cours d'introduction à la psychologie. Je me souviens d'un trajet en voiture avec elle, pour Thanksgiving : je voulais tout savoir et elle a commencé à me parler de ce cours. Je lui ai demandé, émerveillé, de me raconter ce qu'elle apprenait sur l'esprit... et elle m'a parlé de cette théorie grotesque sur les types corporels (mésomorphe, ectomorphe, etc.), qu'on enseignait encore à l'époque. Après l'avoir écoutée, et m'être assuré d'avoir compris, j'ai décidé que c'était vraiment trop stupide : «*Si c'est ça la psychologie, je peux laisser tomber le domaine !*» (*Rires.*)

Ce n'est que plus tard, à Oxford, que j'ai découvert en psychologie une foule de choses que je voulais connaître. Mais j'y suis entré par la petite porte, décidé à m'informer d'abord sur le cerveau et sur la

10 W. Quine, *Mathematical Logic*, New York, Norton, 1940.

11. W. Quine, *From a Logical Point of View. Nine Philosophico-Logical Essays*, Cambridge, Harvard University Press, 1953, trad. *D'un point de vue logique. Neuf essais logico-philosophiques*, Paris, Vrin, 2004.

12. W. Quine, *Word and Object*, New York, John Wiley and Sons, 1960, trad. *Le Mot et la Chose*, Paris, Flammarion, 1978.

13. G. Ryle, *The Concept of Mind*, Chicago, The University of Chicago Press, 1949, trad. *La Notion d'esprit* [1978], Paris, Payot, 2005.

manière dont l'apprentissage s'effectue. J'ai découvert des personnes qui sont bientôt devenues certains de mes héros : Hebb, Miller, Galanter et Pribram – leur livre [14] me fit forte impression ; puis Skinner, Thorndike, Broadbent... J'ai débuté par ce groupe d'auteurs « orientés sur le cerveau », et aussi par des gens comme J. Z. Young, Ross Ashby ; j'ai lu le premier livre de M. Arbib – un ancien étudiant de McCulloch –, un excellent petit bouquin, *Brains, Machines and Mathematics* [15], qu'il a publié très jeune. *Ce* livre m'a été très utile. Il y avait aussi cet Anglais, psychologue par certains côtés, D. McKay : son travail m'a influencé parce qu'il s'intéressait beaucoup à la manière dont le cerveau apprend et la façon dont il se représente les choses. J'étais alors un autodidacte : j'essayais de comprendre les rouages de l'apprentissage dans le cerveau. Je développais ma théorie évolutionniste, selon laquelle l'apprentissage était « l'évolution dans le cerveau ». D'autres personnes avaient bien sûr fait la même chose : Skinner, et Darwin lui-même... Et J.Z. Young, qui travaillait sur ces points lorsque j'ai soutenu ma thèse. Il en fut d'ailleurs l'un des examinateurs, avec A. J. Ayer (le philosophe) et il m'aida pas mal à propos de l'évolution et du cerveau.

Comment vous démarquez-vous de vos prédécesseurs ?

Personne n'est complètement original et j'ai de nombreuses sources. Mais c'est la combinaison de ces multiples sources qui est différente : ma base empirique ; ma conviction précoce qu'il n'est pas mauvais, pour un philosophe, d'apprendre des faits empiriques sur l'esprit et sur le cerveau, mon désir d'aller chercher du côté de la psychologie et des neurosciences... ça pourrait même aider ! (*Il sourit.*) Dès le début, j'ai trouvé les faits utiles et susceptibles d'enrichir mes réflexions. Cette attitude éclairait l'irréalisme de certaines idées philosophiques, les fantaisies de certains philosophes. De leur côté, les sciences présentent beaucoup de questions philosophiques intéressantes. Il est très facile pour un philosophe qui ne connaît pas la science de décider que les scientifiques n'ont pas de problèmes philosophiques... Alors qu'ils en ont ! Notamment en psychologie ou dans les sciences du cerveau. Ces problèmes valent le coup, mais vous ne pouvez pas le compren-

14. G. A. Miller, E. Galanter et K. H. Pribram, *Plans and the Structure of Behavior*, New York, Holt, 1960.
15. M. A. Arbib, *Brains, Machines and Mathematics*, Columbus, OH, McGraw-Hill, 1964.

dre si vous les ignorez. Finalement, les psychologues et les scientifiques spécialistes du cerveau ont trouvé mes interventions utiles, ce qui a été très encourageant : plus j'en faisais, plus ça semblait marcher. Avec ce genre de commentaires sur votre travail, vous êtes facilement un renégat envers votre discipline d'origine!

Cette absence de frontières caractérise souvent vos livres...

Les frontières n'ont aucune importance. Les problèmes philosophiques traditionnels sont plus intéressants dans leur environnement scientifique que dans un pur environnement philosophique... Des questions très similaires surgissent dès qu'on réfléchit sur l'esprit – des questions épistémologiques, logiques, métaphysiques, tout le monde peut le constater. Les contextes de réflexion qui apparaissent lorsqu'on établit une théorie empirique sont nettement plus riches et, tout simplement, plus susceptibles d'être résolus que les problèmes considérés depuis l'isolement olympien que les philosophes adoptent souvent.

Pourquoi comparer l'idée centrale de Darwin à un « acide universel » ? Est-elle si dangereuse ?

Quand j'ai publié *Darwin est-il dangereux ?*, on me demandait souvent pourquoi je disais que son idée était dangereuse : ne prétendais-je pas aussi que c'était la plus grande idée qu'on ait jamais eue? Les gens peuvent maintenant *constater* combien cette idée de Darwin peut être contrariante, en particulier pour mes compatriotes. En fait, le récent épanouissement du créationnisme, sous le masque du dessein intelligent [16], n'a que trop clairement montré combien cette idée effraie les gens, voire les offense. Ils ont de gran-

« L'idée qu'il se joue une représentation dans votre tête est tout simplement *fausse*. »

16. Le courant de l'*Intelligent Design* est l'avatar moderne du créationnisme. Comme la conception qu'il met au goût du jour, ce courant soutient que l'évolution (des espèces) tend vers un but et qu'une forme d'intelligence oriente son développement.

des difficultés à la considérer sérieusement. Elle est *dangereuse* parce qu'il existe des façons traditionnelles de penser et qu'avec Darwin vous devez les renverser complètement. (*Rires.*) Elles sont toujours là, mais complètement inversées. J'aime comparer ça à ce qui se passerait pour les Britanniques s'ils devaient se mettre à conduire à droite : on pourrait toujours aller partout, mais ce serait… dangereux (*Rires.*) : certains voudraient le faire à l'ancienne mode, d'autres à la nouvelle. Si tout le monde s'y mettait en même temps, pas de problèmes, voyez la Suède : ils ont changé de sens de circulation en un seul week-end, avec très peu d'accidents et peut-être même pas un seul mort. Mais la sécurité routière suédoise n'était pas dans le coin pour aider Darwin à planifier la réception de son idée, et beaucoup de gens n'ont fait que des concessions partielles : « *parfaite pour expliquer les animaux, mais pas les êtres humains* » ; « *parfaite pour expliquer les corps, mais pas les esprits* » ; ou encore, « *parfaite pour expliquer certaines parties de l'esprit, mais pas la culture, pas l'art, pas la musique, pas l'éthique, pas l'épistémologie, pas la science elle-même* »…

Or je pense que soit vous êtes darwinien, soit vous ne l'êtes pas : l'idée de la conception par l'évolution est une idée qui embrasse tout. L'arbre de la vie est un arbre ramifié unique – au moins sur cette planète : il en existe peut-être d'autres, sur d'autres planètes –, mais toutes les choses *conçues*, y compris les artefacts humains, sont des fruits de cet arbre, de la même manière que la coquille d'un escargot, la toile d'une araignée, le barrage du castor, le nid de l'oiseau… Tous sont des artefacts qui ont évolué, réalisés par des organismes ayant évolué. Chaque chose, chaque poème, chaque théorie scientifique, est donc *aussi* le produit d'organismes ayant évolué, et les méthodes elles-mêmes par lesquelles nous les réalisons incorporent des processus d'essais et d'erreurs qui sont fondamentalement darwiniens.

« Les problèmes philosophiques traditionnels sont plus intéressants dans leur environnement scientifique que dans un pur environnement philosophique… »

C'est parfois évident : les écrivains révisent encore et encore un poème, par exemple, ou le compositeur révise une composition musicale. Et il s'agit d'essais et d'erreurs qui ne sont pas aveugles, mais dirigés vers un but et, dans une certaine mesure, anticipateurs. Mais la capacité à s'y engager dépend elle-même de processus *non dirigés* d'essais et d'erreurs, dans notre système nerveux. Tel est le message de la théorie qui voit l'apprentissage comme une évolution : toute chose que nous créons est le produit de multiples accumulations de processus d'évolution.

Pour qu'un chef-d'œuvre comme *Hamlet* existe, il faut d'abord que *l'Homo sapiens* évolue, puis que Shakespeare naisse, ensuite qu'il soit capable d'apprendre, durant son enfance et son adolescence, et l'évolution suit son cours. Plus tard il doit s'acculturer, saisir une quantité énorme de matériel déjà existant – créé par d'autres humains –, et ainsi de suite. Même s'il s'assoit, et que dans un moment d'extase il écrit *Hamlet* sous sa forme définitive d'un seul trait, sans aucune correction, *Hamlet reste* le produit d'un nombre énorme de tests de sélection, culminant dans la réalisation de ce génie qui peut ensuite, d'un seul coup, produire cette œuvre. C'est un cas limite, mais non un miracle! Tout simplement, dire que même le génie de Shakespeare n'est pas un miracle, c'est dire que toute l'intelligence implicite dans son œuvre a nécessairement sa source dans les mécanismes darwiniens.

Vous avez découvert la notion de « mème » chez Dawkins, en lien avec le langage, l'intelligence et la conscience. Que vous a-t-elle apporté ?

J'étais ravi lorsque j'ai rencontré pour la première fois cette idée dans *Le Gène égoïste*[17], en 1976. J'ai par la suite approfondi ma compréhension et mon appréciation de la perspective qu'elle offre. C'est l'une des meilleures idées qu'on ait jamais eues, malgré de nombreuses critiques contre lesquelles j'ai fermement lutté, et même s'il est difficile d'en faire une science sérieuse. Je pense que cette perspective éclaire de nombreuses questions. Notamment, elle nous aide tout simplement à comprendre une chose qui est largement acceptée par des biologistes qui, pourtant, ne sont pas satisfaits par l'idée de mèmes : il existe une énorme quantité d'agencements transmise par la culture. C'est la

17. R. Dawkins, *The Selfish Gene*, Oxford, Oxford University Press, 1976, trad. *Le Gène égoïste*, Paris, Odile Jacob, 2003.

source principale de notre ascendant sur cette planète! Et cet immense pouvoir – un pouvoir de causer des dégâts aussi, bien sûr – nous vient du langage et de la culture. C'est dire si ça compte : c'est l'une des plus grandes adaptations de tous les temps, l'une des grandes innovations. Elle nous permet non seulement de modifier nos phénotypes [18] par l'apprentissage individuel, mais de les affiner en bénéficiant des recherches et des apprentissages des autres, même non apparentés, de telle sorte que nous pouvons tout apprendre, de manière indirecte. C'est un processus qui semble sans limites. Il n'est pas miraculeux : c'est un processus naturel.

Il nous faut une théorie très vaste de la culture, qui explique non seulement la culture qui nous est précieuse, qu'on agence, réagence et que l'on plébiscite, mais qui explique aussi ces pans de la culture qui se développent sans qu'on le souhaite, par le même processus. Cas exemplaire : le langage lui-même. Le français, comme l'espagnol et le portugais, a évolué depuis le latin. Pas de manière délibérée : des penseurs, des locuteurs et des écrivains français ont certes délibérément forgé de nouveaux mots, mais pour la plupart, les mots en français n'ont pas d'auteur, pas plus que de concepteurs délibérés. Ils ont été réagencés inconsciemment au cours des siècles. Cela est trivial. Mais une fois que vous adoptez le point de vue du même, vous réalisez que les mots ne sont que certaines des pratiques culturelles pour lesquelles tout ça est vrai. Dans une culture, les mots sont des mèmes qui peuvent être prononcés, mais il y a aussi des mèmes très complexes qui ne peuvent pas l'être. Les mots sont très complexes : ils sont des systèmes *et* les parties d'un système très complexe – le langage. Si nous voulons comprendre l'agencement de celui-ci et comment ses parties fonctionnent, reconnaissons qu'il est en fait un genre très curieux d'artefact. C'est un produit de la sélection naturelle, mais pas directement : la différence qui existe entre le français et l'anglais n'est pas dans nos gènes. Nous avons connu l'évolution d'une capacité à être des locuteurs, un processus très puissant, mais il y a aussi eu une évolution culturelle du langage : les langues se sont réagencées elles-mêmes, pour s'ajuster au cerveau, et aucun être humain n'a été le concepteur de cet ajustement!

18. L'ensemble des traits d'un organisme, qui sont l'expression de ses gènes dans un certain milieu.

Nous avons donc besoin des mèmes, ces entités compétitives, à réplication différentielle, qui sont en compétition pour du « temps de maintien » dans les cerveaux. Les mèmes établissent des structures, qui jouent ensuite des rôles essentiels dans la tendance des mèmes à se répliquer. J'aime l'idée qu'il existe des mèmes sauvages et des mèmes domestiqués. Les mèmes sauvages sont l'argot, les graffitis à l'aérosol… ou les mots ! Les *mots* aussi sont des mèmes sauvages : l'« Académie française » essaie de domestiquer le français, mais avec très peu de succès… Pas besoin de l'« Académie » ! Mais le calcul, lui, *a* besoin d'une académie : il ne se diffuserait pas sans une aide importante. Le calcul n'est pas assez « accrocheur » pour se reproduire par lui-même, il a besoin d'aide et doit être implanté méticuleusement dans les jeunes esprits, avec beaucoup de pratique. Tels sont les mèmes domestiqués – les mèmes de la science, de la religion, de l'opéra… Les humains ont consciemment projeté de les développer, d'êtres leurs protecteurs. Nous n'en sommes pas juste les vecteurs – comme pour les maladies ou les préjugés – mais aussi les *gardiens*. C'est une idée très fédératrice, qui comble le fossé entre Shakespeare et… (*rires*) la publicité, la propagande, les hymnes populaires, les religions, et tout simplement les habitudes.

> « Nous formons 98 % de la masse des vertébrés terrestres, bien que nous soyons partis de moins de 1 % il y a seulement dix mille ans. C'est une domination. Et cet immense pouvoir […] nous vient du langage et de la culture. »

Vous évoquez souvent les machines, et vous défendez farouchement la version forte de l'intelligence artificielle. De quoi s'agit-il ?

La thèse de base du matérialisme est principalement : nos esprits sont ce que produisent nos cerveaux, et nos cerveaux sont des entités matérielles basées sur les lois de la physique. J'ajouterais que nos cerveaux sont différents du pancréas, ils ne sécrètent pas une substance ; ils n'ont rien à voir avec la glande mammaire qui sécrète le lait. Alors pour quoi sont-ils faits ? Pour traiter l'information nécessaire au contrôle d'un corps. Un système physique de contrôle est un processeur d'information, et c'est ce que sont nos cerveaux : des processeurs d'information. Ça ne signifie pas qu'ils sont réellement des ordinateurs, même s'ils le sont de manière triviale : les ordinateurs sont aussi des systèmes de contrôle traitant de l'information, au sens le plus neutre. Depuis l'analogique jusqu'au digital, l'ordinateur recueille de l'information, la transforme d'une certaine manière et utilise le résultat dans un certain but. De *ce* point de vue, nos cerveaux sont des ordinateurs, et c'est tout ce qu'ils sont. Searle pense qu'ils ont d'autres pouvoirs causaux, mais qu'il n'essaie jamais de spécifier : c'est du mysticisme...

« Chaque chose, chaque poème, chaque théorie scientifique, est donc aussi le produit d'un organisme ayant évolué, à savoir nous, et les méthodes elles-mêmes par lesquelles nous les réalisons incorporent des processus d'essai et d'erreur qui sont fondamentalement darwiniens. »

Comment pourrions-nous tester cette hypothèse ? S'il est vrai qu'en principe chaque partie du cerveau est remplaçable par un processeur d'information qui réalise le même traitement, alors à l'intérieur des frontières du cerveau nous pouvons en principe remplacer les liens qui traitent l'information par d'autres. En cela, les cerveaux diffèrent par exemple des glandes mammaires : seuls certains types de choses physiques peuvent produire du lactose ! Bien sûr, à la périphérie, nos cerveaux *doivent* être composés de manière spécifique : nous ne pourrions remplacer les cellules des cônes et bâtonnets de nos yeux avec du plastique ou du cuivre, il nous faudrait une molécule qui soit sensible à la lumière et qui puisse la transformer en quelque chose d'autre. Aux frontières, ce n'est donc pas du tout arbitraire sur le plan physique. Mais pour le reste ? Nous savons même que c'est possible : il existe aujourd'hui des gens qui peuvent entendre parce que leurs nerfs auditifs ont été remplacés! Dès lors, à la question : « *y a-t-il une partie du cerveau qui ne puisse être façonnée de cette manière?* », la réponse ne peut être que *non*. Ce qui signifie qu'en principe nous pourrions remplacer la totalité de votre cerveau par de la silicone, tant que son pouvoir de contrôle serait préservé à chaque étape. Tout comme vous pouvez avoir un cœur artificiel, vous pourriez avoir un cerveau artificiel.

Beaucoup de gens doutent qu'un cerveau artificiel soit possible, parce que le cerveau a une autre capacité : la conscience. Et je dis que *cela*, c'est une illusion. Je pense que *c'est* une illusion, et je peux soutenir cette affirmation. Oui, nous sommes conscients, mais la conscience n'est pas ce genre de chose qui violerait le principe d'un cerveau «système de contrôle» : nous devons simplement comprendre comment certains systèmes de contrôle sont conscients, et non d'autres. La conscience ne fait pas exception à l'idée que le cerveau est un système de contrôle : elle en est une élaboration particulière. Si difficile à clarifier et à accepter que ce soit, cette position est non négociable, sans compromis possible. Quand nous comprendrons quel système de contrôle est le cerveau, nous comprendrons comment il dote les gens d'un moi, inclus dans l'illusion de la conscience, et qui croit – à raison! – être une *personne*, avoir une *âme*... Inévitablement, les gens se voient en des termes métaphoriques, des métaphores qui ne sont pas littéralement vraies. L'«accès privé» à ce qui se passe dans nos cerveaux *est* métaphorique. Nous pouvons même expliquer pourquoi, et nous pourrons alors voir ce qu'est la conscience.

Comment les psychologues reçoivent-ils vos conceptions?

De bien des manières. Certains les apprécient beaucoup et, même s'ils ne trouvent pas forcément que j'ai entièrement raison, ils entrevoient un chemin praticable. Ils aperçoivent une façon de ne pas être dualiste; pas forcément dans le détail, mais ils peuvent voir en quoi c'est une voie prometteuse. D'autres me disent – et cette réaction me fascine : «*À présent que vous m'avez montré à quel point le matérialisme est étrange, je trouve le dualisme plus séduisant.*» (*Rires.*). D'une certaine manière, je *veux* qu'ils réalisent qu'on ne peut pas être un matérialiste et continuer à dire certaines choses. C'est ce que j'appelle le «matérialisme cartésien» : partiellement débarrassés de ce qui n'allait pas avec Descartes, certains psys ne sont pas allés assez loin et ont toujours l'idée d'une espèce d'endroit magique dans le cerveau, où les choses s'assemblent et où se joue la représentation. Il faut qu'ils se rendent enfin compte que, non, il n'y a pas d'endroit où a lieu le spectacle ! L'idée qu'il se joue une représentation dans votre tête est tout simplement *fausse*.

Mais ils tiennent au « fantôme dans la machine »...

Oui, ils y tiennent encore. Au moins, ils s'en sont aperçus et à présent ils doivent se décider.

Dans les sciences cognitives, quelles recherches vous semblent les plus prometteuses ?

Il n'y a pas de sujet particulier qui ait été entièrement négligé, même si le domaine manifeste cette tendance embarrassante à opérer un mouvement récurrent et exagéré de balancier, d'un enthousiasme à l'autre. Nous devons continuer à corriger ce mouvement pendulaire.

La tendance à l'examen minutieux des cerveaux, et la réflexion autour de la neuro-anatomie, est excellente ; la tendance en faveur d'une prise en compte plus sérieuse de l'émotion, des affects, des récompenses, de la douleur ou de la gêne, également ; mais elles sont aussi d'un enthousiasme trop exagéré. Ce serait une erreur d'abandonner une bonne part des sciences cognitives des trente dernières années, parce qu'elles n'auraient pas mis l'accent sur le cerveau, la neuro-anatomie, les neurotransmetteurs ou les émotions... Les gens exagèrent toujours les révolutions.

Laissez-moi vous faire une prédiction : la majeure partie des meilleurs travaux à venir seront effectués à faible coût, par des gens brillants et imaginatifs, qui ne seront pas membres de grands centres universitaires de recherche. Dans ces hauts lieux où se nouent les financements, tout le monde travaille sur les données issues de la neuro-imagerie, ce qui bloque les expériences ingénieuses, réalisées pour pas grand-chose mais n'impliquant pas d'imagerie cérébrale. Il reste de vastes étendues inexploitées, des fruits à cueillir « à portée de main ». En psychologie de la perception, on peut mener pas mal de recherches extrêmement bonnes et peu coûteuses. Aussi, ce sont les psychologues rattachés à de petites institutions indépendantes, où il n'y aura pas de souci de carrière, qui feront les meilleures recherches. J'espère que ce sera le cas, et je crois que ça peut l'être.

Principaux textes de Daniel Dennett

Content and Consciousness, New York, Humanities Press, 1969.

Brainstorms. Philosophical Essays on Mind and Psychology, Cambridge, MA, Bradford Books, 1978.

The Intentional Stance, Cambridge MA, Bradford Book, 1987, trad. *La Stratégie de l'interprète*, Paris, Gallimard, 1990.

Consciousness Explained, New York, Penguin, 1991, trad. *La Conscience expliquée*, Paris, Odile Jacob, 1993.

Darwin's Dangerous Ideas, New York, Simon & Schuster, 1995, trad. *Darwin est-il dangereux ?*, Paris, Odile Jacob, 2000.

Brainchildren. Essays on Designing Minds, Cambridge, MA, MIT Press, 1998.

Freedom Evolves, New York, Penguin, 2003.

Breaking the Spell. Religion as a Natural Phenomenon, New York, Viking, 2006.

8. Psychothérapies

« DEMANDE-MOI DE NE PAS TRAVERSER LES JOURS DE MA VIE DANS UNE BASSESSE COMPARABLE AUX TÉNÈBRES. QUE JE MÈNE MA VIE ET QUE CE NE SOIT PAS ELLE QUI ME MÈNE. »

SÉNÈQUE

LA FINALITÉ DE LA PSYCHOLOGIE EST DOUBLE : d'abord, développer des recherches méthodiques pour mieux comprendre nos comportements et le fonctionnement de notre esprit – c'est à cette tâche que s'attellent les psychologues expérimentaux, les philosophes de l'esprit et les neuroscientifiques que nous avons rencontrés dans les chapitres précédents. Ensuite, mettre ces découvertes au service de notre bien-être psychologique et, autant que faire se peut, diminuer les souffrances mentales. Ainsi les études sur le circuit de la peur de Joseph LeDoux ont-elles permis aux psychologues et aux psychiatres de mieux soigner leurs patients atteints de troubles anxieux. Les découvertes de Tulving sur la mémoire, celles de Jouvet sur le sommeil ou de Mary Rothbart sur le tempérament des enfants ont fait progresser la prise en charge de certaines pathologies. Les expériences de Walter Mischel sur le délai de gratification ont donné des idées de traitement aux cliniciens qui aident des personnes souffrant de boulimie…

Pour soigner les troubles mentaux, certains soignants préconisaient jadis d'intervenir comme s'il s'agissait de maladies du corps. Ce modèle dit « biologique » a donné la preuve de sa pertinence pour certaines pathologies, comme les dépressions bipolaires ou certaines schizophrénies. Mais il est insuffisant ou inadéquat face aux phobies, au manque d'estime de soi ou aux difficultés conjugales. Fort heureusement, dès le XIXe siècle, des explications psychologiques ou «psychogénétiques» se sont développées, parallèlement aux explications médicales, particulièrement en Allemagne, opposant les «Psychiker» et les «Somatiker[1] *». Dans les années 1860, le neurologue viennois Moritz Benedikt combattit l'idée, dominante chez ses confrères, que les crises d'hystérie provenaient d'un dysfonctionnement de l'utérus. Pour lui, ces crises résultaient de «secrets pathogènes» (traumatismes sexuels de l'enfance, frustrations sexuelles, passions contrariées, ambitions déçues), que l'hypnose ou une écoute bienveillante*[2] *pouvaient mettre au jour. Dans les années 1880, Joseph Breuer, ami de Benedikt, expliquait les troubles émotionnels par le blocage de charges émotionnelles liées à des événements passés, et il estimait que la guérison passait par la libération des «affects coincés». À la même époque, Pierre Janet rendait compte des obsessions et d'autres troubles mentaux par les «idées subconscientes» produites par des traumatismes oubliés. Quelques années plus tard, Freud expliquait les troubles hystériques et obsessionnels par le refoulement du souvenir de séductions sexuelles subies dans l'enfance*[3]*. Otto Rank, disciple de Freud, trouvera pour sa part une explication universelle des troubles mentaux dans le traumatisme de la naissance…*

---

1. H. Ellenberger, *À la découverte de l'inconscient. Histoire de la psychiatrie dynamique*, trad., Villeurbanne, Simep, 1974, p. 240.

2. H. Ellenberger, « Moriz Benedikt, ou le destin tragique d'un pionnier de l'inconscient (1835-1920) », *in Médecine de l'âme. Essais d'histoire de la folie et des guérisons psychiques*, Paris, Fayard, 1995, p. 123-142.

3. Pour justifier le fait que l'on retrouvait à chaque coup ces séductions sexuelles refoulées, malgré ses gros efforts de persuasion, Freud a affirmé, à partir de 1897, qu'il s'agissait, dans la plupart des cas, de fantasmes ayant accompagné des activités auto-érotiques. Voir « La théorie de la séduction », *in* C. Meyer (dir.), *Le Livre noir de la psychanalyse*, Paris, Les Arènes, 2005, p. 33-43.

Le XXe siècle restera, dans l'histoire de la psychologie et de la psychiatrie, le siècle de l'avènement de plusieurs centaines de formes de psychothérapie, certaines étant scientifiquement validées, d'autres plus fantaisistes, voire interdites[4]*. Reste à savoir lesquelles sont efficaces sur quels troubles. Pour revenir à la psychanalyse, encore dominante en France, peut-on considérer que son but est de guérir? La question, légitime pour une personne qui souffre et souhaite être soulagée, suscite encore des débats passionnés. Freud a conçu sa discipline comme une thérapie, mais, à la fin de sa vie, de plus en plus pessimiste, il disait que le psychanalyste ne cherche pas à éliminer des symptômes, mais à mener des analyses «profondes» : la disparition des symptômes serait seulement un «bénéfice annexe*[5]*». Lacan a répété à l'envi cette formule : «La guérison vient par surcroît.» Lors de l'ouverture du «diplôme de clinique psychanalytique» au département de psychanalyse de l'université Paris-VIII, il déclarait : «C'est certain, ce n'est pas la peine de thérapier [*sic*] le psychique. Freud aussi pensait ça. Il pensait qu'il ne fallait pas se presser de guérir*[6]*.» Le problème, chez un toxicomane ou un alcoolique, c'est que, si l'on cherche à comprendre de quoi «parle» son symptôme «sur une autre scène», il risque d'être mort d'une overdose ou d'une cirrhose du foie avant qu'on ait pu le soigner.*

Au cours des années 1960 se sont développées des thérapies brèves, souvent inspirées des théories psychanalytiques, des pratiques hypnotiques, ainsi que les thérapies comportementales et cognitives. Ces dernières se fondent, en principe, sur des données de la psychologie scientifique : les lois du fonctionnement cognitif et affectif, des observations méthodiques sur les interactions qui s'avèrent thérapeutiques, etc. Elles se pratiquent avec un «esprit» scientifique, qui n'est en rien antinomique avec la bienveillance, l'écoute et l'empathie[7]*.*

---

4. Comme le *Rebirth*, qui est légal en France mais interdit aux États-Unis, où il a causé la mort de plusieurs personnes.

5. *Nebengewinn*. Voir par exemple S. Freud, « *Psychoanalyse* und *Libidotheorie* » [1923], *Gesammelte Werke*, Francfort, Fischer, vol. XIII, p. 226.

6. J. Lacan, «Ouverture de la section clinique», *Ornicar ?*, n° 9, 1977, p. 13.

7. De nombreuses recherches de psychologie ont précisément démontré l'importance des «facteurs psychothérapeutiques non spécifiques», c'est-à-dire communs aux diverses thérapies qui donnent des résultats : sentiment d'être écouté, compris et (re)valorisé, sentiment de bienveillance et de sympathie, sentiment de comprendre ses troubles et de pouvoir mieux les contrôler, déculpabilisation, dédramatisation, idée d'essayer de nouveaux comportements. Le thérapeute qui néglige ces facteurs fait preuve d'un manque de compétence. S'il se déclare «comportementaliste», on peut le considérer comme un piètre comportementaliste.

Les psychothérapies ont beaucoup évolué en un siècle[8]*. Les théories et les procédures du futur sont imprévisibles, mais on peut raisonnablement penser que le souci de se rapprocher de la science et des validations expérimentales va se renforcer lorsqu'il s'agira d'obtenir des résultats visibles et efficaces pour ceux qui souhaitent résoudre des problèmes psychologiques, ou pour ceux qui souffrent d'un mal être qui les empêche de vivre, d'aimer ou de travailler. En revanche, les thérapies philosophiques ou la psychanalyse garderont leur attrait, pour ceux qui cherchent un accompagnement dans leur quête existentielle, pendant des années.*

Voici huit grands noms de la psychothérapie contemporaine. Presque tous ont commencé leur carrière comme psychanalystes ou, du moins, comme praticiens inspirés par la psychanalyse. Tous ont ensuite cherché une façon de travailler qui soit plus scientifique et plus efficace, tout en étant respectueuse des personnes qui demandaient leur aide. Aujourd'hui, leurs œuvres sont des références majeures pour les psychiatres et les psychologues universitaires des pays anglo-saxons, nordiques et germaniques. Dans les pays latins, elles n'ont pas encore suscité l'intérêt qu'elles méritent.

8. On peut faire remonter l'histoire de la psychothérapie à l'Antiquité, avec les guérisseurs primitifs ou les prêtres des temples d'Esculape. Toutefois, ce n'est qu'à la fin du XIXe siècle que la psychothérapie devient une profession à part entière. Selon Mikkel Borch-Jacobsen, le mot « psychothérapie » a été utilisé pour la première fois par le psychiatre britannique Walter Cooper Dendy, qui prononça le 12 mars 1853, à la Société médicale de Londres, une conférence intitulée « Psychotherapeia, ou l'influence curative de l'esprit ». Le terme a été utilisé pour la première fois dans un congrès en 1889. C'était à Paris, quand deux médecins hollandais, van Eeden et van Renterghem, sont venus exposer comment ils travaillaient dans l'« Institut de psychothérapie » qu'ils avaient fondé deux ans plus tôt à Amsterdam.

Paul Watzlawick

Paul Watzlawick en quelques dates...

1921 : Naissance en Autriche.

1949 : Doctorat de philologie moderne et de philosophie à Venise.

1954 : Il obtient son diplôme d'analyste à l'institut de psychologie analytique C. G. Jung, à Zurich.

1960 : Il enseigne la psychothérapie à l'université d'El Salvador, au Salvador.

1976 : Parution d'*Une logique de la communication.*

31 mars 2007 : Mort à Palo Alto, en Californie.

Paul Watzlawick en quelques titres...

1960 : Chercheur au Mental Research Institute (MRI) de Palo Alto (Californie).

1967 : Fondateur du Brief Therapy Center.

1976 : Enseignant à l'université Stanford.

Docteur *honoris causa* des universités de Liège et de Bordeaux.

Pour soigner l'individu, on soigne l'entourage

Par Amélie Petit

Il a disparu le 31 mars 2007, alors que nous tentions de le contacter pour ce livre. Nous ne pouvions envisager de ne pas lui accorder la place qu'il mérite au panthéon des grands psys d'aujourd'hui : Paul Watzlawick a marqué son siècle par l'originalité de son approche.

Né en 1921 à Villach, ville autrichienne à la frontière entre l'Italie et la Yougoslavie, Paul Watzlawick rêve de devenir médecin. C'est sans compter sur la guerre : il est fait prisonnier en Allemagne. Il s'évade pour être recueilli par les Britanniques, puis démobilisé en Italie, où il étudie les langues modernes et la philosophie à Venise. Il y fera la rencontre de la logique : Wittgenstein, Frege et Gödel marqueront profondément sa pensée.

De 1949 à 1954, il se forme à l'institut Carl Jung à Zurich, puis part enseigner la psychanalyse et la psychothérapie à l'université d'El Salvador. Il souhaite alors retourner en Europe, mais, très impressionné par les écrits du groupe de Gregory Bateson, décide de « faire un saut » à Palo Alto, pour quelques mois. Il y restera plus de quarante-cinq ans.

À cette époque, Bateson, anthropologue inspiré par la cybernétique[1] et la théorie générale des systèmes[2], s'attache à appliquer la théorie des systèmes à la communication. Il a été rejoint à Palo Alto par Don Jackson. Ce jeune psychiatre a quant à lui fondé le Mental Research Institute, destiné à appliquer les découvertes de Bateson à la psychothérapie. La rencontre de Watzlawick avec ces deux hommes est, pour lui, loin d'être décevante : la pratique des chercheurs est à la hauteur de leurs écrits. Intégré à leur équipe en novembre 1960, Paul Watzlawick prend définitivement ses distances avec la psychanalyse et crée, sept ans plus tard, le Brief Therapy Center, clinique de psychothérapie intégrée au MRI.

Non content d'avoir œuvré à la pérennité de l'école de Palo Alto, en donnant notamment un cadre théorique à la pratique de ses maîtres, Paul Watzlawick s'est également illustré par ses dons d'auteur : ses livres allient la rigueur du scientifique à l'humour du polémiste. Leur lecture n'est pas seulement passionnante et instructive, elle est aussi très réjouissante.

1. Science introduite par N. Wiener en 1948, qui étudie les processus de communication et de contrôle dans les machines et les êtres vivants.

2. Théorie selon laquelle on peut tout expliquer en termes de système, c'est-à-dire d'ensembles d'éléments en interaction, ensembles ne se réduisant pas à la somme de ses parties.

Que nous apprend Paul Watzlawick ?

Un nouveau paradigme pour la psychothérapie

La thérapie systémique n'est pas une thérapie de plus à ajouter au panel des thérapies existantes. Si elle s'inscrit dans le vaste champ des thérapies dites « brèves [3] », et a en commun avec les thérapies cognitivo-comportementales de ne pas considérer que la guérison doit provenir d'une connaissance du passé, elle est née d'une véritable rupture épistémologique. En effet, nous dit Watzlawick, toutes les thérapies étaient jusqu'alors fondées sur le premier principe de la thermodynamique, selon lequel, lors de toute transformation, il y a conservation de l'énergie – dans la théorie psychanalytique, par exemple, de la libido. Appliqué à la psychologie, ce principe impliquait que tout changement découle de la compréhension du passé. Watzlawick reproche ainsi à Freud d'avoir négligé les relations de l'individu et de son milieu, en mettant l'accent sur les processus intrapsychiques. Le modèle issu de la cybernétique, en revanche, considère que « la transformation porte sur ce qui arrive et non sur son pourquoi [4] ». Autrement dit, on passe d'une conception *linéaire* de la causalité à une conception *circulaire* ; il s'agit de remplacer le *pourquoi* par le *quoi*. Selon la théorie de la communication, ce n'est

3. Par opposition à la cure analytique.

4. W. R. Ashby cité par P. Watzlawick dans *The Interactional View*, New York, W. W. Noton & Company, trad. *Sur l'interaction*, Paris, Seuil, 1981, p. 15.

plus de l'énergie qui est transmise, mais de l'information. Dès lors, il faut prendre en compte le *feedback*, ou la *rétroaction*, c'est-à-dire une réaction à l'information transmise : autrement dit, A ne transforme plus simplement B, B transforme également A.

Une théorie de la communication appliquée à la thérapie

D'après l'école de Palo Alto, on ne peut pas ne pas communiquer [5]. Cette école propose une vision renouvelée de la communication qui, appliquée à la psychopathologie, implique plusieurs modifications par rapport aux pratiques traditionnelles :

1. L'esprit est conçu comme une «boîte noire» : on ne se préoccupe pas de sa structure interne, mais uniquement de ses relations avec l'environnement : quelles informations y sont introduites et quelles informations en sortent; dès lors, «les symptômes sont considérés comme une sorte d'entrée d'informations dans le système familial, et non comme l'expression d'un conflit intrapsychique [6]».
2. De ce fait, savoir si les informations sont conscientes ou inconscientes perd, en soi, de son intérêt.
3. Certes, le comportement est déterminé par le passé; il est cependant peu instructif d'y rechercher ses causes. En effet, la mémoire est une construction intellectuelle à laquelle on n'est pas obligé de faire appel lorsqu'on a une photo complète du système à un instant donné.
4. Les *causes* d'un comportement ont donc peu d'importance pour le thérapeute; ce sont les *effets* que ce comportement a sur son entourage qui lui importent.
5. Ce modèle est circulaire : il n'a ni début ni fin. Les réactions s'influencent les unes les autres de manière permanente.

---

5. «Tout comportement est communication» et «il n'y a pas de non-comportement». Watzlawick raconte ainsi, dans un entretien avec Carol Wilder (*in* Y. Winkin [éd.], *La Nouvelle Communication*, Paris, Seuil, 1981), un séminaire auquel il participait dans les montagnes Rocheuses. La chambre contiguë à la sienne, dans le chalet où il logeait, abritait un de ses confrères. Un jour, de retour dans sa chambre après le déjeuner, il entendit son voisin faire ce qui ressemblait, de son lit, à une danse de claquettes. À l'évidence, son collègue ignorait que lui-même était rentré. Dès lors, Watzlawick se contraignit à rester immobile, pour ne pas le gêner.

6. P. Watzlawick, J. H. Beavin et D. D. Jackson, *Pragmatics of Human Communication. A Study of Intercational Patterns, Pathologies, and Paradoxes*, New York, W.W. Norton & Company, 1967, trad. *Une logique de la communication*, Paris, Seuil, 1972, «Points», 1979, p. 39.

6. La situation d'un patient dépend donc du système dans lequel il s'inscrit et des présupposés de l'observateur. Les qualifications de « normal » et de « pathologique » sont ainsi vidées de leur sens.

Nous construisons notre réalité

« Un phénomène demeure incompréhensible tant que le champ d'observation n'est pas suffisamment large pour qu'y soit inclus le contexte dans lequel ledit phénomène se produit [7]. » Alors que les psychiatres cherchaient à « ranger » les sujets dans la grille de pathologie dont ils disposaient, faisant ainsi primer la grille d'analyse sur la pathologie elle-même, et s'arrangeaient souvent pour trouver ce qu'ils cherchaient, Bateson, influencé par sa formation d'anthropologue, et à sa suite Watzlawick ont cherché à faire en sorte que le réel précède la théorie. Autrement dit, à comprendre la situation à partir de ce qu'ils observaient.

Selon Watzlawick, qui s'inscrit dans la droite lignée du constructivisme, « la réalité est ce que vous dites qu'elle est [8] ». On ne saurait dès lors définir la folie comme une inadéquation à la réalité. Il y a ainsi une réalité de premier ordre, « l'image de la réalité que nous percevons de nos sens », et une réalité de second ordre, « la signification que nous attribuons à ces perceptions [9] ». Par exemple, nous dit Watzlawick, voir qu'une bouteille de vin est à moitié remplie est une réalité de premier ordre. Mais la détermination qui consiste à dire si elle est à moitié vide ou à moitié pleine est une réalité de second ordre... Si les sciences exactes s'intéressent aux réalités de premier ordre, la psychothérapie a pour objet ces réalités de second ordre.

Une thérapie consiste ainsi non pas à transformer une « fausse » construction de la réalité en « vraie » réalité, mais une construction douloureuse en une construction moins douloureuse. Par conséquent, il n'y a pas, pour Watzlawick, de « fou », qui aurait une vision erronée d'une réalité, et de « sain d'esprit », qui en aurait une appréhension objective. Le patient est un élément d'un système social, d'un groupe d'individus, à l'intérieur duquel il occupe une fonction précise. Son comportement

---

7. *Ibid.*

8. Interview de P. Watzlawick par Mony Elkaïm, faite à San Fransisco le 12 juillet 1990, disponible à cette adresse : http://www.institut-famille.com/ift/article.php?art=4.

9. P. Wazlawick et G. Nardone, *Terapia breve strategica*, Milan, Raffaello Cortina Editore, 1997, trad. *Stratégies de la thérapie brève*, Paris, Seuil, 2000, p. 31.

apparaît alors comme la solution qu'il a trouvée pour s'adapter à un environnement spécifique. Une réaction qui semble à première vue pathologique, voire relever d'une maladie mentale, est parfois la meilleure possible, et même la seule.

Il s'agit donc bien d'une thérapie relativiste : le processus thérapeutique ne vise pas à découvrir une vérité, à mettre au jour un événement fondateur, à trouver les causes de la pathologie – puisqu'il n'y a pas, à proprement parler, de « pathologie » de l'individu. D'une certaine manière, son ambition est bien moindre : elle est « simplement » – pour ainsi dire – de mettre un terme à la situation de souffrance, sans que le patient accède nécessairement à sa cause.

Deux types de changement : changement 1 et changement 2

« Certains changements produisent "plus de la même chose". » Prenons, par exemple, le problème de l'alcoolisme. Pour le combattre, peut-on se dire, il faut prendre des mesures pour réglementer la consommation d'alcool. Or ces mesures ne fonctionnent pas. C'est qu'il faut les pousser plus loin ! On instaure donc la prohibition. Mais la prohibition est pire que l'alcoolisme : non seulement celui-ci augmente dans la population, mais un marché noir se met en place, on vend des produits frelatés, la police se corrompt, etc. Ici, la solution tentée aggrave le problème. C'est également le cas pour l'insomniaque qui, désespéré et inquiet, se concentre pour se forcer à dormir. Il peut également modifier l'heure de son coucher ou son alimentation. Or il est dans la nature du sommeil de survenir spontanément : cet individu empire sa situation en tentant ce type de changement, qui par définition va à l'encontre de cette spontanéité.

Watzlawick distingue deux types de changements : le changement 1, qui se produit *à l'intérieur* du système, et lui permet de se maintenir, et le changement 2, qui en est une *réorganisation*, et qui induit nécessairement une discontinuité et un saut logique. Lui seul permet de sortir de la situation, en recadrant la situation de manière qu'elle satisfasse toutes les parties. Prenons par exemple la métaphore d'un cauchemar, dans lequel le rêveur est poursuivi. Il peut se produire de nombreux changements à l'intérieur même du rêve : le sujet peut courir, nager, voler, se débattre, etc. Mais cela ne fera bien souvent qu'empirer la situation : il s'agit d'un changement 1. Un changement 2 consistera à passer du sommeil à l'état de veille : à sortir du cauchemar.

Le recadrage

Un samedi après-midi, alors que tous ses amis profitaient de leur temps libre, Tom Sawyer était puni : il devait blanchir à la chaux une clôture en bois. L'idée de ce temps passé à suer alors que ses copains allaient se baigner – et qu'ils ne se gêneraient pas pour se rire de lui – le désespérait. Mais Tom Sawyer est un enfant malin ; lorsqu'un de ses camarades, passant dans la rue, commença à le narguer, au lieu de se plaindre, il se réjouit de sa punition, et expliqua qu'il s'agissait d'une tâche très amusante, à laquelle un garçon de son âge n'avait pas souvent l'occasion de s'atteler. « L'affaire apparut alors sous un jour nouveau [10] », écrit Mark Twain. À tel point que, bientôt, son copain lui demanda comme une faveur de prendre sa place quelques instants... Et qu'à la fin de l'après-midi Tom s'était fait payer par tous ses camarades pour qu'il accepte de céder sa place ! Il avait réussi à recadrer ce qui apparaissait comme une corvée en plaisir digne d'être rétribué.

« Recadrer » signifie ainsi modifier l'angle sous lequel est perçue une situation en la plaçant dans un autre cadre et en en modifiant ainsi complètement le sens. Opérer ces recadrages peut se faire en demandant au patient d'agir différemment. Parfois, ce nouveau comportement n'a tout bêtement jamais été utilisé : il ne faisait pas partie de la réalité que les patients s'étaient construite.

Les interventions paradoxales, ou prescription du symptôme

Mais, lorsqu'une suggestion franche ne peut fonctionner, parce que le patient est incapable de l'entendre, le thérapeute utilise les « interventions paradoxales », ou « prescription du symptôme ». Un exemple concret : un étudiant se plaint de ne plus pouvoir étudier parce qu'il a trop d'autres activités « extrascolaires » ; lorsqu'il cherche à se concentrer sur ses devoirs, son esprit vagabonde. Le thérapeute systémique peut alors lui « ordonner » (c'est plus qu'un conseil, le nœud thérapeutique étant dans la contrainte) de consacrer un nombre d'heures limité à son travail universitaire. Il devra, à l'issue de ce temps déterminé, cesser d'étudier et vaquer aux occupations de son choix – mais il lui sera inter-

---

10. Cité par P. Watzlawick, *Change. Principles of Problem Formation and Problem Resolution*, New York, W. W. Norton & Company, 1974, trad. *Changements. Paradoxes et psychothérapie*, Paris, Seuil, 1975, « Points », 1981, p. 114.

dit de travailler. De cette inversion des rôles découlera une nouvelle réalité pour l'étudiant : ce sont ses activités qui lui apparaîtront comme une contrainte, et il n'aura sans doute plus de difficulté à se concentrer.

Un autre exemple parlant de prescription de symptôme : pour aider un délégué commercial bègue, le thérapeute lui ordonne d'accentuer son bégaiement. En effet, le problème des commerciaux n'est-il pas que leur trop grande aisance oratoire attire la méfiance des clients? Son bégaiement est sans aucun doute, lui dit-on, un avantage majeur pour la pratique de son activité professionnelle : il suscite la patience, et surtout la confiance. Obéissant, le délégué cesse peu à peu, sans bien en comprendre la raison, de bégayer devant ses clients, alors même qu'il souhaite faire le contraire.

Qu'est-ce que la « double contrainte » ?

L'école de Palo Alto est connue pour avoir proposé le modèle de la double contrainte (*double bind*), qui s'est révélé particulièrement fécond puisqu'il a notamment permis de renouveler la vision que l'on avait de la schizophrénie[11].

Système dans lequel nous pouvons être enfermés, la double contrainte est une situation inextricable, qui, prenant au piège l'individu, lui impose un comportement. En effet, il y a double contrainte lorsque deux contraintes qui s'opposent sont assorties d'une troisième contrainte qui empêche toute issue. On connaît souvent ce modèle grâce aux histoires drôles ou aux anecdotes absurdes; par exemple : « Le diable demande à Dieu de prouver sa toute-puissance en créant un rocher si lourd qu'il ne pourrait lui-même pas le porter. » S'il ne peut pas le porter, il n'est pas tout-puissant, mais s'il ne le crée pas, c'est qu'il ne l'est pas non plus... ! Ou un panneau autoroutier sur lequel serait écrit « ignorez ce panneau ». Ou encore, double contrainte confondante de banalité, l'injonction contradictoire : « Sois spontané ! » De quoi devenir fou.

Si, comme on peut le constater, la double contrainte est un enfermement, elle est également un outil précieux pour le thérapeute. Ainsi

11. Watzlawick met notamment en avant le fait que les schizophrènes cherchent à ne pas communiquer. Mais, comme on l'a vu, c'est impossible : ne pas communiquer est déjà une forme de communication. Le schizophrène se trouve donc pris dans un phénomène de double contrainte. Sur la schizophrénie, voir P. Watzlawick, J. H. Beavin et D. D. Jackson, *op. cit.*, « Points », p. 48 et p. 215, note 1.

peut-il par exemple utiliser la résistance du patient : « Au lieu d'interpréter la résistance, ce qui ne fait que la renforcer, on la prescrit. Une résistance prescrite, imposée comme un devoir, cesse d'en être une, puisque le sujet n'a plus que deux solutions : ou bien il maintient son comportement de résistance, mais dans le cadre d'une prescription thérapeutique – ce qui ne relève plus, par conséquent, de la résistance mais constitue un acte d'obéissance –, ou bien il renonce au comportement en question, précisément pour résister à l'injonction du thérapeute[12]. »

La thérapie systémique en pratique

Une thérapie systémique procède en quatre points :

- En premier lieu, le patient expose son problème au thérapeute, de manière claire et en termes concrets ; cette étape permet de faire la distinction entre un vrai problème et un pseudo-problème, contre lequel la thérapie ne changera rien.
- Ensemble, ils recensent et examinent le plus précisément possible les solutions déjà tentées ; cette étape permet de savoir ce qu'il faut éviter, et bien souvent de mettre le doigt sur le nœud de la situation, souvent contenu dans ces tentatives.
- Ils définissent clairement le changement auquel ils veulent parvenir : ils se donnent un but « définissable concrètement » et « réalisable pratiquement ». Ils cherchent ainsi la « bonne question », ne se contentant pas de l'expression de désirs vagues tels « être heureux » ou « mieux communiquer », et cadrent l'intervention dans une durée définie, dix séances au maximum pour les patients du Brief Therapy Center.
- Enfin, ils formulent un projet pour venir à bout de ce problème. C'est le cœur de la thérapie ; ce projet met alors en jeu les deux principes fondamentaux, à savoir que « la cible du changement n'est autre que la tentative de solution » et que « la tactique arrêtée doit être traduite dans le "langage" propre du sujet ». Ensuite, le thérapeute utilise le plus souvent la prescription de symptôme ou l'injonction paradoxale (par exemple, contraindre l'insomniaque à rester éveillé en gardant les yeux ouverts le plus longtemps possible).

12. P. Watzlawick, *Munchhausens Zopf*, Bern, Verlag Hans Huber, 1988, trad. *Les Cheveux du baron de Münchhausen*, Paris, Seuil, « Points », 2000, p. 83.

Rencontre avec Paul Watzlawick

Par Andre Höschele et Aloïs Huber[13]

C'est à l'occasion d'un congrès organisé à Palo Alto en l'honneur des «géants» de la thérapie familiale et systémique que nous avons rencontré Paul Watzlawick. C'était le 25 juillet 2002 : le jour de ses 81 ans.

Nous nous sommes retrouvés dans le petit bureau du Mental Research Institute, dans lequel il allait encore travailler jusqu'en 2006. Malgré son âge avancé, son regard était incroyablement dense et alerte, sa pensée limpide.

Docteur Watzlawick, quand avez-vous quitté l'Autriche ?

Après la guerre. J'étais prisonnier politique des nazis et, à la suite de cela, je suis devenu le secrétaire et assistant personnel du directeur du département d'enquêtes criminelles dans l'État libre de Trieste, alors en cours de création. J'étais soldat anglais. Il n'est rien advenu de cet État libre, je suis donc parti en Suisse, où j'ai fait mes études à l'Institut C. G. Jung afin d'y obtenir mon diplôme d'analyste. Ce qui m'importait, c'était d'exercer une activité qui soit vraiment captivante. La possibilité d'avoir un cabinet de consultation privé ou de travailler en clinique me paraissait intéressante.

13. Traduit de l'allemand par Marie-Ange Maillet.

Quand a commencé le développement de la thérapie familiale systémique et de la thérapie brève ?

Après avoir été pendant trois ans professeur de psychopathologie et de psychothérapie à l'université d'El Salvador à San Salvador, je me suis dit : « À présent, je rentre en Europe et j'ouvre un cabinet de consultation privé à Vienne. » Mais comme je me trouvais déjà en Amérique, j'ai regardé un peu ce qui se faisait autour de moi et j'ai rencontré, à l'université du Temple de Philadelphie, le fondateur et premier directeur de notre institut (le Mental Research Institut de Palo Alto), Don Jackson.

Cette expérience m'a complètement réorienté. Jackson a introduit des idées totalement nouvelles dans notre domaine. C'était aussi un collaborateur de Gregory Bateson ; plus tard, Milton Erickson et bien entendu Heinz von Förster sont à leur tour devenus très importants.

Où était la nouveauté ?

La nouveauté, c'était l'intégration d'idées cybernétiques dans la conception unilinéaire de l'analyse. On a arrêté de se dire que pour comprendre un problème donné dans l'ici et maintenant, il fallait explorer le passé et y trouver les causes de ce comportement problématique. C'était la base des hypothèses relatives à ce que qu'il fallait qu'on fasse. On a totalement abandonné cette idée.

> « “Qu'avez-vous fait jusqu'à présent pour régler votre problème ?” C'est la première chose que je dois comprendre. »

D'un point de vue philosophique, l'analyse freudienne est ce que l'on appelle une « prophétie autoréalisatrice[14] » : lorsque après une longue recherche des causes situées dans le passé du patient une amélioration surgit, celle-ci est considérée comme une preuve de l'efficacité de ce procédé. Si, au contraire, on ne parvient pas à obtenir d'amélioration, cela prouve seulement que la recher-

14. Voir p. 447.

che des causes dans le passé n'est pas encore allée creuser assez profondément dans le subconscient. L'hypothèse est toujours vérifiée, qu'il s'agisse d'un succès ou d'un insuccès.

Vous voulez dire que la motivation est en fait venue de la cybernétique et non pas – comme on pourrait le supposer – de la recherche d'une thérapie plus efficace, plus rapide et meilleur marché ?

Si, c'était le cas, mais pas seulement : de manière générale, dans la conception des sciences de cette époque, on a commencé à étudier ce que les biologistes français appelaient déjà dans les années 1920 « l'actualité émergente [15] ». On ne pourra, par exemple, jamais comprendre les propriétés physiques de l'eau si l'on se contente d'analyser séparément l'hydrogène et l'oxygène. L'eau est une structure qui met en relation ces deux éléments. Nous avons ainsi également commencé à reprendre de plus en plus ces conceptions cybernétiques pour notre propre domaine. C'est comme cela qu'a commencé, ici et en d'autres lieux, la thérapie familiale : nous avons arrêté de considérer uniquement le patient proprement dit, et nous nous sommes mis à analyser le groupe d'interaction immédiat dans lequel il évoluait, nous avons essayé de comprendre ce qui avait engendré cette circularité pour essayer ensuite de la briser et de la modifier par des interventions.

Vers quoi la thérapie familiale va-t-elle évoluer, de votre point de vue ?

Elle prend de nombreuses directions différentes, et je suis, en ce qui me concerne, absolument incapable de savoir lesquelles. Je ne pratique plus, je suis bien trop vieux pour cela. Malgré tout, le plus important reste selon moi de comprendre et de modifier les propriétés systémiques des relations humaines. Il y a là un nombre incalculable de choses et de possibilités qui en découlent.

Les nouvelles expériences constituent-elles une menace pour la thérapie familiale ou vont-elles dans le sens de l'évolution de cette méthode ?

Comme une évolution, absolument, et pas seulement de la méthode. Je me garderai bien d'affirmer que nous avons déjà une conception

15. En français dans le texte.

exacte de la chose : on peut tout à fait faire de nouvelles expériences et de nouvelles découvertes, trouver de nouvelles théories et de nouvelles applications, cela va de soi, il en a toujours été ainsi dans les sciences.

Comment, historiquement, le MRI a-t-il pu s'établir en tant qu'institution?

Ce fut surtout grâce au génie de son fondateur et de notre premier directeur, Don Jackson. Il a commencé, de manière spontanée, à effectuer des interventions qui ne sont aucunement prévues en psychanalyse. Il est ainsi arrivé qu'il effectue des interventions dès les dix premières minutes de la première séance et provoque par ce biais des modifications. Peu à peu, cela s'est transformé en une nouvelle approche.

Jackson était fantastique. Je me souviens du cas d'un homme qui souffrait d'un délire de persécution; au cours de l'une de ses premières séances avec Jackson, il lui dit : « Docteur Jackson, savez-vous que des micros sont cachés dans votre bureau? » Jackson ne lui a pas demandé, comme on l'aurait fait normalement : « Qu'est-ce qui vous porte à croire cela? » Non, il s'est levé et a commencé à chercher derrière les meubles, à retirer les livres des étagères, il a enroulé le tapis, jusqu'à ce que l'homme lui dise : « Docteur Jackson, ce n'est pas si important. » À partir de là, il a commencé à parler de quelque chose qu'il n'avait pas mentionné jusqu'alors : les origines de ses soupçons. La manière dont Jackson a réagi était incroyable.

> « Ce que les patients ont fait [...] pour régler leur problème contient et intensifie le problème. »

Cela a évidemment l'air fantastique : première heure de thérapie, première intervention au bout de dix minutes, guérison au bout de quelques heures de thérapie seulement – n'est-ce pas de la sorcellerie?

(*Rires.*) Oui, c'est de la sorcellerie! Il y a beaucoup, beaucoup de cas où je n'ai pas réussi à comprendre comment Jackson en est venu à agir de la sorte.

Un autre cas que j'ai trouvé formidable : Don Jackson était invité à une conférence par le VA Hospital [16]. Il y était question de patients qui ne communiquaient pas et de la manière d'établir une relation avec eux. On évoqua un cas particulièrement difficile, un homme d'un certain âge de la division fermée; il pensait être Dieu, et par conséquent ne parlait à personne et ne prenait part à aucune activité. Le patient arriva, s'assit à côté de Jackson et regarda dans le vide, sans rien dire.

Jackson, dans un premier temps, commença par appliquer les solutions typiques, celles que l'on doit appliquer en pareil cas, sans succès. Puis il se leva, il alla vers lui, s'agenouilla par terre devant le patient, sortit de sa veste la clé de la division fermée et prononça les paroles suivantes : «Si vous êtes Dieu, vous êtes plus habilité que moi à porter cette clé. Si vous n'êtes pas Dieu, je vous conseillerais d'être très, très prudent! » Sur ce, Jackson retourna à sa place et s'assit. Le patient se leva, s'assit devant lui et dit : «Ça alors, il y en a un de nous deux qui est fou! » Ce fut un franc succès, les gens hurlaient de rire. Mais c'était ainsi : c'était le génie de Jackson.

Il existe évidemment bien d'autres thérapeutes qui essaient d'appliquer cette technique sans avoir le même génie. Cette thérapie fonctionne-t-elle quand même dans ce cas?

Nous essayons d'en déduire certaines règles et possibilités que nous tentons ensuite d'appliquer. Pour moi, par exemple, la «solution déjà tentée» par les patients est un point de départ important. «Qu'avez-vous fait jusqu'à présent pour régler votre problème? » C'est la première chose que je dois comprendre. Alors, je peux commencer à saisir non seulement ce qui a engendré ce problème, mais ce qui l'entretient. Ce n'est pas là une invention qui nous revient, mais quelque chose que les biologistes savent depuis longtemps : une espèce qui a réussi à s'adapter de manière optimale à son environnement poursuit cette manière de s'adapter, même si son environnement se modifie constamment. Et moins cette adaptation marche, plus on fait «la même chose». C'est ce que nous ne cessons jamais d'observer. Les hommes font toujours «plus la même chose» et génèrent évidemment toujours plus de difficultés identiques. Cela veut dire qu'il faut essayer d'introduire une idée totalement nouvelle.

---

16. Hôpital pour invalides de guerre de Palo Alto.

Cela a pas mal à voir avec la créativité ou la compréhension du cercle vicieux...

... Qui, dans ce cas, ne cesse de s'entretenir. Une histoire pour vous expliquer cela : dans le port colombien de Carthagène, jusqu'à il y a plusieurs années, un coup de canon était tiré depuis la citadelle tous les jours à midi précis. Chacun réglait sa montre sur le coup de canon. Un voyageur arrivant de l'étranger constate un jour que ce coup de canon est presque toujours tiré vingt minutes trop tard. Il monte dans la citadelle et demande au commandant d'où il tient l'heure d'après laquelle il tire ses coups de canon. L'homme lui répond fièrement que comme il s'agit de quelque chose de très important, il envoie chaque jour un de ses soldats en centre-ville où, dans la devanture de l'unique horloger de la ville, est exposé un instrument nautique spécifique et précis. Le soldat compare l'heure indiquée par cet instrument avec celle à laquelle est tiré le coup de canon : elle correspond.

Peut-être avez-vous déjà saisi la deuxième partie de l'histoire. L'homme descend en ville parler avec l'horloger. Il lui demande d'où il tire l'assurance que l'horloge, dans sa devanture, indique l'heure exacte. L'horloger répond fièrement que comme il s'agit de quelque chose de très important, le midi, il compare son heure à celle du coup de canon et que, depuis des années, il n'y a jamais eu une minute de différence entre les deux.

C'est pour moi un exemple classique de la manière dont une solution que l'on a tentée fonctionne en apparence et continue encore et toujours d'être appliquée. Jusqu'à ce que quelqu'un vienne de l'extérieur et rompe ce cercle vicieux.

Si tout cela fonctionne aussi bien dans le cadre d'une thérapie familiale, qu'en est-il alors du déplacement de symptômes? Un problème résolu ne réapparaît-il pas soudain à un autre endroit?

Pas nécessairement. Vous savez, pour ma part, je pars du principe que non seulement la solution tentée crée le problème, mais qu'elle l'entretient! Ce que les patients ont fait jusqu'alors pour régler leur problème contient et intensifie le problème.

> « Tout problème humain est sa propre explication – la meilleure qu'il puisse avoir. »

C'est-à-dire qu'il est tout à fait possible que le problème se résolve de manière définitive, mais qu'il est également envisageable qu'il ne soit pas totalement résolu, et que l'on doive l'appréhender de manière créative et prendre des mesures pour y remédier?
Oui, il arrive très souvent que des thérapeutes disent : « Cela ne suffit pas encore, ça n'est pas encore ça. »

C'est-à-dire qu'en tant que thérapeute je dois moi-même croire à la résolution de ce problème?
Oui, mais c'est plus ou moins le cas, par le biais d'interventions et de préconisations de comportement : « Merci de vous comporter comme si vous étiez dans tel ou tel cas! » C'est ça qui caractérise ma thérapie du « comme si ». Ce n'est plus de la psychothérapie, mais une thérapie du « comme si ». Lorsque je pense avoir compris ce cercle vicieux avec ses causes et ses conséquences, j'essaie d'y introduire un élément qui vienne l'interrompre.

Dr. Watzlawick, il y a une question qui nous tient particulièrement à cœur...
... Dans ce cas, c'est chez un cardiologue qu'il faut que vous alliez! (*Rires.*)

Cela concerne la technique thérapeutique. À partir du moment où il existe un protocle précis, une marche à suivre clairement élaborée quant à la manière d'affronter des problèmes, l'ordinateur peut-il être un soutien pour le thérapeute?

> « D'un point de vue philosophique, l'analyse freudienne est ce que l'on appelle une "prophétie autoréalisatrice". »

Je dois vous avouer que je ne me sers pas d'un ordinateur pour travailler et que je ne crois pas que cela serait possible, car la saisie d'une interaction est à mon sens trop complexe pour qu'on la réduise de manière telle à pouvoir l'introduire dans un ordinateur. Tout problème humain est sa propre explication – la meilleure qu'il puisse avoir. Je ne vais pas dire : « Nous avons là un cas F23. » Pour moi, un problème est unique en son genre. Assurément, il existe des similitudes, l'alcoolisme par exemple, il n'y a aucun doute, c'est boire, nous sommes d'accord. Mais, quant à savoir ce qui conduit à ce problème et ce qui entretient, perpétue cette addiction à la boisson, il n'y a pas de réponse unique et claire.

La stratégie est individuelle. On ne peut pas dire : « Nous avons là une solution toute prête. » C'est cela ?

Ce qui est tout à fait acceptable en médecine n'est pas applicable chez nous. Nous ne pouvons pas dire : « Ceci est une intoxication sanguine », ou bien : « C'est la malaria. »

Le diagnostic de « dépression » est-il pour vous un diagnostic médical ?

Tout à fait, et cela serait valable pour tout cas de dépression. Mais ce qui engendre la dépression demeure à mon sens une chose totalement spécifique par rapport au modèle d'interaction en question entre celui que l'on dit « dépressif » et son environnement.

Tenez, le simple fait que l'environnement humain du patient dépressif cherche à tout prix à lui remonter le moral. Si vous avez jamais souffert ne serait-ce que d'une légère dépression, vous devez savoir quel effet cela a. Non seulement cela ne parvient pas à vous aider, mais cela ne fait qu'aggraver encore plus la dépression. Car, si le monde est beau et merveilleux pour tout le monde sauf pour moi, le problème en tout cas demeure, et peut même être accentué.

Donc remonter le moral de l'autre, l'inviter à être positif, est une solution qui ne fait précisément qu'entretenir et aggraver le problème.

Je ne cesse de répéter ceci : si j'étais venu au monde ici, aux États-Unis, j'aurais eu de grosses difficultés à aller à l'école. Pourquoi ? Parce que ici, alors même qu'ils n'ont pas encore l'âge d'être scolarisés, on dit aux enfants : « *School is fun !* » Pour moi, ça n'a jamais été un plaisir ! Mais j'ai eu des parents très raisonnables et traditionnels qui m'ont dit : « Tu as tout à fait raison, l'école, c'est désagréable, mais tu y vas ! » Et cela a résolu le problème.

Si j'étais venu au monde ici, j'en serais inévitablement venu à la conclusion que quelque chose n'allait pas chez moi. Car si l'école est « *fun* » pour tout le monde sauf pour moi, il est tout à fait évident qu'il y a chez moi quelque chose qui cloche.

Dans* Mode d'emploi pour les États-Unis[17], *vous attirez l'attention sur les contradictions et difficultés spécifiques qui existent entre l'Europe et les États-Unis ; voyez-vous l'avenir du monde de manière positive ?

Pas vraiment, non. Prenez ne serait-ce que la situation au Moyen-Orient : ce que personne ne semble avoir compris jusqu'à présent, c'est que ce conflit dure depuis deux mille ans et qu'il ne fait qu'empirer avec les techniques modernes.

Par votre travail sur l'humain, n'avez-vous pas ébauché des stratégies pour résoudre de tels problèmes ?

Assurément, seulement, je n'ai pas d'idée sur la manière dont elles pourraient être appliquées. Regardez la situation entre Israël et la Palestine. Un des deux camps entreprend quelque chose pour se défendre, l'autre considère cela comme une provocation naturelle et fait « plus de la même chose », ce à quoi l'autre camp répond par « plus de la même chose ». Cela conduit à des situations terribles. Croire qu'un homme qui commet un attentat suicide peut avoir un effet positif est une folie ! Au contraire : il ne fera que compliquer le problème et le rendre plus terrible encore.

Cela signifie que, tant que les deux camps ne diront pas tous deux : « Nous voulons la paix ! », il n'y aura pas de solution au problème ?

En effet, et c'est d'ailleurs un sujet intéressant. Je n'ai pas compris jusqu'à présent comment l'inimitié entre la France et l'Allemagne, qui a duré des décennies et a conduit à de terribles guerres, a pu brusquement prendre fin en 1952. Adenauer et de Gaulle se sont rencontrés et sont parvenus à trouver une solution. Et quiconque, aujourd'hui, parlerait encore de l'éternelle inimitié entre la France et l'Allemagne paraîtrait stupide.

L'armée ne s'intéresse donc pas à votre travail ?

Non, non, elle est convaincue d'avoir la recette : attaquer et vaincre, que demander de plus ?...

17. *Gebrauchsanweisung für Amerika*, Munich, Allemagne, Piper Verlag, 2002, trad. *Guide non conformiste pour l'usage de l'Amérique*, Paris, Seuil, 1987.

Paul Watzlawick dans le texte...

« Si le thérapeute demande au patient d'agir son symptôme, il exige par là un comportement spontané, et cette injonction paradoxale, par elle-même, impose au patient une modification de son comportement. Son comportement symptomatique n'est plus spontané ; en se soumettant à l'injonction du thérapeute, le patient sort du cadre de son jeu sans fin, qui jusque-là ne possédait pas de métarègles permettant de modifier ses propres règles. C'est toute la différence qu'il y a entre faire quelque chose "parce que je ne peux pas m'en empêcher", et adopter le même comportement "parce que mon thérapeute me l'a dit". »

Une logique de la communication,
Paris, Seuil, « Points », 1979, p. 241.

« L'immense majorité des problèmes humains n'implique que la réalité de second ordre. Dans ce royaume, cependant, il n'existe aucun critère objectif qui permette de définir ce qui est vraiment réel ; au contraire, la signification et/ou la valeur attribuée à un objet, une situation, un événement ou surtout à la nature d'une relation humaine, n'a rien à voir avec la vérité platonicienne, prétendue objective, selon laquelle les gens sains d'esprit auraient plus conscience que les fous. Si, par exemple, un mari définit son point de vue sur la nature de la relation conjugale en disant : "Je sais que tu me méprises" et que la femme répond en pleurs "Comment arriverai-je à te convaincre que je t'aime ?", il n'y a aucun moyen d'établir

objectivement qui a raison et qui a tort, et quelle est la nature "réelle" de leur relation. »

Stratégie de la thérapie brève, Paris, Seuil, 2000, p. 30.

« Le proverbe français selon lequel plus les choses changent plus elles restent pareilles est davantage qu'un mot d'esprit. Il exprime, en effet, avec une admirable concision, la relation paradoxale qui existe entre la permanence et le changement. Faisant plus directement appel à l'expérience que les théories les plus élaborées des philosophes, des mathématiciens et des logiciens, il établit implicitement un fait essentiel et souvent négligé, à savoir que la permanence et le changement doivent être envisagés ensemble, en dépit de leur nature apparemment opposée. Cette idée, loin d'être obscure ou difficile, est une application précise du principe général selon lequel toute perception et toute pensée sont relatives et opèrent par comparaison et par contraste. »

Changements, Paris, Seuil, « Points », 1981, p. 19.

Principaux ouvrages de Paul Watzlawick

Pragmatics of Human Communication. A Study of Interactional Patterns, Pathologies, and Pardoxes (avec J. H. Beavin et D. D. Jackson), New York, W. W. Norton & Company, 1967, trad. *Une logique de la communication*, Paris, Seuil, 1967.

Change. Principles of Problem Formation and Problem Resolution (avec J. Weakland et R. Fisch), New York, W. W. Norton & Company, 1974, trad. *Changements. Paradoxes et psychothérapie*, Paris, Seuil, 1975.

How Real Is Real?, New York, Random House, 1976, trad. *L'Invention de la réalité*, Paris, Seuil, 1978.

The Interactional View (éd., avec J. Weakland), New York, W. W. Norton & Company, 1977, trad. *Sur l'interaction*, Paris, Seuil, 1981.

The Language of Change. Elements of Therapeutic Communication, New York, Basic Books, 1978, trad. *Le Langage du changement. Éléments de communication thérapeutique*, Paris, Seuil, 1980.

Gebrauchsanweisung für Amerika, Munich, Allemagne, Piper Verlag, 2002, trad. *Guide non conformiste pour l'usage de l'Amérique*, Paris, Seuil, 1987.

The Situation Is Hopeless, but not Serious. The Pursuit of Unhappiness, New York, W.W. Norton & Company, 1983, trad. *Faites vous-même votre malheur*, Paris, Seuil, 1984.

Ultrasolutions. How to Fail most Successfully, New York, W. W. Norton & Company, 1986, trad. *Comment réussir à échouer. Trouver l'ultrasolution*, Paris, Seuil, 1988.

Münchhausens Zopf, Bern, Verlag Hans Huber, 1988, trad. *Les Cheveux du baron de Münchhausen. Psychothérapie et réalité*, Paris, Seuil, 1991.

Terapia breve strategica, Milan, Raffaello Cortina Editore, 1997, trad. *Stratégie de la thérapie brève* (avec G. Nardone), Paris, Seuil, 2000.

Albert Ellis

Albert Ellis en quelques dates...

1913 : Naissance à Pittsburgh.

1947 : Doctorat de psychologie à l'université Columbia, New York.

1957 : *Comment vivre avec un névrosé ?*

1959 : Création de l'Institut de thérapie rationnelle émotive, aujourd'hui Institut Albert Ellis.

1962 : *Raison et émotion en psychothérapie* expose pour la première fois les bases de la REBT.

2007 : décède à New York.

Albert Ellis en quelques titres...

Président émérite de l'Institut Albert Ellis, qu'il a dirigé quarante ans.

Prix de l'APA pour ses contributions professionnelles à la connaissance.

Prix du développement professionnel de l'Association de conseil américaine.

Prix de l'Association pour l'avancement des thérapies du comportement récompensant ses contributions cliniques exceptionnelles.

Changer les émotions par la raison et des actions

Par Cédric Routier

« Il est raisonnable de dire que personne – même pas Freud lui-même – n'a eu un plus grand impact sur la psychothérapie moderne [1]. » C'est bien ainsi que se présente Albert Ellis : en patriarche triomphant des thérapies cognitives et comportementales (TCC). Pendant plus de cinquante ans, il a développé et diffusé son approche thérapeutique rationnelle, émotionnelle et comportementale.

Enfant, sa ténacité lui tient lieu de protection. Il affronte épreuves physiques et familiales, se mesure au monde et cherche des solutions pour s'en sortir. Avec philosophie : il puise dans cette discipline, dès l'âge de 13 ans, de quoi tenir bon. Une attitude générale qu'il va répandre plus tard, une fois élaborée, grâce à sa thérapie comportementale rationnelle-émotive (REBT). Dès son adolescence, l'implication volontaire dans l'action et la nécessité de faire face sont présentes.

Sa propre vie lui suggère ce qui est efficace : il combat sa phobie sociale en s'imposant d'aborder à la suite jusqu'à cent jeunes filles ! Avec

1. R. Epstein, « The prince of reason : an interview with Albert Ellis », *Psychology Today*, janvier-février 2001, p. 66-76.

un succès majeur : la disparition de ses craintes... et un seul rendez-vous. Il sert ses conseils en matière de sexe et de relations de couple à qui les demande : ses amis en font leur conseiller officieux. Il hésite entre les affaires et la carrière d'écrivain, mais c'est la psychothérapie qui l'emporte : il peut y être utile, pionnier et précurseur.

Déçu de la première heure, il rejette la psychanalyse après l'avoir pratiquée six ans. La neutralité passive ne l'enchante guère : lui n'accepte pas la simple *impression* du mieux-être... Il sait qu'il est possible d'*aller* mieux et veut le démontrer ! Il y parvient en créant, en 1955, son amalgame personnel de philosophies célébrant la raison – il cite volontiers Marc-Aurèle, Spinoza, Kant, Russell ou Sartre – et de techniques modernes. Des techniques qui associent exercices comportementaux et travail sur les émotions, mais aussi, et surtout, la participation active du patient : par l'analyse fine de ses croyances irrationnelles, chacun peut lever les obstacles qu'il s'est construits et progresser, encore et encore, vers un mieux-vivre. Activement et rationnellement ! Longtemps confronté aux critiques de tous bords, Ellis maintient le cap.

Ellis fut le thérapeute d'un éclectisme rigoureux, dépassant les restrictions de chaque pratique – comportementale, analytique et humaniste – pour y apporter des éléments cognitifs et émotionnels actifs. Beck, Meichenbaum ou Lazarus, théoriciens des approches cognitives modernes de la thérapie, sont bon gré mal gré ses héritiers. Jusqu'à ses 93 ans, malgré sa santé délicate, Ellis conserva une fougue légendaire : il consultait encore plusieurs fois par semaine, alternant groupes et sessions individuelles. Comme pour illustrer son principe majeur : l'alliance de l'émotion et de la pensée dans l'action.

Que nous apprend Albert Ellis ?

Qui sommes-nous ? Nous sommes ce que nous croyons

Pour élaborer son approche de la psychologie, Albert Ellis s'est inspiré autant de sa pratique de thérapeute que de ses lectures philosophiques. À ses yeux, il ne suffit pas que les gens se sentent mieux : il *faut* qu'ils *aillent* mieux. Il faut aussi que les changements dus à la thérapie se maintiennent dans le temps, au niveau à la fois du comportement, des émotions et de la pensée : tout ce qui fait de nous des être humains, rationnels, émotifs et actifs. Il baptisera cette approche la *Thérapie rationnelle-émotive*, puis *Thérapie comportementale rationnelle-émotive* (TCRE, ou REBT en anglais), afin de souligner l'importance égale de ces trois dimensions.

Mais importance égale ne signifie pas rôle équivalent. Pour des changements durables, agir sur le seul comportement ne suffit pas. La dimension comportementale est essentielle, ce qui fera d'ailleurs l'originalité de l'approche d'Ellis à ses débuts : il faut faire agir le patient, l'impliquer dans des actions quotidiennes, lui assigner des « devoirs » à la maison et passer par les actes pour compléter la parole. Mais, si la thérapie ne se focalise que sur les comportements, ses effets ne dureront pas : l'humeur du patient, ses idées noires aussi resurgiront tôt ou tard, sans qu'il sache alors comment les affronter. Aussi le maître mot d'Ellis est-il *philosophie* : c'est une véritable philosophie de la vie qu'il propose et à laquelle il invite ses patients à réfléchir, pour mieux changer de perspective et s'armer durablement contre les difficultés. Oui, l'action compte énormément; mais Ellis l'accompagne d'un travail intellectuel.

Sa conception générale est extraite des philosophies qu'il affectionne tant : l'homme est en grande partie responsable de son vécu; il *construit* activement sa propre vision du monde et l'expérience qu'il en fait chaque jour. Nous sommes tous dotés d'une tendance biologique à construire ainsi notre propre vie, intellectuellement et émotionnellement. Voilà pourquoi Ellis qualifie de *constructionniste* à la fois notre psychologie et la philosophie dont découle sa pratique. Voilà aussi comment la REBT responsabilise chacun sur sa propre vie, lui offrant avec cette responsabilité la possibilité d'agir pour changer. Si l'homme construit, pour une bonne part, son propre malheur, la REBT va l'aider à le déconstruire. Et pour cela, s'adresser à la source même de son interprétation du monde : ses pensées, ses cognitions… ses « croyances ».

Les croyances sont centrales pour la compréhension de notre psychologie. Elles ne sont pas toujours explicites, ni conscientes; mais elles peuvent le devenir grâce à l'exploration thérapeutique – Ellis explique qu'elles sont en fait sous-jacentes, jamais très loin, et que l'idée d'un inconscient inaccessible est une fable. Ce sont spécifiquement nos croyances *irrationnelles* qui posent problème et nous jettent dans la tourmente. Prenons l'exemple d'un dîner préparé pour des amis :

- Une croyance *rationnelle* permet une meilleure adaptation aux événements de la vie, elle aide à aller de l'avant : « Je n'ai pas réalisé le meilleur repas au monde, mais j'ai travaillé du mieux possible, et mes convives ont été presque unanimes pour saluer ce repas; je suis capable de faire du bon travail, apprécié, même si je peux encore m'améliorer. »
- Une croyance *irrationnelle* délivre une vision négative, irréelle et souvent illogique des autres et du monde : « Je n'ai pas cuisiné jusqu'à épuisement, l'un des plats n'était pas assez relevé, les invités n'ont pas bondi de joie : je ne vaux vraiment rien, je serai toujours un raté; c'est complètement insupportable, un échec total; le monde est injuste, je ne méritais pas ça! »

Nos croyances agissent entre les événements que nous vivons (préparer un repas pour des amis) et les conséquences que ces événements auront sur nous (se sentir heureux et rire de bon cœur avec les autres ; ou se sentir abattu, déprimé et s'isoler dès la fin du dîner). Alors qu'objectivement le dîner s'est passé sans incident ni remarque désagréable, les croyances irrationnelles peuvent transformer en fiasco ce que l'hôte pourrait vivre comme une soirée agréable.

Pour Ellis, l'intervention de la cognition est donc capitale, tant dans la naissance que dans l'amélioration des troubles psychologiques. Nos croyances déterminent qui nous sommes à nos propres yeux, comment nous nous sentons et comment nous agissons en conséquence : le rôle du thérapeute est de remédier à leurs défaillances.

S'accepter soi et accepter les autres : l'« ABC » de la REBT

Ellis détaille littéralement l'ABC de sa pratique ; chaque lettre désigne l'un des éléments qui entrent en jeu :

- A pour les *Antécédents*, les situations dans lesquelles on rencontre des difficultés ou qui provoquent des troubles.
- B pour les *Croyances* (« *Beliefs* » en anglais), en particulier *Irrationnelles* (« *IB's* »), qui interviennent entre les situations (les *A's*) et leurs conséquences (les *C's*), et qui déterminent nos réactions, notre vécu.
- C pour les *Conséquences* (comportementales, émotionnelles ou cognitives), qui font suite aux situations rencontrées.

Le but de sa thérapie : réussir à transformer nos croyances *irrationnelles*, « *IB's* », en croyances *rationnelles*, « *RB's* ». Pour cela, le dialogue avec le thérapeute, seul ou en groupe, est essentiel : Ellis instaure un dialogue « socratique », un échange autour de questions sur soi, nos croyances, nos attentes, nos buts et nos valeurs ; une réflexion à la fois concrète et philosophique sur ce qui empêche, dans notre vie, l'atteinte de nos buts, ou le retour à un équilibre psychologique perdu. C'est le D du « *Disputing* », ou *Discussion active*, qu'Ellis ajoute à l'ABC de sa thérapie.

Les *A's* et *C's* sont en interaction avec les *B's* (nos croyances) : travailler sur nos actions et nos émotions, en fonction des situations problématiques, permettra de renforcer le travail réalisé sur les croyances. Il s'agit bien d'*aller* mieux – et pas simplement se sentir mieux –, par un engagement conscient et rationnel dans l'action. En collaboration avec le thérapeute rationnel-émotif, chacun peut développer de nouvelles *Philosophies efficaces* («*Effective Philosophies*» en anglais) : le E qui vient s'ajouter à l'ABCD décliné par Ellis.

Il ne suffit pas, cependant, de désigner nos croyances comme irrationnelles : encore faut-il proposer une perspective qui les éclaire, pour mieux les modifier. Ellis identifie trois composantes indissociables d'une personnalité équilibrée, trois attitudes que nous devons intégrer pour affronter la vie sans souffrir exagérément :

- L'acceptation inconditionnelle de soi, ou *Unconditional Self-Acceptance* (*USA*) : se convaincre, au-delà de nos échecs – relatifs – ou de nos failles – inévitables, personne n'étant parfait – que nous sommes des êtres dignes de respect, et ce sans condition; que notre valeur, en tant qu'êtres humains, n'est *jamais* diminuée par nos comportements, si imparfaits soient-ils : nous ferons mieux la prochaine fois, mais un échec ne nous atteint pas dans notre dignité de personne.
- L'acceptation inconditionnelle des autres, ou *Unconditional Others Acceptance* (*UOA*) : si négatifs que nous jugions les actes d'autrui, si contestables que puissent nous paraître leurs actions, les autres restent ce qu'ils sont et ne peuvent être autrement : leur valeur n'est pas négociable, qu'ils agissent selon nos souhaits ou non. Malgré le caractère déplaisant ou inacceptable de certains de leurs actes, nous devons les accepter comme un fait et chercher peut-être à les faire évoluer... mais non les maudire.
- Enfin, l'acceptation inconditionnelle de la vie, ou *Unconditional Life Acceptance* (*ULA*) : quels que soient les événements qui nous tombent dessus, en particulier les événements tristes ou malheureux, il ne sert à rien de les nier ou de les refuser; la vie ne peut être que ce qu'elle est, au moment même où nous la vivons, et, s'il importe de s'engager activement à faire évoluer des conditions de vie qui nous déplaisent, il n'est que néfaste de rejeter en bloc la vie elle-même, ou de croire qu'elle sera *toujours* sombre, injuste, etc.

Ces trois principes, assez généraux, font systématiquement défaut lors des troubles psychologiques. Le thérapeute, en acceptant le patient et la vie pour ce qu'ils sont, tels qu'ils se présentent, sert de modèle au patient qui doit installer ces attitudes au cœur de son système de croyance : oui, l'adversité existe, et non, nos réactions quotidiennes ne sont pas parfaites; mais le premier pas est de conserver des réactions rationnelles et, plutôt que de sombrer en s'infligeant soi-même des punitions supplémentaires, participer activement à la construction de nouvelles ressources. Pouvoir se sentir triste, peiné, frustré ou contrarié, mais *pas plus que de raison* : ne pas verser dans la colère stérile, la haine, la rancœur et le désespoir.

La méthode d'Ellis n'est donc pas une méthode de persuasion superficielle « à la Couet » – une attitude qu'il critique durement. Travailler activement à un mieux-être général est un engagement actif, qui demande un investissement important. Une tâche qui passe par l'analyse des croyances irrationnelles et de leur impact, sans se contenter d'une modification superficielle des pensées, mais en exigeant, au contraire, un travail durable sur les émotions et les comportements.

Penser, ressentir et agir

La *thérapie comportementale rationnelle-émotive* (TRE) d'Ellis a recours, comme son nom le laisse deviner, à trois types d'exercices :

- Les exercices qui portent sur les croyances elles-mêmes, bien sûr : essentiellement l'*Active Disputing*, dont il s'est fait le champion, et que l'on retrouve aujourd'hui dans la majorité des approches modernes de la psychothérapie. Il s'agit d'une discussion avec le thérapeute qui peut se faire en questionnant la fonction des croyances inadaptées ; en les confrontant à la réalité ; en testant leur logique – en l'occurrence, leur illogisme ; ou en mettant en cause la philosophie générale qu'elles impliquent. Tout cela, en gardant à l'esprit que le but est de permettre un fonctionnement mieux adapté, soulageant la personne de poids et d'entraves inutiles.
- Les exercices qui s'adressent aux émotions et à notre vécu : *Imagerie rationnelle émotive* (où le patient est amené à développer des émotions mieux adaptées à son bien-être dans des situations pénibles, par un travail en imagination), jeux de rôles, humour et sollicitude du thérapeute sont quelques-uns des outils de la TCRE dans la gestion des émotions.
- Les exercices qui s'adressent, enfin, aux comportements eux-mêmes : le patient les réalise parfois d'abord avec le thérapeute pour les intégrer, mais surtout à domicile ; des sortes de « devoirs à la maison » qui conditionnent le succès de l'engagement actif. Les renforcements et les pénalités, selon la réalisation ou non des tâches prescrites, font

partie du lot : s'octroyer un petit plaisir, proportionnel à la tâche réalisée, ou au contraire se priver d'un billet de vingt euros quand on l'a négligée. L'entraînement à telle compétence (parler au moins trois fois par jour à un inconnu) ou l'exposition *in vivo* (se confronter activement, réellement, à la situation qui nous perturbe, jusqu'à ce que l'anxiété qu'elle génère disparaisse) sont habituels. Mais l'un des grands classiques d'Albert Ellis reste l'*Attaque de la honte* : il vise à ne plus laisser celle-ci entraver nos actions, si ridicules que nous puissions nous sentir. Concrètement, une personne sera par exemple envoyée en pleine rue, avec pour tâche de danser la gigue pendant dix minutes sans s'enfuir aux premiers regards intrigués !

Ces exercices sont souvent utilisés en combinaison, impliquant de fait les trois dimensions cognitives, émotionnelles et comportementales : l'*Attaque de la honte*, à l'évidence, joue ainsi sur les trois tableaux. Ellis n'est donc pas si strict sur les distinctions entre types d'exercices : l'efficacité du changement entrepris, sa réalité tangible et le travail actif sur les croyances inadaptées priment. Ses groupes de paroles, ou ses « sessions du vendredi » – une fois par semaine, Ellis discutait en public un problème présenté par une personne, en collaboration avec l'audience –, piochent avec bonheur dans cet arsenal bigarré mais efficace. Avec un objectif inchangé, depuis les origines de sa pratique de thérapeute : permettre à ses patients de maintenir, à long terme, de nouvelles philosophies en action, en les dotant de ressources concrètes et variées pour *faire face*.

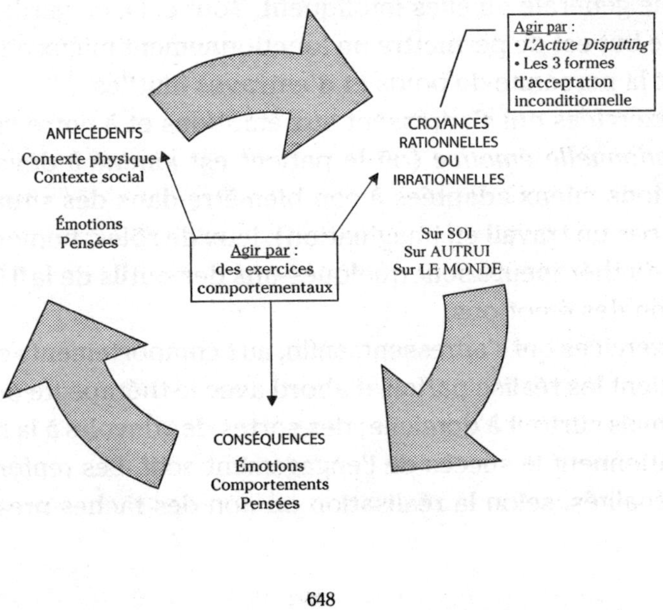

Rencontre avec Albert Ellis

Mon entretien avec Albert Ellis, sur la rive droite de Manhattan, est d'une nature particulière. D'abord parce que, pour une génération de thérapeutes qui découvrent aujourd'hui les approches cognitives et comportementales, il est une figure historique vivante. Celui qui a initié un mouvement sans lequel on ne peut plus compter. Le pionnier moderne d'une attitude dont il serait vain de se détourner. Et, comme telle, la rencontre est poignante. Elle l'est aussi parce que l'homme, on le sait, a toujours vécu son rôle de thérapeute comme celui d'un modèle actif. Comme un partenaire collaborant activement à l'accompagnement d'autrui, avec le souci constant de s'appliquer les principes qu'il propose. Or cet homme, cette figure emblématique, ce thérapeute humain et dynamique, c'est au chevet d'un lit d'hôpital que je l'interroge. Vaillant et combatif, comme à son habitude. Mais entre la vie et la mort peu avant, comme son épouse l'explique. Son épouse : le Dr Debbie Joffe, sa « femme et partenaire », comme il aime à la présenter. Albert Ellis lutte, mais il souhaite cette interview : pas question, me diront-ils, d'annuler ma visite ! Il y tient. Et dans cette chambre figée, soumise aux bruits d'appareillages, le dictaphone s'enclenche.

Un jeune Français, venu écouter « l'Évangile selon saint Albert » – il utilise parfois l'expression avec humour – se tient assis auprès d'un vieil homme. L'écoute répondre du mieux possible à ses questions. Et se dit en lui-même que, décidément, Albert Ellis est une personne hors du commun. Je ne sais pas que dans quelques mois, il va s'éteindre, et que c'est là l'un de ses tout derniers entretiens.

Docteur Ellis, vous avez d'abord décidé de faire carrière en tant qu'écrivain, avant d'en venir à la psychothérapie : qu'est-ce qui vous a conduit à faire ce choix? Avez-vous retenu de cette expérience de l'écriture quelque chose de spécifique?

Je voulais aider les gens. Ce que j'en ai retenu, c'est que les gens pouvaient s'aider eux-mêmes en pensant, en ressentant et en agissant différemment, et que je pouvais leur montrer comment réaliser cela.

« Agir pour se sentir mieux » semble être l'un des principes majeurs de votre travail...

Effectivement!

Est-ce une manière de dire aux gens : « Bon, vous êtes aux commandes, si vous le voulez ! » ?

Il s'agit de leur dire comment aller mieux. C'est donc un processus émotionnel autant qu'actif...

Et que pensez-vous de la tendance actuelle au retour des émotions en psychologie?

Aujourd'hui, nous insistons bien plus là-dessus que cela n'était le cas auparavant, notamment grâce à mon travail.

Croyez-vous que la réponse clef à la plupart de nos problèmes quotidiens réside dans notre esprit?

Il faut à la fois émotion et pensée : les deux ensemble.

« "Rationnel" signifie qui s'auto-assiste, et "irrationnel", qui s'autodéprécie. »

Pas simplement le rationnel, mais aussi l'émotionnel...

C'est cela, exactement.

Et si vous deviez le faire brièvement, comment définiriez-vous la conscience, la volonté consciente?

La conscience signifie que vous savez que vous pouvez faire mieux, et que vous vous poussez à le faire! Donc, ces deux sens à la fois.

Que pensez-vous des modèles actuels de la conscience – neurobiologiques, computationnels, etc. ?
Ils passent à côté de la grande affaire : ils n'insistent pas pour qu'émotion et pensée aillent ensemble, qu'elles s'assemblent.

Comment voyez-vous votre propre influence dans l'histoire de la psychologie ?
J'ai été influent par mon insistance, justement, à associer, à rassembler les émotions, les pensées et le fait d'agir, tous trois à la fois.

Pensez-vous avoir de nombreux successeurs et héritiers spirituels ?
Oui ; aux alentours de trois ou quatre cents ! (*Son épouse plaisante sur l'origine de cette statistique. Il ajoute :*) Je calcule ce chiffre d'après ceux qui endossent et approuvent ma position ! Et je parle des professionnels, des psychologues, pas du grand public.

Quels sont les changements les plus significatifs dont vous ayez été le témoin durant votre carrière ?
J'ai vu les gens considérer leurs pensées, leurs actions et leurs passions, et les utiliser toutes les trois. Non pas simplement une seule de celles-ci, mais deux ou trois d'entre elles.

Et comment prévoyez-vous le futur de la psychologie et de la psychothérapie ?
Très heureux, si elles me suivent ! (*Nous rions tous les trois.*)

Pensez-vous qu'il devrait exister des sortes d'exercices, de situations d'entraînement « psychologiques » à l'école ?
Oui. Des exercices actifs que les enfants apprendraient et pratiqueraient à l'école.

Croyez-vous que cela aiderait à réduire nos troubles à l'âge adulte ?
Oui.

Pensez-vous que l'homme, plus que tout autre animal, a en main les cartes pour changer le jeu ? Et qu'il devrait le faire ?
Oui, il peut changer ses conditions de vie : agir différemment, c'est-à-

dire ressentir différemment, tout autant que se comporter différemment. Les hommes ont la capacité de se changer eux-mêmes en utilisant la pensée et le ressenti, les émotions, et ce tout à la fois.

Grâce à leur volonté ?
Exactement.

Votre travail est-il un pas dans cette direction, un pas que vous aimeriez voir emboîté par les prochaines générations ?
Tout à fait ; qu'elles réalisent de plus en plus de choses inspirées des types de travaux qui me sont propres.

Croyez-vous rencontrer beaucoup d'écho en psychologie ?
Oh, oui… Pas mal de gens aujourd'hui suivent mon exemple.

Pensez-vous qu'il y ait quelque chose à retenir, à conserver des pratiques rogériennes ?
Carl Rogers a promu la considération inconditionnelle positive, ce qui est une bonne chose. Mais il n'utilisait pas de techniques *pratiques*, *actives* ; aussi ne poussait-il pas les gens assez loin.

« L'acceptation inconditionnelle de l'autre, pour peu qu'elle soit un jour atteinte par quasiment tout le monde, est peut-être la seule philosophie qui nous sauvera de la destruction massive. »

Et que pensez-vous de la « conscience de soi », de la « pleine conscience », et autre « acceptation de soi » dont on parle beaucoup aujourd'hui ?
Elles recèlent de bonnes choses, mais elles s'égarent aussi sur bien des aspects. Elles mettent l'accent sur certaines choses, comme la pleine conscience, bien plus qu'il n'est besoin.

Peut-être ne sont-elles pas assez « actives »…
Tout à fait.

Un mot sur votre position originale, défendue dans un ouvrage récent, quant à l'amour-propre ; vous semblez le considérer comme une « maladie » ?
Oui, en effet. Parce que lorsque les gens disent « j'ai de l'amour-propre », ils ajoutent « c'est parce que je vais bien et que je *réussis* bien », ce qui est une mauvaise raison. Ce que nous voulons, c'est qu'ils présentent une acceptation *inconditionnelle*, qu'ils aillent bien *et par ailleurs* qu'ils s'en sortent comme il faut dans leur vie : les deux à la fois, pas l'un ou l'autre.

Debbie Joffe : Et ne pas s'évaluer, ne pas avoir une bonne opinion d'eux-mêmes parce qu'ils vont bien, mais s'accepter même dans le cas contraire, non ?
Albert Ellis : Exactement ; ils doivent toujours s'accepter eux-mêmes de manière *inconditionnelle*, si l'on suit ma façon de faire les choses.

Debbie Joffe : Parce que c'est là l'un des aspects uniques de la Thérapie comportementale rationnelle-émotive (REBT) ; l'approche philosophique qui comprend l'acceptation inconditionnelle de soi et des autres, et de la vie…
Albert Ellis : Oui, les trois ensemble !

Debbie Joffe : C'est là quelque chose qui est lui est unique, car si les thérapies cognitivo-comportementales sont largement développées aujourd'hui, celles d'autres grands thérapeutes ne se concentrent pas là-dessus. Je crois que c'est vraiment un présent de la REBT, cette thématique de l'acceptation inconditionnelle.

Albert Ellis dans le texte...

« Nous sommes émotionnellement perturbés lorsque, au lieu de nous préoccuper raisonnablement de ce qui nous arrive, nous nous en faisons un souci excessif. Les personnes perturbées exagèrent grandement la signification de ce qui se passe – en particulier, ce que les autres pourraient penser d'elles, ou à quel point ce serait terrible d'échouer dans quelque chose, ou combien il est pénible de se sentir perturbé.

Il leur serait difficile d'être perturbées si elles étaient tout à fait réalistes – c'est-à-dire si elles acceptaient les choses non modifiables et inévitables telles qu'elles sont, plutôt que de soutenir de manière irréaliste qu'elles devraient *ou* doivent *être différentes de ce qu'elles sont. Cela ne signifie pas, bien sûr, que les individus ne devraient pas essayer de faire progresser leurs conditions de vie. Et ça ne signifie certainement pas qu'ils devraient croire que tout doit aller pour le pire, et qu'il est donc inutile d'essayer d'améliorer les situations de leur vie. »*

The Road to Tolerance, New York, Prometheus Books, 2004, p. 70, trad. C. Routier.

« J'ai soutenu pendant presque cinquante ans que nos pensées, sentiments et comportements ne sont pas disparates – ainsi que la plupart des gens semblent le croire encore – mais intrinsèquement, de manière interactionnelle, et intégralement reliés. Lorsque nous pensons, *nous ressentons et nous nous comportons. Lorsque nous* ressentons, *nous pensons et nous nous comportons. Lorsque nous nous* comportons, *nous pensons*

et ressentons aussi. Lorsque nos corps et nos cerveaux fonctionnent normalement, penser-ressentir-agir est notre nature, créée par notre hérédité et *notre apprentissage social environnemental.* »

Ibid., p. 136, trad. C. Routier.

« *Je vis dans un monde stressant, né puis élevé avec une tendance à réagir de manière névrotique aux stress et coups du sort. Je peux aussi me rendre anxieux, déprimé et enragé à propos de cette susceptibilité à être perturbé, et me perturber ainsi doublement. Mais j'ai la capacité d'accepter (tout en n'appréciant pas) ma susceptibilité névrotique, et de refuser de me damner pour cette faiblesse. Si je refuse de* me *blâmer, et que je me contente de ne pas apprécier ma susceptibilité aux perturbations, j'aurai une bien meilleure chance de la minimiser.* »

Ibid., p. 158, trad. C. Routier.

« *L'acceptation inconditionnelle de l'autre, pour peu qu'elle soit un jour atteinte par quasiment tout le monde, est peut-être la seule philosophie qui nous sauvera de la destruction massive. Elle requiert, cependant, l'éducation à long terme des enfants, des adolescents et des adultes – et pas simplement, comme à l'heure actuelle, en étant délivrée de manière thérapeutique aux personnes perturbées, comme avec la REBT et les quelques thérapies du pardon, mais à toute personne qui pourrait se transformer en un dangereux tueur.* »

Ibid., p. 170, trad. C. Routier.

« *Il y quelques siècles, certains philosophes – asiatiques, grecs et romains entre autres – ont inventé l'acceptation de soi. Ils ont dit que vous pouviez* choisir *de manière constructive de toujours posséder ce que l'on appelle une acceptation inconditionnelle de soi (AIS), simplement en* décidant *fermement de la posséder – et de la garder. Simple !*

Pour parvenir à l'AIS, vous continuez à choisir un but important – tel que le travail ou l'amour –, et vous évaluez vos réalisations vers ce but comme bonnes ou mauvaises, comme des succès ou des échecs. Mais – suivez-moi bien ! – vous refusez d'évaluer ou de mesurer votre Moi, votre être, comme "bon" ou "mauvais". [...] Votre performance est une partie *de vous, mais certainement pas l'*intégralité*! Vous l'avez réalisée et vous en êtes largement* responsable. *Mais c'est une performance unique, elle* *peut facilement changer demain (être meilleure ou pire), et elle est toujours – oui, toujours – un* aspect *continuellement changeant de vous. Comme disait Korzybski, vous n'êtes* pas *votre comportement. Vous êtes ce comportement et des milliers d'autres – bons, mauvais et indifférents.* »

The Myth of Self-Esteem, New York, Prometheus Books, 2005, p. 14-15, trad. C. Routier.

« *Pour certains,* rationnel *est un "gros mot". Sa signification varie selon les gens – et elle n'est parfois pas très rationnelle ! Tel qu'utilisé dans la TCRE, rationnel ne signifie* pas *"sans émotion". Parfois, certains clients qui découvrent la TCRE disent : "On dirait que vous voulez que je ne ressente rien. Attendez-vous de moi que je traverse la vie comme un zombie sans émotions ?"* Pas du tout ! *Les personnes rationnelles seraient souvent bien avisées d'être très émotionnelles – comme nettement désolées, déçues et ennuyées lorsque les choses vont mal dans leur vie. Comme l'a dit Windy Dryden, "rationnel" en TCRE signifie "ce qui aide les gens à atteindre leurs buts et objectifs fondamentaux", tandis qu'"irrationnel" signifie "ce qui les en empêche". Autrement dit, "rationnel" signifie qui s'autoassiste et "irrationnel", qui s'autodéprécie.* »

Rational Emotive Behavior Therapy. A Therapist's Guide, 2e éd., Atascadero, CA, Impact Publishers, 2005, p. 19, trad. C. Routier.

« *La thérapie comportementale rationnelle-émotive propose de penser et de travailler de manière flexible et adaptable. Les* impératifs *[les* "musts", n.d.t.*] absolutistes, rigides, par lesquels les gens se perturbent souvent eux-mêmes, sont appris (depuis leur culture), mais sont également générés par leurs propres tendances créatrices et biologiques. La TCRE les aide à repérer comment ils se fabriquent des philosophies dysfonctionnelles profondes, et comment ils peuvent les changer de manière constructive en pensant, en pensant sur leur pensée, et en pensant à propos de leur pensée sur leur pensée.*

Abordant les problèmes de la valeur personnelle, la TCRE s'accorde pour dire [...] que les humains peuvent se définir comme valables simplement parce qu'ils choisissent de le faire. Elle traite des processus inconscients et tacites qui créent une perturbation, et elle encourage la résolution de problèmes. Elle soutient que les gens ont une capacité naturelle considérable à se reconstruire et à se changer eux-mêmes; mais elle essaie activement, de façon directive, de les aider à le faire en collaboration avec un thérapeute impliqué.

Elle souligne l'utilisation de la méthode flexible, non dogmatique, de formulation d'hypothèses scientifiques et de test de ces hypothèses, et l'exploration empirique de valeurs et de standards, pour voir quels résultats ils tendent à produire. »

Ibid., p. 15-16, trad. C. Routier.

Principaux ouvrages d'Albert Ellis

How to Live with a Neurotic, Oxford, Crown Publishers, 1957.

Sex without Guilt, New York, Hillman, 1958.

The Art and Science of Love, New York, Lyle Stuart, 1960.

A Guide to Rational Living, Englewood Cliffs, NJ, Prentice-Hall, 1961.

Reason and Emotion in Psychotherapy [1962], Secaucus, NJ, Carol Publishing Group, 1994 (éd. révisée).

Overcoming Destructive Beliefs, Feelings, and Behaviors. New Directions for Rational Emotive Behavior Therapy, New York, Prometheus Books, 2001.

Feeling Better, Getting Better, Staying Better. Profound Self-Help Therapy for Your Emotions, Atascadero, CA, Impact Publishers, 2001.

The Road to Tolerance. The Philosophy of Rational Emotive Behavior Therapy, New York, Prometheus Books, 2004.

Rational Emotive Behavior Therapy. It Works for Me, It Can Work for You, New York, Prometheus Books, 2004.

Rational Emotive Behavior Therapy. A Therapist's Guide (avec C. MacLaren), 2e éd., Atascadero, CA, Impact Publishers, 2005.

The Myth of Self-Esteem, New York, Prometheus Books, 2005.

La Thérapie émotivo-rationnelle (avec R. A. Harper), Le Touvet, Ambre, 2007.

Aaron T. Beck

Aron T. Beck en quelques dates...

1921 : Naissance le 18 juillet d'un père imprimeur, émigré d'Ukraine.

1953 : Diplôme de psychiatrie. Il enseigne à l'université de Pennsylvanie en 1954.

1961 : Il publie son inventaire de dépression de Beck (actuellement la mesure de l'état dépressif la plus utilisée dans le monde).

1977 : Fondation de la revue *Cognitive Therapy and Research.*

2000 : Fondation de l'Académie de thérapie cognitive.

Aaron T. Beck en quelques titres...

1967 : Professeur associé de psychiatrie à l'université de Pennsylvanie à Philadelphie.

1971 : Professeur titulaire de psychiatrie à l'université de Pennsylvanie à Philadelphie.

2006 : Prix Albert Lasker de recherche médicale clinique « pour le développement de la thérapie cognitive, qui a transformé la compréhension et le traitement de nombreuses conditions psychiatriques.

La voie royale vers la cognition

Par Jean Cottraux

C'est à sa mère Elizabeth, née Temkin, qu'Aaron Beck doit son second prénom et diminutif amical de « Tim ». Son père, tout comme sa mère, était de religion juive. Mais ce sont ses opinions socialistes qui l'obligèrent, en 1902, à émigrer d'Ukraine vers les États-Unis. Il y devint imprimeur et mena une vie intellectuelle très active : il tenait ce qu'en France on appellerait un salon philosophique.

La tradition familiale se poursuit aujourd'hui puisque la fille d'Aaron Beck, Judy, Ph.D (docteur en psychologie), a suivi la vocation de son père et est l'auteur de plusieurs ouvrages de thérapie cognitive.

Aaron T. Beck est un homme chaleureux et charismatique qui a su entraîner dans son sillage un nombre considérable de chercheurs et de cliniciens. Cette trajectoire exceptionnelle et inattendue, qui l'a conduit, après des débuts modestes, au prestigieux prix Lasker (le « Nobel américain »), témoigne d'une capacité peu commune à la rébellion face aux idées reçues. C'est l'histoire d'un homme qui, dans un style en apparence classique, a révolutionné la pratique de la psychothérapie.

De ma longue relation avec Beck (vingt-cinq ans), je sélectionne deux souvenirs, qui me ramènent chacun vers le nord de l'Europe.

La première image date de 1986 : c'est celle d'un bal sous le regard débonnaire d'Aaron T. Beck et de son éternel nœud papillon. Nous étions une cinquantaine à nous être rendus, de différents pays, à Umea, en Suède, non loin du cercle polaire, pour la seconde Conférence internationale de psychothérapie cognitive, organisée par Carlo Perris [1]. Il y régnait, malgré l'automne, la chaleur des groupes fondateurs.

La seconde image remonte à 2005 : nous étions plus de trois mille, à Göteborg, en Suède, pour assister au Congrès international de psychothérapie cognitive qui s'ouvrit sur un dialogue entre A. T. Beck et le Dalaï Lama [2]. Sur le bateau qui remontait le fjord pour nous conduire à un dîner viking à Marstrand, en discutant avec les amis de toujours, je sentis que l'époque des pionniers se terminait. Il me faut donc remonter le fleuve du temps pour écrire quelques lignes d'histoire.

1. C. Perris et M. Eisemann, *Cognitive Psychotherapy. An Update*, Umea, Doopuu Press, 1988.

2. *A. T. Beck and His Holiness the 14th Dalai Lama in Conversation*, International Congress of Cognitive Psychotherapy, Göteborg, 2005 (enregistrement vidéo, www.cognitivterapigbg.se).

Que nous apprend Aaron T. Beck ?

Comment est née la thérapie cognitive ?

Au début des années 1950, la psychothérapie était dominée par deux géants incontournables : Freud et la psychanalyse d'une part, Skinner pour la modification du comportement de l'autre. La thérapie comportementale faisait discrètement son entrée sous la houlette de Joseph Wolpe, avec la désensibilisation systématique des phobies, fondée sur des principes pavloviens.

A. T. Beck avait reçu une formation psychanalytique et psychiatrique. À partir de 1959, il testa un certain nombre d'hypothèses psychanalytiques concernant les rêves de patients déprimés. Dans une étude statistique, il releva que leur contenu présentait des thèmes masochistes de punition, de laideur ou d'incompétence. Partant de l'idée freudienne que ces rêves masochistes correspondaient à des désirs agressifs dirigés contre autrui mais retournés contre le sujet, il compara les rêves de sujets déprimés à ceux de sujets normaux qui servaient de « contrôle ». Il mit ainsi en évidence que les patients déprimés faisaient moins fréquemment des rêves à contenu manifeste d'agressivité retournée contre soi que les sujets normaux. De plus, les patients dépressifs ne présentaient pas plus de contenus symboliques évoquant la culpabilité ou des désirs inacceptables que les sujets normaux. Ainsi, les rêves des patients dépressifs reflétaient leur vision du monde à l'état de veille : par exemple, des rêves de « rejet par les autres » correspondaient à l'idée diurne et consciente que les autres les rejetaient.

De plus, sa pratique clinique l'éloignait progressivement de la psychanalyse. En travaillant avec deux patients qu'il suivait selon la méthode psychanalytique classique, Aaron Beck découvrit un processus de pensée particulier, « la pensée automatique », liée aux émotions négatives et qui se traduit par des monologues intérieurs préconscients dans lesquels le patient exprime une vue négative de soi, du monde extérieur et du futur : la célèbre *triade cognitive*. La thérapie cognitive de la dépression était née. A. T. Beck raconte cette découverte dans un chapitre publié dans *Le Livre noir de la psychanalyse* (voir p. 704).

Les travaux de A. T. Beck et de son groupe, à l'université de Philadelphie, aboutirent à la création d'un manuel, puis d'un livre [3]. Ce livre eut un impact international dans le monde des psys, d'autant qu'une étude contrôlée avait démontré la supériorité de la thérapie cognitive par rapport aux antidépresseurs dans les cas de dépression [4]. Ce travail, qui pour la première fois montrait qu'une psychothérapie s'avérait supérieure à un médicament, suscita de nombreuses discussions passionnées, mais il devait donner naissance à tout un courant de recherche et de pratique clinique.

Trente ans après, on peut observer que la thérapie cognitive est validée dans la dépression d'intensité légère et moyenne, et dans la prévention des rechutes dépressives par de nombreux travaux[5]. De plus, les neurosciences cognitives ont analysé son influence sur le fonctionnement cérébral. En effet, une étude, effectuée avec la caméra à positons (18 FDG), qui comparait l'action d'un antidépresseur à celle de la thérapie cognitive chez des patients déprimés, a montré que les sujets dont

3. A. T. Beck, A. J. Rush, B. F. Shaw et G. Emery, *Cognitive Therapy of Depression*, New York, Guilford Press, 1979. Également publié dans le Sussex, Angleterre, John Wiley and Sons, Let, 1980.

4. A. J. Rush, A. T. Beck, M. Kovacs et coll., « Comparative efficacy of cognitive therapy and pharmacotherapy in the treatment of depressed outpatients », *Cognitive Therapy and Research*, 1, 1, 1977, p. 17-37.

5. Expertise collective INSERM (O. Canceil, J. Cottraux, B. Falissard, M. Flament, J. Miermont, J. Swendsen, M. Teherani, J.-M. Thurin), *Psychothérapie : trois approches évaluées*, Éditions INSERM, 2004, et A. T. Beck, « The current state of cognitive therapy. A 40 year retrospective », *Archives of General Psychiatry*, 62, 2005, p. 953-959.

l'état s'améliorait avec la thérapie cognitive ou l'antidépresseur présentaient une diminution de l'activité dans le cortex cérébral frontal moyen et le cortex cérébral antérieur orbitofrontal. En parallèle, les régions temporales et occipitales droites du cortex, appartenant donc au cerveau émotionnel, étaient plus activées, une fois améliorée la dépression. D'autres patterns de réponse étaient spécifiques soit aux effets de l'antidépresseur, soit à ceux de la thérapie cognitive[6].

La thérapie cognitive : une troisième voie ?

T. Beck définit ainsi les fondations de la thérapie cognitive[7] :

« La thérapie cognitive est, à certains égards, un dérivé de la psychanalyse, et en particulier de la psychologie du moi ("ego psychology"). Ma première investigation systématique des rêves des patients déprimés représentait une tentative de confirmer certaines hypothèses psychanalytiques à propos de la dépression. Mais alors que j'effectuais des recherches sur la dépression, puis plus tard sur l'anxiété et d'autres problèmes, il m'apparut qu'il était plus adéquat de les expliquer par un modèle cognitif que par le modèle motivationnel de la psychanalyse. La plupart des résultats de cette recherche, ainsi que de nouvelles formulations, ont été incorporés à ma pratique thérapeutique avec les patients.

« L'introduction de concepts originaux et de techniques novatrices par le mouvement de thérapie comportementale a ressourcé mon application des principes cognitifs aux problèmes cliniques. Ainsi, la thérapie cognitive représente une synthèse de certains aspects de la psychanalyse et de la thérapie comportementale. De la psychanalyse vient l'accent mis sur l'identification des thèmes importants et latents dans la pensée du patient, et sur la mise en évidence des subtiles interrelations entre pensée, sentiment et comportement. De la thérapie comportementale viennent la structuration systématique de l'entretien thérapeutique, la définition des buts et des processus qui permettent de les atteindre, l'opérationnalisation des techniques thérapeutiques et d'évaluation. »

---

6. S. H. Kennedy, J. Z. Konarski, Z. V. Segal, M. A. Lau, P. J. Bieling, R. S. McIntyre et H. S. Mayberg, « Differences in brain glucose metabolism between responders to CBT and Venlafaxin in a 16-week randomized controlled trial », *American Journal of Psychiatry*, 164, 2007, p. 778-788.

7. Préface de A. T. Beck à I. M. Blackburn et J. Cottraux, *Thérapie cognitive de la dépression*, Paris, Masson, 1988, rééd. 2001.

Nous voyons la réalité à travers le prisme de « schémas cognitifs » conscients et inconscients

Mais, au fur et à mesure que de la thérapie cognitive se développe, le *schéma* cognitif en devient le concept phare. A. T. Beck se réfère de moins en moins à la psychanalyse, et de plus en plus à son contemporain Albert Ellis, père de la thérapie rationnelle émotive[8], ou à George Kelly [9] qui avait développé dans les années 1950 une psychologie des constructions personnelles. De même, il inscrit son modèle d'intervention dans celui de la psychologie centrée sur les processus de traitement de l'information.

Il établit aussi un pont avec la psychologie européenne, car la notion de « schéma » remonte à la psychologie cognitive du développement de Jean Piaget [10]. La tradition philosophique, de Platon ou Épictète à Kant, a fait usage de la notion de schéma cognitif : l'idée que la pensée est une construction interprétative d'une « réalité » évasive imprègne la pensée européenne. Cela peut expliquer la difficulté du béhaviorisme américain (ou comportementalisme) à s'implanter en Europe, alors que la psychologie et la thérapie cognitive y ont été nettement mieux accueillies.

Alford et Beck [11] définissent un schéma cognitif comme « une structure imprimée par l'expérience sur l'organisme ». Les schémas cognitifs sont stockés dans la mémoire à long terme (mémoire sémantique), sélectionnent et traitent l'information de manière automatique. La psychologie cognitive distingue deux types de processus cognitifs :

- *Les processus cognitifs automatiques* : ils sont inconscients, rapides, sans effort, ne requièrent que peu ou pas d'attention et sont difficiles à modifier. Ils correspondent aux *schémas* et aboutissent aux pensées automatiques qui émergent à un niveau proche de la conscience.
- *Les processus cognitifs contrôlés* : ils sont conscients, lents, requièrent à la fois effort et attention, et sont faciles à modifier. Ils corres-

8. A. Ellis, *Reason and Emotion in Psychotherapy*, New York, Lyle Stuart, 1962.
9. G. Kelly, *The Psychology of Personal Constructs*, New York, Norton, 1955.
10. J. Piaget, *Six Études de psychologie*, Paris, Gonthier, coll. Médiations, 1964.
11. B. Alford et A. T. Beck, *The Integrative Power of Cognitive Therapy*, New York, Guilford Press, 1997.

pondent à la pensée logique et aboutissent au décentrement par rapport à soi.

Les thérapies cognitives cherchent à favoriser les processus contrôlés au détriment des processus automatiques dus à des schémas perturbés.

Psychopathologie : soigner selon le modèle cognitif

D'une manière simple, on peut présenter ce modèle en une douzaine de propositions.

1. Les schémas représentent des interprétations personnelles de la réalité.
2. Ils influent sur les stratégies individuelles d'adaptation.
3. Ils représentent une interaction entre les comportements, les émotions, l'attention et la mémoire.
4. Ils ont une spécificité de contenu.
5. Ils correspondent à des «patterns» émotionnels, attentionnels, mnésiques et comportementaux, et se manifestent par des distorsions cognitives et des biais spécifiques à chacun des grands types psychopathologiques : en clair, des préjugés, des attitudes ou des croyances irrationnelles.
6. Ils se traduisent par une vulnérabilité cognitive individuelle.
7. Chaque trouble psychopathologique résulte d'interprétations inadaptées concernant soi-même, l'environnement actuel et le futur. Il existe donc des schémas spécifiques : schémas d'interprétation négative des événements (dépression), schémas de dangers (phobies, attaques de panique), schémas de surresponsabilité (troubles obsessionnels compulsifs).
8. Ces schémas se traduisent par une attention sélective vis-à-vis des événements qui les confortent : ils représentent donc une prédiction qui se réalise.
9. Les schémas pathologiques sont des structures adaptatives sélectionnées par un environnement et devenues inadaptées à un autre environnement. Ils peuvent avoir présenté une valeur de survie dans l'histoire de l'individu ou bien dans celle de l'espèce, dont ils représentent un vestige, qui a survécu à son utilité pratique.

10. Ils sont donc à relier à des structures neurobiologiques (des réseaux), gérant à la fois les émotions et les croyances, sélectionnées par l'évolution naturelle.
11. La meilleure façon d'accéder aux schémas est d'activer les émotions : « L'émotion est la voie royale vers la cognition. » Il est conseillé au thérapeute, en cas d'expression émotionnelle dans la séance, de rechercher la pensée automatique qui est attachée à l'émotion. Par exemple, le monologue intérieur « je ne vaux rien » correspond à la tristesse et aux larmes dépressives. Il renvoie au schéma « standards élevés » qui pourra être examiné dans sa dimension historique : d'où viennent ces standards ? Ce qui permettra de le modifier progressivement.
12. Ces schémas peuvent être à la base de la personnalité, en particulier les schémas précocement acquis [12].

Comment se déroule une thérapie cognitive ?

Les thérapies cognitives ont pour but de modifier les schémas par des méthodes cognitives, comportementales, émotionnelles et interpersonnelles. Les séances sont limitées en nombre : vingt séances pour les troubles anxieux et la dépression, une centaine pour les troubles de la personnalité ou la réhabilitation des psychotiques. Le thérapeute est actif. Les séances sont structurées selon le modèle suivant :

1. Évaluation des tâches effectuées entre les séances.
2. Agenda de séance : le thème de la séance est établi avec le patient.
3. Récapitulations fréquentes.
4. Méthode socratique de questionnement.
5. Techniques cognitives, comportementales, émotionnelles et interpersonnelles pour modifier les schémas et les pensées automatiques.
6. Résumé de la séance par le patient.
7. *Feed-back* du patient sur ce qu'a fait ou dit le thérapeute, avec une critique éventuelle de ce qui lui a déplu.
8. Tâches cognitives et comportementales.

---

12. J. Young, J. Klosko et M. Weishaar, *La Thérapie des schémas. Approche cognitive des troubles de la personnalité*, tr. B. Pascal, préf. J. Cottraux, Louvain-la-Neuve, De Boeck Université, 2005.

9. Agenda ; point à traiter en priorité lors de la prochaine séance.

La thérapie cognitive s'établit sur une relation thérapeutique dont les composantes sont non spécifiques : chaleur, empathie, authenticité, professionnalisme, confiance mutuelle, acceptation du patient. Ces composantes concourent à l'établissement d'une alliance thérapeutique positive. Elles sont nécessaires, mais non suffisantes. Il existe aussi des facteurs spécifiques : l'accent mis sur l'ici et maintenant, la sélection et la clarification pratique avec le patient de problèmes concrets à résoudre, et une attitude consistant à tester des hypothèses thérapeutiques. C'est ce que l'on appelle la collaboration empirique, qui pourrait se définir ainsi : « Deux scientifiques travaillant en commun sur un problème à résoudre. »

Thérapie cognitive ou thérapie cognitive et comportementale ?

Un des moyens les plus efficaces pour changer des schémas cognitifs est la modification des comportements. C'est pourquoi les thérapies comportementales classiques ont été intégrées dans un modèle plus large qui a pour sigle, en anglais, CBT (*Cognitive Behavior Therapy*), en Français TCC (Thérapie cognitive et comportementale). Cette évolution se traduisit par le changement d'appellation des associations de « thérapie comportementale » en « thérapie cognitive et comportementale ».

Ce fut le cas pour l'Association européenne en 1990 : le changement se fit dans un congrès que je présidai à Paris. A. T. Beck[13] y fit une présentation très ouverte où il insista sur le fait qu'il fallait tenir compte de la thématique personnelle des patients, du sens qu'ils donnent à leurs émotions et de la relation thérapeutique. Ce message fort, qui rejoignait celui des sciences cognitives fondamentales, fut entendu en Europe, en particulier en Angleterre. L'Association américaine de thérapie comportementale resta très longtemps sur des positions plus classiques et ne changea son intitulé « AABT » en « ABCT » qu'en 2005.

13. A. T. Beck, « Cognitive therapy : a 30 year retrospective », *in* J. Cottraux, P. Légeron et E. Mollard, *Which Psychotherapies in Year 2000 ?*, Amsterdam, Swets and Zeitlinger, 1992, p. 13-28.

Les résultats thérapeutiques des thérapies cognitives et comportementales

Si la thérapie cognitive représente actuellement le courant de psychothérapie dont la croissance est la plus rapide, elle le doit pour une bonne part au fait qu'elle a su valider scientifiquement beaucoup de ses hypothèses et démontré des effets positifs dans la très grande majorité des problèmes psychologiques. Il suffit de se référer aux différents rapports de synthèse effectués à la demande des directions de la santé de nombreux pays [14]. Deux revues très complètes [15] présentent une analyse critique des preuves d'efficacité dans les principales indications des thérapies cognitives. Les effets positifs sont retrouvés dans les études contrôlées dans les problèmes psychopathologiques suivants :

1. La dépression, la prévention des rechutes dépressives et la prévention du suicide [16]. Dans la dépression légère et d'intensité moyenne, la thérapie cognitive s'avère plus efficace que les médicaments. En revanche, les médicaments sont utiles en cas de dépression sévère où la thérapie cognitive représente une seconde ligne de traitement, dont les effets peuvent s'additionner à ceux du médicament.
2. Les attaques de panique et l'agoraphobie, les phobies, l'anxiété généralisée, le stress posttraumatique.
3. Les obsessions-compulsions.
4. Les troubles des conduites alimentaires.
5. Les addictions.
6. Les troubles de la personnalité [17].
7. Les problèmes de couple.
8. Les états psychotiques.
9. La gestion du stress et de la colère.

14. Pour la France, voir le rapport INSERM de 2004, Expertise collective INSERM, *op. cit.*

15. A. T. Beck, « The current state of cognitive therapy : A 40 year retrospective », *op. cit.*, et A. C. Butler, J. E. Chapman, E. M. Forman et A. T. Beck, « The empirical status of cognitive behavioral therapy : A review of meta-analyses », *Clinical Psychology Review*, 26, 2006, p. 17-31.

16 G. K. Brown, T. Tenhave, G. R. Henriques, S. X. Xie, J. E. Hollander et A. T. Beck, « Cognitive therapy for the prevention of suicide attempts. A randomized controlled trial », *JAMA*, 294, 2005, p. 563-570.

17. J. Giesen-Bloo, R. van Dyck, P. Spinhoven, W. van Tilburg, C. Dirksen, T. van Asselt, I. Kremers, M. Nadort et A. Arntz, « Outpatient psychotherapy for borderline personality disorder randomized trial of schema-focused therapy *vs* transference-focused psychotherapy », *Archives of General Psychiatry*, 63, 2006, p. 649-658.

Les théories cognitives peuvent-elles être utiles pour comprendre et modifier la société ?

Aaron T. Beck[18] se penche sur le problème de la haine dans un essai qui envisage aussi bien la psychologie individuelle que la psychologie collective. Les processus de la montée de la haine entre groupes et idéologies rivaux sont décrits selon une perspective à la fois historique et actuelle. On y trouvera, en particulier, une analyse subtile des fonctionnements psychologiques et sociaux qui ont abouti à l'Holocauste. Aux croyances collectives haineuses et étriquées, A. T. Beck oppose l'universalisme et les valeurs humanistes.

Sur le plan pratique, une des thèses centrales de l'ouvrage est qu'il est possible de prévenir la délinquance et de la violence. Les résultats d'un projet de l'université de Pennsylvanie y sont présentés : « la voie rapide » (*fast track*). A. T. Beck suggère que les déficits précoces de la cognition sociale pourraient être améliorés. Les résultats récents de ce travail de longue haleine apparaissent, aujourd'hui, encourageants[19].

Je suis pour ma part très heureux d'avoir introduit en France, avec Ivy Marie Blackburn, la thérapie cognitive. Cela a représenté, on s'en rend compte maintenant, un tournant radical qui a permis d'implanter dans notre pays des psychothérapies validées, pratiques et qui tiennent compte de la complexité humaine.

Pour conclure, je pense qu'il vaut mieux laisser la parole à A. T. Beck en lui posant deux questions :

Quel est, selon vous, votre plus grande réussite ?

Mon plus grand accomplissement a été de cerner le problème psychologique central de la dépression, et ultérieurement d'autres troubles psychiatriques. Pour être précis, en me fondant sur mes observations

18. A. T. Beck, *Prisoners of Hate : the Cognitive Basis of Anger Hostility and Violence*, New York, Harper Collins, 1999, tr. J. Cottraux, H. Dupont et M. Milliery, *Prisonniers de la haine. Les racines de la violence*, Paris, Masson, 2002.

19. M. E. Foster, D. Jones and the Conduct Problems Research Group, « Can a costly intervention be cost-effective : an analysis of violence prevention », *Archives of General Psychiatry*, 63, 2006, p. 1284-1291.

« L'émotion est la voie royale vers la cognition. »

cliniques et mes recherches, j'ai remarqué que les patients dépressifs déformaient de manière systématique certaines de leurs expériences vécues de manière négative. Finalement, je me suis aperçu que ce biais négatif se fondait sur des croyances négatives qui avaient été activées. Le développement de la thérapie cognitive a été la progression naturelle de ce nouveau paradigme en psychopathologie.

Comment envisagez-vous le futur de la thérapie cognitive?

Je pense que le modèle fondamental de la dépression et des autres troubles résistera à l'épreuve du temps. Au sens propre, des centaines d'articles ont validé la théorie de base. Par ailleurs, la thérapie cognitive se trouve à un stade de développement continu. De manière ultime, je crois que de nouvelles techniques et stratégies seront développées pour agrandir le domaine de la thérapie cognitive et établiront leur spécificité pour certains patients particuliers. J'ai dans l'idée qu'il y aura une sorte de « psychothérapie génomique », analogue à la pharmacothérapie génomique, qui permettra de différencier quels sont les patients susceptibles de répondre le mieux à des stratégies et à des techniques spécifiques. Cependant, cela sera conduit, je le crois, dans le cadre du modèle cognitif fondamental.

Aaron T. Beck dans le texte...

« Comme je tentais d'assembler les observations des pensées automatiques rapportées par ces deux patients – et d'autres patients – et finalement mes propres explorations introspectives, celles de ma famille et de mes amis, je commençai à accéder aux prémisses d'une théorie cognitive.

Il existe en fait au moins deux systèmes de pensée :

– L'un est dirigé vers les autres et, lorsqu'il est exprimé librement, il se compose de sentiments et de pensées que l'on peut communément communiquer aux autres. Cette façon de penser et de communiquer constitue "le mode conversationnel".

– Le second mode de pensée est apparemment "le mode autosignalant". Il consiste en autosurveillance, auto-instructions, et autoavertissements. Il inclut aussi des interprétations rapides, automatiques, d'événements, d'autoévaluations et d'anticipations. Sa fonction est la communication avec soi-même plutôt qu'avec les autres. Comme je l'ai découvert par la suite, le système de communication interne était la source de beaucoup des problèmes des patients, et, en me mettant à son écoute, je pouvais mieux comprendre leurs difficultés et les aider à les résoudre. Je fus capable de reconnaître les erreurs dans la façon dont les patients interprétaient leurs expériences, faisaient des prédictions et formulaient des plans d'action. »

A. T. Beck, « La thérapie cognitive de la dépression : histoire d'une découverte », *in* C. Meyer (dir.), *Le Livre noir de la psychanalyse*, Paris, Les Arènes, 2005, p. 707.

«La solidarité au sein d'un groupe peut être accrue par l'esprit d'appartenance (esprit de corps), aussi bien que par l'expérience d'une perte commune à tous les membres, qui favorise l'expression d'une peine commune et d'un soutien mutuel.

Les liens de loyauté entre les individus d'un groupe conçu comme une entité donnent au groupe une cohésion, des limites et, ainsi, le définissent. Cependant, comme l'a fait remarquer Arthur Koestler, cet esprit de cohésion a des inconvénients pour notre espèce, car nous définissons les autres individus et les autres groupes comme des étrangers, des adversaires potentiels, voire des ennemis. La combinaison entre la sociabilité des membres d'un groupe et l'individualisme de chacun de ces membres pose les bases des comportements de compétition agressive, d'intolérance, et d'hostilité envers les étrangers.

Lorsque les individus identifient leurs propres luttes et combats individualistes et sociables en accord avec les buts du groupe, ils en retirent le bénéfice lié à l'identification au groupe, mais aussi un aspect plus obscur : xénophobie, chauvinisme, préjugés et intolérance. Ils exhibent le même mode de pensée envers d'autres groupes que celui qu'ils montrent face à des individus qui les ont offensés au sein de leur groupe. Cela implique des erreurs de pensées comme la généralisation ou la dichotomie, ainsi que la fixation sur l'explication d'une «cause unique» – le groupe extérieur étant perçu comme la seule cause de la souffrance, en d'autres termes, considéré comme le bouc émissaire.

Les groupes unis tombent souvent dans le piège d'assimiler le bien-être au sentiment de supériorité (ce qui est plus digne). Il est plus simple de rabaisser et de s'attaquer aux autres si vous croyez qu'ils ne sont pas dignes. Les biais de pensée sont intégrés dans la forme et le contenu des souvenirs des conflits antérieurs avec le groupe "étranger". Ces souvenirs peuvent être transmis (par la culture ou les médias par exemple) de génération en génération.»

Prisonniers de la haine, Paris, Masson, 2002,
trad. J. Cottraux, H. Dupont et M. Milliery, p. 44.

Principaux écrits d'Aaron T. Beck

« An inventory for measuring depression », avec C. H. Ward, M. Mendelson, J. L. Mock et J. K. Erbaugh, *Archives of General Psychiatry*, 4, 1961, p. 561-571.

Depression. Clinical Experimental and Theoretical Aspects, New York, Harper and Row, 1967.

Cognitive Therapy of the Emotional Disorders, New York, New York American Library, 1976.

Cognitive Therapy of Depression (avec A. J. Rush, B. F. Shaw et G. Emery), New York, Guilford Press, 1979.

Anxiety Disorders and Phobias. A Cognitive Perspective (avec G. Emery et R. L. Greenberg), New York, Basic Books, 1985.

Love Is Never Enough, New York, Harper and Row, 1988.

Cognitive Therapy in Clinical Practice (avec J. Scott, J. M. G. Williams), Londres, Croom Helm, 1989.

Cognitive Therapy of Personality Disorders (avec A. Freeman, D. Davis and associates), New York, Guilford Press, 1990, rééd. 2004.

Cognitive Therapy of Substance Abuse (avec F. D. Whright, C. F. Newman et B. S. Liese), New York, Guilford Press, 1993.

The Cognitive Milieu. Inpatient Cognitive Therapy (éd., avec J. Wright et M. Thase), New York, The Guilford Press, 1993.

Cognitive Psychotherapy. Annotated Guide to the Psychiatric Literature (avec D. Clark), New York, APA Press, 1996.

The Integrative Power of Cognitive Therapy (avec B. Alford), New York, Guilford Press, 1997.

Scientific Foundations of Cognitive Theory and Therapy of Depression (avec D. A. Clark), New York, John Wiley & Sons, 1999.

Prisoners of Hate. The Cognitive Basis of Anger Hostility and Violence, New York, Harper Collins, 1999, trad. J. Cottraux, H. Dupont et M. Milliery, *Prisonniers de la haine. Les racines de la violence*, Paris, Masson, 2002.

Bipolar Disorder. A Cognitive Therapy Approach (avec C. Newman, R. L. Leahy, N. Reilly-Harringon et L. Gyulai), Washington, DC, American Psychological Association, 2002.

Jeffrey Young

Jeffrey Young en quelques dates...

1950 : Naissance à Portland, dans l'État du Maine (États-Unis).

1979 : Il intègre le Centre de thérapie cognitive d'Aaron Beck, à Philadelphie.

1993 : Parution de *Je réinvente ma vie*, dans lequel il expose sa thérapie au grand public.

2003 : Parution de *La Thérapie des schémas*, son ouvrage le plus important.

2006 : Première réunion à Stockholm de l'International Society for Schema Therapy.

Jeffrey Young en quelques titres...

Fondateur du Centre de thérapie cognitive de New York.

Fondateur de l'International Society for Schema Therapy.

Membre du département de psychiatrie de l'université Columbia.

Se libérer des schémas qui nous emprisonnent

Par Bernard Pascal

Aîné de trois enfants, Jeffrey Young passe son enfance à Portland, où son père tient un magasin de meubles. Dès son plus jeune âge, il s'intéresse aux autres. Il veut tout savoir de leurs émotions, de ce qui motive leurs réactions. Chez lui, la curiosité est un trait de caractère déterminant : il pose sans cesse des questions sur tout et n'importe quoi. Intellectuellement précoce, il est passionné par les problèmes à résoudre, les mots croisés, les histoires à mystères. Père et fils sont très proches, le premier encourageant vivement les capacités intellectuelles de l'enfant, lui donnant à vérifier les additions dans les magasins, les restaurants, le prenant pour copilote lors des voyages familiaux. Sa mère, très responsable et compétente sur le plan éducatif, est en revanche distante au niveau émotionnel. Young dira que sa distance affective a notablement influencé ses idées. Il se sent seul, dans une famille où l'on exprime peu ses émotions. Dès l'âge de 15 ans, il entreprend de faire passer des tests de personnalité à sa famille, et à ses amis : il a décidé de devenir psychologue.

Entré à l'université de Yale pour quatre années, il y suit les cours d'Arnold Lazarus, découvre sa *thérapie multimodale*, mais aussi la *thérapie rationnelle et émotionnelle* d'Albert Ellis et la thérapie comportementale de Joseph Wolpe. En 1974, il décide de poursuivre ses études à l'université de Pennsylvanie, à Philadelphie, afin de travailler avec Joseph Wolpe et Aaron Beck. Beck l'invitera à intégrer son Centre de thérapie cognitive, à Philadelphie : il sera ainsi l'un des tout premiers thérapeutes formés par le père de la thérapie cognitive.

En 1984, Young quitte Philadelphie pour New York. Au centre du Dr Beck, on ne soignait alors que des patients dépressifs. Avec sa clientèle privée, Young se trouve confronté au tout-venant de la psychopathologie, notamment des patients qui souffrent souvent de troubles de la personnalité [1]. Avec un groupe d'une quinzaine de praticiens, il réfléchit à l'évolution nécessaire de la thérapie cognitive pour traiter ces problèmes difficiles. La période des années 1980 correspond aussi à son expérience de la gestalt-thérapie : il se rend compte à quel point il est important de mettre l'accent sur les émotions en thérapie. Dès 1984-1985, il propose les premiers *schémas précoces inadaptés*. Il lui apparaît en effet essentiel de compléter l'œuvre de Beck, en tenant compte des souvenirs de l'enfance. En 1986, il ouvre le Centre de thérapie cognitive de New York, qui deviendra le Centre de thérapie des schémas. Depuis une vingtaine d'années, Young a formé des milliers de professionnels de santé mentale à travers le monde.

1. Pathologies mentales dans lesquelles les sujets souffrent, au très long cours et souvent depuis leur enfance, de difficultés émotionnelles et relationnelles.

Que nous apprend Jeffrey Young?

Nous avons des besoins affectifs fondamentaux

Selon Young, il existe au cœur de la personnalité un noyau central, qui se structure, durant l'enfance et l'adolescence, autour de besoins de base : les *besoins affectifs fondamentaux*. Le besoin d'attachement à des personnages importants de l'entourage est l'un des principaux de ces besoins. La nécessité de se représenter soi-même comme une personne valable en est un autre.

La personnalité se construit sur une base biologique : le *tempérament émotionnel*. En fonction de son tempérament, chaque enfant peut évoluer de façon spécifique et imprévisible, quelles que soient les conditions de son éducation : un enfant sociable et débrouillard s'adaptera et fera sa vie malgré les abus ou les négligences. Le tempérament peut aussi entraîner, à l'inverse, des comportements qui nuiront à l'enfant : un enfant turbulent risque davantage d'être exposé à un parent maltraitant qu'un enfant calme et passif. Selon Robert Cloninger (voir p. 361), un certain nombre de traits de personnalité seraient liés à des *facteurs de tempérament*, tels que l'*évitement de la menace* (qui fait le lit des personnalités à tendance anxieuse) ou la *recherche de la nouveauté*, caractéristique des personnalités impulsives.

Au cours de son enfance et de son adolescence, en se confrontant aux personnes qui l'entourent et à l'environnement dans lequel il vit, l'enfant est exposé à diverses expériences marquantes qui vont influer sur la satisfaction de ses besoins. Des expériences de frustration, voire de traumatisation, vont entraîner une carence dans la satisfaction des besoins. À l'inverse, un excès de satisfaction des besoins (dans le cas de familles surprotectrices) peut également générer un trouble psychologique.

De l'interaction entre le tempérament biologique et les expériences précoces de la vie va donc se constituer le noyau central de la personnalité, sur un fond de besoins affectifs plus ou moins satisfaits.

Qu'est-ce qu'un schéma?

Lorsque ses besoins affectifs fondamentaux sont satisfaits, l'enfant acquiert des schémas précoces positifs. Autrement dit, il se forge une représentation très favorable des personnes importantes de son entourage. De même, la représentation de sa valeur personnelle devient fortement positive. En cas de non-satisfaction de ses besoins fondamentaux, des associations inconscientes entre les souvenirs d'expériences pénibles, des émotions négatives et des cognitions[2] se constituent : ces structures associatives inconscientes sont les *schémas précoces inadaptés*. Le qualificatif de *précoce* signifie que ces schémas se créent au cours de l'enfance et de l'adolescence du sujet. L'adjectif *inadapté* fait référence au caractère extrême, rigide, de ces schémas, et au fait qu'ils persisteront tout au long de l'existence et gêneront la vie sociale du sujet. Ils seront générateurs de troubles de la personnalité. Ces schémas ont pour support cérébral des réseaux de neurones, qui siègent dans la mémoire à long terme et la mémoire émotionnelle.

- Les schémas de manque affectif, d'abandon, de méfiance, d'imperfection, d'isolement social, sont surtout liés à la *carence d'attachement*.
- Les schémas de dépendance, d'incompétence, de vulnérabilité, de fusionnement, d'échec, sont plus liés à un *excès d'attachement*, dans un environnement familial surprotecteur.
- Les schémas de manque de contrôle de soi, d'exagération des droits personnels, sont généralement liés à un manque de limites parentales, générateur de *carence du contrôle*.
- Les schémas de perfectionnisme, de pessimisme, sont le plus souvent l'expression d'un besoin de *contrôle qui a été poussé à l'excès*, souvent

2. On appelle « cognitions » (du latin *cognoscere*, « connaître ») les pensées et les images mentales.

dans le cadre d'un modèle familial, ou bien en réaction à un environnement défavorable.

La théorie des schémas

Les stratégies d'adaptation, ou comment on apprend à vivre avec un schéma

Selon Young, les sujets développent tôt dans leur vie des stratégies d'adaptation, qui leur permettent de s'adapter à leurs schémas, tout en évitant de ressentir les émotions intenses et insupportables que ceux-ci engendrent. Bien que ces stratégies aident l'individu à supporter un schéma, elles ne le guérissent pas et sont au contraire un élément du processus de maintien des schémas. « Selon les individus, l'adaptation à un schéma donné se réalise de différentes manières comportementales, parfois opposées. Considérons par exemple trois enfants qui s'adaptent à leur schéma d'imperfection de plusieurs manières. Bien que tous les trois se sentent imparfaits, l'un recherchera des partenaires et des amis critiques, l'autre évitera les relations trop proches, et le troisième adoptera une attitude de critique et de supériorité envers les autres. »

Cette citation de Young montre les trois types de stratégies : la *soumission* au schéma, l'*évitement* du schéma et la *compensation*. En fonction de son tempérament biologique, tel individu va plutôt éviter, plutôt se soumettre ou bien encore compenser. Dans l'exemple cité, l'enfant qui recherche les partenaires critiques se soumet à son schéma (« je suis mauvais et je mérite les critiques ») ; celui qui considère ne pas pouvoir supporter la souffrance émotionnelle liée au schéma évite les relations proches ; et celui qui se comporte avec supériorité avec les autres adopte la stratégie dite de compensation, consistant à agir comme si l'inverse du schéma était vrai.

Les processus de maintien : comment nos schémas s'auto-entretiennent

Ces notions font intervenir des travaux historiquement très antérieurs à ceux de Young et de Beck. À la suite des recherches de Thorndike (1913) puis de Skinner (1937), il a été formulé une théorie de l'apprentissage selon laquelle le comportement d'un individu entraîne des conséquences dont le sujet tire un enseignement pour le futur : il trie ses comportements, en choisissant ceux qui lui semblent les plus bénéfiques, à la suite d'une succession d'essais et d'erreurs. La conséquence de son action se comporte comme un *renforçateur* comportemental ou *motivateur* :

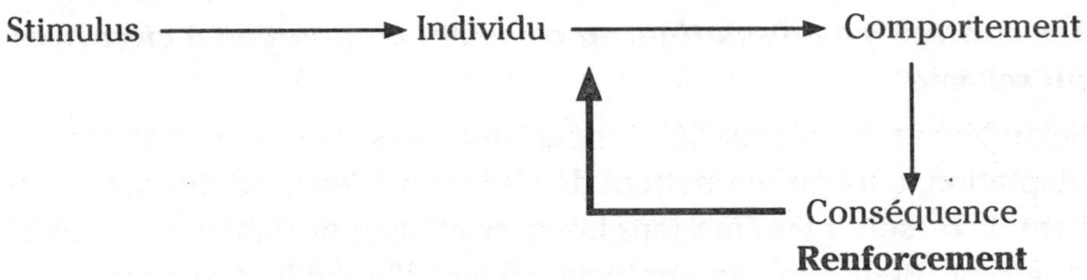

Si le sujet constate une absence de conséquences, il y aura extinction du comportement (absence de renforcement). Si les conséquences sont positives, le sujet aura tendance à reproduire de façon répétée le comportement concerné. Si les conséquences sont négatives, il évitera de renouveler ce comportement. C'est la théorie de base du béhaviorisme d'avant-guerre. Depuis, les neurosciences modernes sont venues donner un support anatomique et fonctionnel à cette théorie du renforcement (voir Joseph LeDoux).

La notion de renforcement vient compléter le modèle cognitif : *le comportement du sujet, par ses conséquences sur lui-même et sur son entourage, tend à renforcer le schéma*, si bien que celui-ci s'autoperpétue. S'il est nécessaire d'identifier les origines des schémas, il est donc également capital d'identifier les éléments de renforcement, qui pérennisent le trouble psychologique du patient. Pour la théorie cognitive, qui ne reconnaît pas le principe de la pulsion, la pensée et l'action sont guidées par la motivation, donc par les motivateurs. Certains motivateurs sont intrinsèques (nourriture, eau, stimulation douloureuse, etc.) ; d'autres sont secondaires, c'est-à-dire que leurs propriétés motivantes ont été acquises par l'expérience.

Prenons un exemple très simple : un agoraphobe qui a peur d'avoir un malaise aux caisses d'une grande surface évitera d'entrer dans ce magasin; ce comportement d'évitement lui permet de ne pas être angoissé lors d'une telle situation, mais il le maintient de façon constante dans l'incapacité de faire ses courses dans une grande surface. Ainsi, un comportement qui soulage à court terme (ici, l'évitement) maintiendra à long terme le sentiment d'absence de maîtrise de soi dans ce type de situation : les schémas de vulnérabilité et/ou d'incompétence de cet agoraphobe se verront maintenus dans leur rigidité, et le trouble psychologique (l'agoraphobie) se pérennisera.

Ainsi, les stratégies d'adaptation, par les comportements qu'elles déclenchent, sont en grande partie responsables du maintien des schémas.

La thérapie des schémas se donne donc pour but de supprimer tous les facteurs de maintien, tant comportementaux (comme ci-dessus) que cognitifs et émotionnels, qui font que les schémas inadaptés se maintiennent tout au long de l'existence, empoisonnant la vie du sujet et de son entourage.

Qu'est-ce que le modèle de Young a apporté à la psychologie ?

La théorie des schémas n'est pas une idée totalement neuve. Young est de ceux qui savent rendre à César ce qui est à César. Il reconnaît qu'« il s'agit de l'intégration de plusieurs modèles théoriques déjà existants en une nouvelle conception et une nouvelle façon de traiter. La thérapie cognitive, à ses débuts, a été une nouvelle façon de considérer les personnes, si bien qu'on pouvait dire qu'un nouveau domaine de la psychologie était apparu. Je ne dirai pas la même chose de la thérapie des schémas. Celle-ci utilise des concepts, des stratégies thérapeutiques et des techniques qui existaient déjà dans le champ de la psychologie, mais qui étaient dispersés dans diverses approches conceptuelles. » En revanche, la thérapie des schémas a ceci d'original qu'elle utilise les idées de différents modèles pour les intégrer dans un nouveau cadre psychothérapique. « Ce qui est nouveau, c'est la façon d'intégrer ces différents éléments : nous ne nous sommes pas contentés de les remettre à une nouvelle sauce... », continue Young au cours de notre rencontre (voir pages suivantes).

D'un point de vue pratique, la thérapie des schémas intègre aussi des techniques et des stratégies provenant d'autres domaines de la psychologie. « C'est la cohérence de cette intégration qui est quelque chose d'unique. Je ne crois pas qu'il existe actuellement un autre modèle psychothérapeutique qui soit à la fois aussi cohérent et aussi large au sens de l'utilisation des idées venues d'ailleurs. »

Rencontre avec Jeffrey Young

Mes premières rencontres avec Jeffrey Young avaient eu lieu lors de ses ateliers de formation. Dans ces réunions où le temps est compté, il était constamment affairé à régler le moindre détail de son intervention : éclairage de la salle, son, cadrage du vidéoprojecteur, etc. Derrière les lunettes, le regard vif s'agitait, à l'affût du grain de sable qui pourrait entraîner le chaos dans l'ordonnancement de la journée. Puis il prenait la parole, chaleureux et souriant. Son phrasé rapide, ses inflexions vocales, sa gestuelle conviviale donnaient de l'amplitude à une silhouette que la nature avait voulue plutôt petite. Malgré un programme chargé, les pauses-café et les repas étaient des moments où il discutait volontiers, mais toujours préoccupé par l'organisation ultérieure du programme, laissant à ses interlocuteurs l'image d'un homme méticuleux.

C'est à l'occasion d'un de ses fréquents séminaires en Europe que nous avons planifié cet entretien. Jeffrey me proposa de nous retrouver le dimanche, dans sa chambre d'hôtel, en Allemagne. « Hi, Bernard! » C'est un homme décontracté qui m'accueille, souriant, en short, sandalettes et chemisette à carreaux. Après le personnage des congrès, je découvre celui des jours de liberté. C'est donc très à l'aise que, calé sur un canapé, les pieds sur une table basse, Jeffrey répond à mes questions, tout en sirotant son eau minérale et en savourant des bonbons mous. La tête, les mains s'activent; et toujours ce regard agile, tantôt dirigé vers moi, tantôt lointain, contemplant une idée qui chemine dans son esprit. À aucun moment il ne semble se préoccuper des heures qui s'écoulent : je le sens très dispo-

nible. Les questions se muent en dialogue, et j'en arrive à oublier que j'ai, face à moi, un des chefs de file de la psychothérapie contemporaine. Nous finirons la journée dans un restaurant italien, à échanger sur des théories et des cas cliniques, en compagnie d'un excellent pinot grigio *que Jeffrey apprécie tout particulièrement.*

Qui sont les personnages qui vous ont influencé dans la genèse de votre « thérapie des schémas » ?

Joseph Wolpe[3] ainsi qu'Aaron Beck[4] ont eu sur moi une influence considérable, même s'ils n'ont pas directement contribué aux idées propres de ma thérapie. Ils m'ont appris à envisager les problèmes des patients d'une façon empirique. J'ai étudié la psychanalyse à l'université, mais cette forme de thérapie est beaucoup plus axée sur la théorie que sur l'abord phénoménologique du sujet. Une des choses que j'ai retenues de Wolpe et de Beck, c'est qu'il faut s'en tenir aux données fournies par le patient. Toutes les hypothèses doivent être tirées des propos du patient, de ses mots, et non d'une théorie : cela est extrêmement important. De plus, je révise régulièrement ma conceptualisation en fonction du patient : de ses réactions, de ses réponses ; il s'agit d'un processus de constante interaction.

Je crois que c'est là ce que j'ai appris de plus important dans les débuts de ma formation. On ne peut pas avoir une idée *a priori* sur un élément de vie du patient : ce qui est vrai pour un individu ne l'est pas nécessairement pour un autre.

Pour ce qui est de l'évolution de la thérapie cognitive vers la thérapie des schémas, le travail de John Bowlby[5] sur l'attachement et la séparation a été d'une très grande influence. Bowlby a ajouté une dimension supplémen-

« Chez les patients, le centre des problèmes se trouve à un niveau émotionnel. Notre travail de base est donc d'obtenir un changement d'ordre émotionnel. »

3. Psychologue américain (1915-1997), il est connu pour ses travaux sur la « désensibilisation systématique » des phobies.

4. Voir chapitre précédent.

5. Pédiatre anglais (1907-1991) célèbre pour ses études sur le rapport mère-enfant.

taire, axée sur les relations précoces du sujet et a été le précurseur d'une pensée à propos du développement de l'individu.

Le travail de Guidano et Liotti [6] m'a également beaucoup intéressé. Ces auteurs ont développé un modèle constructiviste appliqué à la thérapie cognitive. Ils considèrent que la personnalité est faite d'un noyau central, dans lequel les expériences liées à l'attachement interviennent pour une grande part. Ce noyau serait entouré par une couche externe, faite de mécanismes de protection, et destinée à éviter la souffrance du noyau central que nos comportements pourraient provoquer. Cela est nouveau : en thérapie cognitive, il n'est aucunement question d'un tel noyau.

Enfin, la gestalt-thérapie, que j'ai connue au contact de deux thérapeutes, en tant que patient, m'a séduit par ses techniques très efficaces, qui permettent un changement émotionnel important. Avec la théorie de l'attachement, puis avec le noyau central du constructivisme, j'ai introduit les premiers éléments théoriques de la thérapie des schémas. La gestalt a eu une influence plus pragmatique, par des techniques émotionnelles que je me suis mis à utiliser pour mes propres patients.

Y a-t-il eu un événement qui a orienté votre approche psychologique ?

Essentiellement mon expérience de la gestalt-thérapie en tant que patient. Vers 1980, j'ai suivi une thérapie personnelle avec trois excellents praticiens de thérapie cognitivo-comportementale, sans beaucoup de succès : je n'étais pas parvenu à savoir ce qui me dérangeait, ce qui m'empêchait d'être heureux. La gestalt-thérapie m'a permis de comprendre quels éléments de ma biographie m'avaient le plus influencé. En court-circuitant ma façon habituelle de voir les choses sur un plan uniquement rationnel, elle m'a fait plonger sous la surface, pour aller vers le noyau central de ma personnalité. Des techniques telles que le travail des souvenirs au travers de l'imagerie ont été très puissantes et très efficaces.

Quels sont les principes fondamentaux de votre approche thérapeutique ?

Le premier est le concept de *noyau*, au centre de la personnalité. La thérapie des schémas ne s'applique pas à n'importe quels problè-

6. V. F. Guidano et G. Liotti, *Cognitive Processes and Emotional Disorders*, New York, Guilford Publications, 1983.

mes psychologiques, elle est surtout destinée à prendre en charge des patients qui présentent des difficultés au très long cours. Pour ce genre de problèmes, il est capital de creuser en profondeur, de s'intéresser à l'enfance et à l'adolescence, pour y chercher des thèmes communs, des modes de fonctionnement psychique qui se répètent. Cela est le principe le plus fondamental. Dans ces thèmes répétitifs, nous recherchons trois éléments principaux :

- Le premier est représenté par les *schémas*. La notion de schéma est intégrative ; elle est faite de plusieurs ingrédients : des cognitions, des émotions, des souvenirs, qui ont en commun leur caractère inadapté. Les éléments d'un schéma se mettent en place très tôt au cours de l'enfance et vont se pérenniser.
- Le deuxième élément clé est représenté par les *styles d'adaptation*, encore appelés *stratégies :* parce que les expériences et les émotions liées au schéma sont tout à fait bouleversantes, il nous est nécessaire de trouver des moyens à mettre en place pour éviter d'y être confronté et de les ressentir en permanence, ce qui serait trop difficile. La plupart des comportements répétitifs et inadaptés que les gens adoptent sont des façons de réagir, de s'adapter à ces schémas.
- Le troisième concept central est représenté par les *besoins fondamentaux de l'enfant*. Les enfants ont des besoins spécifiques qui, s'ils ne se trouvent pas comblés, vont être à l'origine du développement des schémas inadaptés. On peut en avoir une bonne idée en raisonnant *a posteriori*, c'est-à-dire en constatant ce qui a manqué aux gens que nous soignons : au travers de leurs témoignages, on retrouve des besoins tels que la stabilité, la sécurité, l'amour, l'attention, l'empathie, l'autonomie ; parfois, ils ont manqué de limites, ou bien au contraire il aurait fallu qu'on leur autorise davantage de spontanéité, de jeux, qu'on leur

> « Le bon thérapeute doit, d'une part, être capable de suffisamment d'empathie à l'égard du patient et, d'autre part, savoir le confronter à ce qu'il doit faire pour changer. »

donne le droit d'exprimer auprès des autres leurs sentiments et leurs besoins, et que les autres les écoutent et tiennent compte de tout ça.

Ces besoins fondamentaux sont à la base d'une conception particulière des qualités requises pour le thérapeute. Un point essentiel de la thérapie des schémas est la *confrontation empathique :* le bon thérapeute doit, d'une part, être capable de suffisamment d'empathie à l'égard du patient et, d'autre part, savoir le confronter à ce qu'il doit faire pour changer. Il doit en permanence osciller entre ces deux positions : empathie et confrontation. L'autre aspect fondamental du comportement du thérapeute est le *re-maternage partiel.* Cet aspect revêt une importance variable suivant les patients : plus le trouble est sévère, plus le re-maternage partiel devient important. Au cours de la thérapie, le thérapeute cherche à combler les besoins du patient, ceux qui n'ont jamais été satisfaits lors de son enfance. Naturellement, cette intervention respecte les limites appropriées de la relation thérapeutique. Il faut également savoir imposer des limites aux patients qui en ont besoin.

Enfin, une spécificité de la thérapie des schémas est son caractère ouvert : nous disposons de techniques cognitives, émotionnelles, comportementales, mais si de nouvelles techniques venaient à être découvertes, utiles pour modifier les schémas et les stratégies, elles pourraient être introduites. La thérapie des schémas est un modèle très intégratif, qui est à l'écoute des autres types de thérapies, et j'admets volontiers le mélange des méthodes et la coopération avec toutes les approches existantes.

Qu'est-ce qui différencie votre approche de celle des autres thérapeutes cognitivo-comportementalistes ?

Je pense que la différence essentielle se situe au niveau de la *profondeur* : en thérapie cognitive classique, il n'est jamais question d'un noyau central de la personnalité, des besoins fondamentaux, du développement de l'enfant. Beaucoup de thérapeutes cognitivistes utilisent le terme de *croyance centrale* en disant qu'elle recouvre la notion de schéma. En réalité, il ne s'agit pas de la même chose : en thérapie cognitivo-comportementale, il n'existe pas un modèle du développement de l'enfant. Considérons une pensée telle que « on ne peut pas m'aimer ». Il s'agit bien d'une croyance centrale, mais par rapport à ce que ressent un patient qui a un *schéma* d'imperfection, *une telle croyance centrale ne représente qu'un des éléments du schéma*; elle ne prend pas en compte les sentiments profonds du patient et le souvenir répété de ne pas avoir été aimé : c'est tout son développement qui a été atteint. Un schéma n'est pas seulement une croyance dont il peut parler à quelqu'un d'autre au niveau du raisonnement logique; c'est une partie profonde, infantile, de son identité, située dans le noyau de sa personnalité, à un niveau émotionnel, souvent préverbal, une partie de lui-même qui contient toutes ses émotions, et les souvenirs qui leur sont liés. Se contenter de parler de croyance n'exprime pas ce qui se passe réellement au fond de la personnalité. En thérapie des schémas, on vise à changer le centre de la personnalité, ses schémas et ses stratégies. En thérapie cognitive, on cherche à changer des pensées, de divers niveaux de profondeur, et des comportements, un à la fois. Ce n'est pas la même chose que de considérer qu'il existe une personnalité intégrée, présentant de nombreuses facettes, en grande partie inconscientes : nous essayons de changer cet ensemble, et pas seulement des pensées et des comportements pris de façon isolée. Cela est la différence centrale.

L'autre différence est l'importance que nous attribuons au *travail émotionnel* et à la *relation thérapeutique*. En thérapie cognitive, on considère que la relation thérapeutique peut avoir une importance, de même que le travail d'imagerie, mais il ne s'agit pas de points essentiels au processus de changement. En thérapie cognitive, le processus de changement est à l'origine cognitif, alors qu'en thérapie des schémas les cognitions ne jouent que pour 25 % dans ce processus : le travail émotionnel, la relation thérapeutique, le travail comportemental ont tous une importance égale.

L'accent que nous mettons sur les *stratégies*, ou styles d'adaptation, constitue un troisième point qui différencie la thérapie des schémas.

« L'inconscient est constitué de cognitions, d'émotions et de comportements situés hors de la conscience du sujet, et auxquels on n'a habituellement pas accès par des techniques cognitives, c'est-à-dire verbales. »

En matière de troubles de la personnalité, on ne peut pas se contenter de changer les pensées, de tous types, les schémas, sans chercher à comprendre et à modifier aussi les stratégies, telles que le détachement, l'évitement. Beaucoup de thérapeutes cognitivistes ne considèrent pas ces stratégies comme primordiales dans le changement.

Une autre différence est liée à la *structure des séances*. En thérapie des schémas, nous n'appliquons pas un protocole structuré qui indiquerait qu'à la séance 1 il faut faire ceci, à la séance 2, cela, etc. Ce n'est pas une structure « protocolisée », à la différence de la thérapie cognitive. Du fait de la nature des problèmes que nous traitons, il n'est pas possible de standardiser le travail. Tout dépend du patient, de ce qui l'amène à la séance : on ne peut pas prévoir si la séance sera consacrée à de l'imagerie, à des techniques cognitives, ou si on devra insister sur la relation thérapeutique. C'est le thérapeute qui doit, à chaque séance, décider de ce qu'il y a lieu de faire, de voir ce qui sera le plus utile à ce moment donné de la thérapie, pour ce patient-là. Il ne s'agit pas d'une absence (ou quasi-absence) de structure, comme en psychanalyse, mais cette structure est très souple, flexible en fonction des besoins, et le thérapeute peut procéder à de nombreux aménagements.

Un autre point concerne la *durée* : la thérapie des schémas est une thérapie de plus long terme. En thérapie cognitive, les traitements sont souvent de l'ordre de six mois. En thérapie des schémas, nous gardons souvent les patients un an, voire deux ans.

Le *re-maternage partiel* est également une différence importante : ce type d'intervention n'existe pas en thérapie cognitive. *Idem* avec la *confrontation empathique* : la thérapie cognitive utilise le rapport collaboratif, ce qui est très différent.

> « La thérapie cognitive est davantage orientée sur le symptôme, alors que la thérapie des schémas centre son effort sur la personnalité. »

La thérapie des schémas est « intégrative » : autrement dit, vous associez des concepts et des techniques tirés de la théorie de l'attachement, de la gestalt-thérapie et de la psychanalyse. Pouvez-vous nous expliquer comment ?

Plusieurs des schémas les plus importants sont en lien direct avec la notion d'attachement, et donc avec la théorie de Bowlby. En particulier, le schéma d'abandon et celui de manque affectif viennent directement de cette théorie. Par ailleurs, le travail de re-maternage partiel est un travail d'attachement. Il s'agit, au travers de la relation thérapeutique, de recréer un lien d'attachement que le patient n'a jamais ressenti lorsqu'il était petit. Au cours de ce travail, on recherche quels besoins de l'enfant n'ont pas été satisfaits par ses parents. Cette carence dans les besoins infantiles crée dans la vie adulte du patient des difficultés relationnelles. Le thérapeute va chercher à combler ces besoins insatisfaits, au travers de la relation thérapeutique. Par exemple, si l'enfant n'a jamais eu de base relationnelle stable, prévisible, le thérapeute cherchera à incarner la stabilité dans sa relation avec lui. Si le patient, au cours de son enfance, n'a pas eu l'expérience d'une empathie suffisante, le thérapeute développera tout spécialement son empathie vis-à-vis de ce patient. Si le patient n'a pas eu suffisamment de discipline, a manqué de limites, le thérapeute cherchera à créer des limites dans le cadre de la relation thérapeutique. Lorsqu'il identifie un besoin infantile non satisfait, il cherche à le combler dans sa relation thérapeutique. Si bien que, pour chaque patient, le re-maternage est différent et spécifique, en fonction des besoins. En fait, plus le degré d'insatisfaction des besoins infantiles est élevé, plus le re-maternage est un élément important de la thérapie.

Concernant maintenant la gestalt-thérapie, les éléments qui en proviennent sont l'imagerie et les dialogues : dans les dialogues nous faisons interagir diverses parties (appelées « modes ») de la personnalité : l'enfant vulnérable va parler avec ses parents, l'adulte sain avec l'enfant vulnérable, et les dialogues seront adaptés en fonction des schémas du patient.

La psychanalyse ? Je n'ai jamais eu d'intérêt pour la psychanalyse. Mais malgré cela, lorsque j'ai développé le modèle théorique de ma thérapie, un certain nombre d'éléments se sont avérés similaires à certains points de la théorie psychanalytique. Ils se sont retrouvés dans ma théorie sans que j'aie intentionnellement cherché à le faire. C'est ainsi que, par la suite, on a pu me faire remarquer que mes *styles d'adaptation* (ou stratégies) étaient très semblables aux *mécanismes de défense* de la psychanalyse. Et c'est exact. Il est vrai qu'un certain nombre de concepts, tels que la notion de noyau central de la personnalité, et aussi celle de stratégies, recouvrent des notions qui existent aussi en psychanalyse, mais je n'ai jamais délibérément utilisé la psychanalyse pour construire ma théorie. La relation thérapeutique en thérapie des schémas est très importante, ce qui est un élément commun avec la psychanalyse. Mais le psychanalyste se contente d'interpréter. Nous estimons, nous, que l'interprétation et l'explication ne sont pas suffisantes. Le thérapeute ne doit pas se limiter, au cours des séances, à la description de son interaction avec le patient en termes de schémas et de stratégies. Il doit chercher également à fournir une *expérience émotionnelle correctrice*, car le but fondamental de la relation thérapeutique est le re-maternage. Si le patient n'a jamais ressenti la stabilité et la sécurité, le thérapeute tentera de la lui faire ressentir par sa relation avec lui-même.

De quelle façon la thérapie des schémas diffère-t-elle de la psychanalyse ?

En thérapie des schémas, le thérapeute est très actif et directif. Il donne des conseils au patient : c'est là l'influence de la thérapie cognitive et comportementale. À la différence de la plupart des psychanalystes, je ne crois pas à la neutralité thérapeutique. Nous ne nous contentons pas d'interpréter les besoins, nous cherchons aussi à les satisfaire, en tout cas partiellement. Comme les psychanalystes, nous mettons l'accent sur le rôle des parents, mais nous ne faisons pas que ça : nous donnons aux patients notre avis. Nous ne nous contentons pas d'une simple discussion sur les émotions : nous les travaillons, avec des techniques spécifiques. Nous aidons les patients à repérer leurs distorsions cognitives, mais nous avons, là encore, des techniques, telles que les cartes *mémo-flash* pour les modifier.

Quelle est l'importance théorique et pratique des émotions dans votre thérapie ?

Sur le plan théorique, les émotions, les cognitions et les comportements ont tous un rôle équivalent en thérapie des schémas. Mais j'irai plus loin : le noyau central de la personnalité est en étroite relation avec les émotions, si bien que chez les patients, le centre des problèmes se trouve à un niveau émotionnel. Notre travail de base est donc d'obtenir un changement d'ordre émotionnel. Mais pour cela, nous mettons aussi en œuvre des changements cognitifs et comportementaux, car tout est lié. Il est difficile d'obtenir un changement émotionnel profond sans changement cognitif et comportemental. Si nous ne parvenons pas à ce changement émotionnel, la thérapie n'est pas efficace.

Au niveau pratique, nous utilisons de nombreuses techniques orientées vers les émotions : le re-maternage partiel, car il s'agit de fournir au patient une expérience émotionnelle nouvelle au cours de la relation thérapeutique. Toutes les techniques de gestalt sont émotionnelles. L'émotion se situe donc au centre de notre thérapie.

Quand, et pour quels types de patients, avez-vous ressenti la nécessité de passer de la thérapie cognitive à la thérapie des schémas ?

J'ai été amené à rencontrer la gestalt-thérapie pour régler des problèmes personnels. À cette même époque, j'ai quitté le Centre de thérapie cognitive du Dr Beck pour commencer ma pratique privée. Les patients que j'étais amené à prendre en charge n'étaient pas les mêmes que ceux que soignait le Dr Beck dans son centre. À cette époque, en 1979, Beck s'occupait surtout, pour des questions de recherche scientifique, de patients dépressifs. Ces patients étaient donc triés dans cette optique, et les autres diagnostics, notamment les troubles de la personnalité, étaient exclus. Dans une clientèle privée, les pathologies sont très diverses. Tout particulièrement, ma clientèle s'avérait présenter fréquemment des problèmes de personnalité au long cours. Il faut bien comprendre que la thérapie cognitive, au départ, a été conçue essentiellement pour les troubles dépressifs et les troubles cliniques de l'« axe I [7] ». Dans ma clientèle personnelle, j'ai vu apparaître des gens qui avaient des problèmes de personnalité de longue durée, avec vingt ans de thérapie derrière eux, et qui estimaient que personne ne pouvait les aimer, qu'ils ne pouvaient faire confiance à personne. Bien sûr, certains avaient des troubles dépressifs, mais la thérapie cognitive n'avait pas marché parce que leurs difficultés étaient plus profondes, souvent liées à des problèmes d'attachement.

Pour ce qui est des pathologies concernées, je dirai que lorsqu'un patient présente des problèmes qui prennent racine dans l'enfance ou dans l'adolescence, la thérapie des schémas pourra être utile. Elle est indiquée pour ce que l'on appelle les « troubles de la personnalité ». Les

7. La classification américaine des maladies mentales (DSM-IV) distingue les troubles cliniques (axe I) des troubles de la personnalité (axe II).

troubles du comportement alimentaire, certains troubles liés à l'abus d'une substance, également. Les troubles dysthymiques, qui sont ces états dépressifs légers et chroniques, l'anxiété généralisée, certains troubles sexuels, tous ces dysfonctionnements psychologiques sont fréquemment liés à des problèmes de personnalité. Dans l'ensemble, même si elle peut être utile, la thérapie des schémas n'a pas été conçue pour les troubles cliniques dits de l'« axe I » : trouble obsessionnel compulsif, agoraphobie, etc. Pour ces problèmes-là, la thérapie cognitive est indiquée en première intention, puis la thérapie des schémas peut éventuellement rendre service, si les résultats sont insuffisants. La thérapie cognitive est davantage orientée sur le symptôme, alors que la thérapie des schémas centre son effort sur la personnalité.

Votre modèle – la théorie du schéma – est-il compatible avec les données modernes des neurosciences ?

J'ai beaucoup travaillé avec Daniel J. Siegel, l'un des principaux chercheurs à s'intéresser aux relations entre la psychothérapie et les neurosciences. Nous considérons tous les deux ce modèle comme l'un des plus compatibles avec l'ensemble des données modernes des neurosciences. Le concept de schéma, qui serait localisé dans notre mémoire, prenant naissance tôt dans l'enfance et se répétant indéfiniment, est très similaire à celui de réseau neuronal. Un réseau neuronal qui se constituerait à l'intérieur du cerveau, puis pourrait se trouver activé dans certaines circonstances, et qui serait relié à l'amygdale, la région émotionnelle de notre cerveau. Tout cela est tout à fait compatible avec les données modernes. Les neurosciences modernes considèrent que le cortex cérébral est le siège de l'activité cognitive et que l'amygdale cérébrale ainsi que le système limbique sont celui des émotions. Ce qui corrobore bien nos

> « Le schéma, c'est un piège, dans lequel le sujet se trouve pris. D'une certaine façon, il prive l'individu d'une partie de sa liberté : il l'empêche de se développer correctement, d'avoir des relations saines. »

observations montrant que les changements émotionnels sont indépendants des changements cognitifs, et confirme la nécessité de deux types de techniques thérapeutiques : des techniques cognitives et des techniques émotionnelles. Il a été vérifié par les neurosciences que nos techniques émotionnelles avaient un impact sur le système limbique. Il existe donc beaucoup d'arguments montrant la compatibilité de la théorie du schéma avec les connaissances de la biologie moderne.

Pourriez-vous définir l'inconscient, tel que vous le concevez dans la théorie du schéma ?

De façon simple, je dirai que l'inconscient est constitué de cognitions, d'émotions et de comportements, situés hors de la conscience du sujet, et auxquels on n'a habituellement pas accès par des techniques cognitives, c'est-à-dire verbales. L'inconscient est fait de souvenirs, inscrits en mémoire, d'expériences répétitives du passé dont le sujet ne se souvient pas de façon consciente. À la différence de la psychanalyse, nous ne faisons pas intervenir la notion de refoulement actif.

Pourriez-vous expliquer la différence qui existe entre un « schéma » et un « mode » ?

Un *schéma* est un thème important de la vie du sujet, constitué de souvenirs, d'émotions, de cognitions, de sensations corporelles, qui se constitue très tôt dans l'enfance, reste présent tout au long de la vie, et présente un caractère dysfonctionnel. Il est très important de comprendre que le composant principal des schémas, ce sont les souvenirs précoces, auxquels sont venues s'associer des émotions, des cognitions, des sensations corporelles. Cela sous la forme de réseaux neuronaux, qui sont présents dans notre mémoire.

Un *mode* constitue une facette de la personnalité. Il est formé de schémas, de comportements dysfonctionnels ou fonctionnels, qui sont actifs à un moment donné chez un patient. Voilà pour la partie théorique.

Sur un plan plus formel, un mode représente ce que je pense, ce que je ressens, ce que je fais, et quels schémas sont activés, à un moment donné : c'est un état du soi. Je vais donner deux exemples pour illustrer le concept de mode.

Tout d'abord le mode *enfant vulnérable*. Supposons un sujet adulte qui a une relation intime avec une personne. Cette personne met fin à leur relation : il se sent rejeté. Lorsqu'il était enfant, un de ses parents l'avait abandonné. La fin de cette relation active chez lui les souvenirs, les émotions, qu'il a ressentis dans son enfance lors d'un événement similaire. Il se trouve alors dans le même état émotionnel et cognitif que lors de cet abandon initial : c'est là le mode enfant vulnérable. Le mode inclut non seulement le schéma qui vient de s'activer, mais aussi le comportement que le sujet aura dans ce cas précis : par exemple la recherche de quelqu'un qui lui donnerait de l'affection, ou bien le fait de pleurer. Un mode est donc constitué à la fois de schémas et de réactions comportementales.

Le *protecteur détaché* est un autre mode fréquent, très différent. Reprenons la situation précédente d'une relation intime qui s'interrompt. Avec le protecteur détaché, le sujet se coupe, se détache de ses sentiments et ignore ses souvenirs : il ne ressent rien, il ne se souvient de rien et n'a aucune conscience de sa façon de réagir à ce qui vient de se passer; dans ce mode, il se protège lui-même de ses souvenirs et de ses émotions en les bloquant, ce qui lui permet d'éviter de souffrir.

Dans le mode *enfant vulnérable*, le sujet ressent la même chose que lorsqu'il était enfant, alors que dans le mode *protecteur détaché*, devant le même événement déclencheur, c'est-à-dire la perte d'une relation intime, il bloque ses émotions et ses souvenirs pour éviter de souffrir. Voilà explicités deux modes différents, tous les deux déclenchés par la même situation activatrice.

J'ai vu des enregistrements vidéo de votre pratique avec des patients : j'ai remarqué à quel point vous êtes chaleureux et attentif vis-à-vis d'eux. Est-ce un point important en thérapie des schémas ?

La chaleur et l'attention sont des ingrédients importants du re-maternage partiel. Ce sont deux aspects fondamentaux de l'interaction avec le patient : je ne crois pas à la neutralité thérapeutique. Je pense que le thérapeute doit être chaleureux et attentionné, comme le serait un bon parent. Le *re-maternage* est l'idée centrale de la thérapie : c'est lui qui permet d'obtenir le changement chez le patient. Le re-maternage est *partiel* parce qu'un vrai parent vivrait avec l'enfant dans sa maison et passerait plusieurs heures chaque jour avec lui. Le thérapeute, qui voit le patient une ou deux fois par semaine, ne peut avoir qu'une *fonction* de re-maternage. Donc, ne serait-ce que pour une raison de durée, il n'est pas possible d'envisager un re-maternage total. De plus, le re-maternage est partiel parce que le cadre d'une thérapie n'autorise pas n'importe quel comportement : même si un parent peut embrasser son enfant, ou bien lui dire «je t'aime», ce sont des attitudes non autorisées en thérapie, bien entendu. À la place, je dirai plutôt : «je tiens à m'occuper de vous», ou bien «vous êtes une personne importante pour moi». Il ne faut pas tenir des propos qui puissent être mal interprétés, qui puissent laisser croire au patient que vous êtes réellement le parent, comme «appelle-moi papa». Le thérapeute agit comme un parent, mais il n'est pas un parent. C'est là que se trouve la limite : le patient ne doit pas vous prendre pour un parent. La communication doit être parfaitement claire à ce niveau, sur le plan aussi bien verbal que non verbal.

D'un point de vue philosophique, pensez-vous que la thérapie des schémas puisse permettre à l'être humain d'accéder à davantage de liberté ?

Le schéma, c'est un piège, dans lequel le sujet se trouve pris. D'une certaine façon, il prive l'individu d'une partie de sa liberté : il l'empêche de se développer correctement, d'avoir des relations interpersonnelles saines. Le but de la thérapie des schémas est de libérer l'individu de tels pièges. Il s'agit de parvenir à la satisfaction des besoins affectifs fondamentaux : là se trouve la liberté psychologique. Les modes, les stratégies, les schémas empêchent une telle satisfaction des besoins fondamentaux. L'individu ne dispose donc pas de la liberté qui lui permettrait de combler de tels besoins. L'idée de la thérapie est de lever toutes les barrières qui empêchent l'individu d'accéder à ses besoins. Pour cela, il faut commencer par montrer aux patients quelles sont ces barrières, pour ensuite les faire disparaître. Alors, le sujet retrouvera sa liberté.

> « Si l'enfant n'a jamais eu de base relationnelle stable, prévisible, le thérapeute cherchera à incarner la stabilité dans sa relation avec lui. »

Quelles sont vos prévisions pour l'évolution future de la thérapie des schémas?

Je pressens que ce mouvement va se développer rapidement, comme c'est le cas actuellement dans des pays de plus en plus nombreux, avec un nombre croissant de praticiens dans chaque pays. J'espère qu'il sera reconnu comme une thérapie qui assure le lien entre la thérapie cognitivo-comportementale et la thérapie analytique, et que les thérapies des deux types y trouveront un modèle qui leur soit compatible, leur permettant une plus large expansion.

Les données actuelles de la recherche me rendent optimiste, car les études qui comparent la thérapie des schémas avec d'autres types de thérapie nous sont très favorables. Et il est certain que ces résultats vont influencer les orientations thérapeutiques : partout dans le monde, les équipes ont tendance à donner la priorité aux méthodes qui ont fait leurs preuves, donc à notre modèle. Dans ces conditions, même si certains thérapeutes n'ont pas l'intention de changer, ils y seront contraints par les données de la recherche clinique.

Certains considèrent la thérapie cognitive et comportementale comme un traitement « de surface ». Que diriez-vous de la thérapie des schémas ?

J'ai développé la thérapie des schémas en réaction à certains aspects superficiels de la thérapie cognitive. Dans mon esprit, il s'agissait de faire le lien entre une thérapie de surface, très directive et orientée vers le changement – telle que la thérapie cognitive et comportementale –, et une thérapie de la profondeur, pour sa part très passive et non directive. Entre ces deux approches, il n'y avait rien. Il manquait une thérapie active et directive qui, en même temps, agisse en profondeur sur la personnalité. La thérapie des schémas associe donc les caractéristiques de la thérapie cognitive et l'action en profondeur.

Souhaiteriez-vous répondre à certaines critiques adressées à la thérapie des schémas?

On m'a dit que la thérapie des schémas ne serait qu'une sorte de psychanalyse remaniée. Il existe en effet des similitudes entre les deux, mais la thérapie des schémas est radicalement différente de la psychanalyse. Le caractère directif de notre thérapie, l'absence de neutralité, le re-maternage actif qui va au-delà de la simple explication, tout cela constitue des différences essentielles.

Même critique avec la thérapie cognitive et comportementale. En fait, la différence est importante, du fait du niveau de profondeur émotionnelle avec lequel nous approchons le patient. La nature de la relation thérapeutique est aussi très différente. Enfin, avec la notion d'un centre de la personnalité et des besoins affectifs fondamentaux, nous insistons sur l'importance d'un modèle développemental dans l'abord du patient.

Que conseilleriez-vous à un jeune étudiant intéressé par la psychologie ?

À propos de la psychologie, tout d'abord. Il s'agit d'un champ d'études absolument fascinant. On y trouve beaucoup de questions… sans réponses, les idées nouvelles y fourmillent, il existe de nombreuses approches. Il s'agit d'un domaine très dynamique, très stimulant.

Concernant les psychothérapies, je lui conseillerais de se faire une idée des diverses thérapies, de les expérimenter pour lui-même en tant que patient si possible. Il ne faut pas s'arrêter à une seule méthode, mais essayer d'être curieux de toutes.

Pour ce qui est de la thérapie des schémas, je lui dirais qu'il s'agit de la meilleure intégration de tout ce qui est actuellement disponible. C'est le meilleur courant de psychothérapie actuel. Il ne tient qu'à lui de l'étendre, de l'améliorer encore.

Principaux ouvrages de Jeffrey Young

Reinventing Your Life. The Breakthrough Program to End Negative Behavior... and Feel Great again (avec J. S. Klosko), New York, Plume Books, 1993, trad. *Je réinvente ma vie. Vous valez mieux que vous ne pensez*, Montréal, Les éditions de l'Homme, 2003.

Schema Therapy. A Practitioner's Guide, New York, Guilford Publications, 2003, trad. *La Thérapie des schémas. Approche cognitive des troubles de la personnalité*, Louvain-la-Neuve, De Boeck, 2005.

Albert Bandura

Albert Bandura en quelques dates...

1925 : Naissance au Canada, dans une famille modeste.

1952 : Doctorat de psychologie à l'université de l'Iowa. Il y est recruté par l'université Stanford, où il réalise toute sa carrière.

Albert Bandura en quelques titres...

1974 : Président de l'APA.

1980 : Récompensé par l'APA pour ses Distinguished Scientific Contributions.

Membre de l'Académie américaine des arts et des sciences.

Membre de l'Institut de médecine de l'Académie nationale des sciences.

Le sentiment d'efficacité personnelle

Par Philippe Carré et Jacques Lecomte

Il est considéré comme le plus important chercheur en psychologie vivant au monde, et le quatrième grand « psy » du XXe siècle après Freud, Piaget, Eysenck et Skinner (tous décédés)[1]. Dans les années 1960, il a mené une célèbre expérience sur une poupée qui portait le nom d'un clown de l'époque : Bobo. Il a montré que l'individu pouvait devenir acteur de sa vie, à une époque où les modèles béhavioriste et psychanalytique avaient restreint le champ de liberté de l'humain. Il a toujours cherché une application pratique à ses travaux, que ce soit dans le domaine de la thérapie, de l'éducation, du sport ou de la santé. Et pourtant, Albert Bandura est quasi inconnu du public français : ce sont des éditeurs belges qui ont traduit deux de ses ouvrages en français.

Son parcours constitue une excellente illustration de ses propres théories. Il vient au monde dans une famille modeste du nord du Canada. Ses parents ne sont pas allés à l'école, mais ils placent l'éducation au

1. S. J. Haggbloom *et al.*, « The 100 most eminent psychologists of the 20th century », *Review of General Psychology*, 6 (2), 2002, p. 146.

sommet de leurs valeurs. Le père d'Albert Bandura est, selon son fils, «un extraordinaire autoapprenant» : il a appris par lui-même le violon et trois langues étrangères. Il semble clairement avoir servi de modèle au jeune Albert. Les années de scolarité élémentaire et de collège du jeune Bandura se déroulent dans une école de campagne de la petite ville de Mundare, au nord de l'Alberta, une école sous-équipée et sous-encadrée, ce qui conduit les élèves à prendre partiellement en charge leur propre éducation. Cette première expérience d'autoformation collective convaincra le futur psychologue que «le contenu de la plupart des livres de classe est périssable, mais [que] les ressources de l'autodirection sont utiles tout au long de la vie».

On trouve en germe, dans ces diverses expériences, des concepts «banduriens» majeurs, tels que l'autorégulation et le sentiment d'efficacité personnelle, ou encore l'apprentissage social (par observation et interprétation du comportement d'autrui).

Que nous apprend Albert Bandura ?

Pourquoi certains jeunes de bonne famille deviennent-ils violents ?

C'est presque par hasard que Bandura est devenu psychologue. Jeune étudiant pas encore très sûr de son orientation, il remarque qu'un cours de psychologie est dispensé à des horaires compatibles avec ses allées et venues matinales. Il s'y inscrit et éprouve, en quelque sorte, une révélation. Des années plus tard, il écrira que « les trajectoires de vie sont les produits de l'interaction dynamique des influences personnelles et environnementales [...]. La chance favorise les curieux, les aventureux et les tenaces ».

Mais le jeune Bandura est vite insatisfait des cadres théoriques imposés à cette époque. En effet, dans les années 1950, deux courants rivaux et contradictoires dominent la psychologie universitaire : le béhaviorisme (ou comportementalisme) et la psychanalyse. Pour le premier, la pensée n'existe pas vraiment ou, du moins, est impossible à étudier : l'être humain fonctionne selon le principe « stimulus-réponse » ; autrement dit, notre comportement résulte directement de l'influence de notre environnement. En revanche, pour les psychanalystes, l'esprit existe bien, mais ce sont des processus inconscients qui déterminent notre vie psychique. Dans un cas comme dans l'autre, l'individu dispose de très peu de liberté, conditionné qu'il est soit par son environnement, soit par ses pulsions internes. Bandura s'écarte de ces deux courants, qu'il estime réducteurs face à la complexité du fonctionnement humain.

Son arrivée à l'université Stanford en 1952 déclenche chez lui une relation passionnée, toujours aussi vive plus de cinquante ans après, comme nous avons pu le constater [2]. Il entreprend des études de terrain sur l'agression, en s'efforçant de comprendre le comportement antisocial de garçons issus de familles « sans problèmes » de zones résidentielles. Et constate que ces comportements sont modelés sur l'exemple de parents qui, bien que n'acceptant aucune déviance à la maison, se montrent eux-mêmes violents ou encouragent l'agressivité de leurs enfants à l'extérieur.

Quand une poupée bouleverse des repères théoriques bien établis

Mais, pour affirmer une relation de cause à effet entre deux éléments, rien ne vaut la démarche expérimentale. Ses premières recherches conduisent donc Bandura à une série d'études dans lesquelles il répartit des enfants de 3 à 6 ans en deux groupes : certains voient un adulte qui frappe un clown gonflable appelé « poupée Bobo » ; les autres enfants voient également un adulte agir à côté de la poupée Bobo, mais sans violence. Chaque enfant est « testé » seul, afin qu'il n'y ait pas d'influence d'un enfant sur un autre. Placés ensuite en présence de la poupée Bobo, les enfants qui ont observé les comportements violents les reproduisent, voire improvisent d'autres actes agressifs, alors que ceux qui n'ont pas vu de modèle violent se révèlent significativement moins agressifs. Les modèles adultes les plus violents génèrent les comportements les plus agressifs chez les enfants témoins. De multiples recherches ont confirmé depuis ces résultats. Par exemple, des études sur l'impact des jeux vidéo violents, en situation de laboratoire comme en contexte naturel, aboutissent à des résultats équivalents à ceux des travaux fondateurs de Bandura [3].

2. En 2002, j'ai eu le privilège de passer une semaine de travail auprès d'Albert Bandura à l'université Stanford, ce qui m'a notamment permis d'apprécier sa simplicité, malgré sa renommée internationale (Philippe Carré).

3. Voir notamment C. Anderson et K. Dill, « Video games and aggressive thoughts, feelings and behavior in the laboratory and in life », *Journal of Personality and Social Psychology*, 78 (4), 2000, p. 772-790.

Ces résultats, qui peuvent éventuellement sembler banals au lecteur peu averti des querelles en psychologie, ont alors constitué une radicale remise en question théorique :

– Contrairement à ce que la théorie béhavioriste aurait prédit, il était possible d'apprendre sans récompense ni punition, sans passer par une « stratégie » personnelle d'essais-erreurs.
– Contrairement à ce qu'affirmait la psychanalyse, le fait d'observer des actes violents commis par d'autres ne réduit pas la violence chez l'observateur, mais l'augmente. En effet, la thèse psychanalytique est que l'observation d'actes violents a un effet « cathartique » sur le témoin, ce qui réduit la fréquence des comportements agressifs, par un processus de dérivation vers des activités inoffensives.

Bandura s'est ainsi rapidement démarqué des idées en vogue à son époque, traçant une voie originale qui s'amplifiera au fil des ans.

La part de liberté inhérente à tout être humain

Ces premiers résultats conduisent Bandura à élaborer la théorie de l'apprentissage social[4] (ou apprentissage vicariant, ou encore modelage). Il s'agit d'un processus très différent de la simple imitation des comportements car l'individu effectue alors un véritable « travail » cognitif : il évalue les avantages et inconvénients du comportement observé, pour le modèle et pour lui-même.

Bandura va progressivement élargir le champ de ses recherches, sur le plan tant empirique que théorique. Il intègre ainsi l'apprentissage social dans une vaste perspective qu'il qualifie de théorie sociocognitive[5]. Celle-ci accorde un rôle central aux processus cognitifs, interpersonnels et autorégulateurs dans l'adaptation et le changement humains ; Bandura parle dès lors de perspective « agentive » (*agentic*) pour exprimer l'objet central de ses travaux : le rôle du sujet social dans l'action. L'agentivité est la capacité humaine à influer intentionnellement sur le cours de sa vie et de ses actions. Dans cette perspective, les individus sont des agents proactifs et autorégulés, constamment en train de négocier leurs actions,

4. A. Bandura, *Social Learning Theory*, Englewood Cliffs, NJ, Prentice Hall, 1977, trad. *L'Apprentissage social*, Bruxelles, Mardaga, 1980.
5. A. Bandura, *Social Foundations of Thought and Action. A Social Cognitive Theory*, Englewood Cliffs, NJ, Prentice Hall, 1986.

émotions et projets avec les différentes facettes de leur environnement. Ils sont à la fois les producteurs et les produits de leur environnement.

Un concept essentiel chez Bandura est l'autorégulation. Quotidiennement, nous sélectionnons, organisons, transformons les informations provenant de notre environnement. L'être humain n'est donc pas l'objet plus ou moins impuissant des influences extérieures ou d'instincts biologiquement inscrits, ou encore de pulsions inconscientes archaïques.

Ce concept d'autorégulation a conduit Bandura à élaborer des applications pratiques à ses recherches, notamment un programme psychothérapeutique dit « de maîtrise guidée » et appliqué au traitement des phobies graves, avec des résultats impressionnants (voir l'entretien).

De multiples interactions entre la personne, son environnement et ses comportements

Pour Bandura, le fonctionnement humain est le produit de l'interaction dynamique entre trois groupes de facteurs : personnels (regroupant les aspects cognitifs, émotionnels et biologiques), comportementaux et environnementaux. Leurs influences respectives jouent de façon variable, selon les circonstances et les activités du sujet.

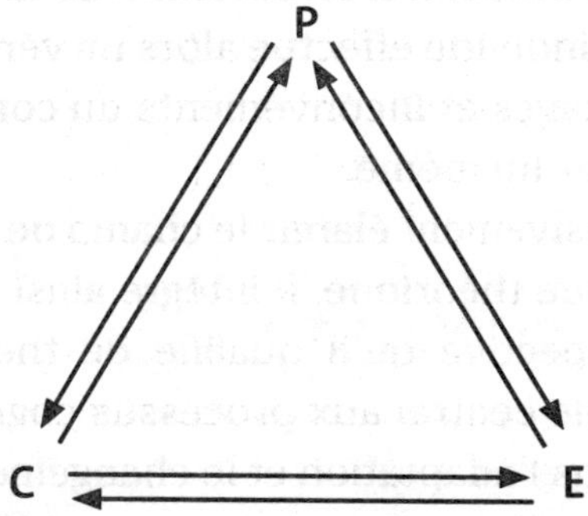

Ce modèle, qu'il qualifie de « causalité triadique réciproque », permet de décrire les cycles vertueux ou vicieux qui s'installent, pour le meilleur et pour le pire, dans de multiples sphères de la vie psychologique et sociale, qu'il s'agisse de performance sportive ou de toxicomanie, de relations amoureuses ou d'échec professionnel. Par exemple, la réussite scolaire d'un élève est jalonnée d'interactions positives entre de bonnes performances (C), des compliments reçus (E) et le développement progressif d'une image de soi comme apprenant efficace (P).

Croire ou ne pas croire en ses capacités, telle est la question fondamentale

L'aspect de la théorie sociocognitive que Bandura et ses collaborateurs ont le plus étudié est l'auto-efficacité, ou sentiment d'efficacité personnelle. Dans l'ouvrage majeur qu'il a consacré à ce thème [6], il présente une masse impressionnante de preuves empiriques de l'influence des croyances d'efficacité personnelle dans de multiples domaines de l'existence. Selon lui, « l'efficacité personnelle perçue n'est pas une mesure des aptitudes d'une personne mais une croyance relative à ce qu'elle peut faire dans diverses situations, quelles que soient ses aptitudes [7] ».

Les personnes qui croient fortement en leurs possibilités abordent les tâches difficiles comme des défis à relever plutôt que comme des menaces à éviter, ce qui augmente l'intérêt qu'elles y trouvent. Elles se fixent des objectifs stimulants et s'y impliquent fortement, récupèrent rapidement leur sentiment d'efficacité après un échec ou une baisse de performance. À l'inverse, les aptitudes personnelles peuvent être facilement limitées, voire annulées par des doutes sur soi, de telle sorte que des individus talentueux peuvent faire un piètre usage de leurs aptitudes dans des situations qui sapent leurs croyances en eux-mêmes.

Des centaines d'études ont montré que les effets du sentiment d'efficacité personnelle se font sentir dans de multiples domaines de l'existence (école, travail, santé physique et mentale, sports, etc.). L'impact positif du sentiment d'efficacité est même plus fort que celui des compétences. En effet, une personne manquant de compétences mais ayant un fort sentiment d'efficacité va faire le maximum pour s'informer, se former, etc., et finira par acquérir la compétence. En revanche, une personne compétente mais doutant d'elle-même n'obtiendra pas les résultats à la mesure de ses capacités.

Mais le sentiment d'efficacité n'est pas une donnée fixe, immuable. En particulier, quatre facteurs sont susceptibles de la faire croître : la maîtrise personnelle, l'apprentissage social, la persuasion par autrui, l'état physiologique et émotionnel.

---

6. A. Bandura, *Self-Efficacy. The Exercise of Control*, New York, W. H. Freeman, 1997, trad. *Auto-efficacité, le sentiment d'efficacité personnelle*, Louvain-la-Neuve, De Boeck Université, 2003.

7. *Ibid.*, p. 64.

– *La maîtrise personnelle.* C'est la principale source : les succès servent d'indicateurs de capacité et permettent donc de construire une solide croyance d'efficacité personnelle, tandis que les échecs peuvent la miner. La relation n'est cependant pas directe : par exemple, un succès obtenu facilement, sans effort, n'entraînera pas nécessairement d'amélioration du sentiment d'efficacité personnelle; inversement, un échec vécu dans une situation particulièrement difficile ne provoquera pas nécessairement une dégradation du sentiment d'efficacité. Le rôle des éducateurs (au sens large du terme) peut s'avérer essentiel à ce propos. Ils peuvent faciliter le développement du sentiment d'efficacité d'autres personnes en leur proposant des tâches bien adaptées à leurs capacités, c'est-à-dire qui présentent une certaine difficulté, mais pas excessive.
– *L'apprentissage social.* Pour évaluer ses capacités, l'individu tire aussi des conclusions de l'observation des actions réalisées par d'autres personnes. Ce sont les sujets dont les caractéristiques (âge, sexe, etc.) sont les plus proches des siennes qui sont les plus susceptibles d'être source d'information. Par exemple, des enfants tirent un sentiment d'efficacité personnelle plus élevé s'ils observent d'autres enfants talentueux que s'ils voient des adultes manifester les mêmes aptitudes cognitives, car la réussite de ces derniers peut leur paraître inaccessible.
– *La persuasion par autrui.* Il est plus facile à quelqu'un de maintenir un sentiment d'efficacité, particulièrement quand il est confronté à des difficultés, si d'autres individus, importants à ses yeux, lui expriment leur confiance dans ses capacités.
– *L'état physiologique et émotionnel.* En évaluant ses capacités, une personne se base en partie sur l'information transmise par son état physiologique et émotionnel. Ainsi, des paumes moites et une gorge sèche peuvent être vécues comme des signaux avant-coureurs d'échec et affecter négativement le sujet. Inversement, un sentiment d'euphorie, qui se traduit par une accélération du rythme cardiaque et des tremblements d'excitation, peut «doper» le sentiment d'efficacité personnelle, par exemple dans le cas de performances sportives.

Comme nous avons pu le constater, l'œuvre d'Albert Bandura est marquée par une double orientation. D'une part, la rigueur scientifique :

notre homme avance progressivement au fil des ans, ses recherches empiriques enrichissant sa réflexion théorique, et réciproquement. D'autre part, une approche humaniste de l'être humain : Bandura s'est toujours efforcé de comprendre comment les individus et les groupes humains pouvaient progresser, se développer. De plus, les perspectives qu'il développe n'ont rien d'individualiste : conscient des contraintes de l'environnement social, il s'est également intéressé au sentiment d'efficacité collective, à travers ses manifestations dans les domaines politique, social, organisationnel, et dans ses variations interculturelles.

Comprendre comment on peut transformer la société par la transformation des individus, et inversement, ainsi pourrait être résumé l'ensemble de son œuvre.

Rencontre avec Albert Bandura[8]

Par Gaëtane Chapelle

Vous êtes l'un des plus célèbres représentants de la théorie sociale cognitive. Pourriez-vous nous expliquer les notions importantes de cette théorie et sa contribution à la psychologie ?

La théorie sociale cognitive considère l'humain comme l'agent – on pourrait dire l'acteur – de son développement, de son adaptation et de son changement. Être acteur de sa vie consiste à influencer intentionnellement son propre fonctionnement et son environnement. Chaque individu n'est donc pas seulement le résultat des circonstances de sa vie. Il en est aussi l'origine. À partir de là, la théorie sociale cognitive propose un ensemble de compétences qui seraient l'essence de l'humain. La première de ces compétences est une extraordinaire capacité symbolique, qui offre à l'humain un outil très puissant pour comprendre son environnement et gérer pratiquement tous les aspects de sa vie. En symbolisant leurs expériences de vie, les individus donnent à leur vie une structure, un sens et une continuité. La deuxième de ces compétences est une grande capacité à vivre « par procuration », ce qui permet à l'individu, en regardant les autres, d'accroître très fortement

8. Interview publiée pour la première fois dans *Sciences humaines*, n° 148, avril 2004 et reprise dans G. Chapelle (dir.), *Le Moi, du normal au pathologique*, Auxerre, éditions Sciences humaines, 2004, p. 105-113.

ses connaissances et ses compétences par le modelage social. Les extraordinaires progrès des technologies de l'information et de la communication ont encore accru la portée et le pouvoir de ce modelage social. Ces technologies contribuent à modeler les attitudes, les valeurs et les comportements à travers le monde, et deviennent un vecteur important du changement politique et social. Ensuite, la compétence de l'individu à anticiper augmente son « agentivité » humaine. Il imagine son futur, se donne des objectifs et anticipe les conséquences des actions qu'il envisage de mener, pour orienter et motiver ses efforts. Une autre compétence proprement humaine est ce que l'on pourrait appeler l'« autoréactivité ». Dire que l'humain est acteur de sa vie signifie qu'il n'est pas seulement un penseur et un anticipateur. Il contrôle et régule des actions, les siennes, en fonction de standards personnels enracinés dans un système de valeurs. Par ailleurs, sa capacité de réflexivité, autre compétence proprement humaine et centrale dans la théorie sociale cognitive, le rend capable d'évaluer son propre fonctionnement cognitif, affectif et comportemental. Il réfléchit sur son efficacité, la validité de ses pensées et de ses actions, la signification de ses quêtes, et opère des corrections et des ajustements si nécessaire. Enfin, l'humain ne vit pas isolé. Il doit collaborer avec les autres pour gérer et améliorer ses conditions de vie. Ils mettent alors en commun leurs connaissances, habiletés et ressources, et agissent de concert pour façonner leur futur. C'est pourquoi la théorie sociale cognitive étend sa conception de l'agentivité humaine à celle d'agentivité collective. L'interdépendance croissante de la vie sociale et économique nécessite l'exercice d'une agentivité collective locale, nationale et transnationale pour atteindre les changements sociaux désirés. Le rythme de plus en plus rapide des changements

« Être acteur de sa vie consiste à influencer intentionnellement son propre fonctionnement et son environnement. »

informationnels, sociaux et technologiques transforme la nature, la portée, la vitesse et le lieu de l'influence humaine. Ces évolutions rapides modifient la façon dont chacun communique, éduque, travaille, entre en relation avec les autres et conduit ses activités quotidiennes. Vivre dans ce monde de circulation très rapide de l'information transforme le rapport au temps, à l'espace, aux distances, aux frontières, à nous-mêmes et aux autres. Tous ces changements donnent un statut tout à fait prioritaire à l'agentivité humaine.

Dans les années 1980, vous avez élaboré la notion de « sentiment d'efficacité personnelle ». Ce concept a donné lieu à une étonnante abondance de travaux empiriques. Pouvez-vous nous expliquer ce que c'est ?

Le sentiment d'efficacité personnelle désigne la croyance qu'a chacun d'être capable d'influencer son fonctionnement psychosocial et les événements qui affectent sa vie. Selon la théorie sociale cognitive, cette croyance est véritablement au cœur de la motivation. Sans la conviction que ses actions le mèneront vers ce qu'il attend, ou le protégeront de ce qu'il ne désire pas, aucun individu ne prendrait d'initiatives, ni ne persévérerait face aux difficultés. Peu importe l'ensemble des facteurs qui le guident ou le motivent, ils sont tous ancrés dans la conviction fondamentale qu'il a le pouvoir de changer les choses par l'action.

Comment avez-vous développé ce concept ?

Le sentiment d'efficacité personnel le dérive d'un programme de recherche sur « l'expérience de maîtrise guidée ». Nous faisions alors l'hypothèse que l'expérience de maîtrise était le principal outil de changement personnel. De quoi s'agit-il ? Il s'agit d'une méthode dans laquelle on offre au patient la possibilité de réussir, par étapes, là où il échoue habituellement, ou là où il craint d'échouer. Prenons l'exemple de patients phobiques. Ceux-ci ne sont évidemment pas disposés à faire ce qu'ils redoutent, par exemple prendre le volant s'ils

> « La résilience s'acquiert également en apprenant comment transformer les échecs en sources d'apprentissage. »

sont phobiques de la conduite. Dans la méthode de « l'expérience de maîtrise guidée », les thérapeutes se devaient de décomposer la tâche insurmontable en sous-tâches aisément maîtrisées : commencer avec de courts trajets dans des rues isolées et très peu fréquentées, puis faire des trajets plus longs, à trafic plus intense, etc. Pour cela, les thérapeutes listèrent avec les patients tout ce qui pouvait les aider à mener l'action redoutée. Ce qui fut efficace. En quelques sessions, et chez tous les patients, on vit diminuer leur anxiété, leurs réactions biologiques de stress et leur comportement phobique. Alors que ces patients étaient assaillis de cauchemars récurrents depuis vingt ou trente ans, l'expérience de maîtrise transforma leurs rêves. Comme chez cette femme phobique des serpents, qui rêva une nuit qu'un boa constrictor était son ami et l'aidait à faire la vaisselle. Au bout de quelques nuits, les serpents disparurent même de ses rêves. Notre traitement, par « l'expérience de maîtrise guidée », se révélait donc efficace. Mais nous voulions augmenter sa capacité à éviter les rechutes. Notre raisonnement fut le suivant : le risque qu'une expérience négative réinstalle une phobie ou de l'anxiété dépend de la variété d'expériences à laquelle est confronté le patient. Si un phobique des chiens ne rencontre jamais plus de chien après le traitement, une seule expérience négative avec cet animal peut le faire rechuter. En revanche, s'il vit de nombreuses expériences positives avec des chiens, une expérience négative devrait induire la peur de ce chien-là en particulier mais non des chiens en général. Il fallait donc que notre traitement induise de la résilience [9] chez nos patients, une fois qu'un fonctionnement normal avait été retrouvé. Pour cela, après le traitement de leur trouble phobique, nous avons proposé à nos patients des expériences de maîtrise qu'ils dirigeaient eux-mêmes, face à des formes différentes de l'objet phobique. Dans une étude longitudinale, nos ex-phobiques nous ont dit toute leur reconnaissance d'avoir été débarrassés de leur phobie. Mais ils expliquaient aussi que leur traitement avait eu un impact plus profond sur leur vie. Cela avait été pour eux une expérience transformatrice, libératrice. Se débarrasser en quelques séances d'une phobie qui les tourmentait depuis vingt ou trente ans leur avait donné un grand sentiment d'efficacité à contrôler leur vie. Ils n'hésitaient donc plus à se mettre à l'épreuve et se réjouissaient

9. La résilience est la capacité de résister à une situation de stress.

de leur succès, à leur plus grande surprise. J'ai donc tenté de mieux comprendre ce système de croyance personnelle. J'ai alors formulé une théorie sur la façon de construire un sentiment d'efficacité personnelle résilient, en cherchant à identifier ses différents effets, à spécifier les mécanismes par lesquels il agit et à définir des principes opérationnels pour appliquer ces connaissances à un mieux-être individuel et social.

Comment peut-on modifier le sentiment d'efficacité de quelqu'un ?

De quatre façons. La première, qui est aussi la plus efficace, consiste à vivre des expériences de maîtrise : les succès produisent un sentiment d'efficacité robuste, tandis que les échecs le minent, particulièrement dans les premières phases de son développement. Mais en même temps, si les gens n'obtiennent que des succès faciles, ils s'habituent à des résultats immédiats et sont très vite découragés par les obstacles. Pour acquérir un sentiment d'efficacité résilient, il faut avoir surmonté des obstacles par des efforts persévérants. La résilience s'acquiert également en apprenant comment transformer les échecs en sources d'apprentissage.

Le deuxième moyen de développer un bon sentiment d'efficacité personnelle est le modelage social. Les autres sont une source d'inspiration, de compétences et de motivation. Assister aux efforts persévérants, et aux succès, de quelqu'un qui nous ressemble augmente nos croyances en notre propre efficacité. De même, les échecs d'un pair peuvent distiller des doutes sur notre propre efficacité.

La persuasion sociale est une autre façon d'influencer le sentiment d'efficacité personnelle. Des encouragements réalistes peuvent aider à poursuivre les efforts, et augmenter les chances de succès. Mais pour qu'un parent, un enseignant, un thérapeute ou même un ami réussisse à induire chez l'autre un fort sentiment d'efficacité, il ne doit pas seulement le couvrir de félicitations. Il doit le placer dans des situations où il réussira; il évitera de le confronter trop précocement à des difficultés qui risqueraient de le mener à l'échec.

Enfin, il l'encouragera à s'évaluer par rapport à lui-même plutôt que par rapport aux autres. Les encouragements sans les conseils pour rendre plus compétent ne donnent pas beaucoup de résultats. Par ailleurs, chacun évalue son efficacité en se basant partiellement sur son état physique et émotionnel. Il peut les interpréter comme des signes de déficience. Dans les activités physiques, qui demandent force et endurance, la fatigue et la douleur peuvent être interprétées comme des signes d'une faible efficacité personnelle. L'humeur affecte également le sentiment d'efficacité : une humeur positive l'augmente, une négative le diminue. Le quatrième moyen de modifier le sentiment d'efficacité est donc de réduire le stress et la dépression d'augmenter la force physique, et de modifier les mauvaises interprétations de leurs états physiques.

Tout au long de votre carrière, vous avez attaché une grande importance à l'application de vos recherches. Le sentiment d'efficacité personnelle a connu un grand succès grâce, justement, à la multitude de domaines dans lesquels il s'applique. Pouvez-vous nous les décrire ?

La valeur d'une théorie psychologique se mesure selon trois critères. Elle doit être explicative, c'est-à-dire qu'elle doit préciser les mécanismes et les déterminants des phénomènes psychosociaux qu'elle décrit. Elle doit aussi être prédictive, c'est-à-dire qu'elle doit vérifier la justesse des facteurs explicatifs. Et enfin, elle doit être efficace, c'est-à-dire qu'elle doit avoir le pouvoir opérationnel de changer les personnes et les groupes. Bien souvent, notre discipline, la psychologie, ne profite pas de ses succès théoriques, car elle oublie trop souvent de répondre à ce troisième critère : l'efficacité. La théorie du sentiment d'efficacité personnelle est utilisée dans de très nombreux domaines comme l'éducation, la santé, la psychothérapie, le monde du travail, le sport, car elle offre des indications explicites sur la façon de passer de la théorie à la pratique, et qu'elle s'applique en lien étroit avec d'autres déterminants de la théorie sociale cognitive. Mais si cette théorie s'applique à autant de

« Pour qu'un parent, un enseignant, un thérapeute ou même un ami réussisse à induire chez l'autre un fort sentiment d'efficacité, il ne doit pas seulement le couvrir de félicitations. Il doit le placer dans des situations où il réussira. »

domaines, c'est avant tout parce que les croyances dans nos capacités concernent toutes les sphères de la vie. Dans le champ de l'éducation, l'excellence résulte de la combinaison de plusieurs sentiments d'efficacité : le sentiment qu'ont les élèves de pouvoir réguler efficacement leurs activités d'apprentissage, celui des enseignants d'être efficaces pour motiver et favoriser les apprentissages de leurs élèves, et le sentiment collectif de l'équipe éducative que leur école est efficace pour faire progresser les élèves. Le sentiment d'efficacité oriente également les choix de carrière, ainsi que son développement. Dans le domaine du travail, face à la rapidité des changements, les compétences technologiques et techniques deviennent vite dépassées. Les individus doivent donc souvent assumer eux-mêmes leur remise à niveau. Une capacité d'adaptation efficace est ainsi devenue primordiale dans ce domaine du travail. Et l'efficacité organisationnelle est essentielle pour favoriser les innovations face aux nouvelles technologies et à la globalisation des marchés. La santé est un autre domaine dans lequel une conception de l'individu acteur de sa vie prend de l'importance. Le champ de la santé est en train de passer d'un modèle de la maladie à celui de la santé. La qualité de vie est de plus en plus dépendante des habitudes de vie. Le sentiment d'efficacité donne aux individus la volonté de changer leurs habitudes, influence la façon dont ils envisagent leur motivation à changer et la persévérance nécessaire pour réussir à changer ce qu'ils ont décidé de changer. Il pèse aussi sur leur capacité à reprendre le contrôle après des échecs et à conserver les bonnes habitudes prises. Comme on l'a vu avec les patients phobiques, le sentiment d'efficacité à s'adapter aux événements de la vie est également un facteur clé dans le traitement des troubles mentaux, comme les troubles anxieux et phobiques, la dépression, les troubles alimentaires, et la dépendance à l'alcool ou la drogue. Dans le domaine sportif, le sentiment d'efficacité influence aussi bien l'acquisition d'habiletés que le contrôle du stress, la confrontation aux chutes de performance, la qualité de l'en-

« Les autres sont une source d'inspiration, de compétences et de motivation. »

traînement et le niveau des performances de l'équipe. Dans le domaine sociopolitique, le sentiment qu'ont les citoyens de pouvoir provoquer des changements par une action collective et leur confiance dans les structures gouvernementales déterminent le niveau d'activisme social et politique et la forme qu'il prend, conventionnelle ou d'opposition. Depuis quelques années, Internet procure aux individus un instrument global, libre du contrôle institutionnel et de la structure hiérarchique qui règnent sur les autres médias. On observe par ailleurs que ce sont les personnes qui ont un sentiment d'efficacité personnelle élevé qui expriment leurs opinions et participent aux débats sociaux et politiques sur Internet.

Bien souvent, les sciences cognitives, et parfois également la théorie sociale cognitive, ont été accusées de décrire l'humain comme un être froid et rationnel. Le sentiment d'efficacité est-il un concept cognitif, émotionnel, ou les deux ?

Le sentiment d'efficacité est une croyance qui peut avoir des effets émotionnels. Mais il faut remarquer que le sentiment d'efficacité n'est qu'une composante, et même une composante étroite, de la théorie sociale cognitive. Il opère donc simultanément avec d'autres facteurs dans l'acquisition des schémas de fonctionnement émotionnel. Les individus vivent dans un environnement psychique qu'ils ont eux-mêmes construit. Et leur vie psychique est bien sûr lourdement teintée d'émotions. Grâce à leurs capacités mentales, les individus peuvent se faire peur ou s'angoisser par des pensées perturbantes, se démoraliser par des pensées négatives, se rendre nauséeux en s'inventant des maladies, se mettre en colère en ruminant des injustices, ou s'exciter sexuellement par des fantasmes érotiques. Les émotions ne sont donc pas seulement des conséquences des événements que l'on rencontre, mais sont également à l'origine de notre fonctionnement psychosocial. De plus, les émotions sont bien souvent la base du lien social. En bref, une théorie sociale cognitive ne peut concevoir une activité cognitive sans émotions. Le modèle rationnel présume que les individus choisissent les options de comportement qu'ils supposent les plus utiles. En fait, l'individu a de grandes difficultés à décider dans des situations complexes. Ce qui fait que bien souvent, les décisions sont prises à l'opposé de normes rationnelles. Pour caricaturer, on pourrait dire que chacun choisit, dans un nombre limité de possibilités, l'action qui paraît satisfaisante, plutôt qu'il ne cherche assidûment la meilleure. Face à de nombreuses alternatives et conséquences possibles, il utilise des stratégies de simplification de la décision. La décision dépend aussi souvent de facteurs émotionnels et des normes du groupe : ceux-ci peuvent donner l'avantage ou le désavantage à une option. Et le sentiment d'efficacité détermine l'éventail d'options à considérer. Personne n'accordera un quelconque intérêt à une action éventuelle pour laquelle il se considère totalement inefficace. Et cela, même s'il pouvait en retirer de grands bénéfices. Un grand nombre d'options sont donc exclues très rapidement, sans même évaluer leurs coûts et bénéfices, uniquement sur la base du sentiment d'efficacité. Par ailleurs, ce sentiment ne fait pas que réduire l'éventail des possibilités. Il affecte également le type d'informations pris en compte, et la façon dont elles sont interprétées pour affronter les défis. Dans le modèle rationnel, les gens sont considérés comme motivés prioritairement par des récompenses matérielles. La théorie sociale cognitive remet en cause ce fonctionnalisme brut. Aucune décision n'est prise sans émotion, et personne n'est motivé uniquement par le désir de maximaliser ses intérêts. Les gens ne choisissent pas ce qui leur est le plus utile. Puisqu'ils doivent vivre avec eux-mêmes, ils ont tendance à choisir des actions qui leur offrent une satisfaction personnelle et le sens de leur propre valeur, et rejettent celles qui les dévalorisent. Ainsi, les individus sont prêts à adopter des alternatives peu utiles ou même à sacrifier des récompenses matérielles substantielles pour préserver une image positive d'eux-mêmes. Et s'ils sont motivés par la compassion, ils peuvent sacrifier leur propre intérêt au bien-être des autres.

Albert Bandura dans le texte

« En raison des erreurs qui peuvent avoir des conséquences coûteuses, voire fatales, les chances de survie seraient minces si on ne pouvait apprendre qu'en subissant les conséquences de ses essais et erreurs. C'est pour cette raison qu'on n'apprend pas aux enfants à nager, aux adolescents à conduire une voiture automobile, et aux étudiants en médecine à effectuer une intervention chirurgicale en les laissant découvrir par eux-mêmes les comportements appropriés à travers les succès et les échecs. Plus les erreurs possibles sont coûteuses et dangereuses, plus on a recours à l'observation de modèles compétents. »

L'Apprentissage social, Bruxelles, Mardaga, 1980, p. 20.

« La psychologie ne peut dire aux gens comment ils doivent vivre leur vie. Elle peut cependant fournir les moyens d'effectuer les changements personnels et sociaux. Et elle peut aider les gens à choisir leurs valeurs en évaluant les conséquences des divers styles de vie et des changements institutionnels. En tant que science concernée par les conséquences sociales de ses applications, la psychologie doit promouvoir la compréhension publique des questions de son domaine qui portent sur les politiques sociales, pour que ses découvertes soient utilisées pour l'amélioration de la condition humaine. »

Ibid., p. 193.

«Les réformateurs sociaux croient fortement qu'ils peuvent mobiliser les efforts collectifs nécessaires pour entraîner un changement social. Quoique leurs croyances et le sentiment collectif d'efficacité qu'ils insufflent aux autres se réalisent rarement pleinement, ils poursuivent leurs efforts de réforme, lesquels aboutissent ainsi à des gains moindres que prévu, mais néanmoins importants. Ceux qui s'épuisent à la tâche parviennent, tel le Phénix, à renaître à la suite de déconvenues. Si les réformateurs sociaux étaient tout à fait réalistes sur leurs projets de transformation sociale, ils renonceraient à leurs efforts ou tomberaient victimes du découragement. Les réalistes peuvent s'adapter correctement à la réalité existante, mais ceux qui font preuve d'une efficacité optimiste persistante ont des chances de changer cette réalité.»

Auto-efficacité, le sentiment d'efficacité personnelle,
Louvain-la-Neuve, De Boeck Université, 2003, p. 116.

«Les analyses psychologiques se sont surtout intéressées aux victoires humaines sur l'adversité. Ce travail montre clairement comment un sentiment résilient d'efficacité permet aux gens de supporter des épreuves et de persévérer malgré de grandes difficultés. Il faut également un fort sentiment d'efficacité autorégulatrice pour résister à l'attrait d'avantages matériels lorsque l'on est en quête de développement personnel. Si les choses désirées sont facilement obtenues, s'il n'y a pas de défis exigeants, et si toutes sortes de tentations sont présentes en permanence, la personne est moins incitée à supporter les longues périodes de travail pénible nécessaires pour développer ses potentialités.»

Ibid., p. 118.

«Il existe de nombreuses occasions où les individus sont incités à essayer des choses qu'ils évitent habituellement, ou à persister dans des activités qu'ils étaient prêts à cesser, et découvrent à leur grande surprise qu'ils en sont capables. Cela vient de ce que les performances obtenues dans de nombreuses activités sont plus déterminées par le niveau d'efforts fournis par la personne que par ses capacités inhérentes.»

Ibid., p. 160.

«L'individu fournit plus d'efforts quand son autosatisfaction dépend de l'atteinte de buts présentant un défi que lorsqu'il n'adopte que des buts

faciles. [...] De nombreux résultats montrent que plus les buts sont élevés, plus les individus consacrent d'énergie à les atteindre, et meilleure est leur performance. Cependant, la relation linéaire n'est censée se maintenir que si les acteurs acceptent les buts et y demeurent fortement engagés. Bien entendu, la plupart des gens rejettent finalement les buts de performance qu'ils estiment trop exigeants ou hors de leur portée. Pourtant, les individus sont souvent étonnamment persévérants dans leur volonté d'atteindre les buts qu'ils ont quelque chance de réaliser, même si on les informe que d'autres rejettent ces buts comme irréalistes. »

Ibid., p. 204.

Principaux écrits d'Albert Bandura

Social Learning Theory, Englewood Cliffs, NJ, Prentice Hall, 1977, trad. *L'Apprentissage social*, Wavre, Mardaga, 1980.

Social Foundations of Thought and Action. A Social Cognitive Theory, Englewood Cliffs, NJ, Prentice Hall, 1986.

Self-efficacy. The Exercise of Control, New York, W. H. Freeman, 1997, trad. *Auto-efficacité, le sentiment d'efficacité personnelle*, Louvain-la-Neuve, De Boeck Université, 2003.

Martin Seligman

Martin Seligman en quelques dates...

1942 : Naissance à Albany.

1967 : Docteur en psychologie de l'université de Pennsylvanie.

1976 : Professeur à l'université de Pennsylvanie.

Martin Seligman en quelques titres...

1993-1995 : Président de la division « psychologie clinique » de l'APA.

1998 : Président de l'APA.

1997 : Fondateur de *Prevention and Treatment*, revue électronique de l'Association américaine de psychologie.

2000 : Coordinateur du premier numéro de l'an 2000 de la revue *American Psychologist*, numéro entièrement consacré à la « psychologie positive ».

Du traitement de la dépression à l'apprentissage du bonheur

Par Jacques Van Rillaer

Les professionnels de la psychologie ont deux missions essentielles : faire des recherches scientifiques et diffuser des connaissances utiles, empiriquement vérifiées. Il existe des psychologues qui s'efforcent de découvrir des lois empiriques – plus précisément des relations du type « étant donné telles conditions, on a telles probabilités d'observer tels comportements ». Tandis que d'autres s'emploient à mettre à la disposition du public des résultats de recherches qui permettent de diminuer des souffrances et d'accroître le sentiment de bonheur. Cette activité présente de multiples formes : publication de livres et d'articles, conférences, conseils d'orientation et d'éducation, pratique de la psychothérapie.

Martin Seligman a contribué, de façon remarquable, à la réalisation de ces deux missions. Sa carrière est une longue série de réussites dans la recherche expérimentale (il a publié près de deux cents articles dans des revues de psychologie scientifique), l'enseignement (par exemple, il a dirigé pendant quatorze ans le programme de formation des psychologues cliniciens à l'université de Pennsylvanie; depuis 2002, il dirige le Centre de psychologie positive dans cette même université), la rédaction d'ouvrages pour étudiants en psychologie (il a écrit notamment, avec David Rosenhan, un excellent manuel de psychopathologie, régulièrement mis à jour [1]), la publication de livres pour le grand public (plus d'une dizaine, dont plusieurs sont devenus, à juste titre, des best-sellers). Dans le classement des psychologues les plus éminents du XXe siècle, établi par l'équipe de Steven Haggbloom en 2002 [2], Seligman, alors âgé de 60 ans, occupait la treizième place des auteurs rangés par ordre de fréquence de citations dans les manuels d'introduction à la psychologie. C'est donc avec raison que son nom est apparu sur la couverture de grands magazines comme *Time*, *New York Times* ou *Newsweek*.

Seligman est né en 1942 à Albany (État de New York). Sa vocation de psychologue lui est venue durant l'adolescence, à la suite de la lecture des *Leçons d'introduction à la psychanalyse* de Freud. Il raconte : « *Quand je parvins au passage où il parle de ceux qui rêvent souvent de perdre leurs dents, j'eus comme une révélation. Ces rêves avaient aussi été les miens! Son interprétation me laissa d'ailleurs bouche bée. Pour Freud, il s'agissait d'un symbole de castration et de l'expression de la culpabilité que l'on ressent par rapport à la masturbation. Je me demandais comment il pouvait si bien me connaître... J'étais à mille lieues de penser que, pour produire ce déclic chez le lecteur, Freud avait profité de la coïncidence de la fréquence, au cours de l'adolescence, des rêves portant sur les dents et de ce phénomène plus courant encore à cet âge qu'est la masturbation. Plausible, intrigante, l'explication recelait la promesse alléchante de révélations ultérieures. Ce fut alors que je décidai de consacrer ma vie à des interrogations comme celles de Freud* [3]. »

Seligman a d'abord fait des études de philosophie à l'université de Princeton. Il a alors compris que «*Freud avait soulevé de bonnes questions*», mais que sa méthode – « *tirer des conclusions extrêmes de quel-*

1. D. L. Rosenhan et M. Seligman, *Abnormal Psychology* [1984], 4e éd. M. Seligman, E. F. Walker et D. L. Rosenhan, *Abnormal Psychology*, New York, Worth Publishers, 2006, 344 p.

2. S. Haggbloom *et al.*, «The 100 most eminent psychologists of the 20th century», *Review of General Psychology*, 6, 1999, p. 135-152.

3. M. Seligman, *Learned Optimism*, New York, Knopf, 1990, trad. *Apprendre l'optimisme*, Paris, InterEditions, 1994, p. 28 *sq.*

ques cas isolés» – était inadéquate : «*J'en étais venu à penser que seule l'expérimentation permettrait à la science de démêler les causes et les effets en jeu dans des problèmes affectifs et ensuite d'y remédier* [4]. »

De 1964 à 1965, il étudie la psychologie à l'université de Pennsylvanie. Deux éminents chercheurs, Richard Solomon (son directeur de thèse) et Bruce Overmier, l'initient à la recherche sur des processus émotionnels (en particulier la peur) à l'aide d'expérimentations sur des animaux. En 1967, Seligman est docteur en psychologie. Il part enseigner à l'université Cornell. Trois ans plus tard, il revient à l'université de Pennsylvanie, mais cette fois au département de psychiatrie, où le déjà célèbre Aaron Beck, lui aussi revenu des paralogismes du freudisme, élabore la «thérapie cognitive». Seligman y acquiert une formation de clinicien. Comme Beck, il s'intéresse particulièrement à la dépression. En 1971, il est nommé professeur à l'université de Pennsylvanie. Il y fera toute sa carrière, menant de front des activités d'enseignant, de chercheur et de clinicien.

Seligman est devenu célèbre dans la communauté des psychologues par ses expériences sur le développement du sentiment d'impuissance, menées à la fin des années 1960. Le point de départ de son intérêt pour cette question se trouve dans une situation dramatique vécue à l'adolescence : à la suite d'un accident vasculaire cérébral, son père a vécu plusieurs années complètement paralysé. Seligman nous confie ainsi la motivation des recherches scientifiques qu'il mènera quand il sera jeune psychologue : « Ce fut ma première rencontre avec la souffrance qui naît de l'impuissance. Le fait de voir mon père ainsi réduit, comme j'allais le voir maintes et maintes fois jusqu'à sa mort plusieurs années plus tard, dicta l'orientation de ma quête. J'allais puiser ma vigueur dans son désespoir [5]. »

4. *Ibid*, p. 29.

5. M. Seligman, *Apprendre l'optimisme, op. cit.*, p. 28.

Que nous apprend Martin Seligman ?

Nous sommes génétiquement prédisposés à certains apprentissages

Le premier ouvrage publié par Seligman s'intitule *The Biological Boundaries of Learning*[6]. Avec J. L. Hager, il y présente un ensemble de recherches marquantes sur les prédispositions génétiques à des apprentissages. Avant ce livre, il avait rédigé deux articles sur la question, des articles qui deviendront des classiques, aujourd'hui encore cités : « On the generality of the laws of learning [7] » et « Phobias and preparedness [8] ».

L'idée n'était pas neuve. Ainsi, en 1914, Stanley Hall – le célèbre professeur de psychologie de l'université Clark, qui avait invité Freud et Jung aux États-Unis – avait soutenu que, de par notre héritage génétique, nous développons plus facilement certaines phobies que d'autres. Celles qui sont les plus fréquentes se rapportent à des dangers vécus par les hommes primitifs : serpents, araignées, précipices... Aujourd'hui, dans un pays comme la Belgique, les araignées sont tout à fait inoffensives, alors que chaque jour des accidents de voiture font plusieurs morts et

6. M. Seligman et J. L. Hager (éd.), *Biological Boundaries of Learning*, New York, Appleton, 1972, 480 p.

7. M. Seligman, « On the generality of the laws of learning », *Psychological Review*, 77, 1970, p. 406-418.

8. M. Seligman, « Phobias and preparedness », *Behavior Therapy*, 2, 1971, p. 307-320. Rééd. *in* M. Seligman et J. L. Hager, *Biological Boundaries of Learning*, *op. cit.*, p. 451-462.

handicapés à vie. N'empêche : beaucoup plus d'habitants redoutent de se trouver face à une araignée que dans une voiture.

De façon générale, certains apprentissages se réalisent aisément, vite et durablement. D'autres se font avec difficulté ou sont impossibles. Des rats, malades après avoir bu une eau de goût acide et de couleur bleue, s'abstiennent désormais de boire de l'eau de goût acide, mais non des liquides bleus d'un autre goût. Des cailles, malades après avoir consommé la même eau bleue acide, ne boiront plus des liquides bleus, mais boiront encore de l'eau acide d'une autre couleur. Ainsi, le conditionnement pavlovien (le fait de donner une nouvelle signification à un stimulus en fonction de son association avec un autre) ne se réalise pas avec n'importe quels stimuli. D'autre part, il ne suffit pas que des événements apparaissent à la suite d'un type d'action pour que se produise à coup sûr un apprentissage « opérant » (l'apprentissage que, dans telles conditions, tel comportement produit tels effets). Un rat apprend facilement à sauter sur une plate-forme dès qu'une lampe s'allume pour éviter des chocs électriques dans les pattes. Il apprend plus difficilement à appuyer sur un levier pour éviter ces chocs. Un chat apprend assez vite à appuyer sur un levier pour éviter l'apparition de chocs, mais semble totalement incapable d'apprendre à se lécher pour obtenir le même effet.

À l'époque où Seligman signait des publications sur l'importance de la génétique, la majorité des psychologues scientifiques adhéraient à une conception « environnementaliste » : ils pensaient que la psychologie d'un individu est déterminée essentiellement par les contextes physiques, relationnels et sociaux dans lesquels il vit et a vécu. Même si Skinner, le chef de file du comportementalisme, ne cessait de répéter que l'explication d'un comportement doit prendre en compte l'environnement présent,

> « Dans la mesure où notre époque est placée sous le signe du moi et qu'elle incite l'individu à disséquer sans cesse ses problèmes, elle crée des conditions propices à l'épidémie de dépression. »
>
> *Time Magazine*, 17 janvier 2005.

l'histoire des interactions passées de l'individu et *l'histoire de l'espèce* (voir par exemple Skinner [9]), le poids du déterminisme génétique était largement négligé, voire nié. Skinner lui-même avait contribué à renforcer l'idée qu'il suffisait de mettre en place les «contingences de renforcement» adéquates pour réaliser des apprentissages jusqu'alors inimaginables.

La position étroitement environnementaliste des psychologues scientifiques dans les années 1970 s'explique par le succès des expériences sur l'apprentissage, mais aussi par des facteurs idéologiques. Pour ces universitaires, penser que l'on est déterminé par la génétique était un symptôme de conservatisme politique, voire de fascisme ou de nazisme. Cette façon de tout miser sur l'acquis présente l'inconvénient majeur de nourrir de faux espoirs quant aux possibilités de changement psychologique, des espoirs qu'exploitent certains gourous et certains «psys» de tout acabit, des espoirs qui finissent en honte, en culpabilité et en états dépressifs. Les progrès de la psychologie scientifique permettent de changer bien des choses. Nous pouvons par exemple apprendre à faire disparaître, rapidement et durablement, des phobies et aussi – mais moins facilement – des rituels compulsifs. En revanche, certains changements sont très difficiles – par exemple, descendre durablement en dessous de son poids «naturel». D'autres, dans l'état actuel des connaissances, sont tout simplement impossibles. Ainsi, nous ne pouvons pas faire disparaître certains types de désirs sexuels. Nous pouvons seulement apprendre à ne pas les mettre en acte.

Après ses publications sur les limitations biologiques des modifications de comportement, Seligman va consacrer la majeure partie de son temps à chercher comment réduire la dépression et développer le sentiment de bonheur. Toutefois, en 1993, il revient sur cette question dans un imposant ouvrage destiné au grand public : *What You Can Change and What You Can't* [10]. Il y fait le point des connaissances sur le degré de difficulté des différents types de changement de comportement et sur les méthodes les plus efficaces pour changer, lorsque c'est possi-

---

9. B. F. Skinner, «The phylogeny and ontogeny of behavior», *Science*, 153, 1966, p. 1205-1213, trad. «Phylogenèse et ontogenèse du comportement», *in* B. F. Skinner, *L'Analyse expérimentale du comportement*, Wavre, Mardaga, 1971, p. 231-287.

10. M. Seligman, *What You Can Change and What You Can't*, New York, Random House, 1993, trad. *Changer, oui, c'est possible*, Québec, Les Éditions de l'Homme, 1995.

ble. Sa lecture donne l'envie de changer ce qui peut changer, la sérénité d'accepter ce qui ne peut changer et les connaissances qui permettent de faire la distinction. La traduction française du titre – *Changer, oui, c'est possible* – est malheureusement une amputation du message de Seligman.

Quand on souffre et qu'on ne peut pas réagir ou « l'impuissance apprise »

Après s'être intéressé à nos prédispositions génétiques aux apprentissages, Seligman étudie, pendant plusieurs années, un processus qui s'observe dans le monde animal et chez les humains à travers une large variété de situations : l'attitude passive que l'on adopte suite à des expériences d'inefficacité lors de comportements destinés à produire un effet désiré. Il appelle ce processus «*helplessness*», mot qui a été traduit par «impuissance», «détresse», «résignation», «incapacité à s'en sortir», ou encore «sentiment d'inefficacité». Le bilan de ses principales recherches se trouve dans son livre *Helplessness*[11]. Une édition remaniée paraîtra environ vingt ans plus tard[12].

Une expérience célèbre :
comment on apprend à être résigné et passif

L'expérience paradigmatique sur ce processus a été publiée par Seligman en 1967. Elle se déroule en deux phases, avec trois groupes de huit chiens.

Les animaux, maintenus dans un harnais, apprennent à faire cesser des chocs électriques en appuyant le nez sur une plaque. Ils font ainsi l'expérience de leur capacité à contrôler une situation pénible. D'autres chiens sont appariés aux premiers : ils endurent très précisément les mêmes chocs que ceux subis par les chiens du premier groupe au cours de leur apprentissage, mais n'ont aucun pouvoir d'agir sur les chocs. Un troisième groupe de chiens (groupe «témoin») ne subit pas cette première étape de l'expérimentation.

11. M. Seligman, *Helplessness. On Depression, Development and Death*, San Francisco, Freeman, 1975, 250 p.

12. C. Peterson, S. F. Maier et M. Seligman, *Learned Helplessness*, New York, Oxford, 1993, 370 p.

La seconde phase de l'expérience a lieu vingt-quatre heures plus tard. Chaque animal est placé dans une « cage d'échappement », un dispositif qui comprend deux compartiments, A et B. En A, le plancher permet d'administrer des chocs électriques. En B, l'animal ne subit jamais de chocs. Une barrière, pas très difficile à franchir, sépare les compartiments.

Chaque animal est placé en A et subit des décharges. Tous les chiens, qui dans la première phase avaient arrêté les chocs en appuyant sur une plaque, apprennent rapidement à franchir l'obstacle pour se rendre en B. Ceux du troisième groupe apprennent tout aussi bien. Par contre, six des huit chiens qui, dans la première phase de l'expérience, avaient subi des chocs sans pouvoir y changer quoi que ce soit restent passivement dans le compartiment où ils endurent des chocs. Ils apparaissent résignés (« *helpless* ») à subir une situation pénible.

L'équipe de l'université de Pennsylvanie a réalisé un grand nombre d'expériences sur ce modèle, avec des animaux différents (chats, rats, pigeons) et en faisant varier plusieurs paramètres de la situation. Ainsi, les chercheurs ont constaté, par exemple, que des animaux soumis longtemps à des chocs incontrôlables peuvent devenir durablement passifs.

De la passivité à la dépression

Les animaux rendus sévèrement « *helpless* » ou « résignés » présentent de nombreuses analogies avec des personnes déprimées. Dans les deux cas, on observe une réduction sensible des comportements actifs, efficaces, et un ralentissement psychomoteur. Les conduites compétitives, l'appétit, la libido et les activités agréables diminuent. Au plan physiologique, des phénomènes identiques apparaissent : diminution des catécholamines et augmentation de l'activité cholinergique. Un trait essentiel de la dépression chez l'être humain est la tristesse ou le désespoir. Pour autant qu'on peut en juger, c'est aussi le cas des chiens qui ont souffert sans possibilité de réagir.

Il y a, certes, des différences importantes entre les dépressions chez les humains et chez les animaux de Seligman. Un homme peut déprimer parce qu'il est perfectionniste, parce qu'il s'impose des « *musts* » irréalistes, comme dit Albert Ellis. Il peut déprimer pour des questions d'honneur, de culpabilité, de honte, ou encore parce qu'il rumine l'idée qu'il est, fondamentalement, dépressif et se convainc qu'il est en train de rechuter. Toutefois, si l'on prend suffisamment de recul, on constate un point commun à un grand nombre de dépressions psychogènes (nous laissons ici de côté les dépressions endogènes, dont l'étiologie est essentiellement physiologique) : l'impuissance à contrôler des événements pénibles comme on le voudrait. Chez l'animal, c'est essentiellement l'environnement qui joue. Chez l'être humain, ce sont à la fois des circonstances et des croyances relatives à ce qui devrait être.

Une thérapie par des expériences d'efficacité

Après avoir provoqué un état de passivité ou de dépression chez des chiens, Seligman a cherché comment y remédier. L'expérience princeps, réalisée avec James Geer et Steven Maier, a été publiée en 1968 dans le célèbre *Journal of Abnormal and Social Psychology* [13].

La première tentative a consisté à replacer des chiens «*helpless*» dans le compartiment A de la cage d'échappement, mais sans la barrière entre A et B. Les animaux n'ont pas bougé. Ensuite, Seligman s'est placé au bout du compartiment B et a appelé les chiens. Les animaux sont demeurés tout aussi inactifs. La troisième tentative a consisté à affamer les chiens et à les mettre ensuite dans le compartiment A, d'où ils pouvaient percevoir du salami placé en B. Cette séduction

13. M. Seligman, S. F. Maier et J. Geer, «The alleviation of learned helplessness in dogs», *Journal of Abnormal Psychology*, 73, 1968, p. 256-262.

«En tant que professeur d'université, ça ne me plaît pas beaucoup de l'admettre, mais les vertus intellectuelles, la curiosité, l'amour des études, sont moins fortement liées au bonheur que des vertus relationnelles, comme la gentillesse, la gratitude et la capacité d'aimer.»

Time Magazine, 17 janvier 2005.

est restée sans effet. Une quatrième procédure a eu un effet thérapeutique : pousser l'animal à faire des expériences d'efficacité. Dans une cage sans barrière, les expérimentateurs ont tiré les chiens avec une laisse depuis A jusqu'en B. Durant les premiers essais, les animaux se laissaient traîner, et quelques-uns faisaient même de la résistance. Après vingt-cinq à deux cents répétitions de la procédure, selon les chiens, tous les animaux sont passés de leur propre initiative de A en B. C'est alors qu'une barrière entre A et B a été placée. D'abord petite, la hauteur a été progressivement augmentée jusqu'à devenir la barrière que les chiens non «*helpless*» avaient appris à franchir sans grande difficulté. Cette fois, tous les animaux ont réussi l'apprentissage.

Cette procédure avait déjà un équivalent dans la panoplie des psychothérapies. À l'époque, certains comportementalistes utilisaient avec succès des traitements par tâches graduées. Les patients étaient invités à définir avec le thérapeute des activités réalisables, ensuite ils les hiérarchisaient selon le degré de difficulté et ils commençaient par effectuer les tâches les plus faciles, de manière à retrouver petit à petit un sentiment d'efficacité et d'estime de soi. Les expériences de Seligman constituent un modèle simplifié de cette thérapie. Elles n'en sont pas moins instructives.

« La psychologie, c'est beaucoup plus que de soigner les maladies mentales : je pense qu'il s'agit de faire sortir ce que les gens ont de meilleur en eux. »

« Entretien avec Joshua Freedman », *EQ Today*, septembre 1999.

On peut aussi s'immuniser face aux épreuves

Une petite proportion des chiens que Seligman a soumis à des chocs non contrôlables ne devient pas apathique. Une question de tempérament ? Seligman a réalisé des expériences qui montrent que des chiens et des rats qui ont contrôlé à de multiples reprises des situations aversives résistent mieux que d'autres lorsqu'ils subissent ensuite des décharges non contrôlables. Les animaux qui ont enduré des chocs incontrôlables sans « immunisation comportementale » préalable, mais aussi ceux qui ont vécu en laboratoire à l'abri d'événements pénibles, résistent moins bien aux épreuves. On retrouve ici des analogies avec le monde humain : les individus qui ont subi, dans leur enfance, des traumatismes (par exemple la mort d'un ou des parents) sont prédisposés à déprimer, mais ceux qui ont été élevés comme des enfants gâtés, sans avoir dû faire d'efforts pour affronter des situations difficiles, sont également démunis. Les individus qui résistent le mieux aux épreuves de la vie sont ceux qui ont rencontré de sérieuses difficultés et qui ont appris à les surmonter.

L'optimisme et la théorie de l'attribution

L'effet des situations sur un individu dépend de la façon dont il les interprète et, en particulier, les explique. Seligman a mené des recherches sur la manière dont les gens attribuent des causes à des événements pénibles. Ce type de recherche trouve son point de départ dans des travaux de Fritz Heider, publiés en 1958, et s'est développé dans les années 1960 grâce à Edward Jones, Harold Kelly et Bernard Weiner.

En 1978, Seligman reformule sa théorie sur le sentiment d'inefficacité à la lumière de la « théorie de l'attribution causale [14] ». À travers une série de recherches, il montre que les personnes déprimées et celles qui sont typiquement pessimistes ont tendance à expliquer leurs échecs par leurs propres déficiences, par des facteurs durables et par des facteurs qui interviennent dans une large variété de comportements et de situations. Elles (se) disent par exemple, en cas d'échec : « J'ai raté mon examen parce que je ne suis pas assez doué (attribution "*internaliste*"), c'est toujours comme ça (attribution *stable*), dans tout ce que j'entreprends (attribution *globale*). » Les personnes optimistes ont plutôt tendance à (se) dire : « C'était la canicule, je ne pouvais étudier (attribution "*externaliste*"), je n'ai pas eu de chance cette fois-ci (attribution à un facteur *variable*), c'était une matière particulièrement difficile (attribution à un facteur *spécifique*). »

Qui est le plus objectif : l'optimiste ou le pessimiste ? Des recherches montrent que les optimistes déforment davantage la réalité que les pessimistes et qu'un optimisme tout à fait irréaliste peut mener au désastre, par exemple lorsqu'on néglige de faire des examens médicaux qui s'imposent. Néanmoins, beaucoup de gens ont tout intérêt à apprendre à penser

14. L. Y. Abramson, M. Seligman et J. Teasdale, « Learned helplessness in humans. Critique and reformulation », *Journal of Abnormal Psychology*, 87, 1978, p. 49-59.

de façon plus optimiste, en particulier ceux qui ont tendance à déprimer. En effet, le pessimisme prédispose à la dépression comme le tabagisme au cancer. On peut dire que la dépression est un pessimisme hypertrophié. Le pessimisme rend la vie moins agréable, réduit les tentatives de comportement efficaces et, *last but not least*, il n'est pas bon pour la santé. De nombreuses études montrent que le pessimisme et le sentiment d'inefficacité diminuent les défenses immunitaires. Seligman lui-même a mené plusieurs recherches dans ce domaine. Ainsi, avec Peterson et Vaillant, il a exploité des informations recueillies par l'université Harvard sur les étudiants qui, dans les années 1942 à 1944, avaient répondu à une série de questions ouvertes, et avec lesquels le contact avait été maintenu jusqu'en 1960, pour connaître l'évolution de leur santé. Les chercheurs ont mis en relation le « style attributionnel » des réponses données à l'âge de 25 ans avec l'état de santé des interrogés trente-cinq ans plus tard. Il est apparu que la santé s'était le plus détériorée chez ceux qui étaient les plus pessimistes à l'époque de leurs études [15].

La préférence pour des explications pessimistes ou optimistes se constitue à partir de l'âge de 7 ans. Ce que l'enfant entend de la façon dont les parents rendent compte des réussites et des échecs – les siens et les leurs – joue là, assurément, un rôle important. Toutefois, à n'importe quel âge, on peut modifier des façons de penser, pour autant que l'on suit certaines règles, bien connues des thérapeutes cognitivo-comportementalistes. D'abord, il importe de se convaincre de l'importance du changement. Ensuite, il est essentiel de pratiquer systématiquement les comportements suivants :

- observer régulièrement, pendant la durée de l'apprentissage, le dialogue intérieur ;
- rechercher des faits qui remettent en question des interprétations pessimistes (« Est-il exact qu'*on* ne m'aime pas ? Ne suis-je pas seulement dédaigné par un tel et un tel ? ») ;
- reformuler des attributions pessimistes en termes optimistes, en tenant compte des trois dimensions évoquées plus haut… mais sans aller jusqu'à se déresponsabiliser de façon unilatérale ;
- reformuler des situations pénibles de façon à les dédramatiser ;

15. C. Peterson, M. Seligman et G. Vaillant, « Pessimistic explanatory style as a risk factor for physical illness. A thirty-five year longitudinal study », *Journal of Personality and Social Psychology*, 55, 1988, p. 23-27.

– limiter le temps passé à ressasser des frustrations ;
– s'engager dans des activités qui génèrent un sentiment d'efficacité ou d'estime de soi.

En bon cognitivo-comportementaliste, Seligman pense qu'il est capital de modifier des schémas cognitifs, mais que la meilleure façon d'y arriver est d'entreprendre des actions.

Apprendre à vivre plus heureux – la psychologie positive

Dans les années 1990, l'essentiel des recherches de Seligman a porté sur la prévention de la dépression et les conditions psychologiques d'une vie plus heureuse.

Depuis la fin de la Seconde Guerre mondiale, la psychologie universitaire s'était focalisée sur les troubles psychologiques : elle était « pathocentrée ». Les milliers de psychologues qui s'étaient occupés de recherche et de psychothérapie avaient fait progresser le traitement des souffrances mentales, mais peu de psychologues s'étaient employés à favoriser l'optimisme, l'amabilité, la générosité et d'autres « vertus » qui font une vie de qualité. En 1998, quand Seligman devient président de l'Association américaine de psychologie, il lui donne une nouvelle impulsion en popularisant le concept de « psychologie positive ». Il entend par là l'étude scientifique des conditions psychologiques d'une « vie pleine » (« *full life* ») ou, du moins, d'une vie relativement heureuse. Certes, bien des auteurs avaient déjà parlé de « développement du potentiel humain » et des thèmes apparentés, mais la plupart n'avaient guère eu le souci de vérifier systématiquement leurs belles théories et les résultats de leurs interventions.

Seligman ne cherche pas à vendre des recettes de bonheur en tenant des discours humanistes et en racontant des histoires édifiantes. Il teste la valeur des procédures en les soumettant aux règles de la vérification empirique en usage pour évaluer les traitements médicaux et les psychothérapies. Les personnes avec qui il a réalisé des expériences sont principalement des internautes (qui avaient consulté son site www.authentichappiness.org et qui s'étaient engagés à rendre compte de leur évolution *via* des questionnaires), des étudiants de

> « Je suis un pessimiste-né. »
>
> « Entretien avec Joshua Freedman », *EQ Today*, septembre 1999.

l'université de Pennsylvanie légèrement déprimés et des patients souffrant de dépression unipolaire[16].

L'objectif majeur de la « psychologie positive » est d'aider les intéressés à construire une vie heureuse par des « interventions positives » plutôt que par une focalisation sur des dysfonctionnements psychologiques. Les procédures testées se rapportent à trois conditions essentielles du bonheur : savoir générer des émotions agréables, s'engager dans des activités gratifiantes et valorisantes, se dépasser en se mettant au service d'une cause ou d'« institutions positives », comme la famille, une communauté ou un parti politique.

Citons quelques exemples de comportements inducteurs de bonheur dont Seligman a évalué l'effet : apprendre à savourer davantage des activités quotidiennes ; pardonner une offense en écrivant une lettre ou en arrangeant une rencontre ; exprimer sa gratitude à quelqu'un, à qui on ne l'avait jamais fait ; identifier ses points forts et les développer dans de nouvelles situations ; consacrer du temps à une activité altruiste.

Les « trois bonnes choses »

Un exercice tout simple s'est avéré d'une étonnante efficacité : « les trois bonnes choses ». Chaque soir, avant de se coucher, on met par écrit trois événements qui se sont bien passés durant la journée, et pourquoi il en a été ainsi. Il importe de savoir que la majorité des êtres humains ont une tendance naturelle à être attentifs à des événements « négatifs » (Roy Baumeister et coll.[17] ont fait une remarquable revue des recherches qui montrent ce biais dans les perceptions, les souvenirs et les anticipations). L'exercice proposé par Seligman inverse cette tendance. Les participants qui le prennent au sérieux finissent par devenir de plus en plus attentifs à des éléments « positifs » de la vie quotidienne. Des recherches empiriques[18] montrent que le degré de bonheur s'en trouve intensifié et que le degré de dépressivité diminue, du moins chez ceux qui ne sont pas gravement déprimés.

16. Voir M. Seligman, T. Rashid et A. Parks, « Positive psychotherapy », *American Psychologist*, 61, 2006, p. 774-788.

17. R. F. Baumeister, E. Bratslavsky, et C. Finkenauer, « Bad is stronger than good », *Review of General Psychology*, 5, 2001, p. 323-370.

18. M. Seligman, T. Steen, N. Park et C. Peterson, « Positive psychology progress. Empirical validation of interventions », *American Psychologist*, 60, 2005, p. 410-421.

Seligman dans le texte...

*« Lorsque la santé d'un être humain ou d'un animal est gravement altérée, par suite de malnutrition ou d'une maladie cardiaque, le sentiment de contrôle peut devenir une question de vie ou de mort. Il y a un aspect de la condition humaine qui entraîne, de façon inéluctable, l'affaiblissement physique : le vieillissement. Les personnes âgées sont les plus exposées à la perte de contrôle, particulièrement dans la société américaine. Aucun autre groupe – ni les Noirs, ni les Indiens, ni les Américains mexicains – n'est autant désarmé (*helpless*) que nos vieux. Le fait que la durée de vie des Américains soit médiocre en comparaison de celle d'autres nations prospères s'explique davantage par la manière dont les vieux sont traités que par les déficiences des services médicaux. »*

Helplessness. On Depression, Development and Death,
San Francisco, Freeman, 1975, p. 184, trad. J. Van Rillaer.

« Dans la mesure où notre époque est placée sous le signe du moi et qu'elle incite l'individu à disséquer sans cesse ses problèmes, elle crée des conditions propices à l'épidémie de dépression. D'après des études effectuées dans ce domaine, les femmes, lorsqu'elles doivent évoquer ce qu'elles font effectivement, et non ce qu'elles devraient faire, en cas de dépression, déclarent pour la plupart : "Je cherche à analyser mon état d'esprit..." ou "J'essaie de découvrir pourquoi je me sens ainsi..." Les hommes, quant à eux, disent qu'ils font plutôt quelque chose qu'ils aiment – pratiquer un sport, jouer d'un instrument – ou déclarent : "J'ai décidé

de ne pas me préoccuper de mon humeur." [...] Analyser ses sentiments, s'y complaire, voilà une explication assez valable de la propension plus forte des femmes à la dépression. On peut en déduire que la dépression légère touche un sexe tout autant que l'autre, mais qu'elle s'accentue chez les femmes; de leur côté, les hommes la font reculer en se distrayant par l'action ou même en la noyant dans l'alcool.»

Apprendre l'optimisme, Paris, InterEditions, 1994, p. 75 *sq.*

«Une des deux découvertes les plus significatives qu'ait faites la psychothérapie, en cent ans, est que les réponses satisfaisantes aux grands "pourquoi?" sont fort difficiles à trouver; peut-être que, d'ici cinquante ans, les choses auront changé et peut-être que non. [...] Soyez sceptique, même envers vos expériences qui vous paraissent significatives. Quand vous retrouvez la furie ressentie le premier jour de la maternelle, ne vous imaginez pas que vous avez découvert la source de votre terreur constante de l'abandon. Les liens de causalité ne peuvent être qu'illusoires et l'humilité s'impose. L'autre découverte significative résultant de tous les efforts psychothérapeutiques est que les changements sont à notre portée tout au long de l'âge adulte. Alors, même si le pourquoi de ce que nous sommes demeure un mystère, la manière de nous changer n'en est plus un.»

Changer, oui, c'est possible, Québec,
Éditions de l'Homme, 1995, p. 363.

«Le plaisir est la sensation agréable qui résulte de la satisfaction de besoins homéostatiques comme la faim, le désir sexuel et le confort physique. La joie désigne les sentiments agréables éprouvés lorsqu'on dépasse les limites de l'homéostasie – lorsqu'on fait quelque chose qui dépasse ce que nous étions – dans une prestation athlétique, une performance artistique, une action altruiste, une conversation stimulante. La joie, plus que le plaisir, conduit à la croissance personnelle et au bonheur durable. Pourquoi dès lors la plupart des gens recherchent-ils le plaisir plutôt que la joie, alors qu'ils ont le choix?»

« Positive psychology », *American Psychologist*,
55, 2000, p. 12, trad. J. Van Rillaer.

Principaux écrits de Martin Seligman

Biological Boundaries of Learning (éd., avec J. L. Hager), New York, Appleton, 1972, 480 p.

Helplessness. On Depression, Development and Death, San Francisco, Freeman, 1975, 250 p.

Learned Optimism, New York, Knopf, 1990, trad. *Apprendre l'optimisme*, Paris, InterEditions, 1994, 276 p.

What You Can Change and What You Can't, New York, Random House, 1993, trad. *Changer, oui, c'est possible*, Québec, Éditions de l'Homme, 1995, 381 p.

« Positive psychology. An introduction » (avec M. Csikszentmihalyi), *American Psychologist*, 55, 2000, p. 5-14.

Authentic Happiness. Using the New Positive Psychology to Realize Your Potential for Lasting Fulfillment, New York, Free Press, 2002, 336 p.

Character Strenghts and Virtues. A Handbook and Classification (avec C. Peterson), Oxford, Oxford University Press, 2004, 800 p.

« Positive psychotherapy » (avec T. Rashid et A. Parks), *American Psychologist*, 61, 2006, p. 774-788.

David Barlow

David Barlow en quelques dates...

1942 : Naissance à Needham, dans le Massachusetts.

1969 : Doctorat de psychologie de l'université du Vermont.

1974 : Professeur à l'université du Mississippi.

1975 : Professeur à l'université Brown.

1979 : Professeur à l'université de l'État de New York à Albany.

1988 : Publication de *Anxiety and Its Disorders.*

David Barlow en quelques titres...

1979 : Fondateur, avec Blanchard, du Centre du stress et des troubles anxieux, célèbre institut de traitement et de recherche.

1996 : Il fonde le Centre pour l'anxiété et troubles associés à l'université de Boston.

2000 : Distinguished Scientist Award décerné par l'APA.

A reçu le prix de l'excellence en recherche de l'université de l'État de New York à Albany et le prix de l'Institut national de santé mentale.

Comprendre l'anxiété et ses troubles

Par Jacques Van Rillaer

Quand David Harrison Barlow naît en 1942, dans la banlieue de Boston, son père, pilote de chasse, vient d'être abattu au cours d'une mission au-dessus de l'Allemagne. L'enfant reçoit de sa mère et de ses grands-parents maternels une éducation rigoureuse. Il prend goût à la lecture et, plus précisément, à l'analyse freudienne de personnages littéraires. Sa vocation de psychologue trouve là son point de départ.

Barlow commence ses études supérieures à l'université Notre-Dame, où il acquiert la conviction que la psychanalyse, et seulement elle, permet de découvrir les « profondeurs » de l'« âme » humaine, une conception alors très largement répandue dans le monde occidental. En 1963, lors d'un cours d'été de Joseph Cautela, élève de Frederik Skinner, au Boston College, cette croyance commence à se fissurer. Pour la première fois, Barlow en vient à penser que, pour explorer les troubles psychologiques, il existe une autre voie, la démarche scientifique, et qu'en outre celle-ci permet de les traiter. L'année suivante, il s'inscrit au Boston College et se plonge dans l'étude de la psychologie expérimentale.

En 1966, un autre cours d'été, donné cette fois par Joseph Wolpe, déclenche son enthousiasme pour la thérapie comportementale. Wolpe est un psychiatre d'origine sud-africaine, venu enseigner aux États-Unis suite au succès de son livre *Psychotherapy by Reciprocal Inhibition*[1], considéré comme le premier ouvrage de thérapie comportementale. Avec d'autres étudiants, Barlow assiste en direct à des thérapies que Wolpe mène sur des personnes souffrant de phobies. Le résultat est surprenant. Certains étudiants ne peuvent admettre que la disparition des phobies, pourtant indéniable, s'explique par une nouvelle théorie : ils attribuent cet effet au « transfert » (au sens freudien[2]) induit par la personnalité de Wolpe. D'autres, parmi lesquels le jeune Barlow, ont le sentiment d'assister à la naissance d'une révolution en psychologie. Ils pensent qu'un nouveau paradigme et de nouvelles techniques sont en train de s'élaborer. Fait rassurant, Wolpe n'était pas le seul à fonder sa pratique thérapeutique sur des données de la psychologie scientifique : à l'université de Londres, Hans Eysenck et son équipe avaient développé, indépendamment de Wolpe, une conception analogue ; à Harvard, des élèves de Skinner démontraient que la théorie de l'apprentissage, basée sur des observations expérimentales, permettait de résoudre des problèmes psychologiques, comme l'excès d'alimentation ou l'insuffisance de travail scolaire. Barlow écrit que son passage de la foi freudienne à l'engagement pour la psychologie scientifique fut facilité par l'esprit du temps : « *J'ai atteint l'âge de la maturité dans les années 1960. C'était l'époque des révolutions. La tentation de suivre un petit groupe de*

1. J. Wolpe, *Psychotherapy by Reciprocal Inhibition*, Palo Alto, CA, Stanford University Press, 1958.

2. Rappelons que Freud désigne par « transfert » la transposition, dans la relation actuelle, d'un mode de relation passé et plus particulièrement la réactualisation, dans la relation de l'analysé au psychanalyste, des sentiments éprouvés à l'égard des parents. Selon Freud, c'est essentiellement ce processus qui explique les effets de son traitement. Il écrit : « Dans chaque traitement analytique, s'instaure, sans aucune intervention du médecin, une relation affective intense du patient à la personne de l'analyste, relation qui ne peut s'expliquer par aucune des circonstances réelles. Elle est de nature positive ou négative, va de l'état amoureux passionnel, pleinement sensuel, jusqu'à l'expression extrême de la révolte, de l'exaspération et de la haine. Cette relation, qu'on appelle, pour faire bref, *transfert*, prend bientôt la place chez le patient du désir de guérir et devient, tant qu'elle est tendre et modérée, le support de l'influence médicale et le ressort véritable du travail analytique commun » (*Selbstdarstellung* [1925], *in* S. Freud, *Gesammelte Werke*, Francfort, Fischer Verlag, 1999, t. XIV, p. 67, trad. *Sigmund Freud présenté par lui-même*, Paris, Gallimard, 1984, p. 70 *sq.*).

pionniers brillants, mais iconoclastes, sur une route radicalement nouvelle était forte, même si elle apparaissait dangereuse [3]. »

Barlow poursuit ses études à l'université du Vermont. Il y réalise sa thèse de doctorat. Ses recherches portent sur l'importance de la motivation et des renforcements sociaux pour le traitement de l'agoraphobie par exposition « *in vivo* [4] ». Elles sont publiées, en partie, dans une des plus prestigieuses revues de psychiatrie : *Archives of General Psychiatry* [5]. On y trouve deux fils rouges de toute l'œuvre de Barlow : le souci de vérifier expérimentalement l'efficacité de procédures de thérapies comportementales [6] et une réflexion approfondie sur la méthodologie de la recherche scientifique en psychologie clinique. S'appuyant sur des procédures mises au point par Skinner, Barlow développe avec Leitenberg des méthodes d'observation expérimentale de cas uniques (*single-case experimental designs*). L'objectif est de démontrer que les changements observés, au cours d'une thérapie ou d'une procédure éducative, sont bien induits spécifiquement par telle variable systématiquement modifiée. La procédure la plus simple comporte trois étapes : (a) on mesure

3. D. Barlow, « Promises to keep », *Behavior Therapy*, 28, 1997, p. 589-596.

4. En thérapie comportementale, l'« exposition » ou « désensibilisation systématique » est une technique essentielle pour traiter les troubles anxieux. Il s'agit de l'organisation de séances répétées, relativement longues (en moyenne, environ une heure), de confrontation à des situations anxiogènes. Les confrontations se font en commençant par des situations pas trop difficiles. Elles sont préparées par l'apprentissage de la régulation de l'activation émotionnelle (contrôle de la respiration, diminution du tonus musculaire, utilisation d'auto-instructions). Une séance de confrontation ne se termine que lorsque l'anxiété a sensiblement diminué, ce qui se produit généralement, si la préparation est correcte. L'exposition peut se faire en imagination (« *in vitro* ») ou dans des situations réelles (« *in vivo* »). La seconde option est évidemment l'objectif essentiel. Durant les premières séances, le thérapeute peut être présent et assister le patient.

5. W. S. Agras, H. Leitenberg et D. Barlow, « Social reinforcement in the modification of agoraphobia », *Archives of General Psychiatry*, 19, 1968, p. 423-427.

6. Barlow parle indifféremment de « thérapie comportementale », de « thérapie cognitivo-comportementale » et de « traitement psychosocial ». Nous employons ici l'expression « thérapie(s) comportementale(s) » plutôt que « thérapie(s) cognitivo-comportementale(s) », couramment utilisée en France. Dans les pays anglo-saxons et germaniques, les psychologues et les psychiatres utilisent souvent le mot « comportement » dans son sens large. Ce terme ne désigne alors pas simplement une action observable, mais toute activité signifiante, comportant trois dimensions : une dimension cognitive, une dimension affective et une dimension motrice. Ainsi, la « thérapie comportementale » n'est pas une thérapie centrée essentiellement sur l'action, mais l'utilisation de la psychologie scientifique en vue de traiter des troubles cognitifs, émotionnels et des modes d'action.

soigneusement la fréquence d'un comportement (établissement de la « base de référence ») ; (b) on met en œuvre une variable thérapeutique (ou éducative) pendant un temps déterminé et l'on observe les modifications qui en résultent ; (c) on suspend temporairement l'intervention et on examine si les modifications observées à la deuxième étape ont tendance à stagner ou à régresser. Aussi simple que cet exemple paraisse, il n'en pose pas moins plusieurs problèmes, que nous ne discutons pas ici. Retenons seulement qu'une des principales contributions de Barlow réside dans l'étude de ce type de méthodes et des questions qu'elles suscitent.

Dans son autobiographie, Barlow[7] raconte un événement de 1967 qui a renforcé son adhésion à la démarche scientifique en psychologie clinique. Au premier congrès de l'Association for Advancement of Behavior Therapy, il observa comment de jeunes chercheurs comportementalistes pouvaient, sur la base d'observations empiriques, contredire des thèses de leurs aînés et ainsi faire progresser les connaissances. Plus précisément, après que Wolpe eut présenté une communication sur l'inhibition réciproque comme « le » processus expliquant les effets de la désensibilisation systématique, Jerry Davison, un jeune psychologue de Stanford, remit en question cette conception en se fondant sur des recherches expérimentales. Wolpe réagit comme un vrai scientifique, ouvert à la discussion, et non comme le père dogmatique de la thérapie qu'il avait fondée.

Barlow a su mener de front plusieurs carrières : à la fois psychothérapeute[8], chercheur en psychologie clinique – il a travaillé sur les processus en jeu dans l'anxiété, notamment les relations entre l'anxiété et les troubles sexuels[9], et a mené de nombreuses études empiriques sur l'efficacité thérapeutique de différentes techniques comportementales[10] – et enfin auteur – il a publié deux ouvrages particulièrement

7. D. Barlow, « Promises to keep », *Behavior Therapy*, 28, 1997, p. 591.

8. Voir par exemple T. Brown et D. Barlow, *Casebook in Abnormal Psychology* [1996], 3e éd., Belmont, CA, Wadsworth, 2006, 248 p.

9. Voir par exemple P. M. DiBartolo et D. Barlow, « Perfectionism, marital satisfaction, and contributing factors to sexual dysfunction in men with erectile disorder and their spouses », *Archives of Sexual Behavior*, 25, 1996, p. 581-588.

10. D. Barlow et S. G. Hofmann, « Efficacy and dissemination of psychological treatments », *in* D. M. Clark et C. G. Fairburn (éd.), *Science and Practice of Cognitive Behaviour Therapy*, Oxford, Oxford University Press, 1997, p. 95-117.

intéressants sur la méthodologie de la recherche clinique [11] et a mis au point des méthodes d'évaluation de l'activation sexuelle [12]. Ses synthèses sur les troubles anxieux [13] sont lumineuses. Il a écrit un excellent ouvrage de thérapie comportementale [14] ainsi qu'un traité de psychopathologie générale qui fait autorité [15]. Sans compter d'excellents livres de vulgarisation et de *self-help books*, par exemple *Mastery of Your Anxiety and Panic* [16] et *Stress Management for Busy People* [17]. Au total, Barlow a publié plus de vingt ouvrages et plus de quatre cents articles ou contributions scientifiques.

Il a accompli un travail capital pour la mise au point de la classification des troubles anxieux dans la troisième et la quatrième édition du célèbre manuel diagnostique de l'Association américaine de psychiatrie (DSM-III, 1980 ; DSM-IV, 1994). Il a été le conseiller d'organisations gouvernementales et a publié plusieurs documents sur la politique générale en matière de santé mentale et de psychothérapie [18].

Dans les années 1970, les thérapies comportementales suscitaient

---

11. D. Barlow, S. C. Hayes et R. O. Nelson, *The Scientist-Practitioner. Research and Accountability in Clinical and Educational Settings*, New York, Pergamon, 1984, et D. Barlow et M. Hersen, *Single Case Experimental Designs. Strategies for Studying Behavior Change*, 2e éd., New York, Pergamon, 1984.

12. Voir par exemple D. Barlow, R. Becker, H. Leitenberg et W. Agras, « A mechanical strain gauge for recording penile circumference change », *Journal of Applied Behavior Analysis*, 3, 1970, p. 73-76, et T. Sbrocco & D. Barlow, « Conceptualizing the cognitive component of sexual arousal. Implications for sexuality research and treatment », *in* P. M. Salkovskis (éd.), *Frontiers of Cognitive Therapy*, New York, Guilford, 1996, p. 419-449.

13. Voir par exemple D. Barlow, *Anxiety and Its Disorders. The Nature and Treatment of Anxiety and Panic* [1988], 2e éd., New York, Guilford, 2002, 704 p., et D. Barlow, « Unraveling the mysteries of anxiety and its disorders from the perspective of emotion theory », *American Psychologist*, 55, 2000, p. 1247-1263.

14. D. Barlow (éd.) *Clinical Handbook of Psychological Disorders. A Step-by-Step Treatment Manual*, New York, Guilford, 1993, 534 p.

15. V. M. Durand et D. Barlow, *Abnormal Psychology*, 2e éd., Pacific Grove, Brooks/Cole, 2000, trad. *Psychopathologie. Une perspective multidimensionnelle*, Louvain-la-Neuve, De Boeck, 2002, 920 p.

16. D. Barlow et M. G. Craske, *Mastery of Your Anxiety and Panic. Client Workbook* [1989], 3e éd., Oxford, Oxford University Press, 2000.

17. C. Turkington et D. Barlow, *Stress Management for Busy People*, Columbus, OH, McGraw-Hill, 1998, 240 p.

18. D. Barlow, « Health care policy, psychotherapy research and the future of psychotherapy », *American Psychologist*, 51, 1996, p. 1050-1058, et D. Barlow et C. L. Lehman, « Advances in the psychosocial treatment of anxiety disorders. Implications for national health care », *Archives of General Psychiatry*, 53, 1996, p. 727-735.

beaucoup de résistances dans les milieux psys et, plus encore, dans certains médias. Ainsi, à cette époque, environ 50 % des articles parus dans le *New York Times* présentaient les thérapies comportementales comme des procédures de lavage de cerveau, de psychochirurgie ou de torture chinoise[19]. Barlow s'est battu, avec une énergie considérable, pour donner une image des thérapies comportementales conforme à leur réalité. Aujourd'hui, aux États-Unis, les choses ont radicalement changé, à telle enseigne que de nombreux « psys » sans véritable formation s'autoproclament « comportementalistes ». Ce titre, faut-il le rappeler, n'est pas davantage protégé légalement aux États-Unis, en France ou en Belgique que celui de graphologue, de psychosociologue, de psychothérapeute ou de psychanalyste.

En résumé, Barlow est un comportementaliste de la deuxième génération, successeur des pionniers que furent Wolpe, Eysenck et Skinner. Sans doute a-t-il eu moins d'inventivité que ses illustres prédécesseurs, mais sa carrière n'en est pas moins tout à fait exemplaire.

19. D. Barlow, « Promises to keep », *Behavior Therapy*, 28, 1997, p. 592.

Que nous apprend David Barlow ?

En 2000, l'Association américaine de psychologie a décerné à Barlow le prestigieux « prix pour d'éminentes applications scientifiques de la psychologie[20] », récompensant ainsi ses contributions à la compréhension de la nature de l'anxiété et au développement de traitements efficaces des troubles anxieux.

Un des plus grands mérites de Barlow est d'avoir publié son ouvrage *Anxiety and Its Disorders.* À l'époque, ce volume d'environ sept cents pages n'avait aucun équivalent. Il présentait, de façon parfaitement articulée, la somme des connaissances démontrées sur les troubles anxieux et leurs traitements. Avec raison, il a constitué pendant un quart de siècle « le » traité sur le sujet. Aujourd'hui, l'édition remaniée, parue en 2002, est probablement encore la lecture la plus instructive en la matière.

Quelle est la différence entre la peur, l'anxiété et la panique ?

Beaucoup d'auteurs considèrent que la peur, l'anxiété et la panique constituent une même catégorie de réactions. Il s'agit, comme le dit Barlow, d'« émotions défensives », des processus cognitivo-affectifs innés, qui préparent à la mise en œuvre d'actions favorables à la survie. Barlow estime toutefois qu'elles présentent des différences substantielles.

20. « David Barlow : Award for distinguished scientific applications of psychology », *American Psychologist*, 55, 2000, p. 1245-1247.

La peur est notre réaction d'alerte. Elle permet de répondre à l'apparition d'un danger par des efforts immédiats, parfois surhumains. Elle suscite typiquement une tendance à fuir et, dans certains cas, une impulsion à se battre (Walter Cannon parlait de « *fight or flight tendenties* »). Chez les animaux, un troisième type d'action apparaît régulièrement, en particulier lorsque la fuite ou l'attaque semblent impossibles : l'immobilité (en anglais, *freezing*). Cette réaction est favorable à la survie d'animaux ayant perçu un prédateur sensible aux mouvements de ses proies. Elle s'observe également chez l'être humain, mais est moins fréquente que les deux autres. Au niveau neurologique, la peur se caractérise par une connexion directe entre la perception et le cerveau émotionnel, sans élaboration cognitive dans le cortex, de sorte que la réaction soit le plus rapide possible. Le système nerveux orthosympathique est massivement activé.

L'anxiété est un processus plus complexe. Nous l'éprouvons lorsqu'un danger, une menace ou d'autres événements négatifs nous concernant sont susceptibles de se produire, et que nous avons le sentiment de ne pas pouvoir les contrôler, mais que nous allons cependant nous y préparer. L'anxiété est orientée vers l'avenir. Elle s'accompagne de l'activation de circuits cérébraux favorisant la vigilance et la focalisation de l'attention sur toute source de danger. Elle incite moins à fuir qu'à anticiper, à rester sur le qui-vive et à se préparer. Elle peut être déclenchée par des stimuli dont nous ne prenons pas activement conscience, par exemple des indices associés à un traumatisme passé ou des sensations corporelles. Elle suscite des alternances rapides de l'attention sur des stimuli externes potentiellement dangereux et sur les moyens d'y faire face.

Barlow insiste sur la fonction positive de l'anxiété. Ce processus, dit-il, est rarement pathologique, même lorsqu'il est intense. On ne peut parler de pathologie que lorsque l'anxiété devient chronique. Dans ce cas, la personne développe une tendance persistante à échapper à cette sensation pénible. À cet effet, elle peut éviter systématiquement des situations qui l'induisent (c'est la phobie), elle peut développer des rituels qui, à la manière de procédés superstitieux ou magiques, semblent la neutraliser (c'est le trouble obsessionnel-compulsif ou TOC), elle peut ressasser des préoccupations de façon intense et incontrôlée (c'est l'anxiété généralisée).

L'attaque de panique est un état passager de malaise intense, caractérisé par de fortes réactions corporelles (augmentation du rythme cardiaque – qui peut doubler –, tremblements, transpiration, vertige) et des idées d'une catastrophe imminente (perdre tout contrôle, devenir fou, faire un infarctus, mourir). Elle peut être induite par une situation (par exemple, se trouver au milieu d'un pont) ou non (panique « spontanée »). Barlow définit la panique comme une « fausse alarme ». La peur du retour de crises spontanées génère précisément leur répétition. On parle alors de « trouble panique ».

Barlow a contribué à établir la distinction, apparue dans le DSM-III (1980), entre le trouble panique et l'agoraphobie, d'une part, et les autres troubles anxieux, d'autre part. Cette conception trouve un premier argument dans le fait, mis en évidence par Donald Klein[21], que l'imipramine (un antidépresseur tricyclique) réduit les attaques de panique mais non les autres troubles anxieux, tandis que les benzodiazépines n'agissent pas sur les paniques mais bien sur les phobies et l'anxiété généralisée. Barlow a réalisé des recherches qui ont démontré le rôle essentiel de stimuli intéroceptifs dans le développement d'attaques de panique : ces réactions résultent, pour une large part, d'une interprétation dramatisante de sensations corporelles, des sensations qui, en réalité, sont sans danger ou peu dangereuses. Il s'agit par exemple de sensations liées à une activité physique inhabituelle, à l'hyperventilation ou à la consommation de café. Signalons, en passant, qu'à la même époque David Clark et Paul Salkovskis à l'université d'Oxford [22], et Aaron Beck à l'université de Pennsylvanie [23] faisaient les mêmes découvertes.

Les facteurs biologiques de l'anxiété

Barlow est un représentant typique de l'approche multidimensionnelle ou « intégrative » de la psychopathologie. Selon cette conception, déjà défendue par Adolf Meyer (1866-1950) – un psychiatre américain d'origine suisse –, un processus biologique peut sans doute être à l'origine d'un trouble – tout comme peuvent l'être le contexte social ou un

---

21. D. F. Klein, « Delineation of two responsive anxiety syndromes », *Psychopharmacologia*, 5, 1964, p. 397-408.

22. D. M. Clark, P. M. Salkovskis et A. J. Chalkley « Respiratory control as a treatment for panic attacks », *Journal of Behaviour Therapy and Experimental Psychiatry*, 16, 1985, p. 23-30.

23. A. T. Beck, G. D. Emery et R. L. Greenberg, *Anxiety Disorders and Phobias. A Cognitive Perspective*, New York, Basic Books, 1985.

processus psychologique. Mais les dimensions biologiques, psychologiques et sociales exercent toujours des influences réciproques les unes sur les autres. Aucun de ces facteurs n'agit isolément.

À l'heure actuelle, on n'a pas découvert un gène de l'anxiété, mais on pense que plusieurs gènes contribuent à prédisposer un individu à ressentir facilement de l'anxiété et à développer des troubles anxieux. Barlow appelle cette prédisposition la « vulnérabilité biologique généralisée ». Alors qu'il est l'un des auteurs qui a contribué à enterrer le concept de « névrose » (voir encadré), il estime que celui de « neuroticisme », comme utilisé par Hans Eysenck[24], reste utile, en particulier pour désigner la prédisposition biologique à des troubles anxieux et dépressifs. Ce concept désigne à peu près le même ensemble de traits que celui d'« affectivité négative », promu par David Watson dans les années 1980[25], à savoir une tendance à éprouver des émotions négatives, des tensions, de l'anxiété, de l'insatisfaction, de l'hostilité, de la culpabilité, un sentiment d'impuissance.

La personne qui présente un fort degré de « neuroticisme » ne développe pas nécessairement des troubles anxieux et/ou dépressifs. Les troubles ne se développent que dans certains contextes et moyennant des processus psychologiques déterminés.

Exit les névroses

Le terme « névrose » vient du grec *neuron*, qui signifie « nerf ». Il est apparu au XVIIIe siècle pour désigner l'ensemble des perturbations des sentiments et des conduites dues à un trouble général du système nerveux sans lésions organiques. À partir de la fin du XIXe siècle, il a désigné des troubles comportementaux présentant une forte composante affective (principalement de l'anxiété), troubles que la personne considère volontiers elle-même comme gênants ou absurdes, mais qu'elle ne parvient pas à supprimer. Des exemples typiques sont les phobies, les obsessions et les compulsions.

24. H. Eysenck, *The Biological Basis of Personality*, Springfield, C. C. Thomas, 1967.
25. D. Watson et L. A. Clark, « Negative affectivity. The disposition to experience aversive emotional states », *Psychological Bulletin*, 96, 1984, p. 465-490.

Freud a tout naturellement utilisé ce terme. Il a contribué à la fréquence de son usage et à son utilisation dans un sens « explicatif ». Aujourd'hui, pour le grand public et chez un certain nombre de psys, le mot « névrose » n'évoque pas simplement des conduites observables (réactions de peur, d'évitement, etc.), mais bien, d'emblée, une explication en termes de conflits inconscients ou de souvenirs infantiles refoulés.

Dans les deux premières versions du *Diagnostic and Statistical Manual of Mental Disorders* (DSM), publié par l'Association américaine de psychiatrie, le concept de « névrose » occupe une place centrale. À cette époque, la psychiatrie américaine était encore largement imprégnée du paradigme freudien. À partir de la troisième version (1980), les auteurs ont été soucieux d'élaborer une classification « athéorique », purement descriptive, fondée essentiellement sur des comportements observables. La terminologie est devenue, en principe, utilisable par tout psychiatre ou psychologue clinicien, quelles que soient ses explications des troubles. Dans la quatrième version (1994), le concept de « névrose » n'apparaît plus. Ainsi, au lieu de « névrose phobique » et de « névrose obsessionnelle », il est question de « trouble phobique » et de « trouble obsessionnel-compulsif ». Les experts de l'OMS, qui ont rédigé la dixième édition de la « Classification internationale des troubles mentaux et des troubles du comportement » (CIM-10, Genève, 1993), ont adopté le même point de vue.

Les facteurs psychologiques de l'anxiété

Plusieurs facteurs typiquement psychologiques contribuent au développement de l'anxiété et de ses formes pathologiques. Selon Barlow, le plus important est sans doute le sentiment de ne pas pouvoir « contrôler » des situations aversives. Lorsque le sentiment d'incontrôlabilité est très important et se prolonge, on observe plus souvent de la dépression que de l'anxiété, mais ces deux états affectifs peuvent alterner, coexister et se renforcer mutuellement.

Le sentiment d'incontrôlabilité peut se limiter à un type de situation. Toutefois, à la suite d'événements vécus dans l'enfance et à l'adolescence, nous développons, à des degrés différents, un sentiment plus ou moins général de contrôle sur ce qui nous arrive. À un extrême d'un continuum se trouvent des personnes qui ont le sentiment de gérer leur existence comme elles le souhaitent. Au pôle opposé, d'autres personnes n'ont aucune foi dans leurs possibilités de maîtriser des situations pénibles, présentes ou à venir. Barlow[26] parle en ce cas de « vulnérabilité psychologique généralisée ». Avec Chorpita et Brown, il a montré que le sentiment de contrôlabilité s'acquiert en grande partie dans l'enfance. Deux types de comportements parentaux y contribuent de façon significative : réagir de façon consistante et prédictible aux conduites de l'enfant et lui laisser faire des expériences de confrontation avec des événements inattendus. Une éducation surprotectrice et incohérente favorise la formation de personnalités anxieuses[27].

La combinaison d'une vulnérabilité biologique et d'une vulnérabilité psychologique favorise les états de dépression et d'anxiété généralisée. Pour qu'apparaissent certains types de troubles anxieux, il faut encore des conditions spécifiques. Ainsi, dans les cas du trouble panique, l'interprétation de sensations corporelles et la peur de subir une crise d'angoisse jouent un rôle déterminant. Dans les phobies sociales (ou peur des autres), la crainte d'être évalué négativement occupe une place centrale. Dans le développement du trouble obsessionnel-compulsif, des idées, des images ou des impulsions, qui viennent involontairement à l'esprit, sont vécues comme dangereuses, suscitent de l'anxiété et des tentatives contre-productives pour les éviter ou les repousser.

Les facteurs environnementaux de l'anxiété

Des événements stressants génèrent des troubles anxieux d'autant plus facilement que l'on est biologiquement vulnérable et que l'on manque de confiance dans sa capacité à gérer des situations anxiogènes.

Certains événements sont de nature physique, par exemple, un accident de voiture, une blessure ou une maladie graves. Beaucoup sont de

26. D. Barlow, « Unraveling the mysteries of anxiety and its disorders from the perspective of emotion theory », *American Psychologist*, 55, 2000, p. 1247-1263.

27. B. F. Chorpita, T. A. Brown et D. Barlow, « Perceived control as a mediator of family environment in etiological models of childhood anxiety », *Behavior Therapy*, 29, 1998, p. 457-476.

nature sociale : des conflits familiaux, conjugaux, professionnels, des humiliations, des menaces, etc. Des informations, notamment des réactions de peur observées chez des proches, peuvent avoir un effet précipitant dans le développement de phobies ou d'obsessions.

Enfin, les contextes culturels favorisent certains troubles. Ainsi par exemple, la proportion de personnes qui souffrent de troubles dépressifs a sensiblement augmenté depuis un demi-siècle. Parmi les explications plausibles, on peut citer l'exacerbation de l'individualisme, l'inflation des exigences de bien-être personnel et le déclin du sentiment d'appartenance (à la patrie, à l'Église, à la famille) [28].

Un aperçu des traitements

Au terme d'une revue de plusieurs centaines de recherches scientifiques sur l'anxiété, Barlow a dégagé quelques stratégies psychothérapeutiques cruciales pour les troubles anxieux.

Un des objectifs majeurs d'une psychothérapie doit être de développer ou de restaurer le sentiment de «contrôlabilité» sur ses propres réactions émotionnelles. Par «contrôle», on n'entend pas la volonté crispée de «maîtriser» toutes les réactions affectives. Il s'agit bien plutôt d'apprendre comment «gérer» de fortes émotions de façon à ne pas agir impulsivement. Deux stratégies s'avèrent capitales pour atteindre cet objectif.

D'une part, il s'agit d'affronter *progressivement* des stimuli redoutés en contrecarrant l'impulsion à les fuir. On ne réduit durablement une phobie ou une compulsion que si l'on accomplit, un grand nombre de fois et en tenant bon, des actions différentes de celles qu'elles suscitent spontanément.

D'autre part, les personnes qui souffrent de troubles anxieux ont une tendance caractéristique à se focaliser, de façon persistante, sur l'évaluation de ce qui se passe en elles. Cette attention autocentrée entraîne facilement une interprétation dramatisante de l'activation physiologique. Il en résulte un sentiment d'incontrôlabilité des processus corporels et émotionnels. Ce sentiment génère de l'anxiété, il l'entretient ou la renforce. Il est donc essentiel d'apprendre à diriger l'attention vers les

---

28. Voir par exemple M. Seligman, *Learned Optimism*, New York, Knopf, 1990, trad. *Apprendre l'optimisme*, Paris, InterEditions, 1994, 276 p.

aspects externes des situations anxiogènes, plutôt que de rester braqué sur les réactions physiologiques et affectives. Dans le cas des paniques, il est toutefois essentiel de «s'exposer» à des sensations corporelles anxiogènes, en réalisant par exemple des exercices d'hyperventilation (respiration intense et rapide en l'absence d'activité physique).

Divers apprentissages peuvent faciliter la mise en œuvre des trois stratégies susmentionnées. C'est le cas notamment de l'entraînement à la relaxation musculaire en vue de pouvoir rapidement réduire le tonus dans des situations stressantes. Cette procédure permet de réduire quelque peu l'activation physiologique, mais surtout elle permet de substituer une activité «contrôlée» à la tendance typique des anxieux de s'observer, de s'évaluer négativement et de se démoraliser.

En un demi-siècle, le traitement psychologique des troubles anxieux a fait un bond considérable. Jusque dans les années 1960, les personnes atteintes de troubles obsessionnels graves ou de paniques avec agoraphobie n'avaient quasi aucun espoir de ne pas souffrir quotidiennement. Aujourd'hui, grâce aux pionniers des thérapies comportementales, parmi lesquels David Barlow occupe une place de choix, elles disposent de moyens efficaces de se libérer de ces dysfonctionnements démoralisants.

Barlow dans le texte

L'anxiété est au cœur de notre existence

«Les gens dépensent chaque année des billions de dollars pour se débarrasser de l'anxiété. Le coût des consultations, chez des médecins généralistes et dans des services de santé, de personnes souffrant d'anxiété est environ deux fois plus élevé que celui de consultations de personnes physiquement malades qui ne souffrent pas d'anxiété. Beaucoup de ces personnes repartent avec une prescription de leur médecin pour des médicaments destinés à traiter l'anxiété, de sorte que ces médicaments sont parmi les plus utilisés dans le monde. Pour ceux qui cherchent un soulagement dans ces anxiolytiques, l'anxiété est une malédiction. Ils ne peuvent vivre sans eux.

L'anxiété est-elle l'ombre de l'intelligence[29] *ou une malédiction pour l'humanité ? Nos plus grands penseurs ont médité sur ces questions. Freud a passé une grande partie de sa vie à chercher à comprendre les mystères de l'anxiété et a conclu, à un certain moment, en disant : "Il est certain que le problème de l'angoisse est un point nodal où convergent les questions les plus diverses et les plus importantes, une énigme, dont la solution devrait répandre un flot de lumière sur l'ensemble de notre vie psychique*[30]*."* »

« Unraveling the mysteries of anxiety and its disorders from the perspective of emotion theory», *American Psychologist*, 55, 2000, p. 1248, trad. J. Van Rillaer.

29. Barlow reprend cette expression au psychologue Howard Liddell, qui écrivait en 1949 : «L'homme, seul, peut planifier en fonction d'un avenir éloigné et peut éprouver le plaisir de se rappeler ce qu'il a accompli. Lui seul peut être heureux. Mais l'homme, et seulement lui, peut se faire des soucis et éprouver de l'anxiété. [...] L'anxiété accompagne l'activité intellectuelle comme son ombre.»

30. *Vorlesungen zur Einführung in die Psychoanalyse* [1917], réédité dans *Gesammelte Werke*, Francfort, Fischer Verlag, t. XI, p. 408.

La perspective multidimensionnelle

« Des avancées formidables de la connaissance en psychopathologie ont établi que la recherche en génétique et en neurosciences n'a d'avenir que si elle se fonde sur l'inclusion dans son analyse des paramètres sociaux et psychologiques comme facteurs affectant la neurotransmission, voire l'expression génétique. Inversement, il est désormais inconcevable d'étudier des mécanismes cognitifs ou émotionnels sans prendre en considération la contribution de facteurs biologiques et sociaux dans l'expression psychologique et psychopathologique. »

Psychopathologie. Une perspective multidimensionnelle (avec V. M. Durand), Paris-Louvain-la-Neuve, De Boeck, 2002, p. XI.

Utilité et dangers des classifications psychopathologiques

« Les classifications psychopathologiques donnent lieu à des mésusages, dont certains peuvent être dangereux et nocifs. Un des abus les plus courants est la tendance à réifier *les catégories diagnostiques. En fait, ces catégories ne sont que des méthodes commodes pour organiser des observations de comportements humains. [...] Elles sont seulement des conventions qui facilitent la communication entre des professionnels, qui les aident dans la mise au point d'un traitement et dans l'étude de la psychopathologie. À tout moment, l'arrivée de nouvelles connaissances peut les faire changer. Ainsi, aucune catégorie diagnostique, comme la schizophrénie, ne peut être gravée dans la pierre. Si nous sommes en présence d'un cas qui se trouve sur la frontière floue entre deux catégories diagnostiques, nous ne devrions pas dépenser notre énergie à essayer de faire entrer à tout prix le trouble comportemental dans l'une ou l'autre. [...] La terminologie psychopathologique ne décrit pas des personnes, mais plutôt des schémas comportementaux qui peuvent ou non apparaître dans certaines circonstances. Ainsi, que le trouble soit médical ou psychologique, nous devons résister à la tentation d'identifier une personne à sa pathologie ("John est un diabétique"* versus *"John est une personne qui souffre du diabète"). »*

Abnormal Psychology. An Introduction (avec V. M. Durand), Pacific Grove, Brooks/Cole, 1997, p. 93, trad. J. Van Rillaer.

Qu'est-ce que la thérapie comportementale?

«La thérapie comportementale n'est pas une école de psychothérapie, elle n'est pas le reflet d'une conception unifiée de la nature humaine. Elle est bien plutôt l'application des principes de la science cognitive et comportementale à des problèmes humains et, de ce fait, elle est une expression de la quête interminable de l'espèce humaine à s'améliorer, grâce à l'utilisation de la raison humaine et des méthodes de la science.»

«Promises to keep», *Bebavior Therapy*, 28, 1997, p. 596, trad. J. Van Rillaer.

Principaux ouvrages de David Barlow

The Scientist Practitioner. Research and Accountability in Clinical and Educational Setting (avec S. Hayes et R. Nelson), New York, Pergamon, 1984.

Single Case Experimental Designs. Strategies for Studying Behavior Change (avec M. Hersen), New York, Pergamon, 1984, 432 p.

Anxiety and Its Disorders. The Nature and Treatment of Anxiety and Panic [1988], 2e éd. remaniée, New York, Guilford, 2002, 698 p.

Mastery of Your Anxiety and Panic (avec M. Craske) [1989], 3e éd. Albany, Graywind Publications, 2000, 150 p.

Clinical Handbook of Psychological Disorders. A Step-by-Step Treatment Manual [1993], 3e éd., New York, Guilford, 2001, 534 p.

Casebook in Abnormal Psychology (avec T. Brown), Pacific Grove, Brooks/Cole, 1996, 248 p.

Abnormal Psychology (avec V. M. Durand) [1997], 2e éd., Pacific Grove, Brooks/Cole, 2000, trad. *Psychopathologie. Une perspective multidimensionnelle*, Louvain-la-Neuve, De Boeck, 2002, 920 p.

The Scientist Practitioner. Research and Accountability in the Age of Managed Care (avec S. Hayes et R. Nelson), Needham Heights, MA, Allyn & Bacon, 1999, 438 p.

Steven Hayes

Steven Hayes en quelques dates...

1949 : Naissance.

1977 : Il obtient son doctorat en psychologie clinique (université West Virginia).

1976-1986 : Il enseigne à l'université de Caroline du Nord, Greensboro.

1986 : Il rejoint l'université du Nevada (Reno), où il poursuit sa carrière jusqu'à aujourd'hui.

Depuis 1992 : Professeur de psychologie clinique, titulaire d'une chaire de l'université du Nevada.

Steven Hayes en quelques titres...

Repertorié parmi les « scientifiques majeurs du XXIe siècle » en 2000, il est classé en 1992 parmi les 30 psychologues mondiaux au facteur d'impact le plus important (entre 1986 et 1990-.

A été élu président ou vice-président des prestigieuses Association pour l'avancement de la thérapie comportementale (AABT), Association américaine de psychologie appliquée et préventive (AAAPP), et de la division 25 de l'APA.

A reçu le prix Don F. Hake de l'APA.

Comment l'acceptation et l'engagement deviennent thérapeutiques

Par Cédric Routier

Peu de «chercheurs-praticiens» ont proposé une approche aussi originale et aussi innovante que celle de Steven Hayes. Qui plus est à contre-courant : à l'époque même où la «révolution cognitive» bat son plein et prétend triompher de tous les béhaviorismes confondus, Hayes et ses collègues proposent de prolonger les travaux du plus célèbre des béhavioristes : Burrhus Frederic Skinner[1]. À la clef : une conception rigoureuse, sophistiquée et… comportementale du langage, du «mental» et des troubles de l'esprit. Son approche de la thérapie, l'ACT[2] – en français : thérapie par l'acceptation et l'enga-

1. L'un des plus éminents psychologues américains du XXe siècle et sans nul doute le plus influent.

2. Qu'il faut prononcer, Hayes insiste là-dessus, «acte».

gement –, concrétise en consultation le meilleur de leurs recherches fondamentales.

Steven Hayes a toujours travaillé simultanément psychologie expérimentale et psychologie clinique. De la première, il absorbe la rigueur des méthodes et le souci de l'efficacité démontrée, qu'il réinjecte dans ses applications thérapeutiques. De la psychologie clinique, il retient la place majeure de la souffrance dans l'expérience humaine et la nécessité de réformer la manière d'accompagner chacun dans un cheminement propre. Son ancrage dans la thérapie n'est pas qu'une vision de l'extérieur : comme il l'enseigne à travers l'ACT, c'est de l'intérieur que chacun peut apprendre à gérer ses émotions et ses troubles chroniques. Il en sait quelque chose, lui qui fut longtemps sujet à des crises de panique, dont il n'a plus de signes depuis dix ans. Expérience d'une vie *vécue*, l'ACT est aussi un modèle de vécu pour une autre vie, construit à l'intention de nous tous. La souffrance, Steven Hayes l'a côtoyée dès l'enfance : son père, pêcheur irlandais, voulait jouer dans une équipe de base-ball en semi-professionnel ; mais il échoua et sombra dans l'alcool.

Dès la première rencontre, Steven Hayes intrigue : grand, totalement chauve, il aime les tenues vestimentaires insolites et porte au doigt une bague massive, fabriquée par les Indiens Zuni. Il vit à Reno, dans le Nevada, et, pour se rendre chez lui, il faut longer des casinos délabrés où de pauvres hères viennent tenter leur chance dès les premières heures d'ouverture. Autant dire qu'il ne correspond pas à l'image académique du chercheur en psychologie. Ses détracteurs en profitent pour lui tailler une réputation de gourou. Mais ses proches disent qu'il est simplement, inexorablement « dans la lune ».

Toujours est-il qu'il a occupé les postes les plus prestigieux et reste au cœur des comités des revues les plus réputées en thérapie. Prosélyte soutenu par les preuves expérimentales démontrant les bienfaits de l'ACT, il est d'un enthousiasme convaincant et chaleureux qui est aussi la source de plus de quatre cents communications et articles, ainsi que d'une trentaine d'ouvrages, régulièrement couronnés par divers prix.

Que nous apprend Steven Hayes ?

Le bonheur n'a rien de normal

Steven Hayes et ses collègues ont développé la « thérapie par *l'acceptation* et *l'engagement* », ou *Acceptance and Commitment Therapy*, ou encore ACT. Ce nom marque d'emblée les deux préoccupations centrales de ces chercheurs : *agir* et *accepter*. Soit, mais que nous faut-il accepter au juste ? Ce qui est souvent hors de notre contrôle : l'expérience universelle et inévitable qu'est la souffrance humaine.

Hayes part d'une réflexion simple. Jusqu'ici, en psychologie, l'approche thérapeutique a privilégié une conception des troubles comme *anomalies*, par analogie avec le modèle médical des maladies somatiques. Une poussée de fièvre, par exemple, est le *symptôme* d'une grippe, et, par analogie, la crise d'anxiété sera le symptôme d'une « structure névrotique », plus ou moins consciente selon les écoles. Les psychologues considéraient que les difficultés psychologiques temporaires (le coup de blues) ou durables (la dépression profonde) étaient hors norme, comme la poussée de fièvre : elles nous entraînaient au-delà d'une humeur heureuse, supposée normale. Il fallait donc lutter contre ces déviations de notre bien-être psychologique habituel.

Or, à bien y regarder, notre expérience quotidienne suffit pour poser un constat opposé, plutôt pessimiste : notre état normal d'êtres humains, c'est-à-dire le plus fréquent, est l'omniprésence de la souffrance. Une attente trop longue, la perte d'un proche, une peur irrationnelle et sans fin ou un profond dégoût pour la vie qui donne envie d'en finir en sont autant de formes et de degrés différents... L'expérience de la souffrance est si commune que Hayes la considère comme un fait basique de l'existence, presque... une norme. Selon lui, lire les journaux ou regarder autour de soi en est la confirmation permanente : la souffrance est bien plus fréquente que le bonheur.

Le langage est la source de nos malheurs

Mais pourquoi ? Qu'est-ce qui explique notre tendance et notre facilité à souffrir, voire à entretenir cette souffrance? Selon Hayes, le langage, ce processus ordinaire et familier si indispensable à notre vie, qui est aussi bénéfique que néfaste. Même lorsqu'il fonctionne normalement, il peut avoir des conséquences désastreuses. Ce paradoxe est insoluble : c'est celui de la « normalité destructrice ».

Le langage est la base de nos discussions avec autrui, mais on oublie vite qu'il conditionne aussi notre vision du monde et de nous-mêmes : pour Hayes et ses collègues, notre « esprit conscient » est un produit de nos interactions avec l'environnement physique et social. Or, très tôt, c'est grâce au langage que nous développons l'idée de qui nous sommes et de comment nous concevons le monde. Le langage est donc très utile, il nous permet de connaître le monde, les autres, de s'en faire une image; mais il est également la source de nos malheurs, car nous ne voyons le monde et les autres qu'à travers les lunettes de l'esprit... donc du langage! Nous perdons le contact avec la réalité *vécue* pour ne plus vivre que notre *vision* de cette réalité. Une véritable *fusion* s'opère entre langage et réalité, qui conduit chacun à se confronter non plus au monde, mais à sa représentation – celle que notre esprit s'en est faite. Si nous oublions cela, nous nous épuisons dans la lutte contre un *reflet* de la réalité, plutôt que d'accepter tels quels le monde lui-même ou les situations que nous traversons : nous sommes prisonniers dans une lutte à l'intérieur du langage, sans espoir de sortie.

Sans espoir ou presque, puisque intervient l'ACT. Pour diminuer une souffrance spécifique, le thérapeute doit s'appuyer, lui aussi, sur le langage : l'ACT propose donc une manière de traiter nos problèmes qui tienne compte des « paradoxes du langage ». Les processus verbaux sont analysés comme des pièges familiers qu'il faut apprendre à désamorcer. Puisqu'il faut bien recourir au langage pour parler du langage, Hayes et ses collègues usent de nombreuses métaphores et de paradoxes dans leurs interventions thérapeutiques et pour exposer leurs principes d'action ; pour ne pas « prendre au mot » ce langage omniprésent. Par exemple, la métaphore de « l'homme aux yeux bandés » : celui-ci tombe dans un trou et ne trouve dans son sac qu'une pelle, qu'il utilisera vainement pour sortir de ce trou, dépensant toute son énergie à approfondir le trou ! Et le patient pense souvent que le thérapeute dispose d'une « belle grande pelle en or » ; mais c'est tout son agenda de changement qui est à revoir : il faut procéder d'une tout autre façon et abandonner cette lutte acharnée. Autre exemple, un exercice plus tardif dans la thérapie : « emmener son esprit faire une balade ». Thérapeute et patient vont tour à tour endosser le rôle de l'esprit de l'autre (qui peut juger et tout critiquer, mais non agir ou faire de choix), pendant que l'autre joue son rôle et se promène où bon lui semble (l'esprit doit suivre). L'enjeu de cet exercice métaphorique est d'apprendre à « faire avec » l'activité habituelle de notre propre esprit, qui juge, conseille, évalue, critique, félicite... sans se laisser troubler par cette activité et en continuant vers notre but.

Si thérapeute et patient travaillent sur le langage à travers le langage, leur entreprise périlleuse réclame deux supports : travailler aussi par le *comportement* – l'action – et travailler sur son *contexte* – d'où le rôle puissant des métaphores.

Agir et modifier le contexte de l'action

Hayes appelle *contextualisme fonctionnel* sa position, philosophique, qui prend pour unité d'analyse *l'acte en situation*. Cette position définit ce qui compte dans la thérapie. Elle insiste sur :

- l'importance de prendre en compte chaque événement psychologique dans son intégralité – ses composantes cognitives, émotionnelles *et* comportementales ;
- le rôle du *contexte* d'une action pour la comprendre et l'interpréter ;
- l'importance d'une échelle *pragmatique* de ce qui est vrai pour chacun : toute action que nous entreprenons doit rester soumise à nos valeurs spécifiques ;
- l'identification claire de valeurs qui nous soient propres : le succès des actions entreprises en s'engageant dans un monde pleinement *vécu* est à ce prix, un succès relatif à chacun et différent d'un individu à l'autre en fonction des situations.

Pourquoi insister sur le lien entre l'action et son contexte? Parce que l'action thérapeutique modifie le *contexte* (social et verbal), bien plus que les formes de comportement ou de contenus verbaux! La métaphore du «conducteur de bus» joue là-dessus : le patient y est représenté comme le conducteur d'un bus rempli de pensées, de sentiments, de sensations et de souvenirs pénibles. Il doit conduire et faire avancer son bus. S'il écoute ses passagers désagréables ou, pire, s'il s'arrête pour les chasser, il ne les considère plus pour ce qu'ils *sont*, mais pour ce qu'ils disent… et sa vie de conducteur/patient devient guidée par eux. *En voulant absolument contrôler des pensées et des émotions pénibles, nous perdons tout contrôle.*

Le but «intégré» du thérapeute est d'aider à *prédire* les événements qui impliquent le patient, pour ensuite les *influencer* par l'engagement dans l'action, et non les contrôler à tout prix, dans une lutte incessante. Le thérapeute agit, en collaboration avec le patient, sur toutes les dimensions d'une situation – comportement, pensée, émotion –, *en contexte*! Par exemple, se contenter de lancer : «Vous avez fait ceci parce que vous pensiez cela» revient à dire : «Vous avez fait ceci parce que vous avez fait cela.» Avec une telle approche, il est peut-être possible de *prédire* de futurs événements similaires, mais c'est insuffisant pour *influencer* ces événements.

Hayes et ses collègues s'inscrivent dans le courant des thérapies comportementales et cognitives. Pour être efficace, pour *agir en contexte*, il faut modifier la fonction des actions et des expériences subjectives qui les accompagnent. Cela passe par un changement d'éléments objectifs du contexte, les seuls modifiables : l'environnement physique et social extérieur à la personne. Le thérapeute s'efforce aussi d'identifier les contextes dans lesquels une forme d'activité (notamment verbale) a été mise en relation avec d'autres, dans l'histoire du patient : la *relation* entre les comportements, surtout les comportements verbaux, est essentielle pour l'ACT et la théorie qui la sous-tend (la RFT, voir ci-après).

Pour l'exprimer simplement : si, dans un contexte donné (une fête, par exemple), certaines personnes créent (verbalement) un lien entre «imbécile» et «moi», il y a fort à parier que, dans des contextes proches, l'activation de «moi» puisse évoquer à l'avenir le qualificatif d'«imbécile»… Non seulement cela guidera mes comportements ultérieurs dans ces nouveaux contextes, mais remuer ce sentiment et essayer de me convaincre que c'est faux développera encore plus de liens entre « imbécile » et un tas de pensées personnelles ! Notre cerveau procède par addition, et le langage aussi : contredire une pensée néfaste, c'est paradoxalement lui ajouter encore du pouvoir sur nous.

Comme le vécu de chaque situation et les relations entre événements sont spécifiques à chacun, l'« ACT-thérapeute » recherche des valeurs individuelles, sur une échelle définie avec chaque personne. Il n'y a pas ici de vérité objective absolue vers laquelle tendre comme une norme à atteindre : seuls des objectifs personnels sont formulés, qui guident la progression et servent de repères. Interpréter les actes d'une personne en collaboration avec elle, prédire des événements psychologiques et en influencer le cours : tels sont les trois axes de l'ACT.

Comment le langage gouverne nos comportements

La notion de « comportement gouverné par une règle verbale », développée par Skinner dès les années 1970, se décompose selon Hayes en trois types de fonctions, validés par de nombreuses recherches :

- Le type dit « *pliance* » désigne une action guidée par le fait de suivre une règle que l'on nous a apprise. Il dépeint les conséquences de l'action elle-même selon les circonstances : obéir par exemple à « *Ne sors pas dans cette tenue, tu vas prendre froid !* » parce que l'on est habitué à suivre les conseils parentaux – et non pas parce que l'on a déjà attrapé un rhume en sortant bras nus par -10°C.
- Le type dit « *tracking* » désigne une action guidée par un énoncé verbal qui dépeint les conséquences naturelles d'un comportement dans une situation donnée, description qui motive le comportement que l'on adopte : le même conseil, « *Ne sors pas dans cette tenue, tu vas prendre froid !* », devient un *track* (un indice verbal qui guide l'action), si l'on enfile une veste parce que l'on veut avoir plus chaud – on tient compte du froid annoncé par le conseil lui-même.
- Le dernier type de comportement verbal, « *augmenting* », correspond à deux cas : soit motiver une action en augmentant la valeur d'une conséquence, grâce au comportement verbal émis, même si l'on ne change rien à la situation elle-même (« *Hum, quel bon film télé m'attend quand j'en aurai fini avec cette corvée !* ») ; soit signaler qu'une nouvelle conséquence a une valeur importante (« *Tu vois, ce petit caillou translucide, il vaut 10 000 euros !* »).

Ces trois types de comportement verbal régulent nos actions, mais sont aussi, paradoxalement, la source de nos problèmes : pour l'ACT, le contrôle du langage sur notre esprit et nos actions est en effet à l'origine de nos difficultés psychologiques, ou les potentialise :

- Une forte influence de *pliances* sur nos actions nous rend plus ou moins insensible aux conditions réelles d'une situation : certaines personnes adoptent un style qu'on qualifie d'obsessionnel, de « psychorigide », et perdent le contact avec ce qui fonctionne réellement quand elles agissent (par exemple suivre *coûte que coûte* la règle : « *La courtoisie veut que les besoins d'autrui passent toujours avant le reste* »).
- Un patient qui consulte peut aller d'une dépendance à une autre : il ne suit plus ses propres règles peu adaptées… mais il se *plie* à celles qu'il « édicte » avec le thérapeute (« *Vous êtes à présent complètement relaxé* »), sans plus être sensible aux contextes réels de ses actions (le patient ressent toujours la même tension) !
- Par de fausses correspondances entre un énoncé et les circonstances d'une situation, des *tracks* erronés créent des autodépréciations qui s'autovérifient, et se renforcent en continu : « *Ils sont sympas avec moi parce qu'ils ont pitié* » est l'exemple même d'un *track* qui s'auto-entretient malgré des relations amicales…
- Des *augmentals* inappropriés potentialisent les difficultés psychologiques, en associant un objectif visé et le processus particulier qu'on met en œuvre pour y arriver, même si processus et objectif n'ont en fait *pas de lien* : « *Une vie heureuse ne comporte pas de soucis* » est un *track* qui promet de nombreuses déconvenues, mais il sert d'*augmental* et motive toute forme de *lutte contre* les soucis qui ne manquent pas de survenir… Ce qui épuise la personne, sans que cette lutte diminue la probabilité de rencontrer des soucis, ni ne les réduise efficacement. Et cette spirale s'amplifie…

Comment remédier aux chausse-trapes tendues par ce fonctionnement « normal » du langage, qui nous piège s'il va trop loin ? Les interventions thérapeutiques vont esquiver les « règles » verbales inadaptées par un style de discours paradoxal : celui-ci vient « *miner la cohérence littérale du langage* » pour attirer l'attention du patient vers la *fonction* des actions elles-mêmes ; lui faire sentir, dans son expérience intime, la distance qui existe entre ce qu'il pense, les ressources qu'il mobilise et les valeurs personnelles qu'il adopte. D'où les métaphores évoquées plus haut, ou encore celle-ci : « l'échiquier et les pièces ». Pour les blancs et les noirs, la bataille qui se joue sur l'échiquier est capitale : si le patient monte sur l'une des pièces et se lance dans cette guerre, celle-ci devient essentielle pour lui aussi. Ces pièces ne sont, somme toute, que les pensées, sentiments, sensations, positifs et négatifs, de chacun de nous... et prendre parti pour les unes, c'est finalement aussi lutter contre l'autre moitié de soi. Et, dans cette guerre quotidienne, ni les blancs ni les noirs ne se laissent sortir du plateau ! Mais qu'importe cette guerre, pour l'échiquier ? Lui laisse coexister blancs et noirs et poursuit par ailleurs bien d'autres buts, indifférent à leurs querelles...

La théorie des cadres relationnels, ou *Relational Frame Theory* (RFT)

Cette théorie du langage est une synthèse basée sur les travaux de Skinner autour du langage. Selon Hayes, la RFT prolonge cependant cet apport sur deux points : la place du *contexte* dans la fonction du langage et l'importance accrue de *l'auditeur*, le « récepteur », dans la compréhension et dans l'influence des comportements verbaux. La RFT se focalise sur l'interprétation des *relations dérivées* entre les événements (physiques, cognitifs, verbaux) et sur une conception béhavioriste des phénomènes cognitifs et linguistiques.

D'après cette théorie, le cœur du langage et de son fonctionnement symbolique est les *relations dérivées arbitraires* entre événements [3] et le phénomène d'*équivalence du stimulus*, en présence d'indices de contexte. Établir une relation arbitraire entre des événements, c'est par exemple apprendre des relations logiques comme « plus/moins », « avant/après », « différent de », etc., appliquées à des événements qui, dans un contexte donné, sont liés par ce seul rapport. Cette relation peut aussi être ensuite « dérivée » : seuls les êtres humains en sont capables à des niveaux très élaborés. En fait, la RFT va plus loin : elle considère que, par nos comportements verbaux, nous établissons en permanence des cadres relationnels, dans lesquels sont reliés des tas d'événements (émotionnels, cognitifs) en fonction de différents contextes, et qui donnent un sens à notre vie – même s'il n'est pas toujours agréable. Mettre

3. Les chercheurs parlent souvent de *stimulus* plutôt que d'événement.

en relation verbale, par exemple, « Noël » et « famille », « famille » et « bonheur », et finir par éprouver un sentiment de plénitude et de bien-être à l'évocation de Noël.

Qu'est-ce alors qu'un *événement verbal* ? Tout événement qui tire ses fonctions psychologiques d'une participation à un de ces « cadres relationnels ». Le noyau dur de l'ACT repose sur cette idée : les fonctions du langage, impliquées en thérapie, se basent sur des cadres relationnels sous-jacents. C'est parce que « Noël » participe de cadres relationnels complexes que sa fonction varie, selon qu'il évoque « famille », « Jésus » ou « Coca-Cola ». Et, par le fait même d'avoir lu cette phrase, de nouveaux cadres relationnels d'équivalence vont se mettre en place chez vous ! Ces cadres sont autant de comportements eux-mêmes, des comportements génériques bien plus complexes que d'appuyer sur un bouton, mais qui sont, eux aussi, soumis à leurs conséquences [4]. En changeant les conséquences et les indices de contexte de ces comportements, on peut donc espérer modifier les liens entre nos cadres relationnels et les situations que nous rencontrons. Voilà pourquoi l'ACT vise à affaiblir des relations contextuelles spécifiques entre événements pour obtenir des effets sur le comportement d'ensemble (créer de nouveaux contextes par de nouvelles métaphores). L'implication des processus de langage, omniprésente, et le moyen d'intervenir reposent sur la base même du fonctionnement linguistique, origine des souffrances déclarées. L'esprit est ici un ensemble de « *réseaux de relations dérivées entre stimuli hautement élaborés et interconnectés* ».

Avec l'ACT et la RFT, les relations verbales s'infiltrent partout, de l'enfance à l'âge adulte, infusées dans le « monde » tel que nous le *concevons*. Le contexte des événements a une importance fondamentale : il active et actualise les relations verbales et leurs fonctions « symboliques ». Ces relations évoluent, elles s'influencent mutuellement, et sont à double tranchant : leur nature même alimente divers troubles. Ainsi, chercher à modifier les contenus des relations verbales, c'est procéder par addition et empiler les difficultés plutôt que de les changer : l'ACT modifie plutôt les contextes de ces relations pour diminuer ou rectifier leur influence. Elle visera aussi à modifier l'influence des règles ver-

4. Le principe selon lequel la majorité de nos conduites élaborées sont sélectionnées et maintenues par leurs conséquences dans un environnement était une idée centrale de Skinner, celle du *comportement opérant*.

bales, pour restreindre leur influence aux cas où elles sont réellement adaptées. Nous sommes face à une nouvelle approche des troubles psychologiques.

Une nouvelle façon de comprendre et de soigner les troubles de l'esprit

À l'ère cognitive, il peut paraître évident d'affirmer qu'une majeure partie des souffrances humaines sont dues à l'esprit, et que la plupart des troubles sont des désordres « mentaux ». Mais le « mental » est, avec Hayes, conçu sous un angle singulier : il repose sur le jeu des relations *verbales,* et c'est l'activité verbale elle-même, en *contexte*, qui est l'enjeu de la thérapie. La clef n'est pas tant le contenu des « pensées » que la « pensée » elle-même : la perception que nous en avons « de l'intérieur », et son utilité comme moyen de réguler efficacement notre comportement. Nos connaissances quotidiennes sont immergées dans un flot de relations verbales dérivées. Les fonctions psychologiques des événements qui nous arrivent (une simple discussion, un licenciement, un décès...) deviennent essentiellement des fonctions *verbales*. À mesure que nous vieillissons, nous sommes de moins en moins en prise avec l'expérience directe. Le monde s'identifie progressivement à ses fonctions « symboliques » au sein de nos réseaux verbaux, et ce processus exponentiel mène à une « *fusion cognitive* » dont il est ensuite très difficile de s'échapper.

Ce processus n'est pas inadapté en soi, mais il faut l'enrayer et l'affaiblir lorsqu'il devient source de difficultés et de souffrances. Ce constat est commun à la plupart des thérapies émotionnelles, telles que l'ACT, qui s'inspirent partiellement de certaines méditations orientales : notre culture occidentale s'oriente trop vers une modification des *contenus* du langage (ce qui étend et renforce paradoxalement leur emprise!), plutôt que vers une action effective sur les *contextes* de ces relations verbales. Le système qui nous piège, en cas de trouble psychologique, est presque un syllogisme : à l'origine d'une plainte, il doit y avoir une cause, une *raison* déterminée qu'on peut identifier comme étant cette cause; or, dans la vie, nos pensées et sentiments sont souvent conçus comme les meilleures raisons possibles – puisqu'elles précèdent, elle, causent ! Et, donc, puisque pensées et sentiments deviennent « causes » des troubles, ce sont des cibles légitimes des interventions. Pour Hayes, si « causes » signifie : « événements capables d'influencer des phénomènes psychologiques significatifs », les cibles « mentales », *qui appartiennent elles-mêmes au comportement*, ne peuvent être les causes externes de ce comportement – les seules causes capables de démontrer une telle influence! Mais, comme, d'ordinaire, nous ne percevons pas notre comportement de cette façon, pensées et sentiments sont bel et bien considérés comme des causes effectives. Et, donc, si pour contrôler le trouble on doit contrôler sa cause, alors il faudra *contrôler* pensées et sentiments. Nous voici piégés dans une lutte incessante qui se nourrira d'elle-même.

Cette lutte conduit à une attitude évidente et nuisible : tenter d'agir délibérément pour modifier les contenus de pensée, donc élaborer de plus en plus de réseaux de relations verbales, augmenter leur influence sur le comportement... et les consolider plutôt que les affaiblir. Tel est le lot des pratiques qui visent les *contenus* des cognitions sous un angle rationnel [5]! Comme nous expérimentons de plus en plus de contextes différents lors de ces tentatives infructueuses, nous ajoutons des liens avec des activités neutres, ce qui les associe au problème. La conséquence générale de cette manière de faire conduit à ce que Hayes appelle l'*évitement expérientiel*, évoqué dans de nombreuses thérapies : l'évitement volontaire – mais qui peut s'automatiser – d'expériences particulières désagréables ou traumatisantes, et l'adoption d'un tas de mesures contraignantes, parfois très subtiles, pour parvenir à ces évitements. Inadaptés, ces évitements se mettent en place chez l'individu concerné, qu'ils atteignent ou non leur but – diminuer la souffrance vécue. Ajoutons que nos cultures étiquettent nos émotions, créant de nouvelles relations verbales qui interviennent à leur tour : l'évitement et le *combat* contre les expériences aversives deviennent permanents, épuisants, irrépressibles et néfastes.

L'ACT répond à cela par une synthèse innovante.

- La mise en pratique de techniques développant l'acceptation – l'acceptation des émotions, de soi, de notre expérience intime – et la spiritualité font de cette « *acceptance* » la première clef de cette approche. Le message est le suivant : prenons nos pensées et nos

5. Rationnel, au sens de : qui analyse les « causes-raisons » et vise à les réduire ou à les supprimer.

émotions pour ce qu'elles *sont*, non pour ce qu'elles *disent*, par une prise de conscience des *processus* du langage qui soit vécue « de l'intérieur », plutôt qu'explicitée rationnellement « de l'extérieur ».

- L'engagement (*commitment*) dans des stratégies actives pour *influencer* les événements comportementaux (non pas les *contrôler*) est la seconde clef : il développe une prise en charge active et contextuelle (sensible aux conditions de l'action), ancrée dans l'*expérience* subjective, avec des objectifs pragmatiques (adaptés à chacun). L'ACT valorise la richesse de notre expérience consciente et propose d'apprendre à ne plus *lutter contre*, en nous engageant dans des actions plus harmonieuses sur un plan personnel.

Autre levier de l'ACT : puisque l'esprit est un processus de régulation essentiellement verbal, acquis en partie socialement, l'ACT conduit le patient à concevoir son esprit « comme » quelqu'un d'autre, distinct de son être total, qu'il peut appréhender avec recul. La collaboration thérapeute-patient permet une distance salutaire vis-à-vis des *contenus* mentaux; elle développe une sensibilité fine aux *processus* à l'œuvre. L'analogie de la « tierce personne » favorise une prise de conscience du fonctionnement parfois inadéquat des processus verbaux : elle brise leur influence en tant que contenus et se centre sur leur *nature* relative, non absolue. C'est donc avec une pleine conscience de leur jeu que l'on remédie ensuite à leur emprise, à travers les actions entreprises. L'importance du langage, dans l'évolution des sociétés humaines, est certes avantageuse, mais elle diminue les expériences du monde et de soi comme *vécues* et non pas *évaluées*. Le langage nous permet bien sûr d'apprendre à distinguer entre nos expériences intimes, mais il greffe sur cet apprentissage une « valeur sociale » : ce sont ces jugements cognitifs qui peuvent rapidement prendre l'individu dans le « piège » de la fusion cognitive, des évitements et d'une quête jamais satisfaite des « raisons » du trouble.

Aussi l'ACT nous focalise-t-elle sur le *présent de l'action*. Elle offre d'abandonner les rationalisations systématiques : ne plus prendre nos contenus mentaux pour leur valeur littérale, mais les remettre en contexte d'un point de vue « extérieur ». Elle encourage l'acceptation de l'expérience (cognitive et émotionnelle), non la résignation. Elle nous engage activement à poursuivre des objectifs personnels, revalorisés, différents de notre « agenda de changement » antérieur, dysfonctionnel. L'ACT conduit à :

- Accepter – un processus *actif* qui abandonne les anciennes luttes pour le changement, au profit d'un engagement conscient, mieux adapté.
- Choisir – s'engager par diverses conduites dans une direction mûrement sélectionnée, compatible avec des valeurs qui s'accordent avec l'acceptation *et* l'épanouissement personnel au sein du monde.
- Agir (« *Take action* ») – modifier *ce qui peut l'être*, notamment les comportements à venir et leur contexte public, et non les expériences passées.

Thérapeute et patient construisent une vision du *bien-être*, sans se laisser obséder par l'élimination des troubles, de façon à en finir avec une lutte psychologique éprouvante et stérile.

Dialogue avec Steven Hayes

Par Catherine Meyer et Violaine Guéritault

Le rendez-vous a eu lieu via le *téléphone. Il ne fut pas difficile de contacter Steven Hayes. Comme la plupart des auteurs de ce livre, il ne vit pas dans la tour d'ivoire de son savoir, son adresse e-mail est à la disposition de tous ceux qui souhaiteraient le joindre. Quelques échanges chaleureux, et une date est vite choisie. L'heure nous semble matinale étant donné le décalage horaire, mais Steven Hayes nous rassure : il a un tout jeune bébé qui sonne le réveil dès potron-minet. Une bonne occasion, pour lui, de mettre à profit les premières heures de la journée.*

D'où vient votre intérêt pour la psychologie ?

Quand j'étais au lycée, je cherchais ma voie : je m'intéressais à la nature humaine, je lisais des revues littéraires et je voulais trouver un domaine qui combinerait cette dimension avec une approche scientifique. Très vite, pendant mes années de licence, j'ai découvert la pensée béhavioriste et j'ai compris qu'avec la psychologie je pourrais, comme je le souhaitais, concilier la science et ma curiosité pour l'humain. J'étais à l'université de Los Angeles. C'étaient les années 1960, les « sixties », le temps des utopies et des expériences communautaires. J'avais les cheveux longs, j'allais sur la colline m'asseoir avec les hippies, et nous avions tous soif de changement. Toute la culture de l'époque tendait vers un grand changement pour l'humanité. Dans le même temps, on mettait beaucoup l'accent sur l'introspection : pour changer le monde, pour libérer le monde, il fallait d'abord libérer son esprit.

Mais à un moment donné, je me suis dit que ça ne marcherait jamais. Je me souviens, j'étais assis sur la colline, je regardais les tipis avec tous les hippies qui vivaient là, et soudain, j'ai vu une fille sortir d'un tipi. Son jules lui courait après en hurlant : «Si tu vas dans son tipi, j'y mets le feu!» J'ai compris que finalement rien n'avait changé. Et je me suis dit que pour faire bouger les choses, il fallait prendre le problème de façon complètement différente. Inutile d'ajouter un autre livre à tous les livres qui existaient déjà pour analyser le problème. «Ouvrir son cœur» ne servait à rien et toutes les littératures imaginables ne pouvaient pas nous aider à progresser, ni fournir une nouvelle solution. C'est alors que la science m'est apparue comme le meilleur moyen d'atteindre cet objectif.

Comment vos théories et les nouvelles formes de thérapie que vous proposez ont-elles vu le jour? Quelle est la genèse de l'ACT (Acceptance and Commitment Therapy) ?

Pendant mon doctorat, j'ai lu les théories béhavioristes. Je n'y ai pas trouvé l'approche mécaniste que beaucoup de gens voient de l'extérieur, le côté «stimulus-réponse», vite fait bien fait, auquel on le réduit souvent. Je découvrais une approche moniste[6], contextualiste, pragmatique, beaucoup plus proche du bouddhisme que je ne l'imaginais – et je ne suis pas le seul à voir cette connexion. Faire de la psychologie en mariant Skinner et les «peak experiences[7]», voilà une perspective qui m'intéressait.

J'ai suivi une formation de thérapeute cognitivo-comportementaliste, mais je n'étais pas satisfait de cette approche parce qu'elle ne répondait pas, selon moi, aux grandes questions concernant le langage et la cognition. Et si l'on ne creuse pas dans cette direction, on ne peut pas

6. Par «moniste», Hayes entend ici non dualiste, n'opposant pas le corps et l'esprit.

7. L'expression «peak experience» (littéralement, expérience de sommet) a été promue par Abraham Maslow (*Toward a Psychology of Being*, New York, Van Nostrand, 1963) pour désigner les moments de bonheur intense, que chacun peut éprouver à des occasions privilégiées et qui sont fréquents chez les personnes épanouies («self-actualized persons»). Selon Maslow, ces expériences donnent un sens à la vie et favorisent la croissance psychique.

comprendre les fondamentaux de la nature humaine. L'autre problème, c'est que je n'étais pas non plus satisfait des solutions traditionnelles apportées par les théories cognitives : je les trouvais mécaniques, terre à terre et réductionnistes. J'étais en quête d'un point de vue holistique, je voulais regarder l'être dans son ensemble, dans son interaction avec son corps, son histoire et le monde qui l'entoure.

À cela s'est ajouté un défi personnel, une grande chance sur ma route. J'avais 29 ans, j'étais jeune assistant professeur à l'université de Caroline du Nord, et un jour, au milieu d'une réunion, je me suis trouvé incapable de prononcer un mot. Mon cœur battait à tout rompre et je croyais que j'allais mourir. Je me suis mis à souffrir de crises de panique violentes. J'essayais bien d'appliquer les techniques classiques telles que je les avais apprises, mais je n'en étais pas content. Je n'arrivais plus à donner mes cours ni à prendre l'ascenseur. Si les TCC[8] ne marchaient pas, il fallait que je trouve autre chose. J'ai remis la main sur un article de mes études de doctorat concernant l'utilisation des techniques d'exposition au monde intérieur, et pas seulement au monde extérieur : c'était en quelque sorte la rencontre des traditions orientales et des TCC. Dans la *Gestalt* [9] et dans le *Human potential movement* [10], j'ai aussi trouvé des techniques plus puissantes que dans les TCC. Du coup, dans les années 1980, j'ai fait une série d'études montrant que les TCC fonctionnaient, mais seulement dans certains contextes.

« Les traditions mystiques de toutes les grandes religions ont tenté de désamorcer le pouvoir toxique du langage, que ce soit par le chant, la méditation, les prières, la danse ou les mantras. »

8. Les thérapies cognitives et comportementales.

9. La « thérapie de la Gestalt » est un courant développé par Fritz Perls. Elle accorde une place prépondérante à ce qui est vécu « ici et maintenant », notamment au niveau des émotions et des sensations corporelles. Elle utilise diverses techniques pour faciliter la prise de conscience des postures, des sensations internes, des mouvements corporels.

10. Issu de l'existentialisme et de l'humanisme, le « Mouvement du potentiel humain » est parfois appelé en français la « psychologie humaniste ». Il se présente comme la troisième voie entre la psychanalyse et le béhaviorisme. Fritz Perl, Abraham Maslow et Carl Rogers en sont les principaux représentants.

Parallèlement, nous avons développé l'ACT. Nous[11] avons mis au point tout un programme d'études avec un premier atelier en 1982. La question de départ était la suivante : qu'est-ce qui se passerait si l'on se concentrait sur le contexte qui lie les pensées et les émotions à l'action? De cette manière, je m'éloignais de l'analyse béhavioriste selon laquelle pensées et émotions sont seulement des phénomènes parallèles aux actions – ce que je pense être inexact. Et je m'éloignais aussi de la tradition cognitivo-comportementale selon laquelle pensées et émotions sont des causes, au sens mécanique. Avec l'ACT, nous voulions envisager pensées, émotions et comportements dans leur contexte, de manière holistique. Nous avons fait trois études comparant les résultats d'ACT à ce qu'on trouvait de mieux en TCC, et deux de ces études ont obtenu de meilleurs résultats. Pendant quinze ans, nous avons affiné ce modèle, sa philosophie, sa théorie, ses techniques d'évaluation. En 1999, j'ai publié mon premier livre et depuis, il y a eu de nombreuses études sur l'ACT.

On vous présente souvent comme une sorte d'héritier de Skinner. En France, Skinner est méconnu et plutôt mal vu. Qu'est-ce qui vous intéresse dans sa théorie?

Aux États-unis, Skinner n'a pas toujours bonne réputation non plus, mais c'est un peu sa faute. Je pense qu'il n'était pas aussi clair qu'il aurait dû l'être dans l'exposé de sa théorie. Et il n'a pas toujours choisi les bonnes étiquettes pour désigner ses paradigmes. Quand il a été traduit, notamment en français, ça a été encore pire. Ce qui a conduit à toutes sortes d'erreurs d'interprétation. Prenez l'expression « béhaviorisme radical », dont il est la figure de proue : la plupart des gens pensent qu'il s'agit d'une forme *extrême* de béhaviorisme. Quand on en est là, on n'a rien compris à Skinner! L'adjectif « radical » signifie simplement qu'il se rebellait contre le béhaviorisme de Watson. Skinner a parlé pour la première fois de « béhaviorisme radical » dans un article où il posait les pensées et les émotions comme des objets scientifiques, des objets que l'on pouvait étudier. Pour lui, on ne devait pas rejeter l'importance du « monde intérieur ». Il s'inscrivait donc radicalement à rebours du béha-

11. Toute une équipe de recherche a participé à ce travail, notamment de grands chercheurs comme Marsha Lineham et Robert Kohlenberg de l'université de Washington à Seattle, Zindel Segal à l'université de Toronto.

viorisme traditionnel au motif qu'il n'était pas raisonnable [12]. L'intérêt de Skinner pour les phénomènes mentaux (ou privés) lui a valu d'être mis de côté par certains collègues béhavioristes.

Pour moi, l'intérêt de Skinner, c'est la combinaison entre, d'une part, une vision sociale, une volonté de faire progresser l'humanité et, d'autre part, une philosophie et une psychologie monistes, fonctionnelles, pragmatiques [13], presque a-ontologiques. Si nous pouvions savoir comment fonctionnent les individus, pourrions-nous changer le monde? C'est ça la vraie question. Il ne suffit pas juste de *vouloir* changer le monde, comme les hippies. Se préoccuper des gens dans leur maison, à l'école ou au bureau – et pas seulement pendant les quarante-cinq minutes que dure la thérapie –, ce n'est ni de la mégalomanie ni du narcissisme.

Aujourd'hui, nous avons affaire à une approche de la psychologie béhavioriste bien plus intéressante et plus moderne que la perspective traditionnelle à laquelle les gens en

« Le langage et la pensée sont des outils extraordinaires pour résoudre les problèmes, pour imaginer des lendemains qui n'existent pas encore et pour nous donner les moyens de les réaliser. Mais c'est aussi une porte ouverte sur l'enfer. »

12. Skinner écrivait par exemple : « Il importe au plus haut point qu'une science du comportement affronte le problème de l'univers privé. Elle le peut sans renoncer à la position fondamentale du béhaviorisme » (*L'Analyse expérimentale du comportement* [1969], trad., Wavre, Mardaga, 1971, p. 299). « Le *béhaviorisme méthodologique* et certaines versions du positivisme logique ont mis les événements privés entre parenthèses parce qu'on ne peut arriver à un accord public sur leur validité. Selon eux, l'introspection ne peut être acceptée comme une pratique scientifique. [...] Le *béhaviorisme radical* adopte un point de vue tout à fait différent. Il ne conteste pas qu'on puisse s'observer et se connaître, il ne conteste pas l'utilité de ce savoir. Toutefois, il met en question la nature de ce qui est ressenti ou observé, et dès lors connu. Il réhabilite l'introspection, mais non ce que les philosophes et les psychologues introspectionnistes croyaient lorsqu'ils "observaient", et il pose la question de savoir jusqu'où l'on peut réellement aller lorsqu'on observe » (*About Behaviorism*, [1974], New York, Penguin Books, 1993, p. 18).

13. La valeur d'une théorie scientifique ne réside pas dans sa « vérité », mais dans ce qu'elle va nous permettre d'accomplir (*pragmatique* vient du grec « pragma » qui signifie *action*).

sont restés. Mais tout ça, c'est de l'histoire ancienne : l'analyse béhavioriste et Skinner ne sont plus à l'ordre du jour. Notre but est d'aller de l'avant. Personnellement, j'essaie du mieux que je peux de conduire cette perspective radicale, pragmatique et fonctionnaliste à dépasser l'obstacle du langage. Et je pense que nous avons partiellement relevé ce défi avec cette nouvelle forme de thérapie qu'est l'ACT. Du reste, il ne s'agit pas seulement de psychothérapie, c'est en fait une véritable façon d'être dans le monde qui peut s'appliquer où que vous vous trouviez : l'« acceptation » peut vous permettre de gérer toutes sortes de problèmes humains, dans le monde du travail comme chez vous.

Qu'est-ce que le bouddhisme a apporté à votre vision du monde et à votre pratique de la psychothérapie ?

Les traditions mystiques de toutes les grandes religions ont tenté de désamorcer le pouvoir toxique du langage, que ce soit par le chant, la méditation, les prières, la danse ou les mantras. Elles ont été les premières à souligner les problèmes que le langage et la pensée peuvent générer chez l'être humain. Les premières à essayer de trouver une solution aussi. Toutes les grandes religions sont nées de la souffrance humaine, pour tenter de la soulager par la spiritualité et le mysticisme. L'Orient a été le plus lucide sur le pouvoir nocif du langage. Et si le bouddhisme a joué un rôle dans l'évolution de mon travail, c'est parce que, en tant qu'enfant des « sixties » et en tant que membre d'une communauté religieuse soumise aux influences orientales, j'ai médité, chanté et participé à des retraites spirituelles. En cela, j'ai vécu l'expérience de tous les jeunes de ma génération. Plus tard, quand j'ai développé mes recherches, on a commencé à me demander quelle était la part de l'influence orientale dans ma théorie. J'ai demandé l'aide de maîtres bouddhistes qui s'intéressaient à mon travail, de façon à ne pas dire de bêtises. Mais je n'ai pas été formé en tant que bouddhiste et d'ailleurs, j'utilise très peu ce terme parce qu'il instaure des barrières : tout le monde ne s'intéresse pas forcément à cette philosophie, certains se sentent même mal à l'aise avec cette pensée, notamment aux États-Unis. Je dirais donc qu'il y

> « La souffrance est omniprésente dans notre vie. »

a, dans l'approche de l'ACT, une *sensibilité* bouddhiste, comme du reste dans toute la psychologie moderne.

En revanche, je ne crois pas que le bouddhisme soit une science, comme certains de mes amis spécialisés en psychologie bouddhiste le pensent. Il y a certes des points de correspondance entre les principaux concepts des traditions mystiques et ceux de la recherche scientifique. Mais reconnaissons qu'ils étaient là avant tout le monde...

Le problème, hélas, c'est que ces religions sont devenues dogmatiques, de sorte qu'elles ont parfois mis au jour les aspects les plus sombres de la nature humaine. Au lieu de soulager la souffrance, les religions se sont transformées en machines de guerre. Je pense que les traditions spirituelles devraient soutenir la science et adopter une attitude progressiste.

Pourquoi le langage est-il si important pour comprendre l'esprit?

Pour répondre à cette question, il faut aller au cœur même de ce que sont le langage et la pensée. Pourquoi sommes-nous différents de l'oiseau qui vole dans le jardin? J'ai été formé dans l'idée qu'il n'y a peut-être pas de différence fondamentale entre l'oiseau et nous, que tout est une question quantitative et non qualitative. Je m'explique : imaginez une personne debout au bord d'un précipice. Si elle avance de quelques centimètres, elle fait une chute de plusieurs centaines de mètres. Vous voyez comment une petite différence quantitative peut entraîner une énorme différence au final. C'est ce qui s'est produit au cours de l'Évolution et c'est ce qui creuse le fossé entre les animaux et nous. Revenons à ce qui est au cœur de la pensée : si vous apprenez à n'importe quel enfant que X est plus grand que Y, il est capable d'en déduire que Y est plus petit que X. De la même façon, si vous lui montrez que A est la même chose que B, il saura que B est la même chose que A. Or les animaux, nous le savons aujourd'hui de façon incontestable, ne sont pas en mesure de faire ce type de déduction. La très grande majorité des tentatives d'apprentissage de la déduction chez les animaux se sont soldées par des échecs – je connais un seul succès, avec une otarie.

Allons plus loin : il y a des pays où certaines pièces de petite taille valent plus d'argent que d'autres pièces de grande taille – c'est le cas chez vous avec les pièces de cinquante centimes, je crois. Un jeune enfant préfère généralement la plus grosse pièce, mais dès l'âge de 3 ou

4 ans, quand il est capable de faire des déductions, sa préférence porte sur la pièce dont la valeur est la plus importante. Les humains, très tôt, parviennent à lier des événements entre eux sur la base de certains indices qui permettent d'analyser la relation indépendamment de la forme ou de l'apparence qui la constitue. Les animaux sont incapables de ce genre de choses : ils ne savent relier deux événements que parce qu'ils sont associés de façon évidente.

C'est là que commencent les difficultés : si vous êtes en mesure de dire que la pièce de un euro, plus petite, est plus importante que la pièce de cinquante centimes, alors vous êtes en bonne voie pour comprendre qu'un monde juste est plus important que le monde dans lequel nous vivons. Ce pouvoir inconnu des animaux vous donne aussi une lucidité très lourde à porter. Vous voulez vivre des relations amoureuses solides et qui ont du sens, même si vous n'en avez jamais fait l'expérience, vous voulez aller au paradis. Vous mesurez les inconvénients de ce que vous vivez, vous entrevoyez les catastrophes possibles, vous faites des comparaisons. Le langage et la pensée sont des outils extraordinaires pour résoudre les problèmes, pour imaginer des lendemains qui n'existent pas encore et pour nous donner les moyens de les réaliser. Mais c'est aussi une porte ouverte sur l'enfer : nous nous souvenons des expériences difficiles que nous avons vécues, nous sommes libres d'avoir peur de l'avenir, nous savons que nous allons tous mourir un jour et que l'univers disparaîtra aussi. La souffrance est omniprésente dans notre vie et nous devons constamment y faire face. Les existentialistes avaient raison, c'est un vrai défi !

Mais l'**acceptation** ***que vous préconisez en thérapie ne risque-t-elle pas d'être comprise comme une*** **résignation*****? Comment faire comprendre au grand public que l'*****acceptation** ***est aussi une*** **action*****?***

Plutôt que de parler d'« accepter », il serait peut-être plus approprié d'utiliser le terme de « saisir [14] » : « saisir » comme on *saisit* une opportunité. Accepter vient du latin *accipere* qui signifie « recevoir, accueillir ». Le mot veut donc dire que l'on tend activement les mains pour recevoir quelque chose, comme lorsqu'on accepte un cadeau. C'est de ce type d'acceptation que je parle, non de résignation. Il ne s'agit pas de

14. *Embrace*, en anglais.

se dire : « Je dois faire cela, je n'ai pas le choix. » *En aucun cas*, je ne dis qu'il faut accepter l'injustice, la maltraitance ou tolérer l'intolérable. Je suis même à l'opposé de cela. Simplement, vous vous trouvez dans un monde, et vous allez y intégrer votre propre histoire ainsi que tout ce que le moment présent vous apporte, sans être dans la lutte ou la résistance. C'est alors que vous serez le plus apte à faire face aux difficultés. Vos pensées, vos émotions et vos souvenirs ne sont pas vos ennemis, ils sont votre histoire. Regardez autour de vous : il y a des gens qui ne craignent ni les défis ni les risques et qui n'ont pas peur d'avoir honte. Ce sont eux qui changent le monde, pour eux et pour les autres. En revanche, si vous essayez sans cesse d'être parfait, beau, intelligent, de vivre dans le confort et avec le moins de soucis possible, alors vous vous enfermez dans une boîte. Et il va être difficile d'en sortir. Le contrôle est le problème, non la solution.

Comment faire, concrètement ?

Il y a six axes principaux dans ma thérapie de l'engagement.

1. D'abord, il faut apprendre à *accueillir* ce que votre situation actuelle et votre histoire présente vous apportent comme expérience vécue, et non ce qu'elles suscitent au plan des comportements dans le monde de l'expérience et non dans le monde du comportement. C'est que je viens d'évoquer.
2. La méditation du type « *pleine conscience*[15] » est une autre façon d'intervenir : nous enseignons aux gens à observer leurs pensées *de l'extérieur*. À regarder leurs pensées et non à regarder *depuis* leurs pensées. Notre histoire « verbale » est pleine de préjugés. Elle est étroite, biaisée. Nous savons qu'il y a en nous toutes ces choses que nous détestons. Il est important d'instaurer une séparation entre notre

« Vos pensées, vos émotions et vos souvenirs ne sont pas vos ennemis, ils sont votre histoire. »

15. *Mindfulness*, en anglais.

conscience et nos pensées. Comme si notre identité et le contenu de nos pensées n'étaient pas la même chose.

3. Pour cela, nous devons entrer en contact avec une partie plus transcendantale et plus consciente de nous-même, car c'est de ce point de vue qu'il nous est possible de prendre distance à l'égard de notre pensée.
4. Nous devons aussi nous connecter à nos *valeurs* pour découvrir ce à quoi nous voulons que notre vie ressemble. Les « valeurs » ne sont pas nos buts, ce que nous voulons accomplir, ni ce que nous possédons. Ce que j'entends par « valeurs », c'est tout ce qui émerge de l'instant présent, de la qualité et de la richesse de cet instant, et ce que vous en faites. Il faut être conscient, dans le présent, de ces valeurs : par exemple, être prêt à accueillir l'opportunité d'être une personne aimante et généreuse est déjà, en soi, un acte aimant et généreux. Les valeurs s'appliquent au futur, mais elles existent déjà dans le présent, comme si vous étiez constamment en marche sur un chemin. Nelson Mandela représente une magnifique illustration de ce processus : les valeurs qu'il a exprimées lorsqu'il est enfin sorti de prison étaient déjà en lui pendant toutes ces années de captivité. La compassion, le besoin de justice existaient dans sa conscience, même si personne ne le voyait.
5. Il y a ensuite la dimension de *l'action engagée*, selon laquelle vous acceptez de vous laisser guider par ce qui est véritablement important pour vous, pas seulement par vos automatismes et votre histoire qui surgissent sous la forme de pensées, d'émotions, de souvenirs et de sensations physiques.
6. Le sixième point est la *flexibilité psychologique* qui consiste à instaurer le changement dans l'instant présent de manière que votre comportement se mette au service des valeurs que vous avez choisies.

« Le contrôle est le problème, non la solution. »

C'est tout cela que nous essayons d'enseigner avec l'ACT, en résonance avec les traditions humanistes et spirituelles qui donnent une force intérieure aux gens. Je suis assez intrigué de savoir ce que cela deviendra avec le temps. En attendant, ces recherches ouvrent de multiples perspectives, et cela est déjà un grand pas en avant.

Comment envisagez-vous l'avenir de la psychothérapie ?

La psychothérapie a pour mission d'aider l'humanité à surmonter la souffrance. Elle doit donner aux humains une force intérieure qui leur permette de s'unir et de cheminer vers un monde où les préjugés, la haine, la violence, les guerres et l'étroitesse d'esprit qui polluent notre planète iront diminuant. Mais ces cinquante dernières années, elle s'est laissé enfermer dans une sorte de boîte remplie de syndromes, de troubles du comportement, de maladies. C'est un cul-de-sac et il est temps d'en sortir. Les psychothérapies ne se limitent pas à la dépression, à l'anxiété, à la consommation de drogues ou d'alcool. Bien sûr, il s'agit de choses graves, mais ce qui est préoccupant, c'est que, lorsque la personne que l'on suit en psychothérapie rentre chez elle, elle retrouve ses problèmes. Combien y a-t-il de psychothérapeutes qui ont l'impression de jouer un rôle dans la lutte contre les préjugés, les guerres et la pollution ? J'aimerais qu'il y en ait beaucoup car nous pouvons réellement aider les gens, les libérer en leur apprenant à mieux connaître les mécanismes qui conduisent à la souffrance. Les traditions humanistes ont toujours cherché à changer le monde, à le rendre meilleur. La science, de son côté, s'est glissée dans une voie plus étroite. J'en reviens toujours à la même question : quand verrons-nous l'union de ces deux approches ? La psychothérapie n'est que la partie émergée de l'iceberg que constitue la souffrance humaine. Il faut agir plus largement. Avec l'ACT, nous essayons de faire en sorte que nos recherches soient utiles dans les foyers, les écoles, les bureaux, pas uniquement auprès de gens atteints de troubles du comportement. Nous menons actuellement plusieurs études sur la façon dont nous pouvons apporter une force intérieure à des individus qui travaillent pour leur permettre d'accomplir des tâches nouvelles ou difficiles. Ces études portent sur tous les domaines du fonctionnement humain, sur les multiples façons de gérer les problèmes causés par la maladie, le handicap physique, le fait d'être parent ou d'avoir des enfants handicapés.

Nous sommes capables de faire mieux : quand je dis « nous », je ne prétends pas qu'avec l'ACT nous allons y arriver demain, ni que nous détenons la vérité. Je pense que tous les professionnels devraient s'organiser et s'unir pour faire face à ce défi. Au lieu de nous exciter chacun de notre côté! Nous avons un rôle à jouer dans la société. Il nous faut bien évidemment des cliniciens ainsi que des scientifiques qui mettent en œuvre leurs expériences. Mais tout cela n'est pas un but en soi. C'est un combat qui doit être mené, motivé par les mêmes valeurs que celles qui animaient Nelson Mandela en prison, pour le bien de l'humanité et de chacun de ceux qui en font partie.

« La psychothérapie n'est que la partie émergée de l'iceberg que constitue la souffrance humaine. »

Principaux écrits de Steven Hayes

Acceptance and Commitment Therapy. An Experimental Approach to Behavior Change (avec K. G. Wilson), New York, Guilford Press, 1999.

The Scientist-Practitioner. Research and Accountability in the Age of Managed Care (avec D. H. Barlow et R. O. Nelson-Grey), 2e éd., New York, Allyn and Bacon, 1999.

Relational Frame Theory. A Post-Skinnerian Account of Human Language and Cognition (avec D. Barnes-Holmes et B. Roche), New York, Kluwer Academic/ Plenum Publishers, 2001.

Mindfulness, Acceptance, and Relationship. Expanding the Cognitive Behavioral Tradition (avec V. M. Follette et M. Linehan), New York, Guilford Press, 2004.

Get out of Your Mind and into Your Life. The New Acceptance and Commitment Therapy, Oakland, CA, New Harbinger Publications, 2005.

9. Annexes

Pour mieux se repérer dans la nébuleuse de la psychologie

Différentes approches psychologiques selon les bases théoriques

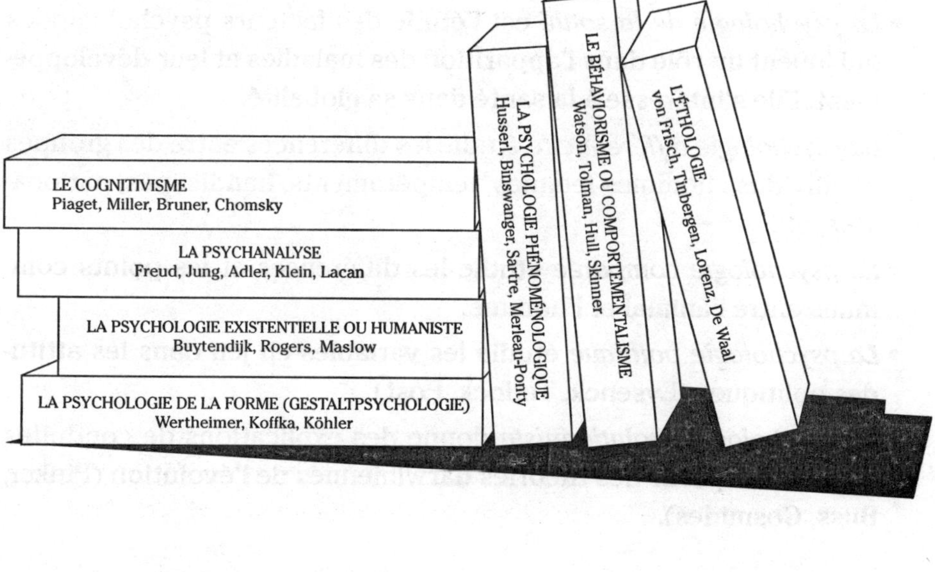

Différents domaines de la psychologie selon l'objet d'étude

- *La psychologie du développement* s'intéresse aux modifications des facultés mentales depuis la naissance jusqu'à la vieillesse. Le principal sujet d'étude est souvent l'enfant (Piaget, Wallon, Zazzo, Bowlby).
- *La psychologie cognitive* étudie les fonctions psychologiques que sont la perception, la mémoire, l'intelligence, le langage, la créativité (Bruner, Posner, Sternberg).
- *La psycholinguistique* étudie les liens entre le langage et la pensée, les mécanismes d'acquisition de la lecture, les troubles du langage etc. (Chomsky, Pinker, Seidenberg, Rosch).
- *La psychologie sociale* a pour objet d'étude le comportement des individus en fonction de leurs relations avec d'autres individus, avec des groupes ou avec des institutions (Lewin, Schachter, Asch, Milgram).
- *La psychopathologie* étudie les troubles mentaux.
- *La psychothérapie* traite, par des moyens psychologiques, des troubles psychiques et des troubles somatiques provoqués par des comportements néfastes pour la santé.
- *La psychologie clinique* étudie et traite des individus en tenant compte de leurs particularités.
- *La psychologie de la santé* est l'étude des facteurs psychologiques qui jouent un rôle dans l'apparition des maladies et leur développement. Elle s'intéresse à la santé dans sa globalité.
- *La psychologie différentielle* étudie les différences entre des groupes d'individus : hommes-femmes, tempéraments, handicapés, nationalités, etc.
- *La psychologie comparée* étudie les différences et les points communs entre l'animal et l'homme.
- *La psychologie politique* étudie les variables en jeu dans les attitudes politiques (Eysenck, Tetlock, Post).
- *La psychologie évolutionniste* donne des explications de conduites humaines à partir des théories darwiniennes de l'évolution (Pinker, Buss, Cosmides).

- *La psychologie «positive»* a pour but de repérer et de développer les aptitudes qui rendent les gens heureux (Seligman, Csikszentmihalyi).
- *La psychologie scolaire* s'occupe des besoins et du bien-être des écoliers et des étudiants.
- *La psychologie du travail ou psychologie des organisations* intervient dans le domaine de l'entreprise : elle cherche à concilier les besoins de l'organisation et le bien-être de l'individu.

Cognitions, cognitif, sciences cognitives, thérapies cognitives… comment s'y retrouver[1] ?

Le mot *cognition*[2] désigne tantôt une opération mentale (l'activité perceptive, le ressouvenir, le comportement de résolution de problème, etc.), tantôt les contenus cognitifs qui en résultent (les éléments perçus, des souvenirs, des solutions à des problèmes, etc.).

D'ordinaire, nous ne sommes pas conscients des processus par lesquels nous percevons, interprétons, construisons nos pensées, et nous ne prenons guère de recul vis-à-vis des cognitions que nous produisons. Beaucoup de nos actions, pour être efficaces et rapides, supposent la mise entre parenthèses de larges pans de cognitions qui ont permis leur apprentissage. Toutefois, dans certaines circonstances (en particulier dans des cas de troubles mentaux), il est très utile d'observer et d'analyser des processus cognitifs afin de mieux les gérer.

La psychologie cognitive est le secteur de la psychologie scientifique centré sur l'étude des processus cognitifs : perception, catégorisation, mémorisation, attribution causale, imagerie mentale, comportement verbal, résolution de problèmes, etc.

1. D'après J. Van Rillaer, *in Le Livre noir de la psychanalyse*, Paris, Les Arènes, 2005.
2. Du latin *cognoscere*, « connaître ».

Le point de départ de ces recherches remonte à la naissance de la psychologie expérimentale : à la fin du XIXe siècle, Wundt fait des expériences sur les illusions perceptives, Ebbinghaus, sur la mémoire, etc. Depuis les années 1960, l'intérêt pour les processus cognitifs a fortement augmenté. L'ouvrage *Cognitive Psychology* d'Ulrich Neisser [3] a joué un rôle historique important.

L'expression *thérapie cognitive* a été proposée par Beck, au début des années 1960, pour désigner une psychothérapie accordant une place privilégiée à la modification active de modes de pensée et s'efforçant de répondre à des exigences de scientificité (étude méthodique de schémas cognitifs, recherches systématiques sur les effets des interventions).

Avant les années 1980, il y a eu très peu d'échanges entre des chercheurs en psychologie cognitive et les praticiens de la thérapie cognitive ou des TCC. Aujourd'hui, les interactions sont de plus en plus fructueuses. Un ouvrage représentatif est celui de J. M. G. Williams *et al.* (2001) [4].

L'expression *sciences(s) cognitive(s),* apparue aux États-Unis à la fin des années 1950, désigne un ensemble de recherches interdisciplinaires menées par des philosophes, des psychologues, des linguistes, des neurologues, des informaticiens, etc. L'objet principal est la nature de la pensée et des connaissances. La science cognitive accorde une place importante au langage de l'information et à la métaphore informatique. Certains considèrent que la psychologie cognitive en fait partie, mais d'éminents représentants de la première – par exemple Neisser – critiquent vivement les abus du modèle informatique et des programmes d'intelligence artificielle.

L'ouvrage de Howard Gardner, *Histoire de la révolution cognitive. La nouvelle science de l'esprit* [5], qui faisait le point en 1985 sur l'évolution de ce mouvement, montre son absence d'interactions avec la thérapie cognitive ou avec les TCC. Les noms d'Ellis ou de Beck n'y apparaissent pas.

Les neurosciences cognitives étudient les processus cérébraux qui rendent possibles les opérations cognitives. Michael Gazzaniga (voir p. 550) ou Marc Jeannerod (voir p. 508) en sont des représentants éminents.

---

3 . New York, Appleton, 1967.

4 . *Cognitive Psychology and Emotional Disorders*, Chichester, Wiley, 2e ed., 402 p.

5. Trad., Payot, 1993, 488 p.

La nébuleuse des neurosciences [6]

Les neurosciences englobent les différents domaines de la connaissance biologique et médicale qui étudient le fonctionnement du système nerveux :

- *La neuroanatomie* décrit les organes du système nerveux, les zones qui les constituent et les rapports géographiques qui les unissent.
- *La neurohistologie* [7] est l'équivalent de la précédente, mais à une autre échelle puisqu'elle étudie la structure microscopique des tissus nerveux.
- *La neurophysiologie* se penche sur le fonctionnement normal des organes, notamment par l'étude des unités de base du système nerveux que sont nos neurones.
- *La neuro-endocrinologie* s'intéresse aux rapports entre le système nerveux et les hormones.

À ces domaines se sont ajoutées plus récemment trois disciplines qui éclairent les neurosciences d'un jour nouveau :

- *Les neurosciences computationnelles* [8]. Grâce à des simulations informatiques, elles s'appliquent à comprendre le fonctionnement du système nerveux en s'inspirant de l'ordinateur. Les scientifiques utilisent pour cela des *réseaux de neurones*. Contrairement à ce

6. D'après F. Rosenfeld, *Méditer, c'est se soigner*, Paris, Les Arènes, 2007.
7. *Histos* signifie « tissu » en grec.
8. Voir aussi le chapitre sur James McClelland.

qu'on pourrait croire, les réseaux de neurones ne sont pas constitués par des cellules nerveuses qu'on étudie dans une éprouvette ; en réalité, il s'agit d'une métaphore scientifique issue de l'intelligence artificielle, qui désigne des modèles mathématiques parfois très complexes, qui s'inspirent du fonctionnement de vrais neurones. Si les pionniers des réseaux de neurones furent deux neurologues anglo-saxons, les spécialistes de cette branche scientifique se penchent aujourd'hui plus sur des ordinateurs que sur des microscopes. Cette science passionnante mérite une analyse critique prudente : un cerveau ne doit pas être confondu avec une machine, et les simulations ne représentent pas la réalité, mais seulement une modélisation de celle-ci.

- *La neuro-imagerie* est la discipline médicale qui permet de réaliser des images du cerveau et du système nerveux, notamment dans le domaine de la santé. Ces enregistrements sont un support essentiel pour mieux connaître le système nerveux et ses troubles. En effet, si de nombreux examens médicaux permettaient de voir les viscères (par des techniques utilisant les rayons X et les ultrasons, ou par l'introduction d'un matériel optique dans le corps), un obstacle de taille s'est longtemps opposé à la visualisation du cerveau : notre épais crâne osseux. Ces récentes techniques de visualisation sont notamment le scanner, l'IRM (ou imagerie par résonance magnétique), l'IRM fonctionnelle (qui permet de voir le cerveau en action), la tomographie à émission de positrons (TEP), la magnéto-encéphalographie ou MEG, qui mesure les champs magnétiques induits par l'activité cérébrale.
- *Les neurosciences cognitives* étudient les mécanismes mentaux qui permettent à notre cerveau de fabriquer de la pensée et du langage, des raisonnements, de la mémoire, de la conscience. Cette discipline a vécu une « révolution cognitive » dans les années 1950, mais plus encore à la fin des années 1970 grâce aux avancées scientifiques, notamment dans les domaines de l'informatique et de la neuro-imagerie.

Index

B

C

F

G

H

K

L

M

Q

R

Les auteurs

Direction de l'ouvrage

Catherine Meyer. Ancienne élève de l'École normale supérieure, elle a longtemps partagé ses activités entre l'édition et l'opéra avant d'opter pour l'édition. Elle est l'auteur, en collaboration avec Yehudi Menuhin, de *La Légende du violon*. En 2005, elle a dirigé un ouvrage collectif, *Le Livre noir de la psychanalyse*. Aux éditions Les Arènes, elle est directrice du secteur « psychologie ».

Avec

Cédric Routier est docteur en psychologie, enseignant-chercheur et psychologue. Il a étudié la psychologie à l'université d'Amiens, où sa formation secondaire scientifique l'a conduit à privilégier la psychologie expérimentale et la neuropsychologie. Sa thèse portait sur l'œuvre de Skinner. Il est aujourd'hui responsable d'une équipe de recherche lilloise (C-SIS), sur des questions de communication dans le champ de la santé.

Pascal de Sutter est professeur à la faculté de psychologie de l'université de Louvain-la-Neuve et chercheur en psychologie appliquée. Il a vécu douze ans au Canada, dont quatre dans une communauté amérindienne. Il s'est spécialisé dans deux domaines à la fois très éloignés et étrangement proches : la sexologie clinique et la psychologie politique. Il a publié plusieurs articles et livres, dont *Ces fous qui nous gouvernent* (Les Arènes, 2007). Il est chargé de cours à l'Académie de police de Bruxelles et expert auprès de l'OTAN.

Violaine Guéritault est docteur en psychologie, formée à l'université Georgia State (États-Unis). Psychothérapeute, spécialiste de la gestion du stress, elle est aussi l'auteur d'un livre sur le *burn-out* maternel, *La Fatigue émotionnelle et physique des mères* (Odile Jacob, 2004) et a participé au *Livre noir de la psychanalyse*. Elle a traduit l'ouvrage de la grande neuropsychologue anglaise Annette Karmiloff-Smith, *Tout ce que votre bébé vous dirait s'il savait parler* (Les Arènes, 2006).

Jacques Van Rillaer, docteur en psychologie, est professeur à l'université de Louvain-la-Neuve (Belgique). Pendant plus de dix ans, il a été membre de l'École belge de psychanalyse et a pratiqué la méthode freudienne, avant sa « déconversion » qu'il raconte dans un livre, *Les Illusions de la psychanalyse* (Mardaga, 1981). Il pratique les thérapies comportementales et cognitives et est l'auteur de sept ouvrages, dont *La Gestion de soi* (Mardaga, 1992) et *Psychologie de la vie quotidienne* (Odile Jacob, 2003). En 2005, il fut l'un des principaux acteurs du *Livre noir de la psychanalyse*.

Raymond Bruyer est docteur en psychologie et agrégé de l'enseignement supérieur à l'université de Louvain-la-Neuve. Il enseigne la psychologie générale en premier cycle, ainsi que la neuropsychologie et la méthodologie en deuxième et troisième cycles. Ses recherches portent principalement sur la reconnaissance des visages chez des sujets cérébrolésés et des sujets sains.

Philippe Carré est professeur en sciences de l'éducation et directeur du Centre de recherche éducation et formation (CREF) à l'université Paris-X, Nanterre. Ses travaux portent sur l'ingénierie pédagogique, l'autoformation et la motivation à l'engagement en formation d'adultes. Il s'attache aujourd'hui également à défricher la notion d'« apprenance ».

Gaëtane Chapelle, docteur en psychologie, est professeur invitée en sciences de l'éducation à l'université de Louvain-la-Neuve (Belgique). Elle codirige par ailleurs avec Étienne Bourgeois la collection *Apprendre*, publiée aux Presses universitaires de France.

Jean Cottraux est psychiatre des hôpitaux, enseignant à l'université Lyon-I, membre fondateur de l'Académie de thérapie cognitive (Philadelphie). Il est un proche d'Aaron Beck. Il est l'auteur de plusieurs livres de référence pour les professionnels ainsi que d'ouvrages qui ont rencontré un grand succès, notamment *La Répétition des scénarios de vie* (Odile Jacob, 2001). Il fut l'un des principaux acteurs du *Livre noir de la psychanalyse*.

Jean-François Dortier est rédacteur en chef du magazine *Sciences humaines* et coordonnateur de nombreux ouvrages de vulgarisation scientifique.

Jean-Claude Dreher est chercheur au CNRS, au centre de neurosciences cognitives (Lyon).
Il dirige l'équipe de recherches « neuroimagerie cognitive : prise de décisions et récompenses ».

Esteve Freixa i Baqué est professeur en sciences du comportement et épistémologie à l'université de Picardie Jules Verne (UPJV). Il a fait ses études à l'université autonome de Barcelone et son doctorat à la Sorbonne, à Paris.

André Höschele est conseiller sur les nouveaux médias et journaliste à Vienne.

Alois Huber enseigne et effectue des recherches expérimentales sur le travail social à l'université technologique St. Pölten, en Autriche.

Jacques Lecomte, docteur en psychologie, est chargé de cours à l'université Paris-X et à la faculté de sciences sociales de l'Institut catholique de Paris. Il s'intéresse particulièrement aux diverses facettes de la psychologie positive et a publié entre autres *Guérir de son enfance* (Odile Jacob, 2004).

Bernard Pascal est médecin-psychothérapeute à Grenoble. Il est l'auteur de la traduction française du livre de Jeffrey Young, *La Thérapie des schémas, approche cognitive des troubles de la personnalité* (De Boeck, 2005).

Amélie Petit a suivi des études de philosophie à la Sorbonne, Paris-I. Après un DEA sur l'argumentation et la manipulation, elle a collaboré à la rédaction et à la réécriture de plusieurs ouvrages.

Table

Crédits photos

Secrétariat d'édition : Amélie Petit
Correction des textes : Marceau Piana
Mise en pages : Placid pour SuperStudio
Composition : Daniel Collet pour *In folio*

Achevé d'imprimer
sur Roto-Page
par l'Imprimerie Floch
à Mayenne en mars 2008.

ISBN 978-2-35204-054-5
Numéro d'impression : 70694.
Dépôt légal : mars 2008
Imprimé en France